十三經注疏

注 鄭玄 疏 賈公彦

譯註 金容天 朴禮慶

譯註 周禮注疏 2

주례주소

전통문화연구회

國譯委員

企劃編輯　東洋古典飜譯編輯委員會
譯　　註　金容天 朴禮慶
常任原文校閱　吳圭根
飜譯硏究管理　南賢熙
潤　　文　朴勝珠
校　　訂　李孝宰
出　　版　白俊哲
裝　　幀　김진디자인

圖書管理

弘報管理　白漢基
普　　及　徐源英
古典情報化　東洋古典情報化硏究室

東洋古典現代化와 十三經注疏 譯註

본회가 東洋古典의 飜譯과 教育, 情報化 등 古典現代化 사업을 시작한 지 어느덧 25년이 되었다. 그간 우리나라의 고전국역 상황을 보면, 東洋古典에 대한 번역문제는 1960년 중반에 한국고전번역을 정부에서 추진하면서 우선 四書五經 등 기본고전을 모범 번역하자는 논의가 있었지만 우리 고전이 아니라고 무산되었다.

1980년대에 韓國學 연구와 한국고전번역의 先決課題는 물론, 國際政治 관계나 經濟상의 이유로도 필요하다는 논의가 제기되었다. 그 후 1988년 본회가 발족하면서 東洋古典 번역을 착수하여, 1990년대 말경 본회에서 소위 '新注'의 四書三經을 註까지 懸吐完譯함으로써 東洋學과 韓國學徒들의 袖珍本이 되고 教育界와 文化界까지 파급되었다.

그 후 본회 창립 20주년이 되면서 다시 동양고전현대화의 과제와 목표를 논의하면서, 단순한 韓國學의 선결과제를 넘어 東洋文化에 대한 源泉的이며 體系的인 檢討의 필요성이 대두되었으니, 이제 우리는 東洋文化의 先導的 역할을 담당할 준비를 갖추고 21세기에 先進文化强國 건설로 새 歷史를 이루자는 것이었다.

일반적으로 十三經은 核心的 儒家經典의 總稱이지만, 이는 東洋文化의 뿌리라 하겠다. 우리 역사상으로 十三經은 저 멀리 삼국시대에 이미 高句麗의 太學에서 기본 교과로 채택하였고, 百濟에서는 五經博士 制度를 두었고, 新羅 薛聰은 九經을 方言으로 읽었고, 高麗에서는 國子監이나 九齋學堂에서 교육하였으며, 朝鮮朝 成均館과 鄕校, 書堂과 書院에서는 四書五經 등을 교육하여 人材 등용과 국가정책에 절대적 영향을 끼쳤다.

이 十三經의 代表的 註釋書는 漢 · 唐時期의 '古注'라 일컬어지는 十三經注疏와, 그 후 宋代의 朱子的 世界觀이 반영된 '集註'와 '集傳' 등의 '新注'가 두 개의 軸이라 할 수 있다.

그런데 우리는 조선조에서부터 朱子學 일변도의 學風으로 경도되어, 그 偏向性이 오늘에까지 이르렀음은 심히 不幸이라 하겠다. 中國에서는 明 · 淸 시기에 訓詁學, 考證學이라는 學風이 일어 十三經注疏가 經學硏究의 標準이 되었고, 日本에서는 反朱子的 見解와 陽明學의 영향을 받아 明治維新 때 이미 漢文大系 등의 古典整理 사업으로 '古注' 연구가 一般

化된 사실을 간과해서는 안 되겠다.

이에 東洋文化의 核心이라 할 수 있는 十三經注疏를 譯註하고, 이를 통해 우리 文化의 傳統에 대해 體系的으로 이해하고 復元함으로써, 그간 편협했던 학술 風土를 넘어 多樣性과 客觀性을 모색하고, 아울러 古典現代化의 水準을 높이고 融合的이고 自生的인 韓國學을 진작시켜야 할 것이다.

오늘날 중국과 일본에서 번역하지 못한 십삼경주소를 본회에서 130여 책으로 10년 안에 完譯하고, 이와 아울러 韓中日 三國의 東洋古典語彙 情報網을 구축함으로써, 우리의 東洋學과 韓國學 연구에 礎石과 架橋가 되어 우리나라가 先進文化强國으로 昇華되고 世界文化 발전에까지 기여하기를 기대한다.

이 十三經注疏의 번역은 三經과 三禮와 春秋三傳과 《論語》, 《孟子》, 《孝經》, 《爾雅》 등의 十三經을 經은 물론이요 注와 疏까지 譯註하는 것으로, 原典의 傳統性과 번역의 現代性을 기본으로 하여 漢學元老와 新進學者의 協同硏究飜譯으로 추진하고자 한다.

또한 註釋은 宋代의 소위 '新注'와 비교하고, 明淸代의 注와 韓國 先賢의 注와 見解, 그리고 日本의 注를 가급적 반영하며, 深度 있는 硏究解題를 하기로 하였다. 한편 古典의 우리식 讀解文法인 懸吐를 經과 注에 달고 방대한 疏에는 편의상 構文을 이해할 수 있는 標點을 달며, 經・注・疏 전체에 대한 內容索引을 할 계획이다.

끝으로 오랫동안 飜譯과 校閱에 종사하여 오신 元老漢學者와 10여 년 이상 漢學을 연수한 新進學者로서, 이 십삼경주소의 연구번역에 참여하여 難解한 注疏의 譯註에 헌신하시는 모든 분들께 무한한 감사를 드린다.

또한 고전현대화에 대한 政府의 지대한 關心과 支援에 감사를 드리며, 그간 직간접으로 지도편달하여 주신 학계와 교육계 및 문화계 인사 여러분께 심심한 謝意를 표하며, 앞으로도 따뜻한 관심과 엄정한 叱正을 부탁드리며 내내 평강과 행복을 기원한다.

社團法人 傳統文化硏究會 理事長 李啓晃

凡 例

1. 본서는 十三經注疏 중 ≪譯註 周禮注疏≫의 제2책이다.
2. 본서의 底本은 阮元 校刻本 ≪周禮注疏≫(淸 嘉慶 21년(1816) 阮元 校刻 十三經注疏, 中華書局, 2009, 이하 '阮刻本'으로 약칭)로 하되, 北京大 整理本 ≪周禮注疏≫(十三經注疏整理委員會 整理, 北京大學出版社, 2000)와 上海古籍 整理本 ≪周禮注疏≫(十三經注疏整理本 編纂委員會, 上海古籍出版社, 2010)를 참고하였다. 저본의 阮元 〈校勘序〉와 校勘記는 본서의 校勘에만 활용하였다.
3. 본서는 원전의 傳統性과 번역의 現代性을 구현하기 위해 노력하였다.
4. 原文의 經과 鄭玄의 注는 우리나라 전통 방식으로 懸吐하고, 疏는 經에 대한 字句 해석이 중심이므로, 본서에서도 간략하게 標點만 하였다.
5. 原文은 저본의 체제에 따라 經, 注, 疏를 구분하되, 經은 大字로 표기하고, 注와 疏는 【注】, 【疏】로 표시하여 구분하였다.
6. 原文의 分節은, 經과 注는 저본의 분절을 따르고 疏는 단락이 길 경우에 의미의 단락에 따라 역자 재량으로 분절하였다.
7. 底本에는 목차, 각 권의 제목, 관직별 소제목이 없으나, 독자의 편의성을 위해 넣었다.
8. 經文의 단락마다 일련번호를 넣었는데, '六官(天官·地官·春官·夏官·秋官·冬官) 중 某官 - 몇 번째 屬官 - 몇 번째 經文'의 형식으로 표기하였다. 六官은 天·地·春·夏·秋·冬으로 약칭하여 표기하였다. 속관을 표기한 숫자는 序官은 '0'으로 하고, 그 외는 해당 차례에 따라 1, 2, 3 등으로 하였다.

   예 天-0-2 : ≪周禮注疏≫ 天官 序官의 두 번째 經文

   天-4-2 : ≪周禮注疏≫ 天官 네 번째 屬官인 宮正의 두 번째 經文

   地-3-2 : ≪周禮注疏≫ 地官 세 번째 屬官인 鄕師의 두 번째 經文
9. 글자의 음에 대한 저본의 反切 注는 생략하되, 문맥의 이해를 위해 필요한 경우는 譯註

에서 설명하였다. 讀音이 특수하거나 僻字인 경우에는 원문의 해당 글자 뒤의 ( ) 속에 한글로 音을 달았다.

10. 疏에서 설명 대상으로 인용한 經, 注의 구절은 번역하지 않고 번역문에서 원문 그대로 〔 〕 속에 넣어주었다.

   예 〔春多酸〕 東方 木의 맛은 신맛이니, 봄에 속한다.

11. 飜譯은 原義에 충실하게 하되, 이해가 어려운 부분은 意譯 또는 補充譯을 하였다.

12. 經文의 번역은 鄭玄의 注를 위주로 하되 소략한 경우는 賈公彦의 疏를 따랐다.

13. 飜譯文은 한글과 漢字를 혼용하였으며, 맞춤법과 띄어쓰기는 한글 맞춤법과 표준어규정을 따르는 것을 원칙으로 하였다.

14. 譯註는 校勘, 異說, 인용문의 出典, 故事, 역사적 사건, 전문용어, 難解語, 人物, 制度, 官職 등에 관한 사항을 밝혔다.

15. 원문의 誤字, 脫字, 衍字, 倒文은 저본의 교감기를 반영하여 번역하고, "교감기에 따라 '○○(바로잡은 글자)'로 번역하였다."로 간략히 譯註하였다. 그 외에도 北京大 整理本 및 上海古籍 整理本을 비롯한 여러 原典 자료를 참고하였으며 이를 譯註에 밝혔다.

16. 본서의 校勘에 사용된 符號는 다음과 같다.

   ( )〔 〕: (저본의 誤字)〔교감한 正字〕
   〔 〕: 저본의 脫字 보충
   ( ): 저본의 衍字 표시

17. 본서에 사용된 주요 부호는 다음과 같다.

   " ": 對話, 각종 引用
   ' ': " " 안의 再引用, 强調
   〈 〉: ' ' 안의 再引用, 强調
   ( ): 原文에서의 讀音이 특수한 글자나 벽자의 音
   번역문에서의 간단한 역주
   〔 〕: 번역문과 뜻은 같으나 音이 다른 漢字나 句節
   疏에서 설명 대상으로 제시한 經이나 注의 단어나 구절
   역주에서 인용한 原文
   ≪ ≫: 書名, 典據
   〈 〉: 篇章名, 作品名 표기, 補充譯

【 】: 注, 疏의 표시

○ : 저본에 사용된 단락 구분 표시 準用

18. 본서에서 사용된 標點符號는 다음과 같다.

. : 문장의 종결

, : 한 문장 안에서 句나 節의 구분이 필요한 곳

· : 대등한 명사나 구절의 병렬

" " : 인용

' ' : " " 안의 재인용, 疏에서 설명 대상으로 제시한 經과 注의 단어나 구절

「 」: ' ' 안의 재인용

: : 【疏】의 '釋曰' 뒤에서 사용

目 次

≪周禮注疏 2≫ 解 說

≪周禮注疏≫는 周나라 왕실과 戰國時代 각국의 관직 제도를 토대로 제작한 ≪周禮≫에, 後漢 鄭玄이 注를 단 ≪周禮注≫와 唐나라 賈公彦이 疏를 낸 ≪周禮義疏≫를 합쳐서 南宋 紹興 연간(1131~1161)부터 經·注·疏 合刻本 형태로 제작된 것이다. 작자 미상의 ≪주례≫는 제작 시기에 관해서도 西周에서 漢나라 초기까지 추정이 분분하다. ≪주례≫가 발견된 前漢 당시의 원래 명칭은 ≪周官≫ 또는 ≪周官經≫인데, 周公의 태평성대의 자취가 담긴 책으로 추숭되면서 '周禮'라는 명칭을 얻게 되었고, 鄭玄에 의해 '禮經'으로 불리며 ≪禮記≫·≪儀禮≫와 함께 '三禮'로 일컬어지게 되었다. 唐代 이후 유교 十三經의 하나에 포함되었다.

≪주례≫의 체재는 天·地·春·夏·秋·冬의 자연현상을 따라 직제를 六官으로 나누고 그 아래에 관직과 직무를 서술한 것으로, 〈天官 冢宰〉, 〈地官 司徒〉, 〈春官 司馬〉, 〈夏官 司馬〉, 〈秋官 司寇〉, 〈冬官 考工記〉의 6편으로 구성되었다. 이 가운데 〈동관 고공기〉는 망실된 〈冬官 司空〉을 대신하여 前漢 시기에 〈考工記〉라는 별도의 자료를 보충해 넣은 것이다. 〈동관 고공기〉를 제외한 각 편 서두의 '序官'에서는 해당 官長의 주요 직무와 屬官의 조직 및 인원수를 기록하고, 이어 '職文'에서는 해당 속관의 구체적인 직무들을 차례대로 서술하였다. 鄭玄은 六官 아래 각 60개씩 총 360개의 관직을 둔 것은 天地四時와 日月星辰의 度數를 본뜬 것이라고 하였지만, 실제로 현존 ≪주례≫의 직관은 총 377개이다. 구체적으로 天官은 大宰 이하 63개의 관직, 地官은 大司徒 이하 78개의 관직, 春官은 大宗伯 이하 70개의 관직, 夏官은 大司馬 이하 70개의 관직, 秋官은 大司寇 이하 66개의 관직, 冬官은 輪人 이하 30개의 관직으로 구성되었다.

≪周禮注疏 2≫는 이 가운데에서 天官 大宰 휘하의 小宰・宰夫・宮正・宮伯・膳夫・庖人・內饔・外饔・亨人・甸師・獸人・𩺰人(漁人)・鱉人・腊人・醫師・食醫・疾醫・瘍醫・獸醫・酒正・酒人・漿人・凌人・籩人의 24개 관직의 주요 직무에 관해 서술한 것이다. 이 가운데 小宰는 六官의 首長이자 天官 治官의 장관인 大宰의 부관으로서, 정월 초하루에 治法을 공포하고 왕의 제사・朝覲・會同・大喪의 의례와 軍事・治朝의 사무를 보며, 천관 속관들의 회계와 문서에 관한 考核을 담당한다. 宮正과 宮伯은 왕궁의 戒令과 禁令, 왕궁의 명부에 기록된 士・庶子를 관리하고, 膳夫에서 腊人까지는 왕・왕후・세자의 음식과 각종 행사에 필요한 음식의 조리와 관리 및 그 식재료의 공급을 관장하며, 醫師에서 獸醫까지는 의료와 약물, 藥食, 질병 관리를 관장한다. 酒正과 酒人은 각종 酒類에 관한 政令, 제조, 공급을 관장하고, 漿人, 凌人, 籩人은 각각 각종 음료, 얼음, 籩에 담아 올리는 음식에 관한 사무를 관장한다.

≪주례≫의 六官 체제와 五禮 제도는 유교 국가의 강력한 王權과 질서 정연한 禮法 체계를 유지하는 근간으로서, 중국과 조선에서 역대 국가 조직과 관직 제도를 구성하고 정비하는 데에 큰 영향을 미쳤으며, 국가 法典과 禮典 편찬의 기본 체제가 되었다. 중국에서는 隋唐 이후로는 중앙정부와 지방정부가 모두 六府 내지 六曹 형태로 구성되었고, ≪唐六典≫과 ≪大唐開元禮≫ 등을 편찬할 때 전거로 활용되었다. 우리나라에서도 백제의 六佐平 제도를 비롯하여 고려의 三省六部制, 조선의 ≪經濟六典≫과 ≪國朝五禮儀≫ 편찬 등에 영향을 받았다.

周禮注疏 제3권

鄭氏 注　賈公彦 疏

天官

02. 小宰(소재)

天-2-1*

小宰之職은 **掌建邦之宮刑**하여 **以治王宮之政令**1)하고 **凡宮之糾禁**이니라

1) 政令 : 시행하는 것을 '政'이라 하고, 포고하는 것을 '令'이라 한다. ≪禮記≫ 〈月令〉 鄭玄의 注에서 "'宮令(왕실의 명령)'은 사람의 출입과 문의 개폐 등을 기찰하는 것이다.〔宮令 幾出入及開閉之屬〕"라고 한 것이 그러한 예이다.(≪周禮正義≫ 권5, 157쪽 참조)

小宰의 직무는 왕국의 宮刑(王宮 안의 관리들을 처벌하는 형법)을 반포하여 왕궁 안의 政令을 시행하고, 왕궁 안의 모든 위법행위를 규찰하고 금지시키는 일을 관장하는 것이다.

【注】 **杜子春云 宮**은 **皆當爲官**이라 **玄謂宮刑**은 **在王宮中者之刑**이라 **建**은 **明布告之**요 **糾**는 **猶割也**며 **察也**니 **若今御史中丞**1)이라

1) 御史中丞 : 처음 秦나라 때 설치되어 漢나라에서 계승한 官名으로, 御史大夫의 副職이다. 국가의 圖籍과 文書 보관을 관장하는 한편, 군주에게 보고되는 모든 奏章을 처리하며, 아울러 지방에 대한 감찰권을 행사하는 각 부의 御史를 감독하였다. 後漢 말에는 御史臺의 長官으로서 百寮를 糾察하여 그 권한이 막강하였다.

杜子春은 "'宮'은 모두 '官'이 되어야 한다."고 하였다. 나(鄭玄)는 생각건대, '宮刑'은 王宮 안의 관리들을 처벌하는 형법이다. '建'은 밝게 두루 알린다는 뜻이다. '糾'는 割(베다), 察(살피다)과 같으니, 오늘날의 御史中丞이 하는 일과 같은 것이다.

---

* 일련번호의 '天'은 天官을 의미하며, 가운데 번호 '2'는 천관의 두 번째 屬官인 小宰를 의미하고, 마지막 번호 '1'은 小宰의 첫 번째 經文을 의미한다.

【疏】注'杜子'至'中丞' ○釋曰：後鄭以宮刑宮中之刑，不從子春官刑者，見秋官司寇已云"四曰官刑"[1)]，此小宰不往貳之，則不須重掌．又見下文"觀治象"[2)]，"乃退，以宮刑憲禁于王宮"，故知宮刑明矣．云'建，明布告之'者，上冢宰尊，所云"建六典"[3)]之等，爲建立之義，小宰卑，云'建'者，則明布告，使知而已．云'糾猶割也，察也'者，旣言'糾'，謂糾擧其非，事已發者，依法斷割之，事未發者，審察之．云'若今御史中丞'者，應劭云"秩千石，朝會獨坐，副貳御史大夫，內掌蘭臺圖籍，外督刺史，糾察百寮"，故擧漢法況之．

1) 四曰官刑：'官刑'은 官府의 관리들을 처벌하는 형법을 말한다.(〈秋官 大司寇〉 秋-1-9 참조)
2) 觀治象：문자로 기록한 政敎와 法令을 '治象'이라 한다. 상세한 것은 〈天官 大宰〉 天-1-11 경문에 대한 역주 2) 참조.
3) 建六典：〈天官 大宰(天-1-1)〉에 "大宰의 직무는 왕궁의 六典을 제정하여 시행하는 일을 관장한다.〔大宰之職 掌建邦之六典〕"라 하였는데, 孫詒讓은 '建'은 政法의 문서를 수립하고 그것을 반포하여 시행하는 것까지 포함한다고 하였다.(≪周禮正義≫ 권2, 58쪽 참조)

○注의 〔杜子〕에서 〔中丞〕까지

○釋曰：鄭玄이 '宮刑'을 '王宮 안의 관리들을 처벌하는 형법'으로 해석하여 杜子春이 '官刑'으로 해석한 것을 따르지 않았던 것은, 살펴보건대 〈秋官 司寇(秋-1-9)〉에 이미 "네 번째는 官刑(관부의 관리들을 처벌하는 형법)이다."라고 하였으니 이 小宰가 〈司寇에게〉 가서 보좌하는 것이 아니라면 두 가지를 겸하여 관장할 필요가 없기 때문이며, 또 살펴보건대 아래 문장의 "治象의 法을 살펴보고", "이어서 물러나 宮刑을 게시하여 공표하고, 왕궁 안에서 禁令을 위반한 자들을 규찰한다."고 하였기 때문이다. 그러므로 宮刑임이 분명함을 알 수 있다.

〔建 明布告之〕 앞의 冢宰는 지위가 높으니, '建六典' 등으로 말한 것은 '建立한다.'는 뜻이 된다. 小宰는 지위가 낮으니, '建'이라고 말한 것은 밝게 布告하여 알게 할 뿐이라는 뜻이다.

〔糾猶割也 察也〕 이미 '糾'라고 하였으니, 그 잘못을 규찰하는 것을 말한다. 사건이 이미 발생한 경우 법에 의거하여 판단하고〔斷割〕, 사건이 아직 발생하지 않은 경우 자세히 살피는 것이다〔審察〕.

〔若今御史中丞〕 應劭는 "〈御史中丞은〉 秩이 千石이니, 朝會 때 獨坐하여 御史大夫를 보좌하며, 안으로 蘭臺의 圖籍을 관장하고, 밖으로 刺史들을 감독하고 百寮를 규찰한다."고 하였다. 그러므로 漢나라의 法을 들어서 비유한 것이다.

天-2-2

掌邦之六典八灋(법)八則(칙)之貳[1)]하여 以逆邦國都鄙官府[2)]之治니라

1) 貳 : 副本을 말한다. 六典·八法·八則은 大宰가 그 문서를 작성하는데, 이것이 正本이다. 小宰는 그 副本을 관장한다.(≪周禮正義≫ 권5, 159쪽 참조)
2) 邦國都鄙官府 : '邦國'은 畿外의 제후국을 말한다. '都鄙'는 畿內에 있는 公·卿·大夫의 采邑과 王의 친자 및 동모제의 食邑을 말한다. '官府'는 六官과 그 휘하의 속관을 말한다. 참고로 '邦'이나 '國'만 쓸 경우 왕국을 의미한다.

〈小宰는〉 왕국의 六典·八灋·八則의 副本을 관장하여, 〈大宰를 보좌하여〉 邦國·都鄙·官府에서 보고하여 올린 각 관리들의 치적문서를 접수하여 심사한다.

【注】逆은 迎受之라 鄭司農云 貳는 副也라

'逆'은 맞이하여 받는다는 뜻이다. 鄭衆은 "'貳'는 副本의 뜻이다."라고 하였다.

【疏】'掌邦'至'之治' ○釋曰 : 大宰本以六典治邦國, 今還以六典逆邦國之治. 逆, 謂迎受句考之也. 大宰本以八法治朝廷官府, 今還以八法句考官府之治. 大宰本以八則治都鄙, 今還以八則句考都鄙之治. 皆句考使知功過所在也.

經의 〔掌邦〕에서 〔之治〕까지

○釋曰 : 본래 大宰가 六典의 규정에 의거하여 邦國을 다스리는데, 이제 小宰가 또한 六典의 규정에 의거하여 방국의 치적을 심사한다. '逆'은 〈치적문서를〉 보고받아서 심사한다는 뜻이다. 본래 태재가 八法의 규정에 의거하여 朝廷의 官府를 다스리는데, 이제 소재가 또한 八法의 규정에 의거하여 관부의 치적을 심사한다. 본래 태재가 八則의 규정에 의거하여 都鄙를 다스리는데, 이제 소재가 또한 팔칙의 규정에 의거하여 도비의 치적을 심사한다. 모두 심사하여 功過의 소재를 알게 하는 것이다.

天-2-3

執邦之九貢九賦九式之貳[1)]하여 以均財節邦用하니라

〈小宰는〉 왕국의 九貢·九賦·九式의 副本을 집행하여, 〈大宰를 보좌하여〉 재화를 균등하게 징수하고 왕국의 재정지출을 절제한다.

1) 執邦之九貢九賦九式之貳 : 孫詒讓은 "이는 또한 治法의 副貳이니, 大宰는 그 正本을 수립하고 小宰는 그 副本을 집행하는데, 司會・司書와 연계하여 함께 일을 수행하는 것이다.〔此亦治法之副貳 大宰修其正本 小宰執其副本 與司會司書爲官聯也〕"라고 하였다.(≪周禮正義≫ 권5, 159쪽 참조)

【疏】'執邦'至'邦用' ○釋曰 : 此三者, 竝大宰所掌者, 以其冢宰制國用, 九貢・九賦斂財賄, 九式用之事之大者[1], 故小宰副貳之. 然大宰有九職, 小宰不貳之者, 以其九職, 云"任萬民", 小宰若云'貳', 謂任使亦貳之, 故不言. 其實九職任之使之出貢, 用之, 則小宰亦貳之, 九貢中兼之矣, 以其九職, 亦有九貢故也.[2] '以均財節邦用'者, 以九式竝舊有法式, 多少不得增減, 故云'均節'也.

1) 九式用之事之大者 : '九式'은 九賦의 규정에 의거하여 징수한 재화를 지출하는 9가지 법식을 말한다. '九賦'와 '九貢'이 貢賦를 징수하는 규정으로서 재정수입의 법이라면, '九式'은 재정지출의 법이다.
2) 九貢中兼之矣……亦有九貢故也 : 孫詒讓은 "賈公彦의 설에 의하면 이곳의 '九貢'은 곧 〈天官 大宰〉・〈天官 司會〉의 九貢으로, 본래 邦國의 貢에 의거한 것이지만, 실제로는 〈地官 閭師〉의 八貢 즉 〈天官 大宰〉의 九職에 의거하여 징수하는 貢을 포함하고 있는 것이다.〔依賈說 則此九貢卽大宰司會之九貢 本據邦國之貢 而實兼有閭師之八貢 卽大宰九職之貢也〕"라고 하였다.(≪周禮正義≫ 권5, 159쪽 참조)

經의 〔執邦〕에서 〔邦用〕까지

○釋曰 : 이 세 가지는 모두 大宰가 관장하는 것이니, 冢宰는 국가 예산을 편성하고, 九貢과 九賦의 규정에 의거하여 재화를 징수하고, 九式의 규정에 의거하여 그 징수한 재화를 일의 중대한 곳에 지출한다. 그러므로 小宰가 이를 보좌하는 것이다. 그러나 태재는 九職을 관장하는데 소재가 그것을 보좌하지 않는 것은 〈〈天官 大宰〉의 '九職' 조목에서〉 태재는 九職의 규정에 의거하여 "백성들의 생업을 확립시킨다〔任〕."고 하였는데, 만약 〈天官 小宰〉에서 "보좌한다〔貳〕"라고 말하면 태재가 백성들에게 일을 맡겨서 시킬 때〔任使〕에도 소재가 보좌한다는 뜻이 되기 때문이다. 그러므로 〈九職을〉 말하지 않은 것이다. 그러나 사실은 태재가 九職의 규정에 의거하여 백성들에게 일을 맡겨서 종사하게 하면서 그들에게 공물을 납부하게 하는데, 그 공물을 지출할 때는 소재가 또한 보좌한다. 〈경문의〉 九貢 안에는 〈九職을〉 포함하고 있는 것이니, 九職의 일을 맡으면 또한 九貢의 세를 납부해야 하기 때문이다.

〔以均財節邦用〕 九式은 모두 옛날부터 法式이 있었던 것이니, 수량은 증감할 수 없는 것이다. 그러므로 "균등하게 하고 절제한다."고 한 것이다.

天-2-4

以官府之六敍로 正群吏하나니 一曰以敍正其位요 二曰以敍進其治요 三曰以敍作其事요 四曰以敍制其食이요 五曰以敍受其會요 六曰以敍聽其情이니라

〈小宰는 大宰를 보좌하여〉 官府의 六敍 규정에 의거하여 관리들을 바로잡는다. 첫째 작위의 차서에 따라 百官들의 朝位를 바로잡고, 둘째 작위의 차서에 따라 백관들이 치적 문서를 보고하는 순서를 정하고, 셋째 작위의 차서에 따라 백관들이 담당하는 일을 정하고, 넷째 작위의 차서에 따라 백관들의 봉록을 제정하고, 다섯째 작위의 차서에 따라 백관들의 연말 회계결산 문서를 접수하는 순서를 정하고, 여섯째 작위의 존비 차서에 따라 백관들이 올리는 쟁송의 供辭를 접수하여 판결의 순서를 정한다.

【注】敍는 秩次也니 謂先尊後卑也라 治는 功狀[1]也라 食은 祿之多少요 情은 爭訟之辭라

1) 功狀 : 공을 세운 상황을 보고하는 문서를 말한다.

'敍'는 爵位秩의 次序이니, 지위가 높은 이를 우선하고 지위가 낮은 이를 뒤에 하는 것을 말한다. '治'는 功狀이다. '食'은 봉록의 많고 적음을 뜻한다. '情'은 爭訟의 供辭이다.

【疏】'以官府'至'其情' ○釋曰 : 凡言'敍'者, 皆是次敍. 先尊後卑, 各依秩次, 則群吏得正, 故云"正群吏"也. ○'一曰以敍正其位'者, 謂若卿・大夫・士朝位尊卑次列. ○'二曰以敍進其治'者, 謂卿・大夫・士, 有治職功狀文書進于上, 亦先尊後卑也. ○'三曰以敍作其事'者, 謂有所執掌(走)〔起〕[1]事, 亦先尊後卑也. ○'四曰以敍制其食'者, 謂制祿依爵命授之, 亦先尊後卑也. ○'五曰以敍受其會'者, 謂歲終進會計文書, 受之, 亦先尊後卑也. ○'六曰以敍聽其情'者, 情謂情實, 則獄訟之情, 受聽斷之時, 亦先尊後卑也.

1) (走)〔起〕: 저본에는 '走'로 되어 있으나, 北京大와 上海古籍 整理本에 의거하여 '起'로 바로잡았다.

經의 〔以官府〕에서 〔其情〕까지

○釋曰 : 무릇 '敍'라고 말한 것은 모두 次敍의 뜻이다. 지위가 높은 이를 우선하고 지위가 낮은 이를 뒤로 하여 각각 爵秩의 次序에 의거하면 관리들은 올바름을 얻는다. 그러므로 "관리들을 바로잡는다."라고 한 것이다.

○〔一曰以敘正其位〕 卿・大夫・士에 있어 朝位의 등급과 순서 같은 것을 말한다.

○〔二曰以敘進其治〕 경・대부・사가 치적에 대한 功狀文書를 위에 올릴 경우도 지위가 높은 이를 우선하고 지위가 낮은 이를 뒤로 하는 것을 말한다.

○〔三曰以敘作其事〕 일을 관장하여 수행하는 경우도 또한 지위가 높은 이를 우선하고 지위가 낮은 이를 뒤로 하는 것을 말한다.

○〔四曰以敘制其食〕 봉록을 제정할 때도 爵命에 의거하여 지급해주니, 또한 지위가 높은 이를 우선하고 지위가 낮은 이를 뒤로 하는 것을 말한다.

○〔五曰以敘受其會〕 연말에 회계결산 문서를 올리는데, 그것을 접수할 때도 또한 지위가 높은 이를 우선하고 지위가 낮은 이를 뒤로 하는 것을 말한다.

○〔六曰以敘聽其情〕 '情'은 情實을 말하니, 獄訟의 정실을 접수하여 판단할 때도 또한 지위가 높은 이를 우선하고 지위가 낮은 이를 뒤로 한다.

○注'敘秩次也' ○釋曰：云'秩次'者, 謂尊卑之常, 各有次敘也.

○注의 〔敘 秩次也〕

○釋曰：'秩次'라고 말한 것은 尊卑의 떳떳함에 각각 次敘가 있음을 가리킨다.

天-2-5

以官府之六屬으로 舉邦治[1)]하나니 一曰天官은 其屬六十이니 掌邦治하여 大事則從其長하고 小事則專達이요 二曰地官은 其屬六十이니 掌邦教하여 大事則從其長하고 小事則專達이요 三曰春官은 其屬六十이니 掌邦禮하여 大事則從其長하고 小事則專達이요 四曰夏官은 其屬六十이니 掌邦政하여 大事則從其長하고 小事則專達이요 五曰秋官은 其屬六十이니 掌邦刑하여 大事則從其長하고 小事則專達이요 六曰冬官은 其屬六十이니 掌邦事하여 大事則從其長하고 小事則專達이니라

1) 以官府之六屬 舉邦治：이는 〈天官 大宰〉의 八法 가운데 첫 번째 '官屬'으로, '六屬'은 六官의 屬官을 설치하는 규정을 말한다.(〈天官 大宰〉 天-1-2 참조)

〈小宰는〉 官府의 六屬 규정에 의거하여 〈大宰를 도와〉 왕국의 정무를 수행한다. 첫째는 天官이다. 그 속관은 60개이니, 왕국의 정무〔邦治〕를 관장하는데, 큰일은 그 관부의 장관에게 보고하여 그의 지시에 따르고 작은 일은 〈관부마다〉 재량으로 처리하여 직접 왕에게 보고한다. 둘째는 地官이다. 그 속관은 60개이니, 왕국의 교육〔邦敎〕을 관장하는데, 큰일은 그 관부의 장관에게 보고하여 그의 지시에 따르고 작은 일은 〈관부마다〉 재량으로 처리하여 직접 왕에게 보고한다. 셋째는 春官이다. 그 속관은 60개이니, 왕국의 의례〔邦禮〕를 관장하는데, 큰일은 그 관부의 장관에게 보고하여 그의 지시에 따르고, 작은 일은 〈관부마다〉 재량으로 처리하여 직접 왕에게 보고한다. 넷째는 夏官이다. 그 속관은 60개이니, 왕국의 군정〔邦政〕을 관장하는데, 큰일은 그 관부의 장관에게 보고하여 그의 지시에 따르고 작은 일은 〈관부마다〉 재량으로 처리하여 직접 왕에게 보고한다. 다섯째는 秋官이다. 그 속관은 60개이니, 왕국의 형법〔邦刑〕을 관장하는데, 큰일은 그 관부의 장관에게 보고하여 그의 지시에 따르고 작은 일은 〈관부마다〉 재량으로 처리하여 직접 왕에게 보고한다. 여섯째는 冬官이다. 그 속관은 60개이니, 왕국의 생산사무〔邦事〕를 관장하는데, 큰일은 그 관부의 장관에게 보고하여 그의 지시에 따르고 작은 일은 〈관부마다〉 재량으로 처리하여 직접 왕에게 보고한다.

【注】 大事從其長은 若庖人內外饔與膳夫共王之食이요 小事專達은 若宮人掌舍 各爲一官이라 六官之屬三百六十은 象天地四時日月星辰之度數니 天道備焉이라 前此者에 成王作周官하니 其志有述天授位之義라 故周公設官分職以法之라

'큰일은 그 관부의 장관에게 보고하여 그의 지시에 따른다.'는 것은 庖人과 內饔・外饔이 膳夫를 따라서 함께 왕의 음식을 공급하는 일과 같은 것이다. '작은 일은 〈관부마다〉 재량으로 처리하여 직접 왕에게 보고한다.'는 것은 宮人・掌舍가 각각 하나의 관부가 되는 것과 같은 경우이다. 六官의 속관이 360개인 것은 天地四時와 日月星辰의 度數를 본뜬 것이니, 天道가 거기에 갖추어져 있는 것이다. 이보다 이전에 成王이 〈≪尙書≫의〉 〈周官〉을 지었으니, 그 마음에는 하늘이 官位를 내려주는 뜻을 기술하려는 의리가 있었다. 그러므로 周公은 관직을 설치하고 직무를 분담하여 그것을 본받은 것이다.

【疏】 '以官府'至'專達' ○釋曰：'六屬擧邦治'者, 謂官盛任使, 立長官, 必當以屬官佐之, 邦治得擧, 是以六官各有其屬六十, 故云"官府之六屬擧邦治"也. '一曰天官', 謂大宰之官. '其屬六十', 謂宮正至夏采, 皆掌治職[1], 故云 "掌治"也. 云'大事則從其長'者, 謂若

膳夫鄭注云 "膳夫, 食官之長也[2)]", 則下庖人・內外饔・亨人, 有事皆來諮白膳夫, 故云"大事從其長"也. '小事則專達'者, 謂若宮人・掌舍無大事, 無長官可諮, 自專行事. 以下五官皆此類也.

1) 治職 : 六官의 직무를 규정한 六職 가운데 첫 번째로, 천하의 정사를 다스리는 天官의 직무를 말한다.(〈天官 小宰〉 天-1-6 참조)

2) 膳夫 食官之長也 : 〈天官 序官〉 天-0-12 鄭玄 注의 문장이다.

經의 〔以官府〕에서 〔專達〕까지

○釋曰 : 〔六屬擧邦治〕 官屬을 많이 두어 맡겨서 일을 시키는 것을 말하니, 長官을 세우고 반드시 속관으로 보좌하게 하면, 왕국의 정무가 수행될 수 있다. 이 때문에 六官에 각각 속관 60개를 둔다. 그러므로 "관부의 육속 규정에 의거하여 〈大宰를 도와〉 왕국의 정무를 수행한다."고 한 것이다.

〔一曰天官〕 태재의 관직을 말한다.

〔其屬六十〕 宮正에서 夏采에 이르는 관직을 말하니, 모두 다스림의 직무〔治職〕를 관장한다. 그러므로 "정무를 관장한다.〔掌治〕"라고 한 것이다.

〔大事則從其長〕 〈天官 序官(天-0-12)〉 '膳夫'의 鄭玄 注에서 "선부는 음식을 관장하는 관직의 우두머리이다."라고 하였으니, 아래의 庖人과 內饔・外饔과 亨人(팽인)은 일이 있으면 모두 선부에게 와서 묻고 아뢰는 것과 같은 것을 말한다. 그러므로 "큰일은 그 관부의 장관에게 보고하여 지시에 따른다."고 한 것이다.

〔小事則專達〕 宮人과 掌舍는 큰일이 없어서 자문할 만한 장관도 없으니, 스스로 독자적으로 일을 수행하는 것과 같은 경우를 말한다.

이하 5官(地・春・夏・秋・冬)이 모두 이러한 식이다.

○注'大事'至'法之' ○釋曰 : 云'大事從其長, 若庖人・內外饔, 與膳夫共王之食'者, 此竝共王食, 是同事, 故庖人已下, 諸膳夫長官也. 云'小事專達'者, 若宮人・掌舍, 直掌王之行, 設梐枑(폐호)[1)]之等, 二官竝是小事, 又不立長官, 當官行事, 故云 "各爲一官", 是專達也. 鄭直擧天官之內其事顯者, 各言其一. 餘官, 若大府, 鄭云 "治藏之長", 地官司市, 鄭云 "市官之長", 春官大司樂, 鄭云 "樂官之長", 夏官司甲, 鄭云 "〔司甲〕[2)]兵戈盾官之長", 如此之類, 其事甚多, 不可具陳也. 小事則專達, (天)〔六〕[3)]官甚衆, 亦不可具言也. 云'六官之屬三百六十, 象天地四時・日月星辰之度數'者, 依周髀[4)]・七曜[5)],

皆云周天三百六十五度四分度之一, 擧全數, 亦得云三百六十也. 言地則與天配合, 四時言周天, 亦是地之數. 十二月, 亦是周天之數. 日, 日行一度. 月, 日行十三度十九分度之七. 日月所行, 亦在周天之數. 星辰, 謂二十八宿十二次, 亦在周天數內, 皆不離三百六十五度四分度之一耳. 天地四時・日月星辰之度數, 所從言之異耳. 故尙書洪範云"五紀, 一曰歲, 二曰月, 三曰日, 四曰星辰", 皆別言之. 下以歷數揔結之, 亦是類也. 云'天道備焉'者, 以此三百六十官, 是天道備矣. 云'前此者, 成王作周官, 其志有述天授位之義'者, 鄭依書傳云"周公攝政三年, 踐奄", 與滅淮夷同時. 又按成王周官"成王旣黜殷命, 滅淮夷, 還歸在豐, 作周官."則成王作周官, 在周公攝政三年時, 周公制禮, 在攝政六年時, 故云'前此'者, 謂成王前於此時作周官. '其志', 謂成王志意, 有述天授位之義, 卽彼周官云"唐虞稽古, 建官惟百, 夏商倍之. 今予小子, 訓迪厥官, 以立太師・太傅・太保, 玆惟三公, 論道經邦, 燮理陰陽."下又云立三孤及天地四時之官, 是其志有述天地三百六十官位之義, 故周公設官分職法之也. 此鄭義, 不見古文尙書, 故爲此解. 若孔據古文尙書, 多士已下, 竝是周公致政後成王之書. 周公攝政時, 淮夷・奄與管蔡同作亂, 成王卽政後, 又叛, 成王親征之, 故云"滅淮夷."還歸在豐, 作周官用人之法, 則彼周官在此周禮後, 與鄭義異也.

1) 梐枑(폐호) : 두 나무를 서로 교차시켜 만든 시렁으로, 관부 앞에 설치하여 사람이나 말의 통행을 차단하는 시설이다. 行馬 혹은 鹿角이라고도 칭한다.
2) 〔司甲〕: 저본에는 '司甲' 두 글자가 없으나, 〈夏官 序官(夏-0-31)〉 '司甲'의 鄭玄 注에 의거하여 보충하였다.
3) (天)〔六〕: 저본에는 '天'으로 되어 있으나, 浦鏜의 설에 의거하여 '六'으로 바로잡았다. (阮元의 〈校勘記〉 참조)
4) 周髀 : 고대 중국의 天文算術書의 하나로, 周公의 撰으로 전해지며 周나라 사람들이 이것을 조술했기 때문에 '周髀'라고 한다. 원명은 ≪周髀算經≫이다. '髀'는 '表'라고도 한다. '表'는 길이가 8척으로, 태양에 의해서 생겨나는 表의 그림자 길이를 측정하여 방향이나 절기 등을 결정한다.
5) 七曜 : 고대 중국의 天文曆數書의 하나이다. ≪隋書≫ 〈經籍志〉에 趙敺 撰 ≪七曜曆數算經≫ 1권, 李業興(484~549) 撰 ≪七曜曆疏≫ 1권 등이 저록되어 있다.

○注의 〔大事〕에서 〔法之〕까지

○釋曰 : 〔大事從其長 若庖人內外饔 與膳夫共王之食〕 이는 모두 왕의 음식을 공급하는 것으로, 같은 일이다. 그러므로 庖人 이하는 長官인 膳夫에게 자문을 구한다.

〔小事專達〕 宮人·掌舍 같은 경우는 단지 왕의 행차를 관장하여 梐枑 등을 설치하니, 두 관직은 모두 작은 일을 수행하고, 또 장관을 세우지 않으므로 해당 관직이 〈독자적으로〉 일을 수행한다. 그러므로 "각각 하나의 관부가 된다."고 한 것이니, 이것이 '재량으로 처리하여 직접 왕에게 보고한다.'는 것이다.

鄭玄은 단지 天官 가운데 그 일이 분명한 것을 들어서 각각 그 하나의 사례를 말하였다. 나머지 관직의 경우, 예를 들면 大府에 대해서 정현은 "治藏의 장관"이라고 하였고, 地官의 司市에 대해서 정현은 "市官의 장관"이라고 하였고, 春官의 大司樂에 대해서 정현은 "樂官의 장관"이라고 하였고, 夏官의 司甲에 대해서 정현은 "甲兵과 戎盾을 담당하는 관직의 장관"이라고 하였다. 이러한 종류는 그 일이 매우 많아서 일일이 진술할 수가 없다. 작은 일은 재량으로 처리하여 직접 왕에게 보고하는 경우는 六官에 매우 많아서 또한 일일이 말할 수가 없다.

〔六官之屬三百六十 象天地四時日月星辰之度數〕 ≪周髀≫와 ≪七曜≫에 의하면, 모두 周天은 365와 1/4도라고 하였으니, 10을 단위〔全數〕로 예를 들자면 또한 360이라고 할 수 있다. 땅이라고 말하면 하늘과 짝하는 것이고, 四時는 하늘을 한 바퀴 도는 것〔周天〕을 말하니 또한 땅의 수이다. 열두 달 또한 周天의 數이다. 해는 하루에 1도를 운행하고, 달은 하루에 13과 7/19도를 운행하니, 해와 달이 운행하는 바는 또한 주천의 수 안에 있는 것이다. 星辰은 28宿(수)와 12次를 말하니, 또한 주천의 수 안에 있어서 모두 365와 1/4도를 벗어나지 않는다. 天地四時·日月星辰의 度數는 어느 각도에서 말하느냐가 다를 뿐이다. 그러므로 ≪尙書≫ 〈洪範〉에서 "五紀는 첫째는 해〔歲〕요, 둘째는 달〔月〕이요, 셋째는 날〔日〕이요, 넷째는 星辰이다."라고 하였으니, 모두 분별하여 말한 것이다. 아래에서 歷數로 총결하였으니, 또한 이러한 종류이다.

'천도가 거기에 갖추어져 있다.〔天道備焉〕'고 한 것은 이 360개의 관직에는 天道가 갖추어져 있기 때문이다.

〔前此者 成王作周官 其志有述天授位之義〕 정현은 ≪尙書大傳≫ 〈多方傳〉에서 "周公은 섭정 3년에 奄을 짓밟았다."고 한 것에 의거하여 淮夷를 멸망시킨 것과 같은 때라고 하였다. 또 살펴보건대, 成王의 ≪尙書≫ 〈周官〉의 序에서 "成王이 殷나라의 命을 퇴출시키고 淮夷를 멸망시킨 후 豐 땅으로 돌아와서 〈주관〉을 지었다."고 하였다. 그렇다면 성왕이 〈주관〉을 지은 것은 周公 攝政 3년 때의 일이고, 주공이 禮를 제정한 것은 섭정 6년 때의 일이다. 그러므로 '이보다 이전〔前此〕'이라고 한 것은 성왕이 이때보다 이전에 〈주관〉을 지었음을 말한다. '其志'는 성왕의 마음에 하늘이 관위를 내려주는 뜻을 기술하려는 의리가

있었음을 가리킨다. 즉 성왕의 〈주관〉에서 "唐(요임금)과 虞(순임금)는 옛 제도를 상고하여 관직 100개를 세웠는데, 夏나라와 商나라에서 이를 두 배로 늘렸다. 이제 나 小子는, 관원들을 훈도하노라. 太師·太傅·太保를 세우노니, 이들이 三公이다. 道를 논하여 나라를 다스리며, 음과 양을 조화하여 다스린다."고 하였다. 아래 문장에서 또 三孤 및 天地四時의 관직을 세운다고 하였으니, 이것이 그 마음에 天地 360개의 官位를 기술하려는 의리가 있었던 것이다. 그러므로 주공은 관직을 설치하고 직무를 분담하여 이를 본받았던 것이다.

이러한 정현의 의리는 ≪古文尙書≫에는 보이지 않는다. 그러므로 이러한 해석을 한 것이다. 孔安國의 경우 ≪고문상서≫에 의거하여 〈多士〉 이하는 모두 주공이 〈성왕에게〉 정사를 되돌려준 이후 성왕이 지은 글이라고 하였다. 주공이 섭정을 할 때, 淮夷·奄이 管叔·蔡叔과 함께 난을 일으켰으며, 성왕이 즉위한 후에 또 반란을 일으켜 성왕이 직접 정벌하였다. 그러므로 "淮夷를 멸망시켰다."고 한 것이다. 豊 땅으로 돌아와서 〈주관〉의 인재 등용의 법을 지었다면, 저 〈주관〉은 이 ≪周禮≫보다 이후에 출현한 것이 되니, 정현의 해석과 다른 것이다.

天-2-6

以官府之六職으로 **辨邦治**[1]하라니 **一曰治職**은 **以平邦國**하고 **以均萬民**하고 **以節財用**이요 **二曰敎職**은 **以安邦國**하고 **以寧萬民**하고 **以懷賓客**이요 **三曰禮職**은 **以和邦國**하고 **以諧萬民**하고 **以事鬼神**이요 **四曰政職**은 **以服邦國**하고 **以正萬民**하고 **以聚百物**이요 **五曰刑職**은 **以詰邦國**하고 **以糾萬民**하고 **以除盜賊**이요 **六曰事職**은 **以富邦國**하고 **以養萬民**하고 **以生百物**이니라

1) 以官府之六職 辨邦治 : 이는 〈天官 大宰〉의 八法 가운데 두 번째 '官職'으로, '六職'은 六官의 직무와 관련한 6가지의 규정을 말한다.(〈天官 大宰〉 天-1-2 참조)

官府의 六職 규정에 의거하여 왕국 관리들의 직무를 변별한다. 첫째는 治職이니, 이것으로 제후국의 정치를 공평하게 하고, 백성들의 부세를 균등하게 하고, 재정의 지출을 절제한다. 둘째는 敎職이니, 이것으로 제후국을 안정시키고, 백성들을 평안하게 하고, 賓客을 위무한다. 셋째는 禮職이니, 이것으로 제후국을 조화시키고, 백성들을 화목하게 하고, 鬼神을 제사 지낸다. 넷째는 政職이니, 이것으로 제후국을 복종시키고, 백성들의 부역을 공평하게 하고, 각종 물품을 징집한다. 다섯째는 刑職이니, 이것으로

제후국의 반역을 금지시키고, 백성들을 규찰하고, 도적을 제거한다. 여섯째는 事職이니, 이것으로 제후국을 부유하게 하고, 백성들을 길러주고, 각종 물품을 생산한다.

【注】懷는 亦安也니 賓客來에 共其委積[1]이 所以安之라 聚百物者는 司馬主九畿[2]하고 職方[3]制其貢에 各以其所有라

1) 委積 : 조빙하는 도중에 빈객에게 보내주는 음식이나 식량 등의 물품으로서 희생〔牢〕·곡물〔米〕·섶〔薪〕·꼴〔芻〕 등을 말한다. 적은 것을 '委'라고 하고, 많은 것을 '積'이라 한다.
2) 九畿 : 王城 밖 5천 리 안의 땅으로, 안에서 밖으로 500리가 1畿이다. 모두 侯·甸·男·采·衛·蠻·夷·鎭·藩의 九畿가 있다. 각 제후들의 領地 및 이민족이 거주하는 땅이다.
3) 職方 : 職方氏로서, 天下의 地圖와 四方의 職貢을 관장한다.(〈夏官 職方氏〉 夏-58-1 참조)

'懷'는 또한 〈앞의 '安'과 '寧'처럼〉 편안하게 한다는 뜻이다. 賓客이 찾아올 때 그들에게 委積을 제공하니, 편안하게 해주기 위한 것이다. '각종 물품을 징집한다〔聚百物〕'는 것은 司馬는 九畿를 주관하고 職方氏는 그 공물을 제정하는데, 각각 그곳에서 생산되는 물품으로 한다.

【疏】'以官'至'百物' ○釋曰 : 云'官府六職, 辨邦治'者, 六官者各有職, 若天官治職·地官教職. 其職不同, 邦事得有分辨, 故云'以辨邦治'也. ○'一曰治職'者, 謂以平爲義也. 云'以節財用'者, 亦以制國用故也. ○'二曰教職, 以安邦國, 以寧萬民'者, 安邦國, 與教典同[1], 彼云"擾萬民", 此云"寧萬民", 不同者, 上擾爲馴, 馴則寧, 義無異也. 云'懷賓客'者, 以有委積, 故賓客懷安也. ○'三曰禮職, 以和邦國, 以諧萬民'者, 此與上禮典同也. 云'以事鬼神'者, 以其主祭祀, 當職之事也. ○'四曰政職, 以服邦國, 以正萬民'者, 上政典云"平邦國, 均萬民", 不同者, 服由平定使之然, 則服亦平也, 均與正, 義亦一也. 云'以聚百物'者, 鄭云"司馬主九畿, 職方制其貢", 貢卽百物也. ○'五曰刑職, 以詰邦國, 以糾萬民', 此與上刑典文同. 云'除盜賊'者, 有寇則罪之, 盜賊得除, 故云'除盜賊'也. ○'六曰事職, 以富邦國, 以養萬民'者, 上事典"以生萬民", 生, 則養也, 與上同. 此六職不云'官府百官', 與六典不同者, 以六職皆當職行事, 義不及遠, 故與六典文異也.

1) 安邦國 與教典同 : '教典'은 나라를 다스리는 6가지 법으로, 六典 가운데 두 번째이다. (〈天官 大宰〉 天-1-1 참조)

經의 〔以官〕에서 〔百物〕까지

○釋曰 : 〔官府六職 辨邦治〕 六官에는 각기 직무가 있으니, 예컨대 天官의 治職과 地官의 教職처럼 그 직무는 같지 않아서 왕국의 일은 분별이 있어야 한다. 그러므로 "왕국 관리들의 직무를 변별한다."고 한 것이다.

○〔一曰治職〕 공평하게 하는 것으로 의리를 삼는 것을 말한다.

'재정의 지출을 절제한다.〔以節財用〕'고 한 것은 또한 그것으로 국가의 예산을 편성하기 때문이다.

○〔二曰教職 以安邦國 以寧萬民〕 제후국을 안정시키는 것은 〈天官 大宰(天-1-1)〉의 '教典' 조목의 문장과 동일하다. 그곳에서는 "擾萬民"이라고 하였는데, 이곳에서는 "寧萬民"이라고 하여 같지 않지만, 앞의 '擾'는 '馴'의 뜻이고, '馴'은 '寧'의 뜻이니, 의미에 차이가 없다.

'賓客을 위무한다.〔擾賓客〕'고 한 것은 委積을 제공하기 때문이다. 그러므로 빈객이 편안하게 되는 것이다.

○〔三曰禮職 以和邦國 以諧萬民〕 이는 위의 〈天官 大宰(天-1-1)〉의 '禮典' 조목의 문장과 동일하다.

'그것으로 귀신을 제사 지낸다.〔以事鬼神〕'고 한 것은 제사를 주관하는 것이 이 禮職의 일이기 때문이다.

○〔四曰政職 以服邦國 以正萬民〕 위의 〈天官 大宰(天-1-1)〉의 '政典' 조목에서는 "平邦國 均萬民(제후국을 平定하여 바르게 하고, 백성들의 부역을 균평하게 한다.)"이라고 하여 같지 않지만, '服'은 '平定'으로 말미암아 그렇게 되도록 하는 것이니, 그렇다면 '服'은 또한 '平'의 뜻이다. '均'과 '正'은 의미가 또한 같은 것이다.

'각종 물품을 징집한다.〔以聚百物〕'고 한 것에 대해 鄭玄은 "司馬는 九畿를 주관하고, 職方氏는 그 공물〔貢〕을 제정한다."고 하였으니, '貢'이 곧 각종 물품〔百物〕이다.

○〔五曰刑職 以詰邦國 以糾萬民〕 이는 위의 〈天官 大宰(天-1-1)〉의 '刑典' 조목의 문장과 같다.

'도적을 제거한다.〔除盜賊〕'고 말한 것은 도적이 발생하면 죄를 주어 도적이 제거된다. 그러므로 "도적을 제거한다."고 말한 것이다.

○〔六曰事職 以富邦國 以養萬民〕 위의 〈天官 大宰(天-1-1)〉의 '事典' 조목에서 "以生萬民(그것으로 백성들이 살아갈 수 있도록 길러준다.)"이라고 하였다. '生'은 '養'의 뜻이니, 〈天官 大宰(天-1-1)〉의 '事典' 조목의 문장과 같은 것이다.

이 六職에서는 '官府와 百官'을 말하지 않아 '六典'의 문장과 같지 않은 것은 六職은 모두 해당 관직이 독자적으로 일을 수행하여 의미가 멀리까지 미치지 못하기 때문이다. 그러므로 六典의 문장과 달리한 것이다.

○注'懷亦'至'所有' ○釋曰：敎典共其委積者, 大司徒下有遺人[1), 掌十里有廬[2), 廬有飮食之等, 故云"共委積"也. 云'司馬主九畿', 幷引'職方'者, 司馬直主九畿, 無貢物之事, 故引其屬職方也.

1) 遺人：地官의 속관으로, 救濟와 接待의 일을 관장한다.(〈地官 遺人〉 地-19-1 참조)
2) 廬：도로 연변에서 빈객을 맞이하는 숙사를 말한다.(〈地官 遺人〉 地-19-2 참조)

○注의 〔懷亦〕에서 〔所有〕까지

○釋曰：敎典에 의거하여 委積을 공급하는 것은 大司徒 아래에 遺人이 있어 10리마다 廬를 두고, 廬에 음식을 갖추어놓는 등의 일을 관장하기 때문이다. 그러므로 "委積을 공급한다."고 말한 것이다.

"司馬는 九畿를 주관한다."고 말하고, 아울러 職方氏를 인용한 것은 사마는 단지 구기만을 주관하고 貢物의 일이 없기 때문이다. 그러므로 그 속관인 직방씨를 인용한 것이다.

天-2-7

以官府之六聯으로 **合邦治**[1)하나니 **一曰祭祀之聯事**요 **二曰賓客之聯事**요 **三曰喪荒**[2)**之聯事**요 **四曰軍旅之聯事**요 **五曰田役之聯事**요 **六曰斂弛**(이)[3)**之聯事**라 **凡小事**에도 **皆有聯**니라

1) 以官府之六聯 合邦治：이는 〈天官 大宰〉의 八法 가운데 세 번째 '官聯'으로, '六聯'은 관련된 관직들과 연계하여 함께 직무를 수행하는 6가지의 법을 말한다.(〈天官 大宰〉 天-1-2 참조)
2) 喪荒：'喪'은 제후나 신하의 喪事를 말하고, '荒'은 흉년을 뜻한다.(〈天官 大宰〉 天-1-8 鄭玄의 注와 賈公彦의 疏 참조)
3) 弛(이)：余本·閩本·監本·毛本에는 모두 '弛'로 되어 있으나, 唐石經·宋本·嘉靖本에는 '弛'로 되어 있다. 阮元은 ≪經典釋文≫에서 "'斂弛'는 劉昌宗 本에는 '施'로 되어 있고 音은 '弛'이다. 杜子春은 '施'라고 하였다."라고 한 것을 근거로 經文은 본래 '斂施'이며, 두자춘이나 유창종이 근거로 삼을 만한 본이 있었을 것으로 추론하였다. 완원은 〈地官 小司徒〉, 〈地官 遂人〉, 〈地官 遂師〉, 〈地官 遂大夫〉, 〈地官 土均〉의 '施舍'에 대해서 鄭玄이 모두 "施는 弛의 뜻으로 읽는다.〔施讀爲弛〕"라고 注를 달았음을 적시하면서, 유창종이 음을 '弛'라고 한 것은 정현의 注를 따라서 읽은 것인데, 앎이 일천한 자들〔淺人〕이 이에 의거하

여 經文을 改易했을 뿐이라고 하였다.(北京大 整理本의 〈校勘記〉 참조)

〈小宰는〉 官府의 六聯 규정에 의거하여 〈大宰를 보좌하여 각 관부의 관리들을 모아서〉 왕국의 정무를 함께 수행하게 한다.

첫째는 祭祀를 거행할 때 다른 관직과 연계하여 함께 일을 처리하는 것이다. 둘째는 賓客을 접대할 때 다른 관직과 연계하여 함께 일을 처리하는 것이다. 셋째는 喪事나 凶年이 들었을 때 다른 관직과 연계하여 함께 일을 처리하는 것이다. 넷째는 군사와 관련된 일을 수행할 때 다른 관직과 연계하여 함께 일을 처리하는 것이다. 다섯째는 田獵이나 徒役에 관련된 일을 수행할 때 다른 관직과 연계하여 함께 일을 처리하는 것이다. 여섯째는 부세를 징수하거나 역역의 면제 대상을 파악할 때 다른 관직과 연계하여 함께 일을 처리하는 것이다.

무릇 작은 일에도 모두 연계하여 함께 처리하는 경우가 있다.

【注】 鄭司農云 大祭祀에 大宰는 贊玉幣하고 司徒는 奉牛牲[1)]하고 宗伯은 視滌濯 莅玉鬯 省牲鑊 奉玉齍(자)[2)]하고 司馬羞魚牲 奉馬牲[3)]하고 司寇奉明水火[4)]요 大喪에 大宰는 贊贈玉含玉[5)]하고 司徒는 帥六鄕之衆庶하여 屬(촉)其六紖[6)]하고 宗伯은 爲上相[7)]하고 司馬는 平士大夫[8)]하고 司寇는 前王[9)]하니 此所謂官聯이라 杜子春은 弛讀爲施이라 玄謂荒政弛力役하고 及國中貴者賢者 服公事者老者疾者는 皆舍하여 不以力役之事라 奉牲者는 其司空奉豕與인저

1) 司徒奉牛牲 : 〈地官 大司徒(地-1-25)〉에서 "五帝를 제사 지낼 때, 소의 희생을 받들어 올리고, 뼈마디에 따라 자른 소의 몸체를 올린다.〔祀五帝 奉牛牲 羞其肆〕"고 하였다.

2) 視滌濯……奉玉齍(자) : 大天神 · 大人鬼 · 大地祇의 제사를 거행할 때의 의절을 말한 것이다. '玉鬯'은 울창주를 땅에 뿌려 降神을 할 때 사용하는 圭瓚을 말한다. 형태는 술국자〔勺〕와 유사하고, 손잡이 부분을 圭로 만든다. '牲鑊'은 희생을 삶는 가마솥을 말한다. '玉齍'는 기장밥을 담는 玉으로 만든 밥그릇을 말한다.(〈春官 大宗伯〉 春-1-49 참조)

3) 司馬……奉馬牲 : 大祭祀 · 饗禮 · 食禮를 거행할 때의 의절을 말한 것이다. 大祭祀는 天地와 宗廟의 제사를 말한다. 그러나 〈夏官 大司馬(夏-1-57)〉의 경문에는 '羞牲魚'라고 하여 '奉馬牲'은 보이지 않는다. 다만 〈春官 小宗伯(春-2-8)〉 賈公彦의 疏에서는 大司馬의 속관으로 羊人이 있고, 또 校人이 말을 관장하는 것을 근거로 羊牲과 馬牲을 올리는 것으로 해석한 것이다.

4) 司寇 奉明水火 : '明水'는 玄酒를 가리킨다. 상고시대에는 술이 없어서 각종 예제 의식에 물로 술을 대신하였는데, 그 물이 검은빛을 띠었기 때문에 '玄酒'라고 한다. 술이 등장한

후에도 물을 넣은 술동이를 진설했는데, 근본을 잊지 않고 질박함을 숭상하는 뜻이다. '明火'는 환하게 타오르는 횃불을 뜻한다. '明水'는 울창주와 五齊를 배합할 때 사용하고, '明火'는 희생을 삶을 때 환하게 비추어주는 용도로 사용한다.

5) 贊贈玉含玉 : '贈玉'은 하관을 한 후 무덤에 옥을 넣는 것을 말하고, '含玉'은 죽은 이의 입안을 채우는 것으로, 천자의 경우는 옥을 넣는다.(〈天官 大宰〉 天-1-24 경문 및 鄭玄의 注 참조)
6) 帥六鄕之衆庶 屬其六綍 : '衆庶'는 널을 실은 수레〔柩車〕를 매기 위해 동원된 六鄕의 徒 무리들이다. '綍'은 상여를 당기는 줄을 말한다.
7) 宗伯 爲上相 : 朝覲이나 會同을 할 때 大宗伯이 上相이 된다. '相'은 예의 진행을 도와서 주관하는 사람으로, 大宗伯은 卿이므로 가장 우두머리 '相'이 된다. 그러므로 '上相'이라 한다. 의례를 행할 때 나가서 빈객을 영접하는 경우 '擯'이라 하고, 들어와서 예를 도울 때는 '相'이라 한다.〔出接賓曰擯, 入詔禮曰相〕 따라서 '上相'을 '上擯'이라고도 한다.(〈春官 大宗伯〉 春-1-53 및 〈秋官 司儀〉 秋-54-1 鄭玄의 注 참조)
8) 司馬 平士大夫 : 大喪을 당했을 때, 大司馬가 士・大夫들을 '平'하는 것을 말한다. '平'은 직무와 위차를 바로잡는 것을 말한다.(〈夏官 大司馬〉 夏-1-58 鄭玄의 注 참조)
9) 司寇 前王 : 朝覲・會同 및 大喪을 당했을 때의 의절이다.(〈秋官 大司寇〉 秋-1-31 참조)

鄭衆은 말하였다. "大祭祀를 지낼 때 大宰는 왕을 도와 제후들이 진헌하는 옥과 속백〔玉幣〕을 받으며, 大司徒는 소의 희생을 받들어 올리며, 大宗伯은 제기 등을 깨끗이 씻었는지 살펴보고, 울창주를 땅에 뿌려 강신을 할 때 사용하는 圭瓚을 검사하여 살펴보고, 희생을 삶는 가마솥을 살피고, 기장밥을 담는 옥으로 만든 밥그릇을 받들어 올리며, 大司馬는 생선과 희생을 바치고 말의 희생을 받들어 올리며, 大司寇는 明水와 明火를 받들어 올린다. 大喪을 당했을 때 大宰는 嗣王을 도와 죽은 왕을 위해 贈玉과 含玉의 예를 행하며, 大司徒는 六鄕의 衆庶들을 이끌고서 6개의 상여 끈을 매며, 大宗伯은 上相이 되며, 大司馬는 士・大夫의 직무와 위차를 바로잡으며, 司寇는 앞에서 왕을 인도한다. 이것이 이른바 '官聯'이다."

杜子春은 '弛'는 '施(베풀다)'의 뜻으로 읽는다고 하였다. 나(鄭玄)는 생각건대, 흉년이 들었을 때의 구제 정책〔荒政〕은 力役을 느슨하게 하며, 國中의 존귀한 사람〔貴者〕・'현능한 사람〔賢者〕'・'公事에 복무 중인 사람〔服公事〕'・'노인〔老〕'・'질병에 걸린 사람〔疾者〕'에 이르러서는 모두 면제하여 力役의 일에 징발하지 않는다.

'희생을 받들어 올린다'는 것은 大司空의 경우 돼지의 희생을 받들어 올리는 것인 듯하다.

【疏】'以官府'至'有聯' ○釋曰：云'以官府之六聯, 合邦治'者, 謂官府之中有六事[1), 皆聯事通職, 然後國治得會合, 故云 "合邦治"也. ○'一曰祭祀之聯事'·'三曰喪荒之聯事', 此二者鄭注具, 以其二者顯著, 故特言之. ○'二曰賓客之聯事'者, 鄭雖不言, 案大宰 "大朝覲會同, 贊玉幣玉獻", 大司徒 "令野修道委積", 大宗伯 "朝覲會同, 則爲上相", 大司寇云 "凡朝覲會同, 前王", 唯大司馬不見有事, 司空又亡. ○'四曰軍旅之聯事'者, 以六軍軍將皆命卿[2), 田役[3)亦然, 且大司徒云 "大軍旅·大田役, 以旗致萬民." 大司馬云 "大師, 建大(태)常[4), 比軍衆", "中春, 教振旅[5)之事." ○'六曰斂弛之聯事'者, 竝大宰任九職·九貢·九賦, 司徒制貢, 小司徒令貢賦, 若通數小官, 則多矣. 云'凡小事, 皆有聯'者, 謂司關云 "掌國貨之節, 以聯門市"之類, 是也.

1) 六事：祭祀, 賓客, 喪荒, 軍旅, 田役, 斂弛의 6가지 일을 말한다.
2) 以六軍軍將皆命卿：'六軍'은 天子가 통솔하는 군대로, 1군은 12,500명으로 편성된다. '軍將'은 군중의 주장으로 모두 卿이 임명된다.(〈夏官 序官〉 夏-0-3 참조)
3) 田役：사냥을 위해 백성들을 사역시키는 것을 말한다. 孫詒讓에 의하면 徒役을 동원하여 사냥을 하는 것을 '田役'이라고 하고, 병사를 징발하는 것을 '師役'이라 한다.(≪周禮正義≫ 권2, 67쪽 참조)
4) 大(태)常：왕이 사용하는 깃발로서 정폭〔縿〕의 윗부분에 해와 달을 그리고, 그 아래와 깃발 가장자리의 장식〔旒〕에는 승천하는 용과 하강하는 용을 교차하여 그린다. '大旂'라고도 한다.(≪儀禮≫ 〈覲禮〉 鄭玄의 注 참조)
5) 振旅：본래는 전쟁을 마치고 군사를 수습하여 돌아오는 것을 말하는데, 이곳에서는 봄 사냥을 기회로 군사훈련을 하는 것이다.(〈夏官 大司馬〉 夏-1-24 鄭玄의 注 참조)

經의 〔以官府〕에서 〔有聯〕까지

○釋曰：〔以官府之六聯 合邦治〕 官府 안의 6가지 일은 모두 일을 연계하고 직무를 함께하는 것이니, 그러한 후에 왕국의 정무가 함께 수행될 수 있음을 말한 것이다. 그러므로 "왕국의 정무를 함께 다스린다."고 한 것이다.

○〔一曰祭祀之聯事 三曰喪荒之聯事〕 이 두 가지에 대해 鄭玄의 注에서 구체적으로 설명한 것은 그 두 가지는 현저한 것이기 때문이다. 그러므로 특별히 말한 것이다.

○〔二曰賓客之聯事〕 정현은 이에 대해 비록 설명을 하지 않았지만, 살펴보건대 〈天官 大宰(天-1-23)〉에서 "大會同을 기회로 朝覲의 예를 행할 때, 〈大宰는〉 왕을 도와서 제후들이 진헌하는 玉幣와 玉獻을 받는다."고 하였고, 〈地官 大司徒(地-1-27)〉에서 "〈遺人에게 명하여〉 四郊와 畿內의 도로를 닦고 연변에 委積을 준비해두어 〈빈객을 접대하도록

한다.〉"고 하였고, 〈春官 大宗伯(春-1-53)〉에서 "朝覲이나 會同을 할 때 〈대종백을〉 上相으로 삼는다."고 하였고, 〈秋官 大司寇(秋-1-31)〉에서 "무릇 조근이나 회동을 할 때 〈대사구는〉 앞에서 왕은 인도한다."고 하였다. 다만 〈夏官 大司馬〉에는 관련된 일이 보이지 않으며, 〈冬官 司空〉은 또 망실되었다.

○〔四曰軍旅之聯事〕 六軍의 軍將은 모두 卿을 임명하기 때문이니, 사냥을 위해 백성들을 사역시킬 때도 또한 마찬가지이다. 또 〈地官 大司徒(地-1-29)〉에서 "대규모 정벌이나 사냥을 할 때는 〈호랑이와 곰을 그려 넣은〉 깃발을 세우고 백성들을 소집한다."고 하였고, 〈夏官 大司馬(夏-1-49)〉에서 "大師는 〈병사들을 소집할 때 왕의〉 大常의 깃발을 세우고, 도착한 병사들의 인원을 점검한다."고 하였으며, 〈夏官 大司馬(夏-1-24)〉에서는 "中春에 군사훈련의 일을 가르친다."고 하였다.

○〔六曰斂弛之聯事〕 아울러 大宰는 九職·九貢·九賦를 담당하고, 司徒는 貢賦를 제정하고, 小司徒는 貢賦를 납부하도록 명한다. 만약 작은 관직까지 통틀어 헤아리면 이러한 사례가 매우 많다.

〔凡小事 皆有聯〕 〈地官 司關(地-38-1)〉에서 "〈司關은〉 국경을 통과하는 화물의 璽節(印章)을 검사하는 일을 관장하는데, 司門·司市와 연계하여 한다."고 한 것이 그러한 것이다.

○注'鄭司'至'豖與' ○釋曰：司農雖解祭祀及大喪二事, 皆不言司空, 司空亡故也. 大祭祀, 唯大宰尊, 不奉牲. 宗伯不言奉雞, 司馬直言奉馬, 不兼言奉羊, 司寇不言奉犬, 皆略不言可知. 〔云〕[1]'杜子春(引)〔弛〕[2]讀爲施'者, 若依施, 施是施惠事, 不必連〔斂〕[3], 若爲弛, 則於事廣矣. 故後鄭不從之. '玄謂荒政弛力役'者, 此經'(二)〔三〕[4]曰喪荒', 荒, 謂年穀不熟, 大司徒有荒政十二, 其中"四曰弛力." 弛力役謂稟人"(歲)[5]不能人二釜, 則令移民就穀", 是時弛力役也. 鄕大夫云 "國中貴者", 謂有官爵者, "賢者", 謂有德行者, "服公事者", 謂若庶人在官者, "老", 謂國中六十者, "疾者", 謂癈疾不堪役者, 皆舍, 不以力役之事也. 云'奉牲者, 其司空奉豖與'者, 司空雖亡, 案五行傳[6]云 "聽之不聰, 時則有豖禍"[7], 豖屬北方. 又說卦云 "坎爲豖", 是豖屬水. 故知司空奉豖. 無正文, 故云'與', 以疑之也.

1) 〔云〕 : 저본에는 '云'이 없으나, 上海古籍 整理本에 의거하여 보충하였다.
2) (引)〔弛〕 : 저본에는 '引'으로 되어 있으나, '引'은 '弛'의 잘못이라는 浦鏜의 설에 의거하여 바로잡았다.(阮元의 〈校勘記〉 참조)
3) 〔斂〕 : 저본에는 '斂'이 없으나, '連' 다음에 '斂'이 있어야 한다는 阮元의 說에 의거하여 바로잡았다.(阮元의 〈校勘記〉 참조)

4) (二)〔三〕 : 저본에는 '二'로 되어 있으나, 經文에 '三曰喪荒之聯事'라고 한 것에 의거하여 바로잡았다.
5) (歲) : 저본에는 '歲'가 있으나, 〈地官 廩人(地-71-4)〉의 경문에 의거하여 衍字로 처리하였다.
6) 五行傳 : 漢나라 때 劉向, 劉歆 부자가 찬술한 것으로 오늘날에는 망실되어 전하지 않는다.
7) 聽之不聽 時則有豕禍 : 돼지의 괴이함이 사람에게 災禍를 끼치기 때문에 '豕禍'라고 한다. ≪後漢書≫ 〈五行志〉에 "≪五行傳≫에 사람의 말을 분명하게 듣지 못한 것, 이것을 '일을 도모하지 못한다.〔不謀〕'라고 하니, 그 咎徵은 다급한 것이고, 그 罰은 항상 추운 것이고, 그 六極에서는 빈곤함이다. 때때로 鼓妖가 일어나고, 때때로 魚孽이 일어나고, 때때로 豕禍가 일어나고, 때때로 耳痾가 일어나고, 때때로 黑眚과 黑祥이 나타난다. 이러한 것들은 火의 기운이 水의 기운을 손상시킨 것이다.'라고 하였다.〔傳曰 聽之不聽 是謂不謀 厥咎急 厥罰恒寒 厥極貧 時則有鼓妖 時則有魚孽 時則有豕禍 時則有耳痾 時則有黑眚黑祥 惟火沴水〕"라고 하였다. 鄭玄은 "돼지〔豕〕는 가축 가운데 우리 안에 살면서 〈사람의 말을〉 듣는 것이다. 〈五事에서는〉 聽에 속한다.〔豕 畜之居閑韂而聽者也 屬聽〕"고 하였다.(≪後漢書≫ 〈五行志〉 劉昭의 注) '六極'은 극도에 도달한 6가지 흉악한 일로서, 첫째는 흉함을 만나 단명하거나 요절하는 것이고〔凶短折〕, 둘째는 질병에 걸리는 것이고〔疾〕, 셋째는 우환을 만나는 것이고〔憂〕, 넷째는 재물에 곤궁한 것이고〔貧〕, 다섯째는 악한 것이고〔惡〕, 여섯째는 나약한 것이다〔弱〕.(≪尙書正義≫ 〈洪範〉) 또 ≪漢書≫ 〈五行志〉에서는 "≪周易≫에서 坎卦는 돼지〔豕〕이다. 돼지는 귀가 크지만 밝게 살펴서 듣지 못하니, 聽氣가 훼손되었기 때문이다. 그러므로 豕禍가 일어나는 것이다.〔于易 坎爲豕 豕大耳而不聰察 聽氣毁 故有豕禍也〕"라고 하였다.

○注의 〔鄭司〕에서 〔豕與〕까지

○釋曰 : 鄭衆이 비록 祭祀와 大喪 두 가지 일에 대해서 해설을 하면서도, 모두 大司空을 언급하지 않은 것은 〈冬官 司空〉이 망실되었기 때문이다. 大祭祀를 지낼 때, 오직 大宰만은 존귀하여 희생을 받들어 올리지 않는다. 大宗伯의 경우 닭의 희생을 받들어 올리는 것을 말하지 않았고, 大司馬의 경우 단지 말의 희생을 받들어 올리는 것만을 말하고 양의 희생을 받들어 올리는 것을 겸하여 말하지 않았고, 大司寇의 경우 개의 희생을 받들어 올리는 것을 말하지 않았으니, 모두 생략한 것임을 알 수 있다.

〔杜子春(引)〔弛〕讀爲施〕 만약 '施'자를 따른다면, '施(베풀다)'는 은혜로운 일을 베푼다는 뜻이니, 반드시 '斂(거두어들인다)'의 뜻과 이어지지는 않는다. 만약 '弛(느슨히 하다)'의 뜻으로 읽으면 일에 있어 의미가 폭넓다. 그러므로 鄭玄이 杜子春의 해석에 따르지 않은 것이다.

〔玄謂荒政弛力役〕 이곳 경문에서 '三曰喪荒'이라고 하였는데, '荒'은 한 해의 곡식이 익

지 않음을 뜻한다. 〈地官 大司徒(地-1-14)〉에는 흉년이 들었을 때의 구제 정책〔荒政〕으로 12가지를 들고 있는데, 그 가운데 "넷째가 力役의 면제〔弛力〕이다." '역역을 면제한다.'는 것은 〈地官 廩人(地-71-4)〉에서 "사람마다 매달 두 솥의 식사를 할 수 없으면, 백성들을 곡물을 많이 생산한 지역으로 옮기도록 한다."고 하였으니, 이것이 당시 역역을 면제하는 방법이었다.

〈地官 鄕大夫(地-4-2)〉에서 "國中의 존귀한 사람〔貴者〕"이라고 한 것은 官爵을 갖고 있는 사람을 가리키며, "현능한 사람〔賢者〕"이라 한 것은 德行이 있는 사람을 가리키며, "公事에 복무 중인 사람〔服公事〕"이라 한 것은 庶人으로서 관직에 있는 사람 등을 가리키며, "노인〔老〕"이라 한 것은 國中의 60세 된 사람을 가리키며, '질병에 걸린 사람〔疾者〕'이라 한 것은 몹쓸 병에 걸려서 역역을 감당하지 못하는 사람을 가리키니, 모두 면제해주어 역역의 일에 동원하지 않는 것이다.

〔奉牲者 其司空奉豕與〕〈冬官 司空〉은 비록 망실되었지만, 살펴보건대 ≪五行傳≫에서 "듣는 것이 분명하지 못하면 때때로 돼지〔豕〕의 異變이 있을 것이다."라고 하였으니, 돼지는 北方에 속한다. 또 ≪周易≫ 〈說卦傳〉 서 "坎은 돼지가 된다."고 하였으니, 돼지는 水에 속한다. 그러므로 大司空은 돼지의 희생을 받들어 올리는 것인데, 正文이 없기 때문에 '與(～인 듯하다)'라고 하여 의문을 둔 것이다.

天-2-8

以官府之八成[1)]으로 經邦治하나니 一曰聽政役以比居[2)]요 二曰聽師田以簡稽요 三曰聽閭里以版圖요 四曰聽稱責(채)以傳別이요 五曰聽祿位以禮命이요 六曰聽取予以書契요 七曰聽賣買以質劑(주)[3)]요 八曰聽出入以要會니라

1) 以官府之八成 : 이는 〈天官 大宰〉의 八法 가운데 다섯 번째 '官成'으로, '八成'은 관부의 관리들이 직무를 처리할 때 의거해야 할 8가지 成事와 品式을 말한다.(〈天官 大宰〉 天-1-2 참조)
2) 比居 : 정중은 '比居'의 '比'를 〈地官 大司徒(地-1-18)〉의 "五家爲比(5家로 比를 편성한다.)"라고 할 때의 '比(5家)'로, 아래의 '版'을 '戶籍'으로 각각 해석하여 구분하였다. 즉 정중은 '比'를 명사로 본 것이다. 그러나 吳廷華는 '比居'를 〈地官 小司徒(地-2-3)〉의 '比要'와 같은 것으로 해석하고, 인민의 명부를 등록한 호적을 조사하고 다시 거주민의 실제 수까지 검증하면 力役을 부과하는 일이 균평하게 될 것이라고 하였다. 또 孫詒讓은 '比'라는 명칭은 '校比'에서 생겨난 것으로, 인구수 및 그 재물을 검열하여 조사하는 것이라고 하였다. 매년 校比를 하고 3년마다 大比를 하는데, 모두 總要라는 명부에 기록한다. 여기에는 역역에 징발되

거나 면제되는 모든 사람이 등록되기 때문에 쟁송을 판결할 때 이것에 의거하는 것이라고 하였다. 따라서 손이양은 '比居'가 '五家比伍'에서 유래했다는 정중의 해석은 잘못이라고 비판하였다.(≪周禮正義≫ 권5, 169쪽 참조)

3) 劑(주) : 陸德明은 '劑'의 음은 子와 隨의 反切이라고 하였다.〔子隨反〕(≪經典釋文≫ 권8 〈周禮音義 上 天官冢宰〉 '大宰')

〈小宰는〉 官府의 八成 규정에 의거하여 〈大宰를 보좌하여〉 왕국의 정무를 다스린다. 첫째 부세나 요역을 둘러싼 쟁송은 거주민의 인구수와 재산〔比居〕에 의거하여 판결한다. 둘째 출병이나 전렵을 할 때의 인원과 병기는 병사의 수와 병기의 상태를 기록한 문서〔簡稽〕에 의거하여 점검한다. 셋째 마을에서 땅을 둘러싼 쟁송은 호적의 명부〔版〕와 토지의 지도〔圖〕에 의거하여 판결한다. 넷째 채무를 둘러싼 쟁송이 일어나면 채무이행 약속 문서〔傅別〕에 의거하여 판결한다. 다섯째 녹봉이나 위차를 둘러싼 쟁송은 禮籍에 규정된 九命의 등급〔禮命〕에 의거하여 판결한다. 여섯째 관부의 물품을 빌려서 취한 후 갚는 것과 관련한 쟁송은 증빙문서〔書契〕에 의거하여 판결한다. 일곱째 물건의 매매를 둘러싼 쟁송은 계약문서〔質劑〕에 의거하여 판결한다. 여덟째 관부 재물의 출납을 둘러싼 쟁송은 회계결산 문서〔要會〕에 의거하여 판결한다.

【注】鄭司農云 政은 謂軍政也요 役謂發兵起徒役也라 比居는 謂伍藉也니 比地爲伍하여 因內政寄軍令[1)]하니 以伍藉發軍起役者면 平而無遺脫也라 簡稽는 士卒兵器(薄)〔簿〕[2)]書니 簡猶閱也요 稽는 猶計也合也니 合計其士之卒伍[3)]하고 閱其兵器하여 爲之要(薄)〔簿〕也라 故遂人職曰 稽其人民하고 簡其兵器라하니라 國語曰 黃池之會[4)]에 吳陳其兵하니 〔行頭〕[5)]皆官師[6)]擁鐸拱稽라하니라 版은 戶藉이요 圖는 地圖也라 聽人訟地者는 以版圖決之니 司書職曰 邦中之版 土地之圖라하니라 稱責(채)는 謂貸(予)〔子〕[7)]요 傅別은 謂券書[8)]也니 聽訟責(채)者는 以券書決之라 傅는 傅著約束於文書요 別은 別爲兩하여 兩家各得一也라 禮命은 謂九賜[9)]也요 書契는 符書也라 質劑는 謂市中平賈니 今時月平[10)]이 是也라 要會는 謂計最之薄書[11)]니 月計曰要요 歲計曰會[12)]라 故宰夫職曰 歲終에 則令群吏正歲會하고 月終에 則令正月要라하니라 傅別은 故書에 作傅辨하니라 鄭大夫讀爲符別하고 杜子春讀爲傅別이라 玄謂政은 謂賦也니 凡其字를 或作政하고 或作正하고 或作征이로대 以多言之면 宜從征이니 如孟

子〔云〕交征利(云)[13]이라 傳別은 謂爲大手書於一札하고 中字別之라 書契는 謂出予受入之凡要[14]라 凡(薄)〔簿〕書之最目과 獄訟之要辭[15]를 皆曰契라 春秋傳曰 王叔氏不能擧其契[16]라하니라 質劑는 謂兩書一札하여 同而別之니 長曰質이요 短曰劑라 傳別質劑는 皆今之券書也니 事異하여 異其名耳라 禮命는 禮之九命之差等[17]이라

1) 比地爲伍 因內政寄軍令 : '比'는 5家로 편성되는 향촌의 행정단위 체계이고, '伍'는 5인으로 伍를 편성하는 군사조직 체계이다. 鄭衆은 이러한 행정단위 체계 즉 內政을 그대로 군사조직체계 즉 軍令으로 전환시키는 것으로 해석한 것이다.

2) (薄)〔簿〕: 저본에는 '薄'로 되어 있으나, 婺本·建本·岳本에 모두 '簿'로 되어 있는 것에 의거하여 바로잡았다.(上海古籍 整理本의 〈校勘記〉 참조) 아래도 같다.

3) 卒伍 : 5인을 伍로 편성하고, 100인을 卒로 편성하는 군대의 편제 단위이지만, 여기서는 각급의 군사조직을 의미한다.

4) 黃池之會 : 黃池는 오늘날 河南省 新鄉市 封丘縣 서남쪽 20리 三姓莊 북쪽에 있다. 黃亭이라고도 한다. 魯나라 哀公 13년(B.C. 482)에 吳王 夫差가 이곳에서 晉·魯·宋과 會盟하였는데 이를 '黃池之會'라고 한다.

5) 〔行頭〕: 저본에는 이 두 글자가 없으나, ≪國語≫ 〈吳語〉에 의거하여 보충하였다.

6) 官師 : ≪國語≫ 〈吳語〉의 韋昭 注에서는 10행렬을 嬖大夫 한 사람이 이끌기 때문에 1行의 우두머리는 士가 되어야 한다고 하였고, ≪禮記≫ 〈祭法〉에 "官師는 1묘를 세운다.〔官師一廟〕"고 한 것에 대해 鄭玄의 注에서는 "官師는 中士·下士이다."라고 하였다.

7) (予)〔子〕: 저본에는 '予'로 되어 있으나, 賈公彦의 疏에서 '責謂貸子'라고 했으므로 '子가 되어야 한다는 阮元의 說'에 의거하여 바로잡았다.(阮元의 〈校勘記〉 참조)

8) 券書 : 孫詒讓에 의하면 '券書'는 증빙문서의 총칭으로, 質劑·傳別·書契를 모두 '券書'라고 한다. ≪說文解字≫ 刀部에서 "券은 契이다. '券'의 의미는〉 刀를 따르고, 𢍏(권)은 '券'의 발음 부분이다. 계약〔券別〕의 문서이다. 칼로 그 가장자리를 나누어서 표시하기 때문에 契券이라고 한다.〔券 契也 從刀𢍏聲 券別之書 以刀判契其旁 故曰契券〕"라고 하여 '券'과 '契'를 동일한 것으로 파악한다.(≪周禮正義≫ 권5, 171쪽 참조)

9) 九錫 : 천자가 제후나 공훈을 세운 대신에게 내려주는 9가지의 기물을 말한다. ≪春秋公羊傳≫ 莊公 원년 조에 대한 何休의 注에서는 ① 車馬(검은 말과 황색 말 두 마리가 끄는 황금으로 장식한 大輅와 무장한 小輅), ② 衣服(천자의 의복, 곤룡포·면류관·붉은 신), ③ 樂縣(악기걸이에 걸려 있는 鐘·磬, 천자의 음악), ④ 朱戶(붉은 대문을 한 붉은 저택), ⑤ 納陛(천자의 계단, 신을 신고 천자의 궁중에 들어갈 수 있는 권한), ⑥ 虎賁(300명의 호위군사인 虎賁軍), ⑦ 宮矢(한 벌의 붉은색 활·100개의 붉은 화살·한 벌의 검은색 활·1,000개의 붉은 화살), ⑧ 斧鉞(천자의 金鈇와 銀鉞), ⑨ 秬鬯(천자의 祭器, 검은 수수로 빚은 술과 옥으로 만든 祭器)의 9가지를 들고 있다.

10) 月平 : 매달 시장의 물가를 조절하여 정하는 것을 말한다. 孫詒讓에 의하면 '月平'은 漢나라 때 매달 시장의 물가를 평가하여 정하는 것으로, 淸나라 때 朔望에 長落(물가의 오름과 내림)을 정하는 것과 같다. '月平價'라고도 한다. ≪漢書≫ 〈食貨志〉에 의하면 王莽은 司市에 명하여 항상 四時의 仲月(2월·5월·8월·11월)에 물품의 상·중·하의 가격을 정하여 각각 그 물가를 고르게 하였는데〔諸司市 常以四時中月 實定所掌 爲物上中下之賈 各自用爲其市平〕, 이것이 바로 '月平'이다.(≪周禮正義≫ 권5, 173쪽 참조)

11) 要會 謂計最之薄書 : 孫詒讓에 의하면, '計最'는 물건을 모두 모아서 그 名數를 계산하고 비교하는 것으로, 計最를 하면 그것을 기록한 문서 즉 薄書가 있게 된다. 그러한 문서를 '要會'라고 한다. 즉 '요회'는 회계결산 문서의 뜻이 된다.(≪周禮正義≫ 권5, 174쪽 참조)

12) 月計曰要 歲計曰會 : 한 달 동안의 회계는 분량이 적어서 그 큰 줄기와 요점만 기록하기 때문에 '要'라고 하고, 한 해 동안의 회계는 분량이 많아서 모두 모아서 비교 검토하기 때문에 '會'라고 한다.(≪周禮正義≫ 권5, 174쪽 참조)

13) 〔云〕交征利(云) : 저본에는 '云'이 '利' 다음에 있으나, '交' 앞에 있는 것이 문맥에 맞는 것으로 판단하여 바로잡았다.

14) 書契 謂出予受入之凡要 : 물건이 오고갈 때는 문서로 그 내역을 요약하는데, 符券(符信)에 쓰거나 符書(장부)에 기록하기도 하니 모두 '書契'라고 한다. 두 가지 문서를 모두 '凡要'라고 한다. 각 관부에서 府藏(창고)을 담당하는 관리는 물건을 꺼내어 다른 사람에게 주거나 물건이 들어와서 그것을 받아 창고에 저장할 때 그러한 凡要를 만든다. 이것을 '물건을 꺼내어 받아서 창고에 넣을 때의 회계결산 문서〔出予受入之凡要〕'라고 한다. 書契와 要會의 차이점은 '서계'는 아직 물건을 주거나 받거나 하기 이전에 미리 그 숫자를 정해서 符信으로 삼는 것이고, '요회'는 이미 물건이 나가거나 물건이 들어온 이후에 그 숫자를 총 계산하여 서계와 대조하여 확인하는 것이다.(≪周禮正義≫ 권5, 176쪽 참조)

15) 獄訟之要辭 : 심문 과정에서 진술한 내용을 요약한 증빙문건을 '要辭'라고 한다. 양쪽의 요사를 대조하여 시비를 따지고 그것을 토대로 옥송을 판결한다.

16) 王叔氏不能擧其契 : 瑕禽이 그 증거를 따져 묻자, 王叔氏의 家宰는 답변을 할 수 없어서 자신의 '契' 즉 要辭를 거론하지 못하였다.(아래 疏와 ≪春秋左氏傳≫ 襄公 10년 조 참조)

17) 禮命 禮之九命之差等 : 禮命은 국가의 禮籍과 왕의 策命에 따라서 제후나 공을 세운 대신에게 내려주는 一命에서 九命까지의 命官을 말한다.

鄭衆은 말하였다.

"'政'은 軍政을 뜻하고, '役'은 병사를 징발하고 徒役을 소집하는 것을 뜻한다. '比居'는 伍藉을 말한다. 인근 지역에 거주하는 사람으로 伍(5인)를 편성하고 內政을 이용하여 軍令을 내리는 것이니, 伍藉에 의거하여 軍士를 징발하고 徒役을 소집하면 공평하여 빠뜨

傳別木簡

림이 없게 된다. '簡稽'는 士卒과 兵器를 기록한 簿書(관부의 문서)이다. '簡'은 閱(점검하다)과 같고, '稽'는 計(계산하다), 合(합하다)과 같으니, 그 士의 卒伍를 합하여 계산하고, 그 병기를 점검하여 要簿(簿書)를 만드는 것이다. 그러므로 〈地官 遂人(地-40-2)〉에서 '그 지역 인민들의 수를 조사하고, 그 병기를 점검한다.'고 한 것이다. ≪國語≫ 〈吳語〉에서 '黃池의 회맹에서 吳나라가 그 병사들을 포진시켰는데, 행렬의 우두머리는 모두 官師로서 방울을 품에 안고 군사의 명부를 손에 잡았다.'고 하였다. '版'은 戶籍이고, '圖'는 地圖이다. 땅을 둘러싼 사람들의 쟁송을 판결할 경우는 호적과 지도〔版圖〕를 가지고 결정한다. 〈天官 司書(天-39-1)〉에서 '王國 안의 호적〔版〕과 땅의 지도〔圖〕를 관장한다.'고 하였다. '稱責'는 빌려주고 이자를 받는 것을 말한다. '傳別'은 계약문서〔券書〕를 말한다. 채무를 둘러싼 쟁송을 판결할 때는 계약문서를 가지고 결정한다. '傅'는 계약을 문서에 기록하는 것이고, '別'은 따로 두 개를 만들어서 두 집안이 각각 하나씩 갖는 것이다. '禮命'은 九賜을 말한다. '書契'는 符書이다. '質劑'는 시장에서 물가를 균평하게 조절하는 것이니, 오늘날의 月平이 그것이다. '要會(회계결산 문서)'는 회계의 개요를 기록한 문서이니, 매달의 회계결산 문서를 '要'라고 하고, 매년의 회계결산 문서를 '會'라고 한다. 그러므로 〈天官 宰夫(天-3-11)〉에서 '연말이 되면 속관들로 하여금 한 해 동안의 회계결산 문서를 총괄하여 정리하게 하고, 월말이 되면 한 달 동안의 회계결산 문서를 정리하게 한다.'고 한 것이다."

'傳別'은 故書에 '傅辨'으로 되어 있다. 鄭大夫(鄭興)는 '符別'의 뜻으로 읽었고, 杜子春은 '傅別'의 뜻으로 읽었다. 나(鄭玄)는 생각건대, '政'은 賦를 가리킨다. 무릇 그 글자는 혹 '政'으로 되어 있기도 하고, 혹 '正'으로 되어 있기도 하고 혹 '征'으로 되어 있기도 하지만, 많이 사용하는 것으로 말한다면 마땅히 '征'의 글자를 따라야 하니, ≪孟子≫ 〈梁惠王上〉에서 "交征利(서로 이익을 취하다.)"라고 한 것과 같은 것이다. '傅別'은 하나의 木札에 크게 친필로 써서 글자의 가운데를 잘라 나눈 것을 말한다.

'書契'는 물건을 꺼내어 주거나 받아서 창고에 넣을 때의 회계결산 문서〔凡要〕이다. 무릇 簿書의 내용을 총괄한 주요 항목〔最目〕과 獄訟의 진술을 요약한 증빙문건〔要辭〕을 모두 '契'라고 한다. ≪春秋左氏傳≫ 襄公 10년 조에서 "王叔氏는 그 契를 거론할 수 없었다."고 하였다.

'質劑'는 하나의 木札에 두 개의 글을 써서 똑같은 글을 나누어 갖는 것이니, 긴 것을 '質'이라 하고 짧은 것을 '劑'라고 한다.

傳別과 質劑는 모두 오늘날의 券書이니, 만드는 방식이 달라서 그 명칭을 달리했을 뿐이다.

'禮命'은 禮籍에 규정된 九命의 등급이다.

【疏】'以官'至'要會' ○釋曰 : 以官府之中有八事, 皆是舊法成事品式, 依時而行之, 將此八者, 經紀國之治政, 故云"經邦治"也. ○'一曰聽政役以比居'者, 八事皆聽者, (舊)〔民〕[1]事爭訟, 當斷之也. 政謂賦稅, 役謂使役, 民有爭賦稅使役, 則以地比居者共聽之. ○'二曰聽師田以簡稽'者, 稽, 計也, 簡, 閱也, 謂師出征伐及田獵, 恐有違法, 則當閱其兵器與人, 竝筭足否. ○'三曰聽閭里以版圖'者, 在六鄕則二十五家爲閭, 在六遂則二十五家爲里, 閭里之中, 有爭訟, 則以戶籍之版・土地之圖, 聽決之. ○'四曰聽稱責以傳別'者, 稱責, 謂擧責生子, 彼此俱爲稱意, 故爲稱責, 於官於民俱是稱也. 爭此責者, 則以傳別券書決之. ○'五曰聽祿位以禮命'者, 謂聽時以禮命(之)其人〔之〕[2]策書之本, 有人爭祿之多少, 位之前後, 則以禮命文書聽之也. ○'六曰聽取予以書契'者, 此謂於官直貸不出子者, 故云"取予." 若爭此取予者, 則以書契券書聽之. ○'七曰聽賣買以質劑'者, 質劑謂券書. 有人爭市事者, 則以質劑聽之. ○'八曰聽出入以要會'者, 歲計曰會, 月計曰要, 此出入者, 正是官內自用物. 有人爭此官物者, 則以要會(薄)〔簿〕書聽之.

1) (舊)〔民〕: 저본에는 '舊'로 되어 있으나, 監本・毛本・殿本에 모두 '民'으로 되어 있는 것이 의거하여 바로잡았다.(上海古籍 整理本의 〈校勘記〉 참조)

2) 命(之)其人〔之〕: 저본에는 '之'가 '命' 다음에 있으나, '其人'의 다음에 있어야 한다는 浦鏜의 설에 의거하여 바로잡았다.(阮元의 〈校勘記〉 참조)

經의 〔以官〕에서 〔要會〕까지

○釋曰 : 官府 안의 8가지 일은 모두 舊法의 成事・品式이니, 상황에 알맞게 시행한다. 이 8가지를 가지고 왕국의 治政을 다스린다. 그러므로 "왕국의 정무를 다스린다."라고 한 것이다.

○〔一曰聽政役以比居〕 8가지 일에 대해서 모두 '聽(처리한다)'이라고 한 것은 民事의 爭訟은 마땅히 판결해야 하기 때문이다. '政'은 賦稅를 뜻하고, '役'은 使役을 뜻하니, 백성들 사이에 賦稅와 使役을 둘러싼 쟁송이 일어나면 그 지역 거주민의 인구수와 재산을 함

께 조사하여 판결한다.

○〔二曰聽師田以簡稽〕 '稽'는 계산한다〔計〕는 뜻이고, '簡'은 점검한다〔閱〕는 뜻이니, 군대가 출병하여 정벌을 하거나 사냥을 할 때 혹 위법이 있을 수 있으니, 마땅히 그 병기와 사람을 점검하여 모두 합당한지를 헤아려보아야 함을 말한 것이다.

○〔三曰聽閭里以版圖〕 六鄕에서는 25家로 閭를 편성하고, 六遂에서는 25家로 里를 편성하니, 閭와 里 안에서 爭訟이 일어나면 戶籍의 명부와 土地의 지도를 가지고 판결하여 결정한다.

○〔四曰聽稱責以傅別〕 '稱責'는 돈이나 재물을 빌려주고 이자를 받는 것을 말하니, 이쪽과 저쪽이 모두 저울질〔稱〕하는 뜻이 된다. 그러므로 '稱責'라고 한 것이니, 官과 民에서 모두 저울질을 하는 것이다. 이 채무를 둘러싸고 다툼이 일어나면 계약문서를 가지고 판결한다.

○〔五曰聽祿位以禮命〕 당시 禮로 그 사람을 명한 策書의 책에 의거해서 판결하는 것을 말하니, 사람들이 봉록의 많고 적음과 위차의 앞뒤를 둘러싸고 다툼이 일어나면, 禮命의 문서를 가지고 판결한다.

○〔六曰聽取予以書契〕 이는 관부에서 단지 빌려주고 이자를 받지 않는 경우를 말한 것이다. 그러므로 "빌려서 취한 후에 갚는다."라고 말한 것이다. 만약 이 빌린 후에 갚는 것을 둘러싸고 다툼이 일어나면 증빙문서를 가지고 판결한다.

○〔七曰聽賣買以質劑〕 '質劑'는 계약문서〔券書〕를 말한다. 사람들이 매매하는 일과 관련하여 다툼이 일어나면 계약문서를 가지고 판결한다.

○〔八曰聽出入以要會〕 매년의 회계결산 문서를 '會'라고 하고, 매달의 회계결산 문서를 '要'라고 한다. 이곳의 '관부 재물의 출납〔出入〕'은 바로 관부 내에서 스스로 사용하는 물건을 가지고 말한 것이다. 어떤 사람이 이 관부의 물건을 가지고 다투는 경우 회계장부를 가지고 판결한다.

○注'鄭司'至'差等' ○釋曰：'政, 軍政', 後鄭不從者, 若軍政 自在大司馬聽之, 何得在此乎. 云'比居謂伍籍也'者, 卽司徒職"五家爲比", 出軍卽五人爲伍. 云'因內政寄軍令'者, 謂在家, 五家爲比, 五比爲閭, 四閭爲族, 五族爲黨, 五黨爲州, 五州爲鄕. 若出軍, 則家出一人, 則還五人爲伍, 是一比長, 還爲伍長領之. 二十五人爲兩, 是一閭, 閭胥[1] 卽爲兩司馬[2]領之. 以此言之, 至一鄕出一軍, 軍將還是鄕大夫爲之. 是因內政寄軍令. 此管子文. 彼云"作內政", 司農云"因內政"者, 讀字不同. 云'簡稽士卒・兵器(薄)〔簿〕'者, 士卒謂車別甲士三人, 步卒七十二人. 兵器謂弓矢・殳[3]・矛[4]・戈[5]・戟[6], 皆有

(薄)〔簿〕, 故引遂人以證之也. 云'國語曰 黃池之會'者, 吳語吳晉爭長, 吳人令曰 '伏(卜兵甲)〔服兵擐甲〕[7], 陳士卒百人, 爲徹行, 頭官師, 擁鐸拱稽', 名籍也. 先鄭爲計, 計謂據名籍計之, 義合, 故引之也. 云'版戶籍'者, 後鄭下注亦云 "鄕戶籍." 圖, 謂民之地圖, 故引司書版圖以證之. 云'責謂貸子'者, 謂貸而生子者, 若今擧責(채), 卽地官泉府職云 "凡民之貸者, 以國服爲之息." 若近郊民貸, 則一年十一生利之類, 是也. 云'傅, 傅著約束於文書. 別者, 各得其一', 二家別釋, 後鄭不從者, 名爲券書, 卽是傅著於文書可知. 後鄭傅・別二字, 共爲一事解之. 云'禮命, 謂九賜也'者, 後鄭不從者, 九賜之言, 出自禮緯含文嘉. 八命已上, 乃有九賜. 此所聽斷, 何得取八命已上解之. 云'書契, 符書也'者, 謂官券符璽之書. 此據官予民物, 何得爲符璽之書解之. 故後鄭不從也. 云'質劑, 謂市中平賈, 今時月平, 是也', 後鄭不從者, 地官質人云 "大市曰質, 小市曰劑", 若今月平賈, 不合有兩名, 故不從也. 云'月計曰要, 歲計曰會'者, 官之出入, 有要會(薄)〔簿〕書計管, 故引宰夫證之也. 鄭大夫讀傅別爲符別, 後鄭不從. 又云'傅別故書作傅辨', 不從古書也. '玄謂政謂賦也', 賦則口率出泉, 且與役同文, 皆是(利)〔科〕[8]稅之事也. 云'凡其字, 或作政'者, 此經政役是也. '或作政'者, 其字或有作正字者. '或作征'者, 卽孟子云 "交征利"及鄕大夫云"皆征之", 是也. 云'征'處多, 故鄭從'征'也. '孟子交征利'者, 案孟子云 "孟子見梁惠王, 王曰'叟不遠千里而來, 亦將有以利吾國乎.' 對曰, '何必曰利. 亦有仁義而已矣.' 王則曰何以利吾國, 大夫曰何以利吾家, 士庶人曰何以利吾身, 上下交征利, 則國危矣." 引之以證征是口稅之法. 云'傅別, 謂爲大手書于一札, 中字別之'者, 謂於券背上, 大作一手書字, 札字中央破之爲二段, 別之. 云'書契, 謂出予受入之凡要'者, 此予則取予, 謂若泉府云 "凡賒(사)者, 祭祀無過旬日, 喪紀不過三月", 及旅師云 "春頒秋斂", 賒物, 後還無生利之事. '凡要', 亦是(薄)〔簿〕書也. 云'凡(薄)〔簿〕之最目, 獄訟之要辭, 皆曰契'者, (薄)〔簿〕書之(要)〔最〕[9]目曰契, 卽取予以書契, 是也. 獄訟之要辭曰契, 卽鄭引春秋傳者, 是也. 其春秋王叔氏事在襄十年. 彼云 "王叔陳生與伯輿爭政. 晉侯使士匄(개)平王室. 使王叔氏與伯輿合要, 王叔氏不能擧其契." 此卽獄訟之要辭曰契. 云'質劑, 謂兩書一札, 同而別之, 長曰質, 短曰劑'者, 案地官質人云 "大市曰質, 小市曰劑"[10], 鄭注 "大市, 人民馬牛之屬, 用長券. 小市, 兵器珍異之物, 用短券." 言'兩書一札同而別之'者, 謂前後作二券, 中央破之, 兩家各得其一, 背無手書字, 異於傅別. 故鄭云 "傅別・質劑, 皆今之券書也." 云'禮命, 禮之九命之差等'者, 謂若大宗伯

九儀[11), 從一命受職, 以至九命作伯, 差等有九, 是也.

1) 閭胥 : 1閭의 정사를 관할하는 小吏를 말한다.
2) 兩司馬 : 25명의 士兵을 관할하는 軍士를 말한다. 모두 中士이다.(〈夏官 序官〉 夏-0-3 참조)
3) 殳 : 杖에 속한다. 대나무나 나무로 만드는데, 8개의 모서리가 있고, 끝머리에는 원통형의 금속이 붙어 있으며, 칼날이 없다. 의장용으로 많이 사용된다.
4) 矛 : 긴 대나무나 나무 손잡이에 뾰족하고 폭이 넓은 양날의 창날을 부착한 병기이다. 양손으로 쥐고 직진하여 공격하면서 창날로 적을 찌른다. 殷周 시대에는 머리 부분을 청동으로 만들었는데, 漢나라 시대에는 鐵矛가 성행했다.
5) 戈 : 商나라에서 전국시대까지 성행한 병기인데, 秦나라 이후 점차 소멸되었다. 긴 대나무나 보통 나무로 된 손잡이에 청동제 날을 수직으로 부착한 병기로 전차전에 많이 사용되었다. 돌출된 부분을 '援'이라고 하는데, 援의 위아래가 모두 칼날이다. 옆으로 타격을 가하거나 갈고리를 사용하여 사람을 죽인다. 石戈, 玉戈 등이 있으며 대부분 禮儀의 용구나 明器로 사용된다.
6) 戟 : 戈와 矛를 합한 형태의 병기이다. 矛와 유사한 창끝 부분의 날을 '刺'라고 하고, 戈와 유사한 형태로 손잡이 방향과 수직으로 돌출한 날 부분을 '援'이라 한다. 살상력은 戈나 矛보다 강력하다.
7) (卜兵甲)〔服兵擐甲〕 : 저본에는 '卜兵甲'으로 되어 있으나, ≪國語≫ 〈吳語〉의 원문에 의거하여 '服兵擐甲'으로 바로잡았다.
8) (利)〔科〕 : 저본에는 '利'로 되어 있으나, 監本・毛本에 '科'로 되어 있는 것에 의거하여 바로잡았다.(阮元의 〈校勘記〉 참조)
9) (要)〔最〕 : 저본에는 '要'로 되어 있으나, 鄭玄의 注에 따라 '最'가 되어야 한다는 阮元의 說에 의거하여 바로잡았다.(阮元의 〈校勘記〉 참조)
10) 大市曰質 小市曰劑 : 〈地官 質人(地-28-2)〉의 경문 원문은 "大市以質 小市以劑"이다. '質劑'에는 긴 木札과 짧은 木札이 있는데, 긴 것을 '質'이라 하고, 짧은 것은 '劑'라고 한다. 人民・牛馬 등 커다란 매매〔大市〕를 할 때는 質로 증빙 문건을 삼고, 병기・진귀한 물건 등 작은 매매에는 劑로 증빙 문건을 삼는다.
11) 九儀 : 9등급의 命官에게 命을 수여하는 의식을 말한다.(〈春官 大宗伯〉 春-1-28 참조)

○注의 〔鄭司〕에서 〔差等〕까지

○釋曰 : 〈鄭衆이〉 "'政'은 軍政을 뜻한다."라고 해석하였는데, 鄭玄은 이를 따르지 않았다. 만일 軍政이라면 본래 大司馬가 처리할 것이니, 어떻게 이곳에 있을 수 있겠는가.

〔比居謂伍籍也〕 즉 〈地官 司徒(地-1-18)〉에서 "5家로 比를 편성한다."고 한 것이니, 군사를 낼 때는 곧 5인으로 伍를 편성한다.

〔因內政寄軍令〕 家의 경우는 5家로 比를 편성하고, 5比로 閭를 편성하고, 4閭로 族을 편성하고, 5族으로 黨을 편성하고, 5黨으로 州를 편성하고, 5州로 鄕을 편성한다. 군사를 출병시킬 경우는 1家에서 1인을 낸다. 그렇다면 또한 5인으로 伍를 편성하니, 이것이 1比長이며 또한 伍長의 통솔을 받는다. 25인으로 兩을 편성하니 이것이 1閭이며, 閭胥 즉 兩司馬의 통솔을 받는다. 이러한 식으로 말하면, 1鄕에서 1軍을 내는 데 이르러서는 軍將은 또한 鄕大夫가 맡는다. 이것이 '內政을 이용하여 軍令을 내린다.'는 것이다. 이는 ≪管子≫의 문장이다. 그곳에서는 "作內政"이라고 하였는데, 정중이 "因內政"이라고 한 것은 글자를 읽는 방식이 같지 않은 것이다.

〔簡稽士卒兵器簿〕 '士卒'은 수레당 甲士 3인, 步卒 72인을 말한다. '兵器'는 弓矢・殳・矛・戈・戟으로, 모두 기록해둔 장부〔簿書〕가 있다. 그러므로 〈地官 遂人(地-40-2)〉을 인용하여 증명한 것이다.

〔國語曰 黃池之會〕 ≪國語≫ 〈吳語〉에 의하면, 吳나라와 晉나라가 우두머리를 다투었는데, 吳人(夫差)이 명을 내리기를 '병기를 잡고 갑옷을 입으며 진을 치게 하였는데, 士卒 100인으로 한 줄이 되도록 편성하였다. 선두에 있던 官師는 방울을 품에 안고 稽를 움켜쥐었다.' 하였으니, 〈稽는〉 병사의 名籍이다. 정중은 '計'라고 해석했는데, '計'는 名籍에 의거하여 계산한다는 뜻이니, 의미가 부합한다. 그러므로 인용한 것이다.

〔版戶籍〕 정현은 아래 〈春官 大胥(春-23-1)〉의 注에서 또한 "〈版은〉 鄕의 戶籍이다."라고 하였다. '圖'는 백성의 地圖를 말한다. 그러므로 〈天官 司書(天-39-1)〉의 '版圖(호적과 지도)'를 인용하여 증명한 것이다.

〔責謂貸子〕 빌려주고 이자를 받는 것을 말하니, 오늘날의 '擧責'와 같은 것이다. 즉 〈地官 泉府(地-36-3)〉에서 "무릇 백성이 돈이나 재물을 빌려간 경우, 국가의 세율 규정에 따라 이자를 건는다."고 한 것이다. 예를 들면 近郊의 백성이 빌려간 경우 1년에 1/10의 이자를 건는 따위가 그것이다.

〔傅 傅著約束於文書 別者 各得其一〕 二家(정중과 정현)는 해석을 달리하였다. 정현이 정중의 해석을 따르지 않은 것은 〈'傅別'은〉 '券書(계약문서)'라고 칭하니, 곧 문서에 기록하는 것임을 알 수 있기 때문이다. 정현은 '傅'와 '別' 두 글자를 모두 한 가지 일(하나의 목찰에 쓰고 글자의 가운데를 잘라 나눈 것)로 해석한 것이다.

〔禮命 謂九賜也〕 정현이 〈정중의 해석〉에 따르지 않은 것은 '九賜'이라는 말은 ≪禮緯含文嘉≫에서 나왔기 때문이다. 八命 이상이어야 비로소 九賜을 받는다. 이곳에서 판결하여 처리하는 바가 어찌 八命 이상만을 대상으로 한 것으로 해석할 수 있겠는가.

〔書契 符書也〕〈정중은〉 인장〔符璽〕을 찍은 官券의 문서라고 말한 것이다. 이곳은 관부에서 백성들에게 물품을 주는 것에 의거한 것이니, 어찌 인장을 찍은 문서로 해석할 수 있겠는가. 그러므로 정현은 정중의 해석에 따르지 않았던 것이다.

〔質劑 謂市中平賈 今時月平 是也〕 정현이 정중의 해석에 따르지 않은 것은, 〈地官 質人(地-28-2)〉에서 "커다란 매매에는 質로 증빙문건을 삼고, 작은 매매에는 劑로 증빙문건을 삼는다."고 하였으니, 오늘날의 '月平賈'의 경우는 두 가지 명칭이 있을 수 없기 때문이다. 그러므로 따르지 않았던 것이다.

〔月計曰要 歲計曰會〕 관부의 물건을 출납할 때는 要會의 장부가 있어서 관리한다. 그러므로 〈天官 宰夫(天-3-11)〉의 문장을 인용하여 증명한 것이다. 鄭大夫(鄭興)는 '傅別'을 '符別'의 뜻으로 읽었는데, 정현은 이에 따르지 않았다. 또 〈정현이〉 "'傅別'은 故書에 '傅辨'으로 되어 있다."고 말한 것은 古書를 따르지 않은 것이다.

〔玄謂政謂賦也〕 '賦'는 인구수에 따라 화폐를 납부하는 것이며, 또 '役'과 동일한 문장 안에 사용되었으니, 모두 세를 부과하는 일이다.

〔凡其字 或作政〕 이곳 경문에 '政役'으로 되어 있는 경우가 그것이다. "혹 '政'으로 되어 있기도 하다."는 것은 그 글자가 혹 '正'으로 되어 있는 경우도 있다는 뜻이다. "혹 '征'으로 되어 있기도 하다."는 것은 곧 ≪孟子≫ 〈梁惠王 上〉에서 "交征利(윗사람과 아랫사람이 서로 이익을 취한다.)"라고 한 것과 〈地官 鄉大夫(地-4-2)〉에서 "皆征之(모두 요역을 징발한다.)"라고 한 것이 그것이다. '征'이라고 한 곳이 많다. 그러므로 정현은 '征'을 따랐던 것이다.

〔孟子交征利〕 살펴보건대, ≪맹자≫ 〈양혜왕 상〉에서 "맹자께서 梁나라 惠王을 만나셨다. 왕이 말했다. '노인장께서 천 리를 멀다 여기지 않고 오셨으니, 또한 장차 우리 나라를 이롭게 할 것이 있겠습니까?' 맹자께서 대답하셨다. '왕께서는 어찌 하필 이익을 말씀하십니까? 또한 仁義가 있을 뿐입니다. 왕께서 「어떻게 하면 내 나라를 이롭게 할 수 있을까?」라고 말씀하시면, 대부들은 「어떻게 하면 내 집안을 이롭게 할 수 있을까?」라고 말할 것이고, 士와 庶人들은 「어떻게 하면 내 몸을 이롭게 할 수 있을까?」라고 말하게 되어 윗사람과 아랫사람이 서로 이익을 취하려고 한다면 나라는 위태롭게 될 것입니다.'라고 하였다." 하였다. 이를 인용하여서 '征'이 丁口稅의 법임을 증명한 것이다.

〔傅別 謂爲大手書于一札 中字別之〕 券(증빙 문건) 뒤쪽에 크게 친필로 글자를 쓰고, 木札의 글자 가운데에서 잘라서 두 개를 만들어 나누어 갖는 것을 말한다.

〔書契 謂出予受入之凡要〕 이곳의 '予'는 취한 후에 준다〔取予〕는 뜻이니, 〈地官 泉府(地-36-2)〉에서 "무릇 외상으로 빌려서 취한 경우, 제사를 위해 빌렸다면 10일을 넘기지 않

고 갚아야 하며, 喪事를 위해 빌렸다면 3개월을 넘기지 않고 갚아야 한다."고 한 것과 〈地官 旅師(地-48-3)〉에서 "봄에 대여해주었다가 가을에 회수한다."고 한 것과 같은 것을 말하니, 외상으로 빌린 물건은 후에 갚을 때 이자를 내는 일이 없다. '凡要'는 또한 簿書이다.

〔凡簿之最目 獄訟之要辭 皆曰契〕 簿書의 내용을 총괄한 주요 항목〔最目〕을 '契'라고 한다는 것은 곧 〈經文의〉 '관부의 물품을 빌려서 취한 후 갚는 것과 관련한 쟁송은 書契(증빙문서)에 의거하여 판결한다.'고 한 것이 그러한 예이다. 獄訟의 진술을 요약한 증빙문건을 '契'라고 한다는 것은 곧 정현이 ≪春秋左氏傳≫을 인용한 것이 그러한 예이다. ≪춘추좌씨전≫에서 王叔氏에 관한 일은 襄公 10년 조에 실려 있다. 그곳에서 "王叔 陳生과 伯輿가 정권을 놓고 다투었다. 晉侯가 士匄를 보내어 王室의 분란을 평정시키자, 〈왕숙씨와 백여가 사개에게 소송을 제기하였다. 이에 사개가〉 왕숙씨와 백여로 하여금 〈각자의〉 要辭를 합쳐보게 하였지만, 왕숙씨는 그 契를 거론할 수 없었다."라고 하였다. 이것이 옥송의 진술을 요약한 증빙문건〔要辭〕을 '契'라고 한 예이다.

〔質劑 謂兩書一札 同而別之 長曰質 短曰劑〕 살펴보건대, 〈地官 質人(地-28-2)〉에서 "커다란 매매를 할 때는 '質'로 증빙문건을 삼고, 작은 매매를 할 때는 '劑'로 증빙문건을 삼는다."고 하였는데, 鄭玄의 注에서는 "커다란 매매란 인민(노비)이나 소·말 등의 거래로서 긴 증빙문건을 사용한다. 작은 매매란 병기나 진귀한 물건 등의 거래로서 짧은 증빙문권을 사용한다."고 하였다.

〔兩書一札同而別之〕 앞뒤로 2개의 증빙문건〔券〕을 만들고, 중앙에서 그것을 쪼개서 두 집안이 각각 그 하나씩을 갖는데, 뒤쪽에 친필 글자가 없는 것이 傅別과 다르다. 그러므로 정현은 "傅別과 質劑는 모두 오늘날의 券書(계약문서)이다."라고 했던 것이다.

〔禮命 禮之九命之差等〕 〈春官 大宗伯(春-1-28)〉의 '九儀'와 같은 것을 말하니, 관직을 받을 수 있는 一命에서 方伯을 맡을 수 있는 九命까지 9등급이 있는 것이 그것이다.

天-2-9

以聽官府之六計로 **弊群吏之治**[1]하나니 **一曰廉善**이요 **二曰廉能**이요 **三曰廉敬**이요 **四曰廉正**이요 **五曰廉灋**이요 **六曰廉辨**이라

1) 以聽官府之六計 弊群吏之治 : 이는 〈天官 大宰〉의 八法 가운데 여덟째 '官計'로, '六計'는 관리들을 평가하는 6가지의 기준을 말한다.(〈天官 大宰〉 天-1-2 참조)

〈小宰는〉 官府를 공평하게 다스리는 六計 규정에 의거하여 〈大宰를 보좌하여〉 관

리들의 치적을 평가한다.

첫째는 청렴하고 일을 잘하여 명성을 얻는 것이고〔廉善〕, 둘째는 청렴하고 행정능력이 뛰어난 것이고〔廉能〕, 셋째는 청렴하고 부지런한 것이고〔廉正〕, 넷째는 청렴하고 행실이 방정한 것이고〔廉敬〕, 다섯째는 청렴하고 법을 잘 지키는 것이고〔廉灋〕, 여섯째는 청렴하고 판단력이 뛰어난 것이다〔廉辨〕.

【注】 聽은 平治也니 平治官府之計有六事라 弊는 斷也니 既斷以六事하고 又以廉爲本이라 善은 善其事하여 有辭譽也요 能은 政令行也라 敬은 不解于位也요 正은 行無傾邪也라 法은 守法不失也요 辨은 辨然不疑惑也라 杜子春云 廉辨或爲廉端이라

'聽'은 공평하게 다스린다는 뜻이니, 관부를 공평하게 다스리는 기준에 6가지가 있다. '弊'는 판단하여 평가한다〔斷〕는 뜻이니, 이미 6가지로 평가했는데 또 청렴함을 근본으로 삼는다. '善'은 맡은 일을 잘 수행하여 칭찬과 名譽가 있는 것이다. '能'은 政令이 시행되는 것이다. '敬'은 지위에서 게을리 하지 않는 것이다. '正'은 행동에 기울거나 사악함이 없는 것이다. '法'은 법을 지켜서 잃지 않는 것이다. '辨'은 분명하여 의혹되지 않는 것이다. 杜子春은 "廉辨은 어떤 本에는 '廉端'으로 되어 있다."고 하였다.

【疏】 '以聽'至'廉辨' ○釋曰 : 言'六計, 弊群吏之治'者, 六計, 謂善・能・敬・正・法・辨, 六者不同, 既以廉爲本, 又計其功過多少而聽斷之, 故云"六計, 弊群吏之治"也.

經의 〔以聽〕에서 〔廉辨〕까지

○釋曰 : 〔六計 弊群吏之治〕 '六計'는 善・能・敬・正・法・辨을 말하는데, 6가지는 같지 않지만 이미 청렴함으로 근본을 삼고 또 그 공로와 과실의 정도를 헤아려서 평가하는 것이다. 그러므로 "6가지 기준으로 관리들의 치적을 평가한다."고 한 것이다.

○注'聽平'至'廉端' ○釋曰 : 云'皆以廉爲本'者, 此經六事, 皆先言廉, 後言善・能之等, 故知將廉爲本. 廉者, 絜不濫濁也. 云'善, 善其事, 有辭譽也'者, 謂有善事, 四方令聞辭譽也. 云'能, 政令行也'者, 謂雖無辭譽, 所行政令得行也. 云'敬, 不解于位也'者, 謂敬其職位, 恪居官次也. 云'正, 行無傾邪也'者, 以其行正直, 言公正無私也. 云'法, 守法不失也'者, 謂依法而行, 無有錯失也. 云'辨, 辨然不疑惑也'者, 謂其人辨然於事分明, 無有疑惑之事也. '杜子春云 廉辨或爲廉端'者, 經本或爲廉端, 後鄭不從者, 若爲端, 端亦正, 與廉正爲重, 故不從. 引之在下者, 不苟違之, 亦得爲一義故也.

○注의 〔聽平〕에서 〔廉端〕까지

○釋曰 : '〈善 · 能 · 敬 · 正 · 法 · 辨이〉 모두 청렴함을 근본으로 삼는다.'고 한 것은, 이 경문의 6가지는 모두 '청렴함〔廉〕'을 먼저 말했고, '일을 잘함〔善〕' · '행정능력〔能〕' 등을 뒤에 말했다. 그러므로 청렴함을 가지고 근본으로 삼는다는 것을 알 수 있다. '廉'은 깨끗하여 넘치거나 탁하지 않은 것이다.

〔善 善其事 有辭譽也〕 맡은 일을 잘 수행하여 사방으로 칭찬과 명예를 떨치게 하는 것을 말한다.

〔能 政令行也〕 비록 칭찬과 명예는 없지만 政令을 시행한 바가 잘 이루어진 것을 말한다.

〔敬 不解于位也〕 그 직무와 직위를 공경히 하여 삼가 관직을 잘 지킨 것을 말한다.

〔正 行無傾邪也〕 그 행동이 정직하고 말이 공정하여 사사로움이 없는 것을 말한다.

〔法 守法不失也〕 법에 의거하여 시행해서 착오나 실수가 없음을 말한다.

〔辨 辨然不疑惑也〕 그 사람이 일을 하는 데에 판단력이 뛰어나 일을 분명히 하여 의혹되는 일이 없음을 말한다.

〔杜子春云 廉辨或爲廉端〕 어떤 본의 경문에는 '廉端'으로 되어 있는데, 鄭玄이 이를 따르지 않은 것은 만약 '端'으로 하면 '端'은 또한 '正'의 뜻으로, '廉正'과 중복된다. 그러므로 따르지 않은 것이다. 〈'廉辨'을〉 끌어다 맨 아래에 둔 것은 진실로 어긋나지 않는 것이니, 또한 하나의 의리가 될 수 있기 때문이다.

天-2-10

以灋掌祭祀朝覲會同賓客之戒具하고 軍旅田役喪荒도 亦如之하니라

〈小宰는〉 禮法에 의거하여 祭祀 · 朝覲 · 會同 및 賓客을 접대할 때 〈백관들에게〉 필요한 기물을 갖추도록 고하여 경계시키는 일을 관장하며, 軍事 · 田獵과 徒役 · 喪事와 凶年에 관련된 일도 또한 이와 마찬가지 방식으로 한다.

【注】法은 謂其禮法也라 戒具는 戒官有事者所當共이라

'法'은 이 일들을 수행하는 각각의 禮法을 말한다. '戒具'는 백관들에게 일이 있을 경우 마땅히 공급해야 할 바를 고하여 경계시킨다는 뜻이다.

【疏】[1] ○注'法謂'至'當共' ○釋曰：言'禮法'，謂七者皆有舊法依行，若九式曰'祭祀之式.' 云'戒具，戒官有事所當共也'者，此七事在大宰八法中，'六曰官法'，彼在'八曰官計'上者，以其彼有數，故在上．此官法無數，故退在六計下也．

1)【疏】: 저본에는 '疏'가 없으나, 이전 【疏】 형식에 따라 보충하였다.
2) ○注……故退在六計下也 : 저본에는 '○' 이하 '六計下也'까지는 〈天官 小宰〉 天-2-11 賈公彦의 疏의 '故退之在下' 아래에 있다. 그러나 이 내용은 〈天官 小宰〉 天-2-10에 대한 賈公彦의 疏이므로 이곳으로 옮겨놓았다.

○注의 〔法謂〕에서 〔當共〕까지

○釋曰 : 〔禮法〕 일곱 가지에는 모두 舊法이 있어 의거하여 시행함을 말한 것이니, '九式(九賦의 규정에 의거하여 징수한 재화를 지출하는 9가지 법식)' 가운데 '祭祀의 式'과 같은 것이다.

〔戒具 戒官有事所當共也〕 이 일곱 가지 일은 〈天官 大宰(天-1-2)〉의 '八法' 가운데 '六曰官法(여섯째는 官法이다.)'에 있다. 저곳(〈天官 大宰(天-1-2)〉의 '八法')에서 〈'六曰官法'을〉 '八曰官計(여덟째는 官計이다.)'의 위에 둔 것은 저곳에는 〈六曰・八曰이라 하여〉 숫자가 있기 때문에 위에 둔 것이다. 이곳의 官法에는 숫자가 없기 때문에 물러나 '六計'의 아래에 기술해놓은 것이다.

天-2-11

七事者는 令百官府共其財用하고 治其施(이)舍[1)2)]하고 聽其治訟[3)]하니라

1) 治其施(이)舍 : 앞의 鄭玄의 注 '聽 平治也'에 대한 陸德明의 ≪經典釋文≫ 音注에서 "'治'는 본래 글자의 뜻으로 읽으니, 아래 문장 '治其弛舍'도 마찬가지이다."라고 하였듯이 육덕명은 이곳 경문의 '施'를 '弛'로 이해하였다. 또 阮元에 의하면, 경문에서 '施舍'라고 한 것에 대해 鄭玄의 注에서는 모두 '施'를 '弛'의 뜻으로 읽는 '讀爲'를 하였는데, 이곳의 주에서만 '讀爲'를 하지 않은 것은 이곳 경문은 본래 '弛'자로 되어 있었기 때문이라고 하였다. '讀爲'란 音이 서로 비슷한 글자로 바꾸는 것, 혹은 本字로 通假字를 해석한 것을 말한다.(阮元의 〈校勘記〉 참조)
2) 施(이)舍 : 力役을 면제해주는 것을 '弛舍'라고 한다. 〈地官 鄉師(地-3-2)〉 鄭玄의 注에서 "'施舍'는 마땅히 면제시켜 요역에 동원하지 않는 것을 말한다.〔施舍謂應復免不給傜役〕"고 하였다. 力役의 면제를 〈地官 大司徒(地-1-14)〉에서는 '弛'라고 하였고〔以荒政十有二聚萬民……四曰弛力〕, 〈地官 鄉大夫(地-4-2)〉에서는 '舍〔捨〕'라고 하였으니〔其舍者 國中貴者 賢者 能者 服公事者 老者 疾者皆舍〕, 겸해서 말하면 '弛舍'가 되는 것이다.(≪周禮正義≫ 권5, 180쪽 참조)

3) 治訟 : 孫詒讓은 '治'와 '訟'을 두 가지의 일로 해석하였다. '治'는 사건을 가지고 와서 자문과 변론을 구해서 소송 청구하는 단계, '訟'은 본격적으로 쟁송을 벌이는 단계라는 것이다.(≪周禮正義≫ 권5, 180쪽 참조)

〈이상의〉 일곱 가지 일은 각각의 관련된 官府들로 하여금 필요한 재물과 기물을 공급하게 하고, 力役의 면제 대상을 파악하고, 그들의 민원과 쟁송을 판단하여 처리하게 한다.

【注】七事는 謂先四와 如之者三也라 施(이)舍는 不給役者라 七事는 故書爲小事니 杜子春云 當爲七事요 書亦爲七事[1)]라

1) 七事……書亦爲七事 : 經文의 '七事'에 대해서 경문처럼 '七事'로 볼 것인가 아니면 '小事'로 볼 것인가를 둘러싼 쟁론은 분분하다. 杜子春은 '七事'가 되어야 한다고 했지만, 曾釗는 '小事'는 앞의 경문에서 '凡小事皆有聯(무릇 작은 일에도 모두 연계하여 함께 처리하는 경우가 있다.)'라고 했을 때의 '小事'로서, 제사·조근·회동·군사·전렵·상사·흉년에 해당하지 않는 일들이 모두 '小事'라고 하였고, 兪樾도 '七事'는 앞의 경문에서 그 조목을 분명하게 나열하였으므로(祭祀·朝覲·會同·賓客의 戒具, 軍旅, 田役, 喪荒의 七事) 단지 '令百官府共其財用'이라고만 말하면 충분한데, 굳이 다시 그것을 '七事'라고 지적할 필요는 없다고 하였다. 또 경문에도 이러한 사례는 전혀 없으며 따라서 故書에 의거하여 '小事'라고 해야 한다고 하였다. 孫詒讓도 앞의 경문에서 '官府의 六聯'으로서 ①祭祀, ②賓客, ③喪荒, ④軍旅, ⑤田役, ⑥斂弛를 들었는데 이것이 모두 '大事'이며 또 '小事皆有聯'이라고 하였으므로, 이곳의 경문과 완전히 일치한다고 하였다.(≪周禮正義≫ 권5, 180쪽 참조)

'七事'는 앞의 네 가지와 그와 마찬가지 방식으로 하는 세 가지를 말한다. '施舍'는 力役에 동원하지 않는 것을 말한다. '七事'는 故書에 '小事'로 되어 있다. 杜子春은 "마땅히 '七事'가 되어야 하니, 古書에도 또한 '七事'로 되어 있다."라고 하였다.

【疏】'以灋'至'治訟' ○釋曰 : 言'以法掌祭祀'已下七者, 皆是上六聯, 百官聯事通職者. 以其衆官共, 故經云"令百官府共其財用"也. 然六聯之中, 不言朝覲·會同者, 以彼賓客中可以兼之, 以其朝覲會同, 還是諸侯賓客之事. 此七事不言斂弛, 以其非七事中之大事, 故退之在下.

經의 〔灋至〕에서 〔治訟〕까지

○釋曰 : 〈경문(天-2-10)의〉 '以法掌祭祀' 이하 7가지는 모두 앞에서 말한 '六聯'으로서,

백관들이 일을 연계하고 직무를 함께하는 것이다. 뭇 관직들이 함께 일을 하므로 경문에서 "각각의 관련된 官府들로 하여금 필요한 재물과 기물을 공급하게 한다."고 말한 것이다. 그러나 '六聯' 중에서 '朝覲'과 '會同'을 말하지 않은 것은 저 '賓客' 가운데에 그것을 포함하고 있기 때문이며, 조근과 회동은 또한 제후와 빈객의 일이기 때문이다. 이 일곱 가지 일에서 '斂弛(역역의 면제)'를 말하지 않은 것은 일곱 가지 일 가운데 큰일이 아니기 때문이다. 그러므로 물러나 아래에 기술해놓은 것이다.

○注'七事'至'七事' ○釋曰：'七事, 先四', 謂從祭祀至賓客. 云'如之者三也'者, 從軍旅至喪荒也. 云'施舍, 不給役〔者〕[1]', 上'六聯'注引鄕大夫"國中貴者老者疾者服公事者", 是也. 云'七事, 故書爲小事'者, 與經不相當, 故杜子春從經爲正也.

1) 〔者〕：저본에는 '者'가 없으나, 閩本·監本·毛本에 '役' 아래에 '者'가 있는 것에 의거하여 바로잡았다.(阮元의 〈校勘記〉 참조)

○注의 〔七事〕에서 〔七事〕까지

○釋曰：'七事 가운데 앞의 네 가지는' '祭祀'에서 '賓客'까지를 말한다.

〔如之者三也〕 '軍旅'에서 '喪荒'까지를 말한다.

〔施舍 不給役者〕 앞의 '六聯' 조목의 鄭玄 注에서 〈地官 鄕大夫(地-4-2)〉의 "國中의 존귀한 사람〔貴者〕·현능한 사람〔賢者〕·公事에 복무 중인 사람〔服公事〕·노인〔老〕·'질병에 걸린 사람〔疾者〕"이라는 문장을 인용한 것이 그것이다.

〔七事 故書爲小事〕 경문의 '七事'와 서로 합치되지 않기 때문에 杜子春은 경문을 따라서 올바름을 삼은 것이다.

天-2-12

凡祭祀에 贊(王)〔玉〕[1]幣爵之事와 祼(관)將之事니라

1) (王)〔玉〕：저본에는 '王'으로 되어 있으나, 阮元의 說에 의거하여 '玉'으로 바로잡았다.(阮元의 〈校勘記〉 참조)

무릇 〈五帝·天地에〉 제사를 지낼 때 〈小宰는 大宰를 보좌하여〉 왕을 도와서 옥과 속백과 술잔〔爵〕 등의 예물을 올리고, 〈조상에 제사를 지낼 때〉 왕을 도와서 울창주를 따라 시동에게 올림으로써 祼禮를 행한다.

【注】 又從大宰助王也라 將은 送也니 祼送은 送祼이니 謂贊王酌鬱鬯以獻尸니 謂之祼은 祼之言灌也니 明不爲飮이요 主以祭祀라 唯人道宗廟有祼이요 天地大神은 至尊不祼하여 莫稱焉이라 凡鬱鬯受하여 祭之 啐(쵀)之 奠之라

또한 〈小宰가〉 大宰를 수종하여 왕을 돕는 것이다. '將'은 보낸다〔送〕는 뜻이니, '祼送'은 祼禮의 술을 보내는 것으로, 왕을 도와서 울창주를 따라 시동에게 올리는 것을 가리킨다. 그것을 '祼(관례)'이라고 하는 것은 '祼'이 '물을 붓다〔灌〕'는 뜻이니, 마시기 위한 것이 아니라 제사 지냄을 위주로 한다는 뜻을 밝힌 것이다. 오직 인간의 도리로서 宗廟의 제사에만 祼禮를 행하는 것이요, 天地의 大神은 지극히 존귀하여 祼禮를 행하지 못하니, 〈그 존귀한 덕에〉 걸맞지 않기 때문이다. 〈그 의식은〉 무릇 〈시동이〉 울창주를 받아서 〈땅에 조금 부어서〉 고수레를 하고, 〈남은 것을 조금〉 맛본 다음 자리 앞에 내려놓는 것이다.

【疏】 注'又從'至'奠之' ○釋曰：案大宰職云 "祀五帝贊玉幣爵", 今此又云 '祭祀贊此三'者, 謂小宰執以授大宰, 大宰執以授王, 是相贊助, 故云"又從大宰助王也". 云'將, 送也. 祼送, 送祼, 謂贊王酌鬱鬯以獻尸'者, 上云 "贊玉幣爵", 據祭天, 而下(引)〔別〕[1]云 "祼將", 是據祭宗廟. 且上大宰不言贊祼將, 則大宰不贊之, 故此注云 "贊王酌鬱鬯也." 云'明不爲飮, 主以祭祀'者, 朝踐[2]已後, 尸乃飮, 二祼[3]爲奠不飮, 故云"不爲飮, 主以祭祀." 云'唯人道宗廟有祼, 天地大神至尊不祼'者, 據大宰 "祀五帝及大神示(기)[4]亦如之", 皆不言祼. 此文又"祼將"在"玉幣爵"之下, 明宗廟有祼, 天地無祼. 且大宗伯祀天言禋祭, 社言血享, 大神不灌者, 不用降神(관), 無妨用秬鬯[5]. 必若然, 天地用八尊(준), 直有五齊・三酒[6], 不言秬鬯尊者, 以其冪(멱)人職天地八尊(준)者, 以與宗廟六彝(이)相對爲文, 鬯人職秬鬯不入彝尊[7], 則別有尊矣, 不言者, 略耳. 不祼者, 覆載之德, 其功尤盛, 欲報之德, 無可稱焉. 故無祼, 直加敬而已. 其牲用特, 其器陶匏, 皆是質略之事, 故鄭云"莫稱"焉, 云'凡鬱鬯受, 祭之, 啐之, 奠之'者, 謂王以圭瓚[8]酌鬱鬯獻尸, 后亦以璋瓚酌鬱鬯獻尸, 尸皆受, 灌地降神, 明爲祭之. 向口啐之, 啐之謂入口乃奠之於地也. 祭天地旣言無灌, 案宗伯 "莅玉鬯[9]", 又案禮記表記云 "親耕, 粢盛秬鬯以事上帝[10]", 上帝得有秬鬯者, 案春官鬯人職 "掌共秬鬯", 下所陳社稷山川等外神, 皆用秬鬯[11], 不用鬱. 廟言灌, 且亦天地無祼也. (天地)(無)〔鬱〕人職, 用〔鬱〕鬯者[12], 唯有宗廟及祼賓客耳.

1) (引)〔別〕: 저본에는 '引'으로 되어 있으나, '別'의 잘못이라는 浦鏜의 說에 의거하여 바로잡았다. (阮元의 〈校勘記〉 참조)

2) 朝踐 : 朝事라고도 하며, 종묘 제사에서 신에게 희생의 피와 날고기〔血腥〕를 올린 뒤, 왕과 왕후가 차례로 醴齊를 올리고, 이어서 籩豆를 올리는 의식이다. 이로부터 제사가 시작된다. 자세한 것은 〈春官 司尊彝〉 春-7-2 경문 및 鄭玄의 注 참조.

3) 二祼 : 천자의 종묘 제사에서 朝踐의 예를 거행하기 전에 시동에게 두 차례 술잔을 올린다. 이때 시동은 술을 땅에 조금 부어서 강신의 예를 한 후, 나머지는 마시지 않고 술잔을 자리에 내려놓는 '祼禮'를 거행한다. 이것을 '二祼'이라고 한다. 자세한 것은 〈春官 司尊彝〉 春-7-2 및 〈天官 內宰〉 天-45-5 鄭玄의 注와 賈公彦의 疏 참조.

4) 大神示(기) : 大神은 天神으로 동지에 圜丘에서 제사 지내는 昊天上帝를 가리키고, 示는 地神으로 하지에 方澤에서 제사 지내는 地祇를 가리킨다. 자세한 것은 〈天官 大宰〉 天-1-21 鄭玄의 注와 賈公彦의 疏 참조.

5) 秬鬯 : 秬鬯은 검은 기장〔黑黍〕으로 빚은 술로 울금향초〔鬱〕를 넣지 않은 것이다. 鬱鬯은 거창에 울금향초를 넣은 것을 가리킨다.(〈春官 鬯人〉 春-5-2 鄭玄의 注 및 賈公彦의 疏 참조)

6) 五齊 三酒 : '五齊'는 泛齊·醴齊·盎齊·醍齊·沈齊의 5가지 술로서 제사에 사용한다. 오제는 기본적으로 찌꺼기가 있는 濁酒이지만, 위의 차례대로 숙성된 기간이 가장 오래된 沈齊가 상대적으로 맑다. '三酒'는 事酒·昔酒·淸酒의 3가지 술로서, 찌꺼기를 걸러낸 술이다. 삼주 가운데서는 청주가 숙성 기간이 가장 길고 맛이 진하다.(〈天官 酒正〉 天-21-7 鄭玄의 注 및 賈公彦의 疏 참조)

7) 鬯人職 秬鬯不入彝尊 : 〈春官 鬯人〉에는 관련 내용을 찾을 수 없고, 〈春官 鬱人(春-4-2)〉에 "凡祭祀賓客之祼事, 和鬱鬯以實彝而陳之(제사를 지내거나 빈객을 접대할 때 祼禮를 행하는 일이 있으면, 울창을 조미한 술을 彝의 술동이 안에 담아서 더하여 진설한다.)"라는 구절이 있다. 이에 따르면 종묘 제사에서 彝尊(이준)에 鬱鬯을 담는다는 내용만 있는 것이므로, 秬鬯은 彝尊에 포함되지 않는다.

8) 圭瓚 : 祼禮를 거행할 때 鬯酒를 담는 기구를 '瓚'이라고 한다. 圭瓚의 '圭'는 圭玉으로 된 손잡이를 가리킨다. 璋玉을 사용하여 손잡이를 만든 것은 '璋瓚'이라고 한다.(〈考工記 玉人〉 冬-19-9 참조)

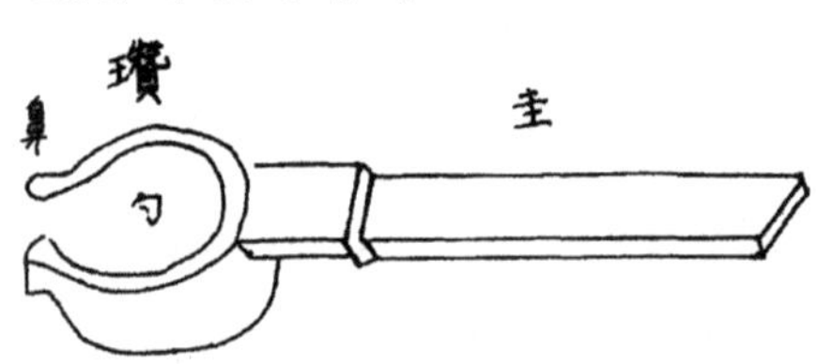

圭瓚

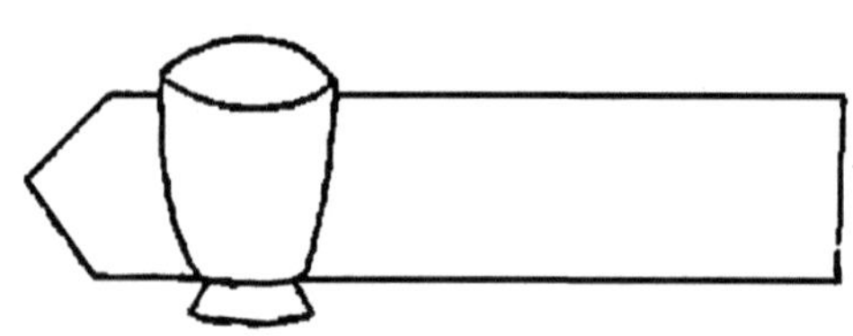
璋瓚

9) 莅玉鬯 : 〈春官 大宗伯〉의 이 구절에 대해서 賈公彦은 鄭玄의 注에 따라서 '玉'은 천신에게 올리는 옥으로 보았다.(〈春官 大宗伯〉 春-1-49 賈公彦의 疏 참조)

10) 秬鬯以事上帝 : 孫詒讓에 따르면 이 秬鬯酒는 祼酒가 아니라 享酒이다.(≪周禮正義≫

권5, 183쪽 참조)

11) 社稷山川等外神 皆用秬鬯 : 이에 대해 孫詒讓은 山川의 신에게는 灌을 행한다고 하였다. 따라서 秬鬯이 아니라 울창주를 사용하므로 산천의 신에게도 거창을 사용한다고 한 賈公彦의 말은 잘못되었다고 비판하였다.(≪周禮正義≫ 권5, 183쪽 참조)

12) (天地)(無)〔鬱〕人職 用〔鬱〕鬯者 : 저본에는 '無'로 되어 있으나, ≪周禮正義≫에 의거하여 '鬱'로 교감하였고, '用' 다음에 '鬱'을 보충하였다. 이는 北京大 整理本의 〈校勘記〉에도 적시되었다. 또 저본에는 '天地' 두 글자가 있는데 ≪周禮正義≫에는 '天地'가 없다. '天地' 두 글자가 없는 것이 문맥상 타당하므로 이에 의거하여 바로잡았다.(≪周禮正義≫ 권5, 183쪽 참조)

○注의 〔又從〕에서 〔奠之〕까지

○釋曰 : 살펴보건대, 〈天官 大宰(天-1-20)〉에서 "五帝에게 제사를 거행하는 날에 〈大宰는〉 왕을 도와서 옥과 속백과 술잔을 올린다."라고 하였다. 이제 이곳 〈경문에서〉 또 제사를 지낼 때 이 세 가지 일을 돕는다고 말한 것은 小宰가 〈옥과 속백과 술잔을〉 잡아서 태재에게 건네주면, 태재가 그것을 잡아서 왕에게 건네주는 일을 가리킨다. 이는 〈태재와 소재가〉 서로 보좌하여 돕는 것이다. 그러므로 〈注에〉 "또한 태재를 수종하여 왕을 돕는다."라고 한 것이다.

〔將 送也 祼送 送祼 謂贊王酌鬱鬯以獻尸〕 위에서 "왕을 도와서 옥과 속백과 술잔을 올린다."고 말한 것은 천신에 제사 지내는 것에 의거하여 말한 것이고, 아래에서 따로 "祼禮를 행한다."고 말한 것은 종묘에 제사 지내는 것에 의거하여 말한 것이다. 또 위의 '大宰'의 조목에서는 '왕을 도와서 祼禮를 행한다.'고 말하지 않았으므로 태재는 그것을 돕지 않는 것이다. 그러므로 이곳의 〈소재의〉 주에서 "왕을 도와서 울창주를 따른다."라고 말한 것이다.

〔明不爲飮 主以祭祀〕 朝踐의 예를 행한 이후에야 시동은 술잔의 술을 마시는 것이니, 두 차례의 祼禮를 행할 때는 술잔을 자리 앞에 내려놓고 마시지 않는다. 그러므로 "마시기 위한 것이 아니라 제사 지냄을 위주로 한다."고 말한 것이다.

〔唯人道宗廟有祼 天地大神至尊不祼〕 〈天官 大宰(天-1-20)〉에 의거하면, "五帝를 제사 지내는데, 하늘의 大神과 땅의 大示(대기)를 제사 지낼 때도 오제를 제사 지낼 때와 마찬가지 의절로 한다."고 하여 모두 '祼禮'에 대해 말하지 않았다. 이곳 경문의 문장에서 또 '祼禮를 행하는 것'이 '옥과 속백과 술잔을 올리는 일'의 다음에 있는 것은, 종묘 제사에서는 관례가 있고 천지의 제사에는 관례가 없음을 밝힌 것이다. 또 〈春官 大宗伯(春-1-3)〉에서 대종백이 天神에게 제사 지내는 것을 '禋祭'라고 말하고 社稷에 제사 지내는 것을 '血享

(희생의 피로 지내는 제사)'이라고 말하였으니, 천지의 大神에게 祼禮를 행하지 않는 것은 降神을 〈위한 울창주는〉 사용하지 않지만 거창주를 사용하는 것은 무방하다는 뜻이다. 그렇다면 천지 제사에서 八尊(팔준)을 사용하는데 단지 五齊와 三酒만 있고 거창을 담은 尊(술동이)을 말하지 않은 것은, 그 〈天官 冪人(天-29-2)〉에 보면 천지 제사에 사용하는 '八尊'이 종묘 제사에 사용하는 '六彝'와 서로 대구를 이루어 문장이 되기 때문이다. 〈春官 鬯人〉에서 거창을 彝尊에 넣는다고 〈말하지〉 않는 것은 따로 술동이를 두기 때문이니, 말하지 않은 것은 생략한 것일 뿐이다. 〈天地의 大神에게 제사 지낼 때〉 祼禮를 행하지 않는 것은, 만물을 덮고 실어주는 천지의 덕은 그 공이 더욱 성대하여 덕에 보답하고 싶어도 그에 걸맞을 수가 없기 때문이다. 그러므로 祼禮 없이 단지 공경함을 더할 따름이다. 그 희생은 송아지를 사용하고 그 제기는 질그릇을 사용하는 것이 모두 질박하고 간소하게 하는 일이다. 그러므로 鄭玄이 "〈그 존귀한 덕에〉 걸맞지 않기 때문이다."라고 한 것이다.

〔凡鬱鬯受 祭之 啐之 奠之〕 왕이 圭瓚에 울창주를 따라서 시동에게 올린 후에 왕후도 璋瓚에 울창주를 따라서 시동에게 올리면, 시동은 그것을 모두 받아 땅에 부어서 降神의 예를 행하는 것을 가리키니, 제사를 위한 것임을 밝힌 것이다. 입술에 적셔서 맛보는 것이니 '맛본다'는 것은 입에 넣고 바로 지면에 내려놓는 것을 말한다. 천지에 제사 지낼 때는 祼禮〔灌〕를 행함이 없다고 말했는데, 살펴보건대 〈春官 大宗伯(春-1-49)〉에서는 "신에게 올릴 옥과 창주를 살펴본다."고 하였고, 또 살펴보건대 《禮記》 〈表記〉에서는 "천자는 몸소 〈籍田을〉 경작하여 기장과 거창주로 상제를 제사 지낸다."고 하였으니, 상제에게 거창을 올릴 수 있는 것이다. 살펴보건대 〈春官 鬯人(春-5-1)〉에서 "〈鬯人은〉 거창을 공급하는 일을 관장한다."고 하였으니, 〈바로〉 아래에서 진술한 사직과 산천 등 바깥의 신〔外神〕에 대해서는 모두 거창을 사용하고 울금을 사용하지 않는 것이다. 종묘 제사에 대해서는 祼禮〔灌〕를 말하였지만, 또한 천지의 제사에서는 祼禮가 없다. 〈春官 鬱人〉에서 울창주를 사용하는 것은 오직 종묘 제사를 지낼 때와 빈객에게 祼禮를 행할 때뿐이다.

天-2-13

凡賓客贊祼하고 凡受爵之事와 凡受幣(폐)之事니라

〈小宰는〉 대개 빈객(조회 온 제후)을 접대할 때 〈大宗伯을 도와서〉 빈객에게 祼禮를 행하고, 〈大宰를 도와서 빈객이 왕에게 올리는〉 술잔을 받으며, 〈태재를 도와서 빈객이 왕에게 올리는〉 속백을 받는다.

【注】唯祼助宗伯이요 其餘는 皆助大宰라 王不酌賓客而有受酢(작)[1)]이니 大宗伯職曰大賓客[2)] 則攝而載祼이라하니라

1) 酢(작) : 行禮에서 주인이 먼저 賓에게 술을 올리는 것은 '獻'이라 하고 빈이 이에 대한 보답으로 주인에게 술을 올리는 것을 '酢'이라고 한다.
2) 大賓客 : 〈秋官 大行人(秋-52-1)〉의 "大行人掌大賓之禮"에 대한 鄭玄의 注에서 "大賓은 要服 이내의 제후이다.〔大賓要服以內諸侯〕"라고 하였다. 王畿 밖에 제후들의 邦國을 服이라 하고 이를 六服으로 나누는데, 要服은 가장 바깥에 있는 蠻服을 가리킨다.

〈빈객에게〉 祼禮를 행할 때만 大宗伯을 돕는 것이고, 그 나머지는 모두 大宰를 돕는 것이다. 왕은 빈객에게 술잔을 따라주어 〈獻의 禮를〉 행하지는 않지만 〈빈객이 올리는〉 酢의 술잔은 받는다. 〈春官 大宗伯(春-1-52)〉에서 "〈大宗伯은〉 大賓客을 접대할 때는 왕을 대신하여 祼禮를 행한다."고 하였다.

【疏】'凡賓'至'之事' ○釋曰 : '凡賓客, 贊祼'者, 案大行人云"上公再祼而酢, 侯伯一祼而酢, 子男一祼不酢." 謂諸侯來朝, 朝享旣畢, 王禮之, 有此灌酢之禮也. 云'凡受爵之事'者, 謂上公與諸侯酢王之爵, 王受之. 云'凡受幣之事'者, 謂廟中行三享, 享時璧(벽)以帛, 琮(종)以錦[1)], 致享時有此受幣之事. 皆言'凡'者, 謂諸侯非一, 故言'凡', 以廣之也.

1) 享時……琮(종)以錦 : '享'은 왕에게 신표이자 예물인 옥과 속백을 바치는 의식이다. ≪儀禮≫ 〈聘禮〉에서 "〈使者는 享의 예를 행할 때〉 속백 위에 올려서 주군에게 바칠 璧을 받고, 聘의 예를 행할 때 부인에게 바칠 璋 및 享의 예를 행할 때 속백 위에 올려서 부인에게 바칠 琮을 받는데, 모두 圭를 받을 때와 동일한 절차로 한다.〔受享束帛加璧 受夫人之聘璋 享玄纁束帛加琮 皆如初〕"고 하였는데, 鄭玄은 "'享'은 바친다는 뜻이다. 이미 聘의 예를 행하고 또 예물을 바치는 것은 은혜를 두터이 하는 까닭이다.〔享 獻也 旣聘又獻 所以厚恩惠也〕"라고 하였다. '璧'은 둥근 모양의 玉器로서 가운데에 둥근 구멍이 뚫려 있는데, 제후가 천자에게 享의 예를 행할 때는 이 '璧'을 사용한다. '琮'은 장식을 그려 넣은 玉器로서 왕후에게는 이 '琮'을 바친다.

經의 〔凡賓〕에서 〔之事〕까지

○釋曰 : 〔凡賓客 贊祼〕 살펴보건대, 〈秋官 大行人(秋-52-6)〉에서 "〈왕과 왕후가〉 上公에게 두 차례 祼禮를 행한 후에 〈상공은 왕에게〉 酢의 술잔을 올린다. 〈왕이〉 侯·伯에게 한 차례 祼禮를 행한 후 〈후·백은 왕에게〉 작의 술잔을 올린다. 子·男에게 한 차례 관

례를 행하는데 〈자・남은 왕에게〉 작의 술잔을 올리지 않는다."라고 하였으니, 제후가 조회를 와서 조회하고 옥백과 특산물을 바치는 의식〔享〕이 끝나면, 왕이 그들을 예우하는데 이 祼酒를 올리고, 〈제후들은〉 작의 술잔을 올리는 예가 있음을 가리킨다.

〔凡受爵之事〕 상공과 제후가 왕에게 酢의 술잔을 올리면, 왕이 그것을 받는 것을 말한다.

〔凡受幣之事〕 종묘 안에서 三享의 예를 거행하는데, 享의 예를 거행할 때는 璧을 帛 위에 올려서 바치고, 琮을 錦 위에 올려서 바치므로, 향을 바칠 때 이 속백을 받는 일이 있는 것을 가리킨다. 모두 '대개〔凡〕'라고 말한 것은 제후〈의 爵秩이〉 일률적이지 않으므로 '대개'라고 말하여 범위를 넓힌 것이다.

○〔注〕[1]'唯祼'至'載祼' ○釋曰：言'唯祼助宗伯'者, 後引宗伯職者是也. 云'其餘皆助大宰'者, 謂受爵幣二者, 皆助大宰. 賓客酢王之時, 大宰於賓處受而授王, 王飮訖, 大宰受爵以授小宰. 受幣之時, 亦王親受, 受以授大宰, 大宰以授小宰也. 云'王不酌賓客而有受酢'者, 案燕禮使宰夫爲主人, 是君不酌臣[2], 於諸侯亦然. 受酢是飮酒之事, 臣不可代君飮酒, 故有受酢之事也. 又引大宗伯職曰 "大賓客則攝而載祼"者, 案彼鄭注云 "載, 爲也." 言爲者, 攝酌獻耳. 拜送, 則王也. 若然, 大宗伯非直攝王祼, 若上公再祼, 兼有后祼之時, 大宗伯亦代后祼也. 拜送, 則后也. 拜乃恭敬之事, 亦不可使臣代之故也.

1) 〔注〕: 저본에는 '注'가 없으나, 北京大 整理本에 의거하여 보충하였다.(《北京大 整理本의 〈校勘記〉 참조)

2) 燕禮使宰夫爲主人 是君不酌臣 : 이는 제후가 신하들에게 연회를 베풀 때, '主人獻賓' 즉 主人(宰夫)이 賓에게 술을 올려 '獻'의 예를 행하는 절차에 대한 鄭玄의 해석이다. ≪儀禮≫ 〈燕禮〉에서 "주인(재부) 또한 서쪽 계단을 통해 당 위로 올라간다.〔主人亦升自西階〕"고 하였는데, 鄭玄의 注에서는 "'主人'은 宰夫를 가리킨다. 재부는 大宰의 속관으로 빈객에게 음식 올리는 일을 관장하는 사람이다.……군주는 자기 신하에 대해서 비록 賓으로 삼았더라도 직접 술을 따라 주어 '獻'의 예를 행하지 않으니, 군주는 존귀하여 감히 신하가 대등한 예를 행하지 못하기 때문이다.〔主人 宰夫也 宰夫 大宰之屬 掌賓客之獻飮食者也……君於其臣雖爲賓 不親獻 以其尊 莫敢伉禮也〕"라고 하였다. '主人'은 곧 '獻主'를 뜻한다. 천자・제후가 빈객과 신하들에게 연회를 베풀 때, 천자와 제후는 존귀하므로 빈객이나 신하들에게 직접 술을 따라 주지 않고 빈객과 신하들도 감히 군주와 술잔을 주고받지 못한다. 이 때문에 천자나 제후는 사람을 시켜 대신 술을 따라주어 獻의 예를 행하게 하는데, 군주를 대신하여 술을 따르는 사람을 '獻主'라고 칭한다.

○注의 〔唯祼〕에서 〔載祼〕까지

○釋曰 : '唯祼助宗伯(祼禮를 행할 때만 大宗伯을 돕는다.)'이라고 한 것은 뒤에서 〈春官 大宗伯(春-1-52)〉을 인용한 것이 이것이다.

〔其餘皆助大宰〕〈祼禮에서〉 酢의 술잔과 〈享禮에서〉 속백 두 가지를 받을 때 〈小宰가〉 모두 大宰를 돕는 것을 말한다. 빈객이 왕에게 酢의 예를 올릴 때 태재는 빈객이 있는 곳에서 술잔을 받아서 왕에게 건네주고, 왕이 술을 다 마시면, 태재는 술잔을 받아서 소재에게 건네준다. 속백을 받을 때도 왕이 몸소 받아서, 받은 것을 태재에게 주면 태재가 소재에게 건네준다.

〔王不酌賓客而有受酢〕 살펴보건대, ≪儀禮≫ 〈燕禮〉에서 宰夫로 하여금 〈군주를 대신하여〉 주인이 되게 하는 것은 군주(제후)는 신하에게 술을 따라주어 〈獻의 예를〉 행하지 않기 때문이니, 〈왕이〉 제후에 대해서도 그러한 것이다. 酢의 예를 받는 것은 술을 마시는 일이니, 신하가 군주를 대신하여 술을 마실 수는 없다. 그러므로 酢의 술잔을 받는 일이 있는 것이다.

또 〈春官 大宗伯(春-1-52)〉의 "〈대종백은〉 大賓客을 접대할 때는 왕을 대신하여 祼禮를 행한다."라는 문장을 인용한 것은, 살펴보건대 저 〈춘관 대종백(春-1-52)〉 鄭玄의 注에서 "'載'는 행한다는 뜻이다."라고 하였으니, '행한다.'고 말한 것은 술을 따라서 올리는 일을 대신한다는 것일 뿐이다. 술잔을 보낸 후 배례를 하는 것〔拜送〕은 왕이 하는 것이다. 그렇다면 대종백은 왕을 대신해서 祼禮를 행할 뿐만이 아니라, 上公에게 두 차례 祼禮를 행하는 경우 겸하여 왕후가 祼禮를 행할 때도 대종백이 또한 왕후를 대신하여 祼禮를 행하는 것이다. 〈그러나〉 술잔을 보낸 후 배례를 하는 것은 왕후가 하는 것이다. 배례란 공경하는 일이니, 또한 신하를 시켜서 대신하게 할 수는 없기 때문이다.

天-2-14

喪荒에 受其含襚幣玉之事니라

〈小宰는〉 王의 喪이나 흉년을 당하면 〈제후와 신하들이 바치는〉 含玉・襚衣・束帛・玉器 등을 받는 일을 담당한다.

【注】春秋傳曰 口實曰含이요 衣服曰襚(수)라하니라 凶荒有幣玉者는 賓客所賙(주)委之禮라

≪春秋公羊傳≫에서 "〈시신의〉 입속을 채우는 것을 '含'이라 하고, 〈사자에게 보내주는〉 의복을 '襚'라 한다."고 하였다. 흉년에 속백과 옥기를 〈바치는 일이〉 있는 것은 빈객이 재

물로 서로 도와주는 예인 것이다.

【疏】'喪荒'至'之事' ○釋曰：喪, 謂王喪, 諸侯諸臣有致含襚幣玉之事. 荒, 謂凶年, 諸侯亦有致幣玉之事. 上大宰不言, 則此小宰專受之. 案禮記少儀云 "臣致襚於君, 則曰致廢衣於賈人[1]." 則諸侯臣皆得致含也.

1) 臣致襚於君 則曰致廢衣於賈人：≪禮記≫ 〈少儀〉의 경문이다. 이에 대한 鄭玄의 注에서 "'못 쓰는 옷〔廢衣〕'이라고 말한 것은 염습을 할 때 꼭 사용된다고 감히 단정하지 못하기 때문이다. 賈人은 물건이 좋고 나쁨을 안다.〔言廢衣 不敢必用斂也 賈人知物善惡也〕"고 하였다.

經의 〔喪荒〕에서 〔之事〕까지

○釋曰：'喪'은 왕의 喪을 가리키니, 제후와 신하들이 함옥·수의·속백·옥기를 바치는 일이 있음을 말한다. '荒'은 흉년을 가리키니, 제후는 또한 속백과 옥기를 바치는 일이 있다. 위의 大宰의 경우는 언급하지 않았으니, 그렇다면 이곳의 小宰가 그것들을 전담하여 받는 것이다. 살펴보건대, ≪禮記≫ 〈少儀〉에서 "신하가 군주에게 襚衣를 보낼 때는 '賈人에게 못 쓰는 옷을 보냅니다.'라 말한다."고 하였으니, 그렇다면 제후와 신하가 모두 함옥을 바칠 수 있는 것이다.

○注'春秋'至'之禮' ○釋曰：云'春秋傳'者, 公羊文. 其含·襚所用, 在死之時, 若旣殯[1]之後, 亦容有致之法, 故禮記雜記殯後, 諸侯遣使致含·襚·賵(봉)之禮, 主人受之[2]. 雖不及事, 容致厚意. 是以春秋左氏 "秦人來歸僖公成風之襚[3]", 亦在踰年後, 春秋不譏也. 云'凶荒有幣玉者, 賓客所賙委之禮'者, 案小行人云 "若國凶荒, 則令賙委之." 彼謂王家賙委諸侯法, 此謂諸侯賙委王家法也.

1) 殯：'殯'은 염습을 마친 시신을 관에 안치하고 나서 발인하기 전까지 관을 일정한 장소에 안치해두는 것이다. ≪儀禮≫ 〈士喪禮〉 鄭玄의 注에서 "관은 구덩이 속에 있고 거기에 시신을 모시는데, 이것을 '殯'이라고 한다.〔棺在肂中 斂尸焉 所謂殯也〕"고 하였다.

2) 殯後……主人受之：'賵'은 車馬를 부의하는 것이다. ≪禮記≫ 〈雜記 上〉에서 "옥을 전하는 자가 들어와 당에 올라서 명령을 전달하면, 상주는 이마가 지면에 닿도록 배례한다. 옥을 전하는 자는 빈궁의 동남쪽에 꿇어앉아서 전하는데, 〈이때 장례를 거행하기 이전이면〉 갈대자리를 깔아서 바치고, 장례를 마친 뒤라면 부들자리를 깔아서 바친다.〔含者入 升堂致命 子拜稽顙 含者坐委于殯東南 有葦席 旣葬蒲席〕"라고 하였다.

3) 秦人來歸僖公成風之襚 : ≪春秋左氏傳≫ 文公 9년 조의 문장이다. 僖公은 문공의 父이고, 成風은 희공의 母이다. 이때에 희공이 죽은 지 10년이 되었고, 성풍이 죽은 지 6년이 되었으므로 이미 장례를 치른 지 오랜 시간이 지났음에도 수의〔襚〕를 보내어 追贈한 것이다. 그러나 ≪춘추좌씨전≫에서는 옛 호의를 잊지 않은 것〔無忘舊好〕이므로 禮에 맞는다고 평하였다.

○注의 〔春秋〕에서 〔之禮〕까지

○釋曰 : '春秋傳'이라고 말한 것은 ≪春秋公羊傳≫의 문장이다. 그 함옥과 수의가 쓰이는 것은 사망했을 때이나, 이미 殯을 한 이후에도 함옥과 수의를 바치는 도리가 있을 수 있다. 그러므로 ≪禮記≫ 〈雜記 上〉에서 빈을 한 이후에도 제후는 사신을 보내어 함옥과 수의와 수레와 말을 부의하는 예를 바치면 주인은 그것을 받는다고 하였다. 비록 빈을 하는 시간에 맞춰서 보내지 못했어도 후의를 바칠 수 있는 것이다. 이 때문에 ≪春秋左氏傳≫ 文公 9년 조에서 "秦人이 와서 僖公과 成風의 수의를 바쳤다."라고 한 것도 여러 해가 지난 뒤에 있었던 일이지만, ≪春秋≫에서 비난하지 않은 것이다.

〔凶荒有幣玉者 賓客所賵委之禮〕 살펴보건대, 〈秋官 小行人(秋-53-10)〉에서 "만약 어떤 나라에 흉년이 들면 그 나라를 재물로 구조하도록 명한다."라고 하였는데, 저 경우는 王家가 諸侯를 도와주는 법을 말한 것이고, 이 경우는 제후들이 왕가를 도와주는 법을 말한 것이다.

天-2-15

月終에 則以官府之敘로 受群吏之要니라

〈小宰는〉 월말이 되면, 관부의 존비 차서에 따라 관리들이 보고하는 매달의 회계 결산 문서를 접수받는다.

【注】 主每月之小計라

매달의 小計를 주관하는 것이다.

【疏】 '月終'至'之要' ○釋曰 : 月計曰要, 故每月月終, 則使官府致其簿書之要. 受之, 當先尊後卑, 故言 "敘."

經의 〔月終〕에서 〔之要〕까지

○釋曰 : 매달의 회계결산 문서를 '要'라고 한다. 그러므로 매달 월말이 되면 관부에게 출납장부의 회계결산 문서를 바치게 한다. 그것을 접수할 때는 직위가 높은 관부의 것을 먼저 받고 직위가 낮은 관부의 것을 나중에 받아야 한다. 그러므로 "존비 차서에 따라"라고 말한 것이다.

○注'主每月之小計' ○釋曰 : 言'小計', 對下經歲會爲大計也. 若大會, 則下文冢宰平之.

○注의 〔主每月之小計〕

○釋曰 : '小計'라고 말한 것은 아래 경문에서 한 해의 총 회계결산을 '大計'라고 한 것과 대비한 것이다. 만약 '大會'라고 하면, 아래 경문에서 冢宰가 평가하는 것을 가리킨다.

天-2-16

贊冢宰受歲會하고 歲終에 則令群吏致事니라

〈小宰는〉 冢宰를 도와서 한 해의 총 회계결산 문서를 접수받고, 연말이 되면 관리들에게 한 해 동안의 공적을 보고하는 문서를 바치도록 명한다.

【注】使齎歲盡文書來至니 若今上計라

한 해 동안의 모든 문서를 바쳐 오도록 하는 것이니, 오늘날의 '上計'와 같은 것이다.

【疏】'贊冢'至'致事' ○釋曰 : 贊, 助也. 歲計曰會. 言'冢宰', 則據百官摠焉. 謂助冢宰受一歲之計. 云'歲終則令群吏致事'者, 謂使六官各致一年功狀, 將來考之故也.

經의 〔贊冢〕에서 〔致事〕까지

○釋曰 : '贊'은 돕는다는 뜻이다. 한 해의 총 회계결산 문서를 '會'라고 한다. '冢宰'라고 말한 것은 백관들을 총괄하는 것에 의거하여 말한 것이다. 총재를 도와서 한 해의 총 회계결산 문서를 접수하는 것을 말한다.

〔歲終則令群吏致事〕 六官으로 하여금 각각 한 해의 공적 문서〔功狀〕를 보고하게 하는 것을 가리키니, 장래에 그것을 평가하기 위한 것이다.

○注'使齎'至'上計' ○釋曰 : 漢之朝集使[1), 謂之上計吏, 謂上一年計會文書及功狀也.

1) 朝集使 : 郡마다 매년 使者를 도읍에 파견하여 郡의 정무와 재정 상황을 보고하는 관리로서, '上計吏'라고 한다. 후대에 漢나라의 제도를 계승하여 '朝集使'로 개칭하였다.

○注의 〔使齎〕에서 〔上計〕까지

○釋曰 : 漢나라의 朝集使를 '上計吏'라고 부르는데, 한 해의 총 회계결산 문서 및 공적 문서를 올리는 것을 말한다.

天-2-17

正歲에 **帥治官之屬**하고 **而觀治象**[1]**之灋**호대 **徇以木鐸曰 不用灋者**는 **國有常刑**이라하니라

1) 治象 : '治象'은 문자로 기록한 政教와 法令을 말한다.

〈小宰는〉 正歲(夏曆 정월)에 〈大宰를 도와〉 治官의 속관들을 거느리고서 象魏에 걸어둔 治象의 법을 살펴보는데, 목탁을 울리고 다니며 "법령을 지키지 않는 사람이 있다면 나라에서 정한 형벌로 처벌을 할 것이다."라고 말한다.

【注】 正歲는 謂夏之正月[1]이라 得四時之正하여 以出教令者는 審也라 古者에 將有新令이면 必奮木鐸以警衆하여 使明聽也라 木鐸은 木舌也니 文事奮木鐸이요 武事奮金鐸이라

1) 正歲 謂夏之正月 : '正歲'는 夏曆의 正月을 가리키는데, 또한 일반적으로 農曆의 正月을 의미한다. 孫詒讓은 ≪周禮≫에서 '正歲'라고 말한 것은 모두 夏正 建寅의 달(1월)로서, '正月'이라 한 것이 周正 正月(11월)을 가리키는 것과 구별된다고 하였다. 또 ≪爾雅≫ 〈釋天〉에서는 "夏나라에서는 '歲'라고 하고, 商나라에서는 '祀'라 하고, 周나라에서는 '年'이라 하였다."고 하였다. 王引之는 또 "≪爾雅≫에서 '正은 우두머리〔長〕의 뜻이다.'라고 하였다. 建寅의 달(1월)은 1년 12개월의 우두머리이다. 그러므로 '正歲'라고 하니, 매달의 朔日(초하루)은 1개월 30일의 시작인데 朔月이라 칭하는 것과 같다."고 하였다.(≪周禮正義≫ 권5, 186~187쪽 참조)

正歲는 夏나라의 정월을 말한다. 四時의 바름〔正〕을 얻어서 教令을 내리는 것은 깊이 살펴서 한다는 뜻이다. 옛날에 장차 新令을 반포하고자 할 때는 반드시 목탁을 흔들어 대중들을 경계시켜서 밝게 따르도록 하였다. 목탁은 추〔舌〕를 나무로 만든 것이다. 文事(예악 교화에 관한 일)에는 목탁을 흔들고, 武事(군대나 전쟁에 관한 일)에는 금탁(추를 쇠로 만든 방울)을 흔든다.

【疏】'正歲'至'常刑' ○釋曰：此則大宰周之"正月之吉，始和布之於天下"，至此建寅正歲之正月，懸之於象魏，其小宰亦助大宰，帥治官六十官之屬及萬民，而觀治象之法，使知當年治政之法也．其時，小宰徇以木鐸以警衆曰 "不用法者，國有常刑．" 欲使之用命，不犯刑也．

經의 〔正歲〕에서 〔常刑〕까지

○釋曰：이것은 곧 大宰가 周나라의 "正月(하력 11월) 초하루에 처음으로 왕이 다스릴 일들을 천하에 선포한다."는 것이니, 이곳 建寅 正歲(북두성의 자루가 초저녁에 寅方을 가리키는 달을 한 해의 첫 달로 삼는 夏曆)의 正月에 이르러 법전을 象魏에 걸어놓으면 小宰가 또한 태재를 도와서 治官의 60개 속관 및 백성들을 거느리고서 治象의 法을 살펴보고, 그해의 治政의 법을 알도록 하는 것이다. 그때에 소재는 목탁을 흔들고 다니며 백성들을 경계시키면서 "법령을 지키지 않는 사람이 있다면 나라에서 정한 형벌로 처벌을 할 것이다."라고 말하니, 명령을 지켜서 형법을 어기지 않도록 하려는 것이다.

○注'正歲'至'金鐸' ○釋曰：知正歲是夏之正月者，見凌人云 "正歲十有二月[1]，令斬冰"，若正歲是(見)〔建〕[2]子周正，卽今之十月，冰未堅，不得斬之．言正歲'得四時之正'，周・殷則不得．以此推之，諸言正歲者，皆四時之正，是建寅之月．云'古者將有新令，必奮木鐸以警衆'者，案禮記檀弓云 "自寢門至於庫門，振木鐸曰 '舍故而諱新[3]'" 彼及此文，皆是有命奮木鐸警衆，使明聽之事也．云'木鐸，木舌'者，鐸皆以金爲之，以木爲舌，則曰'木鐸'，以金爲舌，則曰'金鐸'也．云'文事奮木鐸'者，此文(乃)〔及〕[4]檀弓幷明堂位曰 "振木鐸於朝"，天子之禮皆是也．又云'武事奮金鐸'者，鼓人云 "金鐸通鼓"，大司馬云"兩司馬振鐸"，是也．

1) 正歲十有二月：正歲 12월은 夏曆 12월이니, 周나라 2월에 해당한다.
2) (見)〔建〕：저본에는 '見'으로 되어 있으나, 北京大 整理本과 上海古籍 整理本에 모두 '建'으로 되어 있는 것에 의거하여 바로잡았다.
3) 舍故而諱新：≪禮記≫ 〈檀弓 下〉에서 "卒哭祭에 이름을 피휘하는 것은 살아 있는 사람으로 섬기는 일이 끝나고 귀신으로 섬기는 일이 시작되기 때문이다. 졸곡제를 마치고 나서 宰夫는 목탁을 들고 궁에 명하여 말한다. '오래된 諱를 버리고, 새로 들어온 이름을 피휘하라.〔卒哭而諱 生事畢而鬼事始已 旣卒哭 宰夫執木鐸以命于宮曰 舍故而諱新〕'고 한 부분이다. 鄭玄의 注에 따르면, '諱'는 그의 이름을 피한다는 뜻이다. '故'는 고조의 아버지로

서 遷廟해야 할 자이므로 그의 오래된 휘를 버리고 새로 죽은 자의 이름을 피휘하는 것이다.

4) (乃)〔及〕: 저본에는 '乃'로 되어 있으나, 阮元의 설에 의거하여 '及'으로 바로잡았다.(阮元의 〈校勘記〉 참조)

○注의 〔正歲〕에서 〔金鐸〕까지

○釋曰 : 正歲가 夏나라의 정월임을 알 수 있는 것은, 살펴보건대 〈天官 凌人(天-24-1)〉에서 "正歲 12월에 얼음을 캐도록 명령한다."고 하였기 때문이다. 만약 正歲가 子月(11월)을 한 해의 첫 달로 하는 周나라의 정월이라면 〈正歲 12월은〉 바로 오늘날의 10월이 되므로, 얼음이 아직 단단하게 얼지 않아서 캘 수가 없을 것이다. 正歲가 "四時의 바름〔正〕을 얻은 것"이라고 말한 것은 주력과 은력은 〈바름을〉 얻지 못하였다는 뜻이다. 이로써 헤아려본다면 '正歲'라고 말한 것들은 모두 四時의 바름〔正〕을 얻은 것이니, 建寅의 달(夏曆 正月)이다.

〔古者將有新令 必奮木鐸以警衆〕 살펴보건대, ≪禮記≫ 〈檀弓 下〉에서 "寢門에서 庫門으로 들어오기까지 목탁을 흔들면서 '오래된 諱를 버리고 새로 들어온 이름을 피휘하라.'고 한다."라고 하였다. 저 ≪예기≫ 〈단궁 하〉와 이곳의 문장은 모두 명이 있을 때 목탁을 울려서 대중을 경계함으로써 분명하게 따르도록 하는 일에 관한 것이다.

〔木鐸 木舌〕 鐸(방울)의 몸체는 모두 쇠로 만드는데, 〈그 안에〉 나무로 추를 만들어서 달면 '木鐸'이라고 부르고, 쇠로 추를 만들어서 달면 '金鐸'이라고 부른다.

〔文事奮木鐸〕 이 글 및 ≪예기≫의 〈단궁 하〉와 〈明堂位〉에서 "목탁을 조정에서 흔든다."라고 한 것은 모두 천자의 예를 가리킨다.

〔武事奮金鐸〕 〈地官 鼓人(地-11-12)〉에서 "금탁을 울려서 軍鼓가 일제히 울리게 한다."고 한 것과 〈夏官 大司馬(夏-1-37)〉에서 "兩司馬는 鐸을 흔든다."고 한 것이 이것이다.

天-2-18

乃退하여 以宮刑憲하고 禁于王宮하니라

이어서 물러나 宮刑(왕궁 안의 관리들을 처벌하는 형법)을 게시하여 공표하고, 왕궁 안에서 禁令을 위반한 자들을 규찰한다.

【注】 憲은 謂表縣之니 若今新有法令云이라

'憲'은 공표하여 게시하는 것을 말하니, 오늘날 새로 법령이 생겼음을 말하는 것과 같다.

【疏】注'憲謂'至'令云' ○釋曰：凡刑禁皆出秋官. 今云'憲禁'者, 與布憲[1]義同, 故小宰得秋官刑禁文書, 表而縣之於宮內也.

1) 布憲 : 〈秋官 布憲(秋-20-1)〉에서 "布憲은 왕국의 형법과 금령을 선포하여 게시하는 일을 관장한다.〔布憲掌憲邦之刑禁〕"라고 하였다.

○注의 〔憲謂〕에서 〔令云〕까지

○釋曰 : 무릇 형법과 금령은 모두 秋官에서 나오는 것이다. 이제 〈경문에서〉 '憲禁'이라 한 것은 "형법과 금령을 선포하여 게시한다.〔布憲〕"는 것과 뜻이 같다. 그러므로 小宰가 秋官의 刑禁에 관한 文書를 얻어서 공표하여 궁 안에 게시하는 것이다.

天-2-19

令于百官府曰 各修乃職하고 攷乃灋하며 待乃事하여 以聽王命하라 其有不共이면 則國有大刑이라하니라

〈小宰는〉 모든 관부들에 명령하여 "각자 너희의 직분을 지키고 너희의 관법을 준수하며 너희의 직무를 완비하여 왕의 명령을 따르도록 하라. 받들지 못하는 자가 있으면 나라에서 중형을 내릴 것이다."라고 한다.

【注】乃는 猶女也라

'乃'는 女(너희)와 같다.

【疏】'令于'至'大刑' ○釋曰：此經於職末當稟于大宰, 而令百官謹于此數事, 以結之也.

經의 〔令于〕에서 〔大刑〕까지

○釋曰 : 이 경문은 〈天官 小宰〉의 말미에서 마땅히 大宰에게 아뢰고 모든 관부에 이 몇 가지 사항을 엄수하도록 명령하는 것으로 끝을 맺은 것이다.

03. 宰夫(재부)

天-3-1

宰夫之職은 **掌治朝**[1]**之灋**하여 **以正王及三公六卿大夫群吏之位**하고 **掌其禁令**이니라

1) 朝 : 천자 · 제후 · 경대부가 정사를 보는 장소이다. 〈考工記 匠人(冬-28-8)〉에서 "앞에는 조정이 있고 뒤에는 시장이 있다.〔面朝後市〕"라고 하였다.

宰夫의 직무는 治朝에 관한 법령을 관장하여 왕과 삼공 · 육경 · 대부 · 뭇 관리들의 朝位를 바르게 하고, 禁令의 위반 여부를 규찰한다.

【注】 治朝는 在路門之外라 其位는 司士掌焉이요 宰夫는 察其不如儀라

治朝는 路門의 밖에 있다. 그 朝儀의 위치는 司士가 관장하고 宰夫는 그 의식에 어긋나지 않도록 규찰한 것이다.

【疏】 '宰夫'至'禁令' ○釋曰 : 言'掌治朝之法, 以正王及三公 · 六卿 · 大夫 · 群吏之位'者, 案司士云 "正朝儀之位, 辨其貴賤之等. 王南鄕, 三公北面東上, 孤東面北上, 卿 · 大夫西面北上. 王族故士 · 虎士在路門之右, 南面東上, 大僕從者[1]在路門之左, 南面西上." 此群吏卽群士, 是其位也. '掌其禁令', 卽察其不如儀耳.

1) 大僕從者 : 〈夏官 司士(夏-23-5)〉 경문에는 '大僕從者' 앞에 '大僕大右'가 있다. 저본에는 없으나, 〈하관 사사〉의 경문에 따라 번역하였다. 〈하관 사사(夏-23-5)〉 鄭玄의 注에 의하면 大右는 司右이고, 大僕從者는 小臣, 祭僕, 隷僕을 가리킨다.

經의 〔宰夫〕에서 〔禁令〕까지

○釋曰 : 〔掌治朝之法 以正王及三公六卿大夫群吏之位〕 살펴보건대, 〈夏官 司士(夏-23-5)〉에서 "朝儀의 위치를 바르게 하고 貴賤의 등급을 분별한다. 왕은 남쪽을 향해 서고, 三公은 북쪽을 향해 서는데 동쪽을 윗자리로 삼는다. 孤는 동쪽을 향해 서는데 북쪽을 윗자리로 삼는다. 卿 · 大夫는 서쪽을 향해 서는데 북쪽을 윗자리로 삼는다. 왕족으로서 士였던 사람과 虎士들은 路門의 오른쪽에서 남쪽을 향해 서는데 동쪽을 윗자리로 삼는다. 〈大僕 · 大右〉 · 大僕從者는 노문의 왼쪽에서 남쪽을 향해 서는데 서쪽을 윗자리로 삼는다."고 하였다. 여기서의 '뭇 관리들〔群吏〕'이란 群士를 가리키니, 이것이 그 朝位의 위치인 것이다.

〔掌其禁令〕 그 의식에 어긋나지 않도록 규찰하는 것일 뿐이다.

○注'治朝'至'如儀' ○釋曰：知此治朝在路門外者，燕朝在路寢庭，外朝在庫門外，其事希簡，非常治政之所．此云'治朝'，是常治事之朝，故知是路門外．夏官司士所掌者，知"察其不如儀"者，宰夫與司士俱是下大夫，非贊治朝．又見經云'禁令'，知直察其不如儀式者也．

○注의 〔治朝〕에서 〔如儀〕까지

○釋曰：이곳의 治朝가 路門 밖에 있음을 알 수 있는 것은 燕朝는 路寢의 뜰에 있고 外朝는 庫門의 밖에 있으니 하는 일이 드물어서 평소 정사를 보는 장소들이 아니기 때문이다. 여기서 말하는 '治朝'는 평소 정사를 보는 조정이다. 그러므로 노문 밖에 있음을 알 수 있다. 夏官의 司士가 관장하는 것이고, "〈宰夫는〉 그 의식에 어긋나지 않도록 규찰하는 것"임을 알 수 있는 것은 재부와 사사는 모두 下大夫이므로 治朝의 일을 돕는 것이 아니기 때문이다. 또 살펴보건대, 경문에서 '禁令'이라고 하였으니, 단지 그 의식에 어긋나지 않도록 규찰하는 것임을 알 수 있다.

天-3-2

敘群吏之治하고 以待賓客之令과 諸臣之復과 萬民之逆이니라

〈宰夫는〉 뭇 관리들의 직무를 직급의 차서에 따라 안배하고 조회 온 빈객(제후)에 관한 일들과 신하들의 奏事와 백성들의 上書를 처리한다.

【注】恒次敘諸吏之職事라 三者之來하면 則應使辨理之라 鄭司農云 復은 請也요 逆은 迎受王命者라 宰夫主諸臣萬民之復逆이라 故詩人重之曰 家伯維宰[1]라하니라 玄謂復之言은 報也며 反也라 反報於王은 謂於朝廷奏事라 自下而上曰逆이니 逆은 謂上書라

1) 家伯維宰：≪詩經≫〈小雅 十月之交〉의 구절이다. 毛序에서는 幽王을 풍자한 시라고 하였는데, 鄭玄은 厲王에 대한 풍자라고 하였다. 家伯은 당시 조정에서 붕당을 이루고 정권을 농단하던 무리 중의 한명이다. 朱熹는 ≪詩集傳≫에서 이 '宰'에 대해 "지위는 낮으나 권력이 중하다.〔位卑而權重也〕"고 풀이하였다.

관리들이 맡은 일을 직급의 차서에 따라 일정하게 안배하는 것이다. 세 가지 일이 발생하면 그에 응답해서 분별하여 처리하게 한다. 鄭衆은 "'復'은 요청한다는 뜻이다. '逆'은

왕명을 맞이하여 받는 것이다. 宰夫는 신하와 백성들의 요청〔復〕과 이에 대한 왕명을 받는 일〔逆〕을 주관한다. 그러므로 ≪詩經≫ 〈小雅 十月之交〉의 시인이 그를 중시하여 '家伯이 宰夫가 되었네.'라고 한 것이다."고 하였다. 나(鄭玄)는 생각건대, '復'은 '보고한다〔報〕'는 뜻이며, '반명한다〔反〕'는 뜻이다. 왕에게 반명하여 보고한다는 것은 조정에 일을 아뢰는 것을 가리킨다. 아래에서부터 올라가는 것을 '逆'이라고 하니, '逆'이란 글을 올리는 것〔上書〕을 말한다.

【疏】'敍群'至'之逆' ○釋曰 此宰夫次敍群吏・諸臣等之治職, 卽以待賓客已下三事, 使之應答, 不闕於事也. 言'以待賓客之令', 此一者, 謂若大宗伯"朝覲會同則爲上相", 肆師云"大朝覲佐儐", 及大小行人・掌客・掌訝(아)・委人・遺人之屬, 皆是待賓客之官, 使辨理之也. 云'諸臣之復', 此其二者. 案夏官小臣職云"掌三公及孤卿之復逆". 復逆竝掌之. 此不言'逆'者, 但宰夫直次之, 不掌事, 故於文略也. 又案夏官大僕職云"掌諸侯之復逆". 此諸臣中兼之. 此宰夫恒敍大僕・小臣等辨理此復逆之事也. 云'萬民之逆', 此三也者. 案夏官御僕職"掌群吏・庶民之復逆". 彼群吏, 與此經群吏爲群臣別, 故鄭彼注"群吏府史以下." 此不言群吏及復, 亦是文略也. 此宰夫次敍御僕, 使辨理府史萬民復逆也.

經의 〔敍群〕에서 〔之逆〕까지

○釋曰 : 이 宰夫가 관리들과 신하들의 治職을 직급의 차서에 따라 일정하게 안배하는 것〔次敍〕은 빈객을 접대하는 것 이하 세 가지 일에 응대하게 함으로써 일에서 빠뜨리고 부족한 점이 없게 하려는 것이다.

〔以待賓客之令〕 이 한 가지는 大宗伯이 "朝覲이나 會同을 할 때 上相이 되는" 경우를 말한 것이니, 〈春官 肆師(春-3-10)〉에서 "〈제후가〉 大朝覲을 오면 〈肆師는 承擯이 되어〉 上擯을 돕는다."고 하는 것 및 大行人과 小行人・掌客・掌訝・委人・遺人 등속과 같이 모두 빈객을 응대하는 관리들로 하여금 분별하여 처리하도록 하는 것이다.

〔諸臣之復〕 이것은 〈宰夫가 관장하는〉 두 번째의 일이다. 살펴보건대, 〈夏官 小臣(夏-31-2)〉에서 "三公 및 孤・卿의 奏事〔復〕와 上書〔逆〕를 〈왕에게 전달하는 일을〉 관장한다."고 하였으니, 〈小臣은〉 奏事와 上書를 함께 관장하는 것이다. 여기서 '上書'를 말하지 않은 것은 재부는 단지 〈직무를〉 직급의 차서에 따라 안배하기만 할 뿐 그 일을 직접 담당하는 것은 아니기 때문이다. 그러므로 문장에서 생략한 것이다. 또한 살펴보건대, 〈夏

官 大僕(夏-30-2)〉에서 "제후의 奏事와 上書를 〈왕에게 전달하는 일을〉 관장한다."라고 하였으니, 이 신하들 중에는 奏事와 上書를 올리는 일을 아우르는 것이다. 여기서 재부는 大僕과 小臣 등이 이 奏事와 上書를 분별하여 처리하는 일을 직급의 차서에 따라 일정하게 안배하는 것이다.

〔萬民之逆〕 이것은 〈宰夫가 관장하는〉 세 번째의 일이다. 살펴보건대, 〈夏官 御僕(夏-33-1)〉에서 "관리들과 백성들의 주사와 상서를 〈왕에게 전달하는 일을〉 관장한다."고 하였다. 저곳에서의 '관리들〔諸吏〕'이란 이곳 경문의 관리들〔諸臣〕이 신하들인 것과 구별된다. 그러므로 鄭玄이 저 〈하관 어복(夏-33-1)〉의 注에서 "관리들이란 府·史 이하를 가리킨다."고 한 것이다. 여기서 '관리들〔群吏〕'과 '奏事〔復〕'를 말하지 않은 것도 문장을 생략한 것이다. 여기서 재부는 어복의 직무를 직급의 차서에 따라 안배하여 府·史 이하 관리와 백성들의 奏事와 上書를 분별하여 처리하도록 하는 것이다.

○注'恒次'至'上書' ○釋曰：鄭司農云 '復, 請也. 逆, 迎受王命者', 復, 是報白之義, 不得爲請, 故後鄭不從. 又王命旣出, 在下受而(受而)[1]行之, 不得云'逆'. 逆者, 向上之言, 不爲向下之義, 故後鄭亦不從. 云'宰夫主諸臣萬民之復逆, 故詩人重之曰, 家伯維宰'者, 知彼宰非大宰, 而當此宰夫者, 維宰在司徒下·膳夫上[2], 故知是宰夫也. 此先鄭以官次第當宰夫. 案鄭彼注"冢宰掌建邦之六典, 皆卿也", 不從司農者, 諸經單稱宰者, 皆大宰. 若宰夫, 無單言宰者, 故爲大宰解之. 若然, 大宰在司徒下者, 彼以權寵爲次, 不以尊卑. 故內史中大夫在膳夫上士之下, 師氏中大夫在趣馬下士之下. '玄謂復之言報也, 反也'者, 謂群臣受王命, 使臣行之, 訖, 反報於王, 故云"朝廷奏事"也. 云'自下而上曰逆'者, 謂自上而下曰順, 故自下而上曰逆也. 言'上書'者, 則今之上表也. 若然, 據夏官諸侯諸臣萬民皆復逆竝有, 則此亦皆有上書奏事耳. 司農於此注復爲請, 逆爲迎受王命, 後鄭不從. 及至夏官大僕先鄭注云"復謂奏事, 逆謂受下奏", 卽與後鄭義同, 故彼後鄭從之. 若然, 是先鄭兩解也. 案內豎云"掌外內之通令, 凡小事". 鄭注云"內, 后六宮. 外, 卿大夫也. 使童豎[3]通王內外之命. 給小事者, 以其無與爲禮, 出入便疾. 內外以大事聞王, 則大事俟朝而自復." 若然, 何須更有小臣等復逆乎. 然〔王〕[4]者, 一日萬機, 或有俟朝自復, 有大事急促不得待朝, 卽須非時通傳, 使聞徹在上者也.

1) (受而) : 저본에는 이 두 글자가 있으나, '受而' 두 글자는 잘못 중복된 것이라는 阮元의 설에 의거하여 衍字로 처리하였다.(阮元의 〈校勘記〉 및 北京大 整理本의 〈校勘記〉 참조)

2) 維宰在司徒下膳夫上 : ≪詩經≫ 〈小雅 十月之交〉에서 "番氏가 司徒가 되고, 家伯이 宰가 되고, 仲允이 膳夫가 되었네.〔番維司徒 家伯維宰 仲允膳〕"라고 한 부분을 가리킨다.
3) 童豎 : 內豎의 '豎'는 미성년자인 童子를 가리킨다. 따라서 鄭玄이 '童豎'라고 한 것이다.
4) 〔王〕 : 저본에는 '王'이 없으나, 阮元의 설에 의거하여 보충하였다.(阮元의 〈校勘記〉 참조)

○注의 〔恒次〕에서 〔上書〕까지

○釋曰 : 〔鄭司農云 復 請也 逆 迎受王命者〕 '復'은 보고하여 아뢴다는 뜻이니, 요청한다는 뜻이 될 수 없다. 그러므로 鄭玄이 鄭衆의 해석에 따르지 않은 것이다. 또 왕의 명령이 이미 내려지면 아래에서는 〈그 명령을〉 받아서 시행하는 것이니, "맞이하여 받는다.〔逆〕"고 말할 수 없다. '逆'이란 위를 향하는 것을 말하는 것이지, 아래를 향하는 뜻이 될 수 없다. 그러므로 정현이 이 또한 정중의 해석에 따르지 않은 것이다.

〔宰夫主諸臣萬民之復逆 故詩人重之曰 家伯維宰〕 정중이 저 ≪詩經≫ 〈小雅 十月之交〉의 '宰'가 大宰가 아니라 이곳의 '宰夫'에 해당하는 것으로 알았던 것은 ≪시경≫의 '宰'가 司徒의 아래, 膳夫의 위에 있었기 때문이다. 그러므로 이곳의 '재부'에 해당하는 것으로 알았던 것이다. 이곳에서 정중은 관직의 등급을 가지고 재부에 해당시킨 것이다. 생각건대, 정현은 저 ≪시경≫ 〈소아 십월지교〉의 注에서 "冢宰는 왕국의 六典을 제정하여 시행하는 일을 관장하는데, 모두 卿이 맡는다."라고 하여 정중의 해석을 따르지 않은 것은 경전들에서 단지 '宰'라고만 칭한 경우 모두 大宰를 가리키기 때문이다. 만약 재부를 가리키는 것이라면 단지 '宰'만 말하는 경우는 없다. 그러므로 〈정현은 ≪시경≫ 〈소아 십월지교〉의 '宰'를〉 '大宰'로 해석한 것이다. 그렇다면 〈저 ≪시경≫ 〈소아 십월지교〉의 구절에서〉 태재가 司徒 아래에 있는 것은 저 〈≪시경≫ 〈소아 십월지교〉가〉 권력과 왕의 총애를 기준으로 순서를 삼은 것이지 爵秩의 존비를 기준으로 한 것이 아니기 때문이다. 그러므로 中大夫인 內史가 上士인 膳夫의 아래에 있고, 中大夫인 師氏가 下士인 趣馬의 아래에 있는 것이다.

〔玄謂復之言報也 反也〕 뭇 신하들(三公 및 孤·卿)은 왕의 명령을 받으면 신하로 하여금 그것을 시행하게 하고, 일이 끝나면 왕에게 반명하여 보고한다. 그러므로 "조정에 일을 아뢰는 것이다."라고 한 것이다.

〔自下而上曰逆〕 위에서 아래로 내려가는 것을 '順'이라 한다. 그러므로 아래에서 위로 올라가는 것을 '逆'이라 한다. '上書'라고 말한 것은 오늘날의 '上表'와 같은 것이다. 그렇다면 〈夏官〉에 의거해보면 제후와 뭇 신하들과 백성들 모두 奏事와 上書를 하는 경우가 함께 있다. 그렇다면 여기서도 또한 모두 上書와 奏事를 하는 경우가 있는 것이다. 정중

은 이곳의 注에서 '復'은 요청한다는 뜻이고, '逆'은 왕명을 맞이하여 받는 것이라고 하였는데, 정현은 따르지 않았다. 〈夏官 大僕(夏-30-2)〉의 주에서 정중이 "'復'은 奏事를 말하고, '逆'은 아래에서 奏事한 것을 접수하는 것이다."라고 한 것에 이르면, 바로 정현의 뜻과 같기 때문에 그곳에서는 정현이 정중의 해석을 따랐다. 그렇다면 정중은 두 가지로 해석한 것이다. 살펴보건대, 〈天官 內竪(天-49-1)〉에서 "〈內竪는〉 왕후의 6궁과 경·대부에게 왕의 명령을 전달하는 일과 모든 작은 일들을 관장한다.〔掌外內之通令 凡小事〕"라고 하였다. 鄭玄의 注에서 "'안〔內〕'이란 왕후의 6궁을 말하고 '밖〔外〕'이란 경·대부를 말한다. 童竪에게 왕후의 6궁과 경·대부에게 왕의 명령을 전달하도록 하는 것이다. 작은 일들을 하게 하는 것은 그와 더불어서 예를 행함이 없어서 드나드는 것이 편하고 빠르기 때문이다. 안팎에서 왕에게 大事를 보고하려면, 大事는 조회를 기다려서 스스로 일을 아뢰어야 한다."고 하였다. 그렇다면 왜 다시 小臣 등의 奏事와 上書를 기다려야 하는 것인가. 왕이 된 사람은 하루에도 온갖 정사를 처리하니, 때로는 조회에서 스스로 일을 아뢰는 것을 기다리는 경우도 있다. 하지만 대사가 촉박하여 조회를 기다릴 수 없는 경우는 수시로 명령을 전달해서 윗자리에 있는 사람에게 보고되도록 하는 것이다.

天-3-3

掌百官府之徵令하여 **辨其八職**이니 **一曰正**은 **掌官灋以治要**요 **二曰師**는 **掌官成以治凡**이요 **三曰司**는 **掌官灋以治目**이요 **四曰旅**는 **掌官常以治數**요 **五曰府**는 **掌官契以治藏**이요 **六曰史**는 **掌官書以贊治**요 **七曰胥**는 **掌官敍以治敍**요 **八曰徒**는 **掌官令以徵令**이라

〈宰夫는〉 모든 官府의 관리들에 대한 왕의 부름과 명령을 관장하여 관부의 八職(여덟 가지 직책)을 분별함으로써 〈부름과 명령에〉 대비하게 한다.

첫째는 正(六卿)의 직책이니, 官法(관리들이 지켜야 할 관부의 법규와 제도)을 관장하여 관부의 매년 회계결산 문서를 심사한다.

둘째는 師(小宰·宰夫)의 직책이니, 官成(관리들이 의거해야 할 관부의 成事와 品式)을 관장하여 관부의 매달 회계결산 문서를 심사한다.

셋째는 司(上士·中士)의 직책이니, 官法(각각의 관직에서 주관하는 법도)을 관장하여 관부의 매일 회계결산 문서를 심사한다.

넷째는 旅(下士)의 직책이니, 官常(관직의 고유한 평상 직무)을 관장하여 매사의 진행 정도를 심사한다.

다섯째는 府의 직책이니, 관부의 계약문건〔官契〕을 관장하여 문서와 기물 등의 보관을 책임진다.

여섯째는 史의 직책이니, 관부의 문서 초안 작성을 관장하여 정사를 돕는다.

일곱째는 胥의 직책이니, 관부의 사무에 대한 〈경중 완급의〉 차서를 관장하여 徒의 무리들을 파견한다.

여덟째는 徒의 직책이니, 관부의 명령을 관장하여 부름과 명령에 복역한다.

【注】 別異諸官之八職하여 以備王之徵召所爲라 正은 辟(비)[1]於治官則冢宰也라 治要는 若歲計也라 師는 辟小宰宰夫也라 治凡은 若月計也라 司는 辟上士中士라 治目은 若今日計也라 旅는 辟下士也라 治數는 每事多少異也라 治藏은 藏文書及器物이라 贊治는 若(令)〔今〕[2]起文書草也라 治敘는 次序官中이니 如今侍曹伍伯傳吏朝也[3]라 徵令은 趨走給召呼라

1) 辟(비) : 陸德明에 의하면 '辟'는 음이 '譬'인데, 어떤 本에는 '譬'로 되어 있다고 한다.(≪經典釋文≫ 권8, 〈周禮音義 上 天官冢宰〉 '宰夫')
2) (令)〔今〕: 저본에는 '令'으로 되어 있으나, 北京大 整理本 및 上海古籍 整理本에 의거하여 '今'으로 바로잡았다.
3) 如今侍曹伍伯傳吏朝也 : 〈天官 序官〉 天-0-9 鄭玄의 注에 대한 賈公彥의 疏 역주 4) 참조.

관부들의 八職을 구별하여 왕이 부를 때 할 일에 대비하는 것이다. '正'은 治官으로 비유하면 冢宰에 해당한다. '治要'란 한 해의 총 회계결산 문서와 같은 것이다. '師'는 小宰・宰夫에 비유된다. '治凡'이란 매달의 회계결산 문서와 같은 것이다. '司'는 上士・中士에 비유된다. '治目'은 오늘날의 日計(매일의 회계결산)와 같은 것이다. '旅'는 下士에 비유된다. '治數'는 매사의 정도를 구별하는 것이다. '治藏'은 문서와 기물을 보관하는 것이다. '贊治'는 오늘날 문서 초안을 작성하는 것과 같은 것이다. '治敘'는 관부 안의 일을 순서대로 조정하는 것이니, 오늘날 속리의 시종인 伍伯이 아침에 관리들에게 사무를 전해 알리는 것과 같은 것이다. '徵令'은 부름에 달려가서 복역하는 것이다.

【疏】 '掌百'至'徵令' ○釋曰 : 言'掌百官府之徵令, 辨其八職'者, 謂揔王朝三百六十官,以備王之所徵召及施令, 若不分別其職, 則徵召無所指斥, 故須分辨三百六十職也. ○'一曰正'者, 正, 長也. 六卿下各有屬六十, 故六卿稱正也. 云'掌官法'者, 掌當官之法也. '以治要'者, 要, 謂大計要也.

經의 〔掌百〕에서 〔徵令〕까지

○釋曰 : 〔掌百官府之徵令 辨其八職〕 王朝의 360개 관직을 총괄하여 왕의 부름과 명령에 대비하는 것을 가리키니, 만약 그 직책을 분별해놓지 않는다면 왕이 부를 때 지명해서 일을 시킬 수가 없다. 그러므로 360개 관직의 직책을 분별해야 하는 것이다.

○〔一曰正〕 '正'은 장관을 가리킨다. 6卿의 아래에 각각 60개의 속관이 있다. 그러므로 6卿을 '正'이라 부르는 것이다.

〔掌官法〕 해당 관부의 법규를 관장하는 것이다.

〔以治要〕 '要'는 大計의 회계결산 문서를 가리킨다.

○注'別異'至'召呼' ○釋曰 : 自'正'已下爲八職, 皆備王召呼, 則正亦備王召呼及所爲也. 言'正, 辟於治官, 則冢宰也'者, 以其六卿異目, 或稱大宰, 或稱司徒之等, 尊卑相似. 正, 長也, 每職各爲一官之長, 故揔謂之正也. 以其六者非一, 相比辟(비), 故以辟言之. 今擧天官一官言之, 餘可知. 云'治要, 若歲計也'者, 案下文, 歲終云'會', 月終云'要', 旬終云'成'. 此歲云'要'者, 但六卿下云'要', 不云'會', 以要當會處, 故以治要爲歲計也. 云'師, 辟小宰·宰夫也'者, 以下文'四曰旅', 是下士諸官皆名旅. 其下士之上, 有上士·中士向上差次, 當'三曰司'. 上士之上, 向上差次, 有小宰·宰夫, 故知'二曰師'當小宰·宰夫也. 言辟者, 亦是六卿之下, 皆有此二者, 若司徒之下小司徒·鄕師之類, 故亦言辟也. 二者同名師者, 亦是六者異目, 尊卑相次, 故同名師也. 云'治凡, 若月計'者, 上要旣當歲會, 故治凡當'月計曰要'之處也. 云'司, 辟上士·中士'者, 此亦是題目有異, 若大司馬之下, 上士曰輿司馬, 中士曰行司馬, 與諸官上士·中士不同, 尊卑相似, 故揔謂之司馬, 以其各有職司也. 六官之下同名司, 故亦云辟也. 云'治目若今日計也'者, 從'治要'向下, 以次差之, 此治目當'日計曰成'之處, 故云'今日計'也. 云'旅, 辟下士也'者, 此下士旣無所兼, 故存本號曰旅, 亦是六官下同號曰旅, 故亦曰辟也. 云'治數, 每事多少異也'者, 以上治目當日計, 此治數無數, 當下士稱旅, 理衆事, 故以治數爲每事多少解之. 云'治藏, 藏文書及器物'者, 其名曰府, 府者, 主以藏物, 故藏當司文書及當司器物也. 云'贊治, 若今起文書草也'者, 起文書草, 乃後判決, 是爲

贊治之法, 故稱"贊治"也. 云'治敍, 次序官中'者, 旣有才智, 爲什長, 當次序官中, 須人驅役之處, 則科次其徒, 故云 "次敍官中"也. 云'如今侍曹伍伯傳吏朝也'者, 漢時五人爲伍. 伯, 長也, 是五人之長. 言'傳吏朝'者, 傳在朝群吏諸官事務於朝也. 胥爲什長亦然[1]. 故擧漢法況之也. 云'徵令, 趨走給召呼'者, 其徒止爲在朝趨走, 供給官人召呼使役之事也.

1) 傳在朝群吏諸官事務於朝也 胥爲什長亦然 : 〈天官 序官〉 天-0-9 鄭玄의 注에 대한 賈公彦의 疏 역주 4) 참조.

○注의 〔別異〕에서 〔召呼〕까지

○釋曰 : '正' 이하가 八職이 되는데, 모두 왕의 부름에 대비하는 것이므로 正도 또한 왕의 부름과 할 일에 대비하는 것이다.

〔正 辟於治官 則冢宰也〕 6卿은 명목을 달리하여 大宰라고 칭하기도 하고 司徒 등으로 칭하기도 하지만 〈爵秩의〉 尊卑는 서로 비슷하다. '正'은 장관을 가리키니, 관직마다 각각 一官의 長이 된다. 그러므로 총괄하여 '正'이라고 한 것이다. 그 여섯 직급이 동일한 것이 아니라 서로 비유되는 것이므로, 비유로써 말한 것이다. 이제 天官 하나를 들어서 말했으므로 나머지를 〈미루어서〉 알 수 있다.

〔治要 若歲計也〕 살펴보건대, 아래 문장에서 연말의 회계결산 문서를 '會'라고 하고, 월말의 회계결산 문서는 '要'라고 하고, 매달 상순·중순·하순 말일의 회계결산 문서는 '成'이라고 하였다. 이곳에서 한 해의 총 회계결산 문서를 〈'會'라 하지 않고〉 '要'라고 한 것은, 6卿 관할 아래 〈관부의 회계결산 문서는〉 '要'라고 하고 '會'라고 하지 않는데 '要'가 '會'의 부분에 해당하기 때문이다. 그러므로 '治要'를 한 해의 총 회계결산이라 한 것이다.

〔師 辟小宰宰夫也〕 아래 문장의 "넷째는 旅이니〔四曰旅〕"라는 말은, 下士에 해당하는 관직들을 모두 旅라고 명명한 것이다. 그 하사의 위로 上士·中士가 있어 위쪽으로 등급별 차서를 분별하면 "셋째는 司이니〔三曰司〕"에 해당된다. 상사의 위로는 위쪽으로 등급별 차서를 분별하면 小宰·宰夫가 있다. 그러므로 "둘째는 師이니〔二曰師〕"에 소재·재부가 해당됨을 알 수 있다. '비유한다〔辟〕'라고 말한 것은 또한 6경 휘하에는 모두 이와 같은 두 직급이 있다는 뜻이니, 司徒 휘하에 小司徒·鄕師가 있는 것과 같은 식이다. 그러므로 또한 '비유한다〔辟〕'고 말한 것이다. 두 직급을 똑같이 '師'라고 명명한 것은 또한 〈6경 휘하에 소재·재부·소사도·향사 등〉 6개 관직은 명칭은 다르지만 爵秩의 尊卑는 서로 가깝기 때문이다. 그러므로 〈그들을〉 똑같이 '師'로 명명한 것이다.

〔治凡 若月計〕 위에서 '要'를 한 해의 총 회계결산 문서인 '會'에 해당시켰다. 그러므로 '治凡'은 "매달의 회계결산 문서를 要라고 한다."는 부분에 해당한다.

〔司 辟上士中士〕 이 또한 명목에는 차이가 있으니, 예컨대 大司馬 휘하의 上士는 輿司馬라고 부르고 中士는 行司馬라고 불러서 여러 관직의 상사·중사〈의 명목과〉 같지 않지만 尊卑는 서로 비슷하다. 그러므로 총괄하여 '司馬'라고 한 것이니, 각각 職司(직책)를 갖고 있기 때문이다. 6官 휘하에 동일하게 '司'라고 명명하기 때문에 또한 '비유한다'고 한 것이다.

〔治目若今日計也〕 '治要'에서부터 아래쪽으로 차서에 따라 등급을 분별하면 이 '治目'은 "매일의 회계결산 문서〔日計〕를 成이라고 한다."는 부분에 해당한다. 그러므로 "오늘날의 日計(매일의 회계결산)"라고 말한 것이다.

〔旅 辟下士也〕 이 下士는 겸하는 관직들이 없으므로 본래의 칭호를 그대로 두어서 '旅'라고 한 것이다. 6관의 휘하에도 동일하게 '旅'라고 호칭하기 때문에 또한 '비유한다'고 한 것이다.

〔治數 每事多少異也〕 위에서 '治目'을 '매일의 회계결산'에 해당시켰는데, 이 '治數'는 셀 수 없이 많으니, 하사에 해당하고 旅로 호칭되는 관직은 수많은 일들을 처리하기 때문이다. 그러므로 '治數'를 '매사의 〈진행〉 정도'라고 해석한 것이다.

〔治藏 藏文書及器物〕 그 〈직책의〉 명칭을 '府'라고 하니, '府'란 물건을 收藏하는 일을 주관한다. 그러므로 해당 관서의 문서와 해당 관서의 기물을 보관하는 것이다.

〔贊治 若今起文書草也〕 문서의 초안을 세운 뒤에야 확정하는 것이니, 이것이 '贊治'의 방법이 된다. 그러므로 '贊治'라고 칭한 것이다.

〔治敘 次序官中〕 이미 재능과 지혜가 있어서 什長이 되었다면, 마땅히 관부 안의 일을 순서대로 조정하여 사역할 곳에 사람이 필요하면 그 徒를 순서대로 징발하는 것이다. 그러므로 "관부 안의 일을 순서대로 조정한다."고 한 것이다.

〔如今侍曹伍伯傳吏朝也〕 漢나라 때는 5인을 '伍'라고 하였다. '伯'은 '長(우두머리)'의 뜻이니, 5인의 우두머리를 가리킨다. '傳吏朝'라고 말한 것은 아침에 조정에 있는 群吏와 諸官들에게 수행해야 할 사무를 전달한다는 뜻이다. 胥가 什長〈의 일〉을 하는 것도 그와 마찬가지이다. 그러므로 한나라의 법제를 들어서 비유한 것이다.

〔徵令 趨走給召呼〕 그 徒는 단지 조정에 달려가서 관인이 불러서 사역시키는 일에 공급될 뿐이다.

天-3-4

掌治灋以考百官府群都縣鄙之治하고 乘其財用之出入이니라 凡失財用物하고 辟(벽)名者는 以官刑詔冢宰而誅之하고 其足用長財善物者는 賞之니라

〈宰夫는〉 治法(治典)을 관장하여 모든 官府와 모든 都·縣·鄙의 치적을 심사하고, 그곳의 錢穀과 재물의 지출과 수입 상황에 대한 회계감사를 한다. 전곡과 재물이나 가축 등을 부당하게 사용했거나 장부를 허위로 조작한 경우는 관리를 징계하는 형법에 의거하여 冢宰에게 보고하여 처벌하게 한다. 그 용도를 충족시키고 재물을 증식시키며 우수한 물산을 생산해낸 자는 〈총재에게 보고하여〉 포상하게 한다.

【注】群都는 諸采邑也라 六遂에 五百家爲鄙요 五鄙爲縣이라 言縣·鄙而六鄕州黨에 亦存焉이라 乘은 猶計也라 財는 泉穀也요 用은 貨賄也요 物은 畜獸也라 辟名은 詐爲書하여 以空作見(현)이니 文書與實不相應也라 官刑은 在司寇하니 五刑第四者라

'群都'는 〈畿內의〉 采邑들을 가리킨다. 〈王城으로부터 100리에서 200리 사이의〉 六遂는 500家로 鄙를 편성하고 5鄙로 縣을 편성한다. 縣·鄙라고 말했으니 〈왕도로부터 100리 이내에 있는〉 六鄕의 州·黨 또한 〈포함되어〉 있는 것이다. '乘'은 計(계산하다)와 같다. '財'는 화폐와 곡식을 가리킨다. '用'은 재물을 가리킨다. '物'은 가축과 들짐승을 가리킨다. '辟名'은 거짓으로 문서를 만들어서 없는 것을 있는 것처럼 조작하는 것이니, 문서와 실물이 서로 들어맞지 않는 것을 뜻한다. '官刑'은 〈秋官 大司寇(秋-1-9)〉에 설명이 보이니, 五刑 가운데 네 번째이다.

【疏】'掌治'至'賞之' ○釋曰：宰夫是句考之官, 故以治法考百官府及群都縣鄙鄕遂之內治功善惡也. 言'乘計其財用之出入'者, 謂上數處用官物者, 當乘計其用財之出入, 知其多少. 云'凡失財用物辟名'者, 謂失官家財及用與物三者而辟名者, 以官刑詔告冢宰長官誅責之也. 有足用, 用之能足. 長財, 財又能長. 善物, 物又能善. 如此者, 賞之.

經의 〔掌治〕에서 〔賞之〕까지

○釋曰：宰夫는 감사를 담당하는 관리이다. 그러므로 治法(治典)에 의거하여 모든 官府와 都·縣·鄙의 鄕·遂 이내 치적의 선악을 심사한다.

〔乘計其財用之出入〕 위의 여러 곳에서 관부의 재물을 사용하는 자는 마땅히 그 전곡과

재화의 지출과 수입을 계산해서 그 많고 적음을 알아야 한다는 뜻이다.

〔凡失財用物辟名〕 관부의 전곡 및 재화와 가축, 이 세 가지를 부당하게 사용하고 거짓 장부를 만든 자는 관리를 징계하는 형법에 의거하여 총재나 장관에게 보고하여 그를 징벌하게 하는 것을 말한다.

'足用'이 있다는 것은 용도를 충족하게 한다는 뜻이다. '長財'는 재물을 더욱 늘어나게 한다는 뜻이다. '善物'은 물산을 더욱 우수하게 만들어냈다는 뜻이다. 이와 같은 일을 한 사람에게는 상을 내리는 것이다.

○注'群都'至'四者' ○釋曰：云'群都, 諸采邑也'者, 謂大都・小都・家邑三處也. 云'六遂, 五百家爲鄙, 五鄙爲縣'者, 遂人文. 云'六鄉州黨亦存焉'者, 六遂在外, 尙考之, 六鄉在內, 考之可知. 不言者, 擧外以包內也. 云'乘猶計也'者, 計者, 筭法乘除之名, 出於此也. 云'財, 泉穀也'者, 上"九賦斂財賄"已釋訖[1]. 云'用, 貨賄也'者, 案內府云 "掌受九貢・九賦・九功之貨賄, 以待邦之大用", 故知用中有貨賄也. 云'物, 畜獸也'者, 案獸人云 "掌罟田獸, 辨其名物, 及春秋獻獸物." 又牧人云 "掌牧六牲[2]而阜蕃其物", 以此知物中有畜有獸也. 云'辟名, 詐爲書, 以空作見, 文書與實不相應也.'者, 其人失財用物者, 則詐爲文書, 以空物作見(현)在, 文書與實物不相應, 是罪人也. 云'官刑在司寇五刑第四'者, 彼司寇掌五刑, 其"四曰官刑, 上能糾職", 是也.

1) 上九賦斂財賄已釋訖：〈天官 大宰(天-1-7)〉 鄭玄의 注에서 이미 '財'를 泉穀으로 해석하였다.〔財 泉穀也〕

2) 六牲：〈地官 牧人(地-13-1)〉 鄭玄의 注에 따르면 六牲은 牛・馬・羊・豕・犬・鷄를 가리킨다.

○注의 〔群都〕에서 〔四者〕까지

○釋曰：〔群都 諸采邑也〕 大都・小都・家邑의 세 곳을 가리킨다.

〔六遂 五百家爲鄙 五鄙爲縣〕 〈地官 遂人(地-40-2)〉의 문장이다.

〔六鄉州黨亦存焉〕 六遂는 畿外에 있는데도 감사를 하니, 六鄉은 畿內에 있으므로 감사를 한다는 것을 알 수 있다. 이를 언급하지 않은 것은 기외의 지역을 거론함으로써 기내의 지역을 포함시켰기 때문이다.

〔乘猶計也〕 '計'란 算法의 곱하기〔乘〕 나누기〔除〕의 명칭이니, 〈'乘이 計와 같다'는 것이〉 여기에서 나온 것이다.

〔財 泉穀也〕〈鄭玄은〉 위의 〈天官 大宰(天-1-7)〉의 "九賦의 규정에 의거하여 재화를 징수한다."는 조목에서 이미 해석을 하였다.

〔用 貨賄也〕 생각건대, 〈天官 內府(天-36-1)〉에서 "九貢・九賦・九功으로 징수한 재물을 접수하는 일을 관장하여 왕국의 중대사에 필요한 물품에 공급한다."라고 하였다. 그러므로 재용〔用〕 안에 재물이 있음을 알 수 있다.

〔物 畜獸也〕 생각건대 〈天官 獸人(天-12-1)〉에서 "〈獸人은〉 그물로 들짐승을 포획하는 일을 관장하여 그 포획물의 명칭과 털빛〔物色〕을 변별하니, 봄가을이 되면 각종 들짐승들을 진헌한다."고 하였다. 또 〈地官 牧人(地-13-1)〉에서는 "여섯 가지 희생을 길러서 그것들을 잘 번식시키는 일을 관장한다."라고 하였다. 이 때문에 '物' 안에 가축이 있고 들짐승이 있음을 알 수 있다.

〔辟名 詐爲書 以空作見 文書與實不相應也〕 전곡과 재화와 가축을 부당하게 사용하는 그런 사람은 거짓으로 문서를 만들어서 없는 물건을 현재 있는 것으로 조작하므로 문서와 실제 물건이 서로 들어맞지 않게 되니, 이는 죄인인 것이다.

〔官刑在司寇五刑第四〕 저 大司寇는 五刑을 관장하니, 〈秋官 大司寇(秋-1-9)〉에서 "네 번째가 官刑(관리를 징벌하는 형법)이니, 현능한 이를 높이고 직무의 잘못을 규찰한다."라고 한 것이 그것이다.

天-3-5

以式灋掌祭祀之戒具與其薦羞하고 從大宰而眡(시)滌濯하나니라

〈宰夫는〉 제사의 예법〔式法〕에 의거하여 〈백관들에게〉 제사에 필요한 기물과 말린 고기〔脯〕・젓갈〔醢〕과 맛난 음식들을 갖추도록 고하여 경계시키는 일을 관장하고, 大宰를 수종하여 제기 등을 깨끗이 씻었는지 살펴본다.

【注】 薦는 脯醢也요 羞는 庶羞와 內羞라

'薦'은 말린 고기〔脯〕와 젓갈〔醢〕을 가리킨다. '羞'는 여러 가지 맛난 음식과 방 안에 진설한 맛난 음식을 가리킨다.

【疏】 '以式'至'滌濯' ○釋曰：言'式法'者, 謂祭祀大小, 皆有舊法式, 依而戒敕, 使共具之. 云'與其薦羞'者, 謂亦戒具之也. 云'從大宰而眡滌濯'者, 上大宰職已云"祀五帝眡滌濯", 此宰夫又從大宰眡之也.

經의 〔以式〕에서 〔滌濯〕까지

○釋曰 : 〔式法〕 제사의 크고 작은 일에는 모두 옛 법식이 있으므로, 그것에 의거하여 〈담당 관리들에게〉 고하여 경계시켜서 〈필요한 기물들을〉 빠짐없이 갖추도록 하는 것을 말한다.

〔與其薦羞〕 역시 고하여 경계시켜서 〈말린 고기·젓갈과 맛난 음식들을〉 갖추도록 하는 것을 말한다.

〔從大宰而眡滌濯〕 위의 〈天官 大宰(天-1-18)〉에서 이미 "〈태재는〉 五帝에 제사 지낼 때 〈제사 하루 전날 저녁에 이르러〉 제기 등을 깨끗이 씻었는지 살펴본다."라고 하였으니, 이곳에서는 宰夫가 또한 태재를 수종하여 제기를 깨끗이 씻었는지를 살펴보는 것을 말한 것이다.

○注'薦脯'至'內羞' ○釋曰 : 案儀禮鄉飮酒·鄉射·燕禮, 諸單言'薦'者, 皆是脯醢, 故知此薦亦脯醢. 云'羞, 庶羞, 內羞'者, 庶羞謂天子八豆·諸侯六豆之等, 內羞謂祭祀食後所加, 言'內'者, 少牢所謂'房中之羞'[1], 糗餌粉餈是也.

1) 少牢所謂房中之羞 : 少牢는 ≪儀禮≫의 〈少牢饋食禮〉를 가리킨다. 그러나 실제 '房中之羞'는 〈소뢰궤사례〉가 아니라 〈소뢰궤사례〉의 하편으로 알려져 있는 〈有司徹〉의 문장이다.

○注의 〔薦脯〕에서 〔內羞〕까지

○釋曰 : 살펴보건대, ≪儀禮≫의 〈鄉飮酒禮〉·〈鄉射禮〉·〈燕禮〉에서 모두 단지 '薦'이라고만 말한 것은 모두 脯와 醢를 가리키므로, 이곳의 '薦'도 脯와 醢임을 알 수 있다.

〔羞 庶羞 內羞〕 '여러 가지 맛난 음식〔庶羞〕'은 천자에게는 8개의 豆를 올리고 제후에게는 6개의 豆를 올리는 것 등을 가리킨다. '內羞'는 제사를 지낼 때 饋食 이후에 더하여 올리는 加饌을 가리키는데, '內'라고 말한 것은 ≪儀禮≫ 〈有司徹〉에서 "방 안의 여러 가지 맛난 음식"이라고 말한 것을 가리키는 것으로 미숫가루〔糗餌〕와 인절미〔粉餈〕가 그것이다.

天-3-6

凡禮事에 贊小宰比官府之具니라

무릇 예의에 관한 일을 거행할 때, 〈宰夫는〉 小宰를 도와서 각 관부에서 제공해야 할 기물들을 하나하나 점검한다.

【注】 比는 校次之라

'比'는 하나하나 점검한다는 뜻이다.

【疏】 注'比, 校次之' ○釋曰：上小宰於七事[1], 已言"以法掌戒具", 此宰夫贊小宰校次之, 使知善惡足否也.

1) 七事：祭祀·朝覲·會同·賓客·軍旅·田役·喪荒에 관한 일을 가리킨다.〈天官 小宰〉 天-1-10 및 〈天官 小宰〉 天-2-11 참조.

○注의 〔比 校次之〕

○釋曰：위에서는 小宰가 7가지 禮事에 대해 "禮法에 의거하여 〈백관들에게〉 필요한 기물을 갖추도록 고하여 경계시키는 일을 관장한다."고 하였으니, 이곳에는 宰夫가 소재를 도와서 〈그 공급해야 할 기물들을〉 하나하나 점검해서 잘된 것과 잘못된 것, 충분한 것과 부족한 것을 파악하도록 하는 것이다.

天-3-7

凡朝覲會同賓客에 以牢禮之灋으로 掌其牢禮와 委積膳獻과 飮食(사)賓賜之(飱)〔飧〕[1]牽과 與其陳數니라

1) (飱)〔飧〕：저본에는 '飱'으로 되어 있으나, 唐石經 등을 근거로 한 阮元의 〈校勘記〉에 의거하여 '飧'으로 바로잡았다.(北京大 整理本의 〈교감기〉 참조) 아래 원문에서 '飧'은 모두 바로잡은 것이다. '飧'은 聘禮가 아직 거행되기 전에 주군이 빈객에게 제공하는 조촐한 음식물이다. '飧'은 '饔·餼'에 대응되는 것으로, '饔·餼'가 살아 있는 희생〔生〕과 죽은 희생의 익히지 않은 고기〔腥〕·익힌 고기〔飪〕를 모두 갖추고 반찬도 많은 데 반하여 '飧'은 죽은 희생의 익히지 않은 고기〔腥〕와 익힌 고기〔飪〕만 있고 살아 있는 희생〔生〕은 없으며 반찬도 적어서 상대적으로 소략한 음식이다.

무릇 조근과 회동에서 빈객을 접대할 때, 〈宰夫는〉 牢禮의 법에 의거하여 죽은 희생과 살아 있는 희생을 제공하고〔牢禮〕, 여정에 필요한 희생과 곡물과 섶과 꼴을 제공하며〔委積〕, 빈객이 머무를 동안 필요한 희생고기와 날짐승을 제공하고〔膳獻〕, 연례와 향례에 필요한 술과 음식을 제공하며〔飮食〕, 빈이 처음 도착했을 때 하사하는 飧食(손사)와 살아 있는 희생을 제공하는 일과 이것들을 진설하는 방식 및 수량을 관장한다.

【注】牢禮之法은 多少之差及其時也라 三牲牛羊豕具爲一牢[1)]라 委積은 謂牢米薪芻給賓客道用也요 膳獻은 禽羞俶獻[2)]也요 飮食(사)는 燕饗也라 鄭司農云 飧은 夕食(사)也니 春秋傳曰飧有陪鼎[3)]이라 牽牲은 牢可牽而行者니 春秋傳曰 餼牽竭矣라하니라 玄謂客始至에 所致禮니 凡此禮陳數存可見者는 唯有行人・掌客及聘禮・公食(사)[4)]大夫라

1) 牢 : '牢'는 牛・羊・豕의 희생〔牲〕을 가리키는 말이다. 二牲 이상을 '牢'라고 부른다. 三牲을 갖추는 것을 '太牢'라 하고, 二牲을 갖추는 것을 '少牢'라 한다. 一牲만 갖출 경우는 '特' 또는 '特牲'이라고 한다. 예를 들어 太牢 1牢란 牛・羊・豕가 각 1마리씩이란 뜻이고, 太牢 5牢란 각 5마리씩이란 뜻이 된다.
2) 膳獻 禽羞俶獻 : ≪儀禮≫ 〈聘禮〉의 記文을 인용한 것이다. 〈聘禮〉 經文의 "연례를 베풀어주는 것과 삶아 익혀서 요리한 새고기 음식 및 진귀하고 맛난 계절음식을 보내주는 것에는 정해진 횟수가 없다.〔燕與羞俶獻 無常數〕"고 하였는데, 이에 대해 鄭玄은 "'羞'는 기러기나 오리 등 새고기의 음식으로서, 삶아 익혀서 요리한 것을 가리킨다. '俶'은 '처음'이라는 뜻이다. 네 계절의 새로 나온 진귀한 음식물을 처음 바치는 것을 말한다.〔羞謂禽羞 雁鶩之屬 成孰煎和也 俶始也 始獻四時新物〕"라고 하였다. '膳獻'을 새고기 요리와 새로 나온 진귀한 계절 음식으로 해석하는 것이다. 그러나 孫詒讓은 '膳獻'에 대해서 王安石이 〈秋官 掌客(秋-58-4)〉의 "殷膳大牢"와 "上介有禽獻"을 근거로, 賓에게 보내는 희생고기와 賓을 보좌하는 介에게 보내는 날짐승으로 보는 설을 지지한다.(≪周禮正義≫ 권6, 203쪽 참조) 楊天宇 또한 왕안석, 손이양의 설을 따른다.(≪周禮譯注≫, 44쪽 참조) 역자도 〈추관 장객(秋-58-4)〉을 근거로 한 후대 학자들의 설에 따라서 경문을 해석하였다.
3) 飧有陪鼎 : 飧은 빈이 관사에 도착하면 주군이 보내주는 음식으로, 정식의 연향보다는 예를 간략히 한 것이다. ≪儀禮≫ 〈聘禮〉에 따르면, 빙문 온 제후가 관사에 들면, 재부는 飧食를 진설하는데 九鼎 이외에 陪鼎을 더 진설한다. 陪鼎은 음식을 더하여 올리는 加鼎을 가리킨다. ≪春秋左氏傳≫ 昭公 5년 조의 "宴有好貨, 飧有陪鼎"에 대한 杜預의 注에서 "'陪'는 더하는 것이다. 加鼎은 情意를 도탑게 하기 위한 것이다.〔陪加也 加鼎所以厚殷勤〕"라고 하였다.
4) 食(사) : 陸德明에 의하면 '公食大夫禮'의 '食'는 음이 '嗣(사)'이다. 鄭玄 注의 '飮食'의 '食'도 음이 같다.(≪經典釋文≫ 권8, 〈周禮音義 上 天官冢宰〉 '宰夫')

'牢禮의 법'은 〈禮數의〉 많고 적은 차등과 그 시기에 관한 규정이다. 소・양・돼지의 세 가지 희생을 갖춘 것을 1牢라 한다. '委積'은 희생과 곡물과 섶과 꼴을 빈객이 길을 갈 때 사용하도록 공급하는 것을 말한다. '膳獻'은 새고기로 만든 맛난 음식과 네 계절에 새로 나온 진귀한 음식물을 처음 올리는 것을 가리킨다. '飮食'는 연례와 향례의 예를 가리킨

다. 鄭衆은 "'飧'은 저녁밥을 가리킨다. ≪春秋左氏傳≫ 昭公 5년 조에 '飧食에는 陪鼎이 있다.'고 하였다. '牽牲'은 끌고 갈 수 있는 〈살아 있는〉 희생을 뜻한다. ≪춘추좌씨전≫ 僖公 33년 조에 '살아 있는 희생들이 모두 고갈되었습니다.'고 했다."고 하였다.

나(鄭玄)는 생각건대, 〈'飧'은〉 빈객이 처음 도착했을 때 보내주는 예물(음식)이다. 이러한 예물을 진설하는 방식과 수량을 아직까지 확인할 수 있는 것은 〈秋官 大行人〉과 〈추관 掌客〉 및 ≪儀禮≫의 〈聘禮〉와 〈公食大夫禮〉가 있을 뿐이다.

【疏】'凡朝'至'陳數' ○釋曰：上大宰云"大朝覲會同", 彼言'大', 謂朝覲爲會同而來. 今此朝覲不言大, 則朝覲自是四時常朝及會同, 皆有賓客也. 云'以牢禮之法'者, 五等諸侯來朝, 天子待之, 自有常法, 若大行人・掌客者也. 云'掌其牢禮'者, 下別言委積之等, 則此牢禮謂饔餼之禮. 若然, 委積是賓未至時在道所設. 聘禮云"聘日致饔", 則饔餼是朝日致之矣. 今在委積上者, 以饔餼是禮之大者, 故先言之. 且委積非直賓來時共之, 賓去亦共之, 在下亦其宜. 若然, 飧牢皆殺, 而云飧牽者, 以掌客云"積視飧牽[1)]", 據積而言之也.

1) 積視飧牽 : 〈秋官 掌客(秋-58-4)〉의 원문은 "上公五積 皆視飧牽(상공은 다섯 차례 積(희생과 곡식과 땔감)을 제공하는데, 그 가운데 제공하는 살아 있는 희생의 수는 모두 飧食로 제공하는 희생의 수에 견주어서 한다.)"이다.

經의 〔凡朝〕에서 〔陳數〕까지

○釋曰 : 위의 〈天官 大宰(天-1-23)〉에서 "大會同을 기회로 朝覲의 예를 행할 때"라고 하였다. 그곳에서 '大'라고 말한 것은 朝覲을 하는 것이 會同을 위해 왔기 때문이다. 이제 이곳에서 '大'라고 말하지 않았으니, 朝覲을 하는데 본래대로 네 계절에 정기적으로 조회하고 회동하는 것으로, 모두 빈객이 있는 것이다.

〔以牢禮之法〕 五等의 諸侯가 조회를 와서 천자가 그들을 접대하는 데에는 본래 정해진 법식이 있으니, 大行人이나 掌客과 같은 관직이 관장하는 일이다.

〔掌其牢禮〕 희생과 곡물과 섶과 꼴〔委積〕 등에 대해서는 아래에서 따로 말했으니, 이곳에서의 牢禮는 죽은 희생과 살아 있는 희생〔饔餼〕의 예물을 말한다. 그렇다면 委積은 빈객이 아직 도착하기 전에 도로에 진설하는 것이다. ≪儀禮≫ 〈聘禮〉에서 "聘의 예를 행하는 날에, 〈주군은 賓과 介에게〉 죽은 희생〔饔〕과 살아 있는 희생〔餼〕을 보내준다."라고 하였으니, 饔餼는 조회하는 날 보내주는 것이다. 이제 委積의 위에 〈서술되어〉 있는 것은

饔餼가 예물 가운데 큰 것이기 때문이다. 그러므로 먼저 말한 것이다. 또 委積은 단지 빈이 올 때만 공급하는 것이 아니라 빈이 갈 때도 공급하는 것이니, 아래에 〈서술되어〉 있는 것도 또한 그 의리가 마땅한 것이다. 그렇다면 〈빈이 처음 도착했을 때 하사하는〉 飧食의 희생〔飧牢〕은 모두 도살한 것인데 "飧食와 살아 있는 희생〔牽〕을 제공한다."고 말한 것은 〈秋官 掌客(秋-58-4)〉에서 "積(희생과 곡식과 땔감)을 제공하는데, 〈그 가운데 제공하는 살아 있는 희생의 수는〉 飧食로 제공하는 희생의 수에 견주어서 한다."고 했기 때문이니, 積에 근거해서 말한 것이다.

○注'牢禮'至'大夫' ○釋曰：云'牢禮之法, 多少之差'者, 案大行人"上公饔餼九牢[1], 饗禮九獻, 食禮九擧." 此等, 其侯伯降二等, 以七爲節, 子男又降二等, 以五爲節也. 又掌客云 "上公飧五牢・五積, 侯伯飧四牢・四積, 子男飧三牢・三積", 是其數也. 云'及其時也'者, 案聘禮云 '賓至, 大夫帥至于館', 卽言宰夫朝服設飧. 又云 '聘日致饔', 卽天子待諸侯亦然. 其委積者, 從來至去, 在道而設之, 竝是時也. 若然, 此等之禮, 竝是掌客所主. 今此復言之者, 此宰夫雖非正職, 以其主陳之, 當知其數, 故言之耳. 云'三牲牛羊豕具爲一牢'者, 此依聘禮卿韋弁[2]歸饔餼於館之時, 有五牢, 飪一牢設於西階, 腥二牢設於東階, 牽二牢陳于門內之西, 北首. 以牛一・羊一・豕一, 稱牢, 此旣以經牢禮爲饔餼, 故還引聘禮順饔餼以證之也. 云'委積, 謂牢米薪芻, 給賓客道用也'者, 依掌客云"積視飧牽", 飧有芻薪及米, 明委積在道所設, 亦有芻米薪蒸也. 且地官遺人云 "十里有廬[3], 廬有飮食, 三十里有宿, 宿有委, 五十里有市, 市[4]有積." 是其委積給客道用也. 云'膳獻, 禽羞俶獻也'者, 此聘禮記文. 彼注云"禽羞, 謂成孰有齊和者. 俶獻, 四時珍美新物也. 俶, 始也. 言其始可獻也. 聘義謂之時賜", 是也. 云'飮食, 燕饗也'者, 鄭以燕饗解飮食(사), 卽是飮入燕饗中. 不解經中食(사)爲食禮者, 經中言食, 則食禮自明. 今云'飮食燕〔饗〕[5]'者, 欲見飮入燕禮, 可知饗中又兼燕與食, 以其饗有米有酒故也. 司農云"飧, 夕食也"者, 先鄭以飧字夕下爲之, 卽爲夕食, 但客至卽設, 不要待夕, 故後鄭不從也. 云'春秋傳曰飧有陪鼎'者, 左氏昭五年, 楚薳啓彊曰 "宴有好貨, 飧有陪鼎", 是也. 云'春秋傳曰餼牽竭矣'者, 左氏僖三十三年, 鄭皇武子辭秦客杞子等云 "唯是脯資餼牽竭矣[6]", 是也. '玄謂飧客始至所致禮'者, 此亦〔破〕[7]先鄭. 案聘禮客始至, 大夫帥至于館, 宰夫朝服設飧, 不待至夕也. 云'凡此禮陳數存可見者, 唯有行人・掌客及聘禮・公食大夫'者, 以儀禮三千條內, 具有諸侯之禮, (俱)〔但〕[8]亡滅者多. 今存可見者, 周禮之

內有大行人・掌客, 是待諸侯之禮, 儀禮之內有聘禮・公食(사)大夫, 是待聘客之法. 皆有陳數, 考校可知也.

1) 上公饔餼九牢 : 〈秋官 大行人(秋-52-6)〉의 경문은 "上公之禮……禮九牢"이다.
2) 韋弁 : 韋弁服은 적황색의 가죽으로 만든 弁을 갖추어 쓰는 복식으로 兵服이다. 위변복으로 갈아입는 것은 공경함을 보이는 것이다.(≪儀禮≫ 〈聘禮〉 鄭玄의 注 참조)
3) 廬 : 도로 연변에서 빈객을 맞이하는 숙사를 말한다.(〈地官 遺人〉 地-19-2 경문 및 鄭玄의 注 참조)
4) 市 : 集市하는 곳에 설치된 候館을 가리킨다. 宿이나 候館 모두 쉬고 잠잘 수 있는 객사를 가리킨다.(〈地官 遺人〉 地-19-2 경문 및 鄭玄의 注 참조)
5) 〔饔〕 : 저본에는 '饔'이 없으나, ≪周禮正義≫에 '饔'이 있는 것에 의거하여 보충하였다.(北京大 整理本의 〈校勘記〉 참조)
6) 左氏僖三十三年……唯是脯資餼牽竭矣 : ≪春秋左氏傳≫ 僖公 33년 조의 傳文으로, 원문은 "吾子淹久於敝邑 唯是脯資餼牽竭矣"이다. '餼牽'에 대한 杜預의 注에서 "살아 있는 희생을 '餼'라고 한다. '牽'은 소・양・돼지를 가리킨다.〔生曰餼 牽謂牛羊豕〕"고 하였다.

韋弁服

7) 〔破〕 : 저본에는 '破'가 없으나, ≪周禮正義≫에 '破'가 있는 것에 의거하여 보충하였다.(≪周禮正義≫ 권6, 204쪽 참조)
8) (俱)〔但〕 : 저본에는 '俱'로 되어 있으나, 阮元의 설에 의거하여 '但'으로 바로잡았다.(阮元의 〈校勘記〉 참조)

○注의 〔牢禮〕에서 〔大夫〕까지

○釋曰 : 〔牢禮之法 多少之差〕 살펴보건대, 〈秋官 大行人(秋-52-6)〉에서 "왕이 上公을 대접하는 大禮에는 饔餼 9牢를 보내주고, 왕이 饗禮로 公을 대접할 때는 공에게 아홉 차례 헌주를 하고〔九獻〕, 왕이 食禮로 공을 예우할 때는 공에게 아홉 차례 희생고기를 들어서 밥을 먹기를 권한다〔九擧〕."고 하였다. 이러한 차등의 예는 그 侯・伯의 경우 두 등급을 내려서 일곱을 법칙으로 하고, 子・男의 경우는 또 두 등급을 내려서 다섯을 법칙으로 삼는다. 또 〈秋官 掌客(秋-58-4)〉에서 "상공에게 대접하는 飧食에는 5牢를 보내주고, 다섯 차례 희생과 곡물과 섶과 꼴을 보내준다〔五積〕. 후・백에게 대접하는 飧食에는 4牢를 보내고, 네 차례 희생과 곡물과 섶과 꼴을 보내준다〔四積〕. 자・남에게 대접하는 飧食에

는 3牢를 보내고 세 차례 희생과 곡물과 섶과 꼴을 보내준다〔三積〕."고 하였는데, 이것이 그 〈차등의〉 數이다.

〔及其時也〕 살펴보건대, ≪儀禮≫ 〈聘禮〉에서 '賓이 도착하면, 大夫가 빈을 인도하여 〈빈의〉 관사에 이른다.'고 하였는데, 바로 宰夫가 朝服을 착용하고 〈빈의 관사에〉 飧食를 진설하는 것을 말하는 것이다. 또 '聘의 예를 행하는 날에 주군은 賓과 介에게 죽은 희생과 살아 있는 희생을 보내준다.'고 하였는데, 바로 천자가 제후를 접대하는 경우도 그와 같이 하는 것이다. 그 委積이라는 것은 올 때부터 갈 때까지 도로에 진설하는 것이니, 모두 이것이 시기에 관한 규정이다. 그렇다면 이러한 차등의 예는 모두 掌客이 주관하는 것이다. 이제 이곳에서 거듭해서 말한 것은 이 宰夫가 비록 〈차등의 예를 담당하는〉 장관의 직책은 아니지만 그것들을 진설하는 일을 주관하기 때문에 마땅히 그 차등의 數를 알고 있어야 한다. 그러므로 말한 것일 따름이다.

〔三牲牛羊豕具爲一牢〕 이는 ≪의례≫ 〈빙례〉에서 卿이 韋弁服을 착용하고 죽은 희생과 살아 있는 희생을 빈의 관사로 보낼 때 5牢를 보내는데, 익힌 희생고기 1牢를 서쪽 계단 앞에 진설하고, 익히지 않은 희생고기 2牢를 동쪽 계단 앞에 진설하며, 살아 있는 희생 2牢를 廟門 안의 서쪽에 머리가 북쪽을 향하도록 하여 진설한다고 한 것에 의거한 것이다. 소 1마리, 양 1마리, 돼지 1마리를 牢라고 부른다. 이곳에서는 이미 경문의 牢禮를 죽은 희생과 살아 있는 희생〔饔餼〕으로 해석하였다. 그러므로 다시 ≪의례≫ 〈빙례〉를 인용하여 饔餼에 따라 증명한 것이다.

〔委積 謂牢米薪芻 給賓客道用也〕 〈秋官 掌客(秋-58-4)〉에서 "積(희생과 곡식과 땔감)을 제공하는데, 〈그 가운데 제공하는 살아 있는 희생의 수는〉 飧食로 제공하는 희생의 수에 견주어서 한다."고 말한 것에 의하면, 飧에는 섶과 꼴과 곡물이 있는데, 委積은 도로에 진설하는 것이므로 역시 꼴과 곡물과 섶이 있음을 밝힌 것이다. 또 〈地官 遺人(地-19-2)〉에서 "〈도로의〉 10리마다 廬를 설치해두는데 廬에 음식을 준비해둔다. 30리마다 宿을 설치해두는데 宿에 委積을 준비해둔다. 50리마다 시장이 서는데 시장〈의 候館에〉 위적을 준비해둔다."라고 하였으니, 이것이 '委積'은 희생과 곡식과 땔감을 빈객이 길을 갈 때 사용하도록 공급하는 것이다.

〔膳獻 禽羞俶獻也〕 이는 ≪의례≫ 〈빙례〉의 記文이다. 그곳의 鄭玄 注에서 "'禽羞'는 익히고 삶아서 요리한 것을 가리킨다. '俶獻'은 네 계절의 진귀하고 맛난 새로 나온 음식이다. '俶'은 처음〔始〕이라는 뜻이니, 처음 나와서 올릴 만한 것임을 말한다. ≪禮記≫ 〈聘義〉에서는 이를 '진귀한 제철 음식을 하사하는 것'이라 하였다."고 한 것이 이것을 가리킨다.

〔飮食 燕饗也〕 鄭玄은 燕饗으로 '飮食'를 해석하였으니, 이것은 곧 술을 마시는 것〔飮〕이 연례와 향례 안에 포함된다는 뜻이다. 경문 속의 '食'를 食禮(사례)라고 해석하지 않은 것은 경문 속에서 '食'라고 말하면 곧 食禮임이 자명하기 때문이다. 이제 "'飮食'는 연례와 향례의 예를 가리킨다."고 말한 것은 연례에 술을 마시는 것이 포함됨을 보이고자 한 것이고, 향례 안에 또한 燕禮와 食禮를 포함하는 것을 알 수 있는 것은 향례에 밥이 있고 술이 있기 때문이다.

〔司農云 飧 夕食也〕 鄭衆은 '飧'자를 '夕'변에 있는 것으로 여겨서 '저녁 밥〔夕食〕'으로 해석했으나, 빈객이 도착하면 진설하는 것일 뿐 저녁이 되기를 기다릴 필요가 없는 것이다. 그러므로 정현은 정중의 해석에 따르지 않은 것이다.

〔春秋傳曰 飧有陪鼎〕 ≪春秋左氏傳≫ 昭公 5년 조에 楚나라의 薳啓彊이 "宴享에는 우호를 다지는 재화를 베풀고, 飧食에는 陪鼎을 더한다."고 한 것이 이것이다.

〔春秋傳曰 餼牽竭矣〕 ≪春秋左氏傳≫ 僖公 33년에 鄭나라의 皇武子가 秦나라에서 온 빈객인 杞子 등에게 사례하면서 "〈그대들이 우리나라에 오래 머물러 있음으로 인해서〉 말린 고기〔脯〕와 양곡〔資〕과 살아 있는 희생들이 모두 고갈되었습니다."라고 한 것이 이것이다.

〔玄謂飧客始至所致禮〕 이것도 또한 정중의 설을 부정한 것이다. 살펴보건대, ≪의례≫ 〈빙례〉에 의하면, 빈객이 처음 도착하면, 대부가 빈을 인도하여 빈의 관사에 이르고, 宰夫는 조복을 착용하고 飧食를 진설하는 것이니, 저녁이 되기를 기다리지 않는 것이다.

〔凡此禮陳數存可見者 唯有行人掌客及聘禮公食大夫〕 ≪의례≫의 3천 조목 안에 제후의 예가 갖추어져 있었지만 망실되어 없어진 것들이 많다. 아직까지 남아 있어서 확인할 수 있는 것이라고는 ≪周禮≫ 안에 〈秋官 大行人〉과 〈秋官 掌客〉이 있으니 이것은 제후를 대접하는 예이며, ≪의례≫ 안에 〈빙례〉와 〈公食大夫禮〉가 있으니 이것은 빙문 온 빈객을 대접하는 예법이다. 모두 〈차등에 따라 음식이나 기물 등을〉 진설하는 방식과 수량이 있으므로, 비교 연구하면 알 수 있을 것이다.

天-3-8

凡邦之弔事에 掌其戒令과 與其幣器財用凡所共者하니라

무릇 왕국에서 〈제후나 대신을〉 조문할 일이 있을 때, 〈宰夫는〉 조문을 떠날 관리들에게 경계하도록 고하여 명하는 일과 폐백·명기·재물의 사용과 공급해야할 모든 기물들을 관장한다.

【注】弔事는 弔諸侯諸臣이라 幣는 所用賻也요 器는 所致明器也라 凡喪에 始死弔而含襚하고 葬而賵(봉)贈이니 其間加恩厚則有賻焉이라 春秋에 譏武氏子來求賻라

'조문할 일〔弔事〕'은 제후와 대신들을 조문하는 것을 가리킨다. '幣'는 조문할 때 사용할 賻(비단이나 돈 등의 재화)를 가리킨다. '器'는 〈무덤에 함께 매장하기 위해〉 바치는 明器를 가리킨다. 무릇 喪이 나면, 막 사망했을 때 조문을 하면서 含(구슬이나 옥)이나 襚(수의)를 보내주고, 장례를 치르면서 賵(수레나 말 등의 재물)을 보내주는 것이니, 그 사이에, 은혜가 두터운 이에게 더할 경우는 賻가 있게 된다. 《春秋公羊傳》 隱公 3년 조에서는 武氏의 아들이 와서 賻를 요청한 일을 비난하였다.

【疏】'凡邦'至'共者' ○釋曰：弔, 謂王使人弔諸侯, 自弔諸臣. 須從王行者, 幷有贈喪之具. 百官當共, 故宰夫揔戒令之, 與其幣器財用, 凡所共者也.

經의 〔凡邦〕에서 〔共者〕까지

○釋曰：'弔'는 왕이 사람을 보내어 제후를 조문하고, 스스로 대신들을 조문하는 것을 말한다. 왕을 따라서 가야 하는 사람은 아울러 상례에 부의할 기물들을 갖추어야 한다. 백관들이 마땅히 공급해야 하므로 宰夫가 그들에게 경계하도록 고하여 명하는 일과 폐백·명기·재물의 사용과 공급해야 할 모든 기물들을 총괄하는 것이다.

○注'弔事'至'求賻' ○釋曰：案大宗伯云"以喪禮哀死亡." 禮記檀弓曰"君臨臣喪, 巫祝桃茢(렬)執戈, 惡之也.[1]" 天子之禮, 弔諸臣之法. 春秋左氏"王使榮叔歸含且賵[2]", 是有弔法, 故云"弔諸侯諸臣"也. 云'幣, 所用賻也'者, 案公羊傳, 口實曰含, 車馬曰賵, 衣服曰襚. 幣不入含襚賵中, 故知是賻[3]也. 云'器, 所(用)[4]致明器也'者, 案儀禮旣夕禮云"若就器, 則坐奠于陳[5]", 注云"就, 猶善也. 贈無常, 唯翫好." 則此贈與人, 亦是賓客就器. 而云明器者, 相對言之, 則檀弓云"竹不成用, 瓦不成味, 木不成斲, 琴瑟張而不平[6]"之等, 是主人之明器. 賓客所致者, 謂之就器. 就, 成也. 謂善作之, 名爲就器. 揔而言之, 皆是神明死者之器, 故此就器亦名明器也. 云'凡喪, 始死弔而含襚, 葬而賵贈, 其間加恩厚, 則有賻焉', 言此者, 欲見賻非正禮, 其賻乃是於死者恩厚, 乃加之. 故禮記云"弔喪不能賻, 不問其所費", 是恩厚之義也. 云'春秋譏武氏子來求賻'者, 隱公三年公羊文. 案公羊云"武氏子來求賻[7], 何以書. 譏. 何譏爾. 喪事無求, 求賻, 非禮." 何休

云"禮本爲有財者制, 有則送之, 無則致哀而已. 不當求, 求則皇皇傷孝子心." "蓋通於下", 何休云"云爾者, 嫌天子財多, 不當求, 下財少, 可求, 故明皆不當求." 鄭引此者, 見王於諸侯·諸臣有歸則爾, 諸侯·諸臣亦不得求也. 顔路請子之車[8], 孔子不與,亦是不合求, 故抑之也.

1) 君臨臣喪……惡之也 : ≪禮記≫ 〈檀弓 下〉의 문장이다. "꺼리는 바가 있다〔惡之〕"는 것은 喪禮에서 죽은 자를 꺼리는 이치가 있으므로 살아 있는 자를 대하는 것과 달리한다는 뜻이다. 鄭玄의 注에서 "흉하고 사악한 기운이 시신의 곁에 있기 때문이다.〔爲有凶邪之氣在側〕"라고 하였다. 陳澔는 ≪禮記集說≫에서 "복숭아의 성질은 악을 물리치니 귀신이 두려워한다. '茢'은 갈대로 만든 비이니, 더러움을 제거하는 것이다. 巫官이 복숭아나무를 잡고, 祝官이 빗자루를 잡고, 小臣이 창을 잡는 것은 대개 사람들이 꺼리는 흉하고 사악한 기운이 있기 때문이다. 그러므로 이 세 가지 물건으로 물리치는 것이다. 살아 있는 사람에게 임할 때는 오직 창을 잡을 뿐이다."〔桃性辟惡 鬼神畏之 茢 苕帚也 所以除穢 巫執桃 祝執茢 小臣執戈 蓋爲其有凶邪之氣可惡 故以此三物辟祓之也 臨生者 則惟執戈而已〕라고 하였다.

2) 王使榮叔歸含且賵 : ≪春秋左氏傳≫ 文公 5년 조의 記事이다. 魯나라 莊公의 妾인 成風의 喪에 天子가 사신을 시켜서 含과 賵을 보내준 일을 기록한 것이다. 成風은 妾이었지만 文公의 父인 僖公의 母이다. 따라서 王이 夫人에 대한 禮로 부의를 보낸 것이다. 이에 대해 杜預는 어머니는 자식으로 인해 귀해진다는 도리를 밝힌 것〔明母以子貴 故曰禮〕이라 해석하였다.

3) 口實曰含……衣服曰襚 : ≪春秋公羊傳≫ 隱公 원년 조에 "車馬를 보내주는 것을 '賵'이라 하고, 財貨를 보내주는 것을 '賻'라고 하고, 衣服을 보내주는 것을 '襚'라고 한다.〔車馬曰賵 貨財曰賻 衣被曰襚〕"라고 하였다. 何休의 注에서는 "이는 ≪春秋≫의 제도이다. '賵'은 覆(덮는다)와 같고, '賻'는 助(돕다)와 같으니, 모두 살아 있는 사람(유족)을 돕고 죽은 사람(망자)을 보내는 禮이다. '襚'는 遺(보내주다)와 같다. '遺'는 죽은 사람을 돕는 禮이다. 살아 있는 사람과 알고 지내는 사이라면 賵이나 賻를 보내주고, 죽은 사람과 알고 지내던 사이라면 贈이나 襚를 보내준다.〔此者春秋制也 賵猶覆也 賻猶助也 皆助生送死之禮 襚猶遺也 遺是助死之禮 知生者賵賻 知死者贈襚〕"라고 하였다. 또 ≪春秋公羊傳≫ 文公 5년 조에 "'含'이란 무엇인가? 〈죽은 이의〉 입안을 채우는 것이다.〔含者何 口實也〕"라고 하였다. 何休의 注에서는 "孝子가 부모의 입안을 채우기 위한 것이다. 살아 계실 때처럼 돌아가신 후에도 섬기는 것이니, 차마 그 입을 비워두지 못하는 것이다. 천자는 구슬로 채우고, 제후는 옥으로 채우고 대부는 벽옥으로 채우고, 사는 조개로 채우는 것이, ≪春秋≫의 제도이다.〔孝子所以實親口也 緣生以事死 不忍虛其口 天子以珠 諸侯以玉 大夫以碧 士以貝 春秋之制也〕"라고 하였다.

4) (用) : 저본에는 '用'이 있으나, 위의 鄭玄 注의 문장에 따라 衍字로 보아야 한다는 孫詒讓의 설에 의거하여 衍字로 처리하였다.(上海古籍 整理本의 〈校勘記〉 참조)
5) 陳 : 명기를 진열해둔 곳을 말한다. ≪儀禮≫ 〈旣夕禮〉에서 "陳明器於乘車之西(乘車의 서편에 壙에 매장하는 기물을 진열해둔다.)"라고 하였다.
6) 竹不成用……琴瑟張而不平 : ≪禮器≫ 〈檀弓 上〉의 문장이다. 壙穴 즉 무덤에 함께 매장하는 기물들인 明器의 의미를 설명한 내용이다. "孔子가 말했다. '죽은 이를 보내는데 완전히 죽은 것으로 대하는 것은 어질지 못하니 그렇게 해서는 안 된다. 죽은 이를 보내는데 완전히 살아 있는 것으로 대하는 것은 지혜롭지 못하니 그렇게 해서는 안 된다. 이 때문에 대나무 그릇은 쓸 수가 없고, 질그릇은 광택을 내지 않고, 나무그릇은 깎지 않고, 琴瑟은 벌려놓되 조율하지 않고 생황은 갖추어놓되 고르지 않고, 종과 경쇠가 있지만 악기걸이는 없다. 그것을 明器라고 하는데 죽은 이를 神明으로 대하는 것이다.〔孔子曰 之死而致死之 不仁而不可爲也 之死而致生之 不知而不可爲也 是故竹不成用 瓦不成味 木不成斲 琴瑟張而不平 竽笙備而不和 有鐘磬而無簨虡 其曰明器 神明之也〕"라고 하였다. 이에 대한 鄭玄의 注에서는 "죽은 이를 神明으로 여김을 말한 것이다. 신명은 사람이 알 수 없으므로 그 기물이 이와 같다.〔言神明死者也 神明者 非人所知 故其器如此〕"라고 해석하였다.
7) 武氏子來求賻 : ≪春秋公羊傳≫ 隱公 3년 조의 經文이다. 당시 周나라 平王이 3월에 薨逝하여 예에 따라 7개월 후인 9월에 葬禮를 치르게 된 상황이다. 武氏子는 天子의 大夫로서 魯나라에 와서 장례에 쓸 賻儀를 요구하였으므로, 이를 비판한 것이다. 세습 대부인 武氏子의 父가 죽고 아직 명을 받지 않았는데도 대부로서 노나라에 왔으므로 武氏의 子라 칭했으니, 이 역시 비판한 것이다.
8) 顔路請子之車 : ≪論語≫ 〈先進〉의 문장이다. 孔子의 제자인 顔淵이 죽자, 안연의 父인 顔路가 집안이 가난하여, 공자의 수레를 팔아서 안연을 위한 널을 사고자 공자의 수레를 요구한 것이다.

○注의 〔弔事〕에서 〔求賻〕까지

○釋曰 : 살펴보건대 〈春官 大宗伯(春-1-7)〉에서 "喪禮로 죽음을 애도한다."라고 하였고, ≪禮記≫ 〈檀弓 下〉에서 "임금이 신하의 喪에 임할 때, 巫官은 복숭아나무를 잡고 〈祝官은〉 빗자루를 잡고 〈小臣은〉 창을 잡으니, 꺼리는 바가 있기 때문이다."라고 하였는데, 천자의 예에서 대신들을 조문하는 법이다. ≪春秋左氏傳≫ 文公 5년 조에 "王이 〈成風의 喪에〉 榮叔을 사신으로 하여 含과 賵을 보냈다."라고 하였으니, 이것이 조문하는 예법이다. 그러므로 "제후와 대신들을 조문하는 것이다."라고 한 것이다.

〔幣 所用賻也〕 생각건대 ≪春秋公羊傳≫에 의하면 시신의 입에 채워 넣는 것을 '含(구슬과 옥)'이라 하고, 수레와 말을 보내주는 것을 '賵'이라 하고, 시신을 덮을 의복을 보내주

는 것을 '襚(수의)'라고 한다. 비단은 襚나 賵 안에 포함되지 않는다. 그러므로 이것이 賻(재화)임을 알 수 있는 것이다.

〔器 所(用)致明器也〕 생각건대, ≪儀禮≫ 〈旣夕禮〉에서 "若就器 則坐奠于陳(만약 훌륭한 애호품이라면, 명기를 진설한 곳에 나아가 앉아서 올린다.)"이라고 하였는데, 鄭玄의 注에서 "'就'는 '善(훌륭하다)'과 같다. 보내주는 것은 정해진 것이 없고 아끼던 애호품을 사용한다."라고 하였으니, 이 贈送하는 사람은 또한 빈객으로 〈자신이 아끼던〉 훌륭한 애호품을 보내주는 것이다. 그런데 여기서 '明器'라고 말한 것은 상대하여 말한 것이다. ≪禮記≫ 〈檀弓 上〉에서 "대나무 그릇은 쓸 수가 없고, 질그릇은 광택을 내지 않고, 나무그릇은 깎지 않고, 琴瑟은 벌려놓되 조율하지 않는다."고 말한 것 등이니, 이는 주인의 明器이다. 빈객이 보내주는 것은 '就器'라고 부른다. '就'는 제대로 이루어졌다는 뜻이다. 훌륭하게 만든 것을 가리키므로 '就器'라고 명명한 것이다. 〈그러나〉 총체적으로 말하면 모두 죽은 사람을 신명으로 여기는 기물이므로 이 '就器'도 또한 '明器'라 칭한 것이다.

〔凡喪 始死弔而含襚 葬而賵贈 其間加恩厚 則有賻焉〕 이를 말한 것은 賻(재화를 보내주는 것)는 正禮가 아님을 보이고자 한 것이니, 그 賻는 바로 죽은 사람에 대해 은혜가 두터운 경우라야 그것을 더하는 것이다. 그러므로 ≪예기≫ 〈表記〉에서 "상을 당한 사람을 조문하는 데 있어서 賻를 할 수 없으면 그 비용을 묻지 않는다."라고 하였으니, 이것이 은혜가 두터운 이에게 하는 의리인 것이다.

〔春秋譏武氏子來求賻〕 ≪춘추공양전≫ 隱公 3년 조의 문장이다. 살펴보건대, ≪춘추공양전≫에서 "武氏의 아들이 와서 賻를 요구하였다. 무엇 때문에 기록했는가? 기롱한 것이다. 무엇을 기롱한 것인가? 喪事에는 남에게 〈賻를〉 요구하지 않는 것인데, 賻를 요구하였으니 禮가 아니기 때문이다."라고 하였다. 何休는 "禮는 본래 재물이 있는 자를 위해서 제정한 것이니, 재물이 있으면 보내주고 없으면 애도를 다할 뿐이다. 〈賻를〉 요구해서는 안 되는 것이니, 요구하게 되면 두렵고 불안하여 효자의 마음을 상하게 하는 것이다."라고 하였다. 〈또 ≪춘추공양전≫에서는 이어서〉 "〈이러한 비판은〉 대개 신하된 자에게도 통하는 것이다."라고 하였는데, 하휴는 "이와 같이 말한 것은 천자는 재물이 많으므로 〈다른 사람에게 賻를〉 요구해서는 안 되지만, 아래 신하들은 재물이 적으므로 〈다른 사람에게 賻를〉 요구할 수 있는 것으로 오해할 수 있다. 그러므로 모두 요구해서는 안 된다는 뜻을 밝힌 것이다."라고 하였다. 정현이 이를 인용한 것은 왕이 제후와 대신들에게 贈送해주면 그뿐인 것이고, 제후나 대신들도 요구할 수는 없다는 뜻을 보인 것이다. 顔路가 孔子에게 수레를 달라고 청했으나 공자가 허락하지 않은 것도, 또한 요구하는 것이 예에

합치하지 않기 때문에 그를 제지한 것이다.

天-3-9

大喪小喪에 **掌小官之戒令**[1)]하고 **帥執事而治之**니라

1) 掌小官之戒令 : 小官은 용구를 공급하고 의례를 봉행하는 일을 담당하므로, 宰夫가 미리 경계하도록 고하여 명을 내리는 것이다. ≪禮記≫ 〈檀弓 下〉에서 "卒哭을 마친 후 宰夫는 목탁을 들고 궁에 '오래된 諱를 버리고, 새로 들어온 이름을 피휘하라.'라고 宮에 명하여 말한다. 〈宮에서 나와〉 寢門에서 庫門으로 들어온다.〔旣卒哭 宰夫執木鐸以命于宮 曰舍故而諱新 自寢門至于庫〕"라고 하였다. 이곳의 '오래된 諱를 버리고, 새로 들어온 이름을 피휘하라.〔舍故而諱新〕'는 것이 바로 경문에서 말하는 '戒令'에 해당한다.(≪周禮正義≫ 권6, 207쪽 참조)

大喪이나 小喪을 당했을 때, 〈宰夫는〉 小官에게 경계하도록 고하여 명하고, 執事들을 통솔하여 〈祭器 등을〉 갖추어서 공급하는 일을 관장한다.

【注】大喪은 王后世子也요 小喪은 夫人以下[1)]라 小官은 士也[2)]니 其大官則冢宰掌其戒令[3)]이라 治는 謂共辨(판)[4)]이라

1) 小喪 夫人以下 : 九嬪・世婦・女御의 喪을 말한다.
2) 小官 士也 : 六官의 正(장관)・貳(차관)・考(고핵관)를 '大官'이라 하는 것과 대비하여 말한 것이다. ≪通典≫에서 이곳 경문에 대한 盧植의 ≪禮記注≫를 인용하면서 "小官은 屬官이다."라고 하였다.(≪周禮正義≫ 권6, 208쪽 참조)
3) 其大官則冢宰掌其戒令 : 冢宰는 宰夫의 장관이고, 재부는 오로지 小官만을 관장하므로, 大官은 마땅히 冢宰가 관장한다는 것을 알 수 있다.(≪周禮正義≫ 권6, 208쪽 참조)
4) 治 謂共辨(판) : 〈考工記 總序(冬-0-3)〉 鄭玄의 注에서 "'辨'은 具(갖춘다)와 같다.〔辨猶具也〕"고 하였다. '辨'의 俗字는 '辦'이다.

'大喪'은 王・后・世子의 喪을 말한다. '小喪'은 夫人 이하의 喪을 말한다. '小官'은 士이니, 大官의 경우는 冢宰가 〈대관에게〉 경계하도록 고하여 명하는 일을 관장한다. '治'는 갖추어서 공급하는 것을 말한다.

【疏】'大喪'至'治之' ○釋曰 : 其小官士以下, 則此宰夫戒令諸官有事者也.

經의 〔大喪〕에서 〔治之〕까지

○釋曰 : 士인 小官 이하의 경우는 이 宰夫가 일을 맡은 관리들에게 고하여 명한다.

○注'大喪'至'共辨' ○釋曰：大宰云"大喪，贊贈玉·含玉[1)]"，宗伯云"朝覲·會同，則爲上相. 大喪亦如之"，鬱人·鬯人俱云"大喪之㴲(미)"，典瑞云"大喪共飯玉[2)]·含玉." 彼皆據〔王〕[3)]喪，唯司寇云"大喪，前王"，以爲嗣王. 皆不爲后·世子喪者，彼皆不對小喪. 此大喪對小喪，亦王所(申)〔由〕[4)]服，故注爲"王·后·世子也." 此不言庶子，文不具. 云'小官，士也'者，宰夫下大夫所掌，而言小官，明是士可知. 云'其大官，則冢宰掌其戒令'者，冢宰不言者，文不具. 云'治謂共辨'者，謂當職合共者，供辨之.

1) 贈玉 含玉：大喪을 당했을 때, 하관을 한 후 무덤에 옥을 넣는 것을 말하는데, 鄭玄에 의하면 璧玉을 넣는다. '含玉'은 죽은 이의 입안을 채우는 것으로, 천자의 경우는 옥을 넣는다. 飯玉과 동시에 진행된다. ≪禮記≫ 〈雜記 上〉에서 "함옥을 하는 자는 璧을 잡고 명을 전한다.〔含者 執璧將命〕"고 하였는데, 정현의 注에서는 "含玉은 璧의 형태이지만, 그 크기의 수치에 대해서는 들어보지 못했다.〔含玉爲璧制 其分寸大小未聞〕"라고 하였다.
2) 飯玉：쌀〔米〕이나 옥가루〔碎玉〕 및 조개껍질〔貝〕을 시신의 입안에 넣는 것을 말한다. 含飯과 동시에 진행된다. 이 때문에 '飯玉'과 '含玉'은 互稱되기도 한다.
3) 〔王〕：저본에는 '王'이 없으나, '據' 아래에 '王'이 있어야 한다는 阮元의 說에 의거하여 보충하였다.(阮元의 〈校勘記〉 참조)
4) (申)〔由〕：저본에는 '申'으로 되어 있으나, 閩本에 '由'로 되어 있는 것에 의거하여 바로 잡았다.(上海古籍 整理本의 〈校勘記〉 참조)

○注의 〔大喪〕에서 〔共辨〕까지

○釋曰：〈天官 大宰(天-1-24)〉에서 "大喪에 大宰는 嗣王을 도와 죽은 왕을 위해 贈玉과 含玉의 예를 행한다."고 하였고, 〈春官 大宗伯(春-1-53)〉에서 "朝覲이나 會同을 할 때 〈대종백을〉 上相으로 삼는다. 大喪에도 그와 마찬가지로 한다."고 하였고, 〈春官 鬱人(春-4-6)〉과 〈春官 鬯人(春-5-5)〉에서 모두 "大喪에 시신을 목욕시킨다."라고 하였고, 〈春官 典瑞(春-10-20)〉에서 "大喪에 飯玉과 含玉을 공급한다."라고 하였다. 그곳에서는 모두 王의 喪에 의거하여 말했는데, 오직 〈秋官 司寇(秋-1-31)〉에서는 "大喪을 당했을 때 王(嗣王)을 위해 앞에서 인도한다."고 하여 嗣王에 의거하여 말했다. 모두 后·世子의 喪을 말하지 않은 것은 그곳에서는 모두 小喪과 짝을 이루지 않았기 때문이다. 이곳에서의 大喪은 小喪과 짝을 이룬 것으로, 또한 왕이 〈대상과 소상에〉 말미암아 服을 입는 경우이다. 그러므로 鄭玄의 注에서 "〈大喪은〉 王·后·世子의 喪을 말한다."고 한 것이다. 이곳에서 '庶子'를 말하지 않은 것은 문장을 다 갖추어 쓰지 않기 때문이다.

〔小官 士也〕宰夫는 下大夫가 담당하는 것인데 '小官'이라고 말했으니, 분명 이는 士임을 알 수 있다.

〔其大官 則冢宰掌其戒令〕冢宰를 말하지 않은 것은 문장을 다 갖추어 쓰지 않기 때문이다.

〔治謂共辨〕직무를 맡아 함께 하는 자들이 갖추어서 공급하는 것을 말한다.

天-3-10

三公六卿之喪에 與職喪[1]帥官有司[2]而治之하고 凡諸大夫之喪에 使其旅[3]帥有司而治之니라

1) 職喪 : 畿內의 諸侯 및 卿・大夫・士 등 작위를 갖고 있는 자의 喪禮를 관장한다. 春官에 속한다.
2) 官有司 : 小官의 우두머리로서, 喪事의 공급을 주관하는 자를 말한다. '公有司'라고도 한다. 胡匡衷에 의하면, 일을 전담하여 주관하는 자를 '有司'라고 하는데, '有司'에는 常職으로 일을 하는 경우와 禮를 거행할 때 특별히 사람을 보내어 일을 주관하게 하는 경우의 두 가지가 있다. 孫詒讓은 본래 어떤 일을 전담하여 주관하는 것이 아니라, '官聯' 즉 다른 관직과 연계하여 함께 禮의 진행을 주재하는 경우가 있는데, 이를 '執事'라고 한다고 하여 '有司'와 구분하였다.(≪周禮正義≫ 권6, 208쪽 참조)
3) 旅 : 〈天官 序官(天-0-7)〉에서 大宰는 旅下士 32인을 둔다고 하였다. 宰夫는 冢宰의 考核官이고, 冢宰의 '旅'(下士)는 또한 宰夫의 屬官이다. 그러므로 '旅'는 총재 휘하의 下士임을 알 수 있다. 鄭玄에 의하면 '旅'는 많다〔衆〕는 뜻으로, 下士는 많은 일을 처리하는 자임을 보이기 위해 특별히 '旅'자를 붙인 것이다.

三公이나 六卿의 喪을 당했을 때, 〈宰夫는〉 職喪과 더불어 官의 有司들을 통솔하여 〈祭器 등을〉 갖추어서 공급한다. 무릇 大夫들의 喪을 당했을 때는 뭇 下士들을 보내어 有司들을 통솔하여 〈祭器 등을〉 갖추어서 공급하도록 한다.

【注】旅는 冢宰下士라

'旅'는 冢宰의 下士이다.

【疏】'三公'至'治之' ○釋曰：三公六卿喪尊, 故宰夫與春官職喪, 帥其於喪家有事官有司而治之. '治之'亦謂共辨(판)之. 大夫之喪卑, 宰夫不自爲, 使在己之下, 其旅三十有

二人, 帥有事於喪家之有司而治之. 治之, 亦謂共辨之也.

○經의 〔三公〕에서 〔治之〕까지

○釋曰 : 三公이나 六卿의 喪은 존귀하다. 그러므로 宰夫가 春官인 職喪과 더불어 상갓집에서 일을 맡고 있는 有司들을 통솔하여 〈祭器 등을〉 갖추어서 공급한다. '治之'는 또한 갖추어서 공급하는 것을 말한다. 大夫의 喪은 비천하니, 宰夫가 직접 하지 않고, 자기 휘하 旅(下士) 32인으로 하여금 상갓집에서 일을 맡고 있는 有司들을 통솔하여 〈祭器 등을〉 갖추어서 공급하도록 한다〔治之〕. '治之'는 또한 갖추어서 공급하는 것을 말한다.

天-3-11

歲終則令群吏正歲會하고 **月終則令正月要**하고 **旬終則令正日成**하여 **而以攷其治**니 **治不以時擧者**는 **以告而誅之**니라

〈宰夫는〉 연말이 되면 〈총재의 60개〉 속관들로 하여금 한 해 동안의 회계결산 문서를 정리하게 하고, 월말이 되면 한 달 동안의 회계결산 문서를 정리하게 하고, 매달 상순·중순·하순 말일이 되면 매일의 회계결산 문서를 정리하게 하여 그것을 근거로 속관들의 치적을 심사한다. 政令을 때에 맞추어 시행하지 않았을 경우, 〈冢宰에게〉 고하여 벌을 내리도록 청한다.

【注】歲終은 (自)[1)]周季冬[2)]이라 正은 猶定也요 旬은 十日也라 治不時擧者는 謂違時令失期會[3)]라

1) (自) : 저본에는 '自'가 있으나, 阮元의 說에 의거하여 衍字로 처리하였다.(阮元의 〈校勘記〉 참조)

2) 歲終 (自)周季冬 : 王引之는 이곳의 '歲終'과 이어지는 다음의 문장 '正歲'는 서로 상응하는 것인데, 〈天官 小宰(天-2-17)〉 鄭玄의 注에서 "正歲는 夏曆 정월"이라고 한 것을 근거로 '正歲'는 夏曆 孟春(1월)이며 '歲終'은 夏曆 季冬(12월)으로, 周나라의 季冬(10월)일 수 없다고 비판하였다. 吳廷華, 曾釗, 林喬蔭도 같은 입장을 취한다.(≪周禮正義≫ 권6, 209~210쪽 참조)

3) 違時令 失期會 : '期會'는 규정된 기한 내에 政令을 실시하는 것을 말한다. 일반적으로 조정이나 관부의 재물 출납과 관계된 것을 말한다. 孫詒讓은 '違時令'은 時令은 12개월의 政令으로 앞뒤로 그 時節을 어기는 것을 말하며, '失期會'는 일을 처리하는 데에 기한이 있는

데, 태만하여 처리하지 못하여 기한을 놓치는 것을 말한다고 하였다.(≪周禮正義≫ 권6, 210쪽 참조)

'歲終'은 周曆 季冬(夏曆 10월)이다. '正'은 정한다〔定〕는 뜻과 같다. '旬'은 10일을 뜻한다. '政令을 때에 맞추어 시행하지 않는다.'는 것은 時令을 어기고 期會를 잃는 것을 말한다.

【疏】'歲終'至'誅之' ○釋曰：言周之歲終十二月，則令群吏. 群吏則六十官. '正歲會'，正，猶定也，謂一年會計文書，捴句考之. 歲計曰會也. '月終則令正月要'者，謂每月終，則令群吏正其月要. '月要'，謂月計曰要也. '旬終'，謂每旬終，則令群吏正其日成. '日成'，謂日計曰成也. 云'而以攷其治'者，言會要成，捴考之. 云'治，不以時擧'者，謂文書稽滯者. 故鄭云"違時令失期會"也. 云'以告而誅之'者，謂告冢宰而誅責之也.

經의 〔歲終〕에서 〔誅之〕까지

○釋曰：周나라의 한 해 말 12월이 되면 群吏들에게 시킨다는 뜻이다. '群吏'는 〈총재의〉 60개 속관이다.

〔正歲會〕 '正'은 定(정한다)과 같으니, 한 해 동안의 회계결산 문서를 총괄하여 심사하는 것을 말한다. 한 해의 회계결산 문서를 '會'라고 한다.

〔月終則令正月要〕 매달 말일에 60개의 속관〔群吏〕들로 하여금 한 달 동안의 회계문서를 정리하게 하는 것을 말한다. '月要'는 매달의 회계결산 문서를 '要'라고 하는 것을 말한다.

〔旬終〕 매달 10일이 끝날 때마다 60개의 속관들로 하여금 매일의 회계문서를 정리하게 하는 것을 말한다.

〔日成〕 매일의 회계결산 문서를 '成'이라고 하는 것을 말한다.

〔而以攷其治〕 한 해의 회계결산 문서〔會〕·매달의 회계결산 문서〔要〕·매일의 회계결산 문서〔成〕를 총괄하여 심사하는 것을 말한다.

〔治 不以時擧〕 文書가 적체되는 것을 말한다. 그러므로 鄭玄은 "時令을 어기고 期會를 잃는다."고 말한 것이다.

〔以告而誅之〕 冢宰에게 고하여 벌을 내리도록 하는 것을 말한다.

○注'歲終'至'期會' ○釋曰：知歲終是周之季冬者，以其正月之吉始和，彼正月是周之正月，始和布治于天下，至今歲終考之，是一歲之終，故知非夏之歲終也. 云'正猶定'

者, 以其文書定, 乃可攷之, 故爲定也. 云'旬, 十日也'者, 上文云"前期十日", 少牢云"旬有一日[1)]", 旬與十日正同, 故知旬十日也.

1) 上文云前期十日 少牢云旬有一日 : 〈天官 大宰(天-1-17)〉에서는 "제사를 거행하기 10일 전에 〈大宰는〉 執事들을 이끌고 가서 제사 날짜의 길흉을 점친다."고 하였고, ≪儀禮≫ 〈少牢饋食禮〉에서는 "제사를 거행하기 11일 전에 점을 친다.〔筮旬有一日〕"고 하였다. 〈천관 태재〉에서의 10일은 제사 당일을 포함하지 않은 것이므로 제사를 거행하는 날을 포함하면 11일이 되어 ≪의례≫ 〈소뢰궤사례〉의 11일과 일치한다.

○注의 〔歲終〕에서 〔期會〕까지

○釋曰 : 연말이 周曆의 季冬(夏曆 10월)임을 알 수 있는 것은 正月(하력 11월) 초하루에 처음으로 왕이 다스릴 일들을 선포하기 때문이다. 그곳(〈天官 大宰〉)의 정월은 周曆의 정월이니 처음으로 천하에 왕이 다스릴 일들을 선포하고, 이제 연말에 이르러 그것을 심사하니 한 해의 끝이다. 그러므로 夏曆의 연말이 아님을 알 수 있다.

〔正猶定〕 그 문서가 정리되어야 비로소 심사할 수 있기 때문이다. 그러므로 '정한다〔定〕'는 뜻이 된다.

〔旬 十日也〕 위의 〈天官 大宰(天-1-17)〉에서 "제사를 거행하기 10일 전"이라고 하였고, ≪儀禮≫ 〈少牢饋食禮〉에서는 "旬하고 또 1일(11일)"이라고 하였으니, 旬은 10일과 정확히 일치한다. 그러므로 '旬'이 10일임을 알 수 있다.

天-3-12

正歲에 則以灋警戒群吏[1)]하여 令修宮中之職事니라

1) 群吏 : 孫詒讓은 이곳의 '群吏'는 宰夫의 속관 및 궁중 안에서 직무를 맡은 관리들을 가리킨다고 하였다.(≪周禮正義≫ 권6, 211쪽 참조)

正月이 되면 법에 의거하여 관리들을 경계시켜 궁중에서 각자 맡은 일에 힘쓰도록 명한다.

【注】 警은 勅戒之言이니 鄭司農云 正歲[1)]之正月에 以法戒勅群吏라

1) 正歲 : 이곳에서 '正歲'는 夏曆 正月을 가리킨다. 〈天官 小宰(天-2-17)〉의 "〈小宰는 大宰를 도와〉 治官의 속관들을 거느리고서 象魏에 걸어둔 治象의 법을 살펴본다.〔正歲 帥治官之屬而觀治象之法〕"고 한 것에 대해 鄭玄의 注에서는 "正歲는 夏나라의 正月을 말한

다.〔正歲謂夏之正月〕"고 하였다. 孫詒讓은 ≪周禮≫에서 '正歲'라고 하면 모두 夏正 建寅의 正月(북두성의 자루가 초저녁에 寅方을 가리키는 달, 즉 1월)을 가리키며, 단지 '正月'이라고 하면 周正 建子의 正月(북두성의 자루가 초저녁에 子方을 가리키는 달, 즉 11월)을 가리킨다고 하였다.(≪周禮正義≫ 권4, 118쪽 참조)

'警'은 경계시킨다는 뜻이다. 鄭衆은 "夏曆 정월에 법에 의거하여 관리들을 경계시키는 것이다."라고 하였다.

【疏】'正歲'至'職事' ○釋曰：正歲乃夏之正月, 是其歲始, 故以法警戒群吏令修宮中之職事, 以謹勅之也.

○注의 〔正歲〕에서 〔職事〕까지

○釋曰：'正歲'는 곧 夏나라의 正月이니, 한 해의 시작이다. 그러므로 법에 의거하여 관리들을 경계시켜 궁중에서 맡은 일에 힘쓰도록 명하여 삼가게 하는 것이다.

天-3-13

書其能者與其良者[1)]하여 而以告于上이니라

1) 書其能者與其良者：孫詒讓은 〈天官 大宰(天-1-5)〉 '八統' 조의 鄭玄 注에서 "'能'은 才藝가 많은 자를 뜻한다.〔能多才藝者〕"라고 하였고, 〈地官 司諫(地-23-1)〉에서는 "만민의 덕을 규찰하는 일을 관장하여……때때로 덕행과 도예를 갖춘 사람을 기록하고, 재능이 있어 나라의 일을 맡을 만한 사람을 변별해낸다.〔掌糾萬民之德……以時書其德行道藝 辨其能而可任於國事者〕"고 한 것에 의거하여 '能者'는 道藝를 갖추어 나라의 일을 맡을 만한 사람이라고 하였다. 또 '良者'는 善行이 있는 사람으로 德行을 갖춘 '賢者'의 다음으로 구분하였다. 아래의 賈公彦의 해석과는 차이가 있다.(≪周禮正義≫ 권6, 211쪽 참조)

〈宰夫는〉 뛰어난 재능을 지닌 자와 어진 덕행이 있는 자를 기록하여 小宰나 大宰에게 보고한다.

【注】良은 猶善也요 上謂小宰大宰也라 鄭司農云 若今時擧孝廉賢良方正茂才異等[1)]이라

1) 若今時擧孝廉 賢良方正 茂才異等：≪漢書≫ 〈本紀〉에 의하면 武帝 元光 원년(B.C. 134)에 "처음으로 郡國에 명하여 孝廉 각 1인을 추거하도록 하였다.〔初令郡國擧孝廉各一人〕"고 하였고, 文帝 2년(B.C. 134) 조에 "조칙을 내려 賢良方正하여 직언으로 극간할 수 있는 자를 추거하도록 하였다.〔詔擧賢良方正直言極諫者〕"고 하였다. 또 무제 元封 5년

(B.C. 106)에는 "州와 郡에 명하여 吏民 가운데 茂材異等하여 장군이나 재상을 맡을 만한 자 및 멀리 떨어진 나라에 사신으로 보낼 수 있는 자가 있는지 살피도록 하라.〔其令州郡察吏民有茂材異等 可爲將相及使絶國者〕"라고 하였다. 應劭의 注에서는 "'異等'은 등급을 뛰어넘고 무리들보다 출중하여 보통 사람과 똑같지 않은 사람을 가리킨다고 한다.〔超等軼群 不與凡同也〕"고 하였다.

'良'은 善(착하다)과 같다. '上'은 小宰나 大宰를 가리킨다. 鄭衆은 "오늘날의 孝廉·賢良方正·茂才異等을 추거하는 것과 같은 것이다."라고 하였다.

【疏】'書其'至'于上' ○釋曰：上云"令修宮中之職事", 則此謂宮中諸吏也. 正歲之正月, 則豫選之, 擬至歲終當擧之也.

經의〔書其〕에서〔于上〕까지

○釋曰：위에서 "궁중에서 각자 맡은 일에 힘쓰도록 명한다."고 하였으므로, 이곳은 궁중의 여러 관리들을 가리켜 말한 것이다. 夏曆 정월에 미리 뽑아두었다가 연말에 이르러 추거하고자 하는 것이다.

○注'良猶'至'異等' ○釋曰：知'上'是小宰大宰者, 以其承上文'歲始', 未是賞時, 且長自告于王, 知'上'非王, 是小宰·大宰. 先鄭云'若今擧孝廉'者, 謂孝弟·廉潔. '賢良', 卽經中'良者', 謂有賢行而良善也. 云'方正'者, 人雖無別行, 而有方幅正直者也. 云'茂才'者, 漢光武諱秀, 時號爲'茂才', 卽經云'能者'也. 云'異等'者, 四科[1]不同, 等級各異, 故云'異等.' 此經據宮中子弟, 先鄭所云不要宮中之人, 引之況義耳.

1) 四科：漢나라 때에 德行에 따라 선비를 추거하는 4가지 기준으로, 質樸·敦厚·遜讓·有行을 말한다. ≪漢書≫〈元帝紀〉에 "〈永光 元年(B.C. 43)〉 2월에, 丞相·御史에게 조서를 내려 質樸·敦厚·遜讓·有行의 사람을 추거하도록 하였고, 光祿勳에게 매년 이 四科에 의거하여 郎·從官을 評定하도록 하였다.〔二月 詔丞相御史擧質樸敦厚遜讓有行者 光祿歲以此科第郎從官〕"라고 하였다."

○注의〔良猶〕에서〔異等〕까지

○釋曰：'上'이 小宰나 大宰임을 알 수 있는 것은 위의 문장 '한 해의 시작〔歲始〕'을 이어받아서 아직 상을 내릴 때가 아니며, 또 장관이 스스로 왕에게 보고하기 때문이니, '上'은 왕이 아니라 소재·태재임을 알 수 있다.

鄭衆이 "若今擧孝廉"이라 한 것은 孝弟와 廉潔을 말한다.

〔賢良〕 즉 經文 가운데의 '良者'이니, 어진 덕행이 있어 선량함을 말한다.

〔方正〕 사람이 비록 특별한 덕행은 없으나, 인품이 방정하고 정직함이 있는 자를 말한다.

〔茂才〕 後漢 光武帝 劉秀의 諱를 피하여 당시 〈'秀才'를〉 '茂才'라고 칭했으니, 곧 경문에서 말한 '能者'이다.

〔異等〕 四科가 같지 않고 등급이 각각 다른 것이다. 그러므로 '異等'이라고 한 것이다.

이곳 경문은 宮中의 子弟에 의거한 것인데, 정중이 말한 바는 반드시 궁중의 사람은 아니니, 이를 인용하여 의미를 헤아렸을 뿐이다.

04. 宮正(궁정)

天-4-1

宮正은 掌王宮之戒令糾禁하니라

宮正은 王宮의 戒令(경계하도록 고하는 명령)과 糾禁(규찰과 금령)을 관장한다.

【注】糾[1)]는 猶割也며 察也라

1) 糾 : 〈秋官 大司寇(秋-1-5)〉 鄭玄의 注에서 "'糾'는 살펴서 수상하게 여긴다는 뜻과 같다.〔糾猶察異之〕"고 하였다. 또 孫詒讓은 〈地官 司諫(地-23-1)〉에서 "만민의 덕을 규찰하는 일을 관장한다.〔掌糾萬民之德〕"고 한 것을 근거로 '살핀다〔糾〕'는 것은 선악을 겸한 말이지만 大司寇가 형벌을 관장하는 관직임을 염두에 둔다면 '살핀다'는 것은 악을 살피는 데에 중점을 두는 것이라고 하였다.(≪周禮正義≫ 권66, 2741쪽 참조)

'糾'는 割(판단하다), 察(살피다)과 같다.

【疏】注'糾猶'至'察也' ○釋曰：案下經王宮中有官府, 故掌王宮之戒令之事. 有過失者, 已發則糾而割察之, 其未發則禁之也.

○注의 〔糾猶〕에서 〔察也〕까지

○釋曰 : 살펴보건대, 아래 경문에 의하면 王宮 안에 官府가 있다. 그러므로 왕궁의 戒令과 관련한 일을 관장하는 것이다. 과실이 있는 것이 이미 드러났다면 살펴서 조사하고, 아직 드러나지 않았다면 금지시키는 것이다.

天-4-2

以時比宮中之官府次舍之衆寡니라

〈宮正은〉 四時로 왕궁 안에 있는 官府나 次舍(숙위 초소와 숙사)에 거처하는 관리들의 인원수를 점검한다.

【注】時는 四時라 比는 (挍)〔校〕[1)]次其人之在否라 官府之在宮中者는 若膳夫玉府內宰內史之屬이라 次는 諸吏直宿이니 若今〔時〕[2)]部署諸廬[3)]者라 舍는 其所居寺(시)라

1) (挍)〔校〕: 저본에는 '挍'로 되어 있으나, 北京大 整理本과 上海古籍 整理本에 의거하여 '校'로 바로잡았다. 아래도 같다.
2) 〔時〕: 저본에는 '時'가 없으나, 鄭玄의 注 가운데에 자주 '若今時'라고 하였으므로 이곳에도 '時'가 있어야 한다는 阮元의 說에 의거하여 보충하였다.(阮元의 〈校勘記〉 참조)
3) 廬 : 관리들이 숙위하며 머무는 집을 말한다. ≪漢書≫ 〈嚴助傳〉에서 "그대는 承明廬(石渠閣 밖에 있는 廬)에 있는 것에 싫증을 느끼고, 시종하는 일을 피로하게 여겨, 고향을 그리워하여 도읍을 벗어나 郡吏가 되었다.〔君厭承明之廬 勞侍從之事 懷故土 出爲郡吏〕"고 하였다. 이에 대한 顔師古의 注에 張晏의 말을 인용하여 "숙위하면서 머무는 곳을 '廬'라고 한다.〔直宿所止曰廬〕"고 하였다.

'時'는 四時이다. '比'는 그 사람들이 있는지 없는지 하나하나 점검한다는 뜻이다. '왕궁 안에 있는 관부'는 膳夫·玉府·內宰·內史 등과 같은 것이다. '次'는 관리들이 숙위하는 곳이니, 오늘날의 部署에 있는 여러 '廬'와 같은 것이다. '舍'는 관리들이 거처하는 寺(숙사)이다.

【疏】'以時'至'衆寡' ○釋曰 : 以四時(挍)〔校〕比宮中見住在王宮中者之官府及宿衛者次舍[1)]之衆寡也.

1) 次舍 : 〈天官 宮伯(天-5-3)〉 鄭玄의 注에서 鄭衆은 "서자는 왕궁을 숙위하는데, 안에 있는 것을 '次'라고 하고 밖에 있는 것을 '舍'라고 한다.〔庶子衛王宮 在內爲次 在外爲舍〕"고 하였고, 정현은 "'次'는 숙위의 소재지이고, '舍'는 휴식을 취하는 곳이다.〔次 其宿衛所在 舍其休沐之處〕"라고 하였다. 즉 '次'는 숙위하는 초소이다. 孫詒讓은 직무를 갖고 항상 궁 안에 거주하는 곳이 '官府'이며 관부 가운데 작은 것이 '舍'이고, 또 어떤 관리가 자신이 일하는 관부는 본래 밖에 있는데 왕궁 안에 들어와서 일을 하거나 전담하는 직무가 없이 왕궁 안에 들어와 함께 숙위하면서 잠시 머무르는 곳이 '次'라고 하여 구분하였다. 또

'次'는 대부분 路門 밖 應門 안의 治朝 가까운 곳에 있으며, '舍'는 應門 밖 皐門 안에 있다고 한다.(≪周禮正義≫ 권6, 212~214쪽 참조)

經의 〔以時〕에서 〔衆寡〕까지

○釋曰 : 궁 안에서 현재 왕궁 안에 있는 官府에 거주하고 있는 자 및 次舍에서 숙위하는 자의 인원수를 四時로 점검하는 것이다.

○注'時四'至'居寺' ○釋曰 : 此'時'是尋常事, 故爲四時解之. 案地官鄕師云 "以歲時巡國及野, 而賙萬民之囏阨." 鄭彼注 "時, 隨其事之時", 不爲四時解者, 彼據囏阨非常, 故爲隨其事之時, 不得爲四時也. 云'官府之在宮中者, 若膳夫・玉府等'者, 以其言'在宮中之官府', 是執掌重事・美物及飮食, 乃得在王宮, 故知是此人等. 云'次, 諸吏直宿, 若今時部署諸廬'者, 此'次', 謂若匠人云 "外有九室, 九卿治之", 卽詩云"適子之館兮", 鄭云 "卿士所之之館, 在天子之宮中, 如今部署諸廬." 彼二者, 與此次爲一物, 此據宮中之官府. 下宮伯云 "授八次八舍", 鄭注 "衛王宮者." 彼據宮中官府子弟[1]. 云'舍其所居寺'者, 寺卽舍也, 是官府退息之處.

1) 子弟 : 公・卿・大夫의 子弟로서 國子라고 통칭한다.

○注의 〔時四〕에서 〔居寺〕까지

○釋曰 : 이곳의 '時'는 평상 때의 일이므로 四時로 해석한 것이다. 살펴보건대, 〈地官 鄕師(地-3-13)〉에서 "歲時로 國 및 野를 순행하여 만민의 굶주림과 궁핍함을 진휼한다."고 하였다. 鄭玄은 그곳의 注에서 "'時'는 그 일이 일어나는 때이다."라고 하여 四時로 해석하지 않은 것은 저곳의 〈지관 향사〉에서는 굶주리고 궁핍한 비상의 사태에 의거했기 때문이다. 그러므로 그 일이 일어나는 때를 가리키는 것으로, 四時가 될 수 없는 것이다.

〔官府之在宮中者 若膳夫玉府等〕 여기서 '왕궁 안에 있는 官府'라고 한 것은 중요한 일・아름다운 물건 및 음식을 관장해야 왕궁에 있을 수 있기 때문이다. 그러므로 이러한 사람들임을 알 수 있다.

〔次 諸吏直宿 若今時部署諸廬〕 여기서 '次'는 〈考工記 匠人(冬-28-24)〉에서 "〈路門의〉 밖에 九室이 있으니, 九卿이 그곳에서 정무를 처리한다."고 한 것 같은 것을 말하니, 곧 ≪詩經≫ 〈鄭風 緇衣〉에서 "그대의 관사로 가노라."라고 하였는데, 鄭玄은 "卿士가 가는 관사로서 천자의 궁 안에 있으니, 오늘날의 部署에 있는 여러 廬와 같다."고 하였다. 저 두 가지는 이곳의 '次'와 같은 것으로, 이곳에서는 왕궁 안에 있는 官府에 의거하여 말한

것이다. 아래의 〈天官 宮伯(天-5-3)〉에서 "八次와 八舍를 나누어준다."고 하였는데, 정현의 注에서는 "왕궁을 숙위하는 자"라고 하였다. 저곳의 〈천관 궁백〉에서는 궁중 안의 관부에서 숙위하는 子弟에 의거하여 말한 것이다.

〔舍其所居寺〕 '寺'는 즉 숙사〔舍〕로서 관부에서 물러나 휴식을 취하는 곳이다.

天-4-3

爲之版以待니라

〈宮正은〉 왕궁 안에서 숙위하는 관리들의 名籍을 만들어서 戒令과 점검에 대비한다.

【注】 鄭司農云 爲官府次舍之版圖也라 待는 待比也라 玄謂版其人之名籍[1]이요 待는 待戒令及比라

1) 其人之名籍 : 왕궁 안에 있는 官府와 次舍에 거처하는 관리들의 名籍을 말한다.

鄭衆은 "官府와 次舍의 版圖를 만드는 것이다. '待'는 점검에 대비한다는 뜻이다."라고 하였다. 나(鄭玄)는 생각건대, '版'은 그 사람의 名籍이다. '待'는 戒令 및 점검에 대비한다는 뜻이다.

【疏】 '爲之版以待' ○釋曰 : '版', 謂宿衛人名籍, 爲宮正執籍校比之也.

經의 〔爲之版以待〕

○釋曰 : '版'은 숙위하는 사람의 名籍을 말하니, 宮正이 名籍을 들고서 점검하는 것이다.

○注'鄭司農'至'及比' ○釋曰 : 先鄭以版爲'官府次舍之版圖'者, 先鄭於'八成'注云 "版, 名籍. 圖, 地圖."[1] 此注連言圖, 其版卽名籍, 與後鄭義同[2]. 後鄭以爲人名籍者, 增成先鄭義也.

1) 版……地圖也 : 〈天官 小宰(天-2-8)〉의 鄭玄 注에서 鄭衆은 "'版'은 戶籍이고, '圖'는 地圖이다.〔版 戶籍 圖 地圖也〕"라고 하였다.

2) 其版卽名籍 與後鄭義同 : 〈天官 宮伯(天-5-1)〉 鄭玄의 注에서 "'版'은 名籍이니, 版으로 만든다.〔版 名籍也 以版爲之〕"고 하였다. '圖' 또한 版에 그려서 만든다. 그러므로 통틀어 말하면 '圖'는 '版'이라 할 수 있다. 鄭衆의 의도는 官府와 次舍에 거처하는 관리들은 版에 명부를 적어놓고, 궁실의 위치와 방위는 圖에 그려 넣어 점검에 대비한다는 것이다. 그러

나 孫詒讓은 정현의 의도는 항상 관부에 근무하는 사람은 단지 名籍만 있을 뿐 圖가 필요 없기 때문에 정현이 정중의 해석에 따르지 않은 것이라고 하였다.(≪周禮正義≫ 권6, 214쪽 참조)

○注의 〔鄭司農〕에서 〔及比〕까지

○釋曰 : 鄭衆이 '版'을 '官府와 次舍의 版圖'로 해석한 것은, 〈天官 大宰(天-2-8)〉의 '八成' 條에 대한 鄭玄의 注에서 정중이 '版'은 名籍이다. '圖'는 地圖이다."라고 하였는데, 이곳의 주에서는 〈'版'에〉 '圖'를 연결하여 〈'版圖'라고〉 말했으니, 그 '版'이 곧 名籍으로 정현과 의미가 같은 것이다. 정현이 〈版을〉 사람의 名籍이라고 한 것은 정중의 해석을 더욱 완성시킨 것이다.

天-4-4

夕擊柝(탁)而比之[1)]니라

1) 比之 : 이곳의 '比'는 版에 기록된 名籍에 의거하여 일일이 次(숙위 초소)를 돌아다니면서 그 관리가 있는지 없는지를 점검한다는 뜻이다. 이곳의 점검은 매일 하는 작은 점검으로, 앞의 四時에 하는 점검과 다르다.(≪周禮正義≫ 권6, 215쪽 참조)

〈宮正은〉 저녁에 딱따기를 치면서 야간 숙위하는 관리들의 인원수를 점검한다.

【注】夕은 莫也라 莫行夜以比直宿者는 爲其有解惰離部署[1)]라 鄭司農云 柝은 戒守者所擊也니 易曰 重門擊柝하여 以待暴客이라하고 春秋傳曰 魯擊柝이 聞於邾라하니라

1) 離部署 : '部署'를 벗어난다는 것은 '次' 즉 숙위하는 초소를 이탈하는 것을 말한다.

'夕'은 저녁〔莫〕을 뜻한다. 저녁에 야간 순찰을 돌면서 宿衛를 서고 있는 자를 점검하는 것은 그들 가운데 나태하여 部署(숙위 초소)에서 이탈하는 자가 있기 때문이다. 鄭衆은 "'柝(딱따기)'은 잘 지키도록 경계시키는 자가 치는 것이다. ≪周易≫ 〈繫辭傳〉에서 '성문을 이중으로 하고 딱따기를 쳐서 포악한 손님에 대비한다.'고 하였고, ≪春秋左氏傳≫ 哀公 7년 조에서 '魯나라 야경꾼이 치는 딱따기 소리가 우리 邾나라에 들린다.'고 하였다." 고 하였다.

【疏】'夕擊柝而比之' ○釋曰 : 旣得名籍, 至夕暮擊柝校比之, 恐其解惰也.

經의 〔夕擊柝而比之〕

○釋曰 : 이미 名籍을 받았는데 저녁에 이르러 딱따기를 치면서 점검을 하는 것은 나태해질 것을 염려하기 때문이다.

○注'夕莫'至'於邾' ○釋曰 : 後鄭云 '莫行夜以比直宿'者, 謂直宿, 卽坐持更[1]之人, 則行夜者, 擊柝校比直宿人. 故先鄭云 "柝, 戒守者所擊也." '易曰'者, 是易繫辭文. 彼又云"蓋取諸豫", 鄭玄注云 "豫, 坤下震上. 九四體震, 又互體[2]有艮. 艮爲門, 震日所出, 亦爲門, 重門象. 艮又爲手. 巽爻也, 應在四, 皆木也[3], 手持二木也. 手持二木以相敲, 是爲擊柝, 擊柝爲守備警戒也. 四又互體爲坎,[4] 坎爲盜, 五離爻爲甲胄戈兵.[5] 盜, 謂持兵, 是暴客也. 又以其卦爲豫, 有守備, 則不可自逸", 是也. 云'春秋傳曰'者, 左氏哀七年, 秋, 魯伐邾. 茅成子請告于吳, 不許, 曰 "魯擊柝, 聞於邾, 吳二千里, 不三月不至, 何及於我." 引之證擊柝之義也.

1) 持更 : 야간 당직을 서는 것을 말한다. ≪資治通鑒≫ 唐나라 懿宗 咸通 9년 조의 胡三省 注에서 "하루 밤은 5更(저녁 7시~새벽 5시)이다. 사람들로 하여금 각각 1更(2시간)씩 당직을 서서 북을 치면서 대중들을 경계시키도록 하는데, 이를 '持更'이라 한다.〔夜有五更 使人各直一更 擊鼓以警衆 謂之持更〕"고 하였다.

2) 又互體有艮 : '互體'는 本卦에서 地에 속하는 初爻와 天에 속하는 上爻를 뺀 나머지 2·3·4·5의 爻 중에서 3爻와 4爻를 중복 나열함으로써 6개의 爻를 세운 卦를 말한다. 즉 本卦의 2·3·4爻는 互體의 下卦가 되고, 3·4·5爻는 互體의 上卦가 된다. 따라서 本卦 雷地 豫卦(䷏)의 互體는 水山 蹇卦(䷦)이다.(〈≪周易≫ 互體의 錯綜關係〉 참조)

3) 巽爻也……皆木也 : 巽(☴)의 初爻는 陰爻로서, 豫卦의 陽爻인 九四에 호응하는데, 豫卦(䷏)의 上卦는 또 震(☳)이다. 결국 巽과 震이 서로 호응하는 것인데, 두 괘는 모두 木을 상징한다.

4) 四又互體爲坎 : 本卦 豫卦(䷏)의 九四는 互體 蹇卦(䷦)에서 六四 陰爻가 되는데 그 上卦는 坎(☵)이다.

5) 五離爻爲甲胄戈兵 : 本卦 豫卦(䷏)의 六五는 互體 蹇卦(䷦)에서 九五 陽爻가 되는데 그 離(☲)의 陰爻와 호응한다.

○注의 〔夕莫〕에서 〔於邾〕까지

○釋曰 : 鄭玄이 "저녁에 야간 순찰을 돌면서 宿衛를 서고 있는 자〔直宿〕를 점검하는 것"이라 한 것에서 '直宿'은 곧 야간 숙위의 자리를 지키는 사람이니, 그렇다면 야간 순찰을 도는 자가 딱따기를 치면서 야간 숙위하는 사람을 점검하는 것이다. 그러므로 鄭衆은 "'柝(딱따기)'은 잘 지키도록 경계시키는 자가 치는 것이다."라고 한 것이다.

〔易曰〕 이는 ≪周易≫ 〈繫辭傳〉의 문장이다. 그곳에서는 또 “대체로 豫卦에서 취하였다.”고 하였는데, 鄭玄의 注에서 “豫卦(䷏)는 坤(☷)이 아래에 있고, 震(☳)이 위에 있다. 九四는 卦體로 보면 震(☳)이고, 또 互體〈의 下卦는〉 艮(☶)이다. 艮은 門이고, 震은 해가 뜨는 곳으로 또한 門이니, 이중의 문을 상징한다. 艮은 또 手이다. 巽爻(☴)는 호응함이 〈豫卦의〉 九四에 있으니, 〈巽과 震은〉 모두 木으로, 손으로 두 나무를 잡는 형상이다. 손으로 두 나무를 잡고서 서로 두드리니, 이것이 딱따기를 치는 것이다. 딱따기를 치는 것은 수비하여 경계하기 위한 것이다. 九四는 또 互體〈의 上卦로〉 보면 坎(☵)이니, 坎은 盜이다. 〈互卦・蹇卦의〉 九五는 離(☲)의 陰爻에 호응하니, 甲冑와 戈兵이다. ‘盜’는 병기를 들고 있는 것을 뜻하니, 이것이 사나운 손님이다. 또 그 豫卦로 대비함을 삼아서 수비를 하는 것이니, 스스로 방종해서는 안 된다.”고 한 것이 그것이다.

〔春秋傳曰〕 ≪春秋左氏傳≫ 哀公 7년 가을에, 魯나라가 邾나라를 정벌했다. 茅成子가 吳나라에 고하여 〈원군을 청할 것을〉 요청했지만, 〈邾子는〉 허락하지 않고, “노나라 야경꾼이 딱따기 치는 소리는 우리 邾나라에는 들리지만, 吳나라는 2천 리의 거리로 3개월이 되기 전에는 이르지도 못할 것이다. 어찌 우리나라로 달려오겠는가!”라고 하였다. 이를 인용하여 ‘擊柝’의 뜻을 증명한 것이다.

天-4-5

國有故則令宿이니 其比亦如之니라

나라에 비상상황이 발생하면 〈宮正은〉 왕궁을 숙위하도록 명하니, 그 점검하는 방식은 또한 평상시와 마찬가지로 한다.

【注】鄭司農云 故는 謂禍灾라 令宿은 宿衛王宮이라 春秋傳曰 忘守必危어든 況有灾乎아 玄謂 故는 凡非常也라 文王世子曰 公有出彊之政이면 庶子[1]以公族之無事者守於公宮하고 正室守大(태)廟하고 諸父守貴宮貴室하고 諸子諸孫守下宮下室[2]이라하니 此謂諸侯也라 王之庶子職은 掌國子之倅(채)[3]니 國有大事면 則帥國子而致於大子하여 唯所用之者[4]라 令宿之事은 蓋亦存焉이라

1) 庶子 : 司馬의 속관으로, 諸侯・卿・大夫의 자제들에게 教養・訓誡 등을 가르치는 일을 관장한다. 〈夏官 序官(夏-0-2)〉에서는 ‘諸子’라고 칭하였다. ≪禮記≫ 〈文王世子〉 鄭玄의 注에서는 “‘庶子’는 司馬의 속관이다. 國子로서 자신의 아버지를 보좌하는 이들을 관

장하며, 군주의 친족과 관련한 정사를 담당하는 자이다.〔庶子 司馬之屬 掌國子之倅 爲政於公族者〕"라고 하였다. 秦나라에서는 이를 계승하여 中庶子・庶子員 등을 두었고, 漢나라 이후에는 太子의 속관이 되었다.

2) 下宮下室 : '下宮'은 선친의 사당이고, '下室'은 평상시 거처하는 처소이다. 禮書에서는 '宮'이라고도 하고 '廟'라고도 하는데, 다른 말을 서로 통용해서 쓴 것이다.

3) 國子之倅(채) : '國子'는 公・卿・大夫・士의 자제들로서 아직 벼슬을 하지 않는 자를 가리킨다. '倅'는 副(보좌)의 뜻으로, 자식으로서 그 아버지의 일을 보좌하는 것을 말한다. 陳澔는 "'倅'는 보좌의 뜻이다. '國子'는 公・卿・大夫의 자식으로, 자신의 아버지를 보좌하는 자들이다.〔倅 副貳也 國子是公卿大夫士之子 副貳其父者也〕"라고 하였다.(≪禮記集說≫〈文王世子〉) '倅'의 음에 대해서, 陸德明의 ≪經典釋文≫ 권8 〈周禮音義 上 天官冢宰〉 '宮正' 조에 "七과 內의 反切이다.〔七內反〕"라고 하였다.

4) 國有大事……唯所用之者 : ≪禮記≫ 〈燕義〉의 인용문이다.

鄭衆은 "'故'는 화란과 재난을 뜻한다. '令宿'은 왕궁을 숙위한다는 뜻이다. ≪春秋左氏傳≫ 昭公 18년 조에 '지키는 일을 잊으면 반드시 위험이 닥친다고 하는데, 하물며 화재가 일어난 지금이야 어떻겠습니까?'라고 하였다."고 말하였다.

나(鄭玄)는 생각건대, '故'는 무릇 비상상황을 뜻한다. ≪禮記≫ 〈文王世子〉에서 "군주가 국경을 벗어나 정치를 하는 일이 생기면, 庶子는 公族 가운데 일이 없는 자와 함께 公宮을 지키고, 正室(適子)은 大廟를 지키고, 여러 백부와 숙부들은 貴宮과 貴室을 지키고, 여러 자식과 손자들은 下宮과 下室을 지킨다."라고 하였다. 이는 제후의 경우를 말한 것이다. 王의 庶子의 직무는 國子로서 자신의 아버지를 보좌하는 이들을 관장하는 것이니, 나라에 커다란 일이 발생하면 국자들을 통솔하여 태자에게 데리고 가는데, 오직 태자의 명에 따르는 자들이다. 숙위하는 일이 또한 이 안에 담겨 있는 것이다.

【疏】 '國有'至'如之' ○釋曰 : '有故', 有灾禍及王時出行不在, 皆是也. 云'則令宿, 其比亦如之'者, 亦如上'夕擊柝'已上之事, 與平常同也

經의 〔國有〕에서 〔如之〕까지

○釋曰 : '有故'는 재난 및 왕이 때때로 출행하여 부재중인 경우가 모두 그것이다.

〔則令宿 其比亦如之〕 또한 위의 '저녁에 딱따기를 치면서〔夕擊柝〕' 이상의 절차와 같이 하는 것으로, 평상시와 똑같이 하는 것이다.

○注'鄭司'至'存焉' ○釋曰 : 先鄭引春秋傳者, 左氏昭十八年, 夏五月, 宋・衛・陳・鄭

灾. 子産授兵登陴, 子大叔曰 "晉無乃討乎." 子産曰 "小國忘守則危, 況有灾乎."[1] 彼爲'則', 先鄭云'必', 讀字不同也. '玄謂, 故, 凡非常也. 文王世子曰, 公有出疆之政'者, 謂出朝覲也. 云'庶子以公族之無事者守於公宮'者, 此言與下爲目. 庶子, 謂諸侯庶子之官, 掌卿大夫士之適子, 并掌公家之事. 云'正室守大廟'者, 謂公族之內, 適子名爲正室, 使守大廟, 大廟尊故也. 云'諸父守貴宮貴室'者, 謂同族諸爲父行(항)者. 貴宮・貴室, 同爲路寢. 路寢對大廟, 生人之尊也[2]. 云'諸子諸孫'者, 亦謂同族之內, 諸爲子行(항)孫行者也. 云'守下宮下室'者, 下宮, 謂親廟四. 下室, 謂燕寢也. 云'此謂諸侯也'者, 謂文王世子文, 是諸侯法也. 云'王之庶子職掌國子之倅'已下者, 是夏官諸子職文. 云'庶子'者, 諸・庶一也, 於諸侯卽爲庶子, 於天子則爲諸子. 今因諸侯言庶子, 其實夏官所云, 是諸子職也. 彼鄭注"倅謂副倅之倅. 國子, 謂諸侯卿大夫士之子(者)〔也〕[3]." 云'國有大事, 則帥國子而致於太子, 唯所用之'者, 彼云'大事', 寇戎之事, 卿大夫士之子屬太子, 故唯太子所使用也. 彼是甲兵, 不云'宿衛', 故鄭云'令宿之事, 蓋亦存焉.' '存焉'者, 宿衛之事, 亦在'唯所用'中. 引之(言)〔者〕[4], 欲見國有故中, 有王出疆巡守征伐, 皆須令宿, 增成先鄭義也.

1) 小國忘守則危 況有灾乎 : 鄭衆은 화재가 일어나서 지키는 일이 더욱 중요하므로 宿衛를 해야 함을 논증하기 위해 인용한 것이다.
2) 路寢對大廟 生人之尊也 : '路寢'은 天子나 諸侯가 정무를 처리하는 正廳으로, 가장 존귀한 사람이 거처하는 공간이다.
3) (者)〔也〕 : 저본에는 '者'로 되어 있으나, 上海古籍 整理本에 '也'로 되어 있는 것에 의거하여 바로잡았다.
4) (言)〔者〕 : 저본에는 '言'으로 되어 있으나, 上海古籍 整理本에 '者'로 되어 있는 것에 의거하여 바로잡았다.

○注의 〔鄭司〕에서 〔存焉〕까지

○釋曰 : 鄭衆이 인용한 ≪春秋傳≫은 ≪春秋左氏傳≫ 昭公 18년(B.C. 524) 조의 기록인데, 여름 5월 宋나라・衛나라・陳나라・鄭나라에 모두 화재가 발생했다. 子産이 사람들에게 무기를 나누어 주어 성 위로 올라가게 하였는데, 子大叔이 "晉나라가 우리나라를 토벌하지 않겠습니까?"라고 하였다. 자산은 "작은 나라가 지키는 일을 잊으면 위험이 닥친다고 하는데, 하물며 화재가 일어난 지금이야 어떻겠습니까?"라고 말했다. ≪춘추좌씨전≫에서는 '~면〔則〕'이라고 하였는데, 정중이 '반드시〔必〕'라고 한 것은 글자를 읽는 방식이 같지 않은 것이다.

〔玄謂 故 凡非常也 文王世子曰 公有出疆之政〕 국경 밖으로 나가서 〈왕을〉 朝覲하는 때를 말한다.

〔庶子以公族之無事者守於公宮〕 이는 아래의 강목이 됨을 말한 것이다. '庶子'는 諸侯의 庶子의 관직으로 卿·大夫·士의 適子를 관장하고, 아울러 公家의 일을 관장한다.

〔正室守大廟〕 公族의 내부에서 適子를 '正室'이라 칭하여 大廟를 지키게 하니, 태묘는 존귀하기 때문이다.

〔諸父守貴宮貴室〕 〈'諸父'는〉 동족으로서 아버지 항렬이 되는 여러 사람들을 말한다. 貴宮과 貴室은 똑같이 路寢을 가리킨다. 路寢은 大廟에 대응하는 것으로, 살아 있는 사람 가운데 가장 존귀한 분의 거처이기 때문이다.

〔諸子諸孫〕 또한 동족 내부에서 아들 항렬과 손자 항렬이 되는 여러 사람들을 말한다.

〔守下宮下室〕 '下宮'은 4개의 親廟(父·祖·曾祖·高祖)를 가리킨다. '下室'은 燕寢을 가리킨다.

〔此謂諸侯也〕 ≪禮記≫ 〈文王世子〉의 문장으로, 이는 諸侯의 법이다.

'王之庶子職掌國子之倅' 이하는 〈夏官 諸子(夏-24-1)〉의 문장이다. 그런데 '庶子'라 한 것은 '諸'와 '庶'는 같기 때문이니, 諸侯의 경우는 庶子라 하고, 天子의 경우는 諸子라고 한다. 이제 諸侯에 의거하여 '庶子'를 말했지만, 사실 〈夏官〉에서 말한 바는 諸子의 직무이다. 저 〈夏官 諸子(夏-24-1)〉 鄭玄의 注에서 〈鄭衆은〉 "'倅'는 副倅라고 할 때의 '倅(보좌)'의 뜻으로 읽는다. '國子'는 諸侯·卿·大夫·士의 아들이다."라고 하였다.

〔國有大事 則帥國子而致於太子 唯所用之〕 저 〈하관 제자(夏-24-2)〉에서 '大事'라고 말한 것은 전쟁의 일인데, 경·대부·사의 아들은 태자에 예속되므로 오직 태자의 필요에 따라 사용될 뿐이다. 저 〈하관 제자〉는 전쟁에 관한 것인데, '宿衛'라고 말하지 않았다. 그러므로 鄭玄이 "숙위하는 일이 또한 이 안에 담겨 있는 것이다."라고 말한 것이다. '이 안에 담겨 있다.'는 것은 숙위하는 일이 또한 "오직 태자의 필요에 따라 사용되는 것" 안에 담겨 있다는 뜻이다. 이를 인용한 것은 나라가 비상상황 안에 놓였거나 왕이 국경 밖으로 나가서 巡守를 하고 정벌을 할 경우는 모두 숙위하도록 명해야 한다는 뜻을 보이고자 한 것으로, 정중의 해석을 더욱 완성시킨 것이다.

天-4-6

辨外內而時禁하며

〈宮正은〉 외인과 내인을 변별하여 규정된 시간 외의 출입을 금하며,

【注】鄭司農云 分別外人內人하여 禁其非時出入이라

鄭衆은 "외인과 내인을 분별하여 때에 맞지 않는 출입을 금하는 것이다."라고 하였다.

【疏】'辨外內而時禁' ○釋曰 : 先鄭云 '分別外人·內人, 禁其非時出入'者, 謂住在王宮中, 有卿大夫士等, 外人謂男子, 內人謂婦女[1], 皆是也. 此男女自相對爲外人·內人. 其內人, 非謂〔內〕[2]宰職所云內人[3], 是刑女在宮中者也.

1) 外人謂男子 內人謂婦女 : 孫詒讓은 이곳의 '외인'과 '내인'은 宮內와 宮外의 사람으로, 남녀로 구분할 필요가 없다고 하여 賈公彦의 해석을 비판하였다. 경문의 본뜻은 궁내의 사람은 규정된 시간이 아니면 궁 밖으로 나갈 수 없고, 궁외의 사람은 규정된 시간이 아니면 궁 안으로 들어오지 못하도록 금지하는 것이라고 하였다. (≪周禮正義≫ 권6, 218쪽 참조)
2) 〔內〕 : 저본에는 '內'가 없으나, 〈天官 內宰〉와 上海古籍 整理本, ≪周禮正義≫ 등에 '內宰'로 되어 있는 것에 의거하여 바로잡았다.
3) 〔內〕宰職所云內人 : 〈天官 內宰(天-45-13)〉 鄭玄의 注에서는 '內人'은 주로 '九御'를 가리킨다고 하였다. 모두 81명으로 9개의 조로 나누어 돌아가면서 侍御하기 때문에 '九御'라는 칭호가 생겨났는데, 女工 및 侍御의 일을 관장한다.

經의 〔辨外內而時禁〕

○釋曰 : 鄭衆이 "외인과 내인을 분별하여 때에 맞지 않는 출입을 금하는 것이다."라고 한 것은 왕궁 안에 거처하고 있는 사람으로는 卿·大夫·士 등이 있으니, 外人은 男子를 가리키고 內人은 婦女를 가리키는데 모두 그러한 사람들임을 말한 것이다. 이곳에서 남자와 여자가 본래 서로 대비하여 외인과 내인이 되는 것이니, 그 내인은 〈天官 內宰(天-45-13)〉에서 말한 '內人'을 가리키는 것이 아니라, 왕궁 안에 거처하는 刑女(죄를 짓거나 죄를 지은 가족에 연좌되어 궁중으로 잡혀가서 宮奴가 된 여자, 女宮)이다.

天-4-7

稽其功緖하고 糾其德行[1]하며

1) 糾其德行 : 孫詒讓은 六德과 六行으로 관리들과 그들의 자제들 등을 가르쳐서 규찰하는 뜻으로 해석하였다. "'그 덕행을 규찰한다.'는 것은 관리들 및 관리들의 자제 등을 六德과 六行으로 가르치는 것을 말하니, 師氏와 연계하여 함께 일을 수행하는 것이다. 무릇 國子는 모두 왕궁의 왼쪽에 세운 小學에 들어간다. 이 宮正의 관직이 관장하는 것은 궁중 관리

의 자제 및 숙위하는 士·庶子 등으로 또한 그들의 덕행을 규찰한다.〔云糾其德行者 謂敎群吏及群子等以六德六行 與師氏爲官聯也 凡國子皆入王宮左之小學 此官所掌者 宮中官吏子弟及宿衛士庶子等 亦糾其德行〕"고 하였다. 〈地官 大司徒(地-1-20)〉에 의하면, '六德'은 大司徒가 백성들을 가르치는 6가지 도덕 표준으로 '知'·'仁'·'聖'·'義'·'忠'·'和'를 말하며, '六行'은 6가지 도덕 품행으로 '孝'·'友'·'睦'·'婣(姻)'·'任'·'恤'을 말한다.

왕궁 안의 관리들의 직무 실적을 심사하고, 왕궁 안의 관리들의 덕행을 규찰하며,

【注】稽는 猶考也며 計也요 功은 吏職也[1]요 緒는 其志業[2]이라

1) 功 吏職也 : ≪爾雅≫ 〈釋詁〉에서 "功은 일이다.〔功 事也〕"라고 하였고, ≪廣雅≫ 〈釋詁〉에서는 "職은 일이다.〔職 事也〕"라고 하였다. 孫詒讓에 의하면, 관리는 관직을 받으면 일이 있고, 일이 이루어지면 功이 있다. 그러므로 職事에 능통한 것을 '功'이라 한다.(≪周禮正義≫ 권6, 218쪽 참조)
2) 緒 其志業 : '緒'는 '실마리'·'단서'라는 뜻으로, 顧炎武는 이미 이루어진 것을 '功', 아직 이루어지지 않은 것을 '緒'라고 하였다.(≪周禮正義≫ 권6, 218쪽 참조)

'稽'는 考(고찰하다), 計(계산하다)와 같다. '功'은 관리들의 직무 실적〔吏職〕이다. '緒'는 자신의 직무에 전념하는〔志業〕 것을 말한다.

【疏】'稽其'至'德行' ○釋曰：緖, 業也. 宮正考計其宮中卿大夫士功狀及職業多少. 糾察其在身(身)〔心〕[1]爲德, 施之爲行二者也

1) (身)〔心〕: 저본에는 '身'으로 되어 있으나, 〈地官 師氏(地-21-2)〉 鄭玄의 注에서 "在心爲德 施之爲行"으로 되어 있는 것에 의거하여 바로잡았다.(上海古籍 整理本의 〈校勘記〉 참조)

經의 〔稽其〕에서 〔德行〕까지

○釋曰 : '緖'는 공업〔業〕이다. 宮正은 왕궁 안의 卿·大夫·士의 功狀(공적을 기록한 문서) 및 職業의 多少를 심사한다. 그 마음에 있는 '德'과 그것을 시행하는 '行' 두 가지를 규찰한다.

天-4-8

幾其出入하고 均其稍食하며

왕궁 안의 관리들의 출입을 기찰하고, 왕궁 안의 관리들의 녹봉을 〈작위에 따라〉 균평하게 나누어주며,

【注】鄭司農云 幾其出入은 若今時宮中有罪면 禁止不(能)〔得〕[1]出하고 亦不得入하며 及無引籍[2]이면 不得入宮司馬殿門也라 玄謂 幾(苛)〔呵〕[3]其衣服持操及疏數(삭)者요 稍食은 祿稟이라

1) (能)〔得〕: 저본에는 '能'으로 되어 있으나, 宋本·余本·嘉靖本에 '得'으로 되어 있는 것에 따라 訂正해야 한다는 阮元의 설에 의거하여 바로잡았다.(阮元의 〈校勘記〉 및 北京大 整理本의 〈校勘記〉 참조)
2) 引籍 : '引人'과 '門籍'을 말한다. '引人'은 궁 안의 門使(궁정의 문에서 안내하는 사람)를 가리키고, 門籍은 궁문 앞에 걸어둔 記名牌이다. 문적은 길이 2척의 대나무로 만들었는데, 여기에 관원의 나이, 이름, 신분 등을 기록해두니, 여기에 일치해야 문 안으로 들어갈 수 있었다.
3) (苛)〔呵〕: 저본에는 '苛'로 되어 있으나, 閩本·監本·毛本에는 '呵'로 바꾸었으며, 上海古籍 整理本에도 '呵'로 되어 있는 것에 의거하여 바로잡았다.(北京大 整理本의 〈校勘記〉 및 上海古籍 整理本 참조) 아래도 같다.

鄭衆은 "'그 출입을 기찰한다.'는 것은 오늘날 왕궁 안에서 죄를 지은 자가 있으면 금지하여 왕궁 밖으로 나갈 수도 없고 또한 왕궁 안으로 들어올 수도 없게 하며, 引人과 門籍이 없게 되면 왕궁의 司馬殿門 안으로 들어갈 수 없는 것과 같은 것이다."라고 하였다.

나(鄭玄)는 생각건대, 의복과 소지품이 수상하지 않은지, 출입이 드문지 빈번한지 등을 기찰하여 따져 묻는 것이다. '稍食'은 祿稟(녹봉)이다.

【疏】注'鄭司'至'祿稟' ○釋曰:先鄭引'今時'者, 謂漢法. 言'引籍'者, 有門籍及引人, (皆)〔乃〕[1]得出入也. 又云'司馬殿門'者, 漢宮殿門, 每門皆使司馬一人守門, 比千石, 皆號司馬殿門也. '玄謂幾(苛)〔呵〕其衣服持操及疏數'者, 案閽人云"喪服凶器不入宮, 潛服賊器不入宮, 奇服怪民不入宮." (殿)〔司〕[2]門云, "幾出入不物者", 謂衣服視(古)〔占〕[3]不與衆同, 及所操物不如品式者. 職雖不同, 皆是守禁. 此經直云'幾其出入', 明知(漢)[4]有此(苛)〔呵〕其衣服持操及疏數, 此增成司農義也. 云'稍食, 祿稟[5]'者, 稍則稍稍與之, 則月俸, 是也. 則下士食九人, 中士倍下士, 上士倍中士, 大夫倍上士之類. 其祿與之米稟, 故云'祿稟'也.

1) (皆)〔乃〕: 저본에는 '皆'로 되어 있으나, 王應麟의 ≪漢制考≫와 惠校本에 '乃'로 되어 있는 것에 의거하여 바로잡았다.(上海古籍 整理本의 〈校勘記〉 참조)

2) (殿)〔司〕: 저본에는 '殿'으로 되어 있으나, 〈地官 司門(地-37-2)〉과 浦鏜의 說에 의거하여 '司'로 바로잡았다.(阮元의 〈校勘記〉 참조)

3) (古)〔占〕: 저본에는 '古'로 되어 있으나, 〈地官 司門(地-37-2)〉 鄭玄의 注에 의거하여 '占'으로 바로잡았다.

4) (漢): 저본에는 '漢'이 있으나, ≪周禮正義≫에 의거하여 衍字로 처리하였다.(≪周禮正義≫ 권6, 219쪽 참조)

5) 稍食 祿稟: 易祓은 一命 이상의 경우는 '祿'이라 하고, 庶人으로서 관직에 있는 자는 稍食을 받을 뿐이라고 하였고, 金榜도 稍食과 祿은 분명 다른 것이라고 하였다. 沈彤 역시 賈公彦의 疏에서 稍食을 命士 이상의 祿의 통칭으로 이해한 것은 잘못이라고 비판하였다.(≪周禮正義≫ 권6, 219~220쪽 참조)

○注의 〔鄭司〕에서 〔祿稟〕까지

○釋曰: 鄭衆이 '今時'를 인용한 것은 漢法을 말한 것이다. '引籍'이라고 말한 것은 門籍 및 引人이 있어야 비로소 출입할 수 있다는 뜻이다. 또 '司馬殿門'이라 한 것은 漢나라 때는 宮殿의 門에 문마다 모두 司馬 1인을 두어 문을 지키게 하였는데, 〈사마는 官秩이〉 比千石이다. 〈이에 궁전의 문을〉 모두 '司馬殿門'이라고 칭하였다.

〔玄謂幾呵其衣服持操及疏數〕 살펴보건대, 〈天官 閽人(天-47-2)〉에서 "喪服을 입거나 明器를 든 사람은 궁 안으로 들어가지 못하며, 속에 갑옷을 입거나 사람을 해치는 흉기를 소지한 사람은 궁 안으로 들어가지 못하며, 기괴한 복장을 하거나 정신 이상자는 궁 안으로 들어가지 못한다."고 하였다. 〈地官 司門(地-37-2)〉에서 "不物한 자의 출입을 기찰한다."고 한 것은 의복이나 쳐다보는 눈빛이 보통 사람들과 같지 않거나 들고 있는 물건이 품식과 같지 않은 자를 가리켜 말한 것이다. 관직은 비록 같지 않지만 모두 금법을 지키도록 하는 것이다. 이곳 경문에서 단지 "그 출입을 기찰한다."고 하였으니, 이처럼 의복과 소지품이 수상하지 않은지, 출입이 드문지 빈번하지 등을 따져 묻는 살피는 일이 있었음을 분명히 알 수 있다. 이는 정중의 해석을 더욱 완성시킨 것이다.

〔稍食 祿稟〕 '稍'는 조금씩 준다는 뜻이니, 月俸이 그것이다. 下士〈의 월봉은〉 9인을 먹일 수 있고, 中士는 下士의 두 배가 되고, 上士는 中士의 두 배가 되고, 大夫는 上士의 두 배가 되는 식이다. 그 祿은 쌀〔米稟〕로 주기 때문에 '祿稟'이라고 한다.

天-4-9

去其淫怠與其奇袤(사)之民하며

방탕하고 게으르거나 기이하고 올바르지 못한 관리의 집안사람들을 쫓아내며,

【注】民은 宮中吏之家人也[1]라 淫은 放濫也요 怠는 解慢也라 奇衺은 譎觚非常[2]이라

1) 民 宮中吏之家人也 : 孫詒讓은 〈天官 內宰(天-45-1)〉 鄭玄의 注에서 "'人民'은 관리의 자제이다.〔人民 吏子弟〕"라고 한 것을 근거로 이곳의 '民' 역시 '관리의 자제'라고 하였다. (≪周禮正義≫ 권6, 219~221쪽 참조)

2) 奇衺 譎觚非常 : '衺'는 '邪'의 古字이다. ≪禮記正義≫ 〈祭義〉 孔穎達의 疏에서 " '奇'는 기이함을 말하고, '邪'는 사악함을 말하는 것으로 모두 기이한 행동을 하는 사람에 의거하여 말한 것이다.〔奇謂奇異 邪謂邪惡 皆據異行之人〕"라고 하였다. '奇衺(邪)'와 '譎觚非常'은 모두 기이하고 속임수를 써서 바르지 못한 것을 말한다. '譎觚'는 ≪莊子≫ 〈齊物論〉의 '恢恑憰怪'와 같은 뜻으로, '憰'에 대해 李頤는 괴이함〔乖〕이라 하였고, 成玄英은 속이는 마음〔矯詐之心〕이라고 하였다. 觚·怪·乖·詭는 모두 聲轉으로 뜻은 모두 같다.(≪周禮正義≫ 권6, 221쪽 참조)

'民'은 궁 안에서 근무하는 관리의 집안사람들이다. '淫'은 방탕하다는 뜻이다. '怠'는 게으르다는 뜻이다. '奇衺'는 속임수를 써서 떳떳하지 못하다는 뜻이다.

【疏】注'民宮'至'非常' ○釋曰 : 此一經竝是吏之民. 云'淫, 放濫也. 怠, 解慢也', 爲此惡行也. 云'民, 宮中吏之家人也'者, 吏卽宅在宮中卿·大夫·士, 其家人爲此惡行也者, 使之不爲, 卽是去也. 此民, 謂若秋官隸民[1]之類. 云'奇衺, 譎觚非常'者, 兵書有譎觚之人, 謂譎詐桀出, 觚角非常[2]也.

1) 秋官隸民 : '隸民'은 五隸에 예속된 民으로, 五隸는 罪隸와 蠻隸·閩隸·夷隸·貉隸의 四翟의 隸를 말한다.(〈秋官 司隸〉 秋-21-1 鄭玄의 注 참조)

2) 觚角非常 : '觚角'은 棱角 즉 모서리를 뜻하며, 또 '觚'는 '孤'의 借字이다. 따라서 '孤角非常'은 혼자서 모가 나게 행동을 하여 일반적이지 못한 것을 의미한다.

○注의 〔民宮〕에서 〔非常〕까지

○釋曰 : 이곳 경문은 모두 관리의 집안사람들에 대한 것이다.

〔淫 放濫也 怠 解慢也〕 이러한 악행을 저지르는 것이다.

〔民 宮中吏之家人也〕 관리는 곧 집이 왕궁 안에 있는 경·대부·사이니, 그 집안사람들이 이러한 악행을 저지를 경우는 하지 못하도록 만드니, 이것이 곧 '쫓아낸다〔去〕'는 것이다. 이곳의 '民'은 〈秋官 司隸(秋-21-1)〉에서 말하는 '隸民' 같은 부류를 말한다.

〔奇衺 譎觚非常〕 兵書에 譎觚의 사람이 있으니, 속이는 기술이 걸출하고 기이하여 일반적이지 않은 것을 뜻한다.

天-4-10

會其什伍而教之道(義)〔藝〕[1)]니라

1) (義)〔藝〕: 저본에는 '義'로 되어 있으나, 아래 鄭玄의 注에 의거하여 '藝'로 바로잡았다.

〈왕궁 안에서 숙위하는 관리의 자제들을〉 什伍의 군사조직으로 편성하여 모아놓고서 道藝를 가르친다.

【注】 五人爲伍요 二伍爲什이라 會之者는 使之輩作輩學하여 相勸帥하고 且寄宿衛之令이라 鄭司農云 道는 謂先王所以教道民者요 藝는 謂禮樂射御書數라

5인으로 伍를 편성하고, 2伍로 什을 편성한다. 이들을 모아놓는 것은 무리 지어 일을 하고 무리 지어 배워서 서로 권면하고 이끌게 하도록 하기 위한 것이며, 또 숙위의 명령을 내리기 위한 것이다. 鄭衆은 "'道'는 先王이 백성을 가르치고 인도한 방법을 말하고, '藝'는 禮·樂·射·御·書·數를 말한다."라고 하였다.

【疏】 注'五人'至'書數' ○釋曰：宮正掌宮中卿大夫士, 亦兼掌子弟. 會, 謂會合其宮中子弟, 使之以五人爲伍, 二伍爲什. 必會合之者, 欲使之宿衛時, 語言相體, 服容相識, 是其輩作也. 及其學問, 又相親及切瑳琢磨, 是其輩學. 揔是相勸帥也. 云'且寄宿衛之令'者, 管子云 "因內政, 寄軍令[1)]", 在家時五家爲比, 在軍還五人爲伍之類. 此亦五人爲伍, 二伍爲什, 使之輩學, 似若在家也, 因使之宿衛, 以寄軍令也. 先鄭云'道謂先王所以教道民'者, 謂若保氏云 "掌養國子以道, 而教之六藝." 道, 則師氏'三德'·'三行'也[2)]. 藝, 謂禮樂射御書數[3)], 亦保氏職文也.

1) 因內政 寄軍令 : '因內政 寄軍令'은 본래 ≪管子≫의 문장으로 管仲이 齊 桓公에게 霸術을 논하면서 한 말인데, ≪國語≫ 〈吳語〉에 보인다. 韋昭의 注에서는 "'寄'는 가탁한다〔託〕는 뜻이다. 軍令을 숨기고 國政에 가탁한다면, 만일 정벌을 해도 이웃나라들이 알지 못한다.〔寄 託也 匿軍令 託於國政 若有征伐 隣國不知〕"라고 하였다. 즉 관자의 본뜻은 內政을 정돈하는 가운데 그 속에 전쟁준비의 의도를 숨기자는 것이었다.

2) 師氏三德三行也 : '三德'은 至德·敏德.·孝德이고, '三行'은 孝行·友行·順行이다. 상

세한 것은 〈地官 師氏〉 地-21-2의 경문 및 鄭玄의 注 참조.

3) 禮樂射御書數 : '禮'는 吉・凶・賓・軍・嘉의 五禮를 말한다. '樂'은 〈雲門〉・〈大咸〉・〈大韶〉・〈大夏〉・〈大濩〉・〈大武〉의 六樂을 말한다. '射'는 白矢・參連・剡注・襄尺・井儀의 五射를 말한다. '御'는 鳴和鸞・逐水曲・過君表・舞交衢・逐禽左의 五馭를 말한다. '書'는 象形・會意・轉注・處事・假借・諧聲의 六書를 말한다. '數'는 方田・粟米・差分・少廣・商功・均輸・方程・贏不足・旁要의 九數를 말한다.(〈地官 保氏〉 地-22-2 鄭玄의 注 참조)

○注의 〔五人〕에서 〔書數〕까지

○釋曰 : 宮正은 왕궁 안의 卿・大夫・士를 관장하며, 또한 그들의 자제까지 겸하여 관장한다. '會'는 그 왕궁 안의 자제들을 회합시켜 그들로 하여금 5인으로 伍를 편성하고, 2伍로 什을 편성하게 하는 것을 말한다. 반드시 회합시키는 것은 그들로 하여금 숙위를 하게 할 때, 말을 서로 익히고 복장과 용모를 서로 인식하게 하려는 것이니, 이것이 '輩作'이다. 학문을 할 때 이르러서는 또 서로 친애하고 갈고 닦도록 하니, 이것이 '輩學'이다. 총괄하면 서로 권면하고 이끄는 것이다.

〔且寄宿衛之令〕 ≪管子≫에서 "內政을 이용하여 軍令을 가탁한다."고 하였으니, 집에 있을 때는 5家로 比를 편성하고, 군에 있을 때는 또한 5人으로 伍를 편성하는 따위를 말한다. 이곳에서도 5인으로 伍를 편성하고, 2伍로 什을 편성하여 무리 지어 배우게 함으로써 집에 있을 때와 마찬가지로 하도록 하고, 숙위를 하게 함으로써 軍令을 가탁하는 것이다.

鄭衆이 '道謂先王所以教道民(道는 先王이 백성을 가르치고 인도한 방법을 말한다.)'이라고 한 것은 예컨대 〈地官 保氏(地-22-2)〉에서 "國子를 道로 교육시키고, 六藝로 가르치는 일을 관장한다."고 한 것을 가리킨다. '道'는 〈地官 師氏(地-21-2)〉의 '三德'과 '三行'을 말한다. '藝'는 禮・樂・射・御・書・數를 말하니, 또한 〈지관 보씨〉의 문장이다.

天-4-11

月終에 則會其稍食하고 歲終에 則會其行事니라

〈宮正은〉 월말이 되면 왕궁 안에서 숙위하는 관리들의 녹봉을 정산하고, 연말이 되면 왕궁 안에서 숙위하는 관리들의 직무 실적을 심사한다.

【注】行事는 吏職也라

'行事'는 관리들의 직무 실적이다.

【疏】'月終'至'行事' ○釋曰 : 稍食, 謂宮中官府等月祿, 故至月終會計之. 歲終則會計行事吏職, 當考知功過也.

○注의 〔月終〕에서 〔行事〕까지

○釋曰 : '稍食'은 왕궁 안에 있는 官府 등의 月祿을 말한다. 그러므로 월말에 이르면 결산을 한다. 연말에는 관리들의 직무 실적을 결산하니, 공로와 과실을 심사하여 알아야 하기 때문이다.

天-4-12

凡邦之大事에 令于王宮之官府次舍하여 無去守而聽政令하니라

무릇 왕국에 커다란 일이 발생했을 경우, 〈宮正은〉 왕궁 안에 있는 官府의 관리들과 次舍(숙위 초소와 숙사)에서 야간 근무를 서고 있는 관리들에게 명하여 자리를 뜨지 말고 政令에 따르도록 명한다.

【注】使居其處하여 待所爲라

각자 제자리에 거처하면서 해야 할 바를 기다리게 하는 것이다.

【疏】'凡邦'至'政令' ○釋曰 : 邦有大事, 謂'國之大事, 在祀與戎'[1], 則令于王宮之官府·次舍. '無去守', 謂使之皆在次舍, 不得去部所守而聽待政令, 須有所爲.

1) 國之大事 在祀與戎 : ≪春秋左氏傳≫ 成公 13년 조에 보인다.

經의 〔凡邦〕에서 〔政令〕까지

○釋曰 : 왕국에 큰 일이 있다는 것은 "나라의 큰일은 제사와 전쟁에 있다."는 것을 이르니, 〈제사와 전쟁이 있으면〉 왕궁 안의 官府와 次舍에 명을 내리는 것을 말한다. 〔無去守〕 모두 次舍에 머물면서 각 부서의 지키는 자리를 이탈하지 않고 政令이 내릴 때까지 대기하도록 하는 것이니, 반드시 할 일이 있음을 뜻한다.

天-4-13

春秋에 以木鐸[1)]修火禁하니라

1) 木鐸 : 銅製의 몸체에 나무로 만든 추를 단 큰 방울로서, 政教와 法令을 선포할 때 목탁을 흔들면서 백성들을 경계시켰다. 〈天官 小宰(天-2-17)〉 鄭玄의 注에서 "옛날에 장차 新令을 반포하고자 할 때는 반드시 목탁을 흔들어 백성들을 경계시키고 밝은 덕을 밝히도록 하였다. 목탁은 방울의 추〔舌〕를 나무로 만든 것이다. 文事(예악 교화에 관한 일)에는 목탁을 흔들고, 武事(군대나 전쟁에 관한 일)에는 金鐸을 흔든다.〔古者將有新令 必奮木鐸以警衆 使明聽也 木鐸 木舌也 文事奮木鐸 武事奮金鐸〕"고 하였다.

봄과 가을에 〈宮正은〉 木鐸을 흔들며 〈궁중을 순행하면서〉 불의 사용을 경계시키는 금령을 시행한다.

【注】 火星은 以春出하고 以秋入이니 因天時而以戒라

火星는 봄에 나타나고 가을에 들어가니, 天時에 따라서 경계시키는 것이다.

【疏】 '春秋'至'火禁' ○釋曰 : 春謂季春, 秋謂季秋. 二時火星出入之時, 以木鐸警衆, 使修火禁也.

經의 〔春秋〕에서 〔火禁〕까지

○釋曰 : 봄은 季春(3월)을 가리키고, 가을은 季秋(9월)를 가리킨다. 두 계절은 火星이 나타나고 들어가는 때이니, 목탁을 흔들며 대중들을 경계시켜서 불의 사용을 금하는 금령을 준행하도록 한다.

○注'火星'至'以戒' ○釋曰 : 火星則心星也, 公羊謂之大辰(신)[1)]. 服注春秋云 "火出於夏爲三月, 於商爲四月, 於周爲五月"[2)], 故云 "以春出"也. 季秋昏時, 伏於戌, 火星入, 故云 "以秋入." 云'因天時而以戒'者, 此火謂陶冶鑄銅之火, 因天出火, 民則爲之, 因天入火, 民則休之[3)], 故云 "因天時戒之"也. 此施火, 謂宮正於宮中, 特宜愼火, 故修火禁. 夏官司爟云 "掌行火之政令, 四時變國火, 以救時疾." 下又云 "時則施火令", 爲焚萊之時, 故修火禁也. 秋官司烜云"中春, 以木鐸修火禁于國中." 注云"爲季春將出火也. 火禁, 謂用火之處及備風燥." 是二月預修之, 三月重掌事, 各有所爲不相妨也.

1) 公羊謂之大辰(신) : ≪春秋公羊傳≫ 昭公 17년 조에 "大辰星이란 무엇인가? 大火이다.

대화도 대신성이고, 參伐도 대신성이고, 北極星도 대신성이다.〔大辰者 何 大火也 大火爲大辰 伐爲大辰 北辰亦爲大辰〕"라고 하였다. '大辰'은 東方 蒼龍 7宿 가운데 房·心·尾를 가리키는데, '대화'라고도 칭한다. '대신'은 또 시간을 정해서 방향을 변별할 때 이용하는 중요한 별자리이다.

2) 服注春秋云……於周爲五月 : 이 문장은 服虔의 注가 아니라 ≪春秋左氏傳≫ 昭公 17년 조의 傳文에 보인다.

3) 此火謂陶冶鑄銅之火……民則休之 : 이는 〈夏官 司爟(夏-11-1)〉의 경문과 鄭玄의 注를 조합한 문장이다.

○注의 〔火星〕에서 〔以戒〕까지

○釋曰 : 火星은 心星이니, ≪春秋公羊傳≫에서는 그것을 '大辰'이라고 하였다. 服虔은 ≪春秋≫에 注를 달면서 "화성이 나타나는 시기는 夏曆으로는 3월이고, 商曆으로는 4월이고, 周曆으로는 5월이다."라고 하였다. 그러므로 "봄에 나타난다."라고 한 것이다.

季秋(하력 9월) 저녁 때 戌(서북쪽) 방향으로 숨으니, 화성이 들어가는 것이다. 그러므로 "가을에 들어간다."고 한 것이다.

〔因天時而以戒〕 여기서 불은 질그릇을 굽고 구리를 주조하는 불을 가리키니, 〈司爟이〉 天時에 따라서 불을 꺼내어 질그릇을 구우면 백성들도 이에 따라 불을 사용하여 질그릇을 굽고, 천시에 따라서 불을 거두어들이면 백성들도 멈춘다. 그러므로 "天時에 따라서 경계시킨다."고 한 것이다. 여기서 불을 사용하는 政令을 시행하는 것은 〈동시에〉 宮正이 왕궁 안에서 특별히 불을 삼가도록 하는 것을 의미한다. 그러므로 불의 사용을 경계시키는 금령을 시행하는 것이다. 〈夏官 司爟(夏-11-1)〉에서 "〈사관은〉 불을 사용하는 政令을 관장하니, 네 계절마다 國中에서 불을 취하는 나무를 바꾸어서 계절에 따른 질병을 구제한다."고 하였다. 또 이 문장 아래의 〈하관 사관(夏-11-3)〉에서 "때에 따라서 불을 놓도록 하는 명령을 시행한다."고 한 것은 황무지를 불태우는 시기이기 때문에 불의 사용을 경계시키는 금령을 시행하는 것이다. 〈秋官 司烜氏(秋-35-3)〉에서 "中春에 목탁을 흔들면서 國中에 불의 사용을 경계하는 금령을 시행한다."고 하였는데, 鄭玄의 注에서는 "季春(3월)에 장차 불을 놓을 것이기 때문이다. 불의 사용 금지는 불을 사용하는 곳 및 바람이 건조한 곳에 대비하는 것을 말한다."고 하였다. 이는 2월에 미리 금령을 시행하고 3월에 다시 불을 사용하는 일을 관장하는 것이니, 각각 행하는 바에 이유가 있어서 서로 방해가 되지 않는다.

天-4-14

凡邦之事에 蹕(필)宮中廟中則執燭하니라

무릇 왕국에서 제사를 거행할 때, 〈隸僕이〉 왕궁 안과 종묘 안에서 길을 치우고 통행을 금지시키거든 〈宮正은〉 횃불을 들어 길을 밝힌다.

【注】鄭司農讀(두)火絶之云 禁凡邦之事蹕은 國有事에 王當出이면 則宮正主禁絶行者니 若今時衛士填街蹕也요 宮中廟中則執燭은 宮正主爲王於宮中廟中執燭이라 玄謂事는 祭事也니 邦之祭社稷七祀於宮中하고 祭先公先王於廟中[1]에 隸僕掌蹕止行者하고 宮正則執燭以爲明이라 春秋傳曰 有大事於大廟라하고 又曰有事於武宮[2]이라하니라

1) 祭先公先王於廟中 : '先公'은 周나라가 건국되기 이전 后稷에서 太王에 이르는 사이의 不窋에서 諸盭까지의 조상신을 말한다. 태왕 이후의 諸王이 先王이 된다.
2) 又曰有事於武宮 : '武宮'은 魯나라 武公의 廟로서 '宮'은 또한 '廟'를 뜻한다. 鄭玄이 이를 인용한 것은 '有事'가 '祭祀의 일'임을 증명하기 위한 것이다.

鄭衆은 〈앞 문장의〉 '火'字에서 句讀를 끊고서 "'禁凡邦之事蹕'은 나라에 일을 있으면 왕은 마땅히 출행해야 하므로 宮正은 통행하는 자를 금지시키는 일을 주관한다는 뜻이니, 오늘날의 衛士가 길을 메우고 통행을 금지시키는 것과 같은 것이다. 왕궁 안과 종묘 안에서는 횃불을 들어 밝히니, 宮正은 왕을 위해 궁중 안과 종묘 안에서 횃불을 들어 밝히는 일을 주관한다."라고 하였다.

나는(鄭玄) 생각건대, '事'는 祭事를 뜻한다. 왕국에서 궁 안에서 社稷과 七祀를 제사지내고, 종묘 안에서 先公과 先王을 제사 지낼 때, 隸僕은 길을 치우고 통행하는 자를 금지시키는 일을 관장하고, 宮正은 횃불을 들어 밝히는 일을 한다. ≪春秋左氏傳≫ 文公 2년(B.C. 625) 조에서 "有大事於大廟(태묘에서 큰 제사를 지내다.)"라고 하였고, 또 "有事於武宮(무공의 묘에서 제사 지내다.)"이라고 하였다.

【疏】'凡邦'至'執燭' ○釋曰 : '凡邦之事', 謂祭祀之事, 王當出入來往時, 隸僕與王蹕止行人於宮中及廟中也. 王出向二處, 當侵晨而行, 爾時則宮正爲王執燭爲明也.

經의 〔凡邦〕에서 〔執燭〕까지

○釋曰 : 〔凡邦之事〕 제사의 일을 뜻하니, 왕이 출입 왕래할 때, 隸僕은 왕과 더불어 길을 치우고 왕궁 안과 종묘 안을 통행하는 사람들을 금지시킨다. 왕이 두 곳을 향해 출발하

는 것은 새벽에 행하는 것이니, 그때는 宮正은 왕을 위해 횃불을 들어 불을 밝힌다.

○注'鄭司'至'武宮' ○釋曰：先鄭讀'火'絶之, 則'火'字向上爲句也, 其禁自與'凡邦之事蹕'共爲一句. 宮正既不掌蹕事, 若如先鄭所讀, 則似宮正爲王蹕, 非也. 云'宮中廟中則執燭'者, 若不以邦之事與此宮中爲一事, 則宮中廟中, (何爲)〔爲何〕[1]事而遣宮正執燭乎. 亦非也. 又云'若今時衛士塡街蹕也'者, 漢儀大駕行幸, 使衛士塡塞街巷, 以止行人, 備非常也[2]. '玄謂事祭事也'者, 謂在宮中・廟中二處, 皆有祭事也. 云'邦之祭社稷七祀於宮中'者, 小宗伯云"左宗廟, 右社稷", 在宮中中門之外也. 依祭法, "王爲群姓[3]立七祀, 曰司命, 曰中霤, 曰國行, 曰國門, 曰泰厲, 曰戶, 曰竈." 案, 司門云"凡歲時之門, 受其餘." 則此七祀等, 是爲群姓所立者, 不在宮中也. 祭法又云"王自爲立七祀"者, 此則禱祀在宮中者也. 云'春秋傳曰, 有大事于大廟'者, 左氏文二年"秋, 八月丁卯, 大事于大廟", 是也. 云'又曰有事于武宮'者, 昭十五年"春, 二月癸酉, 有事于武宮." 鄭引此者, 欲見隸僕蹕于宮中, 亦得兼廟中, 故公羊云"魯公稱世室, 群公稱宮", 則天子之廟, 亦有宮稱也.

1) (何爲)〔爲何〕: 저본에는 '何爲'로 되어 있으나, 盧文弨의 說에 의거하여 '爲何'로 바로잡았다.(上海古籍 整理本의 〈校勘記〉 참조)

2) 漢儀大駕行幸……備非常也 : '漢儀'는 衛宏의 ≪漢舊儀≫를 말한다. "수레가 움직이면 좌우에서 왕을 모시는 자들은 '驚(경계하라고 소리)'을 외치고, 수레에 멍에를 메우면 衛官들이 거리를 메우고, 騎士들은 길을 막으며, 궁전을 출발하면 '蹕(길을 치우고 통행을 금지하는 소리)'을 외친다.〔輦動則左右侍帷幄者稱驚 車駕則衛官塡街 騎士塞路 出殿則傳蹕〕"고 하였다.

3) 群姓 : ≪禮記正義≫ 〈祭法〉 孔穎達의 疏에 의하면 '群姓'은 百官을 포함한 만백성을 말한다.

注의 〔鄭司〕에서 〔武宮〕까지

○釋曰 : 鄭衆은 '火'字에서 句讀를 끊었다. 그렇다면 '火'字는 위 문장을 따라 한 句가 되니, 그 〈'火'字 다음의〉 '禁'字는 저절로 '凡邦之事蹕'과 더불어 한 句가 된다. 宮正은 이미 길을 치우고 통행을 금지시키는 일을 관장하지 않는데, 만약 정중처럼 구두를 끊는다면, 궁정이 왕을 위해 길을 치우고 통행을 금지시키는 것처럼 될 것이니, 잘못이다.

〔宮中廟中則執燭〕 만약 왕국의 일〔邦之事〕을 이 왕궁 안에서의 일과 같은 일로 보지 않는다면, 왕궁 안과 종묘 안에 무슨 일로 宮正을 파견하여 횃불을 들도록 하겠는가. 또한

잘못이다.

〔若今時衛士塡街蹕也〕 衛宏의 ≪漢舊儀≫에 의하면, 황제가 행차를 하면 衛士로 하여금 거리를 메우고 통행하는 사람을 금지시켜 비상사태에 대비하도록 하였다.

〔玄謂事祭事也〕 궁중 안과 종묘 안의 두 곳에는 모두 제사를 거행하는 일이 있다.

〔邦之祭社稷七祀於宮中〕 〈春官 小宗伯(春-2-1)〉에서 "宗廟를 왼쪽에 두고, 社稷을 오른쪽에 둔다."고 하였으니, 왕궁 안 中門 밖에 있는 것이다. ≪禮記≫ 〈祭法〉에 의하면, "王은 群姓을 위해 七祀를 세우니, 司命(文昌宮의 네 번째 별), 中霤(小土神), 國行(길의 신), 國門(문의 신), 泰厲(제왕으로서 후사 없이 죽은 자의 귀신), 戶(출입문의 신), 竈(부엌의 신)이다." 살펴보건대, 〈地官 司門(地-37-5)〉에서 "무릇 일 년 사시 동안 國門에 〈제사를 지내고 남은 비용이 있다면〉 그 남은 비용은 비축해둔다."고 하였다. 그렇다면 이 七祀 등은 群姓을 위해 세운 것으로 왕궁 안에 있는 것이 아니다. ≪예기≫ 〈제법〉에서 또 "왕은 스스로 七祀를 세운다."고 한 것은 왕궁 안에서 빌면서 제사를 지내는 것이다.

〔春秋傳曰 有大事于大廟〕 ≪春秋左氏傳≫ 文公 2년(B.C. 625) 조에서 "가을 8월 정묘에 태묘에서 큰 제사를 올렸다."고 한 것이 그것이다.

〔又曰有事于武宮〕 ≪춘추좌씨전≫ 昭公 15년(B.C. 527) 조에서 "봄 2월 계유에 武宮에서 제사를 지냈다."고 하였다. 鄭玄이 이를 인용한 것은 隸僕은 宮 안에서 길을 치우고 사람들의 통행을 금지시키는데, 〈궁 안이라는 말은〉 또한 廟 안이라는 뜻을 포함할 수 있음을 보이고자 한 것이다. 그러므로 ≪春秋公羊傳≫ 文公 13년(B.C. 614) 조에서 "魯公은 '世室'이라 칭하고, 群公은 '宮'이라 칭한다."고 하였으니, 그렇다면 천자의 廟도 또한 宮이라고 칭하는 경우가 있는 것이다.

天-4-15

大喪에 **則授廬舍**호대 **辨其親疏貴賤之居**니라

大喪을 당했을 때, 〈宮正은〉 廬(倚廬)와 舍(堊室)를 제공해주는데 그 친소와 귀천에 따라 거상의 장소를 변별하여 안배한다.

【注】 廬는 倚廬也요 舍는 堊(악)室也[1]니 親者貴者는 居倚廬하고 疏者賤者는 居堊室이라 雜記曰 大夫居廬하고 士居堊室이라하니라

1) 廬……堊(악)室也 : '倚廬'는 효자가 빈소를 차린 후 거처하는 곳이다. '倚'라고 한 것은

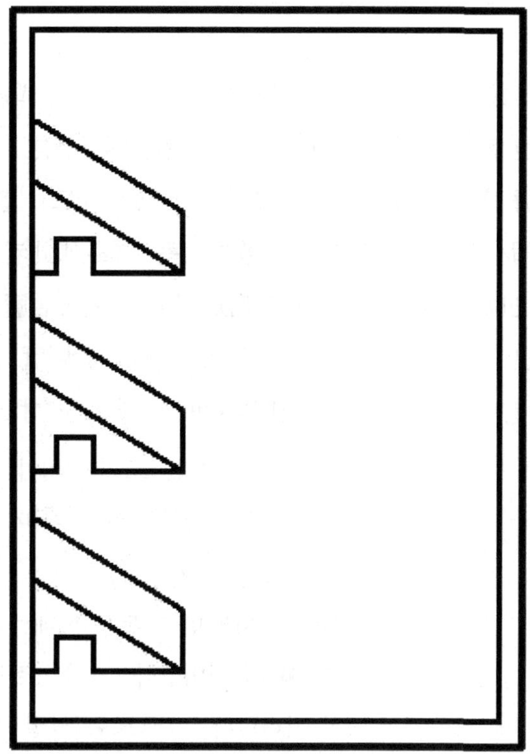
倚廬

나무를 중문 밖의 동쪽 담장에 기대어놓고 지은 여막이기 때문으로, 애통함이 너무 깊어서 차마 편안히 거처하지 못하는 뜻을 나타낸다. 효자 한 사람이 하나의 의려에 거처하는데, 문에는 거친 베로 만든 발을 친다. 의려의 형태는 허름한 가옥과 같은데, 그 안에 반쪽의 자리를 펼칠 수 있다. 의려 안에는 볏짚으로 엮은 거적과 흙덩이를 넣어둔다. 그 의려의 남쪽에 '堊室'을 만드는데, 삼면에 날벽돌을 쌓아서 위로 지붕에까지 이르게 하고, 벽을 희게 만든다. 室 안에 자리와 목침을 놓는다. 실 남쪽에 大功의 幕次를 만드는데, 막차 안에 부들자리를 펼쳐놓는다. 대공의 막차 남쪽에 또 小功과 緦麻의 막차를 만들고 막차 안에 침상을 놓는데, 모두 서쪽으로 문을 낸다. 부모의 상을 당한 경우, 효자는 처음에 倚廬에 거처하다가 練祭(小祥)를 지낸 후에 악실로 옮겨 거상을 한다.(≪三禮圖集注≫ 권15 喪服圖 上 및 〈春官 守祧〉 春-14-3 경문 및 鄭玄의 注 참조)

'廬'는 倚廬이다. '舍'는 堊室이다. 친한 자와 귀한 자는 의려에서 거상하고 소원한 자와 비천한 자는 堊室에서 거상한다. ≪禮記≫ 〈雜記 上〉에서 "大夫는 廬에서 거상하고, 士는 堊室에서 거상한다."라고 하였다.

【疏】 '大喪'至'之居' ○釋曰：大喪, 謂王喪, 臣子皆爲之斬衰(최), 則同, 廬舍所居, 則異也. 云'授廬舍'者, 揔諸臣而辨其親疏貴賤之居異也.

經의 〔大喪〕에서 〔之居〕까지

○釋曰：'大喪'은 王의 喪을 말하니, 臣子들이 모두 왕을 위해 斬衰의 복을 하는 것은 똑같지만 廬(倚廬)와 舍(堊室)에서 거상을 하는 것이 다르다.

〔授廬舍〕 모든 신하들을 통틀어서 〈거상의 장소를 제공하지만〉 親疏와 貴賤에 따라 거

상 장소를 변별하여 달리하는 것이다.

○注'廬倚'至'堊室'○釋曰：'廬, 倚廬也'者, 謂於路門之外東壁, 倚木爲廬. 云'舍, 堊室也'者, 舍對廬, 故爲堊室. 堊室者, 兩下爲之, 與廬異, 故名堊室也. 云'親者貴者居倚廬'者, 親, 謂大功以上, 貴謂大夫以上, 〔二〕[1]者, 居倚廬. 云'疏者賤者, 居堊室'者, 疏, 謂小功緦麻, 賤謂士, 二者居堊室. 知義如此者, 以其經云'辨其親疏貴賤', 明當如此解之也. 又引雜記者, 彼是諸侯之臣, 其大夫居廬, 士居堊室, 彼注"士居堊室, 亦謂邑宰也. 朝廷之士, 亦居廬." 引之者, 證貴者居廬, 賤者居堊室, 一邊之義耳. 其實爲諸侯禮, 不辨親疏貴賤, 而別其遠近, 竝爲天子之臣也.

1)〔二〕: 저본에는 '二'가 없으나, '二'가 있어야 아래 句와 이어진다는 孫詒讓의 說에 의거하여 보충하였다.(上海古籍 整理本의 〈校勘記〉 참조)

○注의 〔廬倚〕에서 〔堊室〕까지

○釋曰：〔廬 倚廬也〕 路門 밖의 동쪽 벽에 나무를 기대어 廬를 만드는 것을 말한다. 〔舍 堊室也〕 '舍'는 '廬'에 대비된다. 그러므로 '堊室'이 된다. '악실'은 〈倚廬의〉 양쪽 아래에 만들어서 廬와 달리한다. 그러므로 '악실'이라 칭한다.

〔親者貴者 居倚廬〕 '親'은 大功 이상을 말하고, '貴'는 大夫 이상을 말한다. 두 경우는 倚廬에서 거상을 한다.

〔疏者賤者 居堊室〕 '疏'는 小功과 緦麻를 말하고, '賤'은 士를 말한다. 두 경우는 堊室에서 거상을 한다. 의리가 이와 같음을 알 수 있는 것은 경문에서 "그 친소와 귀천을 변별한다."고 말했기 때문이니, 마땅히 이와 같이 해석해야 함을 밝힌 것이다.

또 ≪禮記≫ 〈雜記 上〉을 인용한 것은 그곳은 제후의 신하를 예로 든 것으로, 그 大夫는 의려에서 거상을 하고 士는 악실에서 거상을 하기 때문이다. 그곳의 鄭玄 注에서는 "사는 악실에서 거상을 하니, 또한 邑宰를 말한다. 朝廷의 사는 또한 의려에서 거상을 한다."고 하였다. 이를 인용한 것은 귀한 자는 의려에서 거상을 하고, 천한 자는 악실에서 거상을 한다는 것이 일면적인 의리임을 증명하기 위한 것이다. 사실 ≪예기≫ 〈잡기 상〉은 諸侯의 禮로서, 친소와 귀천을 변별하지 않고 그 원근을 구별하지 않은 것은 모두 천자의 신하이기 때문이다.

05. 宮伯(궁백)

天-5-1

宮伯은 掌王宮之士庶子[1)]凡在版者니라

1) 王宮之士庶子 : 孫詒讓에 의하면, 士와 庶子는 공·경·대부의 자제들로서, '國子'로 통칭한다. 이미 爵命을 받아 士가 된 자를 '士'라고 하고, 아직 작명을 받지 못한 자를 '庶子'라고 한다.(≪周禮正義≫ 권7, 231쪽 참조)

宮伯은 왕궁 안의 士와 庶子를 관장하니, 모두 名籍에 등록된 자들이다.

【注】鄭司農云 庶子는 宿衛之官이라 版은 名籍也니 以版爲之하니 今時鄉戶籍謂之戶版이라 玄謂王宮之士는 謂王宮中諸吏之適子也요 庶子는 其支庶也라

鄭衆은 "'庶子'는 숙위하는 관리이다. '版'은 名籍이다. 版으로 만드니, 오늘날 鄕의 戶籍을 '戶版'이라 한다."고 하였다. 나(鄭玄)는 생각건대, '王宮의 士'는 왕궁 안에서 근무하는 관리들(경·대부·사)의 適子이다. '庶子'는 관리들의 支庶이다.

【疏】'宮伯'至'版者' ○釋曰 : 宮伯, 掌王宮中卿大夫之適子庶子·士之適子也. '凡在版者', 子弟皆有名籍, 以擬校比也.

經의 〔宮伯〕에서 〔版者〕까지

○釋曰 : '宮伯'은 왕궁 안의 卿·大夫의 適子와 庶子 및 士의 適子를 관장한다.

〔凡在版者〕 子弟들은 모두 名籍에 등록되어 있으니, 그것으로 대조하여 점검하고자 하는 것이다.

○注'鄭司'至'庶也' ○釋曰 : 鄭司農云 '庶子, 宿衛之官', 謂若夏官諸子職, 後鄭不從者, 彼諸子是下大夫, 此宮伯中士, 不合掌之, 故不從也. '玄謂王宮之士, 謂宮中諸吏之適子也'者, 吏, 謂卿大夫士之摠號. 云'庶子, 其支庶也'者, 以其宮正掌宮中官府, 宮伯掌其子弟故也. 案大司馬云 "王弔勞其士庶子", 文與此同. 鄭彼注云 "弔其死者, 勞其傷者. 庶子, 卿大夫之子從軍者." 彼士爲卿大夫士, 庶子爲卿大夫之子, 則兼適庶. 與此不同者, 彼更無弔勞卿大夫士身, 故上爲卿大夫, 庶子中兼適庶, 是鄭望文以爲義, 故注與此不同也.

○注의 〔鄭司〕에서 〔庶也〕까지

○釋曰：鄭衆이 "庶子는 숙위하는 관리이다."라고 한 것은 〈庶子를〉 〈夏官 諸子(夏-24-1)〉의 '諸子'와 같음을 말한 것인데, 鄭玄이 이에 따르지 않은 것은 그곳의 諸子는 下大夫이고, 이곳의 宮伯은 中士로서 〈諸子를〉 관장할 수 없기 때문이다. 그러므로 따르지 않은 것이다.

〔玄謂王宮之士 謂宮中諸吏之適子也〕 '吏'는 경·대부·사의 총칭이다.

〔庶子 其支庶也〕 宮正은 왕궁 안의 관부를 관장하고, 宮伯은 그 〈관리의〉 자제들을 관장하기 때문이다. 살펴보건대, 〈夏官 大司馬(夏-1-53)〉에서 "왕은 그 士와 庶子를 조문하여 위로한다."고 하였으니, 〈士와 庶子를 함께 언급한〉 문장이 이곳과 동일하다. 정현은 그곳의 주에서 "죽은 이를 조문하는 것은 그 아픔을 위로하는 것이다. 庶子는 경·대부의 아들로서 從軍한 자들이다."라고 하였다. 〈하관 대사마〉의 '士'는 경·대부·사이고, '庶子'는 경·대부·사의 아들이다. 그렇다면 適·庶를 포함한 것이다. 이곳 〈天官 宮伯〉과 같지 않은 것은 저곳 〈하관 대사마〉에는 다시 경·대부·사 당사자를 조문하여 위로한다는 언급이 없으므로 〈사의〉 위는 경·대부가 되고, 庶子 안에는 適·庶를 포함하는 것이다. 이는 정현이 글자만 보고 의미를 해석한 것이다. 그러므로 〈하관 대사마〉 鄭玄의 注가 이곳과 같지 않은 것이다.

天-5-2

掌其政令하여 行其秩敘[1)]하고 作其徒役之事하며

1) 秩敘：王引之는 '秩'과 '敘'를 모두 숙위의 순서로 이해함으로써 '秩'을 祿稟으로, '敘'를 才等으로 해석하는 鄭玄을 비판하였다. "'秩敘'는 士와 庶子가 교대로 숙위를 하는 차례이다. 한 달의 차례를 '秩'이라 하고, 한 해의 차례를 '敘'라고 한다.〔秩敘謂士庶子更番宿衛之次第 一月之次謂之秩 一歲之次謂之敘〕"고 하였다. 孫詒讓도 王引之와 같은 입장을 취한다.(≪周禮正義≫ 권7, 222~223쪽 참조)

〈宮伯은 士·庶子와 관련한〉 政令을 관장하여 이들의 질록과 재능의 등급을 정하고, 太子의 徒役에 이들을 공급한다.

【注】 秩은 祿稟也요 敘는 才等也라 作徒役之事는 大子所用이라

'秩'은 祿稟이다. '敘'는 재능의 등급이다. 徒役의 일을 하는 것은 太子의 필요에 따르는 것이다.

【疏】'掌其'至'之事' ○釋曰：宮伯既掌士・庶子，所以有政令盡掌之也．'行其秩敍'者，秩，謂依班秩受祿．敍者，才藝高下爲次第．'以作其徒役'者，士・庶子屬大子，隨其所用使役之也．

經의 〔掌其〕에서 〔之事〕까지

○釋曰：宮伯은 이미 士와 庶子를 관장하니, 政令을 행하여 그들을 모두 관장하는 것이다.

〔行其秩敍〕'秩'은 班秩에 의거하여 祿을 받는 것을 말한다. '敍'는 재능과 기예의 높고 낮음에 따라 차례를 정하는 것이다.

〔以作其徒役〕士와 庶子는 太子에 속하므로 태자의 필요에 따라 사역을 하도록 한다.

天-5-3

授八次八舍之職事니라

〈宮伯은 士・庶子에게〉숙위를 할 때의 八次(8곳의 숙위 초소)와 휴식을 취하는 八舍(8곳의 휴식 숙사)의 직무를 안배해 준다.

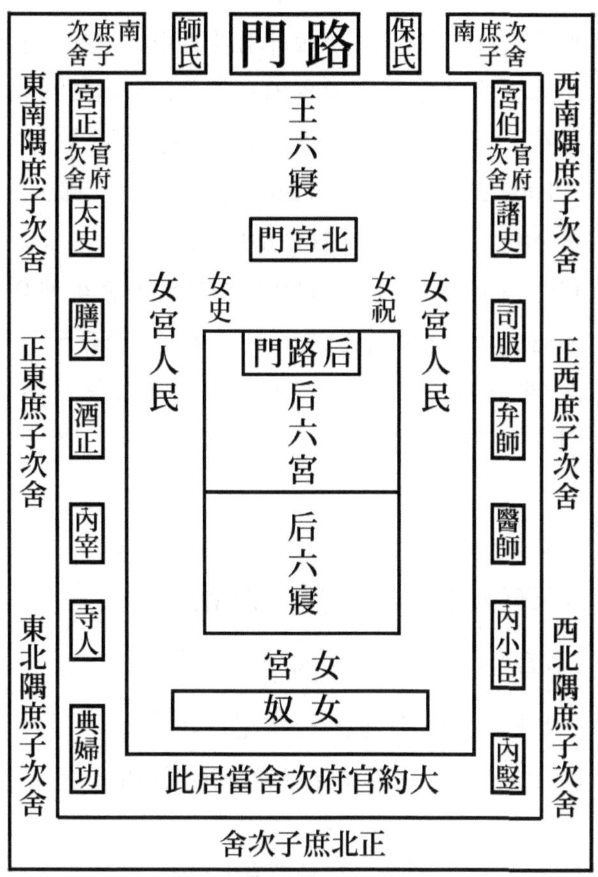

王宮官府八次舍圖

【注】衛王宮者는 必居四角四中하여 於徼候便也라 鄭司農云 庶子衛王宮에 在內爲次요 在外爲舍라 玄謂 次는 其宿衛所在요 舍는 其休沐之處라

왕궁을 숙위하는 자는 반드시 왕궁의 네 모서리와 네 중앙에 거처하여 순찰과 척후에 편리하도록 한다. 鄭衆은 "庶子는 왕궁을 숙위하니, 안에 있는 것이 '次'이고, 밖에 있는 것이 '舍'이다."라고 하

였다. 나(鄭玄)는 생각건대, '次'는 숙위의 소재지이고, '舍'는 휴식을 취하거나 목욕을 하는 곳이다.

【疏】 注'衛王'至'之處' ○釋曰：言'衛王宮者, 必居四角四中'者, 以其言八, 似若八方爲四方四維然, 以四角四中解之, 必於八所以爲次舍者, 相徼察來往候望皆便, 故次舍皆八也. '司農云, 庶子衛王宮, 在內爲次, 在外爲舍'者, 庶子義上已破訖, 先鄭意內次外舍, 有所隔絶, 故後鄭不從也. '玄謂次, 其宿衛所在'者, 謂宿衛之處稍在前爲之館也. 舍者, 若掌舍之舍, 亦舍息休止之處, 故鄭爲休沐之處也.

○注의 〔衛王〕에서 〔之處〕까지

○釋曰：〔衛王宮者 必居四角四中〕 '八'이라고 말했으므로 마치 '八方'이 동·서·남·북의 四方과 동남·서남·동북·서북의 四維(네 모퉁이)인 듯한 것으로 생각할 수 있기 때문에 四角(담장의 사면 모서리)과 四中(사면 담장의 정중앙)으로 풀이한 것이다. 반드시 8곳에 次와 舍를 두는 것은 서로 순찰을 하거나 왕래하면서 척후하기에 모두 편리하기 때문이다. 그러므로 次와 舍는 모두 8곳이다.

〔司農云 庶子衛王宮 在內爲次 在外爲舍〕 〈鄭玄은〉 庶子에 대한 〈鄭衆의〉 해석을 위에서 이미 부정하였으므로(天-5-1의 注·疏 참조) 정중이 '內次'와 '外舍'로 생각한 것과는 커다란 격절이 있었다. 그러므로 정현은 정중의 생각을 따르지 않은 것이다.

〔玄謂次 其宿衛所在〕 宿衛하는 곳〔次〕 조금 앞쪽에 관사〔舍〕를 만든다. '舍'는 〈天官 掌舍〉의 '舍'와 같은 것이니, 또한 '舍'는 휴식을 취하며 머무는 곳이다. 그러므로 정현은 휴식을 취하거나 목욕을 하는 곳으로 해석한 것이다.

天-5-4

若邦有大事하여 作宮衆[1]則令之하니라

1) 宮衆：숙위하는 士와 庶子를 말한다.

만약 나라에 커다란 일이 발생하여 왕궁 안의 숙위하는 무리들을 징발해야 할 경우, 〈宮伯은〉 士와 庶子들에게 명을 내려 소집한다.

【注】 謂王宮之士庶子는 於邦有大事어든 或選當行이라

王宮의 士와 庶子는 나라에 커다란 일이 발생할 경우 혹 뽑히면 마땅히 가야 한다.

【疏】'若邦'至'令之' ○釋曰 : 事, 亦謂寇戎之事. 作, 起也. 謂起宮中之衆, 使士庶子行, 則宮伯戒令之.

經의 〔若邦〕에서 〔令之〕까지

○釋曰 : '事'는 또한 전쟁의 일을 말한다. '作'은 일으킨다〔起〕는 뜻이다. 〈'作宮衆 則令之'는〉 왕궁 안의 무리들을 일으켜서 士와 庶子로 하여금 〈전쟁터로〉 가도록 하면, 宮伯이 고하여 명을 내리는 것을 말한다.

天-5-5

月終則均秩하고 **歲終則均敘**[1)]하며 **以時頒其衣裘**하고 **掌其誅賞**하니라

1) 月終則均秩 歲終則均敘 : 孫詒讓은 앞에서와 마찬가지로 이곳의 '秩'과 '敘'도 '차례'의 뜻으로서 숙위를 교대하는 차례라고 하였다. 즉 경문은 '숙위를 하는 순서를 균등히 한다.'는 의미라고 하여 鄭玄이 '秩敘'를 祿稟과 才等으로 해석한 것을 비판하였다. 惠士奇도 ≪禮說≫ 〈天官 上〉에서 "〈天官 宮正〉의 士와 庶子가 월말이 되면 秩을 균등히 하고, 연말이 되면 敘를 균등히 하는 것은 漢나라의 衛卒·唐나라의 府兵과 같은 것이다. 한나라의 위졸은 1년마다 교대〔歲更〕를 하고, 당나라의 부병은 숙위하는 자가 모두 달마다 번상〔月上〕을 한다. 그렇다면 '月終均秩'은 부병이 매달 번상하는 것과 같고, '歲終均敘'는 위졸이 매년 교대하는 것과 같다. 번상과 교대에 모두 秩敘(순서)가 있어 각각 그 균등함을 얻는다." 고 하였다.(≪周禮正義≫ 권7, 224쪽 참조)

〈宮伯은〉 월말이 되면 〈士와 庶子의〉 봉록을 〈작위에 따라〉 균평하게 나누어주고, 연말이 되면 재능의 등급을 균평하게 심사하며, 계절에 따라 여름철 옷과 겨울철 갖옷을 나누어주고, 상을 내리고 벌을 주는 일을 관장한다.

【注】頒은 讀爲班이니 班은 布也라 衣裘는 若今賦冬夏衣라

'頒'은 '班'의 뜻으로 읽으니, '班'은 베풀어준다〔布〕는 뜻이다. '衣裘'는 오늘날 겨울옷과 여름옷을 하사해주는 것과 같은 것이다.

【疏】'月終'至'誅賞' ○釋曰 : '月終則均其秩', 秩, 祿稟, 則與宮正"均稍食", 亦一也. '歲終則均敘', 與宮正則異, 彼宮中官府, 故會其行事, 此其子弟, 故均其敘, 敘卽上注才等也. '以時頒其衣裘', 夏時班衣, 冬時班裘. '掌其誅賞'者, 士庶子有功則賞之, 有罪卽誅之也.

經의 〔月終〕에서 〔誅賞〕까지

○釋曰 : 〔月終則均其秩〕 '秩'은 祿稟이니, 〈天官 宮正(天-4-8)〉에서 "稍食을 〈작위에 따라〉 균등하게 나누어준다."고 한 것과 또한 같은 뜻이다.

〔歲終則均敘〕 〈天官 宮正〉의 '敘'와 다른 뜻이니, 그곳은 왕궁 안의 官府이므로 그 직무 실적을 심사하는 것이고, 이곳은 子弟이므로 그 敘를 균평하게 심사하는 것이니, '敘'는 곧 위의 注에서 말한 '才等(재능의 등급)'이다.

〔以時頒其衣裘〕 여름철에는 옷을 나누어주고, 겨울철에는 갖옷을 나누어주는 것이다.

〔掌其誅賞〕 士와 庶子에게 공이 있으면 상을 내려주고, 죄가 있으면 곧 벌을 내리는 것이다.

○注'若今賦冬夏衣' ○釋曰 : '賦', 班也. 班之與賦, 皆賜授之義.

○注의 〔若今賦冬夏衣〕

○釋曰 : '賦'는 班의 뜻이다. '班'은 '賦'와 더불어 모두 하사해준다는 뜻이다.

周禮注疏 제4권

鄭氏 注　賈公彦 疏

天官

06. 膳夫(선부)

天-6-1

膳夫는 **掌王之食**(사)**飮膳羞**하여 **以養王及后世子**니라

膳夫는 왕의 밥·음료·희생고기·맛난 음식을 관장하여 왕 및 왕후·세자를 봉양한다.

【注】 食는 飯也요 飮은 酒漿[1]也요 膳은 牲肉也요 羞는 有滋味者니 凡養之具大略有四라

1) 酒漿 : '酒'는 술이다. '漿'은 약간 신맛이 나는 발효된 음료로서, 이를테면 식혜, 매실음료 등과 같은 것을 말한다.

'食'는 밥이다. '飮'은 술이나 신 음료〔酒漿〕이다. '膳'은 희생고기이다. '羞'는 조미를 하여 맛을 낸 음식이다. 무릇 봉양하는 음식에는 대략 네 가지가 있는 것이다.

【疏】 '膳夫'至'世子' ○釋曰 : 云'膳夫, 掌王之食飮'者, 此一經以其職首, 故略擧其目, 下別敘之. 云'以養王及后世子'者, 擧尊者而言, 其實群臣及三夫人[1]已下亦養之.

1) 三夫人 : '夫人'은 王后 다음가는 天子의 두 번째 妃妾으로, 인원은 3인이다. 왕후를 도와 婦學의 法을 관장한다. ≪禮記正義≫ 〈昏義〉 孔穎達의 疏에 "그 三夫人은 비록 〈왕후의〉 六宮에 나누어 거처하지 않지만 또한 六宮의 일을 나누어 주관한다.〔雖不分居六宮亦分主六宮之事〕"고 하였다.

經의 〔膳夫〕에서 〔世子〕까지

○釋曰 : "膳夫는 왕의 밥·음료 등을 관장한다."라 한 것은 이 한 경문이 해당 관직의 앞부분이기 때문이다. 그러므로 대략 그 강목을 열거하고, 아래에서 별도로 〈상세하게〉

서술한 것이다.

〔以養王及后世子〕 존귀한 사람을 들어서 말한 것이니, 사실 群臣 및 三夫人 이하의 대해서도 봉양을 한다.

○注'食飯'至'有四' ○釋曰：云'食, 飯也'者, 卽下文云 "食用六穀", 是也. 云'飮, 酒漿也'者, 卽下文"飮用六淸", 是也. 下文不言'酒', 文略也. 云'膳, 牲肉也'者, 卽下文云"膳用六牲", 是也. 云'羞有滋味'者, 卽下文云"羞用百有二十品", 是也. 下文仍有"珍用八物, 醬用百有二十甕", 不言之者, 此擧大者. 珍醬是饋之小者, 略而不言. 故鄭云 "凡養之具, 大略有四", 是擧以爲目也.

○注의 〔食飯〕에서 〔有四〕까지

○釋曰：〔食 飯也〕 곧 아래 문장에서 "밥에는 여섯 가지 곡물〔六穀〕을 사용한다."고 한 것이 이것이다.

〔飮 酒漿也〕 곧 아래 문장에서 "음료에는 여섯 가지 맑은 음료〔六淸〕를 사용한다."고 한 것이 이것이다. 아래 문장에서 '酒(술)'를 언급하지 않은 것은 문장이 생략된 것이다.

〔膳 牲肉也〕 곧 아래 문장에서 "희생 고기에는 여섯 가지 희생〔六牲〕을 사용한다."고 한 것이 이것이다.

〔羞有滋味〕 곧 아래 문장에서 "맛난 음식에는 120가지 음식을 사용한다."고 한 것이 이것이다. 아래 문장에서는 이어서 "진미〔珍〕에는 여덟 가지 음식을 사용하고, 초장과 고기 젓갈장〔醬〕에는 120개의 독을 사용한다."고 하였는데 이곳에서 이를 말하지 않은 것은 이곳에서는 큰 것을 들었기 때문이다. 진미와 젓갈로 만든 음식은 성찬 가운데 작은 것이니, 생략하여 말하지 않은 것이다. 그러므로 鄭玄이 "무릇 봉양하는 음식에는 대략 네 가지가 있는 것이다."라고 말한 것은 이를 들어서 강목으로 삼은 것이다.

天-6-2

凡王之饋는 **食(사)用六穀**하고 **膳用六牲**하고 **飮用六淸**하고 **羞用百二十品**하고 **珍用八物**하고 **醬用百有二十甕**하니라

무릇 왕에게 진상하는 성찬은 밥〔食〕에는 여섯 가지 곡물을 사용하고, 희생고기〔膳〕에는 여섯 가지 희생을 사용하며, 음료〔飮〕에는 여섯 가지 맑은 음료를 사용하

고, 맛난 음식〔羞〕에는 120가지 음식을 사용하고, 진미〔珍〕에는 여덟 가지 음식을 사용하고, 초장과 고기젓갈장〔醬〕에는 120개의 독을 사용한다.

【注】 進物於尊者曰饋라 此는 饋之盛者니 王擧之饌也라 六牲은 馬牛羊豖犬雞也라 羞는 出於牲及禽獸하여 以備滋味니 謂之庶羞라 公食大夫禮內則에 下大夫十六이요 上大夫二十이라하니 其物數備焉이요 天子諸侯有其數로되 而物未得盡聞이라 珍은 謂淳(준)熬[1]淳毋[2]炮豚炮牂擣珍漬熬[3]肝膋也요 醬은 謂醯醢[4]也라 王擧則醢人共醢六十罋호대 以五齏(자)七醢七菹三臡[5]實之하고 醯人共齏菹(醢)〔醯〕[6]物六十罋이라 鄭司農云 羞는 進也라 六穀은 稌黍稷粱麥苽니 苽는 彫胡也라 六淸은 水漿醴涼(醫)〔醫〕[7]酏라

1) 淳(준)熬 : 陸德明에 의하면, '淳'의 음은 之와 純의 反切이고, '熬'의 음은 五와 刀의 反切이다.(≪經典釋文≫ 권8, 〈周禮音義 上 天官冢宰〉 '宮伯') ≪禮記≫ 〈內則〉 鄭玄의 注에 "'淳'은 뿌린다〔沃〕는 뜻이다. '熬'는 또한 달인다〔煎〕는 뜻이다. 기름을 뿌리고 달여서 완성하므로 명칭으로 삼은 것이다.〔淳 沃也 熬 亦煎也 沃煎成之 以爲名〕"라고 하였다.

2) 淳毋 : ≪禮記≫ 〈內則〉 鄭玄의 注에 "'毋'는 '模'의 뜻으로 읽는데, '模'는 본뜬다〔象〕는 뜻이다. 이 음식을 만들 때 淳熬를 본뜬다.〔毋 讀曰模 模 象也 作此象淳熬〕"라고 하였다. 陸德明에 의하면, '毋'의 음은 莫과 胡의 反切이며 一音은 武와 由의 反切이다.(≪經典釋文≫ 권8, 〈周禮音義 上 天官冢宰〉 '宮伯')

3) 熬 : 불에 구운 포를 말한다. ≪禮記≫ 〈內則〉 鄭玄의 注에 "'熬(오)'는 불 위에서 요리한다. 오늘날의 火脯(불에 구워 익힌 포)가 이와 유사하다.〔熬 於火上爲之也 今之火脯似矣〕"라고 하였다.

4) 醯醢 : 醯醬(초장, 식초로 조미하여 신맛이 나는 장)과 醢醬(고기젓갈장)을 말한다. ≪儀禮注疏≫ 〈聘禮〉에 "초장과 고기젓갈장을 담은 100개의 독을 碑(뜰을 3등분 하여 북쪽에 세운 碑)를 끼고서 진설한다. 10개의 독으로 한 줄을 이루게 하는데, 초장을 담은 50개의 독을 碑의 동쪽에 놓는다.〔醯醢百罋 夾碑 十以爲列 醯在東〕"고 하였다. 鄭玄의 注에서는 "초장을 담은 독을 동쪽에 놓는 것은, 초장은 곡물로 만드니 陽이기 때문이다. 고기젓갈장은 고기로 만드니, 陰이다.〔醯在東 醯穀 陽也 醢肉 陰也〕"라고 하였다. 賈公彦의 疏에서는 "醯는 곡물을 발효시켜 만든 것이니, 술의 일종이다.……醢는 고기를 발효시켜 만든 것이다.〔醯是釀穀爲之 酒之類……醢是釀肉爲之〕"라고 하였다.

5) 五齏……三臡 : '齏(자)'와 '菹(저)'는 모두 초장을 조미하여 절임으로 만든 것인데, 얇게 썰어서 절인 것이 '齏'이고, 납작하게 조각을 내어서 절인 것이 '菹'이다. '五齏'는 昌本(창포 뿌리)·脾析(소의 위)·蜃(대합)·豚拍(돼지갈비)·深蒲(어린 부들 잎)에 초장을 조미하여 얇게 썰어서 만든 7가지의 절임을 말한다. '七菹'는 韭(부추)·菁(순무)·茆(순

채)・葵(아욱)・芹(미나리)・箈(연한 죽순)・筍(죽순)에 초장을 조미하여 납작하게 조각을 내어 만든 7가지의 채소절임을 말한다. '醢'와 '臡'는 모두 고기젓갈인데, '臡'는 뼈가 붙어 있는 것이다. '七醢'는 醓(즙이 많은 고기젓갈)・蠃(달팽이)・蠯(대합)・蚳(개미 알)・魚(생선)・兎(토끼)・鴈(기러기)으로 만든 7가지의 고기젓갈을 말한다. '三臡'는 麋(뼈 붙은 큰사슴고기젓갈)・鹿(뼈 붙은 사슴고기젓갈)・麇(뼈 붙은 노루고기젓갈)으로 만든 3가지 고기젓갈을 말한다. 상세한 것은 〈天官 醢人〉 天-26-5의 경문 및 鄭玄의 注 참조.

6) (醢)〔醯〕: 저본에는 '醢'로 되어 있으나, 阮元의 〈校勘記〉 및 아래 賈公彦의 疏에서 "醯人共醯物六十罋"이라고 한 것에 의거하여 '醯'로 바로잡았다.(北京大 整理本의 〈校勘記〉 참조)

7) (醬)〔醫〕: 저본에는 '醬'로 되어 있으나, 阮元의 설에 의거하여 '醫'로 바로잡았다. 아래 賈公彦의 疏에서도 마찬가지이다.(北京大 整理本의 〈校勘記〉 참조)

존귀한 사람에게 음식을 올리는 것을 '饋'라고 한다. 이곳의 음식은 饋 가운데 성대한 것이니, 왕이 매일 희생을 잡아 성찬〔擧〕을 할 때 진상하는 음식들이다. '여섯 가지 희생〔六牲〕'은 말〔馬〕・소〔牛〕・양(羊)・돼지〔豕〕・개〔犬〕・닭〔雞〕이다.

'羞'는 희생이나 날짐승・들짐승으로 만들어서 맛을 갖춘 음식이니, 이를 '庶羞'라고 한다. ≪儀禮≫ 〈公食大夫禮〉와 ≪禮記≫ 〈內則〉에 의하면 下大夫의 禮에서는 맛난 음식 16豆를 진설하고, 上大夫의 禮에서는 맛난 음식 20두를 진설하니, 대부의 음식물은 규정된 禮數가 있는 것이다. 천자와 제후의 경우 그 음식물의 禮數는 있지만 음식물의 종류에 대해서는 다 들어보지 못했다.

'진미〔珍〕'는 淳熬(젓갈을 얹고 기름을 뿌린 밭벼로 지은 밥)・淳毋(젓갈을 얹고 기름을 뿌린 기장밥)・炮豚(식초와 젓갈로 조미한 통돼지 구이)・炮牂(식초와 젓갈로 조미한 암양 구이)・擣珍(소・양・사슴・노루 등의 등심 구이)・漬(소고기 육회)・熬(불에 구운 소고기・양고기 등의 포)・肝膋(개의 간 구이)를 말한다.

'醬'은 초장〔醯〕과 고기젓갈장〔醢〕을 말한다. 왕이 매일 희생을 잡아 성찬을 할 때, 醢人은 고기젓갈을 담은 60개의 독을 공급하는데 그 안에 얇게 썰어서 만든 5가지의 절임〔五齏〕・7가지의 고기젓갈〔七醢〕・납작하게 조각을 내어 만든 7가지의 채소절임〔七菹〕・3가지의 뼈 붙은 고기젓갈〔三臡〕을 넣으며, 醯人은 식초로 조미하고 가늘게 썰어서 만든 절임〔齏〕과 식초로 조미하고 납작하게 조각을 내어 만든 채소절임〔菹〕을 담은 60개의 독을 공급한다.

鄭衆은 "羞는 진상한다〔進〕는 뜻이다. 여섯 가지 곡물〔六穀〕은 찰벼〔稌〕・찰기장〔黍〕・메기장〔稷〕・수수〔粱〕・보리〔麥〕・고미〔苽〕이니, '苽'는 彫胡(고미)이다. '여섯 가지 맑은 음료〔六淸〕'는 水(물)・漿(신 음료)・醴(단술)・醇(찬 죽)・醫(탁한 단술)・酏(미음)이다."라고 하였다.

【疏】注'進物'至'(醢)〔醫〕酏' ◯釋曰：鄭云'進物於尊者曰饋'者, 據此文云'王之饋'及少牢特牲皆云'饋食', 是進物於尊者曰饋. 鄭注玉府云 "通行曰饋"[1)]者, 彼對獻是進物於尊, 則饋是通行也. 云'此饋之盛者, 王擧之饌'者, 下文云 "王日一擧, 鼎十有二", 是王擧之饌也. 云'六牲, 馬・牛・羊・豕・犬・雞'者, 此依爾雅釋畜[2)], 亦是將用之曰牲也[3)]. 云'羞, 出於牲及禽獸'者, 釋經'羞用百有二十品', 此羞・庶羞, 皆出於牲及禽獸. 案公食大夫, 下大夫十六豆中[4)], 從膷・臐・膮已下, 皆出於牲, 不見有出禽獸者. 上大夫加以雉・兎・鶉・鴽[5)], 此則出禽獸也. 以其有牲及禽獸, 故云'備滋味謂之庶羞'也. 引公食大夫禮及內則二文, 俱言十六豆, 是下大夫禮. 內則云"雉・兎・鶉・鴽"四豆, 添前十六則二十, 是上大夫禮. 云'其物(備數)〔數備〕[6)]焉'者, 此上下大夫禮, 其物備有焉. 云'天子・諸侯有其數'者, 此經云'百有二十'者, 是天子有其數. 掌客云 "上公食(사)[7)]四十, 侯・伯三十二, 子・男二十四", 是諸侯有其數也. 又云'而物未得盡聞'者, 言'未盡聞', 則少有聞, 所聞者, 謂天子・諸侯之數, 皆從上大夫二十豆上加之, 則二十豆聞之矣. 內則云"牛脩及爵・鷃・蜩・范・芝栭"已下三十一物, 鄭注云 "皆人君燕食所加庶羞也. 周禮天子羞用百有二十品, 記者不能次錄," 亦是有其物未盡聞也. 云'珍謂淳熬'已下, 皆內則文. 案內則, "淳熬, 煎醢加于陸稻[8)]上, 沃之以膏, 曰淳熬. 淳母, 煎醢加于黍食上, 沃之以膏, 曰淳母. 母, 模也[9)]. 炮, 取豚若牂, 刲之刳之, 實棗於其腹中, 編萑以(塗)〔苴〕[10)]之, 塗之以墐塗, 炮之, 塗皆乾, 擘之. 濯手以摩之, 去其皽. 爲稻粉, 糔溲之以爲酏, 以付豚, 煎諸膏, 膏必滅之. 鉅鑊湯, 以小鼎薌脯於其中, 使其湯(毋)〔毋〕[11)]滅鼎, 三日三夜毋絶火, 而後調之以醯醢. 擣珍, 取牛・羊・麋・鹿・麕之肉, 必胨, 每物與牛若一. 捶反側之, 去其餌, 孰出之, 去其皽, 柔其肉[12)]. 漬, 取牛(羊)[13)]肉, 必新殺者. 薄切之, 必絶其理, 湛諸美酒, 期朝而食之, 以醢若醯醷. 爲熬, 捶之, 去其皽, 編萑, 布牛肉焉, 屑桂與薑, 以洒諸上而鹽之, 乾而食之. 施羊亦如之. 肝膋, 取狗肝一, 幪之以其膋, 濡炙之, 擧焦其膋, 不蓼也." 是爲八珍. 彼有糝(삼)與酏(전)[14)], 彼是羞豆之實[15)], 非珍, 故不取. 云'醬謂醯醢也'者, 醬是捴名. 知醬中兼有醯醢者, 經云 "百有二十甕", "醢人共醢六十甕[16)]", "醯人共醯物六十甕[17)]", 故鄭注醢人兼引之. 其五齏・七醢等, 就醢人具釋. 鄭司農云'六穀', 知有稌黍稷粱麥苽者, 據食醫而知[18)]. 云'苽, 彫胡也'者, 南方見有苽米, 一名彫胡, 異方語. 云'六淸, 水・漿・醴・涼・醫・酏'者, 漿人文也.

1) 鄭注玉府云 通行曰饋者 : 〈天官 玉府(天-35-07)〉 鄭玄의 注에서 "옛날에 다른 사람에게 물건을 보낼 때 상대방을 높이면 '獻'이라 하고, 대등한 관계에서 물건을 보내주면 '饋'라고 하였다.〔古者 致物於人 尊之則曰獻 通行曰饋〕"고 하였다.

2) 此依爾雅釋畜 : ≪爾雅≫ 〈釋畜〉에서는 馬屬, 牛屬, 羊屬, 狗屬, 彘屬, 雞屬의 순으로 六畜을 서술하고 있다.

3) 亦是將用之曰牲也 : 〈天官 庖人(天-7-1)〉 鄭玄의 注에서 "처음 기를 때는 '畜'이라 하고, 장차 그것을 쓰려고 할 때는 '牲'이라 한다.〔始養之曰畜 將用之曰牲〕"고 하였고, ≪春秋左氏正義≫ 桓公 6년 조 孔穎達의 疏에서도 "牲과 畜은 같은 것이니, 기를 때는 '畜'이 되고, 공급하여 사용할 때는 '牲'이 된다. 그러므로 〈鄭衆・服虔・鄭玄이〉 모두 六畜으로 六牲을 풀이한 것이다.〔牲畜一物 養之則爲畜 共用則爲牲 故幷以六畜解六牲〕"라고 하였다.

4) 下大夫十六豆中 : ≪儀禮≫ 〈公食大夫禮〉의 16豆는 ① 쇠고깃국〔膷〕, ② 양고깃국〔臐〕, ③ 돼지고깃국〔膮〕, ④ 쇠고기구이〔牛炙〕, ⑤ 고기젓갈〔醢〕, ⑥ 저민 소고기〔牛胾〕, ⑦ 고기젓갈〔醢〕, ⑧ 소고기젓갈〔牛鮨〕, ⑨ 양고기구이〔羊炙〕, ⑩ 저민 양고기〔羊胾〕, ⑪ 고기젓갈〔醢〕, ⑫ 돼지고기구이〔豕炙〕, ⑬ 고기젓갈〔醢〕, ⑭ 저민 돼지고기〔豕胾〕,⑮ 겨자 장〔芥醬〕, ⑯ 생선회〔魚膾〕를 담은 나무제기이다.

5) 上大夫加以雉兔鶉鴽 : ≪儀禮≫ 〈公食大夫禮〉에서 "상대부의 경우, 여러 가지 맛난 음식〔庶羞〕을 20개의 나무제기에 진설하는데, 하대부의 경우보다 꿩고기・토끼고기・메추라기고기・세가락메추라기고기를 담은 4개의 나무제기를 추가한 것이다.〔上大夫庶羞二十 加於下大夫以雉兔鶉鴽〕"라고 하였다. ≪爾雅≫ 〈釋鳥〉에 "鴽는 鴾母(메추라기의 일종)이다.〔鴽 鴾母〕"라고 하였고, 이에 대한 郭璞의 注에서는 "鵪(메추라기)이니, 청주에서는 '鴾母'라고 부른다.〔鵪也 青州呼鴾母〕"고 하였다.

6) (備數)〔數備〕 : 저본에는 '備數'로 되어 있으나, 앞의 鄭玄의 注에 '數備'로 되어 있는 것에 의거하여 바로잡았다.(北京大 整理本의 〈校勘記〉 참조)

7) 食(사) : 〈秋官 掌客(秋-58-4)〉 鄭玄의 注에서 "'食'는 庶羞로서 맛이 있어 먹을 만한 것이다.〔食者 其庶羞美可食者也〕"라고 하였다.

8) 陸稻 : 밭에서 생산되는 벼로서, 가뭄에 대한 저항력이 물에서 생산되는 벼〔水稻〕보다 강하다. '旱稻', '旱禾'라고도 한다. ≪禮記正義≫ 〈內則〉 孔穎達의 疏에서 "육도는 육지에서 자라는 벼를 말한다.〔陸稻者 謂陸地之稻也〕"고 하였다.

9) 毋 模也 : 이는 ≪禮記≫ 〈內則〉의 경문이 아니라 鄭玄의 注이다.

10) (塗)〔苴〕 : 저본에는 '塗'로 되어 있으나, ≪禮記≫ 〈內則〉의 경문과 阮元의 설에 의거하여 '苴'로 바로잡았다.(北京大 整理本의 〈校勘記〉 참조)

11) (母)〔毋〕 : 저본에는 '母'로 되어 있으나, ≪禮記≫ 〈內則〉의 경문에 의거하여 '毋'로 바로잡았다.

12) 柔其肉 : ≪禮記≫ 〈內則〉 鄭玄의 注에 의하면, 초장과 고기젓갈장으로 조미하여 고기를

부드럽게 한다는 뜻이다. 정현은 "부드럽게 하여 즙의 조미료로 만든다. 즙의 조미는 또한 초장과 고기젓갈장을 가지고 하는 듯하다.〔柔之爲汁和也 汁和 亦醯醢與〕"라고 하였다.

13) (羊) : 저본에는 '羊'이 있으나, ≪禮記≫ 〈內則〉에 의거하여 衍字로 처리하였다.(北京大 整理本의 〈校勘記〉 참조)

14) 䬯(전) : ≪禮記≫ 〈內則〉과 ≪周禮≫ 〈天官 醢人〉에는 '䬯'이 모두 '酏'로 되어 있는데, 鄭玄은 ≪예기≫ 〈내칙〉의 注에서 '䬯'으로 써야 한다고 하였다.〔此酏當從䬯〕 또 〈天官 醢人(天-26-4)〉 정현의 주에서는 '酏'는 '䬯'의 뜻이라고 하였고, ≪예기≫ 〈내칙〉의 문장을 인용하면서 또한 '酏'를 '䬯'으로 바꾸었다.

15) 羞豆之實 : '羞豆'는 제사나 宴饗을 할 때 진헌하는 맛난 음식을 담는 나무제기로서, 四豆의 하나이다. 羞籩과 동시에 진헌하는데, 그 안에 酏(䬯)食와 糝食를 담는다.(〈天官 醢人〉 天-26-4 참조)

16) 醢人共醢六十罋 : 이 문장은 〈天官 醢人〉 天-26-5의 경문이다.

17) 醯人共醯物六十罋 : 이 문장은 〈天官 醯人〉 天-27-2의 경문이다.

18) 知有稌黍稷粱麥苽者 據食醫而知 : 〈天官 食醫(天-17-7)〉에 "무릇 희생고기와 밥은 적절한 배합을 이루어야 하는데, 소고기에는 찰벼가 적절하고, 양고기에는 찰기장이 적절하고, 돼지고기에는 메기장이 적절하고, 개고기에는 수수가 적절하고, 기러기고기에는 보리가 적절하고, 물고기에는 고미가 적절하다.〔凡會膳食之宜 牛宜稌 羊宜黍 豕宜稷 犬宜粱 鴈宜麥 魚宜苽〕"고 하였다.

○注의 〔進物〕에서 〔醫酏〕까지

○釋曰 : 鄭玄이 "존귀한 사람에게 음식을 올리는 것을 '饋'라고 한다."고 한 것은 이곳의 經文에서 '王의 饋'라고 한 것과 ≪儀禮≫의 〈少牢饋食禮〉와 〈特牲饋食禮〉에서 모두 '饋食'라고 한 것에 의거한 것이니, 이것이 존귀한 사람에게 음식을 올리는 것을 '饋'라고 한다는 뜻이다. 정현이 〈天官 玉府(天-35-7)〉의 주에서 "대등한 관계에서 물건을 보내주는 것을 '饋'라고 한다."고 한 것은 '獻'이 존귀한 사람에게 물건을 올리는 것임과 대비한다면 '饋'는 대등한 관계에서 물건을 보내준다는 뜻이 되기 때문이다.

〔此饋之盛者 王擧之饌〕 아래 문장에서 "왕은 매일 한 차례 희생을 잡아 성찬〔擧〕을 하는데, 12鼎을 진설한다."고 하였으니, 이것이 왕이 매일 희생을 잡아 성찬을 할 때 진상하는 음식이다.

〔六牲 馬牛羊豕犬鷄〕 이는 ≪爾雅≫ 〈釋畜〉에 의거한 것이니, 또한 장차 그것을 〈음식이나 제사에〉 쓰려고 할 때는 '牲'이라 한다.

〔羞 出於牲及禽獸〕 경문의 '羞用百有二十品(맛난 음식에는 120가지 음식을 사용한다.)'을 풀이한 것이니, 이곳의 '羞'와 '庶羞'는 모두 희생 및 날짐승·들짐승으로 만든다. 살펴보

건대, ≪의례≫ 〈公食大夫禮〉에 의하면 下大夫의 16豆 가운데 쇠고깃국〔膷〕·양고깃국〔臐〕·돼지고깃국〔膮〕 이하는 모두 희생으로 만들지만 날짐승·들짐승으로 만든 음식은 보이지 않는다. 上大夫의 경우, 하대부의 16豆에 꿩고기〔雉〕·토끼고기〔兎〕·메추라기고기〔鶉〕·세가락메추라기고기〔鴽〕를 〈담은 4豆〉를 추가하는데, 이것이 날짐승·들짐승으로 만든 음식이다. 희생 및 날짐승·들짐승으로 만든 음식이 있기 때문에 "맛을 갖춘 음식이니, 이를 '庶羞'라고 한다."고 한 것이다. 인용한 ≪의례≫ 〈공사대부례〉와 ≪禮記≫ 〈內則〉의 두 문장에서 모두 '16豆'라고 하였으니, 이는 下大夫의 禮이다. ≪예기≫ 〈내칙〉에서는 "꿩고기〔雉〕·토끼고기〔兎〕·메추라기고기〔鶉〕·세가락메추라기고기〔鷃〕"를 담은 4豆를 말하였다. 앞의 16豆에 더하면 20豆가 되니, 이는 上大夫의 禮이다.

〔其物數備焉〕 이는 상대부와 하대부의 예이니, 그 음식물의 禮數가 정해져 있는 것이다.

〔天子諸侯有其數〕 이곳 경문에서 '120가지'라고 말한 것은 천자의 禮數이다. 〈秋官 掌客(秋-58-4)〉에서 "上公에게는 맛난 음식〔食〕 40가지를 공급해주고, 侯·伯에게는 32가지를 공급해주고, 子·男에게는 24가지를 공급해준다."고 한 것은 諸侯의 禮數이다.

〔而物未得盡聞〕 "다 들어보지 못했다."라고 했으므로 조금은 들은 것이다. '들어보았다.'는 것은 천자와 제후의 禮數는 상대부의 20豆에서 추가한 것이므로 20豆는 들어보았다는 뜻이다. ≪예기≫ 〈내칙〉에서 "소고기포〔牛脩〕 및 참새〔爵〕·세가락메추라기〔鷃〕·매미〔蜩〕·벌〔范〕·버섯〔芝栭〕" 이하 31가지 음식물을 올린다고 하였다. 鄭玄의 注에서는 "모두 군주가 평상시 식사할 때 올려놓는 맛난 음식들이다. ≪周禮≫에서는 '천자의 맛난 음식에는 120가지 음식을 사용한다.'고 했는데, 기록자가 일일이 기록할 수는 없었다."고 하였으니, 또한 〈정현도〉 그 음식물을 다 듣지 못했던 것이다.

'珍謂淳熬' 이하는 모두 ≪예기≫ 〈내칙〉의 문장이다. 살펴보건대, 〈내칙〉에 "'淳熬(준오)'는 달인 젓갈을 밭벼로 지은 밥 위에 얹고 거기에 기름을 뿌린 음식이므로 '淳熬(기름을 뿌리고 달인 음식)'라고 한다. '淳母(준모)'는 달인 젓갈을 기장밥 위에 얹고 거기에 기름을 뿌린 음식이므로 '淳母(준오를 본떠서 만든 음식)'라고 한다. '毋'는 본뜬다〔模〕는 뜻이다. '炮(포)'는 돼지와 암양을 잡아서 오장을 베어 도려내고, 그 배 속에 대추를 채워 넣고 갈대를 엮어서 싸고 찰흙으로 칠을 하며, 그것을 불에 구워서 흙이 모두 마르면 그 흙을 쪼개어 제거한다. 손을 씻고 문질러서 그 고기의 얇은 껍질막을 제거한다. 볍쌀을 가루로 만들어 뜨물에 일어 죽을 만들고, 그것으로 돼지고기에 바르고, 그것을 기름에 넣어 달이는데 기름은 반드시 고기가 완전히 잠기게 붓는다. 큰 가마에 탕물을 담아 끓이고, 작은 솥〔鼎〕에 포처럼 얇게 자른 고기를 넣어 향기 나고 맛나게 하는데, 그 탕물이 솥〔鼎〕을 잠기게 하지 말아야 하고, 3일 낮 3일 밤 동안 열을 은은하게 계속 가하여 끓인 뒤, 초장과 젓갈로 조미한다. '擣珍(도진)'은 소・양・큰사슴〔麋〕・사슴〔鹿〕・노루〔麇〕의 고기로 요리를 하는데 반드시 등심 부위를 사용하고, 고기마다 소고기의 분량과 동일하게 한다. 뒤집어가며 찧어서 그 힘줄을 제거하고, 익으면 꺼내어 그 얇은 껍질막을 제거하고 〈초장과 젓갈로〉 그 고기를 부드럽게 한다. '지〔漬〕'는 소고기로 요리하는데 반드시 방금 잡은 것을 쓴다. 얇게 자르는데 반드시 그 결을 가로질러 자르고, 맛난 술에 담가 새벽에서 다음날 새벽까지 만 하루를 경과한 후에 먹는데, 젓갈 또는 초장과 매실음료로 조미해서 먹는다. 熬(불에 구운 포)를 요리할 때는 산채로 찧어서 그 얇은 껍질막을 제거하고, 엮은 갈대 위에 소고기를 펼쳐놓고, 계수나무와 생강을 가루로 만들어 소고기 위에 뿌리고 소금을 가하여 마르면 먹는다. 양고기로 熬를 요리할 때도 이와 같이 한다. '肝膋(간료)'는 개의 간 하나를 취해서 그 발기름〔膋〕(뱃가죽 안쪽에 붙은 비계 덩어리)으로 덮어씌우고 발기름으로 촉촉하게 구워서 간과 비계 덩어리를 모두 그을리는데, 여뀌〔蓼〕를 쓰지 않는다."고 하였다. 이것이 八珍(여덟 가지 진미)이다. ≪예기≫ 〈내칙〉에는 糝(고기와 쌀을 섞어 경단을 만들어 달인 죽)과 酏(이리 가슴뼈 속의 비계와 볍쌀을 섞어서 만든 죽)이 있으나, 이는 羞豆에 담는 음식으로 진미가 아니다. 그러므로 취하지 않았다.

〔醬謂醯醢也〕 '醬'은 〈젓갈의〉 총명이다. 醬 안에 초장〔醯〕과 고기젓갈〔醢〕이 함께 포함됨을 알 수 있는 것은 경문에서 "120개의 독을 사용하는데", "醢人은 고기젓갈을 담은 60개의 독을 공급하고", "醯人은 초장으로 조미하여 만든 절임(齏・菹)을 담은 60개의 독을 공급한다."라고 하였기 때문이다. 그러므로 정현이 醯人에 대해 주를 달면서 겸하여 인용한 것이다. 그 5齏・7醢 등에 대해서는 〈天官 醯人(天-26-5)〉에서 모두 풀이하였다.

鄭衆이 '六穀'이라 한 것은 찰벼〔稌〕・찰기장〔黍〕・메기장〔稷〕・수수〔粱〕・보리〔麥〕・고미〔苽〕가 있음을 안 것은 〈天官 食醫(天-17-7)〉에 의거하여 알았던 것이다.

〔苽 彫胡也〕 남방에 오늘날 苽米가 있는데, 彫胡라고도 하니, 異方의 말이다.

〔六淸 水漿醴涼醫酏〕 〈天官 漿人(天-23-1)〉의 문장이다.

天-6-3

王日一擧하나니 鼎[1)]十有二요 物皆有俎[2)]니라

1) 鼎 : 삶은 희생고기를 담는 솥으로, 3개의 다리에 2개의 귀, 원형의 볼록한 배의 형상을 하고 있다. 다리의 장식 형상에 따라 牛鼎, 羊鼎, 豕鼎으로 구분된다. 종묘의 제사 등에

사용되는데, 또한 국가의 重器로서 권력의 상징이기도 하다. 문헌기록에 따라 차이는 있지만 일반적으로 천자는 9鼎, 제후는 7鼎, 경·대부는 5鼎, 元士는 3鼎을 사용한다. 鼎을 진설할 때는 북쪽을 윗자리로 삼기 때문에 가장 북쪽에 진설한 것을 '上鼎', 가장 남쪽에 진설한 것을 '下鼎'이라 한다. 먼저 가마솥〔鑊〕에 희생고기를 넣고 삶는 것을 '亨'이라고 하고, 가마솥에서 삶은 희생고기를 건져 내어 세발솥〔鼎〕에 담아놓는 것을 '升' 혹은 '脀'이라 하고, 다시 희생제기〔俎〕 위에 올려놓는 것을 '載'라고 한다.

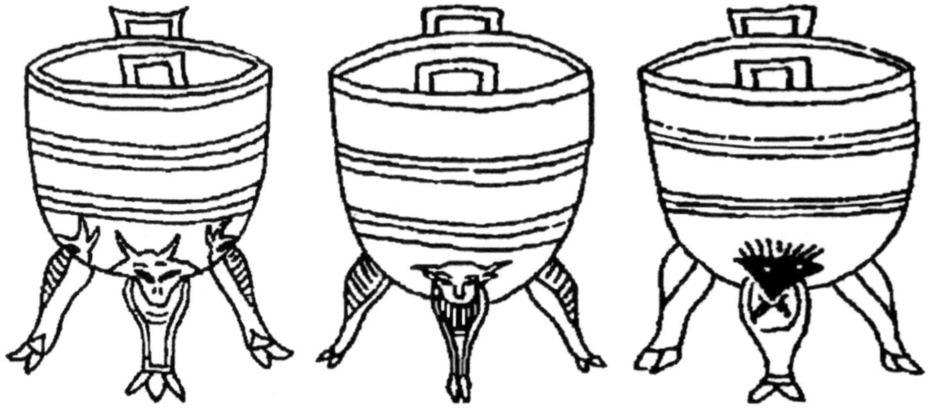

牛鼎 羊鼎 豕鼎

2) 俎 : 제사용의 희생고기나 음식물을 올려놓은 제기로서, 청동기나 나무로 만들고 4개의 다리가 있다. ≪예기≫ 〈明堂位〉에 의하면 시대마다 그 명칭과 제작방식이 달랐는데, 有虞氏는 '梡俎', 夏后氏는 '嶡俎', 殷나라는 '椇俎', 周나라는 '房俎'를 사용했다고 한다.

梡俎 嶡俎 椇俎 房俎

왕은 매일 한 차례 희생을 잡아 성찬을 하니, 12개의 鼎(세발솥)을 진설하고, 음식물은 모두 俎(희생제기) 위에 담아서 진상한다.

【注】殺牲盛饌曰擧라 王日一擧以朝食也니 后與王同庖[1]라 鼎十有二는 牢鼎九요 陪鼎三[2]이라 物謂牢鼎之實이니 亦九俎라

1) 后與王同庖 : 왕후도 왕에 비해 특별히 줄이지 않고 12鼎의 성찬을 먹는다는 뜻이다.

2) 牢鼎九 陪鼎三 : '牢鼎'은 희생고기의 正餐을 담은 鼎으로, '正鼎'이라고도 한다. '陪鼎'은 정찬 이외에 부가하여 음식물을 담는 鼎을 말한다. 쇠고깃국〔膷〕·양고깃국〔臐〕·돼지고깃국〔膮〕을 담은 3개의 鼎을 정찬을 담은 正鼎의 오른쪽(서쪽)에 북쪽에서 남쪽으로 순서대로 진설한다. 이 때문에 그 안에 담긴 음식물을 가지고 말하면 '羞鼎(고깃국을 담은 세발솥)'이라 하고, 부가하여 진설한다는 의미에서는 '加鼎'이라 하고, 진설하는 위치를 가지고 말하면 '陪鼎(正鼎의 옆에 있는 세발솥)'이라 한다.

희생을 잡아서 성찬을 하는 것을 '擧'라고 한다. 王은 매일 한 차례 희생을 잡아 성찬을 하여 아침 식사를 하니, 왕후는 왕과 주방을 함께 한다. '12개의 鼎'은 牢鼎(正鼎)이 9개이고, 陪鼎이 3개이다. '物'은 牢鼎(正鼎) 안에 담겨 있는 음식물이니, 또한 9개의 俎에 올려서 진상한다.

【疏】 '王日'至'有俎' ○釋曰 : 言'王日一擧'者, 謂一日一大牢[1]. 云'鼎十有二'者, 案禮記郊特牲"鼎俎奇而籩豆耦"者, 謂正鼎九, 陪鼎三, 卽是奇數, 揔而言之, 卽十二. 云'物皆有俎'者, 俎據正鼎而鼎各一俎.

1) 大牢 : 쇠고기〔牛〕·양고기〔羊〕·돼지고기〔豕〕의 세 가지 희생을 갖춘 것을 '太牢'라 하고, 양고기와 돼지고기의 두 가지 희생을 갖춘 것을 '少牢'라 하고, 소고기 또는 돼지고기의 한 가지 희생을 사용하는 것을 '特牲'이라 한다.

經의 〔王日〕에서 〔有俎〕까지

○釋曰 : 〔王日一擧〕 하루에 1太牢를 먹는 것을 말한다.

〔鼎十有二〕 살펴보건대, ≪禮記≫ 〈郊特牲〉에서 "鼎(세발솥)과 俎(희생제기)는 홀수로 진설하고, 籩(대나무제기)과 豆(나무제기)는 짝수로 진설한다."고 한 것은 正鼎은 9개를 진설하고 陪鼎은 3개를 진설한다는 뜻으로 곧 홀수인데, 합해서 말하면 곧 12개가 된다.

〔物皆有俎〕 俎의 수는 正鼎의 수에 의거하는데, 鼎마다 각각 하나의 俎를 진설한다.

〔○注'殺牲'至'九俎'〕[1] ○釋曰 : '殺牲盛饌曰擧', 知非擧樂者, 以其言'鼎十有二.' 膳夫主飯食, 故知擧是殺牲盛饌. 云'王日一擧以朝食也'者, 一日食有三時, 同食一擧. 案玉藻云"皮弁[2]以日視朝, 遂以食, 日中而餕." '餕'者, 餕朝之餘, 則遂以食之, 謂朝之食. 明知先朝食, 次乃日中而餕. 云'后與王同庖', 案玉藻云"夫人與君同庖", 鄭注云"不特殺(쇄)", 明后亦與王同庖可知. 云'鼎十有二, 牢鼎九, 陪鼎三'者, 案聘禮'致饔餼[3]',

(注)[4]云 "飪一牢, 鼎十有二[5]", 是也. 牢鼎九在西階前, (云)[6]牛・羊・豕・魚・腊・腸胃同鼎・膚・鮮魚・鮮腊. 云'陪鼎三'者, "當內(兼)〔廉〕[7]. 膷・臐・膮, 竝[8]陪牛・羊・豕鼎後[9)10)]", 是也. 云'物謂牢鼎之實'者, 言實, 卽牛・羊・豕之類也. 云'亦九俎'者, 陪鼎三膷・臐・膮者, 謂庶羞, 在於豆, 唯牢鼎之物, 各在俎, 故云 "亦九俎." 案趙商[11]問, "王日一擧, 鼎十有二, 是爲三牲備焉. 商案玉藻 '天子日食少牢, 朔月太牢.' 禮數不同, 請聞其說." 鄭答云 "禮記後人所集, 據時而言, 或以諸侯同天子, 或以天子與諸侯等, 禮數不同, 難以據也. 王制之法, 與禮違者多, 當以經爲正[12]." 若然, 此周禮周公太平法, 玉藻據衰世, 或是異代, 故與此不同.

1) 〔○注'殺牲'至'九俎'〕: 저본에는 '○'와 '注殺牲至九俎'의 6글자가 없으나, 上海古籍 整理本에 의거하여 보충하였다.

2) 皮弁 : 흰색 사슴가죽으로 만든 관을 쓰고, 흰색의 베로 만든 상의에 흰색 비단으로 만든 치마를 입고, 허리 양측에는 주름을 잡으며, 흑색의 허리띠〔大帶〕에 흰색의 무릎 가리개를 착용하는 복식을 말한다. 천자가 조회를 볼 때〔視朝〕, 제후들이 서로 조빙을 할 때〔朝聘〕, 제후가 신하들과 매달 초하루 조묘에 제사를 올려 고할 때〔視朔〕, 士의 冠禮에서 두 번째 관을 씌울 때〔再加〕 모두 이 복장을 착용한다. 〈夏官 弁師(夏-35-4)〉에 의하면, 왕의 피변은 솔기〔會〕 위에 다섯 색깔・세 색깔・두 색깔의 옥을 꿰어 璂(기) 장식을 하고, 상아로 밑장식〔邸〕을 만든다.

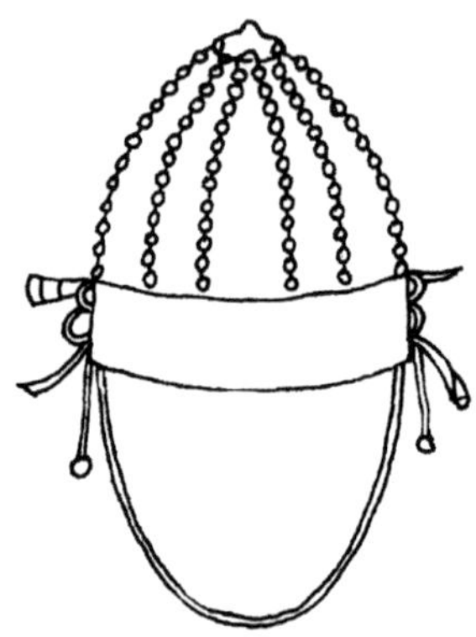
天子皮弁

3) 致饔餼 : 聘禮에서 賓이 主國의 군주와 부인에게 예물을 올리는 聘・享의 예를 마치면, 주국의 군주가 賓에게 죽은 희생〔饔〕(익힌 고기와 날고기)과 살아 있는 희생〔餼〕 및 곡물〔米〕・볏짚〔禾〕・섶〔薪〕・꼴〔芻〕 등을 보내주는 의절을 말한다. ≪禮記正義≫ 〈聘義〉 孔穎達의 疏에서는 "〈빈이〉 聘의 예를 행한 날에, 주국의 군주는 卿을 빈의 관사로 보내어 饔・餼의 예물을 보내준다.〔行聘之日主君使卿致饔餼之禮於賓館〕"고 하였다. ≪儀禮≫ 〈聘禮〉에서는 "주국의 군주는 卿으로 하여금 韋弁服을 착용하고 빈의 관사로 가서 饔과 餼 5太牢를 보내주게 한다.〔君使卿韋弁 歸饔餼五牢〕"고 하였고, 鄭玄의 注에서는 "희생 가운데 죽은 것을 '饔'이라 하고, 살아 있는 것을 '餼'라고 한다.〔牲 殺曰饔 生曰餼〕"라고 하였다.

4) (注) : 저본에는 '注'가 있으나, 浦鏜의 설에 의거하여 衍字로 처리하였다.(北京大 整理本의 〈校勘記〉 참조)

5) 飪一牢 鼎十有二 : 이는 ≪儀禮≫ 〈聘禮〉의 경문인데, 다만 "飪一牢 鼎九設于西階前 陪鼎當內廉……膷臐膮 蓋陪牛羊豕(익힌 고기 1태뢰를 담은 9개의 鼎을 서쪽 계단 앞에 놓고,

陪鼎을 동·서 양 계단 사이의 당 모서리와 마주하는 곳에 진설한다.……〈3개의 陪鼎에는〉 쇠고깃국·양고깃국·돼지고깃국을 나누어 담는데, 덮개보로 덮어서 쇠고기·양고기·돼지고기를 담은 鼎의 옆(서쪽)에 차례대로 진설한다.)"라는 문장에서 의미를 요약한 것이다.

6) (云) : 저본에는 '云'이 있으나, 阮元의 설에 의거하여 衍字로 처리하였다.(北京大 整理本의 〈校勘記〉 참조)

7) (兼)〔廉〕: 저본에는 '兼'으로 되어 있으나, ≪儀禮≫ 〈聘禮〉의 경문 및 閩本·監本·毛本 등에 의거하여 '廉'으로 바로잡았다.(北京大 整理本의 〈校勘記〉 참조)

8) 竝 : ≪儀禮≫ 〈聘禮〉에는 '竝'이 '蓋'로 되어 있다.

9) 鼎後 : ≪儀禮≫ 〈聘禮〉에는 이 두 글자가 없는데, 의미를 해석하여 찬입한 것이다. 다만 清代의 ≪欽定儀禮義疏≫의 '禮節圖' 등에 의하면, 陪鼎은 正鼎(牢鼎)의 뒤쪽이 아니라 오른쪽 즉 서쪽에 진설하는 것으로 되어 있다.

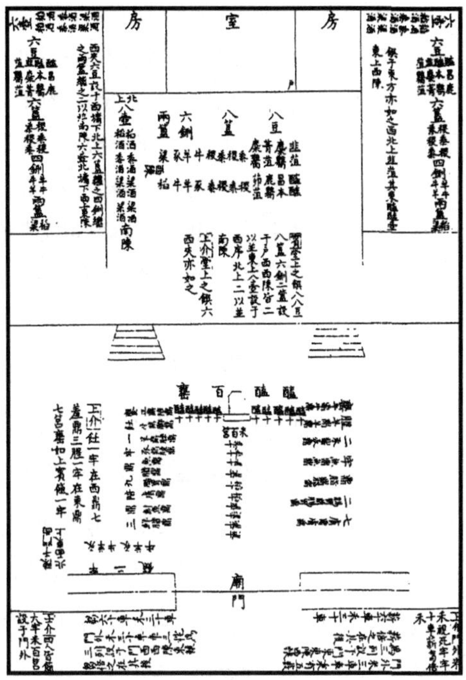

歸饔餼圖

10) 當內(兼)〔廉〕……竝陪牛羊豕鼎後 : 堂의 모서리를 '堂廉'이라고 하는데, 동서 양 계단 사이의 당 모서리를 '內廉'이라고 한다. 李如珪는 ≪儀禮集釋≫에서 "'內廉'은 서쪽 계단의 동쪽 모서리이다. 계단에는 모두 동쪽과 서쪽으로 두 개 모서리가 있는데, 당의 중앙과 가까운 곳이 內廉이다. 加餐을 담은 陪鼎은 正餐을 담은 正鼎의 뒤쪽에 이어서 진설하여 계단의 內廉과 마주하도록 하므로, 鼎은 서쪽 계단의 동쪽에 진설되는 것이다. 鼎을 堂塗(뜰에서 당에 이르는 동·서 양쪽의 길)를 피하여 內廉과 마주하도록 진설하기 때문에 堂塗는 계단과 일직선이 된다.〔內廉 西階之東廉也 皆有東西兩廉 近堂之中者爲內廉 陪鼎陪正鼎之後 而當階內廉 則鼎設于西階之東矣 鼎以辟堂塗而設之 當階內廉 則堂塗直階也〕"라고 하였다. 또 李如珪는 "堂塗를 '陳'(당 아래의 길)이라고 한다. 郭璞은 '堂 아래에서 廟門에 이르는 지름길이다. 그 북쪽으로는 계단에 이어지고, 그 남쪽으로는 묘문 안쪽의 낙수물받이 통〔內霤〕과 접해 있다.'라고 해석하였다.〔堂塗謂之陳 郭氏曰 堂下至門徑也 其北屬階 其南接門內霤〕"고 하였다. 이에 대해 胡培翬는 "곽박이 '〈堂塗는〉 북쪽으로 계단에 이어진다.'고 한 것에 의거한다면, 堂塗는 계단과 일직선이다. 정찬을 담은 9개의 正鼎은 서쪽 계단의 앞에 진설하는데, 東堂과 조금 가까운 곳을 마주한다. 堂塗는 넓기 때문에 장애물이 없다. 만약 가찬을 담은 陪鼎을 정찬을 담은 正鼎의 서쪽에

진설하면 堂塗를 가로막는 장애물이 생기게 된다. 그러므로 동서 양 계단 사이의 당 모서리〔內廉〕와 마주하는 곳에 진설하여 그것을 피하는 것이다. '當'은 '對' 즉 '마주한다'는 뜻이다.〔據郭云 北屬階 則堂塗直階矣 正鼎設于西階前 當稍近東堂 塗寬故無礙 若陪鼎設于正鼎之西 則有礙堂塗矣 故當內廉以辟之也 當 對也〕"라고 하였다. 또 吳廷華는 ≪儀禮疑義≫에서 "희생을 익힌 고기를 담은 세발솥〔飪鼎〕은 서쪽 계단 앞에 진설하는데, 약간 동쪽으로 한 줄을 이루고, 또 가찬을 담은 세발솥〔陪鼎〕을 또 그 동쪽에 진설하여 한 줄을 이룬다.〔飪鼎在西階前 稍東爲一列 陪鼎于在其東爲一列〕"라고 하였다.(≪儀禮正義≫ 권17, 1056쪽 및 위의 '歸饔餼圖' ≪欽定儀禮義疏≫ 참조)

11) 趙商：東漢 河內 사람으로, 鄭玄의 제자이다. 정현의 나이 60세에 조상이 먼 곳에서 찾아와 수업하였다고 한다.

12) 王日一擧……當以經爲正：鄭玄과 趙商의 문답은 鄭小同의 ≪鄭志≫ 卷上에 보인다.

○注의 〔殺牲〕에서 〔九俎〕까지

○釋曰：〔殺牲盛饌曰擧〕〈'擧'가〉 음악을 연주한다〔擧樂〕는 뜻이 아님을 알 수 있는 것은 "12개의 鼎을 진설한다."고 하였기 때문이다. 膳夫는 음식을 주관한다. 그러므로 '擧'가 희생을 잡아서 성찬을 드는 뜻임을 알 수 있다.

〔王日一擧以朝食也〕 하루에 식사를 세 번 하는데, 희생을 잡아 진상한 하나의 성찬〔擧〕을 나누어서 함께 먹는다. 살펴보건대, ≪禮記≫ 〈玉藻〉에 "皮弁을 착용하고 매일 조회를 보고, 이어서 그 복장으로 식사를 하며, 낮에는 餕(준)을 한다."고 하였다. '餕'이란 아침 식사를 하고 남은 것을 먹는 것을 말한다. 그렇다면 '이어서 식사를 한다.'는 것은 아침 식사를 가리킨다. 먼저 아침 식사를 하고, 다음으로 낮에 餕을 하는 것임을 분명히 알 수 있다.

〔后與王同庖〕 살펴보건대, ≪예기≫ 〈옥조〉에서 "夫人은 군주와 주방을 함께 한다."고 하였는데, 鄭玄의 注에서는 "특별히 줄이지 않는다는 뜻이다."라고 하였으니, 왕후도 왕과 주방을 함께하는 것임을 분명히 알 수 있다.

〔鼎十有二 牢鼎九 陪鼎三〕 살펴보건대, ≪儀禮≫ 〈聘禮〉의 '致饔餼(주군이 빈객에게 죽은 희생과 살아 있는 희생을 보내주는 의절)'의 조목에서 "익힌 고기 1太牢(쇠고기·양고기·돼지고기)를 12개의 鼎에 담아서 진설한다."고 한 것이 이것이다. 9개의 牢鼎(正鼎)은 서쪽 계단 앞에 진설하는데, 쇠고기·양고기·돼지고기·건어〔魚〕·말린 고기를 〈각각의 鼎에 나누어 담고,〉 쇠고기·양고기의 창자와 위는 하나의 鼎에 함께 담고, 돼지고기의 껍질부위·갓 잡은 신선한 물고기〔鮮魚〕·뼈를 잘랐지만 아직 말리지 않은 고기〔鮮腊〕를 〈각각의 鼎에 나누어서 담는다.〉

〔陪鼎三〕 ≪의례≫ 〈빙례〉에서 "〈陪鼎을〉 동·서 양 계단 사이의 당 모서리〔內廉〕와 마

주하는 곳에 진설한다. 쇠고깃국〔膷〕·양고깃국〔臐〕·돼지고깃국〔膮〕을 〈陪鼎에〉 담아서 소고기〔牛〕·양고기〔羊〕·돼지고기〔豕〕를 담은 正鼎의 뒤쪽에 나란히 부가하여 진설한다."고 한 것이 그것이다.

〔物謂牢鼎之實〕 '實(鼎에 담은 음식)'이라고 말한 것은 즉 소고기〔牛〕·양고기〔羊〕·돼지고기〔豕〕의 종류를 가리킨다.

〔亦九俎〕 陪鼎에 담는 쇠고깃국〔膷〕·양고깃국〔臐〕·돼지고깃국〔膮〕의 3가지는 庶羞(맛난 음식)로서 豆(나무제기) 위에 올려서 진상하고, 오직 牢鼎(正鼎)에 담는 〈9가지의〉 음식물만 각각 俎(희생제기) 위에 올려서 진상하다. 그러므로 "또한 9개의 俎에 올려서 진상한다."고 한 것이다. 살펴보건대, 趙商이 〈鄭玄에게〉 "왕은 매일 한 차례 성찬을 하는데 12개의 鼎을 진설한다면, 이는 〈牛·羊·豕의〉 세 희생을 갖춘 것입니다. 제가 살펴보건대, ≪예기≫ 〈옥조〉에 '천자는 매일 少牢(羊·豕)의 식사를 하고, 매달 초하루에 太牢(牛·羊·豕)의 식사를 한다.'고 하였습니다. 禮數가 같지 않으니, 이에 대한 설명을 여쭈어보겠습니다."라고 질문을 하였다. 정현은 "≪예기≫는 후세 사람들이 모은 것으로, 당시 상황에 의거하여 말한 것이어서 혹 제후의 禮數가 천자와 같기도 하고 혹 천자의 禮數가 제후와 동등하기도 하니, 〈≪주례≫와 ≪예기≫ 〈옥조〉의〉 禮數가 같지 않을 경우는 준거로 삼기가 곤란하다. ≪예기≫ 〈王制〉의 법은 周나라의 예법과 다른 것이 많으니, 마땅히 ≪주례≫의 경문을 올바름으로 삼아야 한다."고 답하였다. 그렇다면 이 ≪주례≫는 周公이 太平을 이룬 법인데, ≪예기≫ 〈옥조〉는 쇠락한 시대에 의거한 것으로 혹 시대가 다르기 때문에 ≪주례≫와 같지 않은 것인 듯하다.

天-6-4

以樂侑食하나니 膳夫授祭品嘗食이어든 王乃食이니라

음악을 연주하여 왕이 식사를 하도록 권한다. 膳夫가 고수레 할 제물을 왕에게 건네주고 음식물마다 일일이 맛을 보면, 왕이 이에 식사를 시작한다.

【注】 侑는 猶勸也요 祭는 謂刌(촌)肺脊[1)]也라 禮에 飮食必祭하여 示有所先이라 品者는 每物皆嘗之하여 道尊者也니라

1) 刌(촌)肺脊 : 아내를 얻은 날 초저녁에 신랑 집에서 신랑과 신부가 음식을 함께 먹는 同牢의 예찬을 진설한다. ≪儀禮≫ 〈士昏禮〉에서 "擧肺(중앙 부위를 조금 남기고 자른 허파)

두 조각과 등뼈 두 대와 祭肺(중앙 부위를 완전하게 끊어서 자른 허파) 두 조각을 〈가장 북쪽의 세발솥〔豚鼎〕에 담아놓는다.〉〔擧肺脊二 祭肺二〕"고 하였다. 허파와 등뼈로 고수레를 하는 것에 대해서 鄭玄은 "'허파〔擧肺〕'와 '등뼈〔脊〕'는 식사를 할 때 먼저 드는 음식이다. '허파〔肺〕'는 氣를 주관하는 것이니, 周나라 사람들이 그것을 숭상하였다. '등뼈'는 몸의 정중앙이니, 먹을 때 먼저 그것으로 고수레를 하고 식사를 할 때는 반드시 그것을 먼저 드는 것은 등뼈를 귀하게 여겨서이다. 모두 두 조각씩 담지만 부부가 각각 하나씩 취할 뿐이다.〔擧肺脊者 食時所先擧也 肺者 氣之主也 周人尙焉 脊者 體之正也 食時則祭之 飯必擧之 貴之也 每皆二者 夫婦各一耳〕"라고 하였다.

'侑'는 勸(권한다)과 같다. '祭'는 刌肺(몸체를 완전히 끊어지게 자른 허파)와 脊(등뼈 부위)을 가리킨다. 禮에서는 마시고 먹을 때 반드시 고수레를 하여 음식을 처음 발명한 자가 있음을 보여준다. '品'은 음식마다 모두 맛을 보아서 존귀한 자를 인도하는 것을 말한다.

【疏】'以樂'至'乃食' ○釋曰：上言'王日一擧', 此云'以樂侑食', 卽是王制云"天子食日擧以樂." 案論語微子云'亞飯'·'三飯'·'四飯'[1], 鄭云"皆擧食之樂." 彼諸侯禮, 尙有擧食之樂, 明天子日食有擧食之樂可知. 案大司樂云"王大食皆令奏鍾鼓", 彼大食自是朔食. 日擧之樂, 大司樂或不令奏, 故不言之矣, 無妨日食自有擧食之樂. 云'膳夫授祭'者, 謂王將食, 必祭先, 膳夫授之. 云'品, 嘗食'者, 玉藻云"火孰者, 先君子", 鄭注云"備火齊不得也", 故膳夫品物皆嘗之, 王乃食也.

1) 亞飯……四飯：모두 음악을 연주하여 식사를 권하는 樂師들이다. ≪論語注疏≫ 〈微子〉에서 "大師 摯는 齊나라로 갔고, 亞飯 干은 楚나라로 갔고, 三飯 繚는 蔡나라로 갔다.〔大師摯適齊 亞飯干適楚 三飯繚適蔡〕"고 하였다. 이에 대해 邢昺의 疏에서는 "천자·제후가 식사를 할 때마다 음악을 연주한다. 악장이 각각 다르니, 각각의 악사가 있다.〔天子諸侯每食奏樂 樂章各異 各有樂師〕"고 하였다.

經의 〔以樂〕에서 〔乃食〕까지

○釋曰：위의 경문에서 "왕은 매일 한 차례 희생을 잡아 성찬을 한다."고 하였는데, 이곳에서 "음악을 연주하여 식사를 권한다."고 하였으니, 바로 ≪禮記≫ 〈王制〉에서 "천자가 식사를 할 때, 날마다 음악을 연주한다."고 한 것이다. 살펴보건대, ≪論語≫ 〈微子〉에서 '亞飯'·'三飯'·'四飯'을 말하였는데, 鄭玄은 "모두 식사를 할 때 연주하는 음악이다."라고 하였다. 저 ≪논어≫ 〈미자〉의 경우는 제후의 예인데도 오히려 식사를 할 때 연주하는 음

악이 있으니, 천자가 매일 식사를 할 때 식사를 들도록 연주하는 음악이 있음을 분명히 알 수 있다. 살펴보건대, 〈春官 大司樂(春-12-21)〉에 "왕이 大食를 할 때는 모두 鍾鼓를 연주하게 한다."고 하였느니, 〈춘관 대사악〉의 '大食'는 매달 초하루 〈태뢰의〉 식사이다. 매일 연주하는 음악은 대사악이 혹 연주하도록 명하지 않기도 한다. 그러므로 〈음악을 연주한다고〉 말하지 않은 것이니, 매일 식사할 때 식사를 들도록 연주하는 음악을 두는 것이 무방하다.

〔膳夫授祭〕 왕이 식사를 하려고 할 때는 반드시 〈음식을 만든〉 선조에게 고수레를 하니, 膳夫가 왕에게 〈그 제물을〉 건네주는 것이다.

〔品 嘗食〕 ≪禮記≫ 〈玉藻〉에서 "불에 익힌 음식을 먹을 때는 군자보다 먼저 맛본다." 고 하였는데, 정현의 注에서는 "불로 요리한 음식이 제대로 요리되지 않을 것에 대비하는 것이다."라고 하였다. 그러므로 膳夫가 음식마다 모두 맛을 본 후에 왕이 비로소 식사를 하는 것이다.

○注'侑猶'至'者也' ○釋曰：殷祭肝, 周祭肺. 但(祭)[1]肺有二種. 一者名爲擧肺, 亦名離肺, 此爲食而有也. 二者名爲祭肺, 亦名刌肺, 此爲祭而有也. 但擧肺離而不絶, 祭肺則絶之. 今此膳夫授祭, 爲食而授, 卽擧肺也. 鄭云'祭謂刌肺脊也'者, 以經直云祭, 不言擧, 又不言離, 直云祭, 故鄭云"祭謂刌肺也." 以優至尊, 故與祭祀同刌肺也. 若然, 鄕飮酒・鄕射, 無連言脊, 今兼言脊者, 依士虞[2]特牲[3], 皆言授肺脊, 故鄭依之而言. 云'禮, 飮食必祭, 示有所先'者, 凡祭皆祭先造食者, 曲禮云"殽之序, 徧祭之", 今徒言祭肺者, 略擧其首者也.

1) (祭)：저본에는 '祭'가 있으나, 아래의 '祭肺'로 인해서 잘못 들어간 것으로 생각되므로 衍字로 처리하였다.

2) 士虞：≪儀禮≫ 〈士虞禮〉에서 "佐食은 허파와 등뼈를 들어서 尸童에게 준다. 시동은 이를 받아 흔들어서 고수레를 한 후 한번 맛을 보고 왼손으로 그것을 잡는다.〔佐食擧肺脊授尸 尸受 振祭 嚌之 左手執之〕"고 하였다.

3) 特牲：≪儀禮≫ 〈特牲饋食禮〉에서도 "〈佐食은〉 허파와 등뼈를 들어서 尸童에게 건네준다. 시동은 이를 받아 흔들어서 고수레를 한 후 맛을 보고 왼손으로 그것을 잡는다.〔擧肺脊以授尸 尸受 振祭 嚌之 左執之〕"고 하였다.

○注의 〔侑猶〕에서 〔者也〕까지

○釋曰：殷나라에서는 간으로 고수레를 하였고, 周나라에서는 허파로 고수레를 하였

다. 다만 허파에는 두 가지가 있다. 첫째는 명칭이 擧肺로서 또한 離肺라고도 칭하는데, 이는 먹기 위한 용도로 진설하는 것이다. 둘째는 명칭이 祭肺로서 또한 刌肺라고도 칭하는데, 이는 고수레를 하기 위해서 진설하는 것이다. 다만 거폐는 허파를 자르지만 완전히 끊어지지 않게 하며, 제폐는 완전히 끊어지게 자른다. 이제 이곳에서 膳夫가 제물을 건네주는 것은 먹기 위한 용도로 건네주는 것이니, 곧 거폐이다.

鄭玄이 "'祭'는 刌肺와 脊을 가리킨다.〔祭謂刌肺脊也〕" 한 것은 경문에서는 단지 '祭'라고만 하고 '擧'를 말하지 않았고, 또 '離'를 말하지 않았다. 단지 '祭'라고만 했기 때문에 정현이 "'祭'는 刌肺이다."라고 한 것이다. 지극히 존귀한 이를 예우하기 때문에 제사를 지낼 때와 마찬가지로 촌폐를 올리는 것이다. 그렇다면 ≪儀禮≫의 〈鄕飮酒禮〉와 〈鄕射禮〉에서 〈肺를〉 '脊'과 잇대어서 말한 경우가 없는데 이제 이곳에서 '脊'을 함께 말한 것은, ≪의례≫의 〈士虞禮〉와 〈特牲饋食禮〉에서 모두 '授肺脊'이라고 말한 것에 의거한 것이다. 그러므로 정현이 이에 의거하여 말한 것이다.

〔禮 飮食必祭 示有所先〕 무릇 제사를 지낼 때는 가장 먼저 음식을 만든 자에게 고수레를 한다. ≪禮記≫ 〈曲禮 上〉에서 "내오는 음식의 순서에 따라 두루 고수레를 한다."고 하였는데, 이제 단지 허파로 고수레를 한다고 말한 것은 그 으뜸이 되는 음식을 대략적으로 든 것이다.

天-6-5

卒食에 以樂徹于造니라

왕이 식사를 마치면, 음악을 연주하면서 식기를 거두어 본래 있던 곳에 놓는다.

【注】造는 作也라 鄭司農云 造는 謂食之故所居處也니 已食에 徹置故處라

'造'는 만든다는 뜻이다. 鄭衆은 "'造'는 음식이 본래 있던 곳이니, 식사를 마치면 거두어서 본래 있던 곳에 놓는 것이다."라고 하였다.

【疏】'卒食'至'于造' ○釋曰：卒, 終也. 天子食終徹器之時, 作樂以徹之. 但天子祭祀, 歌雍[1]以徹, 徹食器之時樂章未聞也.

1) 雍：'雍'은 ≪詩經≫ 〈周頌 臣工之什〉의 편명으로, 천자의 종묘 제사가 끝난 후 제기를

거두어들일 때 연주하는 樂章이다. ≪論語注疏≫ 〈八佾〉에 "三家(중손씨 · 숙손씨 · 계손씨)가 〈雍〉의 시를 노래하면서 祭器를 거두었다.〔三家者以雍徹〕"고 하였는데 何晏의 注에서 "천자가 종묘에서 제사를 지낼 때 〈雍〉의 시를 노래하면서 제기를 거두는 것인데, 이제 三家들도 또한 이 음악을 연주한 것이다.〔天子祭於宗廟 歌之以徹祭 今三家亦作此樂〕"라고 하였다.

經의 〔卒食〕에서 〔于造〕까지

○釋曰 : '卒'은 마친다〔終〕는 뜻이다. 천자의 식사가 끝나고 식기를 거두어들일 때 음악을 연주하면서 거두어들인다. 다만 天子의 제사에서는 〈雍〉의 시를 노래하면서 식기를 거두어들이는데, 식기를 거두어들일 때 연주하는 樂章에 대해서는 들어보지 못했다.

○注'造作也'至'故處' ○釋曰 : 後鄭云"造, 作也", 先鄭云"徹置故處." 二鄭義同, 皆謂造食之處, 卽廚是也. 案內則云"天子之閣[1), 左達五, 右達五", 彼亦是置食處. 今此不徹於閣者, 但閣內別置新饌. 案文王世子"(未)〔末〕[2)有原", 卽此, 亦不重進, 故徹于造.

1) 閣 : 음식 등을 올려놓는 주방의 찬장을 말한다. ≪禮記正義≫ 〈內則〉에 의하면, 천자는 좌우 협실에 5개의 찬장을 설치하고, 公·侯·伯은 방 안에 5개의 찬장을 설치하고, 大夫는 협실에 3개의 찬장을 설치하고, 士는 당 위 모서리의 흙 받침대〔坫〕에 1개의 찬장을 설치한다.〔天子之閣 左達五 右達五 公侯伯於房中五 大夫於閣三 士於坫一〕 鄭玄의 注에 의하면, '閣(찬장)'은 판자로 만드는데, 그 위에 음식물을 올려놓는다.〔閣 以板爲之 所以庋飮食之物〕 孔穎達에 의하면, 궁실의 제도에서 중앙이 '正室'이고, 정실의 좌우가 '房'이고, 방 밖에 '序(堂 위의 벽)'가 있고, 序 밖에 '夾室'이 있다.〔宮室之制 中央爲正室 正室左右爲房 房外有序 序外有夾室〕 이 夾室이 곧 '達'이다.

2) (未)〔末〕 : 저본에는 '未'로 되어 있으나, ≪禮記≫ 〈文王世子〉와 阮元의 설에 의거하여 '末'로 바로잡았다.(阮元의 〈校勘記〉 및 上海古籍 整理本의 〈校勘記〉 참조)

○注의 〔造作也〕에서 〔故處〕까지

○釋曰 : 鄭玄은 "'造'는 만든다는 뜻이다."라고 하였고, 鄭衆은 "거두어서 본래 있던 곳에 놓는 것이다."라고 하였다. 정현과 정중의 해석은 동일한 것이니, 모두 음식을 만든 곳을 가리키는 것으로 곧 주방이 이것이다. 살펴보건대, ≪禮記≫ 〈內則〉에서 "천자의 閣(찬장)은 왼쪽 협실에 5개를 설치하고, 오른쪽 협실에 5개를 설치한다."고 하였으니, 그 閣은 또한 음식을 놓는 곳이다. 이제 이곳에서 거두어서 閣에 놓지 않는 것은 다만 閣 안에는 별도로 새로운 음식을 놓기 때문이다. 살펴보건대, ≪예기≫ 〈文王世子〉에서 "남은

음식을 다음에 또 올리지 말라."라고 하였으니, 곧 이는 또한 같은 음식을 거듭해서 진상하지 않는다는 뜻이다. 그러므로 거두어서 본래 있던 곳에 놓는 것이다.

天-6-6

王齊에 日三擧니라

왕은 재계를 할 때, 날마다 세 차례 희생을 잡아 성찬을 한다.

【注】鄭司農云 齊必變食이라

鄭衆은 "재계를 할 때는 반드시 음식을 바꾸어야 하기 때문이다."라고 하였다.

【疏】'王齊日三擧' ○釋曰 : '齊'謂散齊致齊[1), 齊必變食, 故加牲體[2)至三大牢. 案玉藻(云)[3) 朔食, 加日食一等, 則於此朔食, 當兩大牢. 不言之者, 文不具. 齊時, 不樂, 故不言以樂侑食也. '齊必變食', 論語文.

1) 散齊致齊 : ≪禮記≫ 〈祭統〉에서 "때가 되어 제사를 지내려고 할 때, 군자는 곧 齊를 한다. '齊'라는 글자는 가지런히 한다는 뜻이다. 가지런하지 못한 것들을 가지런하게 함으로써 정돈된 상태를 이루는 것이다.……그러므로 7일 동안 散齊를 하여 뜻을 안정시키고, 3일 동안 致齊를 하여 뜻을 가지런하게 한다. 뜻을 안정시키는 것을 재계라고 하니, 재계란 순수하고 밝음이 지극해지는 것이다. 그런 뒤에 神明과 교감할 수 있다.〔及時將祭 君子乃齊 齊之爲言齊也 齊不齊以致齊者也……散齊七日以定之 致齊三日以齊之 定之之謂齊 齊者精明之至也 然後可以交於神明也〕"고 하였다.

2) 牲體 : 희생의 뼈마디〔骨體〕에 따라 잘라 21體로 나누어서 俎(희생제기) 위에 올려놓는다. 이렇게 희생의 뼈마디에 따라 자르고 나누는 것을 '體解'라고 하고, 21體의 각 부위의 명칭을 '體名'이라 한다.

3) (云) : 盧文弨는 이곳은 ≪禮記≫ 〈玉藻〉의 문장을 요약한 것이므로 '云'은 衍字라고 하였다.(上海古籍 整理本의 〈校勘記〉 참조) ≪예기≫ 〈옥조〉에서는 "매일 소뢰의 식사를 하고, 매달 초하루에 태뢰의 식사를 한다.〔日少牢 朔月大牢〕"고 하였다.

經의 〔王齊日三擧〕

○釋曰 : '齊'는 散齊와 致齊를 가리키니, 재계를 할 때는 반드시 음식을 바꾼다. 그러므로 희생의 부위〔牲體〕를 늘려서 3태뢰에 이르게 한다. 살펴보건대, ≪禮記≫ 〈玉藻〉에

의하면 매달 초하루의 식사는 매일하는 식사보다 한 등급을 늘리니, 이 매달 초하루의 식사는 마땅히 2태뢰가 되어야 한다. 이를 말하지 않은 것은 문장이 갖추어지지 않은 것이다. 재계를 할 때는 음악을 연주하지 않는다. 그러므로 '음악을 연주하여 식사를 권한다.'고 말하지 않은 것이다. "재계를 할 때는 반드시 음식을 바꾼다."는 것은 ≪論語≫ 〈鄕黨〉의 문장이다.

天-6-7

大喪[1]則不擧하고 **大荒則不擧**하고 **大札則不擧**하고 **天地有烖則不擧**하고 **邦有大故則不擧**니라

1) 大喪 : 王·后·世子의 상을 말한다.

大喪을 당하면 성찬을 하지 않고, 흉년이 들면 성찬을 하지 않으며, 전염병이 돌면 성찬을 하지 않고, 천지에 재앙이 일어나면 성찬을 하지 않으며, 왕국에 중대한 변고가 발생하면 성찬을 하지 않는다.

【注】大荒은 凶年이요 大札(찰)은 疫癘也라 天烖(재)는 日月晦食이요 地烖는 崩動也요 大故는 寇戎之事라 鄭司農云 大故는 刑殺也니 春秋傳曰 司寇行戮이어든 君爲之不擧[1]라하니라

1) 司寇行戮 君爲之不擧 : 이는 ≪春秋左氏傳≫ 莊公 20년 조의 문장이다.

'大荒'은 凶年이다. '大札'은 유행성 전염병이다. '天烖'는 그믐에 일어나는 일식이나 월식 현상을 가리키고, '地烖'는 산이 무너지고 지진이 일어나는 것을 말한다. '大故'는 외적이 쳐들어오는 일을 가리킨다. 鄭衆은 "'大故'는 刑殺이니, ≪春秋傳≫에 '司寇가 사형을 집행하면, 군주는 그를 위해 성찬을 하지 않는다.'고 하였다."라고 하였다.

【疏】'大喪'至'不擧' ○釋曰 : 臣子一, 皆爲王喪啜粥[1], 故大喪不擧也. '大荒則不擧'已下, 皆爲自貶損.

1) 粥 : ≪禮記正義≫ 〈檀弓 上〉에 "饘과 粥을 먹는다.〔饘粥之食〕"고 한 것에 대해 孔穎達의 疏에서는 "진한 것을 '饘'이라 하고, 묽은 것을 '粥'이라 한다.〔厚曰饘 稀曰粥〕"고 하였다.

經의 〔大喪〕에서 〔不擧〕까지

○釋曰 : 신하와 자식의 도리는 같은 것이니, 〈신하와 자식은〉 모두 왕의 상을 당했을 때 미음을 마신다. 그러므로 大喪을 당하면 성찬을 하지 않는 것이다. "흉년이 들면 성찬을 하지 않는다."고 한 이하는 모두 스스로 낮추고 줄이는 것이다.

○注'大荒'至'不擧' ○釋曰 : 言'大荒, 凶年'者, 則曲禮云"歲凶, 年穀不登, 君膳不祭肺", 是也. 云'大札, 疫癘也'者, 卽春秋"夭昏札瘥[1)]", 民有疫癘, 爲之不擧, 自貶也. 云'天烖, 日月晦食'者, 月食在望, 日食在晦朔. 今捴云'日月晦食'者, 案春秋唯書日食, 故以是不言月之望食. 日食由月, 故連言月也. 云'地烖, 崩動也'者, 左氏書地震及梁山崩[2)], 是也. 云'大故, 寇戎之事'者, 據此經唯言大喪・大荒・大札・天地有灾, 故知大故是寇戎. 先鄭云'大故, 刑殺', 引之在下者, 欲見大故中含有刑殺之事. '春秋傳曰, 司寇行刑'者, 案莊公二十年, "王子頹享五大夫, 樂及徧舞[3)]", 又云 "王子頹歌舞不倦, 是樂禍也. 夫司寇行戮, 君爲之不擧", 不擧者, 謂不擧樂. 此經數事不擧, 司農意亦謂不擧樂, 故引以爲證. 但此膳夫云不擧, 在食科之中, 不擧卽是不殺牲. 引司農義在下者, 不擧之中, 含有不擧樂.

1) 夭昏札瘥 : ≪春秋左氏傳≫ 昭公 19년 조에는 "札瘥夭昏"으로 되어 있다. 杜預의 注에서는 "큰 돌림병으로 죽는 것을 '札'이라 하고, 작은 돌림병으로 죽는 것을 '瘥'라 하고, 60세 이전〔短〕이나 30세 이전〔折〕에 죽는 것을 '夭'라 하고, 이름을 짓기 전(태어난 지 3개월 이전)에 죽는 것을 '昏'이라 한다.〔大死曰札 小疫曰瘥 短折曰夭 名未曰昏〕"고 하였다.
2) 梁山崩 : 梁山은 漢나라 시대에 左馮翊 夏陽 서북쪽에 있는 산으로 오늘날 陝西省 韓城市에 있다. ≪春秋左氏傳≫ 成公 5년 조의 경문에 "양산이 무너졌다.〔梁山崩〕"라고 하였다.
3) 樂及徧舞 : 楊伯峻에 의하면 '徧舞'에 대해서는 전통적으로 두 가지 해석이 존재한다. 첫째는 '六代의 음악을 반주로 춤을 춘다.'는 뜻으로 해석하는 것이다. '六代의 음악'이란 黃帝의 〈雲門〉·〈大卷〉, 堯의 〈大咸〉, 舜의 〈大韶〉, 禹의 〈大夏〉, 湯의 〈大濩〉, 周 武王의 〈大武〉이다. 다른 하나는 '제후가 대부와 함께 춤을 춘다.'는 뜻으로 해석하는 것이다. 이들은 '樂及徧舞'를 '음악을 연주하는 것이 모든 舞樂에까지 이른다.'는 뜻으로 해석한다. 양백준은 전자의 해석에 따른다.(≪春秋左傳注≫ 莊公 20년 조 참조)

○注의 〔大荒〕에서 〔不擧〕까지

○釋曰 : 〔大荒 凶年〕 곧 ≪禮記≫ 〈曲禮 下〉에서 "흉년이 들어 그해 곡식이 익지 않으면, 군주는 식사를 할 때 희생의 허파로 고수레를 하지 않는다."고 한 것이 이것이다.

〔大札 疫癘也〕 곧 ≪春秋左氏傳≫ 昭公 19년 조에서 "夭昏札瘥"라고 한 것이니, 백성

에게 돌림병이 있을 때 그들을 위해 성찬을 하지 않는 것은 스스로 낮추는 것이다.

〔天烖 日月晦食〕 월식은 보름에 일어나고, 일식은 그믐이나 초하루에 일어난다. 이제 총괄하여 "그믐에 일어나는 일식과 월식"이라고 한 것은, 살펴보건대 ≪春秋≫에서는 단지 일식만을 기록했기 때문이다. 그러므로 보름에 일어나는 월식을 말하지 않은 것이다. 일식은 달로 말미암아서 일어난다. 그러므로 〈日을〉 '月'에 잇대어서 말한 것이다.

〔地烖 崩動也〕 ≪춘추좌씨전≫에서 地震 및 梁山이 무너졌다고 기록한 것이 이것이다.

〔大故 寇戎之事〕 이곳의 경문에 의거해보면 단지 大喪·흉년〔大荒〕·돌림병〔大札〕·천지의 재앙〔天地有灾〕만을 말하였다. 그러므로 '大故'는 외적의 침입〔寇戎〕임을 알 수 있다. 鄭衆이 "大故는 刑殺이다."라고 말하고, 〈≪춘추좌씨전≫의 문장을〉 인용하여 아래에 둔 것은 '大故' 가운데에 刑殺의 일이 있음을 드러내고자 한 것이다.

〔春秋傳曰 司寇行刑〕 살펴보건대, ≪춘추좌씨전≫ 莊公 20년 조에서 "王子 頹가 다섯 명의 대부에게 연회를 베풀어 접대할 때, 六代(黃帝·堯·舜·夏·商·周)의 음악을 반주로 춤을 추었다."고 하였고, 또 "王子 頹는 노래하고 춤을 추는 일에 게을리 하지 않으니, 이는 화를 즐기는 것이다. 司寇가 사형을 집행하면, 군주는 사형당한 사람을 위해 不擧한다."고 하였는데, '不擧'란 음악을 연주하지 않는다는 뜻이다. 이곳 〈天官 膳夫(天-6-7)〉의 경문에서 不擧하는 몇 가지 일에 대해서 정중은 또한 '음악을 연주하지 않는다.'는 뜻으로 생각하였다. 그러므로 〈≪춘추좌씨전≫을〉 인용하여 증거로 삼은 것이다. 다만 이곳 〈천관 선부〉에서 '不擧'라고 한 것은 음식과 관련해서 나온 말이니, '不擧'는 곧 희생을 죽이지 않는다는 뜻이다. 〈정현이〉 정중의 해석을 인용하면서 〈자신의 해석의〉 아래에 둔 것은 '不擧' 가운데에는 음악을 연주하지 않는다는 뜻도 포함하고 있기 때문이다.

天-6-8

王燕食(사)에 則奉膳贊祭니라

왕이 燕食를 할 때, 〈膳夫는〉 아침에 먹고 남은 음식을 받들어 올리고 왕이 고수레하는 것을 돕는다.

【注】 燕食는 謂日中與夕食[1)]라 奉膳은 奉朝之餘膳이요 所祭者는 牢肉이라

1) 燕食 謂日中與夕食 : 孫詒讓은 "왕은 하루에 세 차례 식사를 하는데, 낮과 저녁의 식사에는 진설하는 음식이 감쇄하여 禮食 및 朝食를 할 때의 성찬과 구별된다. 그러므로 이

를 '燕食'라고 한다.〔王日三食 日中與夕食 饌具減殺 別於禮食及朝食盛饌 故謂之燕食〕"고 하였다.(≪周禮正義≫ 권7, 251쪽 참조)

'燕食'는 낮과 저녁의 식사를 말한다. '奉膳'은 아침에 먹고 남은 음식을 받들어 올린다는 뜻이다. 고수레를 할 때는 희생의 고기로 한다.

【疏】'王燕'至'贊祭' ○釋曰：案上"王日一擧", 鄭云"謂朝食", 則此云'燕食'者, 謂日中與夕, 相接爲三時. 云'奉膳'者, 奉朝之餘膳. 云'贊祭'者, 助王祭牢肉.

經의 〔王燕〕에서 〔贊祭〕까지

○釋曰：살펴보건대, 위에서 "왕은 매일 한 차례 희생을 잡아 성찬을 한다."고 하였는데, 鄭玄이 "아침 식사를 가리킨다."고 하였으니, 이곳의 '燕食'는 낮과 저녁의 식사를 가리키는 것으로, 서로 이어서 〈아침・낮・저녁의〉 세 때가 된다.

〔奉膳〕 아침에 먹고 남은 음식을 받들어 올리는 것이다.

〔贊祭〕 왕이 희생고기로 고수레 하는 것을 돕는 것이다.

○注'燕食'至'牢肉' ○釋曰：案玉藻天子與諸侯, 相互爲三時食, 故燕食以爲日中與夕. 云'奉膳, 奉朝之餘膳'者, 則一牢分爲三時, 故奉朝之餘餕也. 云'所祭者, 牢肉'者, 案玉藻, 諸侯云"夕深衣, 祭牢肉", 鄭注云"天子言日中, 諸侯言夕, 天子言餕, 諸侯言祭牢肉[1), 互相挾[2)." 則天子諸侯朝皆祭肺, 日中與夕皆祭牢肉, 故言"所祭者, 牢肉."也.

1) 祭牢肉：≪禮記正義≫〈玉藻〉鄭玄의 注에서는 "'희생의 남은 고기로 고수레를 한다.'는 것은 처음 희생을 죽여서 식사할 때 고수레하는 부위와 달리하는 것이다.〔祭牢肉 異於始殺也〕"라고 하였다. 처음 희생을 잡아서 아침식사를 할 때는 허파와 등뼈로 고수레를 하는데, 낮과 저녁의 식사에는 다른 부위로 고수레를 한다는 뜻이다. 하지만 정현은 구체적으로 어느 부위로 고수레를 하는지 말하지 않았는데, 孔穎達은 희생의 고기를 썰어서 작은 조각으로 만들어 고수레를 하는 것이라고 하였다.〔切牢肉爲小段而祭之〕

2) 互相挾：≪禮記正義≫〈玉藻〉孔穎達의 疏에서는 "천자의 경우 '日中'이라고 하였으므로 제후의 경우도 마땅히 '日中'이 있어야 하고, 제후의 경우 '夕'이라고 하였으므로 천자의 경우도 '夕'이라고 말해야 하고, 천자의 경우 '餕'이라고 하였으므로 제후의 경우도 '餕'을 하고, 제후의 경우 '祭牢肉'이라고 하였으므로 천자의 경우도 '祭牢肉'을 하는 것이다. '제후의 夕'을 '천자의 日中'에 끼워 넣어서 표현한 것이다. 그러므로 '서로 사이에 끼워 넣어서 표현한 것이다.'라고 한 것이다.〔以天子言日中 諸侯亦當有日中 諸侯言夕 則天子

亦言夕 天子言餕 則諸侯亦餕 諸侯言祭牢肉 則天子亦祭牢肉 以諸侯之夕挾天子日中 故云 互相挾〕"라고 하였다.

○注의 〔燕食〕에서 〔牢肉〕까지

○釋曰 : 살펴보건대, ≪禮記≫ 〈玉藻〉에 의하면 천자와 제후는 모두가 세 때의 식사를 한다. 그러므로 '燕食'를 낮과 저녁의 식사로 해석한 것이다.

〔奉膳 奉朝之餘膳〕 1태뢰의 음식을 세 때에 나누어서 먹는다. 그러므로 아침에 먹고 남은 음식을 받들어 올리는 것이다.

〔所祭者 牢肉〕 살펴보건대, ≪예기≫ 〈옥조〉에서 제후에 대해서 "저녁에는 深衣를 입고 식사를 하는데, 희생의 고기로 고수레를 한다."고 하였는데, 鄭玄의 注에서는 "천자의 경우는 '낮〔日中〕'이라고 하였고, 제후의 경우는 '저녁〔夕〕'이라고 하였으며, 천자의 경우는 '준을 한다.〔餕〕'고 하였고, 제후의 경우는 '희생의 고기로 고수레를 한다.〔祭牢肉〕'고 한 것은 〈천자와 제후의 경우를〉 서로 사이에 끼워 넣어서 표현한 것이다."라고 하였다. 그렇다면 천자와 제후는 아침에 모두 허파로 고수레를 하고, 낮과 저녁에 모두 희생의 고기로 고수레를 하는 것이다. 그러므로 "고수레를 할 때는 희생의 고기로 한다."고 한 것이다.

天-6-9

凡王祭祀賓客食이어든 則徹王之胙(조)俎[1]니라

1) 胙(조)俎 : 主人이 마시고 먹기 위해 진설하는 나무제기〔俎〕를 말한다. '胙'는 '阼'의 글자와 통한다. 동쪽 계단을 阼階라고 하는데, 주인의 계단이다. 孫詒讓은 "동쪽 계단을 주인의 위치로 삼는다. 그러므로 주인의 희생제기를 阼俎라고 칭한다.〔蓋以東階爲主人之位 故即稱主人之俎爲阼俎〕"고 하였다.(≪周禮正義≫ 권7, 252쪽 참조)

무릇 왕이 제사를 지내거나 빈객과 禮食를 할 경우, 〈膳夫는〉 왕의 胙俎를 직접 거두어들인다.

【注】 膳夫親徹胙俎는 胙俎最尊也요 其餘則其屬徹之라 賓客食而王有胙俎는 王與賓客禮食이니 主人飮食之俎 皆爲胙俎를 見於此矣라

膳夫가 직접 胙俎를 거두어들이는 것은 胙俎는 가장 존귀한 희생제기이기 때문이다. 그 나머지 희생제기〔俎〕는 그의 속관들이 거두어들인다. 빈객과 식사를 할 때 왕을 위해

胙俎를 진설하는 것은 왕이 빈객과 禮食를 하는 것이기 때문이다. 主人이 마시고 먹기 위해 진설하는 俎를 모두 胙俎라고 한다는 뜻을 여기에서 볼 수 있다.

【疏】'凡王'至'胙俎' ○釋曰：云'凡王祭祀', 謂祭宗廟. 有胙俎者, 謂若特牲少牢主人受尸酢, 戶東西面, 設主人俎於席前. 王受尸酢, 禮亦當然. '賓客食', 謂王與賓客禮食於廟, 賓在戶牖之間[1], 王在阼階上, 各有饌, 皆設俎, 故亦有胙俎. 此二者皆名胙俎, 膳夫徹之, 故云"則徹王胙俎"也.

1) 戶牖之間：'戶'는 室戶 즉 室의 출입문을 가리킨다. 堂 위에는 중앙에 室이 있고, 동쪽과 서쪽에 각각 東房과 西房이 있다. 방에는 남쪽에 한 개의 출입문〔戶〕이 있을 뿐이다. 실에는 출입문〔戶〕과 창문〔牖〕이 있는데, 출입문은 동쪽에 있고, 창문은 서쪽에 있다. 따라서 실의 출입문〔戶〕의 서쪽과 창문〔牖〕의 동쪽은 堂의 정중앙이 되는데, 그곳을 '扆(의)'라고 칭한다.

經의 〔凡王〕에서 〔胙俎〕까지

○釋曰："무릇 왕이 제사를 지낸다."고 한 것은 종묘에서 제사 지내는 것을 말하니, 胙俎를 진설하는 것은 〈特牲饋食禮〉와 〈少牢饋食禮〉에서 主人이 시동이 올리는 酢의 술잔을 받은 후 室의 출입문 동쪽에서 서쪽을 향해 서면, 자리 앞에 주인의 俎를 진설하는 한 것과 같은 것이다. 王이 시동이 올리는 酢의 술잔을 받들 때도 禮는 또한 마땅히 그렇게 해야 한다.

〔賓客食〕 王이 廟에서 賓客과 禮食하는 것을 말한다. 賓은 室의 출입문과 창문 사이에 있고, 王은 阼階의 위쪽에 있는데, 각각의 자리에 음식을 마련해놓으므로 빈과 왕의 자리 앞에 모두 俎를 진설해야 한다. 그러므로 또한 〈왕의〉 胙俎가 있게 되는 것이다. 이 〈빈객 접대와 제사의〉 두 가지 경우에 모두 '胙俎'라고 칭하는데, 膳夫가 그것을 거두어들인다. 그러므로 "왕의 胙俎를 직접 거두어들인다."고 한 것이다.

○注'膳夫'至'此矣' ○釋曰：云'膳夫, 親徹胙俎, 胙俎最尊也'者, 以其胙者, 酢也[1]. 王與尸賓相答酢, 故遣膳夫親徹. 云'其餘則其屬徹之'者, 以其經'膳夫徹王之胙俎', 明非王胙俎, 則其屬徹之可知. 膳夫是上士, 則其屬中士已下是也[2]. 云'賓客食而王有胙俎, 王與賓客禮食'者, 以其賓客與祭祀同科, 故知是禮食, 非是凡平燕食. 案公食大夫, 主君與聘大夫禮食, 賓前有食, 君前無食, 退俟於廂[3]. 今此天子與諸侯禮食, 王前有食俎者, 天子於諸侯, 其禮異於諸侯與聘大夫, 故王前有俎. 云'主人飮食之俎, 皆爲胙俎, 見於此矣'者, 案特牲少牢, 主人之俎雖爲胙俎[4], 直是祭祀, 不兼賓客, 此則祭祀賓客俱有, 故云"主人飮食之俎, 皆爲胙俎, 見於此." 飮據祭祀, 食據賓客, 故雙言之也.

1) 以其胙者 酢也 : ≪春秋左氏傳≫ 襄公 14년 조에서 "世胙大師(대대로 태사의 공에 보답하였다.)"라고 한 것에 대해 杜預의 注에서는 "胙는 보답한다는 뜻이다.〔胙 報也〕"라고 하였다.
2) 膳夫是上士 則其屬中士已下是也 : 〈天官 序官(天-0-12)〉에서 "膳夫는 上士 2인이 담당하고, 中士 4인이 보좌하고, 下士 8인이 뭇 일을 처리한다.〔膳夫 上士二人 中士四人 下士八人〕"라고 하였다.
3) 退俟於廂 : '廂'은 '箱'으로도 쓰는데 일을 기다리는 곳이다. ≪儀禮≫ 〈公食大夫禮〉 鄭玄의 注에서는 箱을 '東夾의 앞'으로 일을 기다리는 곳이라고 하였다.〔箱 東夾之前 俟事之處〕 그러나 胡培翬는 東夾의 앞은 東堂이 되므로, 東箱이 곧 東夾이라고 하였다.(≪儀禮正義≫ 권20, 1331쪽 참조)
4) 特牲少牢 主人之俎雖爲胙俎 : ≪儀禮≫의 〈特牲饋食禮〉와 〈少牢饋食禮〉에는 '胙俎'가 모두 '阼俎'로 되어 있다.

○注의 〔膳夫〕에서 〔此矣〕까지

○釋曰 : 〔膳夫 親徹胙俎 胙俎最尊也〕 그 '胙(음식과 술)'는 보답하는〔酢〕 것이기 때문이다. 왕은 시동이나 빈객과 서로 답례의 술잔을 올린다. 그러므로 膳夫를 보내어 직접 거두어들이게 하는 것이다.

〔其餘則其屬徹之〕 경문에서 "膳夫는 왕의 胙俎를 직접 거두어들인다."고 하였으므로, 왕의 胙俎가 아니면 그의 속관들이 거두어들인다는 것을 분명히 알 수 있다. 膳夫는 上士이니, 그 속관들은 中士 이하가 그것이다.

〔賓客食而王有胙俎 王與賓客禮食〕 빈객을 접대하는 것과 제사를 지내는 것은 동등한 의식이므로 禮食이지 평범한 燕食가 아님을 알 수 있다. 살펴보건대, ≪儀禮≫ 〈公食大夫禮〉에 의하면 主君이 빙문하러 온 大夫와 禮食를 할 경우, 빈(대부)의 자리 앞에는 음식을 마련해놓지만 군주의 자리 앞에는 음식이 없으므로 물러나 廂(東夾의 앞)에서 기다린다. 이제 이곳에서 천자가 제후와 禮食를 하는데, 왕의 자리 앞에 음식을 담은 俎를 진설하는 것은 천자가 제후를 접대하는 것은 그 禮가 제후가 빙문하러 온 대부를 접대하는 것과 다르기 때문이다. 그러므로 왕의 자리 앞에 俎를 진설하는 것이다.

〔主人飮食之俎 皆爲胙俎 見於此矣〕 살펴보건대, ≪의례≫의 〈特牲饋食禮〉와 〈小牢饋食禮〉에서는 主人의 俎를 비록 '胙俎'라고 하였지만, 이는 단지 제사를 지낼 때뿐이고 빈

객을 접대하는 경우는 포함하지 않는다. 이곳 경문에서는 제사를 지낼 때와 빈객을 접대할 때 모두 胙俎를 진설한다고 하였다. 그러므로 "主人이 마시고 먹기 위해 진설하는 俎를 모두 '胙俎'라고 한다는 뜻을 여기서 볼 수 있다."고 한 것이다. '마신다'는 것은 제사에 의거하여 말한 것이고, '먹는다'는 것은 빈객 접대에 의거하여 말한 것이다. 그러므로 짝을 이루어 말한 것이다.

天-6-10

凡王之稍事에 設薦脯醢니라

무릇 왕이 작은 일로 인하여 술을 마실 때, 〈膳夫는〉 말린 고기와 고기젓갈을 진설하여 올린다.

【注】 鄭司農云 稍事는 (爲)〔謂〕[1]非日中大擧時而間食을 謂之稍事니 膳夫主設薦脯醢라 玄謂稍事는 有小事而飮酒라

1) (爲)〔謂〕: 저본에는 '爲'로 되어 있으나, 아래 賈公彦의 疏에 '謂'로 되어 있는 것에 의거하여 바로잡았다.(阮元의 〈校勘記〉 및 上海古籍 整理本의 〈校勘記〉 참조)

鄭衆은 "'稍事'는 낮의 커다란 성찬이 아니라 때때로 사이사이에 음식을 먹을 것을 말하니, 이를 '稍事'라고 한다. 膳夫는 말린 고기와 고기젓갈을 진설하여 올리는 일을 주관한다."고 하였다. 나(鄭玄)는 생각건대, '稍事'는 작은 일이 있어 술을 마시는 것이다.

【疏】 '凡王'至'脯醢' ○釋曰：案下經燕飮酒, 謂大事與臣飮酒, 則此云'王之稍事', 是王小事而飮酒, 故空設薦脯醢. 若大飮與食, 則有牲體.

經의 〔凡王〕에서 〔脯醢〕까지

○釋曰：살펴보건대, 아래 경문의 '燕飮酒'는 큰일로 인하여 신하들과 술을 마시는 경우를 말한 것이고, 이곳에서 '王의 稍事'라고 말한 것은 왕이 작은 일로 술을 마시는 것이다. 그러므로 단지 말린 고기와 고기젓갈만을 진설하여 올리는 것이다. 만약 크게 마시고 먹을 때는 희생의 부위를 진설한다.

○(註)〔注〕[1]'鄭司農'至'飮酒' ○釋曰：'先鄭云, 稍事, 謂非日中大擧時而間食, 謂之稍

事, 膳夫主設薦脯醢'者, 先鄭意旦起日中食牲牢, 日中後空食脯醢. 後鄭不從者, 玉藻諸侯猶云"夕深衣, 祭牢肉", 則天子夕食牢肉可知. 又脯醢者, 是飮酒肴羞, 非是食饌, 若大夫已下燕食(사), 有脯無(會)〔膾〕[2], 設脯無嫌, 若王之日食, 不得空薦脯醢, 故以爲小事飮酒.

1) (註)〔注〕: 저본에는 '註'로 되어 있으나, 上海古籍 整理本과 北京大 整理本에 의거하여 '注'로 바로잡았다.

2) 有脯無(會)〔膾〕: 저본에는 '會'로 되어 있으나, ≪禮記≫ 〈內則〉의 경문에 의거하여 '膾'로 바로잡았다. ≪예기≫ 〈내칙〉에는 "大夫가 燕食(낮과 저녁의 식사)를 할 때, 회가 있으면 말린 고기가 없고, 말린 고기가 있으면 회가 없다.〔大夫燕食 有膾無脯 有脯無膾〕"고 하였다.

○ 注의 〔鄭司農〕에서 〔飮酒〕까지

○ 釋曰 : 〔先鄭云 稍事 謂非日中大擧時而間食 謂之稍事 膳夫主設薦脯醢〕 鄭衆은 아침에 일어나고 정오에 희생의 음식을 먹고, 정오 후에는 단지 말린 고기와 고기젓갈만을 먹는 것으로 생각한 것이다. 鄭玄이 정중의 생각에 따르지 않은 것은 ≪禮記≫ 〈玉藻〉에서 제후의 경우도 오히려 "저녁에 深衣를 입고 식사를 하는데, 희생의 고기로 고수레를 한다."고 하였으므로 천자도 저녁 식사에 희생의 고기를 먹는다는 것을 알았기 때문이다. 또 말린 고기와 고기젓갈은 술을 마실 때의 안주이지 식사 반찬이 아니다. 대부 이하 燕食(낮과 저녁의 식사)를 하는 경우, 말린 고기를 진설하면 회를 진설하지 않는다. 왕이 매일 식사를 하는 경우는 단지 말린 고기와 고기젓갈만을 올릴 수는 없다. 그러므로 〈정현은〉 작은 일로 인하여 술을 마시는 경우라고 해석한 것이다.

天-6-11

王燕飮酒[1]에 則爲獻主[2]니라

1) 燕飮酒 : 빈객이나 신하들에게 연회를 베풀어 술을 마시는 것으로, 줄여서 '燕飮'이라고도 한다. 孫詒讓은 '燕飮'은 ≪周禮≫의 〈膳夫〉·〈酒正〉 등에서 말하는 燕飮酒를가리키니, 또한 路寢에서 거행하는 것이라고 하였고, 〈夏官 太僕(夏-30-13)〉 賈公彦의 疏에서는 "그 법식은 주인이 술을 따라 빈에게 獻의 예를 행하면, 빈은 보답으로 주인에게 '酢'의 예를 올리고, 주인은 다시 빈에게 '酬'의 예를 행하여 술을 권한다.〔其法有主人酌酒獻賓 賓酢主人 主人酬賓〕"라고 하였다.

2) 獻主 : 술자리에서 왕을 대신하여 주인이 되어서 빈에게 술을 따라 올리는 사람을 말한다. 천자나 제후가 신하・빈객들과 燕飮을 할 때 신분의 존비가 대등하지 않기 때문에 천자와 제후는 사람을 시켜 자신을 대신하여 술을 따라 올리게 한다. 이러한 사람을 '獻主'라고 하는데, 대부분 宰夫나 膳夫가 맡는다.(≪三禮文化辭典≫, 449쪽 '獻主' 항목 참조)

王이 신하들에게 연회를 베풀어 술을 마실 때, 〈膳夫는〉 獻主가 된다.

【注】 鄭司農云 主人當獻賓에 則膳夫代王爲主니 君不敵臣也라 燕義曰 使宰夫爲獻主는 臣莫敢與君亢禮라하니라

鄭衆은 "주인은 마땅히 빈에게 술을 따라 獻의 예를 행해야 하는데, 膳夫가 왕을 대신하여 주인이 되는 것이니, 군주는 신하와 대등하지 않기 때문이다. ≪禮記≫ 〈燕義〉에서 '宰夫로 하여금 獻主가 되게 하는 것은 신하는 감히 군주와 더불어 대등하게 예를 행할 수 없기 때문이다.'라고 하였다."고 하였다.

【疏】 '王燕'至'獻主' ○釋曰 : 謂王與臣以禮燕飮, 則膳夫爲獻主. 案儀禮, 使宰夫爲主人, 此天子使膳夫爲獻主, 皆是飮食之官, 代君酌臣.

經의 〔王燕〕에서 〔獻主〕까지

○釋曰 : 왕이 신하들과 禮에 의거하여 燕飮을 할 때 膳夫가 獻主가 된다. 살펴보건대, ≪儀禮≫에서는 宰夫로 하여금 주인이 되게 한다고 하였고, 이곳에서는 천자가 膳夫로 하여금 헌주가 되게 하니, 모두 음식을 주관하는 관직의 사람으로 하여금 군주를 대신하여 신하들에게 술을 따르게 하는 것이다.

○注'鄭司'至'亢禮' ○釋曰 : 言'當獻賓則膳夫代王爲主', 此約燕禮而知. 案燕禮主人酌酒獻賓, 賓酢主人, 主人酌酒獻君, 君酢主人, 主人酬賓以後, 爲賓擧旅. 又引燕義'臣莫敢與君亢禮'者, 飮酒之禮, 使大夫爲賓, 遣宰夫爲主人, 獻酢相亢答. 若君爲主人, 則是臣與君相亢, 故云臣莫敢亢禮.

○注의 〔鄭司〕에서 〔亢禮〕까지

○釋曰 : 〈鄭衆이〉 "마땅히 빈에게 술을 따라 獻의 예를 행해야 하는데, 膳夫가 왕을 대신하여 주인이 되는 것이다."라고 말한 것은 ≪禮記≫ 〈燕義〉를 헤아려서 알았던 것이다. 살펴보건대, ≪예기≫ 〈연의〉에 의하면 주인이 빈에게 술을 따라 '獻'의 예를 행하면,

빈은 보답으로 술을 따라 주인에게 '酢'의 예를 행하며, 주인이 술을 따라 군주에게 '獻'의 예를 올리면 군주는 주인에게 술을 따라 '酢'의 예를 행하며, 주인이 빈에게 술을 따라 '酬'의 예를 행한 이후 빈들을 위해 旅酬의 술잔을 들어올린다. 또 〈정중이〉 ≪예기≫ 〈연의〉의 "신하는 감히 군주와 더불어 대등하게 예를 행할 수 없기 때문이다."라는 문장을 인용한 것은 음주의 예에서는 大夫로 하여금 빈이 되게 하고 宰夫를 보내어 주인이 되게 하여 〈빈과 재부가〉 獻과 酢의 예를 서로 대등하게 응답하기 때문이다. 만약 군주가 주인이 된다면 이는 신하와 군주가 서로 대등해진다. 그러므로 "신하는 감히 〈군주와〉 대등하게 예를 행할 수 없다."고 한 것이다.

天-6-12

掌后及世子之膳羞니라

〈膳夫는〉 왕후 및 세자에게 제공하는 희생고기와 맛난 음식을 관장한다.

【注】亦主其饌之數요 不饋之耳라

또한 그 음식의 종류와 수량을 주관할 뿐 음식을 진상하지는 않는다.

【疏】'掌后'至'膳羞' ○釋曰：上云"王日一擧", 注"后與王同庖." 不言世子, 則世子與王別牲, 亦膳夫所掌, 故云"掌后及世子之膳羞."

經의 〔掌后〕에서 〔膳羞〕까지

○釋曰：위의 경문에서 "왕은 매일 한 차례 희생을 잡아 성찬을 한다."고 하였는데, 鄭玄의 注에서는 "왕후는 왕과 주방을 함께한다."고 하였다. 세자를 말하지 않았으므로 세자는 왕과 희생을 달리하는데, 또한 膳夫가 관장하는 것이다. 그러므로 "〈선부는〉 황후 및 세자의 희생고기와 맛난 음식을 관장한다."고 한 것이다.

○注'亦主'至'之耳' ○釋曰：案上文"凡王之饋, 食用六穀"已下言'饋', 則膳夫親饋之, 故云"品嘗食." 按內饔"共后及世子之膳羞", 則是后・世子, 內饔饋之, 故鄭云"亦主其饌之數, 不饋之耳."

○注의 〔亦主〕에서 〔之耳〕까지

○釋曰：살펴보건대, 위의 경문(天-6-2)에서 "무릇 왕에게 진상하는 성찬은 밥〔食〕에는 여섯 가지 곡물을 사용한다."고 한 이후에 '饋(음식을 진상함)'라고 한 것은 膳夫가 직접 진상한다는 뜻이다. 그러므로 "〈선부가〉 음식물마다 일일이 맛을 본다."고 한 것이다. 살펴보건대, 〈天官 內饔(天-8-4)〉에서 "〈내옹은〉 왕후 및 세자의 희생고기와 맛난 음식을 공급한다."고 하였다. 그렇다면 왕후와 세자의 음식은 내옹이 진상하는 것이다. 그러므로 鄭玄이 "또한 〈선부는〉 그 음식의 종류와 수량을 주관할 뿐 음식을 진상하지는 않는다."고 한 것이다.

天-6-13

凡肉脩之頒賜[1)]에 皆掌之니라

1) 頒賜：제도의 범위 안에서 정기적으로 하사해주는 것을 '頒'이라고 하고, 그 밖에 특별한 은혜로 하사해주는 것을 '賜'라고 한다. 孫詒讓은 "정기적으로 하사해주는 것〔常賜〕을 '頒'이라 하고, 특별히 은혜를 베풀어 하사해주는 것〔好賜〕을 '賜'라고 한다. 경문에서 '頒賜'라고 한 것은 대체로 이 두 가지 하사를 겸하여 말한 것이다.〔常賜謂之頒 好賜謂之下賜 經云頒賜 蓋兼二賜言之〕"라고 하였다.(≪周禮正義≫ 권7, 255쪽 참조)

무릇 왕이 신하들에게 희생고기〔肉〕와 말린 고기〔脩〕를 하사할 경우, 모두 〈膳夫가〉 관장한다.

【注】鄭司農云 脩는 脯也라

鄭衆은 "'脩'는 脯이다."라고 하였다.

【疏】'凡肉'至'掌之' ○釋曰：謂王以肉及脩脯頒賜群臣, 則膳夫皆掌之.

經의 〔凡肉〕에서 〔掌之〕까지

○釋曰：왕이 희생고기 및 말린 고기를 신하들에게 하사할 경우, 膳夫가 모두 그것을 관장한다는 뜻이다.

○注'鄭司'至'脯也' ○釋曰：言'脩, 脯也'者, 謂加薑桂鍛治者, 謂之脩, 不加薑桂, 以鹽乾之者, 謂之脯, 則脩脯異矣. 先鄭云'脩, 脯'者, 散文言之, 脩脯通也.

○注의 〔鄭司〕에서 〔脯也〕까지

○釋曰 : 〔脩 脯也〕 생각건대, 생강이나 계피를 뿌린 후 두드려서 말린 고기를 '脩'라고 하고, 생강이나 계피를 뿌리지 않고 소금을 넣어서 말린 고기를 '脯'라고 하니, 그렇다면 '脩'와 '脯'는 다른 것이다. 鄭衆이 "脩는 脯이다."라고 한 것은 散文으로 말하면 脩와 脯는 뜻이 통하기 때문이다.

天-6-14

凡祭祀之致福者를 受而膳之니라

무릇 신하들이 제사를 지낸 후 남은 제사 고기를 왕에게 진헌하면, 〈膳夫가〉 이를 받아서 왕의 음식으로 올린다.

【注】 致福은 謂諸臣祭祀하고 進其餘肉하여 歸胙[1]于王이라 鄭司農云 膳夫受之하여 以給王膳이라

1) 胙 : 제사를 지내고 남은 술과 고기를 말한다. ≪春秋左氏傳≫ 僖公 4년 조에 "太子가 曲沃으로 가서 제사를 지낸 후 獻公에게 胙를 올렸다.〔太子祭于曲 沃歸胙于公〕"고 하였는데, 杜預의 注에 "胙는 제사 지낸 술과 고기이다.〔胙 祭之酒肉〕"라고 하였다.

'致福'은 신하들이 제사를 지내고 그 남은 고기를 진헌하여 왕에게 제사 지낸 술과 고기〔胙〕를 바치는 것을 말한다. 鄭衆은 "膳夫가 그것을 받아서 왕의 음식으로 공급한다."고 하였다.

【疏】 '凡祭'至'膳之' ○釋曰 : 云'凡祭祀'者, 言'凡'則諸臣自祭家廟, 祭訖, 致胙肉於王, 謂之致福. 膳夫受之, 以爲王膳, 故云"受而膳之."

經의 〔凡祭〕에서 〔膳之〕까지

○釋曰 : 〔凡祭祀〕 '凡(무릇)'이라고 말했으므로 모든 신하들이 스스로 家廟에서 제사를 지내고, 제사가 끝나면 왕에게 제사 지낸 고기〔胙肉〕를 바치는데, 이를 '致福'이라 한다. 膳夫는 이를 받아서 왕의 음식으로 삼는다. 그러므로 "〈선부가〉 이를 받아서 왕의 음식으로 올린다."고 한 것이다.

○注'致福'至'王膳' ○釋曰 : 云'致福者, 謂諸臣祭祀, 進其餘肉, 歸胙于王'者, 案禮記少儀云 "膳于君子曰膳[1]." 案玉藻 "膳於君, 葷・桃・茢." 彼謂諸侯之臣禮, 此王之臣,亦應云'致膳', 而云'致福'者, 凡祭祀, 主人受福, 若與王受福然, 故云'致福.' 知諸臣有致胙法者, 案春秋左氏昭十六年, 子產云 "祭有受脤歸脤", 彼注云"受脤, 謂君祭, 以肉賜大夫. 歸脤, 謂大夫祭, 歸肉於公也." 今彼雖據諸侯禮, 王之臣致胙亦然, 故云 "歸胙於王"也.

1) 禮記少儀云 膳于君子曰膳 : ≪禮記≫ 〈少儀〉에서 "다른 사람을 위해 제사를 대신 지낸 경우 〈제사 음식을 돌릴 때〉 '致福(복을 드립니다)'이라고 말하고, 자기 자신을 위해 제사를 지낸 후 남은 제사 음식을 군자에게 바칠 때는 '膳(제사 음식)입니다.'라고 말한다.〔爲人祭曰致福 爲己祭而致膳於君子曰膳〕"고 하였다. 다른 사람을 대신하여 攝祭하는 경우는 '복을 드립니다.'라고 하여 그 말을 드러내어 표현하고, 親祭하는 경우는 '膳(제사 음식)입니다.'라고 하여 겸손하게 말하는 것이다.

○注의 〔致福〕에서 〔王膳〕까지

○釋曰 : 〔致福者 謂諸臣祭祀 進其餘肉 歸胙于王〕 살펴보건대, ≪禮記≫ 〈少儀〉에서 "〈자기 자신을 위해 제사를 지낸 후〉 남은 제사 음식을 군자에게 바칠 때는 '膳(제사 음식)'이라고 한다."고 하였다. 살펴보건대 ≪예기≫ 〈玉藻〉에서 "군주에게 맛난 음식을 올릴 때 생강〔葷〕·복숭아〔桃〕·물억새로 만든 빗자루〔茢〕가 있다."고 하였다. 저곳 ≪예기≫의 〈소의〉와 〈옥조〉의 경우는 제후의 신하들의 禮를 말한 것이다. 이곳 왕의 신하들의 예에서도 또한 마땅히 '致膳(맛난 음식을 바치다)'이라고 해야 하는데 '致福(복을 바치다)'이라고 말한 것은 무릇 제사를 지내고 주인이 복을 받으면 마치 왕에게서 복을 받은 듯이 하기 때문이다. 그러므로 '致福'이라 한 것이다. 신하들에게 제사 지낸 술과 고기〔胙〕를 〈왕에게〉 바치는 법이 있음을 알 수 있는 것은, 살펴보건대 ≪春秋左氏傳≫ 昭公 16년 조에서 子產이 "제사를 지낸 후 受脤과 歸脤이 있다."고 하였는데 그곳의 杜預 注에서 "'受脤'은 군주가 제사를 지낸 후 대부에게 고기를 하사하는 것을 말하고, '歸脤'은 대부가 제사를 지낸 후 제후에게 고기를 바치는 것을 말한다."고 하였기 때문이다. 이제 ≪춘추좌씨전≫의 내용은 비록 諸侯의 禮이지만, 왕의 신하가 제사 지낸 술과 고기를 〈왕에게〉 바치는 경우도 또한 마찬가지이다. 그러므로 〈鄭玄이〉 "제사 지낸 술과 고기〔胙〕를 바친다."고 한 것이다.

天-6-15

以摯[1]見者에 亦如之니라

1) 摯 : 주인과 빈이 相見을 할 때 들고 있는 예물로, 그것으로 자신의 신분을 표현한다. 孫希

旦은 "'摯'라는 글자는 바친다는 뜻으로, 존귀한 사람을 알현할 때 직접 바쳐서 공경을 표현하는 것이다.〔摯之言致也 見於尊者 親致之以爲敬也〕"라고 하였다.(≪禮記集解≫ 〈曲禮 下〉) 사용하는 예물은 신분에 따라 달리하는데, 〈春官 大宗伯(春-1-44)〉에 의하면 孤는 짐승가죽으로 덮어서 장식한 속백〔皮帛〕을 잡고, 卿은 새끼 양〔羔〕을 잡고, 大夫는 기러기〔鴈〕를 잡고, 士는 꿩〔雉〕을 잡고, 庶人은 집오리〔鶩〕를 잡고, 工·商은 닭〔鷄〕을 잡는다.〔孤執皮帛 卿執羔 大夫執鴈 士執雉 庶人執鶩 工商執雞〕 이를 '六摯'라고 한다.

신하들이 자신의 신분을 나타내는 예물〔摯〕을 들고 왕을 알현하는 경우도 또한 이와 마찬가지로 한다.

【注】鄭司農云 以羔鴈雉爲摯見者에 亦受以給王膳이라

鄭衆은 "〈신하들이〉 새끼 양〔羔〕·기러기〔鴈〕·꿩〔雉〕을 예물로 삼아서 〈왕을〉 알현하는 경우도 또한 〈膳夫가 이들 예물을〉 받아서 왕의 맛난 음식으로 공급한다."고 하였다.

【疏】'以摯'至'如之' ○釋曰：謂卿大夫以下新(任)〔仕〕[1]爲臣者, 卿執羔大夫執鴈士執雉來見王, 故云 "以摯見者." 言'亦如之'者, 先鄭云 "亦受以給王膳也."

1) (任)〔仕〕: 저본에는 '任'으로 되어 있으나, '仕'의 잘못이라는 孫詒讓의 설에 의거하여 바로잡았다.(北京大 整理本의 〈校勘記〉 및 上海古籍 整理本의 〈校勘記〉 참조)

經의 〔以摯〕에서 〔如之〕까지

○釋曰：卿·大夫 이하 새로 벼슬을 하여 신하가 된 사람의 경우를 말한 것이니, 卿은 새끼 양〔羔〕을 잡고, 大夫는 기러기〔鴈〕를 잡고, 士는 꿩〔雉〕을 잡고 와서 왕을 알현한다. 그러므로 "자신의 신분을 나타내는 예물〔摯〕을 들고 왕을 알현하는 경우."라고 말한 것이다.

〔亦如之〕 鄭衆은 "또한 〈膳夫가 이들 예물을〉 받아서 왕의 맛난 음식으로 공급한다."고 하였다.

天-6-16

歲終則會로되 唯王及后世子之膳은 不會니라

연말이 되면 한 해의 회계결산을 하지만, 오직 왕 및 왕후·세자에게 제공한 음식의 수량에 대해서만은 회계결산을 하지 않는다.

【注】不會計多少는 優尊者요 其頒賜諸臣則計之라

수량을 회계결산하지 않는 것은 존귀한 사람을 예우하는 것이다. 〈왕이〉 신하들에게 하사품으로 내려준 음식의 경우는 회계결산을 한다.

【疏】'歲終'至'不會' ○釋曰：此膳夫所掌膳羞是其正, 故世子亦不會. 至下庖人"王及后不會", 則世子會之. 彼禽獻是其加, 故會之.

經의 〔歲終〕에서 〔不會〕까지

○釋曰：이곳에서 膳夫가 관장하는 희생고기와 맛난 음식〔膳羞〕은 正餐이다. 그러므로 세자의 경우도 회계결산을 하지 않는다. 아래 〈天官 庖人(天-7-7)〉에 이르면 "왕 및 왕후의 경우는 회계결산을 하지 않는다."고 하였으므로 세자의 경우는 회계결산을 한다. 그곳의 '禽獻'은 加餐이기 때문이다. 그러므로 회계결산을 하는 것이다.

○注'不會'至'計之' ○釋曰：依宰夫職會是歲計[1], 故云"不會計多少." 云'優尊者', 謂若計, 則似限尊者有多少. 若不計, 則任所用, 故"不會, 是優尊者"也. 云'其頒賜諸臣則計之'者, 經云'王及后世子不會', 則上經'肉脩之頒賜'諸臣, 則計之可知.

1) 依宰夫職會是歲計：〈天官 宰夫(天-3-11)〉에 의하면, 한 해의 총 회계결산을 '會'라고 하고, 매달의 회계결산을 '要'라고 하고, 매일의 회계결산을 '成'이라 한다.

○注의 〔不會〕에서 〔計之〕까지

○釋曰：〈天官 宰夫(天-3-11)〉에 의하면 '會'는 한 해의 총 회계결산이다. 그러므로 "수량을 회계결산하지 않는다."고 한 것이다.

〔優尊者〕 만약 결산을 하면 존귀한 사람이 소유하는 수량을 제한하는 듯하고, 만약 결산을 하지 않으면 사용하는 바를 마음대로 한다. 그러므로 "한 해의 회계결산을 하지 않는 것은 존귀한 사람을 예우하는 것이다."라고 한 것이다.

〔其頒賜諸臣則計之〕 경문에서 "왕 및 왕후・세자의 경우 한 해의 회계결산을 하지 않는다."고 하였다. 그렇다면 앞의 경문의 신하들에게 '하사품으로 내려준 희생고기와 말린 고기'에 대해서는 회계결산을 한다는 것을 알 수 있다.

07. 庖人(포인)

天-7-1

庖人은 **掌共六畜六獸六禽**하고 **辨其名物**이니라

庖人은 六畜・六獸・六禽을 공급하는 일을 관장하고 그 희생의 명칭과 털빛을 변별한다.

【注】六畜은 六牲也니 始養之曰畜이요 將用之曰牲이니 春秋傳曰 卜日曰牲이라하니라 鄭司農云 六獸는 麋(미)[1]鹿熊麕(균)野豕兎요 六禽은 鴈鶉(순)鷃(안)雉鳩鴿(합)이라 玄謂獸人冬獻狼하고 夏獻麋라하고 又內則無熊하니 則六獸에 當有狼而熊不屬이라 六禽은 於禽獻及六摯에 宜爲羔豚犢麛(미)雉鴈이라 凡鳥獸未孕曰禽이니 司馬職曰 大獸公之하고 小禽私之라하니라

1) 麋(미) : 사슴의 일종으로, 털빛은 옅은 갈색을 띤다. 수컷은 뿔이 있는데 뿔은 사슴과 비슷하고, 꼬리는 나귀와 비슷하고, 발굽은 소와 비슷하고, 목은 낙타와 비슷하지만 전체적으로 보면 어떠한 동물과도 유사하지 않다. 사슴・나귀・소・낙타의 네 동물과 닮지 않았다는 의미로 '四不像'이라 칭한다. 몸길이가 1.5m에서 2m, 체중 200kg까지 나가는 등 체격이 큰 편이다. 늪지대에서 풀이나 이끼를 먹으며 살아간다. '麋'는 엄밀하게 말하면 사슴이라 할 수 없지만, 이곳에서는 '麋'를 일반적으로 '큰사슴'으로 번역하는 것에 따른다.

'六畜'은 六牲이다. 처음 기를 때는 '畜'이라고 하고 장차 그것을 〈음식이나 제사에〉 쓰려고 할 때는 '牲'이라고 하니, ≪春秋左氏傳≫ 僖公 31년 조에서 "제사에 쓸 소의 길흉을 점쳐서 제사 날짜를 정한 후에는 〈그 소를〉 '牲'이라고 칭한다."고 하였다. 鄭衆은 "六獸는 큰사슴〔麋〕・사슴〔鹿〕・곰〔熊〕・노루〔麕〕・멧돼지〔野豕〕・토끼〔兎〕이고, 六禽은 기러기〔鴈〕・메추라기〔鶉〕・세가락메추라기〔鷃〕・꿩〔雉〕・비둘기〔鳩〕・집비둘기〔鴿〕이다."라고 하였다.

나(鄭玄)는 생각건대, 〈天官 獸人(天-12-2)〉에서 "겨울에는 이리〔狼〕를 진헌하고, 여름에는 큰 사슴〔麋〕을 진헌한다."고 하였고, 또 ≪禮記≫ 〈內則〉에는 '곰〔熊〕'이 없으니, 그렇다면 六獸에는 마땅히 이리가 들어가야 하고, 곰은 포함되지 않는다. 六禽은 禽獻(새끼 양・새끼 돼지・송아지・새끼 사슴) 및 六摯(皮帛・새끼 양・기러기・꿩・집오리・닭)에서 비추어보았을 때 마땅히 새끼 양〔羔〕・새끼 돼지〔豚〕・송아지〔犢〕・새끼 사슴〔麛〕・꿩

〔雉〕·기러기〔鴈〕가 되어야 한다. 무릇 날짐승이나 들짐승 가운데 아직 새끼를 치지 않은 것을 '禽'이라 한다. 〈夏官 大司馬(夏-1-44)〉에서 "큰 짐승〔大獸〕은 공적인 것으로 삼고, 새끼 짐승〔小禽〕은 포획한 사람이 사사로이 차지한다."고 하였다.

【疏】'庖人'至'名物' ○釋曰：云'掌共六畜'者, 馬牛羊豕犬雞. 謂夏官校人·地官牛人·春官雞人·秋官犬人·冬官豕人, 摠送六畜與此庖人. 六獸·六禽, 卽下獸人送之, 此庖人得此六畜·六獸·六禽, 共與膳夫·內外饔, 故云"掌共六畜·六獸·六禽." 此禽獸等, 皆有名號物色[1], 故云"辨其名物."

1) 物色：희생이나 가축의 털빛을 말한다. 《禮記》〈月令〉의 "瞻肥瘠 察物色"에 대해서 陳澔는 "物色은 붉기도 하고 검기도 하여, 陽祀(하늘과 종묘에 지내는 제사)에는 붉은 털빛의 희생〔騂牲〕을 쓰고, 陰祀(北郊·地神·社稷에 지내는 제사)에는 검은 털빛의 희생〔黝牲〕을 쓴다.〔物色 或騂或黝 陽祀用騂牲 陰祀用黝牲〕"고 하였다.

經의 〔庖人〕에서 〔名物〕까지

○釋曰：〔掌共六畜〕〈육축은〉 말·소·양·돼지·개·닭을 말한다. 생각건대, 夏官의 校人·地官의 牛人·春官의 雞人·秋官의 犬人·冬官의 豕人은 모두 六畜을 이 庖人에게 보내어 공급한다. 六獸와 六禽은 곧 아래의 獸人이 보내준다. 이곳의 庖人은 이 六畜·六獸·六禽을 받아서 모두 膳夫와 內饔·外饔에게 공급해준다. 그러므로 "육축·육수·육금을 공급하는 일을 관장한다."고 한 것이다. 이 六禽과 六獸 등은 모두 명칭과 털빛이 있다. 그러므로 "그 명칭과 털빛을 변별한다."고 한 것이다.

○注'六畜'至'私之' ○釋曰：云'六畜, 六牲也'者, 謂雖此云六畜, 卽是膳夫六牲, 一也. 所以彼言'牲'此言'畜'者, 鄭卽解其不同之意, 始養之曰畜, 將用之曰牲, 膳夫共王之膳羞, 卽是將用之, 故言'牲.' 云'春秋傳曰'者, 此是左氏僖公三十一年傳辭, 彼經云"四卜郊, 不從, 乃免牲." 未卜日曰牛, 卜得吉日, 乃號爲牲. 僖公旣卜得吉日, 名牛作牲, 乃更卜可郊以否, 不從, 乃免牲, 是其怠慢. 引之者, 證將用曰牲. '鄭司農云, 六獸, 麋·鹿·熊·麕·野豕·兔, 六禽, 鴈·鶉·鷃·雉·鳩·鴿'者, 此先鄭意取爾雅文"四足而毛謂之獸, 兩足而羽謂之禽", 故爲此解. 玄謂獸人"冬獻狼", 又內則爲餰食有狼臅膏, 故云"當有狼而熊不屬", 此破司農有熊無狼. 云'六禽, 於禽獻及六摯, 宜爲羔·豚·犢·麛·雉·鴈'者, 下文禽獻之內取羔·豚·犢·麛, 大宗伯六摯之內, 亦取羔及雉·

鴈, 破司農六(畜)〔禽〕[1]之內, 有鶉・鷃・鳩・鴿四者, 於經無所據. 司農雉鴈, 卽六摯雉鴈同, 故從之不破. 云'凡鳥獸未孕曰禽', 鄭言此者, 見爾雅"四足而毛曰獸, 兩足而羽曰禽", 是對文例, 若散文則通. 其獸未孕時, 雖曰四足, 亦曰禽, 是以名爲禽獻, 其中亦有羔・豚・犢・麛. 又云'以禽作六摯', 禽中亦有羔, 是其未孕者也. 謂若爾雅 "飛曰雄雌, 走曰牝牡", 亦是對文. 案詩云 "雄狐綏綏", 走亦曰雄. 尙書云"牝雞無晨", 飛亦曰牝, 竝是散文通義. 云'司馬職曰, 大獸公之, 小禽私之'者, 欲見雖曰四足而毛, 未孕亦曰禽, 此竝破司農禽中不得有四足之義.

1) (畜)〔禽〕: 저본에는 '畜'으로 되어 있으나, 阮元의 설에 의거하여 '禽'으로 바로잡았다. (阮元의 〈校勘記〉 및 上海古籍 整理本의 〈校勘記〉 참조)

○注의 〔六畜〕에서 〔私之〕까지

○釋曰: 〔六畜 六牲也〕 생각건대, 비록 이곳에서 '六畜'이라고 하였지만, 이는 곧 〈天官 膳夫(天-6-2)〉의 '六牲'과 같은 것이다. 저곳 〈천관 선부〉에서는 '牲'이라고 하였고, 이곳 〈천관 庖人〉에서는 '畜'이라고 하였다. 이에 대해서 鄭玄은 그 다른 뜻을 풀이하여 처음 기를 때는 '畜'이라 하고, 장차 그것을 쓸 때는 '牲'이라 한다고 하였다. 膳夫가 왕에게 공급하는 희생고기와 맛난 음식〔膳羞〕은 장차 쓰려고 하는 것이다. 그러므로 '牲'이라고 한 것이다.

〔春秋傳曰〕 이는 ≪春秋左氏傳≫ 僖公 31년 조의 傳文의 문장이다. 저곳의 經文에서는 "네 차례 郊제사의 길흉을 점쳤으나 길하지 못하자 이에 희생을 풀어주었다."고 하였다. 점을 치기 이전에는 '牛(소)'라고 하고, 점을 쳐서 길일을 얻으면 이에 '牲(희생)'이라고 칭한다. 僖公은 점을 쳐서 제사의 길일을 얻자 '牛'를 '牲'으로 칭하고, 이에 다시 郊제사를 거행할 수 있는지를 점쳤는데, 길하지 못하자 희생을 풀어주었다. 〈희생이 정해졌는데 제사의 길흉을 점치는 것은〉 태만한 것이다. 〈정현이〉 이를 인용한 것은 장차 쓰려고 할 때는 '牲'이라 칭함을 증명한 것이다.

〔鄭司農云 六獸 麋鹿熊麕野豕兔 六禽鴈鶉鷃雉鳩鴿〕 이곳에서 鄭衆은 ≪爾雅≫ 〈釋鳥〉에서 "다리가 넷이고 털이 있는 것을 '獸'라고 하고, 다리가 둘이고 날개가 달린 것을 '禽'이라 한다."고 한 문장을 취하고자 했던 것이다. 그러므로 그렇게 풀이한 것이다. 정현은 〈天官 獸人(天-12-2)〉에서 "겨울에는 이리〔狼〕를 진헌한다."고 하였고, 또 ≪禮記≫ 〈內則〉에서 죽을 만들 때 이리 가슴 속의 비계를 넣는다고 하였으므로, "〈六獸에〉 마땅히 이리가 들어가야 하고, 곰은 포함되지 않는다."고 한 것이다. 이는 곰을 포함시키고 이리를

제외시킨 정중의 해석을 부정한 것이다.

〔六禽 於禽獸及六摯 宜爲羔豚犢麛雉鴈〕〈정현은〉 아래 문장의 '禽獸' 가운데에서 새끼 양・새끼 돼지・송아지・새끼 사슴을 취하고, 〈春官 大宗伯(春-1-42)〉의 '六摯' 가운데에서 또한 새끼 양 및 꿩・기러기를 취하여 정중이 '六禽' 안에 메추라기・세가락메추라기・비둘기・집비둘기 네 가지를 포함시킨 것이 경전에 근거가 없음을 비판하였다. 정중이 〈六禽에〉 꿩과 기러기를 포함시킨 것에 대해서는 곧 六摯의 꿩・기러기와 같으므로 따르고 부정하지 않았다.

〔凡鳥獸未孕曰禽〕 정현이 이를 말한 것은 ≪이아≫ 〈석조〉에서 "다리가 넷이고 털이 있는 것을 '獸'라고 하고, 다리가 둘이고 날개가 달린 것을 '禽'이라 한다."고 한 것은 對文의 용례이니, 만약 散文으로 말할 경우는 뜻이 통하기 때문이다. 그 獸가 아직 새끼를 치지 않았을 때는 비록 다리가 넷이라도 또한 '禽'이라고 한다. 이 때문에 '禽獸'이라 칭하는 것이니, 그 가운데에는 또한 새끼 양〔羔〕・새끼 돼지〔豚〕・송아지〔犢〕・새끼 사슴〔麛〕이 있는 것이다.

〔以禽作六摯〕 '禽' 가운데에는 또한 새끼 양〔羔〕도 있으니, 이는 아직 새끼를 치지 않은 것이다. 생각건대, ≪爾雅≫에서 "날짐승의 암수를 '雄雌'라 하고, 길짐승의 암수를 '牝牡'라 한다."라고 한 것 같은 것도 또한 對文으로 말한 것이다. 살펴보건대, ≪詩經≫ 〈衛風 有狐〉에 "雄狐綏綏(수컷 여우가 어슬렁거리며 짝을 찾고 있네.)"라고 하여 길짐승의 수컷도 '雄'이라고 하였고, ≪尙書≫ 〈周書 牧誓〉에 "牝雞無晨(암탉은 새벽에 울지 않는다.)"이라 하여 날짐승의 암컷도 '牝'이라고 하였으니, 이는 모두 散文으로 말하면 뜻이 통하는 것이다.

〔司馬職曰 大獸公之 小禽私之〕 비록 다리가 넷이고 털이 있더라도 아직 새끼를 치지 않았다면 또한 '禽'이라고 한다는 뜻을 보이고자 한 것으로, 이는 모두 정중이 '禽' 안에는 다리가 넷인 것이 있을 수 없다고 해석한 것을 부정한 것이다.

天-7-2

凡其死生鱻(선)薨(고)之物하여 以共王之膳與其薦羞之物及后世子之膳羞[1)]하고

1) 凡其死生……后世子之膳羞 : 孫詒讓은 이곳의 경문은 앞의 〈天官 庖人(天-7-1)〉의 六畜・六獸・六禽을 이어서 문장을 만든 것이라고 하였다.(≪周禮正義≫ 권7, 259쪽)

〈庖人은 六畜・六獸・六禽으로 요리한〉 죽은 고기・생고기・갓 잡은 고기・말린 고기의 음식물의 수량을 총괄하여 헤아려서 왕의 희생고기와 각종 음식으로 공급하고, 왕후와 세자의 맛난 음식으로 공급한다.

【注】凡은 計數之요 薦은 亦進也라 備品物曰薦이요 致滋味乃爲羞[1]라 王言薦者는 味以不褻爲尊[2]이라 鄭司農云 鮮은 謂生肉이요 薧은 謂乾肉이라

1) 備品物……乃爲羞 : '品物을 갖춘다'는 것은 正餐은 法數에 의거하여 진설하므로 맛을 위주로 하지 않지 않는다는 뜻이고, '滋味를 극진히 한다'는 것은 加餐은 맛을 위주로 하므로 각종 음식물을 다 갖출 필요가 없다는 뜻이다. 이곳 경문의 '膳'은 牲體를 담은 俎를, '薦'은 脯醢를, '羞'는 庶羞・內羞를 말한다.(≪周禮正義≫ 권7, 260쪽 참조)

2) 王言薦者 味以不褻爲尊 : 먹고 마시기 전에 진상한 음식을 또한 '薦'이라 하는데, 나누어서 말하면 正餐과 加餐에 따른 존비의 구별이 있다. 정찬은 '薦'이라 하여 가찬의 庶羞・內羞보다 존귀하다. 그래서 이곳 경문에서 왕에게 올리는 음식에 대해 세세히 구분하여 표현한 것이다. 그러나 실은 왕후・세자에게 올리는 膳羞 가운데에도 薦이 포함되어 있다. 단지 왕보다 예가 감쇄하기 때문에 문장을 생략했을 뿐이다.(≪周禮正義≫ 권7, 260쪽 참조)

'凡'은 계산하여 헤아린다는 뜻이다. '薦'은 또한 진상한다는 뜻이다. 각종 음식물의 품목을 갖춘 것을 '薦'이라고 하고, 맛을 극진히 한 것이 곧 '羞'가 된다. 왕의 경우 '薦'이라고 말한 것은 음식은 평소 즐기지 않던 것을 존귀하게 여기기 때문이다. 鄭衆은 "'鮮'은 생고기를 뜻하고, '薧'는 말린 고기를 뜻한다."라고 하였다.

【疏】'凡其'至'之義' ○釋曰 : 云'凡其死生鱻薧之物'者, 此四者, 或死或生, 新殺爲鱻, 乾者爲薧, 竝獸人以與膳夫・內外饔, 以共王之膳. 云'與其薦羞之物'者, 薦, 進也, 謂羞之所進, 卽備品物曰薦, 亦進于王耳. '及后・世子之膳羞'者, 此共后・世子之羞, 故不言'薦'而言'膳', 是致滋味者也.

經의 〔凡其〕에서 〔之義〕까지

○釋曰 〔凡其死生鱻薧之物〕 이 네 가지는 혹 죽은 것도 있고 혹 살아 있는 것도 있는데, 새로 죽인 것이 鱻(갓 잡은 고기)이고, 말린 것이 薧(말린 고기)이니, 모두 獸人이 膳夫와 內饔・外饔에 보내어서 왕의 음식으로 공급한다.

〔與其薦羞之物〕 '薦'은 진상한다〔進〕는 뜻이니, 맛난 음식으로 진상한 것을 말한다. 즉 각종 음식물의 품목을 갖춘 것을 '薦'이라고 하는데, 또한 왕에게 진상할 뿐이다.

〔及后世子之膳羞〕 이는 왕후와 세자에게 공급하는 맛난 음식〔羞〕이다. 그러므로 '薦'이

라 하지 않고 '膳'이라 하였으니, 이는 맛을 극진히 한 것이다.

○注'凡計'至'乾肉' ○釋曰：云'凡, 計數之'者, 上經云'治要'·'治凡'[1), 竝是計筭之稱. 此'凡', 亦是計數之名. 死生鱻薧, 須知其數, 故言 "凡揔計之." 云'備品物曰薦'者, 以經'羞'言'薦', 對后·世子'羞'言'膳', 故云 "備品物曰薦, 致滋味乃爲羞." 以其不言'薦', 卽是致滋味之羞. 若然, '備品物'者, 謂王擧則共醢六十罋, 以五齏·七醢·七菹·三臡實之, 醢人共齏菹醢六十罋, 是其'備品物', 及三牲之俎, 皆是也. 致滋味乃爲羞百有二十品者, 故鄭云 "羞, 出於牲及禽獸, 以備滋味, 謂之庶羞"[2), 故公食云 "宰夫自東房薦豆六." 又云 "士羞庶羞." 云'王言薦者, 味以不褻爲尊'者, 對后·世子不言'薦', 是其褻味者也.

1) 治要治凡：治要는 한 해의 총 회계결산 문서를 감사하는 것을 말하고, 治凡은 월별 회계결산 장부를 감사하는 것을 말한다.(〈天官 宰夫〉 天-3-3의 경문과 鄭玄의 注 참조)
2) 鄭云……謂之庶羞：이 문장은 〈天官 膳夫〉 天-6-2에 대한 鄭玄의 注이다.

○注의 〔凡計〕에서 〔乾肉〕까지

○釋曰：〔凡 計數之〕 앞의 경문에서 '治要'·'治凡'이라고 하였는데 모두 계산하는 것의 칭호이다. 이곳의 '凡' 또한 계산하여 헤아리는 것의 명칭이니, 죽은 고기·생고기·갓 잡은 고기·말린 고기는 반드시 그 수량을 알아야 한다. 그러므로 "'凡'은 총괄하여 계산한다는 뜻이다."라고 말한 것이다.

〔備品物曰薦〕 곧 경문에서 〈왕의〉 '羞'에 '薦'이라고 말한 것은 왕후와 세자의 '羞'에 '膳'이라고 한 것과 대비한 것이다. 그러므로 "음식물의 품목을 갖춘 것을 '薦'이라 하고, 맛을 극진히 한 것을 곧 '羞'라 한다."고 한 것이다. '薦'이라고 말하지 않았으므로, 곧 맛을 극진히 한 맛난 음식〔羞〕인 것이다. 만약 그렇다면 "음식물의 품목을 갖추었다."는 것은 왕이 성찬을 할 경우 〈醢人이〉 고기젓갈을 담은 60개의 독을 공급하는데 그 안에 얇게 썰어서 만든 5가지의 절임〔五齏〕·7가지의 고기젓갈〔七醢〕·납작하게 조각을 내어 만든 7가지의 채소절임〔七菹〕·3가지의 뼈 붙은 고기젓갈〔三臡〕을 넣으며, 醢人은 초장으로 조미하고 가늘게 썰어서 만든 절임〔齏〕과 초장으로 조미하고 납작하게 조각을 내어 만든 채소절임〔菹〕을 담은 60개의 독을 공급하는 것을 가리키니, 이것이 "음식물의 품목을 갖춘다."는 것으로 〈牛·羊·豕의〉 3가지 희생을 담은 희생제기를 진설하는 것까지가 모두 그것이다.

맛을 극진히 하는 것이 곧 '羞'이니, 120가지나 된다. 그러므로 鄭玄은 "'羞'는 희생이나 날짐승·들짐승으로 만들어서 맛을 갖춘 음식이니, 이를 '庶羞'라고 한다."고 하였다. 그러므로 ≪儀禮≫ 〈公食大夫禮〉에서 "宰夫는 東房에서 6개의 나무제기〔豆〕를 꺼내 와서 올린다."고 하였고, 또 "士는 庶羞(여러 가지 맛난 음식)를 올린다."고 한 것이다.

〔王言薦者 味以不褻爲尊〕 왕후와 세자의 경우 '薦'이라고 말하지 않은 것은 〈그 膳羞는〉 평소 즐기는 음식이기 때문이다.

天-7-3

共祭祀之好羞하며

〈庖人은〉 제사에 필요한 네 계절의 진미를 공급한다.

【注】 謂四時所爲膳食이니 若荊州之鮺(차)魚와 青州之蟹(해)胥이니 雖非常物이어늘 進之孝也니라

네 계절에 만드는 맛난 제철음식을 말하니, 荊州의 鮺魚와 青州의 蟹胥 같은 것이다. 비록 흔하지 않은 음식이지만 이를 진상하는 것은 효이다.

【疏】 '共祭祀之好羞' ○釋曰：尋常所共者, 竝在內外饔, 今言好羞, 則是非常之物, 謂美魚之屬也.

經의 〔共祭祀之好羞〕

○釋曰：평소 공급하는 음식은 모두 內饔과 外饔에 있다. 이제 '好羞(네 계절의 진미)'라고 했으므로 흔하지 않은 음식이니, 아름다운 물고기 등속을 가리킨다.

○注謂'四時'至'孝也' ○釋曰：云'四時所爲膳食'者, 謂四時之間, 非常美食. 云'若荊州之鮺魚·青州之蟹胥'者, 鄭見當時有之. 又見禮記禮器云 "大饗其王事與. 三牲·魚·腊·四海九州之美味", 苟可薦者, 莫不咸在. 且禹貢徐州貢蠙珠暨魚, 荊州無魚文, 是文不備, 是知好羞皆是魚也.

○注의 〔四時〕에서 〔孝也〕까지

○釋曰：〔四時所爲膳食〕 네 계절 사이에 나오는 흔하지 않은 맛있는 음식을 말한다.

〔若荊州之鮺魚 青州之蟹胥〕 鄭玄이 당시 있었던 것을 본 것이다. 또 살펴보건대, ≪禮記≫ 〈禮器〉에 "大饗의 제사는 왕의 일인가? 세 희생과 선어와 말린 고기와 四海와 九州의 진미로다."라고 하였으니, 진실로 올릴 수 있는 것은 모두 진설하지 않음이 없는 것이다. 또 ≪尙書≫ 〈禹貢〉에 의하면 徐州에서는 구슬〔蠙珠〕과 물고기를 공물로 바쳤는데, 荊州에서 물고기를 바쳤다는 문장이 없는 것은 문장을 생략한 것으로 好羞(네 계절의 진미)가 모두 물고기였음을 알 수 있다.

天-7-4

共喪紀之庶羞와 賓客之禽獻니라

〈庖人은〉 喪祭에 필요한 여러 가지 맛난 음식〔庶羞〕과 빈객에게 진헌할 乘禽(쌍을 이루며 날아다니는 날짐승)을 공급한다.

【注】喪紀는 喪事之祭니 謂虞祔[1]也라 禽獻은 獻禽於賓客[2]이라 獻은 古文爲獸니 杜子春云當爲獻이라하니라

1) 虞祔 : 虞祭와 祔祭를 말한다. '虞祭'는 아침에 장례를 마친 후 돌아와 당일 해가 중천에 떴을 때 혼령이 방황하지 않고 안정을 얻도록 하기 위해 지내는 제사이다. ≪禮記正義≫ 〈曲禮 下〉 孔穎達의 疏에 인용된 ≪古春秋左氏≫에 의하면, 천자는 16일 동안 9虞, 제후는 12일 동안 7虞, 대부는 8일 동안 5虞, 사는 4일 동안 3虞의 제사를 거행한다.〔旣葬反虞 天子九虞 九虞者以柔日 九虞十六日也 諸侯七虞 十二日也 大夫五虞 八日也 士三虞 四日也〕 '祔祭'는 새로 죽은 이의 신주를 祖廟에 넣고 昭穆의 순서에 따라 선조의 신주와 함께 제사를 지내는 것이다. 虞祭를 마치고 卒哭 이튿날에 祔祭를 거행한다.

2) 獻禽於賓客 : 楊天宇에 의하면 이곳의 '禽'은 禽과 獸를 겸하여 말한 것이다.(≪周禮譯注≫ 73쪽 참조) 그러나 아래의 賈公彦의 疏에 의하면 '禽'은 '乘禽'을 뜻한다.

'喪紀'는 喪事의 제사이니 虞祭와 祔祭를 가리킨다. '禽獻'은 빈객에게 날짐승을 진헌한다는 뜻이다. '獻'은 古文에 '獸'로 되어 있다. 杜子春은 "마땅히 '獻'이 되어야 한다."라고 하였다.

【疏】'共喪'至'禽(獸)〔獻〕[1]' ○釋曰 : 凡喪未葬已前, 無問朝夕奠及大奠[2], 皆無薦羞之法. 今言'共喪紀庶羞'者, 謂虞祔之祭乃有之. 云'賓客之禽獻'者, 謂若掌客上(之)〔公〕[3]

乘禽[4]日九十雙, 侯伯七十雙, 子男五十雙之類, 是也.

1) (獸)〔獻〕: 저본에는 '獸'로 되어 있으나, 上海古籍 整理本에 의거하여 '獻'으로 바로잡았다.
2) 朝夕奠及大奠 : 일반 상례에서는 죽은 당일에서 殯(대렴)을 하기 전까지는 소리가 끊이지 않게 곡을 하는데, 이를 '無時哭'이라 한다. 빈(대렴)을 한 이후부터 매장을 하기 전까지는 아침과 저녁에 정기적으로 殯宮의 阼階 아래에서 곡을 하는데 이를 '朝夕哭'이라 하고, 朝夕奠을 올린다. 장례를 마친 후에도 여전히 殯宮에서 조석곡을 하지만 奠을 올리지는 않는다. 大奠은 빈궁을 차린 기간에 초하루와 보름이 되면 거행하는 大祭奠으로, 朝夕의 小奠에 비해 성대하기 때문에 殷奠이라고도 한다. 殷奠에는 희생고기를 담은 俎를 진설한다.
3) (之)〔公〕: 저본에는 '之'로 되어 있으나, 浦鏜의 설에 의거하여 '公'으로 바로잡았다.(北京大 整理本과 上海古籍 整理本의 〈校勘記〉 참조)
4) 乘禽 : 암수가 서로 짝을 이루어 날아다니고 한 곳에 무리지어 사는 꿩이나 기러기 등의 새를 말하는데, 禮에서는 쌍을 단위로 수를 헤아린다.

經의 〔共喪〕에서 〔禽獻〕까지

○釋曰 : 무릇 상을 당하고 아직 장례를 치루기 전에는 朝夕奠이든 大奠이든 모두 음식을 올리는 법이 없다. 이제 "喪祭에 필요한 여러 가지 맛난 음식을 공급한다."고 한 것은 虞祭와 祔祭를 지낼 때 비로소 이들 음식을 올린다는 뜻이다.

〔賓客之禽獻〕 〈秋官 掌客(秋-58-4)〉에서 〈조빙하러 온〉 上公에게 매일 乘禽(쌍을 이루며 날아다니는 날짐승) 90쌍, 侯·伯에게 70쌍, 子·男에게 50쌍을 보내준다고 한 경우 같은 것이 그것이다.

○注'喪紀'至'爲獻' ○釋曰 : 云'喪紀, 喪事之祭, 謂虞祔也'者, 天子九虞後, 作卒哭祭, 虞·卒哭在寢, 明日祔於祖廟. 今直云'虞祔'不言'卒哭'者, 擧前後虞祔, 則卒哭在其中, 共庶羞可知. 云'獻, 古文爲獸. 杜子春云, 當爲獻'者, 但賓客之禽, 由主人獻之, 若直言賓客禽獸, 於義無取也.

○注의 〔喪紀〕에서 〔爲獻〕까지

○釋曰 : 〔喪紀 喪事之祭 謂虞祔也〕 천자는 9번의 虞祭를 지낸 후에 卒哭祭를 지내니, 正寢에서 우제와 졸곡제를 지내고, 그 이튿날에 祖廟에서 祔祭를 지낸다. 이제 단지 '부제'만을 말하고 '졸곡'을 말하지 않은 것은 앞뒤의 우제와 부제를 언급했다면 졸곡은 그 중간에 있는 것이니, 〈졸곡제에도〉 여러 가지 맛난 음식을 제공함을 알 수 있기 때문이다.

〔獻 古文爲獸 杜子春云 當爲獻〕 다만 '賓客의 禽'은 주인이 진헌한 것이니, 만약 곧바로 '賓客의 禽獸'라고 말하면 의리에 있어 취할 것이 없다.

天-7-5

凡令禽獻호대 以灋授之하고 其出入을 亦如之하니라

무릇 〈庖人은 獸人에게〉 명하여 빈객에게 진헌할 乘禽을 보내오도록 하는데, 법의 규정에 의거하여 〈수량을 문서로 작성하여 수인에게〉 보내준다. 포인은 수인이 보내온 乘禽을 납입하고 빈객에게 乘禽을 반출할 때도 또한 이와 마찬가지 방식으로 한다.

【注】令은 令獸人也라 禽獻不可久處요 賓客至에 將獻之니 庖人乃令獸人取之호대 必書所當獻之數與之하고 及其來致禽하여 亦以此書校數之하고 至于獻賓客하여 又以此書付使者하여 展而行之라 掌客乘禽於諸侯는 各如其命之數요 聘禮乘禽於客에 日如其饔餼之數요 士[1]中日則二雙이라

1) 士 : 士 신분의 介 즉 '士介'를 말한다. '士介'는 곧 '衆介'이다. 다른 나라를 빙문할 때, 卿을 使者로 삼고, 大夫를 上介로 삼고, 士를 衆介로 삼는다. 그러므로 衆介를 '士介'라고도 한다. ≪儀禮≫ 〈聘禮〉에 "宰는 司馬에게 명하여 衆介를 임명하도록 한다.〔宰命司馬戒衆介〕"고 하였는데, 鄭玄의 注에 "'衆介'는 신분이 士인데, 士는 司馬에 속한다.〔衆介者 士也 士屬司馬〕"고 하였다. 衆介(士介)는 신분이 낮기 때문에 군주가 직접 임명하지 않고, 군주의 명에 따라 宰가 司馬에게 임명하도록 한다.

'令'은 獸人에게 명을 한다는 뜻이다. 날짐승과 들짐승은 오래 머물 수 없고 빈객이 도착하면 장차 그것을 진헌해야 하니, 庖人은 곧바로 獸人에게 명하여 보내오도록 하는데, 반드시 〈빈객에게〉 진헌해야 할 수량을 문서로 작성하여 보내준다. 獸人이 乘禽을 가지고 와서 바칠 때 이르러서는 또한 이 문서로 수량을 대조하여 헤아린다. 빈객에게 진헌할 때 이르러서는 또 이 문서를 使者에게 교부하여 점검한 후에 빈의 관사로 떠나가게 한다. 〈天官 掌客(秋-58-4)〉에 의하면, 조빙하러 온 제후에게 乘禽을 보내줄 때는 각각 그 命數에 맞추어서 보내준다. ≪儀禮≫ 〈聘禮〉에 의하면, 빈객에게 승금을 보내줄 때는 죽은 희생과 살아 있는 희생〔饔餼〕의 수에 맞추어서 매일 보내준다. 士介의 경우는 하루걸러 乘禽 2쌍씩 보내준다.

【疏】'凡令'至'如之' ○釋曰：凡朝聘賓客至，竝致館與之. 賓客既在館，此庖人乃書所共禽獻之數，令於獸人，以數授之，故云'凡令禽獻以法授之'也. 云'其出入，亦如之'者，旣以數授獸人，依數以禽入庖人，是入也. 庖人得此禽，還依數付使者送向館，是出也. '亦如之'者，亦依法授之，故云"其出入，亦如之." 若然，入先出後，不言入出而言出入者，便文也.

經의 〔凡令〕에서 〔如之〕까지

○釋曰：무릇 조빙하러 온 빈객이 도착하면 모두 빈의 관사에 이르러 음식을 보내준다. 빈객이 이미 빈의 관사에 있으니, 이 庖人은 곧바로 제공할 禽獻(빈객에게 진헌할 乘禽)의 수량을 문서로 작성하여 獸人에게 보내오도록 명하니, 수량을 〈문서로 작성하여〉 보내주는 것이다. 그러므로 "무릇 〈포인은 수인에게〉 명하여 빈객에게 진헌할 승금을 보내오도록 하는데, 법의 규정에 의거하여 〈수량을 문서로 작성하여 수인에게〉 보내준다." 라고 한 것이다.

〔其出入亦如之〕 이미 수량을 문서로 작성하여 수인에게 보내주었으므로, 〈수인은〉 수량에 의거하여 승금을 포인에게 들여보내니, 이것이 납입하는 것이다〔入〕. 庖人은 이 승금을 얻으면, 다시 수량에 의거하여 使者에게 주어서 빈의 관사로 전송하여 향하게 하니, 이것이 반출하는 것이다〔出〕. "또한 이와 마찬가지 방식으로 한다."는 것은 또한 법의 규정에 의거하여 보내준다는 뜻이다. 그러므로 "납입하고 반출할 때도 또한 이와 마찬가지로 방식으로 한다."고 한 것이다. 그렇다면 납입하는 것이 먼저이고 반출하는 것이 뒤인데, '入出'이라 하지 않고 '出入'이라 한 것은 글을 편하게 썼기 때문이다.

○注'令令'至'二雙' ○釋曰：知令獸人者，案獸人云"凡祭祀・喪紀・賓客，共其死獸生獸"，故知令獸人. 云'禽獸，不可久處'以下，至'與之'以上，解經'令禽〔獻〕[1]以法授之.' 云'及其來致禽，亦以此書校數之'，解經'入亦如之.' 云'至于獻賓客，又以此〔書〕[2]付使者，展而行之'，解經'出亦如之.' 言'展而行之'者，展猶省，視也，行，去也，謂將向客館之時，省視禽牲，然後去. 云'掌客，乘禽於諸侯，各如其命之數'者，謂上公九命，日九十雙之等. 又引聘禮"乘禽於客，日如其饔餼之數"者，言此臣禮，不依命數. 公侯伯之卿，三命，子男之卿，再命，皆以爵卿也. 饔餼五牢，日五雙，故言"日如其饔餼之數." 云'士中日則二雙'者，謂作介時，士爵一日，則一雙，禽獻不以命數，中，間也. 故言"間日則二雙." 言此者, 釋經'以法授之', 法則數也.

1) 〔獻〕: 저본에는 '獻'이 없으나, '禽' 다음에 '獻'이 탈오되었다는 浦鏜의 설에 의거하여 보충하였다.(上海古籍 整理本의 〈校勘記〉 참조)
2) 〔書〕: 저본에는 '書'가 없으나 '此' 다음에 '書'가 탈오되었다는 浦鏜의 설에 의거하여 보충하였다.(上海古籍 整理本의 〈校勘記〉 참조)

○注의 〔令令〕에서 〔二雙〕까지

○釋曰 : 獸人에게 명함을 알 수 있는 것은, 살펴보건대 〈天官 獸人(天-12-5)〉에서 "무릇 〈수인은〉 제사·喪祭·빈객 접대 등의 일이 있을 때 죽은 짐승과 살아 있는 짐승을 공급한다."고 하였기 때문이다. 그러므로 수인에게 명한다는 것을 알 수 있다. "날짐승과 들짐승은 오래 머물 수 없다.〔禽獸 不可久處〕" 이하에서 "문서로 작성하여 보내준다.〔與之〕"까지는 경문의 "令禽獻 以法授之"를 풀이한 것이다. "獸人이 乘禽을 가지고 와서 바칠 때 이르러서는 또한 이 문서로 수량을 대조하여 헤아린다.〔及其來致禽 亦以此書 校數之〕"고 한 것은 경문의 "入亦如之"를 풀이한 것이다. "빈객에게 진헌할 때 이르러서는 또 이 문서를 使者에게 교부하여 점검한 후에 빈의 관사로 떠나가게 한다.〔至于獻賓客 又以此書付使者 展而行之〕"고 한 것은 경문의 "出亦如之"를 풀이한 것이다.

〔展而行之〕 '展'은 省(살핀다), 視(본다)와 같으며, '行'은 떠난다〔去〕는 뜻이니, 장차 빈객의 관사로 향하려고 할 때 乘禽과 희생을 살핀 후에 떠나는 것을 말한다.

〔掌客 乘禽於諸侯 各如其命之數〕 上公은 九命이니, 매일 90쌍을 보내는 것 등을 가리킨다.

또 ≪儀禮≫ 〈聘禮〉의 "빈객에게 승금을 보내줄 때는 죽은 희생과 살아 있는 희생〔饔餼〕의 수에 맞추어서 매일 보내준다."는 문장을 인용한 것은 이는 신하의 禮이므로 命數에 의거하지 않음을 말한 것이다. 公·侯·伯의 卿은 三命이고, 子·男의 卿은 再命이니, 모두 작위가 경이기 때문이다. 죽은 희생과 살아 있는 희생〔饔餼〕이 5태뢰이면, 매일 5쌍을 보내준다. 그러므로 "죽은 희생과 살아 있는 희생의 수에 맞추어서 매일 보내준다."고 한 것이다.

〔士中日則二雙〕 介가 되었을 때, 士의 작위는 하루에 한 쌍씩 보내주니, 禽獻을 命數에 따라서 하지 않는다. '中'은 건너뛴다〔間〕는 뜻이다. 그러므로 "하루 걸러서 2쌍을 보내준다."고 말한 것이다.

이러한 것들(注의 '掌客乘禽……二雙')을 말한 것은 경문에서 "법의 규정에 의거하여 보내준다."고 했을 때의 법이 수량임을 풀이한 것이다.

天-7-6

凡用禽[1]獻호되 **春行羔豚膳膏香**하고 **夏行**腒鱐(수)[2]**膳膏臊**(조)하고 **秋行犢麛**(미) **膳膏腥**하고 **冬行**鱻(선)**羽膳膏**羶(전)하니라

1) 禽 : 앞의 〈天官 庖人(天-7-4)〉의 '賓客之禽獻'과 〈天官 庖人(天-7-5)〉의 '凡令禽獻'에서의 '禽'이 쌍을 이루며 날아다니는 날짐승〔乘禽〕을 위주로 말한 것이라면, 이곳의 '禽'은 날짐승〔禽〕과 들짐승〔獸〕을 겸하는 말이다. 무릇 날짐승이나 들짐승 가운데 아직 새끼를 치지 않은 것을 '禽'이라 한다. 앞의 〈天官 庖人(天-7-1)〉 鄭玄 注에서 "무릇 날짐승이나 들짐승 가운데 아직 새끼를 치지 않은 것을 '禽'이라 한다.〔凡鳥獸未孕曰禽〕"고 하였고, 새끼 양〔羔〕·새끼 돼지〔豚〕·송아지〔犢〕·새끼 사슴〔麛〕·꿩〔雉〕·기러기〔鴈〕를 '六禽'으로 들었다. 賈公彦 疏에서도 '禽'과 '獸'는 對文으로 말하면 날짐승과 들짐승으로 뜻이 구별되지만, 散文으로 말할 경우는 뜻이 통하기 때문에 들짐승도 '禽'이라고 한다고 하였다. 또 孫詒讓도 '禽'은 날짐승과 들짐승의 총명〔禽 鳥獸之總名〕이라고 하였다.(≪周禮正義≫ 권35, 1383쪽 참조)

2) 鱐(수) : 陸德明에 의하면 '鱐'의 음은 所와 留의 反切이다.〔鱐 所留反〕(≪經典釋文≫ 권8, 〈周禮音義 上 天官冢宰〉'庖人') ≪朝鮮王朝實錄≫ 〈五禮 吉禮序例〉에도 '鱐'의 음은 '수'라고 하였다.〔魚鱐 音溲〕

무릇 〈庖人은〉 날짐승과 들짐승〔禽〕을 달이고 조미하여 왕에게 진헌하니, 봄에는 새끼 양고기와 새끼 돼지고기를 요리하면서 소고기의 기름으로 조미를 하고, 여름에는 말린 꿩고기와 건어물을 요리하면서 개고기의 기름으로 조미를 하고, 가을에는 송아지고기와 새끼 사슴고기를 요리하면서 닭고기의 기름으로 조미를 하고, 겨울에는 선어와 기러기고기를 요리하면서 양고기의 기름으로 조미를 한다.

【注】 用禽獻은 謂煎和之以獻王이라 鄭司農云 膏香은 牛脂也니 以牛脂和之라 腒는 乾雉요 鱐는 乾魚라 膏臊는 豕膏也니 以豕膏和之라 杜子春云 膏臊는 犬膏요 膏腥은 豕膏也라 鮮은 魚也요 羽는 鴈也라 膏羶은 羊脂也라 玄謂膏腥은 雞膏也라 羔豚은 物生而肥하고 犢與麛는 物成而充하고 腒鱐는 暵熱而乾하고 魚鴈은 水涸而性定하니 此八物者는 得四時之氣尤盛하여 爲人食之弗勝이라 是以用休廢之脂膏煎和膳之라 牛屬司徒하니 土也요 雞屬宗伯하니 木也요 犬屬司寇하니 金也요 羊屬司馬하니 火也니라

'用禽獻'은 달이고 조미를 하여 왕에게 진헌한다는 뜻이다. 鄭衆은 "'膏香'은 소고기의 기름이니, 소고기의 기름으로 조미를 하는 것이다. '腒'는 말린 꿩고기이다. '鱐'는 건어물이다. '膏臊'는 돼지고기의 기름이니, 돼지고기의 기름으로 조미를 하는 것이다."라고 하였다. 杜子春은 "'膏臊'는 개고기의 기름이다. '膏腥'은 돼지고기의 기름이다. '鮮'은 물고기이다. '羽'는 기러기고기이다. '膏羶'은 양고기의 기름이다."라고 하였다.

나(鄭玄)는 생각건대, '膏腥'은 닭고기의 기름이다. 새끼 양〔羔〕과 새끼 돼지〔豚〕는 草物이 처음 자라나는 계절에 〈그것을 먹고서〉 살이 찌고, 송아지〔犢〕와 새끼 사슴〔麛〕은 草物이 이루어지는 계절에 〈그것을 먹고서〉 충만하다. 꿩〔腒〕과 어물〔鱐〕은 덥고 뜨거운 계절에 마르고, 물고기〔魚〕와 기러기〔鴈〕는 물이 마르는 계절에 성질이 차분해진다. 이 여덟 가지 음식물은 네 계절의 기운을 얻어서 더욱 왕성해지니, 사람이 먹어도 그 기운을 이겨내지 못한다. 이 때문에 休廢의 기름으로 달이고 조미하여 요리를 하는 것이다. 소는 司徒에 속하니 土이고, 닭은 宗伯에 속하니 木이고, 개는 司寇에 속하니 金이고, 양은 司馬에 속하니 火이다.

【疏】'凡用'至'膏羶' ○釋曰：言'凡用禽獻'者, 四者不同, 故言'凡'也. 煎和謂之用, 故言"凡用禽獻"也. 云'春行羔豚, 膳膏香'者, 言'行'者, 義與'用'同. 春用羔豚者, 草物始生, 羔豚食而肥. '膳膏香'者, 謂牛膏. 春, 木王, 火相, 土死[1], 羔豚爲其太盛. 牛屬中央土, 故以死之脂膏, 殺(쇄)其氣. '夏行腒鱐, 膳膏臊'者, 腒謂乾雉, 鱐謂乾魚. 膏臊, 犬膏. 腒鱐, 夏之暵熱而乾, 故食之, 爲其太盛. 夏時金死, 犬屬西方金, 故用死之脂膏煎和之. 云'秋行犢麛, 膳膏腥'者, 秋時草物有實, 犢麛食之而肥, 故秋用犢麛. 膏腥謂鷄膏. 雞屬東方木, 時木死, 故用死之脂膏煎和之. 云'冬行鱻羽, 膳膏羶'者, 鮮謂魚, 羽謂鴈, 冬, 魚之性定, 鴈又新來, 故用食之. 膏羶謂羊膏. 羊屬南方火, 冬時火死. 魚鴈食之大盛, 故用死之脂膏煎和之. 五行不言北方豕之脂膏者, 以其中央土王, 分於四時, 土賊水, 但無中央食法, 故不言豕之脂膏也.

1) 春……土死：星命家들은 五行을 四季에 배합하고 계절마다 五行의 성쇠를 旺·相·休·囚·死로 표시한다. 예를 들면 봄은 木旺·火相·水休·金囚·土死이다. 사람의 八字 가운데의 日干이 旺·相의 月支를 만나면 得時가 되고, 囚·死의 月支를 만나면 失時가 된다. 만일 日干이 木이면, 봄에는 旺이 되고, 겨울에는 相이 되어 모두 得時에 속한다.

經의 〔凡用〕에서 〔膏羶〕까지

○釋曰 : 〔凡用禽獻〕 네 계절마다 〈요리하는 음식이〉 같지 않기 때문에 '凡(무릇)'이라고 한 것이다. 달이고 조미하는 것을 '用'이라고 한다. 그러므로 "무릇 날짐승과 들짐승을 달이고 조미하여 진헌한다."라고 한 것이다.

〔春行羔豚 膳膏香〕 '行'이라고 말한 것은 뜻이 '用'과 같다. 봄에 새끼 양고기와 새끼 돼지고기를 요리하는 것은 草物이 처음 자라나서 새끼 양과 새끼 돼지가 그것을 먹고 살이 찌기 때문이다. '膳膏香'은 소고기의 기름〔牛膏〕을 뜻한다. 봄에는 木旺, 火相, 土死이니, 새끼 양과 새끼 돼지의 기운이 지나치게 왕성해진다. 소〔牛〕는 中央 土에 속한다. 그러므로 土死의 기름으로 〈새끼 양과 새끼 돼지의〉 기운을 죽이는 것이다.

〔夏行腒鱐 膳膏臊〕 '腒'는 말린 꿩고기를 말하고, '鱐'는 건어물을 말한다. '膏臊'는 개고기의 기름이다. 꿩과 어물은 여름철의 무더위에 마르게 된다. 그러므로 그것을 먹어 그 기운이 지나치게 왕성해진다. 여름철은 金死인데, 개〔犬〕는 西方 金에 속한다. 그러므로 金死의 기름으로 달이고 조미를 한다.

〔秋行犢麛 膳膏腥〕 가을철에는 草物이 열매를 맺으니, 송아지와 새끼 사슴이 그것을 먹고 살이 찐다. 그러므로 가을에는 송아지고기와 새끼 사슴고기를 요리한다. '膏腥'은 닭고기의 기름을 말한다. 닭〔雞〕은 東方 木에 속하는데, 가을철은 木死이다. 그러므로 木死의 기름으로 달이고 조미를 한다.

〔冬行鱻羽 膳膏羶〕 '鮮'은 물고기를 말하고, '羽'는 기러기를 말한다. 겨울에는 물고기의 성질이 차분해지고, 기러기는 또 새롭게 날아온다. 그러므로 그것을 요리하여 먹는다. '膏羶'은 양고기의 기름을 말한다. 양은 南方 火에 속하는데, 겨울철은 火死이다. 물고기와 기러기를 먹어 〈그 기운이〉 지나치게 왕성해진다. 그러므로 火死의 기름으로 달이고 조미를 한다. 오행에서 북방 돼지〔豕〕의 기름을 말하지 않은 것은 中央 土旺은 네 계절에 나누어 있고, 土는 水를 해치지만, 다만 중앙의 食法이 없기 때문이다. 그러므로 돼지고기의 기름을 말하지 않은 것이다.

○注'用禽'至'火也' ○釋曰 : 云'用禽獻, 謂煎之以獻(主)〔王〕[1)]'者, 殺牲謂之用, 煎和謂之膳, 用膳, 相將之言, 故以煎和解用. 上言賓客之禽獻, 此用禽, 以王爲主, 故言"獻王." '鄭司農云, 膏香牛脂也'者, 案內則鄭注"釋者曰膏, 凝者曰脂." 彼是相對之義, 通而言之, 脂膏一也. 故司農以脂解膏. 云'腒, 乾雉'者, 以士相見云"冬用雉, 夏用腒", 故知腒乾雉也. 云'鱐, 乾魚'者, 籩人職云'魚鱐', 此鱐腒同是夏用之, 腒旣是乾雉, 明鱐是乾魚. 云'膏臊, 豕膏也'者, 經云 '夏行腒鱐, 膳膏臊', 此經四時所膳者, 皆取所賊死之脂膏. 火賊金, 卽膏臊犬膏也, 不得云北方豕膏. 又杜子春云 '膏臊犬膏'者, 於義是也, 云'膏腥, 豕膏也'者, 於義非也, 以其秋行犢麛, 秋時金王, 金剋木, 雞屬東方木, 則膏腥雞膏也, 不得爲豕膏. 云'鮮, 魚也, 羽, 鴈也'者, 尙書益稷云 "與稷決川而鮮食." 鮮出於川, 故知鮮魚也. 又此鮮對羽, 故知鮮是魚. 知羽是鴈者, 以其禽摯中有羔・雉・鴈, 此禽獻中已有羔雉, 明亦有鴈, 故以羽爲鴈也. '玄謂膏腥雞膏也'者, 破子春豕膏. 云'魚鴈, 水涸而性定'者, 依周語云 "天根見而水涸[2]", 鄭注月令云 "天根見, 九月末", 是水涸在九月末・十月初. 云'是以用休廢之脂膏'者, 五行王相相剋, 春木王, 火相, 土死, 金囚, 水爲休廢. 夏火王, 土相, 金死, 水囚, 木爲休廢. 已下推之可知. 王所勝者死, 相所勝者囚, 新謝者爲休廢. 若然, 向來所膳膏者, 皆是死之脂膏. 鄭云'休廢'者, 相對死與休廢別, 散則死亦爲休廢, 故鄭以休廢言之也. 云'牛屬司徒, 土也'者, 鄭於司徒注云 "牛能任載, 地之類", 故屬土. 云'雞屬宗伯, 木也'者, 雞爲貌, 雞又知時, 象春, 故屬木[3]. 云'犬屬司寇, 金也'者, 金爲言, 犬亦言, 屬金. 云'羊屬司馬, 火也'者, 火爲視, 羊亦視, 故屬火.

1) (主)〔王〕: 저본에는 '主'로 되어 있으나, 鄭玄의 注에 의거하여 '王'으로 바로잡았다.(上海古籍 整理本의 〈校勘記〉 참조)

2) 天根見而水涸 : 天根은 東方 七宿 가운데 3번째 별자리로, 4개의 별로 이루어져 있다. ≪爾雅≫ 〈釋天〉에서 "천근은 氐宿이다.〔天根 氐也〕"라고 하였고, 郭璞의 注에는 "角宿와 亢宿 아래에 氐宿가 이어져 있는데, 나무에 뿌리가 있는 것과 같다.〔角亢下繫於氐 若木之有根〕"고 하였다.

3) 雞爲貌……故屬木 : 貌(용모)・言(말)・視(봄)・聽(들음)・思(생각)을 '五事'라 한다.(≪尙書≫ 〈周書 洪範〉) 이 五事와 五行의 배합 관계는 貌-木, 視-火, 思-土, 言-金, 聽-水이다.(≪晉書≫ 〈天文志〉 "歲星曰東方春木 於人 五常 仁也 五事 貌也……塡星曰中央季夏土 信也 思心也……熒惑曰南方夏火 禮也 視也……太白曰西方秋金 義也 言也……辰星曰北方冬水 智也 聽也") 牛・羊・豕・雞・犬을 '五畜'이라 하는데(≪漢書≫ 〈地理志〉, '民有五畜'에 대한 顔師古의 주), ≪靈樞經≫ 〈五味〉에는 "五畜. 牛(소)는 甘(단맛)이고, 犬(개)은 酸(신맛)이고, 豬(豕, 돼지)는 鹹(짠맛)이고, 羊은 苦(쓴맛)이고, 鷄(닭)는 辛(매운맛)이다.〔牛甘 犬酸 豬鹹 羊苦 雞辛〕"라고 하였다. 이 五味와 五行의 배합관계는 酸(신맛)-木, 苦(쓴맛)-火, 甘(단맛)-土, 辛(매운맛)-金, 鹹(짠맛)-水이다.(≪素問≫ 〈金匱眞言論〉, "東方靑色 入通於肝……其味酸 南方赤色 入通於心……其味苦 中央黃色 入通於脾……其味甘 西方白色 入通於肺……其味辛 北方黑色 入通於腎……其味鹹") 이에 따라 五事・五味・五畜・五行의 배합 관계를 정리하

면 貌-酸-犬-木, 言-辛-鷄-金, 視-羊-苦-火, 聽-豕-鹹-水, 思-牛-甘-土이 성립되어 이곳에서 鷄를 木, 犬을 金에 배합한 것과 다르다.

○注의 〔用禽〕에서 〔火也〕까지

○釋曰 : 〔用禽獻 謂煎之以獻王〕 희생을 죽이는 것을 '用'이라 하고, 달이고 조미하는 것을 '膳'이라 하니, '用'과 '膳'은 서로 돕는 말이다. 그러므로 달이고 조미하는 뜻으로 '用'을 풀이하였다. 위 〈天官 庖人(天-7-4)〉에서는 賓客에게 진헌할 乘禽〔賓客之禽獻〕을 말하였는데, 이곳의 '날짐승과 들짐승을 달이고 조미한다.〔用禽〕'는 것은 왕을 위주로 말한 것이다. 그러므로 "獻王(왕에게 진헌하다)"이라 한 것이다.

〔鄭司農云 膏香牛脂也〕 살펴보건대, ≪禮記≫ 〈內則〉 鄭玄의 注에서 "기름을 용해한 것을 '膏'라 하고, 응고시킨 것을 '脂'라 한다."고 하였다. ≪예기≫에서는 서로 짝을 이루어 말할 때의 뜻이니, 통언하면 '脂'와 '膏'는 같은 뜻이다. 그러므로 鄭衆이 '脂'로 '膏'의 뜻을 풀이한 것이다.

〔腒 乾雉〕 ≪儀禮≫ 〈士相見禮〉에서 "〈자신의 신분을 나타내는 예물〔摯〕로〉 겨울에는 죽은 꿩〔雉〕을 사용하고, 여름에는 말린 꿩고기〔腒〕를 사용한다."고 하였으므로 '腒'는 말린 꿩고기임을 알 수 있다.

〔鱐 乾魚〕 〈天官 籩人(天-25-2)〉에서 '魚鱐(건어물)'라고 하였는데, 이곳의 '鱐'와 '腒'는 똑같이 여름에 요리하는 것이다. '腒'가 이미 말린 꿩고기라면, '鱐'는 건어물임이 분명하다.

〔膏臊 豕膏也〕 경문에서 "여름에는 말린 꿩고기와 건어물을 요리하는데, 개고기의 기름으로 조미를 한다."고 하였다. 이 경문에서 네 계절에 요리하는 음식은 모두 해치고 죽이는 기운의 기름을 취해서 조미를 한다. 火는 金을 해치므로, 즉 膏臊는 개고기의 기름이지 북방의 돼지기름이라고 말할 수 없다. 또 杜子春이 "膏臊는 개고기의 기름이다."라고 한 것은 의리에 있어 옳지만, "膏腥은 돼지고기의 기름이다."라고 한 것은 의리에 있어 잘못된 것이다. 가을에는 송아지고기와 새끼 사슴고기를 요리한다. 가을철은 金旺이니, 金은 木을 이긴다. 닭〔鷄〕은 東方 木에 속하므로 '膏腥'은 닭고기의 기름이지 돼지고기의 기름이 될 수 없다.

〔鮮 魚也 羽 鴈也〕 ≪尙書≫ 〈虞書 益稷〉에서 "稷과 함께 하천을 터서 〈백성들로 하여금〉 鮮을 먹게 하였다."고 하였다. '鮮'은 하천에서 나온다. 그러므로 '鮮'은 물고기임을 알 수 있다. 또 이곳의 '鮮'은 '羽'와 짝을 이루므로 '鮮'이 물고기임을 알 수 있다. '羽'가 기러기〔鴈〕임을 알 수 있는 것은 六禽과 六摯 가운데에 새끼 양·꿩·기러기가 포함되어 있고, 이곳의 禽獻 가운데에 이미 새끼 양·꿩이 있으므로 또한 기러기가 있음이 분명하다. 그러므로 '羽'를 기러기〔鴈〕라고 한 것이다.

〔玄謂膏腥雞膏也〕 두자춘이 〈膏腥을〉 돼지고기의 기름으로 해석한 것을 부정한 것이다.

〔魚鴈 水涸而性定〕 ≪國語≫ 〈周語〉에서 "天根이 새벽에 나타나면 물이 마른다."고 하였고, ≪禮記≫ 〈月令〉 정현의 注에 "천근이 나타나는 것은 9월 말이다."라고 한 것에 의거한다면, 물이 마르는 것은 9월 말에서 10월 초이다.

〔是以用休廢之脂膏〕 오행의 旺·相은 서로 이기니, 봄에는 木旺, 火相, 土死, 金囚이니 水는 休廢가 된다. 여름에는 火王, 土相, 金死, 水囚이니 木은 休廢가 된다. 이하는 미루어서 알 수 있다. 旺을 이기는 것은 死이고, 相을 이기는 것은 囚이니, 새로이 물러난 것이 休廢가 된다. 만약 그렇다면 줄곧 요리의 기름으로 쓰이는 것은 모두 死의 기름이다. 정현이 '休廢'라고 한 것은 死와 休廢를 對文으로 말하여 구별한 것이니, 散文으로만 하면 死 또한 休廢가 된다. 그러므로 정현이 休廢를 가지고 말한 것이다.

〔牛屬司徒 土也〕 정현은 〈地官 大司徒(地-1-25)〉의 주에서 "소는 짐을 실을 수 있으니, 地의 부류이다."라고 하였다. 그러므로 〈소는〉 土에 속한다.

〔雞屬宗伯 木也〕 닭〔鷄〕은 〈五事에서〉 貌(용모)가 되고, 닭은 또 시간을 관장하니, 봄을 상징한다. 그러므로 〈오행에서〉 木에 속한다.

〔犬屬司寇 金也〕 金은 〈五事에서〉 言(말)이고, 개〔犬〕 또한 言이니, 〈오행에서〉 金에 속한다.

〔羊屬司馬 火也〕 火는 〈五事에서〉 視(봄)이고, 양 또한 視이다. 그러므로 〈오행에서〉 火에 속한다.

天-7-7

歲終則會호되 **唯王及后之膳禽**은 **不會**니라

연말이 되면 한 해의 회계결산을 하지만, 오직 왕 및 왕후에게 날짐승과 들짐승을 요리하여 공급한 음식에 대해서만은 회계결산을 하지 않는다.

【注】 膳禽은 四時所膳禽獻이라 加世子는 可以會之니라

'膳禽'은 네 계절에 날짐승과 들짐승을 요리하여 진헌한 것이다. 세자에게 요리하여 공급한 음식은 회계결산을 할 수 있다.

【疏】 注'膳禽'至'會之' ○釋曰：上膳夫職所掌者, 是其正, 此禽獻者, 是其加. 世子可以會, 故歲終則唯王及后之膳不會, 世子則會之矣.

注의 〔膳禽〕에서 〔會之〕까지

○釋曰 : 앞의 〈天官 膳夫〉에서 관장하는 음식은 正餐이고, 이곳의 날짐승과 들짐승을 요리하여 진헌한 음식은 加餐이다. 세자의 경우는 한 해의 회계결산을 할 수 있다. 그러므로 연말이 되면 오직 왕 및 왕후의 음식에 대해서만 회계결산을 하지 않고 세자의 경우는 회계결산을 한다.

08. 內饔(내옹)

天-8-1

內饔은 **掌王及后世子膳羞之割亨**(팽)**煎和之事**하여 **辨體名**[1)]**肉物**[2)]하고 **辨百品味之物**하니라

1) 體名 : 희생을 뼈마디에 따라 자르고 나누어서 21體로 만드는 것을 '體解'라고 하고, 21체의 각 부위의 명칭을 '體名'이라고 한다. 좌우 앞다리의 뼈〔肱骨〕를 각각 셋으로 나누면 肩(위쪽 부위)·臂(중앙 부위)·臑(아래쪽 부위)의 6體가 된다. 좌우 뒷다리의 뼈〔股骨〕를 각각 셋으로 나누면 肫〔위쪽 부위〕·骼(중앙 부위)·觳(아래쪽 부위)의 6體가 된다. 좌우의 갈비뼈〔脅〕를 각각 셋으로 나누면 代脅(앞쪽 부위)·正脅(중간 부위)·短脅(뒤쪽 부위)의 6體가 된다. 등뼈〔脊骨〕를 셋으로 나누면 正脊〔앞쪽 부위〕·脡脊(중앙 부위)·橫脊(뒤쪽 부위)의 3體가 된다. 모두 21體이다. 凌廷堪의 ≪禮經釋例≫에서는, 희생의 왼쪽 몸체를 '左胖'이라 하고, 오른쪽 몸체를 '右胖'이라 하고, 앞쪽 몸체를 '肱骨' 혹은 '前脛骨'이라고 하고, 뒤쪽 몸체를 '股骨' 혹은 '後脛骨'이라고 하고, '肫'〔뒷다리 뼈의 위쪽부위〕은 '膞'이라고도 하고, '胳'(뒷다리 뼈의 중앙 부위)은 '骼'이라고도 하고, 脊의 양 곁에 있는 것을 '脅' 또는 '胉'이나 '幹'이라고

牲體圖

하고, '肩'(앞다리 뼈의 위쪽 부위)의 위를 '䏶'(목덜미) 혹은 '脰'이라 하고, 肫(뒷다리 뼈의 위쪽 부위)의 아래를 '髀'(넓적다리뼈)라고 하고, 나머지를 '儀'라고 하며, 땅을 밟는 부위를 '蹄'(발굽)라 하고, 脊骨(등뼈)이 끝나는 곳을 '尻'(엉덩이뼈)라고 한다.(錢玄, ≪三禮辭典≫ 1286~1287쪽 참조)

2) 肉物 : 楊天宇에 의하면, '肉物'은 부위와 용도가 다른 내장의 명칭을 말하는 것으로, 심장〔心〕・간장〔肝〕・창자〔腸〕・위장〔胃〕・식용 허파〔擧肺〕・고수레용 허파〔祭肺〕・돼지고기의 껍질 부위〔膚〕・돼지고기의 부드러운 껍질 부위〔倫膚〕 등을 가리킨다.(≪周禮譯註≫, 75쪽 참조)

內饔은 왕 및 왕후・세자에게 공급할 희생고기〔膳〕와 맛난 음식〔羞〕을 자르고 삶고 달이고 조미하는 일을 관장하여 뼈마디에 따라 자르고 나눈 희생의 몸체 부위의 명칭과 희생으로 요리한 고기의 명칭을 변별하고, 각종 맛난 음식의 명칭을 변별한다.

【注】'割'은 肆(척)[1]解肉也요 亨은 煮也라 煎和는 齊以五味[2]요 體名은 脊脅肩臂臑之屬이요 肉物은 胾燔之屬이요 百品味는 庶羞之屬이니 言百은 擧成數라

1) 肆(척) : 〈地官 大司徒(地-1-25)〉의 '羞其肆'에 대한 鄭玄의 注에는 "肆解한 骨體를 진설하는 것이다.〔進所肆解骨體〕"라고 하였고, 賈公彦의 疏에서는 "'羞'는 진설한다는 뜻이고, '肆'은 해체한다는 뜻이니, 희생제기 위에 해체한 희생의 몸체를 올려서 神坐 앞에 진설한다는 뜻이다.〔羞 進也 肆 解也 謂於俎上進所解牲體於神坐前〕"라고 하였다. 또 陸德明에 의하면, 肆의 음은 他와 歷의 반절로서 骨體를 해체하는 것을 말한다.〔肆 他歷反 解骨體〕(≪經典釋文≫ 권8 〈周禮音義 上 春官宗伯〉'大宗伯')

2) 齊以五味 : '五味'는 신맛〔酸〕・단맛〔甛〕・쓴맛〔苦〕・매운맛〔辛〕・짠맛〔鹹〕의 다섯 가지 맛을 말한다. 〈天官 疾醫(天-18-2)〉 鄭玄의 注에서 "五味는 식초・술・엿・꿀・생강・소금 따위를 말한다.〔五味 醯酒飴蜜薑鹽之屬〕"라고 하였고, 賈公彦의 疏에서는 "식초는 신맛이고, 술은 쓴맛이고, 엿과 꿀은 단맛이고, 생강은 매운 맛이고, 소금은 짠맛이다.〔醯則酸也 酒則苦也 飴蜜卽甘也 薑卽辛也 鹽卽鹹也〕"라고 하였다.

'割'은 희생의 뼈를 자르고 나눈다〔肆解〕는 뜻이다. '亨'은 삶는다〔煮〕는 뜻이다. '煎和'는 다섯 가지 맛으로 조미를 한다는 뜻이다. '體名'은 등뼈〔脊〕・갈비뼈〔脅〕・앞다리 뼈의 위쪽 부위〔肩〕・앞다리 뼈의 중앙 부위〔臂〕・앞다리 뼈의 아래쪽 부위〔臑〕 따위를 말한다. '肉物'은 저민 고기〔胾〕・고기구이〔燔〕 따위를 말한다. '百品味'는 여러 가지 맛난 음식〔庶羞〕 등을 말하니, '百'이라고 한 것은 成數를 든 것이다.

【疏】[○][1]注'割肆'至'成數' ○釋曰：知'割肆解肉'者, 謂士虞禮云"四肆[2]去蹄", 此明割是肆解肉. 云'煎和, 齊以五味'者, 凡言'和'者, 皆用酸·苦·辛·鹹·甘. 云'體名, 脊脅肩臂臑之屬'者, 案少牢, 解羊豕, 前體肩·臂·臑, 後體膊·骼, 又有正脊·脡脊·橫脊, 又有短脅·正脅·代脅, 是其體十一體.[3] 云'肉物胾燔之屬'者, 案公食大夫禮, 十六豆有胾, 胾謂切肉. 又案少牢, 主婦獻尸以燔從, 傳火曰燔. 云'百品味, 庶羞之屬', 案膳夫職庶羞百有二十品, 今言百, 故鄭云"擧成數."

1) [○] : 저본에는 '○'가 없으나, 이전 【疏】 형식에 따라 보충하였다.
2) 四肆 : ≪儀禮≫ 〈士虞禮〉에는 '肆(척)'이 '鬄'로 되어 있는데, '鬄'는 '剔'(뼈를 발라낸다) 또는 '解'(각을 뜬다)의 뜻으로, 희생을 4조각으로 해체한 것을 의미한다.
3) 是其體十一體 : 鄭玄에 따르면, 大夫의 예인 ≪儀禮≫의 〈少牢饋食禮〉에서 11體를 진설하는 반면 士의 正祭인 〈特牲饋食禮〉에서는 9體를 진설함으로써 대부의 예를 낮추지만, 실제로는 뼈 2개씩을 나란히 올려놓은 것이 2가지이므로 역시 11이라는 명분을 얻어서 〈소뢰궤사례〉의 본래 牲體 수와 합치시킨다고 하였다.(≪의례≫ 〈특생궤사례〉 鄭玄의 注 참조)

○注의 [割肆]에서 [成數]까지

○釋曰："'割'은 희생의 뼈를 자르고 나눈다는 뜻이다."는 것을 알 수 있는 것은 생각건대, ≪儀禮≫ 〈士虞禮〉에서 "희생의 뼈를 발라내어 넷으로 나누고, 돼지의 발굽을 버린다."고 하였으니, 이곳의 '割'은 희생의 뼈를 발라서 나눈다는 뜻이 분명하다.

[煎和 齊以五味] 무릇 '和'라고 한 것은 모두 신맛·쓴맛·매운맛·짠맛·단맛으로 조미하는 것을 말한다.

[體名 脊脅肩臂臑之屬] 살펴보건대, ≪儀禮≫ 〈少牢饋食禮〉에는 양고기와 돼지고기의 뼈를 발라서 나누는데, 앞다리 뼈의 위쪽 부위[肩]·중앙 부위[臂]·아래쪽 부위[臑]를 〈취하여 진설하고〉, 뒷다리 뼈의 위쪽 부위[膊]·중앙 부위[骼]를 〈취하여 진설하며〉, 또 앞쪽 부위 등뼈[正脊]·중앙 부위 등뼈[脡脊]·뒤쪽 부위 등뼈[橫脊]를 〈진설하고〉, 또 뒤쪽 부위 갈비뼈[短脅]·중앙 부위 갈비뼈[正脅]·앞쪽 부위 갈비뼈[代脅]를 〈진설하니〉, 모두 11體이다.

[肉物胾燔之屬] 살펴보건대, ≪의례≫ 〈公食大夫禮〉에서는 16豆를 진설하는데 그 가운데에 胾가 있으니, '胾'는 저민 고기이다. 또 살펴보건대, ≪의례≫ 〈소뢰궤사례〉에서는 主婦가 시동에게 술을 따라 '獻'의 예를 행하고 고기구이[燔]를 곁들여서 올린다. 불에 구

운 고기를 '燔'이라고 한다.

〔百品味 庶羞之屬〕 살펴보건대, 〈天官 膳夫(天-6-2)〉에서는 '庶羞 120가지'라고 하였는데, 이제 '100'이라고 말하였다. 그러므로 鄭玄이 "成數를 든 것이다."라고 한 것이다.

天-8-2

王擧에 則陳其鼎俎하고 以牲體實之니라

왕이 희생을 잡아 성찬을 할 때, 〈內饔은〉 세발솥〔鼎〕과 희생제기〔俎〕를 진설하고, 희생고기를 세발솥에 담고 〈이어서〉 희생제기에 올려놓는다.

【注】 取於鑊하여 以實鼎하고 取於鼎하여 以實俎니 實鼎曰脀(증)이요 實俎曰載라

가마솥〔鑊〕에서 희생고기를 꺼내어 세발솥〔鼎〕에 담고, 세발솥에서 희생고기를 건져서 희생제기 위에 올려놓는다. 세발솥에 담는 것을 '脀'이라 하고, 희생제기 위에 올려놓는 것을 '載'라고 한다.

【疏】 '王擧'至'實之' ○釋曰：言'陳其鼎俎'者, 陳鼎有二處, 初陳鼎於鑊西, 後陳鼎於阼階下. 其俎皆陳於鼎西南. 云'以牲體實之'者, 其牲體入鑊時, 已解訖. 今言實者, 有兩處. 一者, 取於鑊, 實於鼎, 據在鑊所, 二者, 取於鼎, 實於俎.

經의 〔王擧〕에서 〔實之〕까지

○ 釋曰：〔陳其鼎俎〕 세발솥〔鼎〕을 진설하는 것은 2곳이 있으니, 처음에는 가마솥〔鑊〕의 서쪽에 세발솥을 진설하고, 뒤에는 동쪽 계단〔阼階〕 아래에 세발솥을 진설한다. 희생제기〔俎〕는 모두 세발솥의 서남쪽에 진설한다.

〔以牲體實之〕 희생의 몸체를 가마솥 안에 넣을 때에 이미 뼈를 발라내어 나누는 일이 끝났다. 이제 '담는다〔實〕'라고 말한 것은 두 곳이 있다. 하나는 가마솥에서 꺼내어서 세발솥〔鼎〕에 담으니 가마솥이 있는 곳에 의거하여 말한 것이고, 다른 하나는 세발솥에서 건져 내어 희생제기〔俎〕에 올려놓는 것이다.

○注'取於'至'曰載' ○釋曰：'實鼎曰脀'者, 脀, 升也. 案少牢 "司馬升羊, 實於一鼎"[1], 是實鼎曰脀. 案特牲云 "卒載, 加匕於鼎", 是其實俎曰載. 案少牢云 "升羊, 載右胖, 升家其載如羊." 又有司徹亦云"乃升", 鄭云 "升牲體於俎." 若然, 實鼎, 唯有升名, 無載稱, 若實俎, 升載兩有.

1) 司馬升羊 實於一鼎 : ≪儀禮≫ 〈少牢饋食禮〉의 원문은 "司馬升羊右胖 髀不升 肩臂臑膊骼正脊一脡脊一橫脊一短脅一正脅一代脅一 皆二骨以竝 腸三胃三擧肺一祭肺三 實于一鼎(司馬는 〈가마솥에서 삶은〉 양고기의 오른쪽 몸체를 건져 내어 양고기를 담는 세발솥에 올려서 넣는데, 앞다리 뼈의 위쪽 부위〔肩〕·앞다리 뼈의 중앙 부위〔臂〕·앞다리 뼈의 아래쪽 부위〔臑〕·뒷다리 뼈의 위쪽 부위〔膊〕·뒷다리 뼈의 중앙 부위〔骼〕는 각각 뼈 한 조각씩을 올려서 넣고, 등뼈의 앞쪽 부위〔正脊〕 한 덩어리 · 등뼈의 중앙 부위 한 덩어리 · 등뼈의 뒤쪽 부위 한 덩어리 · 갈비뼈의 뒤쪽 부위 한 덩어리 · 갈비뼈의 중앙 부위 한 덩어리 · 갈비뼈의 앞쪽 부위 한 덩어리를 올려서 넣는데, 등뼈와 갈비뼈는 모두 뼈 2조각을 한 덩어리로 삼아서 나란히 하여 올려 넣으며, 창자 세 조각, 위 세 조각, 중앙 부위를 조금 남기고 자른 허파 한 조각, 중앙 부위를 완전하게 끊어서 자른 허파 세 조각을 올려서 넣는데, 이 모든 희생의 몸체는 하나의 세발솥 안에 담는다.)"이다. 鄭玄의 注에는 "升은 上과 같다. 오른쪽 몸체를 올려놓는 것은 周나라에서 귀하게 여기던 풍속이다.〔升 猶上也 上右胖 周所貴也〕"라고 하였다. 또 ≪儀禮≫ 〈士冠禮〉의 鄭玄 注에 "세발솥〔鼎〕에 담아놓는 것을 '升'이라 한다.〔在鼎曰升〕"고 하였다. '升'에는 아래로부터 위로 올라간다는 뜻이 있다.

○注의 〔取於〕에서 〔曰載〕

○釋曰 : 〔實鼎曰脀〕 '脀'은 升(담다)의 뜻이다. 살펴보건대, ≪儀禮≫ 〈少牢饋食禮〉에서 "司馬는 〈가마솥에서〉 양고기〈의 오른쪽 몸체를 꺼내어서 양고기를 담는 鼎에〉 담는데〔升〕, 하나의 鼎 안에 담는다."고 하였으니, 이는 鼎에 담는 것을 '脀〔升〕'으로 표현한 것이다. 살펴보건대, ≪의례≫ 〈特牲饋食禮〉에서 "〈3개의 鼎에서 희생고기를 건져 내어〉 俎 위에 올려놓는〔載〕 일을 마치면, 숟가락을 鼎 위에 얹어놓는다."고 하였으니, 이는 俎 위에 올려놓는 것을 '載'로 표현한 것이다. 살펴보건대, ≪의례≫ 〈소뢰궤사례〉에서 "〈上利는〉 양고기를 俎 위에 올려놓는데〔升〕, 오른쪽 몸체를 올려놓는다〔載〕. 〈下利는〉 돼지고기를 俎 위에 올려놓는데〔升〕, 그 올려놓는〔載〕 절차는 양고기를 俎 위에 올려놓을〔載〕 때와 마찬가지로 한다."고 하였다. 또 ≪의례≫ 〈有司徹〉에서는 또한 '乃升'이라고 하였는데, 鄭玄은 "희생의 몸체를 俎 위에 올려놓는〔升〕 것이다."라고 하였다. 그렇다면 鼎에 담는 것은 오직 '升'이라는 명칭이 있을 뿐이고 '載'라는 칭호는 없는 것이다. 俎 위에 올려놓을 경우는 '升'과 '載' 두 가지 명칭이 있는 것이다.

天-8-3

選百羞醬物珍物하여 以俟饋니라

〈內饔은〉 여러 가지 맛난 음식·초장과 육장·진귀한 음식을 선별하여 〈膳夫가〉 왕에게 진헌할 것에 대비한다.

【注】先進食之時에 恒選擇其中御者라

음식을 진헌할 때 앞서 항상 먼저 왕의 마음에 들 만한 것을 선별하여 택한다.

【疏】'選百'至'俟饋' ○釋曰:'百羞'者, 則庶羞百二十. '醬物'者, 卽醬用百二十甕. '珍物'者, 諸八珍之類. '俟', 待也. 內饔恒預選, 知當王意所欲者, 以(得)〔待〕[1]饋王.

1) (得)〔待〕: 저본에는 '得'으로 되어 있으나, 앞의 '俟 待也'라고 한 것에 의거하여 '待'로 바로잡았다.(阮元의 〈校勘記〉 및 上海古籍 整理本의 〈校勘記〉 참조)

經의 〔選百〕에서 〔俟饋〕까지

○釋曰:'百羞'는 여러 가지 맛난 음식〔庶羞〕 120가지이다. '醬物'은 곧 '醬(초장과 육장)에는 120개의 독을 사용한다.'는 것이다. '珍物'은 8가지 진미〔八珍〕의 부류이다. '俟'는 기다린다〔待〕는 뜻이다. 內饔은 항상 미리 선별하여 왕의 마음에 원하는 바를 알아서 왕에게 진헌할 것에 대비한다.

天-8-4

共后及世子之膳羞니라

〈內饔은〉 왕후 및 세자에게 필요한 희생고기와 맛난 음식을 공급한다.

【注】膳夫掌之로되 是乃共之라

膳夫가 관장을 하는데, 이 경우는 곧 〈內饔이 직접〉 공급을 한다.

【疏】'共后'至'膳羞' ○釋曰:后·世子直言'共', 不言'饋'者, 膳夫饋王, 不饋后·世子. 此內饔言共, 是親饋, 故鄭云"膳夫掌之, 是乃共之."

經의 〔共后〕에서 〔膳羞〕까지

○釋曰 : 왕후와 세자에 대해서는 단지 '共'이라고 하고 '饋'라고 하지 않은 것은 膳夫는 왕에게는 음식을 진헌하지만〔饋〕 왕후와 세자에게는 음식을 진헌하지 않기 때문이다. 이곳의 內饔의 경우 '共'이라고 한 것은 〈내옹이〉 직접 음식을 진헌하기 때문이다. 그러므로 鄭玄이 "膳夫가 관장을 하는데, 이 경우는 곧 〈내옹이 직접〉 공급을 한다."고 한 것이다.

天-8-5

辨腥臊羶香之不可食者니 **牛夜鳴則**庮(유)요 **羊泠**(령)**毛而毳**면 羶이요 **犬赤股**[1] **而躁**면 **臊**하고 **鳥皫**(표)**色而沙鳴**이면 貍(울)[2]이요 **豕盲**眂(시)**而交睫**[3]이면 **腥**이요 **馬黑脊而般臂**면 螻니라

1) 赤股 : ≪禮記≫ 〈內則〉 鄭玄의 注에서는 "'赤股'는 넓적다리 안쪽에 털이 없는 것이다.〔赤股 股裏無毛也〕"라고 하였다.

2) 貍(울) : 陸德明은 貍의 음은 '鬱'이라고 하였고, 徐邈은 於와 弗의 反切이라고 하였다.(≪經典釋文≫ 권8, 〈周禮音義 上 天官冢宰〉 '內饔')

3) 交睫 : 陳澔는 "'交睫'은 눈과 눈썹이 교차한다는 뜻이다.〔交睫 目睫毛交也〕"라고 하였다.(≪禮記集說≫ 〈內則〉)

닭〔腥〕·개〔臊〕·양〔羶〕·소〔香〕 가운데 냄새가 나서 먹을 수 없는 것을 변별한다. 소가 밤중에 울면 그 고기에서 악취가 나고, 양이 털이 길어져서 뭉쳐 있으면 그 고기에서 누린내가 나고, 개가 넓적다리에 털이 빠지고 거동이 조급해지면 그 고기에서 누린내가 나고, 새가 털빛이 윤기를 잃고 흐느껴 울면 그 고기에서 썩은 냄새가 나고, 돼지가 멍하니 먼 곳을 바라보고 눈을 깜박거리면 그 고기 속에 혹이 생긴 것이고, 말이 등뼈가 검고 앞정강이 털에 얼룩무늬가 생기면 그 고기에서 땅강아지 같은 냄새가 난다.

【注】 腥臊羶香은 可食者니 是別其不可食者라 則所謂者는 皆臭味也라 泠毛는 毛長總結也요 皫는 失色不澤美也라 沙는 嘶也[1]라 交睫腥은 腥當爲星이니 聲之誤也니 肉有如米者(似)〔曰〕星[2]이라 般臂는 臂毛有文이라 鄭司農云 庮는 朽木臭也요 螻는 螻蛄臭也라 杜子春云 盲眂는 當爲望視라

1) 沙 澌也 : ≪禮記≫ 〈內則〉 鄭玄의 注에는 "'沙'는 嘶(흐느낀다)와 같다.〔沙猶嘶也〕"라고 하였다. '澌'가 '嘶'로 되어 있다.

2) 肉有如米者(似)〔曰〕星 : 段玉裁는 ≪周禮漢讀考≫에서 "似星은 '曰星'이 되어야 하니, 고기 안에 쌀 같은 것이 있는 것을 말한다. 그것을 '星'이라고 하는데, 선밥 알과 같이 생겼다."고 하였다. 阮元의 〈校勘記〉에서는 "≪爾雅≫ 〈釋器〉에 '쌀이 있는 것을 糵(선밥)이라고 한다.〔米者謂之糵〕'고 하였는데, 郭璞의 注에는 '飯中有腥(밥 속에 익지 않은 쌀이 있는 것이다.)'이라고 하였다. 또한 '腥'이 正字이다."라고 하였다.(北京大 整理本의 〈校勘記〉 참조)

〈앞의 〈天官 庖人(天-7-6)〉에서 말한〉 닭〔腥〕·개〔臊〕·양〔羶〕·소〔香〕는 먹을 수 있는 것이니, 이는 먹을 수 없는 것과 구별한 것이다. 그렇다면 이곳에서 말한 것들은 모두 나쁜 냄새가 나서 〈먹을 수 없는〉 것들이다. '泠毛'는 털이 길어져서 뒤엉킨다는 뜻이다. '皫'는 빛깔을 잃어서 윤기가 나지 않는다는 뜻이다. '沙'는 흐느껴 운다〔澌〕는 뜻이다. '交睫腥'에서의 '腥'은 마땅히 '星'이 되어야 하니, 성음으로 인한 잘못이다. 고기에 쌀 같은 것이 있는 것을 '星'이라고 한다. '般臂'는 앞정강이 털에 무늬가 생겨나는 것이다. 鄭衆은 "'庮'는 썩은 나무 냄새이다. '螻'는 땅강아지의 냄새이다."라고 하였다. 杜子春은 "'盲眡'는 마땅히 '望視(멀리 멍하니 바라다보다)'가 되어야 한다."고 하였다.

【疏】'辨腥'至'臂螻' ○釋曰 : 言'辨腥臊〔羶香〕[1)]'者, 依庖人職注, 腥謂雞也, 臊謂犬也, 羶謂羊也, 香謂牛也. 以腥臊羶香, 表見(云)[2)]牛羊犬雞也. 言'不可食者, 牛夜鳴則庮'者, 其牛無事夜鳴, 其肉必庮, 庮, 惡臭也. 云'羊泠毛而毳, 羶'者, 泠毛謂毛長也, 而毳謂毛別聚結者, 此羊肉必羶也. 云'犬赤股而躁, 臊'者, 言赤股者, 股裏無毛, 謂之赤股, 非謂肉赤. 謂若禮記檀弓"流矢在白肉", 非謂肉白[3)]. 而走又躁疾, 犬有如此者, 其肉必臊, 故云"而躁臊." 云'鳥皫色而沙鳴, 貍'者, 皫, 失色也, 沙, 澌也. 鳥毛失色, 而鳴又澌, 其肉氣必鬱. 鬱謂腐臭. 云'豕盲眡而交睫, 腥'者, 豕乃聽物, 不合望眡, 此豕眼睫毛交, 故云"豕望眡而交睫", 豕有如此, 其肉必如星. 腥當爲星, 其肉如米然, 驗當時有如此者也. 云'馬黑脊而般臂, 螻'者, 謂馬脊黑, 前脛般般然, 其馬如此, 其肉螻蛄臭. 此一經皆是不利人, 故禁之也.

1) 〔羶香〕 : 저본에는 '羶香' 두 글자가 없으나, 탈오된 것이라는 浦鏜의 설에 의거하여 보충하였다.(阮元과 上海古籍 整理本의 〈校勘記〉 참조)

2) (云) : 저본에는 '云'이 있으나, 阮元의 교감에 의거하여 衍字로 처리하였다.(阮元의 〈校

勘記〉 참조)

3) 流矢在白肉 非謂肉白 : ≪禮記≫ 〈檀弓 上〉 鄭玄의 注에서 "'白肉'은 넓적다리 안쪽의 살이다.〔白肉 股裏肉〕"라고 하였다.

經의 〔辨腥〕에서 〔臂螻〕까지

○釋曰 : 〔辨腥臊羶香〕 〈天官 庖人(天-7-6)〉 鄭玄의 注에 의하면, '腥'은 닭을 가리키고, '臊'는 개를 가리키고, '羶'은 양을 가리키고, '香'은 소를 가리키니, 腥·臊·羶·香으로 소·양·개·닭을 표현한 것이다.

〔不可食者 牛夜鳴則庮〕 그 소가 일없이 밤에 울면, 그 고기에서 반드시 악취가 난다〔庮〕. '庮'는 악취를 뜻한다.

〔羊泠毛而毳 羶〕 '泠毛'는 털이 길어지는 것이고, '毳'는 털이 따로 모여서 뭉쳐 있는 것이니, 이러한 양고기에는 반드시 누린내가 난다.

〔犬赤股而躁 臊〕 '赤股'라고 말한 것은 넓적다리 안에 털이 없는 것을 '赤股'라고 하니, 넓적다리의 살이 붉다는 뜻이 아니다. 생각건대, ≪禮記≫ 〈檀弓 上〉에서 "流矢在白肉(날아온 화살이 말의 넓적다리 안쪽의 살에 박혀 있었다.)"라고 하였는데, 〈'白肉'은〉 넓적다리의 살이 희다는 뜻이 아니다. 그리고 〈개가〉 또 조급하게 달리면, 이러한 개는 그 고기에서 반드시 누린내가 난다. 그러므로 "거동이 조급해지면 누린내가 난다."고 한 것이다.

〔鳥皫色而沙鳴 貍〕 '皫'는 빛깔을 잃는다는 뜻이다. '沙'는 흐느껴 운다는 뜻이다. 새의 털이 빛깔을 잃고 흐느껴 울면, 그 고기의 기운에서 반드시 썩은 냄새가 난다〔鬱〕. '鬱'은 썩은 냄새를 가리킨다.

〔豕盲眡而交睫 腥〕 돼지가 사물의 소리를 듣고는 엉뚱한 곳을 바라다보면, 이러한 돼지는 눈과 눈썹이 교차한다. 그러므로 "돼지가 먼 곳을 바라보고 눈을 깜박거린다."고 한 것이니, 이러한 돼지는 그 고기에 반드시 혹이 있다. '腥'은 마땅히 '星'이 되어야 하니, 그 고기가 마치 쌀과 같다. 당시에 이러한 경우가 있음을 증험한 것이다.

〔馬黑脊而般臂 螻〕 생각건대, 말이 등뼈가 검고 앞다리 정강이뼈에 얼룩무늬가 생기면, 이러한 말은 그 고기에서 땅강아지 같은 냄새가 난다.

여기 한 경문에 기록한 것은 모두 사람에게 이롭지 못한 것이다. 그러므로 금지하는 것이다.

○注'腥臊'至'望視' ○釋曰 : 云'臊羶香可食'者, 卽上庖人職所云[1], 是也. 云'是別

〔其〕[2)]不可食'者, 則此是也. '則所謂者, 皆臭味也'者, 言所謂者, 所謂論語鄕黨 "色惡不食, 臭惡不食." 云'交睫腥, 腥當爲星, 聲之誤也'者, 此經腥有二字, 鄭不破腥臊之腥, (宜)〔直〕[3)]破交睫腥之腥, 故連取交睫以解. 云'般臂, 臂毛有文'者, 鄭答冷剛, 童牛之梏, "(牛)〔木〕[4)]在手曰(捁)〔梏〕[5)], 牛無手, 以前足當之[6)]", 此馬亦然, 故言'般臂.' '鄭司農云, 庮, 朽木臭也'者, 驗今朽木, 其氣實臭, 故云 "朽木臭也." 案內則注引左氏春秋 "一薰一蕕", 此司農以其朽木臭, 卽與一薰一蕕同, 故鄭不引之. 云'螻, 螻蛄臭也'者, 以內則螻爲漏脫字, 於義無所取, 故轉爲螻蛄字, 螻蛄則有臭. '杜子春盲視當爲望視'者, 以其盲, 則無所覩見, 不得視, 內則爲遙望之字[7)], 故子春從內則爲正也.

1) 卽上庖人職所云 : 앞의 〈天官 庖人〉 天-7-6의 경문을 가리킨다.
2) 〔其〕 : 저본에는 '其'가 없으나, 浦鏜의 설과 앞의 鄭玄 注에 의거하여 보충하였다.(阮元과 上海古籍 整理本의 〈校勘記〉 참조)
3) (宜)〔直〕 : 저본에는 '宜'로 되어 있으나, '宜'는 '直'의 잘못이라는 浦鏜의 설에 의거하여 바로잡았다.(阮元과 北京大 整理本과 上海古籍 整理本의 〈校勘記〉 참조)
4) (牛)〔木〕 : 저본에는 '牛'로 되어 있으나, 浦鏜의 설과 孫詒讓의 ≪周禮正義≫, 鄭小同의 ≪鄭志≫에 의거하여 '木'으로 바로잡았다.(阮元과 北京大 整理本의 〈校勘記〉 참조)
5) (捁)〔梏〕 : 저본에는 '捁'로 되어 있으나, 北京大 整理本과 上海古籍 整理本에 의거하여 '梏'으로 바로잡았다.
6) 鄭答冷剛……以前足當之 : 鄭小同의 ≪鄭志≫ 卷上의 원문은 다음과 같다. "冷剛問大畜六四童牛之梏……蒙初六注云 木在足曰桎 在手曰梏 今大畜六四 施梏于足 不審桎梏手足定有別否 答曰 牛無手 以前足當之(冷剛이 ≪周易≫ 大畜卦 六四의 '송아지의 梏'에 대해 질문하였다.……"蒙卦 初六 鄭玄의 注에 '나무로 발을 채우는 것을 桎(족쇄)이라 하고, 손에 채우는 것을 梏(수갑)이라 한다.'고 하였습니다. 이제 大畜卦 六四에 '발에 梏(수갑)을 채운다.'고 하였는데, 桎과 梏의 차이를 모르겠습니다. 손과 발이 반드시 구별이 있는 것입니까?" 정현이 답하였다. "소에는 손이 없으므로, 앞다리를 거기에 해당시키는 것이다.")"
7) 內則爲遙望之字 : 이곳의 '豕盲眡而交睫'이 ≪禮記≫ 〈內則〉에는 '豕望視而交睫'으로 되어 있다.

○ 注의 〔腥臊〕에서 〔望視〕까지

○ 釋曰 : 〔腥臊羶香可食〕 곧 앞의 〈天官 庖人(天-7-6)〉에서 말한 바가 이것이다.

〔是別〔其〕不可食〕 즉 여기(天-8-5)의 경문이 이것이다.

〔則所謂者 皆臭味也〕 이른바 ≪論語≫ 〈鄕黨〉의 "빛깔이 나쁘면 드시지 않았고, 냄새가 나쁘면 드시지 않았다."는 것이다.

〔交睫腥 腥當爲星 聲之誤也〕 이곳 경문의 '腥'에는 두 글자가 있는데, 鄭玄은 '腥臊'에서의 '腥'은 부정하지 않았고, 단지 '交睫腥'에서의 '腥'만 부정하였다. 그러므로 '交睫'에 이어 붙여서 뜻을 풀이하였다.

〔般臂 臂毛有文〕 鄭玄은 冷剛이 송아지의 '梏(수갑)'에 대한 질문에 답하면서 "나무로 손을 채우면 '梏'이라고 하는데, 소에는 손이 없으므로 앞다리를 〈손에〉 해당시키는 것이다."라고 하였으니, 이곳 말〔馬〕의 〈앞다리〉 또한 마찬가지로 〈팔〔臂〕에 해당시킨 것이다.〉 그러므로 '般臂(앞다리 정강이뼈에 얼룩무늬가 생기다.)'라고 한 것이다.

〔鄭司農云 庮 朽木臭也〕 오늘날 썩은 나무는 그 기운이 실로 냄새가 나는 것으로 증험한 것이다. 그러므로 "썩은 나무의 냄새"라고 한 것이다. 살펴보건대 ≪禮記≫ 〈內則〉 鄭玄의 注에서 ≪春秋左氏傳≫ 僖公 4년 조의 "하나의 향기로운 풀과 하나의 썩은 냄새 나는 풀"을 인용하였는데, 이곳에서 鄭衆이 '썩은 나무의 냄새'라고 한 것은 곧 '하나의 향기로운 풀과 하나의 썩은 냄새 나는 풀'과 같은 뜻이다. 그러므로 정현이 〈다시〉 이를 인용하지 않았다.

〔螻 螻蛄臭也〕 ≪예기≫ 〈내칙〉에는 '螻'가 漏脫字(빠진 글자)로 되어 있으므로 의리에 있어 취할 바가 없다. 그러므로 '螻蛄'의 글자로 바꾸었으니, 螻蛄(땅강아지)에는 냄새가 난다.

〔杜子春盲視當爲望視〕 눈이 멀면 볼 수 있는 바가 없다. 볼 수 없는 것을 ≪예기≫ 〈내칙〉에서는 '멀리 바라본다'는 뜻의 글자〔望視〕로 썼다. 그러므로 杜子春은 ≪예기≫ 〈내칙〉의 글자를 따라 바로잡은 것이다.

天-8-6

凡宗廟之祭祀에 掌割亨之事하고 凡燕飮食(사)에도 亦如之요 凡掌共羞脩刑膴(후)胖(반)骨鱐(수)하여 以待共膳하니라

무릇 종묘의 제사를 지낼 때, 〈內饔은〉 희생의 뼈를 바르고 삶는 일을 관장한다. 무릇 〈왕 및 왕후·세자가 스스로〉 燕飮과 燕食를 할 때도 이와 마찬가지로 한다. 무릇 여러 맛난 음식〔羞〕·생강이나 계피를 넣어 찧고 두드려서 만든 육포〔脩〕·나물을 넣어 조미한 고깃국〔刑〕·생선의 뱃살로 요리한 큰 조각의 저민 고기〔膴〕·말리지 않은 편육〔胖〕·희생의 뼈〔骨〕·건어물〔鱐〕을 갖추어서 〈왕 및 왕후·세자의〉 음식으로 공급할 것에 대비한다.

【注】掌共은 共當爲具라 羞는 庶羞也요 脩는 鍛脯也라 胖은 如脯而腥者라 鄭司農云 刑膴는 謂夾脊肉이니 或曰膺肉也라 骨鱐는 謂骨有肉者라 玄謂刑은 鉶羹也라 膴는 牒肉大臠이니 所以祭者라 骨은 牲體也요 鱐는 乾魚라

'掌共'에서의 '共'은 마땅히 '具'가 되어야 한다. '羞'는 여러 가지 맛난 음식〔庶羞〕이다. '脩'는 생강이나 계피를 넣어 찧고 두드려서 만든 육포〔鍛脯〕이다. '胖'은 말린 고기〔脯〕처럼 조각으로 썰어서 만들지만 날고기이다. 鄭衆은 "刑膴는 등뼈를 끼고 있는 살 부위이니, 혹 가슴살〔膺肉〕이라고도 한다. 骨鱐는 뼈에 살이 붙어 있는 것을 말한다."고 하였다. 나(鄭玄)는 생각건대, '刑'은 나물을 넣어 간을 맞춘 고깃국〔鉶羹〕이다. '膴'는 물고기를 썰어서 큰 조각으로 저민 고기이니, 고수레에 쓰는 것이다. '骨'은 희생의 몸체〔牲體〕이다. '鱐'는 건어물이다.

【疏】'凡宗'至'共膳' ○釋曰：內饔不掌外神[1], 故云 "宗廟之祭祀." 言'凡'者, 謂四時[2]及祫禘[3]幷月祭[4]等, 皆在其中, 掌其割亨之事. 上王·后言'煎和', 此不言'煎和'者, 鬼神尙質, 不貴褻味, 故不言"煎和." 云'燕飮食 亦如之'者, 謂王及后世子自燕飮食, 皆須割亨, 故云 "亦如之.'"

1) 外神：天地·四望·山川·社稷·五祀의 神을 外神이라 하고, 이 外神에 대한 제사를 外祭祀라고 한다. 조상신은 內神이 되며, 따라서 조상신을 제사 지내는 종묘의 제사는 內祭祀가 된다.(〈天官 外饔〉 天-9-1의 경문에 대한 賈公彦의 疏 참조)

2) 四時：四時의 종묘 제사를 말한다. ≪禮記≫ 〈王制〉에 의하면 천자·제후의 경우, 봄 제사를 '礿', 여름 제사를 '禘', 가을 제사를 '嘗', 겨울 제사를 '烝'이라 한다.〔天子諸侯宗廟之祭 春曰礿 夏曰禘 秋曰嘗 冬曰烝〕 그러나 鄭玄은 이는 夏나라와 殷나라의 제사 명칭으로, 周나라에서는 봄 제사를 '祠', 여름 제사를 '礿'으로 그 명칭을 바꾸었으며, 禘는 殷祭(성대한 제사)가 되었다고 한다.〔此蓋夏殷之祭名 周則改之 春曰祠 夏曰礿 以禘爲殷祭〕

3) 祫禘：천자와 제후가 종묘에서 선조들을 合祭하는 大禮를 말한다. ≪禮記≫ 〈王制〉에서 "천자는 봄 제사〔礿〕는 犆祭(단독 제사), 여름 제사〔禘〕·가을 제사〔嘗〕·겨울 제사〔烝〕는 祫祭로 지낸다.〔天子犆礿 祫禘 祫嘗 祫烝〕"고 하였다. 이에 대해 鄭玄의 注에서는 "'祫'은 '합한다'는 뜻이다. 천자와 제후가 喪을 마치고 先君의 신주를 祖廟에 합하여 제사를 지내는 것을 '祫'이라고 한다.……魯나라의 禮에서는 삼년상을 마치고 태조의 묘에서 祫祭를 지내고, 이듬해 봄에 群廟에서 禘祭를 지냈다. 이후 5년 동안에 두 차례 殷祭를 지냈는데, 한번은 협제로 지냈고, 한번은 체제로 지냈다.〔祫 合也 天子諸侯之喪畢 合先

君之主于祖廟而祭之 謂之祫……魯禮 三年喪畢而祫于大祖 明年春禘于群廟 自爾之後 五年而再殷祭 一祫一禘]"라고 하였다. ≪漢書≫ 〈韋玄成傳〉에서도 "훼묘한 신주들은 태조묘에 보관한다. 5년에 두 차례 殷祭를 지내는데, 한번은 체제로 지내고, 한번은 협제로 지낸다.〔毁廟之主 藏乎太祖 五年而再殷祭 言一禘一祫也〕"라고 하였다.

4) 月祭 : 천자가 매달 祖廟에서 지내는 종묘제사를 말한다. ≪禮記≫ 〈祭法〉에서 "왕은 7廟와 1壇·1墠을 세운다. 考廟·王考廟·皇考廟·顯考廟·祖考廟 등의 廟에 대해서는 모두 달마다 제사를 지낸다.〔王立七廟 一壇一墠 曰考廟 曰王考廟 曰皇考廟 曰顯考廟 曰祖考廟 皆月祭之〕"라고 하였다. ≪漢書≫ 〈韋玄成傳〉에서도 "園 안에는 각각 寢·便殿이 있다. 매일 寢에서 제사를 지내고, 달마다 廟에서 제사를 지내고, 계절마다 便殿에서 제사를 지낸다.〔園中各有寢便殿 日祭於寢 月祭於廟 時祭於便殿〕"고 하였다.

經의 〔凡宗〕에서 〔共膳〕까지

○釋曰 : 內饔은 外神을 관장하지 않는다. 그러므로 "종묘의 제사"라고 한 것이다. '무릇〔凡〕'이라고 말한 것은 四時의 제사 및 祫禘와 月祭 등이 모두 그 안에 포함되는데, 이들 제사에서 희생의 뼈를 발라내고 삶는 일을 관장한다는 뜻이다. 위에서 왕과 왕후의 경우 "달이고 조미를 한다〔煎和〕"고 하였는데, 이곳에서 "달이고 조미를 한다"고 말하지 않은 것은 귀신은 질박함을 숭상하므로 평소 즐기는 음식〔褻味〕을 귀하게 여기지 않는다. 그러므로 "달이고 조미를 한다."고 말하지 않은 것이다

〔燕飮食 亦如之〕 왕 및 왕후·세자가 스스로 燕飮과 燕食를 할 때도 모두 희생의 뼈를 발라내고 삶아야 한다. 그러므로 "또한 이와 마찬가지로 한다."고 말한 것이다.

○注'掌共'至'乾魚' ○釋曰 :云'掌共, 共當爲具'者, 據經'共'字有二, 以'待共膳', 不破, '掌共', 共字則破之矣. 故云 "掌共, 共當爲具." 言'具'者, 具羞脩刑膴已下. 云'羞, 庶羞也'者, 庶羞則百二十品, 是也. 云'脩, 鍛脯也'者, 謂加薑桂鍛治之, 若不加薑桂, 不鍛治者, 直謂之脯. 云'胖, 如脯而腥'者, 乾則爲脯, 不乾而腥則謂之胖. '鄭司農云, 刑膴, 謂夾脊肉'者, 刑·膴爲二物, 有明文, 先鄭以爲'刑膴夾脊肉', 故後鄭不從. 云'或曰膺肉也'者, 無所出, 後鄭亦不從. 云'骨鱐, 謂骨有肉'者, 骨自是牲體, 鱐自是乾魚, 先鄭合爲一, 故後鄭亦不從. '玄謂刑, 鉶羹也'者, 案特牲有'鉶羹[1)]', 謂鉶器盛豕膮, 設於薦南, 故名'鉶羹.' 云'膴, 牒肉大臠, 所以祭'者, 膴, 魚肉揔有也. 公食大夫禮云 "庶羞, 皆有大", 謂大臠, 據肉而言. 案有司徹云 "主人亦一魚, 加膴祭于其上", 此據魚而言也. '膴'又詁爲大[2)], 故云 "膴, 牒肉大臠, 所以祭者"也. 云'骨, 牲體也'者, 謂若體解二十一[3)], 雖據骨而言, 皆擬所食, 故云“骨有肉”. 云‘鱐, 乾魚’者, 前云“夏行腒鱐”, 與彼同, 故爲乾魚.

1) 鉶羹 : ‘鉶’은 나물을 넣어 조미한 고깃국을 담는 그릇으로, 형태는 작은 세발솥과 유사하고, 두 귀에 세 개의 다리가 있으며, 뚜껑이 있다. ≪儀禮≫ 〈公食大夫禮〉 鄭玄의 注에 “‘鉶’은 나물을 넣고 맛을 조미한 고깃국을 담는 그릇이다.〔鉶 菜和羹之器〕”라고 하였다. 또 ‘鉶’은 나물을 넣어 조미한 고깃국 그 자체를 의미하기도 한다. ≪儀禮注疏≫ 〈特牲饋食禮〉 鄭玄의 注에서 “‘鉶’은 나물로 간을 맞춘 고깃국을 가리킨다.〔鉶 鉶 肉味之有菜和者〕”고 하였고, 賈公彦의 疏에서는 “고깃국을 담는 鉶의 그릇으로 인해서 고깃국을 鉶이라고 칭한다.〔以其盛之鉶器, 因號羹爲鉶〕”고 하였다. 또 쇠고기·양고기·돼지고기 등 고기만 넣고 나물을 첨가하여 넣지 않을 경우 鐙이라는 솥을 사용하는데, 이때의 고깃국은 ‘大羹’이라고 칭한다.

2) 膴又詁爲大 : ‘膴(후)’는 ‘冔’와 음과 뜻이 통하는 글자로서 ‘덮다’와 ‘크다’의 두 가지 뜻이 있다. ‘冔’는 본래 殷代의 관의 명칭인데, ≪儀禮≫ 〈士冠禮〉 鄭玄의 注에 “‘冔’의 명칭은 幠에서 나왔다. 幠는 덮는다는 뜻으로, 스스로를 덮고 문식함을 말한다.〔冔名出於幠 幠 覆也 言所以自覆飾也〕”고 하여 ‘冔〔膴〕’를 ‘덮는다’는 뜻으로 보았다. 淸代의 胡承珙은 ≪의례≫ 〈有司徹〉의 ‘膴’에 대해서 주인의 희생제기 위에 생선을 뒤집어서 덮어놓기 때문에 ‘덮는다.’는 뜻이 있으며, 또 ‘膴’는 고깃점을 크게 썰어서 저민 것이므로 ‘大(크다)’의 뜻이 있다고 하여, ‘膴’의 글자에는 ‘크다’와 ‘덮다’의 두 가지 뜻이 있다고 하였다.(≪儀禮正義≫ 권39, 2348쪽 참조)

3) 體解二十一 : 희생을 뼈마디에 따라 발라내고 나누어서 21體로 만드는 것을 ‘體解’라고 하고, 21체의 각 부위의 명칭을 ‘體名’이라고 한다.(〈天官 內饔〉 天-8-1 경문의 역주 1) 참조)

○注의 〔掌共〕에서 〔乾魚〕까지

○釋曰 : 〔掌共 共當爲具〕 경문에 ‘共’의 글자가 두 곳 있는 것에 의거하여 ‘待共膳’에서의 〈‘共’의 글자는〉 부정하지 않았고, ‘掌共’에서의 ‘共’의 글자는 부정하였다. 그러므로 “‘掌共’에서의 ‘共’은 마땅히 ‘具’가 되어야 한다.”고 말한 것이다. ‘具’라고 말한 것은 여러 가지 맛난 음식〔羞〕·생강이나 계피를 넣은 육포〔脩〕·고깃국〔刑〕 이하를 갖춘다는 뜻이다.

〔羞 庶羞也〕 ‘여러 가지 맛난 음식〔庶羞〕’은 〈天官 膳夫(天-6-2)〉에서 ‘여러 가지 맛난 음식에는 120가지를 사용한다.’고 한 것이 이것이다.

〔脩 鍛脯也〕 〈脩는〉 생강이나 계피를 넣어 찧고 두드려서 만든 것이니, 만약 생강과 계피를 뿌리지 않거나 찧고 두드리지 않은 것은 단지 ‘脯(말린 고기)’라고 한다.

〔胖 如脯而腥〕 말리면 脯가 되고, 말리지 않고 날고기 상태이면 그것을 ‘胖(얇은 조각으로 저민 고기)’이라고 한다.

〔鄭司農云 刑膴 謂夾脊肉〕 '刑'과 '膴'가 두 가지 음식이라는 것은 명확한 기록이 있다. 鄭衆은 "刑膴는 등뼈를 에워싸고 있는 살 부위(등심)이다."라고 하였다. 그러므로 鄭玄이 〈정중의 해석을〉 따르지 않은 것이다.

〔或曰膺肉也〕 전거가 없기 때문에 정현이 또한 따르지 않은 것이다.

〔骨鱐 謂骨有肉〕 '骨'은 본디 희생의 몸체이고, '鱐'는 본디 건어물인데, 정중이 합하여 하나의 음식으로 해석하였다. 그러므로 정현이 또한 따르지 않은 것이다.

〔玄謂刑 鉶羹也〕 살펴보건대, ≪儀禮≫ 〈特牲饋食禮〉에 '鉶羹이 있는데', 국그릇〔鉶器〕에 돼지고깃국을 담아서 〈말린 고기를 담은 籩(대나무제기)과 고기젓갈을 담은 豆(나무제기)의〉 남쪽에 진설한다고 하였다. 그러므로 〈고깃국을〉 '鉶羹'이라고 칭한 것이다.

〔膴 牒肉大臠 所以祭〕 '膴'는 물고기와 짐승고기에 모두 있다. ≪의례≫ 〈公食大夫禮〉에 "여러 가지 맛난 음식〔庶羞〕을 올리는데, 모두 크게 썰어서 저민 고기로 만들어 올리는 것이 있다."고 하였으니, 큰 조각의 저민 고기〔大臠〕를 가리키는 것으로, 짐승고기에 의거하여 말한 것이다. 살펴보건대, ≪의례≫ 〈有司徹〉에서 "주인의 희생제기 위에는 또한 물고기 한 마리를 올려놓는데, 물고기를 올려놓는 희생제기〔魚俎〕 위에는 물고기의 뱃살로 요리한 큰 조각의 저민 고기〔膴〕를 더하여 올려놓고 고수레를 한다."고 하였으니, 이는 물고기에 의거하여 말한 것이다. '膴'는 '크다〔大〕'는 뜻이다. 그러므로 "'膴'는 물고기를 썰어서 큰 조각으로 저민 고기이니, 고수레에 쓰는 것이다."라고 한 것이다.

〔骨 牲體也〕 생각건대, 희생을 뼈마디에 따라 자르고 나누어서 21體로 만드는 것 같은 것이니, 비록 뼈에 의거하여 말했지만 모두 먹을 수 있는 것이다. 그러므로 "뼈에 고기가 붙어 있다."고 말한 것이다.

〔鱐 乾魚〕 앞(〈天官 庖人(天-7-6)〉)에서 "여름에는 말린 꿩고기와 건어물을 요리한다."고 하였으니, 그곳과 같은 것이다. 그러므로 〈이곳도〉 건어물이 되는 것이다.

天-8-7

凡王之好賜肉脩를 則饔人[1]共之니라

1) 饔人 : 이곳의 '饔人'은 內饔을 가리킨다. 孫詒讓에 의하면, ≪周禮≫에서 '人'을 칭한 것은 그 관직의 장관과 속관을 통칭한다.(≪周禮正義≫ 권8, 277쪽 참조)

무릇 왕이 총애하는 신하에게 특별히 하사해주는 희생고기〔肉〕와 말린 고기〔脩〕도 饔人이 공급한다.

【注】好賜[1)]는 王所善而賜也라

1) 好賜 : 孫詒讓은 '好賜'는 정기적으로 신하들에게 내려주는 하사품 즉 '常賜'(頒賜·班賜·匪頒)는 아니지만, 常賜 가운데에도 희생고기〔肉〕와 말린 고기〔脩〕를 하사하는 경우가 있는데 〈天官 膳夫(天-6-13)〉의 '肉脩之頒賜'가 그러한 경우라고 하였다. 또 '好賜'는 '好用'(〈天官 大宰(天-1-8)〉), '好賜予'(〈天官 內府(天-36-4)〉)와 같은 뜻으로, 모두 왕이 신하들 가운데 총애하는 자에게 특별히 하사하는 것이라고 하였다.(≪周禮正義≫ 권8, 277쪽 참조)

'好賜'는 왕이 훌륭하게 여기는 신하에게 하사해주는 것이다.

【疏】'凡王'至'共之' ○釋曰 : 言'好賜'者, 謂群臣王所愛好, 則賜之肉脩, 饔人共之.

經의 〔凡王〕에서 〔共之〕까지

○釋曰 : '好賜'라고 말한 것은 신하들 가운데 왕이 사랑하고 좋아하는 경우는 희생고기와 말린 고기를 하사해주는데, 饔人이 그것을 공급한다는 뜻이다.

09. 外饔(외옹)

天-9-1

外饔掌外祭祀之割亨하여 **共其脯脩刑膴**하고 **陳其鼎俎**하며 **實之牲體魚腊**요 **凡賓客之(飱)〔飧〕[1)]饔[2)]饗食**(사)[3)]**之事**도 **亦如之**니라

1) (飱)〔飧〕: 저본에는 '飱'으로 되어 있으나, 陸德明의 ≪經典釋文≫, 阮元의 〈校勘記〉와 上海古籍 整理本에 의거하여 '飧'으로 바로잡았다. 아래 鄭玄의 注와 賈公彦의 疏에서도 마찬가지이다. '飧'은 聘禮에서 行禮 이전에 주인이 빈객에게 공급하는 음식으로, ≪儀禮≫ 〈聘禮〉에서는 宰夫가 관장한다. 이는 饔餼에 대응되는 것으로, 饔餼가 살아 있는 희생〔生〕과 죽은 희생의 익히지 않은 고기〔腥〕·죽은 희생의 익힌 고기〔飪〕를 모두 갖추고 반찬도 풍성한 데 반하여 '飧'은 죽은 희생의 익히지 않은 고기〔腥〕와 죽은 희생의 익힌 고기〔飪〕만 있고 살아 있는 희생〔生〕이 없으며 반찬도 적다. 이 때문에 飧을 '小禮'라 하고, 饔餼를 '大禮'라 한다. 빈에게 飧을 보내주는 의례를 '設飧'이라 한다.

2) 饔 : 이 '饔'의 뒤에는 '餼'가 생략된 것이다. 곧 빈이 주군에게 聘·享의 예를 행한 날에 주국에서 빈에게 보내주는 죽은 희생〔饔〕과 살아 있는 희생〔餼〕을 뜻한다. 빈에게 饔과 餼를 보

내주는 의례를 '歸饔餼', '饋饔餼'라 하는데, ≪儀禮≫ 〈聘禮〉에서는 주국의 卿이 관장한다.
3) 饗食 : '饗食'는 饗禮와 食禮(사례)로서, 주국의 군주와 신하들이 빈에게 베풀어주는 의례를 말한다. 또 빈을 접대하는 의례로 燕禮가 있다. 이 세 가지 가운데 饗禮가 가장 성대하다. 향례는 공경함을 위주로 하고, 사례는 이것으로 현자를 봉양하는 예를 밝히고, 연례는 즐거워함을 위주로 한다. 향례에서는 희생고기와 안주를 올리지만 먹지 않고, 술잔을 가득 채우지만 마시지 않고, 안석〔几〕을 진설하지만 기대지 않으니, 엄숙함과 공경함을 다한다. 사례는 밥을 위주로 하니, 비록 술과 음료수를 진설하지만 그것으로 입가심만 하고 마시지는 않는다. 따라서 獻의 예가 없다. 연례는 술 마시는 것을 위주로 하니, 뼈를 잘라서 올려놓은 희생제기〔折俎〕는 진설하지만 밥이 없으며, 一獻의 禮를 행하고, 신을 벗고 堂 위로 올라가 앉아서 기쁨을 다한다.

外饔은 外祭祀를 지낼 때 희생의 뼈를 자르고 삶는 일을 관장하여 소금을 넣어 말린 육포〔脯〕·생강이나 계피를 넣어 찧고 두드려서 만든 육포〔脩〕·나물을 넣어 조미한 고깃국〔刑〕·생선의 뱃살로 요리한 큰 조각의 저민 고기〔膴〕를 공급하고, 세발솥〔鼎〕과 희생제기〔俎〕를 진설하며, 세발솥과 희생제기 위에 희생의 뼈〔牲體〕·선어〔魚〕·말린 고기〔腊〕를 담는다. 무릇 조빙하러 온 빈객에게 飧(조촐한 음식)을 진설하고 饔餼를 보내주고 饗禮와 食禮의 예를 베풀어줄 때도 또한 이와 마찬가지로 한다.

【注】(飱)〔飧〕은 客始至之禮요 饔은 旣將幣之禮니 致禮於客이 莫盛於饔이라

'飧'은 빈객이 처음 도착했을 때 〈간단한 음식을 보내주는〉 禮이고, '饔'은 이미 〈빈객이 주군에게〉 예물을 받들어 올린 이후 〈빈객에게 희생의 음식을 보내주는〉 禮이니, 빈객에게 예를 갖추는 것은 饔餼를 보내주는 것보다 성대한 것이 없다.

【疏】'外饔'至'如之' ○釋曰 : 云'掌外祭祀之割亨'者, 謂天地·四望山川·社稷·五祀外神, 皆掌其割亨. 云'共其脯·脩·刑·膴'者, 如上釋[1]. 云'陳其鼎俎, 實之牲體·魚·腊'者, 謂若鼎十有二者也[2]. 云'凡賓客之(飱)〔飧〕·饔·饗食之事, 亦如之'者, 謂所陳之數, 如宰夫職所云者也[3], 皆以外饔共之, 故言"亦如之."

1) 如上釋 : 〈天官 內饔〉 天-8-6 鄭玄의 注에 대한 賈公彦의 疏 참조.
2) 謂若鼎十有二者也 : 〈天官 膳夫〉 天-6-3 경문 및 鄭玄의 注 참조.
3) 如宰夫職所云者也 : 〈天官 宰夫〉 天-3-7 경문 및 鄭玄의 注·賈公彦의 疏 참조.

經의 〔外饔〕에서 〔如之〕까지

○ 釋曰 : 〔掌外祭祀之割亨〕 天地・사방의 산천에 대한 望祭・社稷・五祀의 外神에 제사를 지낼 때, 〈外饔은〉 모두 희생의 뼈를 자르고 삶는 일을 관장한다.

〔共其脯脩刑膴〕 위에서 풀이한 대로이다.

〔陳其鼎俎 實之牲體魚腊〕 12개의 鼎을 진설하는 것과 같은 것을 가리킨다.

〔凡賓客之飧饔饗食之事 亦如之〕 진설하는 수가 〈天官 宰夫(天-3-7)〉에서 말한 것과 같은 것을 가리키니, 모두 외옹이 공급한다. 그러므로 "또한 이와 마찬가지로 한다."고 한 것이다.

○注'(飱)〔飧〕客'至'於饔' ○釋曰 : 言'(飱)〔飧〕, 客始至之禮'者, 宰夫職(以)〔已〕[1]釋訖[2]. 云'饔, 旣將幣之禮'者, 案聘禮記云 "聘日致饔", 鄭注云 "急歸大禮[3]." 鄭云 "將幣"者, 卽是聘享也[4]. 若諸侯來朝, 亦朝日致之也. 云'致禮於賓客, 莫盛於饔'者, 以其饔之中, 有飪, 有腥, 有牽[5], 又有酒, 有米, 兼燕與食, 其中芻・薪・米・禾又多, 故朝聘之日致之, 是以鄭云 "急歸大禮", 故云 "莫盛於饔"也.

1) (以)〔已〕 : 저본에는 '以'로 되어 있으나, '以'는 마땅히 '已'가 되어야 한다는 浦鏜의 설에 의거하여 바로잡았다.(阮元의 〈校勘記〉 참조)

2) 宰夫職(以)〔已〕釋訖 : 〈天官 宰夫〉 天-3-7의 경문 및 鄭玄의 注・賈公彦의 疏 참조.

3) 急歸大禮 : 聘・享, 禮賓, 私覿, 卿・大夫가 賓의 노고를 위로하는 등의 의절이 이어져서 빈은 그 일이 매우 번잡하다. 이 때문에 '聘'의 예를 행하는 날에 곧바로 饔餼를 보내준다. 이것이 서둘러 大禮를 보내준다는 뜻이다. 이곳의 '大禮'는 죽은 희생〔饔〕과 살아 있는 희생〔餼〕을 가리킨다.(≪儀禮正義≫ 권18, 1167쪽 참조)

4) 鄭云將幣者 卽是聘享也 : 賓은 主國에 도착하면, 주국의 廟에서 군주에게 圭를 올려 聘의 예를 행하고 璧을 올려 享의 예를 행한다. 이어서 夫人에게 璋을 올려 聘의 예를 행하고, 琮을 올려 享의 예를 행한다. 빈이 주국의 군주에게 聘과 享의 예를 행한 날에 주국에서는 죽은 희생〔饔〕과 살아 있는 희생〔餼〕 등의 음식을 보내주는 '饋饔餼'의 예를 행한다.

5) 有牽 : '牽'은 묘 안으로 끌고 들어가는 牛・羊・豕의 살아 있는 희생을 가리킨다. 조근과 회동에서 빈객을 접대할 때 牢禮의 법에 따라서 죽은 희생과 살아 있는 희생을 제공한다. 鄭衆은 "牽牲은 끌고 갈 수 있는 살아 있는 희생을 뜻한다.〔牽牲 牢可牽而行者〕"고 하였다.(〈天官 宰夫〉 天-3-7의 경문 및 鄭玄의 注・賈公彦의 疏 참조)

○ 注의 〔飧客〕에서 〔於饔〕까지

○釋曰：〔飧 客始至之禮〕〈天官 宰夫(天-3-7)〉에서 이미 풀이하였다.

〔饔 旣將幣之禮〕 살펴보건대, ≪儀禮≫ 〈聘禮〉 記文에서 "聘의 예를 행하는 날, 〈주군은 賓과 介에게〉 饔餼를 보내준다."고 하였는데, 鄭玄의 注에서는 "서둘러 大禮(饔餼)를 보내주는 것이다."라고 하였다. 정현이 〈이곳 경문의 주에서〉 "〈빈객이 주군에게〉 예물을 받들어 올린다.〔將幣〕"라고 한 것은 곧 聘과 享의 예를 말한 것이다. 만약 제후가 와서 천자를 조근할 경우는 또한 조근하는 당일에 饔餼를 보내준다.

〔致禮於賓客 莫盛於饔〕 饔餼 가운데에는 죽은 희생의 익힌 고기〔飪〕가 있고, 죽은 희생의 익히지 않은 고기〔腥〕가 있고, 끌고 들어가는 산 희생〔牽〕이 있고, 또 술이 있고, 곡물〔米〕이 있으며, 燕禮와 食禮도 함께 베풀어주어 그 안에는 꼴〔芻〕·섶〔薪〕·곡물〔米〕·볏짚〔禾〕이 더욱 많다. 그러므로 조빙하는 당일에 보내주는 것이다. 이 때문에 정현이 "서둘러 大禮를 보내주는 것이다."라고 한 것이다. 그러므로 "饔餼를 보내주는 것보다 성대한 것이 없다."라고 한 것이다.

天-9-2

邦饗耆老孤子어든 則掌其割亨之事하고 饗士庶子[1)]에도 亦如之니라

1) 士庶子：孫詒讓에 의하면, 士와 庶子는 공·경·대·부의 자제들로서, '國子'로 통칭한다. 이미 爵命을 받아 士가 된 자를 '士'라고 하고, 아직 작명을 받지 못한 자를 '庶子'라고 한다.(≪周禮正義≫ 권7, 231쪽 참조)

왕국에서 耆老·孤子에게 饗禮를 베풀어주면, 〈外饔은〉 희생의 뼈를 자르고 삶는 일을 관장한다. 士와 庶子에게 향례를 베풀어줄 때도 또한 이와 마찬가지로 한다.

【注】 孤子者는 死王事者之子也요 士庶子는 衛王宮者니 若今時之饗衛士矣[1)]라 王制曰 周人養國老於東膠하고 養庶老於虞庠라하니라

1) 若今時之饗衛士矣：惠棟에 의하면 前漢時代에는 曲臺에서, 後漢時代에는 平樂觀에서 衛士에게 饗禮를 베풀어주었다. 衛宏에 의하면 이 향례는 정월 5일에 정기적으로 개최되었다고 한다. ≪續漢書≫ 〈禮儀志〉에 기록된 饗衛士의 의절은 다음과 같다. "퇴임한 衛士에게 饗禮를 베풀어주는 의절. 백관들이 모여 각자 위치에 선다. 謁者는 부절을 들고 퇴임한 위사들을 이끌고 端門을 통해 들어온다. 衛尉의 속관인 司馬는 깃발과 징을 들고 호위하며 행진한다. 정해진 곳까지 행진하면, 侍御史가 부절을 들고 퇴임한 衛士

들을 위로하고, 황제의 조칙으로 그동안의 질고를 위문한 후, 하고 싶은 말을 적은 章奏를 접수한다. 향례가 끝나면 음악 연주를 듣게 하고 기예를 관람하게 한다. 음악이 끝나고 파하여 돌려보낼 적에 이들에게 농업과 양잠에 힘쓰도록 권장한다.〔饗遣故衛士儀 百官會 位定 謁者持節引故衛士入自端門 衛司馬執幡鉦護行 行定 侍御史持節慰勞 以詔恩問所疾苦 受其章奏所欲言 畢饗 賜作樂 觀以角抵 樂闋罷遣 勸以農桑〕"(≪周禮正義≫ 권8, 280쪽 참조)

'孤子'는 왕국의 일을 위해 죽은 자의 아들이다. 士・庶子는 王宮을 숙위하는 자들이니, 오늘날의 衛士에게 향례를 베풀어주는 것과 같다. ≪禮記≫ 〈王制〉에서 "周人은 東膠에서 國老를 봉양하였고, 虞庠에서 庶老를 봉양하였다."고 하였다.

【疏】'邦饗'至'如之' ○釋曰：云'邦饗耆老'者, 謂死事者之父祖, 兼有國老・庶老[1]. 云'孤子'者, 謂死王事者之子. 云'饗士庶子'者, 謂若宮伯注云"士謂王宮中諸吏之適子也. 庶子其支庶也." 云'饗'者, 卽鄭云'士庶子衛王宮者, 若今時之饗衛士矣', 是也.

1) 死事者之父祖 兼有國老庶老：≪禮記正義≫ 〈王制〉 孔穎達의 疏에 인용된 皇侃의 설에 따르면 군주의 養老에는 첫째 三老・五更에 대한 양로, 둘째 자손이 나라를 위해 죽었을 경우 왕이 죽은 이의 아버지・할아버지에 대한 양로, 셋째 벼슬을 그만둔 노인에 대한 양로, 넷째 집집마다 방문해서 노인을 인견하고 나이를 헤아려서 庶人의 노인을 봉양하는 4가지가 있다고 한다.

經의 〔邦饗〕에서 〔如之〕까지

○釋曰：〔邦饗耆老〕〈耆老는〉 왕국의 일을 위해 죽은 자의 아버지・할아버지를 가리키는데 아울러 國老와 庶老를 포함한다.

〔孤子〕 왕국의 일을 위해 죽은 자의 아들을 가리킨다.

〔饗士庶子〕〈天官 宮伯(天-5-1)〉 鄭玄의 注에서 "士는 왕궁 안에서 근무하는 관리들(경・대부・사)의 適子를 가리킨다. '庶子'는 관리들의 支庶이다."라고 한 것과 같다.

〔饗〕 곧 "士・庶子는 王宮을 숙위하는 자들이니, 오늘날의 衛士에게 향례를 베풀어주는 것과 같다."고 한 것이 이것이다.

○注'孤子'至'虞庠' ○釋曰：'死事者之子', 謂若左氏哀公二十三年, 晉知伯親禽顔庚. 至二十七年, 齊師將興, 陳成子屬孤子, 三日朝, 設乘車兩馬, 繫五邑焉, 召顔庚之子而賜之. 是其禮孤子之法. 云'王制曰 周人養國老於東膠, 養庶老於虞庠'者, 周立太學王宮之東膠, 膠之言糾也, 所以糾察王事. 周立小學於西郊, 爲有虞氏之庠制, 故曰虞庠.

國老, 謂卿大夫致仕者. 庶老, 謂士之致仕者. 經直言耆老, 對孤子, 則耆老者, 死事者之父祖可知. 但此不見饗國老庶老之文, 故鄭解耆老謂國老・庶老.

○注의 〔孤子〕에서 〔虞庠〕까지

○釋曰 : 〔死事者之子〕 생각건대, ≪春秋左氏傳≫ 哀公 23년 조의 기록과 같은 경우이다. 晉나라의 知伯이 顏庚을 직접 사로잡았다. 27년에 이르러, 齊나라에서 군대를 일으키려고 할 때, 陳成子는 孤子(나라를 위해 죽은 자의 아들)들을 불러들여 3일 동안 조정에서 예우를 해주었다. 두 마리 말이 끄는 乘車(대부의 복식)를 설치하고 5개의 읍의 이름을 〈수레에〉 매달아놓고서 안경의 아들을 불러들여 이를 하사하였다. 이것이 孤子를 예우하는 법이다.

〔王制曰 周人養國老於東膠 養庶老於虞庠〕 周나라에서는 王宮의 東膠에 太學을 세웠다. '膠'라는 글자는 규찰한다〔糾〕는 뜻이니, 왕국의 일을 규찰하는 것이다. 周나라에서는 西郊에 小學을 세웠는데, 有虞氏의 庠(향학) 제도를 본뜬 것이다. 그러므로 '虞庠'이라 한다. '國老'는 卿・大夫로서 벼슬을 그만둔 사람이다. '庶老'는 士로서 벼슬을 그만둔 사람이다. 경문에서 단지 '耆老'라고 말한 것은 孤子와 상대해서 말한 것이니, 耆老는 왕국의 일을 위해 죽은 사람의 아버지・할아버지임을 알 수 있다. 다만 이곳에 '國老와 庶老에게 향례를 베풀어준다.'는 문장이 없다. 그러므로 鄭玄이 耆老는 國老・庶老를 가리킨다고 풀이한 것이다.

天-9-3

師役이어든 則掌共其獻賜脯肉之事니라

왕이 군사를 일으켜 정벌을 하거나 巡狩와 田獵을 하면, 〈外饔은〉 공을 세운 장수에게 따라줄 술과 하사할 말린 고기・희생고기를 공급하는 일을 관장한다.

【注】獻은 謂酌其長帥(수)라

'獻'은 그 장수에게 술을 따라주는 것을 말한다.

【疏】'師役'至'之事' ○釋曰 : 云'師役'者, 謂出師征伐及巡狩田獵. '掌共其獻'者, 謂獻其將帥, 幷賜酒肉之事, 竝掌之.

經의 〔師役〕에서 〔之事〕까지

○釋曰 : 〔師役〕 군사를 내어 정벌하거나 巡狩와 田獵을 하는 것을 말한다.

〔掌共其獻〕 그 장수에게 술을 따라주고 아울러 술과 고기를 하사하는 일까지 모두 관장한다는 뜻이다.

○注'獻謂'至'長帥' ○釋曰 : 以經獻謂獻酒非獻肉, 故鄭謂酌其長帥. 長帥, 軍將已下至(五)〔伍〕[1]長. 有功者饗獻之.

1) (五)〔伍〕: 저본에는 '五'로 되어 있지만, '伍'의 잘못이라는 浦鏜의 설에 의거하여 바로잡았다.(阮元의 〈校勘記〉 및 北京大 整理本의 〈校勘記〉 참조)

○注의 〔獻謂〕에서 〔長帥〕까지

○釋曰 : 경문의 '獻'은 술을 올리는 것이지 고기를 올리는 것이 아니므로 鄭玄은 "그 장수에게 술을 따라주는 것이다."라고 한 것이다. '長帥'는 軍將 이하에서 伍長까지를 말한다. 공을 세운 자에게 향례를 베풀어 술을 따라주는 것이다.

天-9-4

凡小喪紀에 陳其鼎俎[1]而實之니라

1) 陳其鼎俎 : 吳廷華는 喪紀에서 鼎과 俎를 진설하는 것은 小斂奠 이후라고 하였다.(≪周禮正義≫ 권8, 281쪽 참조)

무릇 小喪을 당해 奠을 올리거나 喪祭를 지낼 때, 〈外饔은〉 세발솥〔鼎〕과 희생제기〔俎〕를 진설하고 세발솥과 희생제기에 음식물을 담는다.

【注】 謂喪事之奠祭라

喪事의 奠과 祭를 말한다.

【疏】 '凡小喪'至'而實之' ○釋曰 : 言'小喪紀'者, 謂夫人已下之喪. 云'陳其鼎俎'者, 謂其殷奠及虞祔之祭, 皆有鼎俎, 故鄭云 "喪事之奠祭"也.

經의 〔凡小喪〕에서 〔而實之〕까지

○釋曰 : 〔小喪紀〕 夫人 이하의 喪을 말한다.

〔陳其鼎俎〕 殷奠 및 虞祭・祔祭에 모두 세발솥〔鼎〕과 희생제기〔俎〕를 진설한다. 그러므로 鄭玄이 "喪事의 奠과 祭이다."라고 말한 것이다.

10. 亨人(팽인)

天-10-1

亨(팽)人은 掌共鼎鑊하여 以給水火之齊니라

亨人은 희생고기를 가마솥〔鑊〕에 삶아서 세발솥〔鼎〕에 담는 일을 관장하여 가마솥에 붓는 물의 양과 희생고기를 삶는 불의 세기를 조절한다.

【注】 鑊은 所以煮肉及魚腊之器니 旣孰이어든 乃脀于鼎이라 齊는 多少之量이라

'鑊'은 희생고기 및 물고기와 말린 고기를 삶는 식기이다. 고기가 익으면 이어서 세발솥〔鼎〕에 담는다. '齊'는 많고 적음의 분량이다.

【疏】 〔○〕[1]注'鑊所'至'之量' ○釋曰 : 云'鑊, 所以煮肉及魚腊之器'者, 案少牢, 爨在廟門外之東. 大夫五鼎, 羊・豕・腸胃・魚・腊, 各異鑊[2]. 鑊別有一鼎, 鑊中肉孰, 各升一鼎, 故鄭云 "旣孰, 乃脀于鼎." 云'齊, 多少之量'者, 此釋經'給水火之齊', 謂實水於鑊, 及爨之以火, 皆有多少之齊.

1) 〔○〕 : 저본에는 '○'가 없으나, 이전 **【疏】** 형식에 따라 보충하여 바로잡았다.

2) 大夫五鼎……各異鑊 : ≪儀禮≫ 〈少牢饋食禮〉는 大夫의 禮이므로, 5개의 鼎을 진설하고 羊과 豕의 少牢를 희생으로 사용한다. 양고기를 담는 羊鼎, 돼지고기를 담는 豕鼎, 물고기를 담는 魚鼎, 말린 고기를 담는 腊鼎에 양고기의 위와 창자를 하나의 鼎에 함께 담으니, 모두 5개의 鼎이다. 鄭玄에 의하면, 군자는 돼지고기의 창자와 위는 기름기가 많아서 먹지 않기 때문에 鼎에 담지 않는다고 한다.(≪의례≫ 〈소뢰궤사례〉 정현의 注 참조) 세발솥〔鼎〕에 담는 희생고기는 각각 별도의 가마솥〔鑊〕에서 삶기 때문에 大夫의 예인 〈소뢰궤사례〉에서는 가마솥도 5개를 진설한다. 孫詒讓에 의하면, 왕은 9개의 牢鼎(正鼎)에 7개의 鑊을 진설한다. 소고기〔牛〕・양고기〔羊〕・돼지고기〔豕〕・물고기〔魚〕・말린 고기〔腊〕・말리거나 절이지 않은 갓 잡은 물고기〔鮮魚〕・뼈를 잘랐지만 아직 말리지

않은 고기〔鮮腊〕의 7가지 희생고기를 각각의 가마솥에서 삶는다. 다만 소고기의 위와 창자는 소고기와 함께, 양고기의 위와 창자는 양고기와 함께 같은 가마솥에서 삶기 때문에 가마솥은 모두 7개가 된다. 고기가 익어서 세발솥에 담을 때는 소고기의 위·창자와 양고기의 위·창자도 별도의 세발솥에 담기 때문에 세발솥은 9개가 필요하다.(≪周禮正義≫ 권8, 282쪽 참조)

○注의 〔鑊所〕에서 〔之量〕까지

○釋曰:〔鑊 所以煮肉及魚腊之器〕 살펴보건대, ≪儀禮≫ 〈少牢饋食禮〉에 의하면 부뚜막〔爨〕은 廟門 밖의 동쪽에 있다. 대부는 5개의 세발솥〔鼎〕을 진설하는데, 양고기〔羊〕·돼지고기〔豕〕·창자와 위〔腸胃〕·물고기〔魚〕·말린 고기〔腊〕는 각각 가마솥〔鑊〕을 달리하여 삶는다. 가마솥에는 별도로 하나의 세발솥이 있는데, 가마솥 안의 희생고기가 익으면 각각 하나의 세발솥에 담는다. 그러므로 鄭玄이 "고기가 익으면 이어서 세발솥에 담는다."고 한 것이다.

〔齊 多少之量〕 이는 경문의 '給水火之齊(물의 양과 불의 세기를 조절한다.)'를 풀이한 것이니, 가마솥에 물을 붓고 부뚜막에 불을 때는 데에는 모두 많고 적음의 분량이 있음을 가리킨다.

天-10-2

職外內饔之爨亨煮[1)]하고 辨膳羞之物[2)]이니라

1) 煮:王念孫는 '煮'는 衍文이라고 하였다. '煮'는 '亨'의 뜻인데, 이미 '亨'이라고 말했으므로 다시 '煮'라고 말할 필요가 없다고 하였다.〔煮卽亨也 旣言亨 則無庸更言煮〕 孫詒讓도 唐石經에 '煮'의 글자가 있지만, 아래 鄭玄 注의 문장에서 '煮物'이라고 한 것으로 인해서 잘못 들어간 것이라고 하였다.(≪周禮正義≫ 권8, 282쪽 참조)
2) 辨膳羞之物:膳夫에서 필요로 하는 6가지의 희생고기〔膳〕와 120가지의 맛난 음식〔羞〕으로 삶아서 공급하는 일을 말한다.(≪周禮正義≫ 권8, 282쪽 및 〈天官 膳夫〉 天-6-2 참조)

〈亨人은〉 外饔과 內饔에서 보내온 희생고기를 부뚜막에서 삶는 일을 주관하고, 희생고기와 맛난 음식으로 변별하여 만들어서 〈膳夫에게〉 공급한다.

【注】職은 主也라 爨은 今之竈니 主於其竈煮物이라

'職'은 주관한다〔主〕는 뜻이다. '爨'은 오늘날의 부엌〔竈〕이다. 그 부엌에서 음식물을 삶

는 일을 주관하는 것이다.

【疏】'職外'至'之物' ○釋曰：亨人, 主外・內饔爨竈亨煮之事. 云'辨膳羞之物'者, 膳羞則牛鼎之物, 是也.

經의 〔職外〕에서 〔之物〕까지

○釋曰：亨人은 外饔과 內饔에서 보내온 희생고기를 부엌에서 삶는 일을 주관한다.

〔辨膳羞之物〕 희생고기와 맛난 음식은 牛鼎(소고기를 담는 세발솥)에 담는 음식이 그것이다.

○注'職主'至'煮物' ○釋曰 云'爨, 今之竈'者, 周禮儀禮皆言'爨', 論語王孫賈云 "寧媚於竈[1)]", 禮記祭法天子七祀之中, 亦言'竈', 若然, 自孔子已後, 皆言'竈'. 故鄭云 "爨, 今之竈."

1) 論語王孫賈云 寧媚於竈：≪論語≫ 〈八佾〉의 문장이다. "王孫賈가 물었다. 〈세속 사람들이〉 '아랫목(측근 신하)에게 아첨할 바에는 차라리 부엌(집정관)에 아첨하라.'라고 말합니다. 무슨 뜻입니까? 孔子께서 말하였다. '그렇지 않습니다. 하늘에 죄를 지으면 빌 곳이 없습니다.'〔王孫賈問曰 與其媚於奧 寧媚於竈 何謂也 子曰 不然 獲罪於天 無所禱也〕"

○注의 〔職主〕에서 〔煮物〕까지

○釋曰 〔爨 今之竈〕 ≪周禮≫와 ≪儀禮≫에서는 모두 '爨'이라고 하였고, ≪論語≫ 〈八佾〉에서 王孫賈가 "寧媚於竈(차라리 부엌에 아첨하라.)"라고 하였고, ≪禮記≫ 〈祭法〉에서는 天子의 七祀를 언급하는 가운데 또한 '竈'라고 하였다. 그렇다면 孔子 이후 모두 '竈'라고 하였던 것이다. 그러므로 鄭玄이 "'爨'은 오늘날의 竈이다."라고 한 것이다.

天-10-3

祭祀에 共大羹鉶羹하고 賓客에도 亦如之니라

제사를 지낼 때, 〈亨人은〉 나물을 넣지 않고 끓인 고깃국〔大羹〕과 나물을 넣어 조미한 고깃국〔鉶羹〕을 공급한다. 빈객을 접대할 때도 이와 마찬가지로 한다.

【注】大羹은 肉湇(읍)[1)]이라 鄭司農云 大羹은 不致五味也요 鉶羹은 加鹽菜矣라

1) 肉湆(읍) : ≪儀禮注疏≫ 〈有司徹〉 賈公彦의 疏에서 "肉湆은 단지 고기를 국물 안에서 꺼낸 것으로, 실은 국물이 없다.〔肉湆者 直是肉從湆中來 實無汁〕"고 하여 '肉湆'을 '고깃국'으로 해석하였다. 이에 반해 方苞는 ≪儀禮析疑≫에서 "가공언이 '肉湆'은 '고기를 국물 안에서 꺼낸 것으로, 희생제기 안에는 실은 국물이 없다.'고 한 것은 잘못이다. 경문에서 匕湆과 肉湆을 상대적으로 말했으므로, 匕湆 안에는 고기가 없고, 肉湆 안에는 〈고기도 있고〉 국물도 있다.〔疏謂肉從湆出 俎中實無湆 非也 經以匕湆肉湆相對 則匕湆中無肉 肉湆有湆〕"라고 하여 가공언의 해석을 비판했다.(≪儀禮正義≫ 권39, 2331쪽 참조)

'大羹'은 고깃국〔肉湆〕이다. 鄭衆은 "'大羹'은 五味를 넣지 않는 것이다. '鉶羹'은 소금이나 나물을 넣은 것이다."라고 하였다.

【疏】'祭祀'至'如之' ○釋曰 : 云'祭祀共大羹'者, 大羹, 肉湆, 盛於登, 謂大古之羹, 不調以鹽菜及五味, 謂鑊中煮肉汁, 一名湆, 故鄭云'大羹, 肉湆.' 云'鉶羹'者, (皆)〔謂〕[1]是陪鼎膷臐膮, 牛用藿, 羊用苦, 豕用薇, 調以五味, 盛之於鉶器, 卽謂之鉶羹. 若盛之於豆, 卽謂之庶羞, 卽公食大夫十六豆膷臐膮(等)〔是〕[2]也. 云'賓客, 亦如之'者, 謂若致饔餼及(飧)〔飱〕禮, 皆有陪鼎, 則鉶羹也. 饗食亦應有大羹, 故云 "賓客亦如之."

1) (皆)〔謂〕 : 저본에는 '皆'로 되어 있으나, 浦鏜은 '皆'는 '謂'의 잘못이라고 하였고, 孫詒讓의 ≪周禮正義≫에도 '謂'로 되어 있는 것에 의거하여 바로잡았다.(阮元의 〈校勘記〉 및 北京大 整理本의 〈校勘記〉 참조)

2) (等)〔是〕 : 저본에는 '等'으로 되어 있으나, 上海古籍 整理本에 의거하여 '是'로 바로잡았다.

經의 〔祭祀〕에서 〔如之〕까지

○釋曰 : 〔祭祀共大羹〕 大羹은 고깃국〔肉湆〕으로서 登에 담으니, 태고시대의 고깃국을 말하는 것으로 소금이나 나물 및 다섯 가지 맛으로 조미를 하지 않는다. 가마솥 안에서 삶은 고깃국을 일명 '湆'이라 한다. 그러므로 鄭玄이 "大羹은 고깃국〔肉湆〕이다."라고 한 것이다.

〔鉶羹〕 陪鼎에 담는 소고깃국〔膷〕·양고깃국〔臐〕·돼지고깃국〔膮〕을 말하는 것으로, 소고깃국에는 콩잎〔藿〕을 넣고, 양고깃국에는 씀바귀〔苦〕를 넣고, 돼지고깃국에는 고사리〔薇〕를 넣고 다섯 가지 맛으로 조미하여 국그릇〔鉶器〕에 담으니, 곧 이를 '鉶羹'이라 한다. 만약 그것을 豆에 담으면 '庶羞'라고 하니, 곧 ≪儀禮≫ 〈公食大夫禮〉의 16豆에 담는 소고깃국〔膷〕·양고깃국〔臐〕·돼지고깃국〔膮〕이 이것이다.

〔賓客 亦如之〕 饔餼(죽은 희생과 살아 있는 희생) 및 飱(조촐한 음식)의 음식을 보내줄 경

우는 모두 陪鼎을 진설하니, 여기에 鉶羹을 담는다. 饗食(향사)를 베풀어줄 경우는 또한 마땅히 大羹을 사용한다. 그러므로 "빈객을 접대할 때도 또한 이와 마찬가지로 한다."고 한 것이다.

11. 甸師(전사)

天-11-1

甸師는 **掌帥其屬而耕耨王藉**(적)[1)]하여 **以時入之**하고 **以共齍**(자)**盛**[2)]이라

1) 王藉(적) : ≪禮記≫ 〈月令〉에서는 '帝籍'이라고 하였는데, 제사에 공급되는 것에 의거하여 말한 것이다. 이곳에서는 王의 親耕에 의거하여 말했기 때문에 '王籍'이라 한 것이다. 그 의미는 서로 통한다. ≪예기≫ 〈월령〉 鄭玄의 注에서 "'帝籍'은 천신에게 제사하기 위해 백성의 노동력을 빌어 경작하는 토지이다.〔帝藉 爲天神借民力所治之田也〕"라고 하였다.

2) 齍(자)盛 : 阮元의 〈校勘記〉에서는 '齍'는 '粢'의 잘못이라고 하였다. "살펴보건대, '齍'는 또한 마땅히 '粢'가 되어야 한다. 〈春官 肆師(春-3-6)〉 '表齍盛'에 대한 鄭玄의 注에서 '粢는 六穀이니, 그릇 안에 있는 것을 盛이라 한다.'라고 하였으니, 경문에는 '齍盛'으로 되어 있고, 鄭玄의 注에는 모두 '粢盛'으로 되어 있다. 賈公彦의 疏에서 '六穀을 粢라 하고, 그릇 안에 있는 것을 盛이라 한다. 그것으로 제사를 지내므로 粢盛이라 한다.'고 하여 '齍盛'을 '粢盛'으로 바꾸었으니 鄭玄의 注에 근본한 것이다. 이곳과 〈地官 舂人(地-76-2)〉 鄭玄의 注도 마찬가지이다. 따라서 경문에 '齍'로 되어 있는 것은 잘못이다.〔案齍亦當爲粢 肆師表齍盛注 粢六穀也 在器曰盛 是經作齍盛 注皆作粢盛 疏云 六穀曰粢 在器曰盛 以其祭祀 故云粢盛 易齍盛爲粢盛 本注也 此及舂人注同 經作齍非〕"

甸師는 그 속관들을 이끌고 왕의 藉田을 경작하고, 때에 맞추어 수확물을 〈地官의 神倉에 보내어〉 들여서 제사에 쓰일 곡물〔齍盛〕로 공급하는 일을 관장한다.

【注】 其屬은 府史胥徒也[1)]라 耨는 芸[2)]芓[3)]也라 王以孟春에 躬耕帝藉(적)하나니 天子三推하고 三公五推하고 卿諸侯九推어든 庶人이 終於千畝니 庶人은 謂徒三百人이라 藉(자)之言은 借也라 王一耕之하고 而使庶人芸芓終之라 齍盛은 祭祀所用穀也니 粢는 稷也니 穀者는 稷爲長이라 是以名云이라 在器曰盛이라

1) 府史胥徒也 : 〈天官 序官(天-0-17)〉에 의하면 甸師의 속관으로 府 1인, 史 2인, 胥 30

인, 徒 300인이 있다.

2) 芸 : 婺本과 岳本에도 '芸'으로 되어 있지만 建本에는 '耘'으로 되어 있다. 陸德明은 '芸'의 음은 '云'이라고 하였고, 徐邈은 음은 '運'으로 어떤 본에는 '耘'으로 되어 있다고 하였다.(≪經典釋文≫ 권8, 〈周禮音義 上 天官冢宰〉 '甸師') 아래 賈公彦의 疏에도 '耘'으로 되어 있다.

3) 芓 : '芓'는 '耔'로도 쓰는데, 흙으로 곡물의 뿌리를 북돋아주는 것을 말한다. ≪漢書≫ 〈食貨志〉에서 "≪詩≫에 '或芸或芓 黍稷儗儗(잡초를 제고하고 뿌리를 내리게 하니, 찰기장 메기장이 무성히 자라네.)'라고 하였다. '芸'은 풀을 제거하는 것이며, '芓'는 뿌리를 내리는 것이다. 싹이 조금씩 자라날 때마다 잡초를 뽑아서 뿌리를 내리게 한다. 무더운 여름이 되면, 이랑 끝까지 뒤덮어 뿌리가 깊어지니, 바람과 가뭄을 견딜 수 있다. 그러므로 무성해지는 것이다.〔其詩曰 或芸或芓 黍稷儗儗 芸 除草也 芓 附根也 言苗稍壯每耨 輒附根 比盛暑 隴盡而根深 能風與旱 故儗儗而盛也〕"라고 하였다. 그런데 ≪漢書≫에서 인용한 ≪詩≫의 '或芸或芓'가 ≪詩經≫ 〈小雅 甫田〉에는 '或耘或耔'로 되어 있다.

'그 속관〔其屬〕'은 府·史·胥·徒를 말한다. '耨'는 잡초를 뽑고 뿌리를 북돋아주는 것을 말한다. 왕은 맹춘(1월)에 몸소 帝藉(上帝에게 올릴 곡물을 경작하는 藉田)을 경작하니, 천자는 세 번 쟁기를 밀고, 삼공은 다섯 번 쟁기를 밀고, 경과 제후는 아홉 번 쟁기를 미는데, 서인이 1,000畝의 藉田을 모두 경작하여 마친다. '庶人'은 徒 300인을 말한다. '藉'이라는 글자는 빌린다〔借〕는 뜻이다. 왕이 한번 밭에 씨를 뿌리고, 서인으로 하여금 잡초를 뽑고 뿌리를 북돋아서 마치도록 하는 것이다. '齍盛'은 제사에 쓰이는 곡물을 말한다. '粢'는 기장〔稷〕이니, 곡물 가운데에는 기장이 으뜸이다. 이 때문에 명칭으로 삼은 것이다. 그릇 안에 있는 것을 '盛'이라 한다.

【疏】'甸師'至'齍盛' ○釋曰 : 言'掌帥其屬'者, 謂除府史, 有胥三十人, 徒三百人, 而耕種耘耨於王之藉田. 言'以時入之'者, 謂麥則夏孰, 禾黍秋孰, 則十月穫之, 送入地官神倉[1], 故云"以時入之." 云'以共齍盛'者, 六穀曰粢[2], 在器曰盛, 以共祭祀, 故云"以共粢盛."

1) 神倉 : ≪禮記≫ 〈月令〉 鄭玄의 注에서 "제사에 쓰일 곡물을 저장하는 곳을 '神倉'이라 한다.〔藏祭祀之穀爲神倉〕"고 하였다.

2) 六穀曰粢 : 〈春官 小宗伯(春-2-9)〉 鄭玄의 注에서 "六粢는 六穀을 가리키니, 찰기장〔黍〕·메기장〔稷〕·벼〔稻〕·수수〔粱〕·보리〔麥〕·고미〔苽〕이다.〔六粢謂六穀 黍稷稻粱麥苽〕"라고 하였다.

經의 〔甸師〕에서 〔齍盛〕까지

○釋曰 : 〔掌帥其屬〕 府・史를 제외하면 胥 30인과 徒 300인이 있어 왕의 藉田에서 씨를 뿌리고 김을 맨다.

〔以時入之〕 보리는 여름에 익고 벼와 기장은 가을에 익으니, 10월에 수확을 하여 地官의 神倉에 보내어 들인다. 그러므로 "때에 맞추어 들인다."라고 한 것이다.

〔以共齍盛〕 여섯 가지 곡물을 '粢'라고 하고, 그것을 그릇 안에 담으면 '盛'이라 하니, 그것으로 제사에 공급한다. 그러므로 "제사에 쓰일 곡물〔粢盛〕로 공급한다."고 한 것이다.

○注'其屬'至'曰盛' ○釋曰 : 云'其屬, 府史胥徒也'者. 敍官知之. 云'耨, 芸芓也'者, 詩云 "或芸或芓", 芸, 耡[1), 芓, 擁本, 是也. 云'王以孟春', 至'諸侯九推', 竝是月令文. 言'躬耕帝藉'者, "天子親耕三推"[2), 是也. 言'帝藉'者, 藉田之穀, 衆神皆用, 獨言'帝藉'者, 擧尊言之. 云'天子三推'者, 三推而一(癈)〔發〕[3). 云'三公五推'者, 五推而三發. '卿諸侯九推'者, 九推而五發. 故周語云 "王耕一發, 班三之."[4) 云'庶人終於千畝', 亦周語文. 天子藉田千畝, 在南郊, 自天子三推已下, 示有恭敬鬼神之法. 又示帥先天下, 故暫時耕, 終之者, 庶人也. 鄭解周語庶人者, 謂此序官徒三百人也. 云'粢, 稷也'者, 爾雅文. 云'穀者, 稷爲長, 是以名云'者, 此釋經及爾雅特以粢爲號. 知稷爲五穀長者, 案月令中央土云 "食稷與牛", 五行土爲尊, 故知稷爲五穀長. 及爾雅以稷爲粢, 通而言之, 六穀皆是粢, 故小宗伯云 "辨六粢之名物", 是也.

1) 耡 : '耡'는 '助'로 쓰기도 하는데, 본래 商代의 賦稅 제도를 말한다. 〈考工記 匠人(冬-28-33)〉 鄭玄의 注에서 "≪孟子≫에서 '夏后氏는 50畝에 貢法을 시행했고, 殷人은 70무에 耡法을 시행했고, 周人은 100무에 徹法을 시행하였으니, 사실은 모두 1/10의 부세였다.'고 하였다.……'耡'라는 것은 백성의 힘을 빌려 公田을 경작하고, 또 세를 거두어 들이게 하는 것이다.〔孟子曰 夏后氏五十而貢 殷人七十而耡 周人百畝而徹 其實皆什一……耡者 借民之力 以治公田 又使收斂焉〕"라고 하였다. 그러나 이곳에서의 '耡'는 동사로서 잡초를 뽑아 경작하는 행위를 말한다.

2) 天子親耕三推 : '親耕'은 천자가 매년 정월에 직접 藉田에 나아가서 경작을 함으로써 농업을 중시한다는 뜻을 보여주는 의례이다. ≪禮記≫ 〈月令〉에서 "이달(정월)에 천자는 첫 번째 辛日에 上帝에게 풍년을 기원한다. 제사를 지낸 뒤 길일을 택하여 천자가 몸소 쟁기와 보습을 수레에 싣는데, 함께 타는 保介와 마부 사이에 놓는다. 三公, 九卿, 제후, 대부를 이끌고 몸소 籍田을 간다. 천자는 세 번 쟁기를 밀고, 삼공은 다섯 번 밀고, 경과 제후는 아홉 번 민다.〔是月也 天子乃以元日 祈穀于上帝 乃擇元辰 天子親載耒耜 措之于

參 保介之御間 帥三公九卿諸侯大夫 躬耕帝籍 天子三推 三公五推 卿諸侯九推〕"고 하였다.

3) (癈)〔發〕: 저본에는 '癈'로 되어 있으나, '發'이 옳다는 孫詒讓의 설에 의거하여 바로잡았다.(阮元의 〈校勘記〉 및 北京大 整理本의 〈校勘記〉 참조)

4) 云天子三推者……班三之 : ≪國語≫ 〈周語 上〉에서 周나라 宣王이 즉위하여 千畝의 藉田을 親耕하지 않자 虢 文公이 藉田禮를 간언하는 가운데 "王耕一墢 班三之"라고 하였다. 이에 대해 韋昭의 注에서는 "'一墢'은 하나의 보습으로 땅을 갈아엎는다는 뜻이다. 왕은 함께 밭을 가는 짝이 없으므로, 하나의 보습으로 밭을 간다. '班'은 位次이다. '三之'는 아래의 위차는 각각 위의 위차보다 3배로 한다는 뜻이다. 왕이 1번 땅을 갈아엎으면, 공은 3번 땅을 갈아엎고, 경은 9번 땅을 갈아엎고, 대부는 27번 땅을 갈아엎는다.〔一墢 一耜之墢也 王無耦 以一耜耕 班 次也 三(於)〔之〕 下各三其上也 王一墢 公三 卿九 大夫二十七〕"라고 하였다. ≪毛詩正義≫ 〈周頌 載芟〉 孔穎達의 疏에서는 위소의 설을 풀이하면서 "왕은 한 사람이 땅을 갈아엎는데 3번 쟁기를 밀고, 공은 3명이 땅을 갈아엎는데 각각 5번씩 쟁기를 밀고, 경은 9명이 땅을 갈아엎는데 각각 9번씩 쟁기를 민다. 대부가 쟁기를 미는 숫자에 대해서는 명문규정이 없지만, 3孤에 6卿을 합하면 9이므로, 그 대부는 비록 많겠지만 서로 3배의 수로 하는 것을 본다면 27인을 취하여 땅을 갈아엎을 것이다. 그 士는 아마도 81인이 땅을 갈아엎을 것이다.〔王一人發而三推 公三人發 各五推 卿九人發 各九推 大夫推數則無文 因以三孤幷六卿是爲九 其大夫雖多 見相三之數 取二十七人爲之耳 其士蓋八十一人爲之耳〕"라고 하였다. ≪後漢書≫ 〈禮儀志〉 李賢의 注에서는 盧植의 말을 인용하여 "천자가 藉田을 경작할 경우, 1번 땅을 갈아엎으니 9번 쟁기를 민다. ≪周禮≫에서는 2개의 보습으로 한 짝을 이루는데, 한 짝이 갈아엎는 땅〔伐〕은 너비 1척 깊이 1척이다. '伐'은 땅을 갈아엎는다〔發〕는 뜻이다. 천자 및 삼공은 조정에서 治道를 논하고 백관들의 職事를 비교 검증한다. 그러므로 삼공은 5번 쟁기를 미는 것으로 수를 삼는다. 경과 제후는 천자의 職事를 끝까지 이룬다. 그러므로 9번 쟁기를 미는 것으로 수를 삼는다. 땅을 갈아엎을 때는 모두 3배로 증가시키는 것은 禮에서는 3으로 문식을 삼기 때문이다.〔天子耕藉 一發九推耒 周禮 二耜爲耦 一耜之伐 廣尺深尺 伐 發也 天子及三公 坐而論道 參五職事 故三公以五爲數 卿諸侯當究成天子之職事 故以九爲數 伐皆三者 禮以三爲文〕"라고 하였다. 그러나 孫詒讓은 盧植의 "천자가 藉田을 경작할 경우, 1번 땅을 갈아엎으니 9번 쟁기를 민다.〔天子耕藉 一發九推耒〕"는 "천자가 藉田을 경작할 경우, 1번 땅을 갈아엎는데 3번 쟁기를 미니, 3번 땅을 갈아엎으므로 9번 쟁기를 민다.〔天子耕藉 一發三推 三發九推耒〕"의 잘못임을 지적하였다. 또 ≪呂氏春秋≫ 〈孟春紀〉 高誘의 注에서는 "禮는 3으로 문식을 삼는다. 그러므로 천자가 '3번 쟁기를 민다.'는 것은 1번 땅을 갈아엎는 것을 말한다.〔禮以三爲文 故天子三推 謂一發也〕"고 하였다.

○注의 〔其屬〕에서 〔曰盛〕까지

○釋曰 : 〔其屬 府史胥徒也〕 〈天官 序官〉을 통해 안 것이다.

〔耨 芸芋也〕 ≪詩經≫ 〈小雅 甫田〉에서 "或芸或芋(혹 잡초를 뽑고 혹 뿌리를 북돋아주네.)"라고 하였으니, '芸'은 풀을 뽑는다〔薅〕는 뜻이고 '芋'는 뿌리를 북돋아준다는 뜻이 이것이다.

'王以孟春'부터 '諸侯九推'까지는 모두 ≪禮記≫ 〈月令〉의 문장이다.

〔躬耕帝藉〕 〈≪예기≫ 〈월령〉에서〉 "천자가 親耕을 할 때 세 번 쟁기를 민다."고 한 것이것이다. '帝藉'이라고 말한 것은 藉田에서 생산되는 곡물은 여러 신들에게 모두 사용되는데, 홀로 '帝藉(상제에게 올릴 곡물을 경작하는 적전)'이라고 한 것은 존귀한 것을 들어서 말한 것이다.

'天子三推'는 세 번 쟁기를 밀어서 한 번 땅을 갈아엎는다는 뜻이다. '三公五推'는 다섯 번 쟁기를 밀어서 세 번 땅을 갈아엎는다는 뜻이다. '卿諸侯九推'는 아홉 번 쟁기를 밀어서 다섯 번 땅을 갈아엎는다는 뜻이다. 그러므로 ≪國語≫ 〈周語 上〉에서 "왕이 한 번 땅을 갈아엎으면, 아래의 위차들은 각각 위의 위차보다 3배로 땅을 갈아엎는다."고 한 것이다.

〔庶人終於千畝〕 또한 ≪國語≫ 〈周語 上〉의 문장이다. 천자의 藉田 1,000畝는 南郊에 있다. 천자가 세 번 쟁기로 미는 것 이하는 귀신을 공경하는 법이 있음을 보여주는 것이다. 또 천하 사람들에게 솔선수범함을 보여주는 것이다. 그러므로 잠시 밭을 갈고, 끝마치는 것은 서인이 하는 것이다. 鄭玄은 〈周語 上〉에서 말한 '庶人'은 이곳 〈天官 序官(天-0-7)〉의 '徒 300인'을 가리킨다고 풀이하였다.

〔粢 稷也〕 ≪爾雅≫ 〈釋草〉의 문장이다.

〔穀者 稷爲長 是以名云〕 이는 경문 및 ≪爾雅≫ 〈釋草〉에서 특별히 '粢'로 〈稷의〉 호칭을 삼은 뜻을 풀이한 것이다. 기장이 오곡의 으뜸임을 알 수 있는 것은, 살펴보건대 ≪예기≫ 〈월령〉의 '中央 土' 조목에서 "기장과 소고기(土의 가축)를 먹는다."라고 했기 때문이다. 五行에서는 土가 존귀하다. 그러므로 기장이 오곡의 으뜸임을 알 수 있다. ≪爾雅≫ 〈釋草〉에서 기장을 '粢'라고 호칭한 것에 이르러서는, 통언하여 말하면 六穀이 모두 粢이다. 그러므로 〈春官 小宗伯(春-2-9)〉에서 "六粢의 명칭과 종류를 변별한다."고 한 것이 이것이다.

天-11-2

祭祀에 共蕭茅니라

제사를 지낼 때, 〈甸師는〉 향기로운 쑥과 띠풀을 공급한다.

【注】鄭大夫云 蕭字或爲茜(숙)하니 茜讀爲縮이라 束茅立之祭前하여 沃酒其上하면 酒滲下去하여 若神飮之라 故謂之縮이니 縮은 浚也[1]라 故齊桓公責楚不貢苞茅하여 王祭不共하여 無以縮酒라하니라 杜子春讀爲蕭하니 蕭는 香蒿也라 玄謂詩所云 取蕭祭脂[2]라 郊特牲云 蕭合黍稷하여 臭陽達於牆屋이라 故既薦然後焫(설)蕭合馨香[3]이라하니 合馨香者는 是蕭之謂也[4]라 茅는 以共祭之苴[5]니 亦以縮酒라 苴는 以藉(자)祭라 縮酒는 泲酒也니 醴齊縮酌[6]이라

1) 縮 浚也：浦鏜은 이곳의 '浚'은 '滲'의 잘못이라고 하였지만, 阮元은 매우 잘못된 것으로 浦鏜의 글에는 의거할 수 없는 것이 많다고 비판했다.(阮元의 〈校勘記〉 참조) ≪說文解字≫ 水部에 "滲은 抒(퍼내다)의 뜻이다. 어떤 이는 물이 아래로 흘러 떨어져서 앙금을 걸러내는 뜻이라고 하였다."고 하였다. 孫詒讓은 '縮'과 '滲'은 모두 漉(앙금을 걸러내다)과 같은 뜻이며, 따라서 '縮 浚也'는 앞의 '酒滲'을 이어서 문장을 만든 것이므로 '浚'은 '滲'으로 쓰는 것이 옳다고 하였다. 浦鏜의 설을 지지하는 것이다.(≪周禮正義≫ 권8, 290~291쪽 참조)

2) 取蕭祭脂：≪毛詩正義≫ 〈大雅 生民〉 鄭玄의 箋에서 "쑥을 취하여 제사에 사용할 희생의 기름을 발라서 길신의 신위에서 불사른다.〔取蕭草與祭牲之脂 爇之於行神之位〕"라고 하였다.

3) 焫蕭合馨香：≪禮記≫ 〈郊特牲〉의 원문은 "焫蕭合羶薌"인데, 鄭玄의 注에서 "'蕭'는 향기로운 쑥이다. 발기름(뱃가죽 안쪽에 낀 지방)을 발라 메기장・찰기장에 섞어 불사른다. '羶'은 '馨'이 되어야 하니, 발음으로 인한 잘못이다.〔蕭 薌蒿也 染以脂 合黍稷燒之 羶當爲馨 聲之誤也〕"라고 하였다. 陳澔는 鄭玄의 설에 따라 경문의 '羶薌'을 '馨香'으로 읽고, '馨香'은 黍稷을 가리킨다고 하였다.〔馨香 卽黍稷也〕(≪禮記集說≫ 〈郊特牲〉)

4) 合馨香者 是蕭之謂也：≪禮記≫ 〈郊特牲〉에서는 본래 黍稷과 蕭의 두 가지 향기로운 것을 합한다는 뜻인데, 이곳 〈天官 甸師(天-11-2)〉의 경문에서는 단지 蕭만을 가리킨다는 뜻이다.(≪周禮正義≫ 권8, 291~292쪽 참조)

5) 以共祭之苴：'苴'는 제물이나 음식물을 받쳐놓는 깔개로서, ≪儀禮≫ 〈士虞禮〉에서는 "苴(깔개)는 띠풀을 잘라 만드는데, 길이는 5촌으로, 그것을 묶어 대광주리에 넣는다.〔苴 刌茅 長五寸 束之 實于篚〕"고 하였다. 또 〈사우례〉 鄭玄의 注에서 "'苴'는 제물을 깔아놓기 위한 것이다.〔苴 所以藉祭也〕"라고 하였다.

6) 醴齊縮酌：〈春官 司尊彝(春-7-3)〉의 문장이다. '醴齊'는 泛齊・盎齊・醍齊・沈齊와 더불어 '五齊'의 하나이다. 이 다섯 가지 술은 淸濁의 정도 차이는 있지만 모두 아직 찌꺼기를 걸러내지 않은 술이다. 이 가운데 泛齊가 가장 탁하고, 醴齊는 두 번째로 탁하고, 沈齊가 가장 맑다. 醴齊에서 찌꺼기를 걸러내면 醴淸이 된다.

鄭大夫(鄭興)는 "'蕭'의 글자는 어떤 본에는 '茜'으로 되어 있으니, '茜(숙)'은 縮(술의 찌

꺼기를 걸러낸다)의 뜻으로 읽는다. 띠풀〔茅〕 다발을 제기 앞에 세워놓고서 그 위에 술을 부으면 술이 흘러 내려와서 마치 신이 마시는 듯하다. 이를 '縮'이라고 하니, '縮'은 걸러낸다는 뜻이다. 그러므로 齊 桓公이 楚나라가 苞茅(띠풀을 싸서 묶은 다발)를 바치지 않아서 왕의 제사에 공급하지 못함으로써 술을 맑게 걸러낼 수 없었음을 질책하였던 것이다."라고 하였다. 杜子春는 '蕭'의 뜻으로 읽었으니, '蕭'는 향기로운 쑥〔香蒿〕이다. 나(鄭玄)는 생각건대, ≪詩經≫ 〈大雅 生民〉에서 "쑥을 가져다 희생의 발기름에 발라서 〈불사르네.〉"라고 한 것이 이것이다. ≪禮記≫ 〈郊特牲〉에서 "쑥을 발기름으로 발라 메기장〔黍〕·찰기장〔稷〕과 섞어 〈태우면,〉 그 향기가 담장과 방 사이에 퍼진다. 그러므로 〈祝이〉 익힌 음식을 올린 후에 쑥을 향기로운 것(메기장·찰기장)과 섞어서 함께 불사른다."고 하였으니, '향기로운 것을 섞는다〔合馨香〕'는 것은 쑥〔蕭〕을 가리킨다. '茅'는 제물의 깔개〔苴〕로 공급하니, 또한 그것으로 술을 맑게 거른다〔縮酒〕. '苴'는 그것으로 제물을 받쳐놓는다. '縮酒'는 술의 찌꺼기를 걸러낸다는 뜻이니, 醴齊는 찌꺼기를 걸러낸 후에 따른다.

【疏】 '祭祀共蕭茅' ○釋曰：此'祭祀共蕭茅'者, 蕭謂香蒿, 據祭祀宗廟時有之. 若共茅, 外內之神俱用, 故云"祭祀共蕭茅"也.

經의 〔祭祀共蕭茅〕

○釋曰：여기 '祭祀共蕭茅'에서 '蕭'는 향기로운 쑥을 가리키니, 종묘에서 제사를 지낼 때 그것이 있음에 의거하여 말한 것이다. 띠풀을 공급하면, 外神과 內神에게 모두 사용된다. 그러므로 "제사를 지낼 때, 〈甸師는〉 향기로운 쑥과 띠풀을 공급한다."고 한 것이다.

○注'鄭(司農)〔大夫〕[1)]'至'縮酌' ○釋曰：'鄭大夫云, 蕭字或爲茜, 茜, 讀爲縮', 鄭大夫必讀爲縮者, 欲以蕭茅共爲一事解之. 云'束茅立之祭前'者, 此鄭大夫之意, 取士虞禮束茅立几東, 所以藉祭[2)]. 此義蕭茅共爲一, 則不可, 若束茅立之祭前, 義得通. 又引齊桓公責楚, 謂左氏僖公四年傳辭, 彼齊桓使管仲責楚云"爾貢包茅不入, 王祭不共, 無以縮酒, 寡人是徵." 楚伏其罪云"敢不共給", 是也. 杜子春讀爲蕭, 於義爲是, 故後鄭從之. 云'玄謂詩所云, 取蕭祭脂', 見用蕭之時有脂. 又引郊特牲者, 欲見非直有脂, 亦有黍稷. 云'臭陽達於牆屋'者, 謂饋獻[3)]之後, 陰厭[4)]之節, 取蕭與脂及黍稷焫燒之, 取香氣上聞, 故云"既薦然後, 焫蕭合馨香." 云'茅以共祭之苴'者, 則士虞禮"束茅長五寸, 立於几東, 謂之苴者", 是也[5)]. 云'亦以縮酒'者, 左氏管仲辭, 是也. 云'苴以藉祭'者, 亦指士虞禮也. 云'縮酒, 泲酒也'者, 鄭君解義語. 云'醴齊縮酌'者, 司尊彝職文. 此官共茅. 司巫云 "祭祀共蒩館[6]", 茅以爲蒩. 兩官共共者, 謂此甸師共茅與司巫, 司巫爲苴以共之. 此據祭宗廟也. 鄕師又云 "大祭祀共茅蒩"者, 謂據祭天時, 亦謂甸師氏送茅與鄕師, 爲苴以共之. 若然, 甸師氏直共茅而已, 不供苴耳.

1) (司農)〔大夫〕: 監本에는 본래 '司農'으로 되어 있던 것을 삭제하고 '大夫' 두 글자로 바꾸었다. 毛本에는 마침내 '大夫'로 썼다. 孫詒讓은 ≪春秋左氏正義≫ 僖公 4년 조의 孔穎達 疏에서 이곳의 문장을 인용하면서 '鄭興云'이라고 하였고, 唐本에서도 '大夫'라고 하였으므로, 이곳의 표제어에 '司農'으로 되어 있는 것은 잘못이라고 하였다.(北京大 整理本의 〈校勘記〉 참조)

2) 取士虞禮束茅立几東 所以藉祭 : ≪儀禮≫ 〈士虞禮〉에서 "祝은 손을 씻고 堂 위로 올라가서 깔개〔苴〕를 취한 후 당에서 내려와 술잔을 씻는다. 다시 당 위로 올라가 室 안으로 들어가서 안석〔几〕의 동쪽 자리〔席〕 위에 깔개를 진설한다.〔祝盥 升 取苴降 洗之 升 入設于几東席上〕"고 하였다.

3) 饋獻 : 익힌 음식을 올리는 때를 말한다. 종묘 제사에서 四獻을 한 후 익힌 음식을 올릴 때 왕후는 饋食의 豆와 籩을 올리는데, 왕과 왕후가 술을 따라 시동에게 獻의 예를 행한다. 이를 '饋獻'이라 한다. 〈春官 司尊彝(春-7-2)〉에서 "그 익힌 음식을 올릴 때〔饋獻〕 2개의 壺尊을 사용하는데, 모두 술항아리를 진설한다.〔其饋獻用兩壺尊皆有罍〕"고 하였다. 鄭玄의 注에서는 "궤헌은 익힌 음식을 올리는 때를 말하니, 이때 왕후가 궤사의 豆와 籩을 올린다. 이때 9번 술을 따르는데, 왕과 왕후가 각각 4번 따르고, 신하들이 1번 따르니, 제사의 올바름이다.〔饋獻 謂薦孰時 后於是薦饋食之豆籩 此凡九酌王及后各四諸臣一 祭之正也〕"라고 하였다.

4) 陰厭 : '厭'은 신에게 실컷 음식 대접을 한다는 뜻이다. 厭에는 陰厭과 陽厭이 있다. 시동을 맞이하여 정식의 제사를 지내기 전에 廟室 안의 서남쪽 모퉁이〔奧〕에 음식을 진설하여 귀신에게 올리는 것을 '陰厭'이라고 한다. 정식의 제사를 마친 후 시동이 일어나 묘실 밖으로 나간 후에 말린 고기를 담은 대나무제기〔籩〕·고기젓갈을 담은 나무제기〔豆〕·희생제기〔俎〕·밥그릇〔敦〕을 거두어 묘실의 서북쪽 모퉁이에 진설하는 것을 '陽厭'이라고 한다.

5) 士虞禮……是也 : ≪儀禮≫ 〈士虞禮〉에는 이 문장은 없다. 의미를 요약해서 인용한 것이다.

6) 祭祀共蒩館 : '蒩'는 풀로 만든 깔개로서, 제사를 지낼 때 기장 등의 제물을 올려놓는다. 〈地官 鄕師(地-3-5)〉 鄭玄의 注에서 "≪儀禮≫ 〈士虞禮〉에서 '깔개는 띠풀을 잘라서 만드는데 길이는 5촌으로, 그것을 묶는다.'고 한 것이 이것이다.〔士虞禮所謂苴刌茅長五寸束之者 是也〕"라고 하였다. '館'은 제사를 지낼 때 제물을 담는 대광주리이다. 〈春官 司巫

(春-54-3)〉 鄭玄의 注에서 "'館'은 깔개를 담는 것이니, 오늘날의 대광주리와 같다.〔館所以承蒩 謂若今筐也〕"고 하였다.

○ 注의 〔鄭大夫〕에서 〔縮酌〕까지

○ 釋曰 : 〔鄭大夫云 蕭字或爲茜 茜 讀爲縮〕 鄭大夫(鄭興)가 반드시 〈蕭를〉 '縮'의 뜻으로 읽으려 했던 것은 '蕭'와 '茅'를 함께 한 가지 물건으로 해석하고자 했기 때문이다.

〔束茅立之祭前〕 이곳에서의 鄭大夫의 뜻은 ≪儀禮≫ 〈士虞禮〉에서 띠풀을 묶어서 안석〔几〕의 동쪽에 세우고 제물을 받쳐놓는다고 한 것을 취한 것이다. 이는 의미상 蕭와 茅를 함께 한 가지 물건으로 해석한다면 불가한 것이지만, 띠풀을 묶어서 제기 앞에 세워두는 것으로 해석한 경우는 의미상 통할 수 있다. 또 齊 桓公이 楚나라를 질책한 것을 인용한 것은 ≪춘추좌씨전≫ 僖公 4년 조의 傳文의 문장이다. 그곳에서 제 환공은 管仲을 시켜 초나라를 질책하게 하면서 "너희가 包茅(띠풀을 싸서 묶은 다발)를 바치지 않아서 왕의 제사에 공급하지 못함으로써 술을 맑게 걸러내지 못하였으니, 과인은 이 죄를 묻겠다."라고 하였다. 초나라의 使者는 그 죄를 자복하면서 "어찌 감히 공급하지 않겠습니까."라고 한 것이 이것이다. 杜子春이 '蕭(쑥)'의 뜻으로 읽은 것은 의미상 옳다. 그러므로 鄭玄이 이에 따랐다.

〔玄謂詩所云 取蕭祭脂〕 쑥〔蕭〕을 사용할 때 희생의 발기름〔脂〕이 있음을 보인 것이다. 또 ≪禮記≫ 〈郊特牲〉을 인용한 것은 희생의 발기름〔脂〕이 있을 뿐만이 아니라 또한 찰기장・메기장도 있음을 보이고자 한 것이다.

〔臭陽達於牆屋〕 饋獻의 예를 행한 후 陰厭의 의절에서 쑥과 희생의 발기름 및 찰기장・메기장을 취하여 불살라서 향기가 위로 올라가게 하는 것을 말한다. 그러므로 "익힌 음식을 올린 후에 쑥을 향기로운 곡물(메기장・찰기장)과 섞어서 함께 불사른다."고 한 것이다.

〔茅以共祭之苴〕 ≪儀禮≫ 〈士虞禮〉에서 "묶은 띠풀은 길이가 5촌으로 안석의 동쪽에 세우는데, 이를 깔개〔苴〕라고 한다."고 한 것이 이것이다.

〔亦以縮酒〕 ≪春秋左氏傳≫ 僖公 4년 조 管仲의 말이 이것이다.

〔苴以藉祭〕 또한 ≪의례≫ 〈사우례〉를 가리킨다.

〔縮酒 泲酒也〕 정현이 뜻을 풀이한 말이다.

〔醴齊縮酌〕 〈春官 司尊彝(春-7-3)〉의 문장이니, 이 司尊彝의 관직은 띠풀을 공급한다. 〈春官 司巫(春-54-3)〉에 "〈司巫는〉 제사를 지낼 때 깔개〔蒩〕를 담은 대광주리를 공급한다."고 하였으니, 띠풀로 깔개〔蒩〕를 만드는 것이다. 〈甸師와 司尊彝〉 두 관직이 함께 〈띠

풀을〉 공급하는 것이니, 이 전사가 띠풀을 사무에게 공급해주면, 사무가 그것으로 깔개〔苴〕를 만들어 공급한다는 뜻이다. 이곳은 종묘 제사에 의거하여 말한 것이다. 〈地官 鄕師(地-3-5)〉에서 또 "大祭祀를 지낼 때, 띠풀로 만든 깔개〔茅蒩〕를 공급한다."고 한 것은 하늘을 제사 지낼 때에 의거하여 말한 것이니, 또한 甸師氏가 鄕師에게 띠풀을 보내주면, 〈향사가〉 그것으로 띠풀을 만들어 공급한다는 뜻이다. 그렇다면 전사씨는 단지 띠풀을 공급할 뿐이고 깔개를 제공하지는 않는다.

天-11-3

共野果蓏(라)[1]之薦하니라

1) 果蓏(라) : 應劭는 "나무에 열리는 열매를 '果'라고 하고 풀에 열리는 열매를 '蓏'라고 한다.〔木實曰果 草實曰蓏〕"고 하였고, 張晏은 "씨 있는 열매를 '果'라고 하고 씨 없는 열매를 '蓏'라고 한다.〔有核曰果 無核曰蓏〕"고 하였으며, 臣瓚은 "나무 위에서 열리는 열매를 '果'라고 하고 땅 위에서 열리는 열매를 '蓏'라고 한다.〔木上曰果 地上曰蓏也〕"고 하였다.(≪漢書≫ 권24 상 〈食貨志〉, 顔師古의 注 참조)

〈甸師는〉 교외에서 자라는 나무 과일〔果〕과 넝쿨 열매〔蓏〕 등의 제물을 공급한다.

【注】 甸은 在遠郊之外요 郊外曰野[1]라 果는 桃李之屬이요 蓏는 瓜瓞(질)[2]之屬이라

1) 甸……郊外曰野 : 王城으로부터 51리에서 100리까지를 遠郊라고 한다. 원교의 밖을 野라고 하는데, 野는 甸·稍·縣·畺의 땅으로 이루어진다. 王城으로부터 100리에서 200리까지의 땅을 '甸', 200리에서 300리까지의 땅을 稍(家邑), 300리에서 400리까지의 땅을 縣(小都), 400리에서 500리까지의 땅을 畺(大都)이라 한다.

2) 瓜瓞(질) : 오이와 그루갈이로 열리는 작은 오이를 말한다. ≪爾雅≫ 〈釋草〉에서 "瓞은 瓝(그루갈이로 열리는 작은 오이)이다. 오이 덩굴이 퍼져 지난해의 오이에 이어서 나는 것을 '질'이라 한다.〔瓞 瓝 其紹瓞〕"고 하였고, 郭璞의 注에서는 "세속에서는 瓝瓜를 '瓞'이라고 한다. '紹'는 오이 넝쿨 끝에 또한 열매가 열리는데 단지 작아서 瓝과 같다.〔俗呼瓝瓜爲瓞 紹者瓜蔓緖 亦著子 但小如瓝〕"고 하였다.

甸은 遠郊의 밖에 있으니, 郊의 밖을 '野'라고 한다. '果'는 복숭아·자두 따위를 말하고, '蓏'는 오이·그루갈이로 열리는 작은 오이 따위를 말한다.

【疏】〔○〕[1]注'甸在'至'之屬' ○釋曰 : 鄭言'甸, 在遠郊之外'者, 案載師公邑之田任甸地,在二百里中. 司馬(職)〔法〕百里爲遠郊[2]. 今言'甸, 在遠郊外', 則是二百里中. 云'郊外曰野'者, 釋經野, 野在郊外. 云'果, 桃李之屬. 蓏, 瓜瓞之屬'者, 案食貨志, 臣瓚以爲在樹曰果, 在地曰蓏, 不辨有核無核. 張晏以有核曰果, 無核曰蓏. 今鄭云'果, 桃李之屬', 卽是有核者也, '蓏, 瓜瓞之屬', 卽是無核者也. 此從張晏之義.

1) 〔○〕: 저본에는 '○'가 없으나, 이전 【疏】 형식에 의거하여 보충하였다.
2) 司馬(職)〔法〕百里爲遠郊 : 저본에는 '職'으로 되어 있으나, 〈夏官 司馬〉에는 '百里爲遠郊'라는 문장이 없으며, 上海古籍 整理本과 孫詒讓의 ≪周禮正義≫에는 '法'으로 되어 있다. 〈地官 載師(地-16-2)〉 鄭玄의 注에 "≪司馬法≫에 '王國의 경우, 100리까지를 郊라 하고, 200리까지를 州라 하고, 300리까지를 野라 하고, 400리까지를 縣이라 하고, 500리까지를 都라 한다.'고 하였다.〔司馬法曰 王國百里爲郊 二百里爲州 三百里爲野 四百里爲縣 五百里爲都〕"고 하였다.

○ 注의 〔甸在〕에서 〔之屬〕까지

○ 釋曰 : 鄭玄이 "甸은 遠郊의 밖에 있다"고 말한 것은 살펴보건대, 〈地官 載師(地-16-2)〉에 甸地의 지세를 살펴서 公邑의 田을 조성하는데 〈왕성으로부터〉 200리 안에 있으며, ≪司馬法≫에 100리까지를 遠郊라고 하였다. 이제 "甸은 원교 밖에 있다."고 하였으므로 〈100리로부터〉 200리 안에 있는 것이다.

〔郊外曰野〕 경문의 '野'를 풀이한 것이니, 野는 郊 밖에 있다.

〔果 桃李之屬 蓏 瓜瓞之屬〕 살펴보건대, ≪漢書≫ 〈食貨志〉의 顔師古 注에 의하면, 臣瓚은 나무 위에 열리는 열매를 '果'라 하고, 땅 위에서 열리는 열매를 '蓏'라고 하여 씨가 있고 씨가 없음을 구분하지 않았다. 張晏은 씨가 있는 열매를 '果'라 하고, 씨가 없는 열매를 '蓏'라고 하였다. 이제 정현이 "'果'는 복숭아 · 자두 따위를 말한다."라고 한 것은 씨가 있는 과일이고, "蓏는 오이 · 그루갈이로 열리는 작은 오이 따위를 말한다."라고 한 것은 씨가 없는 열매이다. 이는 장안의 해석을 따른 것이다.

天-11-4

喪事[1]에 代王受眚(생)烖니라

1) 喪事 : ≪周禮≫에서 '喪事'는 모두 大喪과 小喪을 포함하여 말한 것인데, 이곳에서는 "왕을 대신하여 재앙을 받는다."고 하였으므로 왕후 · 세자의 喪 및 夫人 이하의 喪인 小喪은 포함되지 않는다.(≪周禮正義≫ 권8, 294쪽 참조)

왕의 상을 당했을 때, 〈甸師는〉 藉田의 神에게 기도를 올려 嗣王을 대신하여 과실로 인해 발생한 재해에 대한 견책을 받는다.

【注】粢盛者는 祭祀之主也[1)]니 今國遭大喪에 若云此黍稷不馨하여 使鬼神不逞于王이라 旣殯[2)]에 大祝作禱辭授甸人하여 使以禱藉田之神하여 受眚烖弭後殃이라

1) 粢盛者 祭祀之主也 : 제사에는 粢盛, 牲牢, 齊酒 등이 있지만 자성을 가장 중요하게 여긴다.

2) 旣殯 : '殯'은 상례에서 小斂과 大斂을 마친 후 죽은 이의 시신을 널에 넣어 장례를 기다리는 의절을 말한다. ≪禮記≫ 〈檀弓 上〉에 의하면, 室의 창문 아래에서 飯含(죽은 첫날, 죽은 이의 입에 생쌀과 조개 등을 넣는 의절)을 하고, 실의 출입문의 아래에서 小斂(죽은 지 2일째, 죽은 이에게 19벌의 옷과 이불을 덮어주는 의절)을 하고, 阼階(동쪽 계단)에서 大斂(죽은 지 3일째, 30벌의 수의를 입히고 이불로 덮어 殯을 준비하는 의절)을 하고, 빈객의 자리인 서쪽 계단에서 殯을 한다.〔飯於牖下 小斂於戶內 大斂於阼 殯於客位〕 또 ≪예기≫ 〈王制〉에 의하면 천자는 죽은 지 7일 만에 殯을 한다.

粢盛은 제사를 지낼 때 가장 중요한 제물이다. 이제 나라에서 大喪을 당하면, 〈甸師는〉 마치 이 찰기장·메기장이 향기롭지 못하여 귀신으로 하여금 왕을 만족스럽게 여기게 하지 못하였던 듯이 생각한다. 殯을 마치면 大祝은 禱辭를 작성하여 甸人에게 건네주어 藉田의 신에게 기도를 올리게 함으로써 과오로 발생한 재해에 대한 견책을 받고 훗날의 재앙을 그치게 하도록 한다.

【疏】'喪事'至'眚烖' ○釋曰 : 言'喪事'者, 謂王喪旣殯後, 甸師氏於大祝取禱辭, 禱藉田之神. 眚, 過也. '代王受過災'(云)〔者〕[1)]. 若云黍稷不香, 使鬼神不逞, 故令王死, (斂)〔故〕[2]喪事代王受災. 此禱事於死王無益, 欲止後殃, 故爲此禱也.

1) (云)〔者〕 : 저본에는 '云'으로 되어 있으나, '者'의 잘못이라는 浦鏜의 설에 따라 바로잡았다.(阮元과 北京大 整理本의 〈校勘記〉 참조)

2) (斂)〔故〕 : 저본에는 '斂'으로 되어 있으나, 上海古籍 整理本에 의거하여 '故'로 바로잡았다.

經의 〔喪事〕에서 〔眚烖〕까지

○釋曰 : 〔喪事〕 왕의 상을 당하여 殯을 마친 후, 甸師氏가 大祝에게서 禱辭를 받아 藉田의 신에게 기도를 올리는 것을 말한다. '眚'은 과실〔過〕이다.

〔代王受過災〕〈甸師는〉 마치 찰기장·메기장이 향기롭지 못하여 귀신을 만족스럽게 하지 못했기 때문에 왕을 죽음에 이르게 한 듯이 생각한다. 그러므로 왕의 상을 당했을 때 嗣王을 대신하여 재앙을 받는 것이다. 이 기도를 올리는 일은 죽은 왕에게는 이익이 없으나 훗날의 재앙을 그치게 하고자 하는 것이다. 그러므로 이러한 기도를 올리는 것이다.

○注'粢盛'至'後殃' ○釋曰：言'粢盛者, 祭祀之主也'者, 以其遭王喪, 遣甸師氏禱, 意甸師種粢盛, 祭祀之具, 以黍稷爲主, 故云"今國遭大喪, 若云此黍稷不馨." 逞, 快也. 使鬼神不快於王, 令使王死. 云'旣殯, 大祝作禱辭, 授甸人'者, 知大祝作禱辭在旣殯後者, 見大祝職云 '授甸人禱辭, 在大斂後'[1), 大斂則殯, 故知在旣殯後.

1) 授甸人禱辭 在大斂後：〈春官 大祝(春-49-12)〉에서 "왕의 상을 당했을 때……〈大祝은〉 飯含의 예를 도와서 행하고, 小斂과 大斂의 예를 도와서 행하고, 이어서 小斂奠과 大斂奠을 거두어들이고, 〈殯을 마친 후에 禱辭를 작성하고〉 甸人에게 고하여 禱辭를 읽도록 한다.〔大喪……相飯 贊斂 徹奠 言甸人讀禱〕"고 하였다.

○注의 〔粢盛〕에서 〔後殃〕까지

○釋曰：〔粢盛者 祭祀之主也〕 왕의 상을 당했을 때 甸師氏를 보내 기도를 올리게 하는 것은 甸師가 粢盛을 경작한다고 생각하기 때문인데, 제사의 도구는 찰기장·메기장을 위주로 삼는다. 그러므로 "이제 나라에서 왕의 상을 당하면, 〈전사는〉 마치 이 찰기장·메기장이 향기롭지 못하기 때문으로 생각한다."고 한 것이다.

'逞'은 만족한다〔快〕는 뜻이다. 귀신으로 하여금 왕을 만족스럽게 여기게 하지 못하여 왕을 죽음에 이르게 했다는 뜻이다.

〔旣殯 大祝作禱辭 授甸人〕 大祝이 禱辭를 작성하는 것이 殯을 마친 이후임을 알 수 있는 것은, 살펴보건대 〈春官 大祝(春-49-13)〉에서 '甸人에게 禱辭를 건네주는 것은 大斂 이후'라고 했기 때문이다. 대렴을 하면 殯을 하게 된다. 그러므로 殯을 마친 이후에 하는 것임을 알 수 있다.

天-11-5

王之同姓有辠어든 則死刑焉하니라

왕의 동성 가운데 죄를 지은 사람이 있다면, 〈甸師가〉 그들을 사형에 처하거나 형벌을 가한다.

【注】 鄭司農云 王同姓有罪當刑者어든 斷其獄於甸師之官也라 文王世子曰 公族有死罪則磬於甸人[1)]이라하고 又曰 公族無宮刑이니 獄成이어든 致刑于甸人이라하고 又曰 公族無宮刑은 不踐(전)其類也[2)]요 刑于隱者는 不與國人慮兄弟라하니라

1) 磬於甸人 : ≪禮記≫ 〈文王世子〉 鄭玄의 注에서 "목을 매달아 죽이는 것을 '磬'이라고 한다.〔縣縊殺之曰磬〕"고 하였다.
2) 不踐(전)其類也 : 陸德明에 의하면 '踐'의 음은 '翦'이다.(≪經典釋文≫ 권8, 〈周禮音義 上 天官冢宰〉 '甸師') 그런데 ≪禮記≫ 〈文王世子〉에는 "不翦其類也"로 되어 있다. ≪禮記≫ 〈玉藻〉의 "凡有血氣之類 弗身踐也"(모든 혈기 있는 동물은 몸소 죽이지 않는다.)에 대해서 鄭玄은 "'踐'은 마땅히 '翦'이 되어야 하니, 성음으로 인한 잘못이다. '翦'은 殺(죽인다)과 같다.〔踐當爲翦 聲之誤也 翦猶殺也〕"라고 하였다.

鄭衆은 "왕의 동성 가운데 형벌을 받을 죄를 지은 자가 있다면, 그 獄訟을 甸師의 관부에 넘겨서 판결하게 한다. ≪禮記≫ 〈文王世子〉에서 '군주의 친족 가운데 사형에 해당하는 죄를 지은 자가 있다면 甸人에게 보내어 교수형에 처하게 한다.'고 하였다. 또 '군주의 친족에게는 宮刑을 시행하지 않으니, 옥송의 판결이 완료되면 甸人에게 보내어 형을 집행하게 한다.'고 하였다. 또 '군주의 친족에게 궁형을 시행하지 않는 것은 그 동족을 단절시키지 않으려는 것이다. 은밀하고 후미진 곳에서 형을 집행하는 것은 國人들이 군주의 형제들에 대해서 의론하는 것을 허용하지 않는 것이다.'라고 하였다."고 하였다.

【疏】 '王之'至'刑焉' ○釋曰 : 周姓姬, 言同姓者, 絶服之外同姓姬者. '有辠'者, 謂凡五刑, 則刑殺不於市朝, 於此死刑焉. 謂死及肉刑在甸師氏. 必在甸師氏者, 甸師氏在疆場, 多有屋舍, 以爲隱處, 故就而刑焉. 案掌囚云 "凡有爵者, 與王之同族, 奉而適甸師氏. 以待刑殺." 此中不云其凡有爵者, 文不具.

經의 〔王之〕에서 〔刑焉〕까지

○釋曰 : 周나라는 姓이 姬인데 '同姓'이라고 말한 것은 五服 이외에 같은 姬姓을 가진 자들을 단절시키는 것이기 때문이다. '죄를 지었다〔有辠〕'는 것은 무릇 五刑을 가리키는데, 〈동성에게〉 형벌을 가하거나 사형을 집행할 경우 시장이나 조정에서 하지 않는다. 이곳에서 '사형에 처하거나 형벌을 가한다.〔死刑〕'고 한 것은 死刑 및 肉刑을 甸師氏가 집행

한다는 뜻이다. 반드시 전사씨가 집행하는 것은 전사씨의 〈관부는〉 국경에 있고 옥사가 많아서 은밀하고 후미진 곳으로 삼을 수 있기 때문이다. 그러므로 그곳으로 보내어 형벌을 집행하게 하는 것이다. 살펴보건대, 〈秋官 掌囚(秋-19-3)〉에서 "무릇 〈죄를 지은 자가〉 작위를 가진 사람이거나 왕의 동족이라면 전사씨에게 받들어 보내서 형을 가하거나 사형에 처하기를 기다린다."고 하였다. 이곳 경문에서 '작위가 있는 사람'을 말하지 않은 것은 문장을 다 갖추어 쓰지 않은 것이다.

○注'鄭司'至'兄弟' ○釋曰：云'王同姓有罪當刑者, 斷其獄於甸師之官'者, 此斷獄, 自是秋官, 罪定斷訖, 始適甸師氏而刑殺之. 若然, 斷獄不在甸師, 後鄭不破之者, 案掌囚云"凡有爵者, 與王之同族, 奉而適甸師氏, 以待刑殺." 此經亦云"死刑焉." 甸師氏不斷獄顯然. 不破之者, 見司農引文王世子爲證, 於義是, 故不復於中破之. 文王世子已下云 "公族有死罪則磬於甸人"者, 鄭彼注云 "懸縊殺之曰磬." 云 "又曰 '公族無宮刑, 獄成, 致刑於甸人', 又曰 '公族無宮刑, 不踐其類也'"者, 覆解上公族無宮刑之義. 云'刑于隱者, 不與國人慮兄弟'者, 若刑兄弟於市朝, 則是與國人慮兄弟. (令)〔今〕[1]於隱處者則是不使國人慮兄弟. 彼是諸侯法, 引之以證王之同姓刑於甸師, 亦是刑隱者也

1) (令)〔今〕: 저본에는 '令'으로 되어 있으나, 上海古籍 整理本에 의거하여 '今'으로 바로잡았다.

○注의 〔鄭司〕에서 〔兄弟〕까지

○釋曰：〔王同姓有罪當刑者 斷其獄於甸師之官〕 이 옥송을 판결하는 것은 본디 秋官의 일이니, 죄가 확정 판결된 후에 비로소 甸師氏에게 보내어 형벌을 가하거나 사형에 처하게 하는 것이다. 그렇다면 옥송을 판결하는 것은 甸師에게 있는 것이 아닌데 鄭玄이 〈鄭衆의 해석을〉 부정하지 않은 것은, 살펴보건대 〈秋官 掌囚(秋-19-3)〉에서 "무릇 〈죄를 지은 자가〉 작위를 가진 사람이거나 왕의 동족이라면 전사씨에게 받들어 보내서 형을 가하거나 사형에 처하기를 기다린다."고 했기 때문이다. 이곳 경문에서도 "〈전사가〉 사형에 처하거나 형벌을 가한다."고 하였으니, 전사씨가 옥송을 판결하지 않음은 분명하다. 정현이 정중의 해석을 부정하지 않은 것은, 살펴보건대 정중이 ≪禮記≫ 〈文王世子〉를 인용하여 증거로 삼은 것이 의미에 있어 옳기 때문이다. 그러므로 다시 중간에 정중의 해석을 부정하지 않은 것이다.

'文王世子' 이하에서 "군주의 친족 가운데 사형에 해당하는 죄를 지은 자가 있다면 甸人

에게 보내어 교수형에 처하게 한다."고 하였는데, 정현은 그곳의 주에서 "목을 매달아 죽이는 것을 '磬'이라고 한다."고 하였다. 〈정중이〉 "또 〈문왕세자〉에서 '군주의 친족에게는 宮刑을 시행하지 않으니, 옥송의 판결이 완료되면 전인에게 보내어 형을 집행하게 한다.' 고 하였고, 또 '군주의 친족에게 궁형을 시행하지 않는 것은 그 동족을 단절시키지 않으려는 것이다.'라고 하였다."고 말한 것은 위의 '군주의 친족에게는 궁형을 시행하지 않는' 의리를 다시 풀이한 것이다.

〔刑于隱者 不與國人慮兄弟〕 만약 시장이나 조정에서 형제들에게 형벌을 가한다면 이는 國人들이 군주의 형제에 대해 의론하는 것을 허용하는 것이다. 이제 은밀하고 후미진 곳에서 형을 집행한다면, 이는 국인으로 하여금 형제에 대해 의론하지 못하게 하는 것이다. 저곳 ≪예기≫ 〈문왕세자〉는 제후의 법인데 이를 인용한 것은 왕의 동성을 甸師의 관부에서 형을 집행하게 하는 것 역시 은밀하고 후미진 곳에서 형을 집행하는 것임을 증명하기 위한 것이다.

天-11-6

帥其徒[1)]하여 以薪蒸役外內饔之事니라

1) 帥其徒 : 〈天官 序官(天-0-17)〉에 의하면 甸師의 휘하에는 徒 300인이 있다. 府와 史는 大宰가 백성들 가운데서 뽑아 충원한 才藝가 있는 사람들로서 태재를 곁에서 보좌하는 존재들이다. 이에 반해서 胥와 徒는 관부의 요역에 동원되는 존재들이다.

〈甸師는〉 徒의 무리를 통솔하여 外饔과 內饔에 공급할 땔감나무를 채취하는 일에 사역시킨다.

【注】役은 爲給役也라 木大曰薪이요 小曰蒸이라

'役'은 요역에 공급된다는 뜻이다. 땔감나무 가운데 큰 것을 '薪'이라 하고, 작은 것을 '蒸'이라 한다.

【疏】'帥其'至'之事' ○釋曰 : 其徒三百人, 耕耨藉田千畝, 其事至閑, 故兼爲外內饔所役使, 共其薪蒸.

經의 〔帥其〕에서 〔之事〕까지

○釋曰 : 甸師 휘하의 徒는 300人인데 藉田 1000畝를 경작하니, 그 일이 지극히 한가

하다. 그러므로 겸하여 外饔과 內饔의 요역에 동원되어 땔감나무를 공급한다.

○注'木大曰薪 小曰蒸' ○釋曰：此纂要文. 又左氏傳云 "其父析薪[1)]", 卽大木可析曰薪, 自然小者曰蒸也.

1) 其父析薪：≪春秋左氏傳≫ 僖公 7년 조의 鄭나라 子産의 말이다. 晉侯가 鄭公 孫段에게 州田을 하사했다. 자산이 정공의 아들 豐施를 대신해서 晉나라의 韓宣子에게 그 땅을 되돌려주려고 하자, 한선자가 사양을 했다. 이에 자산은 "'그 아비가 땔감나무를 쪼개었는데, 그 자식은 등에 지고 집으로 나르지도 못한다.'라는 옛사람의 말이 있습니다. 풍시는 장차 先人의 祿位도 감당할 수 없을까 두려운데, 하물며 大國에서 하사한 땅을 감당할 수 있겠습니까?〔古人有言曰 其父析薪 其子弗克負荷 施將懼不能任其先人之祿 其況能任大國之賜〕"라고 하였다

○注의〔木大曰薪 小曰蒸〕

○釋曰：이는 ≪纂要≫의 문장이다. 또 ≪春秋左氏傳≫에 "그 아버지가 땔감나무를 쪼갠다."고 하였으니, 큰 나무로 쪼갤 수 있는 것을 '薪'이라 하니, 자연히 작은 것을 '蒸'이라고 한다.

12. 獸人(수인)

天-12-1

獸人은 **掌罟**(고)**田獸**하고 **辨其名物**하니라

獸人은 그물로 들짐승을 포획하는 일을 관장하고 그 포획물의 명칭과 털빛을 변별한다.

【注】罟는 罔也니 以罔搏所當田之獸라

'罟'는 그물이다. 그물로 사냥해야 할 들짐승을 포획하는 것이다.

【疏】'獸人'至'名物' ○釋曰：云'掌罟田獸'者, 罟, 罔也, 謂以罔搏取當田之獸. 云'辨其名物'者, 野獸皆有名號物色. 案夏官[1)], 四時田獵, 春用火, 夏用車, 秋用羅, 冬用徒.

四時各有其一以爲主, 無妨四時兼有罔, 取當田之獸.

1) 夏官 : 이하 〈夏官 大司馬〉의 문장을 요약한 것이다.

經의 〔獸人〕에서 〔名物〕까지

○ 釋曰 : 〔掌罟田獸〕 '罟'는 그물〔罔〕이니, 그물로 사냥해야 할 들짐승을 포획하는 것을 말한다.

〔辨其名物〕 들짐승은 모두 명칭과 털빛이 있다. 살펴보건대, 〈夏官 大司馬〉에 의하면 네 계절의 사냥에서 봄에는 불을 사용하고, 여름에는 수레를 사용하고, 가을에는 그물을 사용하고, 겨울에는 보병을 사용한다. 네 계절마다 각기 그 한 가지를 위주로 하는 것이 있지만, 네 계절에 겸하여 그물을 사용해서 사냥해야 할 들짐승을 포획하는 것도 무방하다.

天-12-2

冬獻狼하고 **夏獻麋**하고 **春秋獻獸物**하니라

〈獸人은〉 겨울에는 이리〔狼〕를 진헌하고, 여름에는 큰사슴〔麋〕을 진헌하고, 봄과 가을에는 각종 들짐승을 진헌한다.

【注】 狼膏聚요 麋膏散이니 聚則溫하고 散則涼하여 以救時之苦也라 獸物은 凡獸皆可獻也니 及狐狸라

이리의 비계는 모이고 큰사슴의 비계는 흩어지니, 모이면 따뜻하고 흩어지면 서늘하여 계절에 따른 괴로움을 덜어준다. 무릇 들짐승은 모두 진헌할 수 있으니, 여우와 삵까지도 진헌할 수 있다.

【疏】 '冬獻'至'獸物' ○ 釋曰 : 云'冬獻狼'者, 狼山獸, 山是聚, 故狼膏聚, 聚則溫, 故冬獻之. 云'夏獻麋'者, 麋是澤獸, 澤主銷散, 故麋膏散, 散則涼, 故夏獻之. 云'春秋獻獸物'者, 春秋寒溫適, 故獸物皆獻之.

經의 〔冬獻〕에서 〔獸物〕까지

○ 釋曰 : 〔冬獻狼〕 이리는 산에 사는 들짐승인데, 산은 모인다. 그러므로 이리의 비계는 모이니, 모이면 따뜻하다. 그러므로 겨울에 진헌한다.

〔夏獻麋〕 큰사슴〔麋〕은 못에 사는 들짐승인데, 못은 흩어지는 것을 주관한다. 그러므로

큰사슴의 비계는 흩어지니, 흩어지면 서늘해진다. 그러므로 여름에 진헌한다.

〔春秋獻獸物〕 봄과 가을은 한기와 온기가 적절하다. 그러므로 각종 들짐승을 모두 진헌한다.

○注'狼膏'至'狐狸' ○釋曰：云'以救時之苦'者, 夏苦其大熱, 故獻麋. 冬苦其大寒, 故獻狼. 案內則取稻米與狼臅膏以爲餰. 狼之所用, 惟據取膏爲餰食, 若麋之所用, 則多矣. 云'及狐狸'者, 案內則, 狐去首, 狸去正脊, 二者竝堪食之物, 故知獸物中兼獻.

○注의 〔狼膏〕에서 〔狐狸〕까지

○釋曰：〔以救時之苦〕 여름에는 무더위를 괴로워한다. 그러므로 큰사슴을 진헌한다. 겨울에는 혹한을 괴로워한다. 그러므로 이리를 진헌한다. 살펴보건대, ≪禮記≫ 〈內則〉에 의하면 쌀과 이리의 가슴 비계를 취하여 쌀가루 죽을 만든다. 이리의 쓰임새는 단지 비계를 취하여 죽을 만드는 것뿐이다. 큰사슴의 쓰임새는 많다.

〔及狐狸〕 살펴보건대, ≪예기≫ 〈내칙〉에 의하면 여우는 머리를 떼어내고, 삵은 앞쪽 등뼈 부위를 떼어내면, 두 짐승 모두 먹을 만한 음식이 된다. 그러므로 각종 들짐승 가운데에서 겸하여 진헌함을 알 수 있다.

天-12-3

時田[1)]則守罟니라

1) 時田：네 계절의 사냥, 즉 春蒐, 夏苗, 秋獮, 冬狩를 가리킨다.

네 계절의 사냥을 할 때, 〈獸人은〉 그물을 지킨다.

【注】 備獸觸攫이라

들짐승이 부딪쳐 접근해올 것에 대비하는 것이다.

【疏】'時田則守罟' ○釋曰：'守罟'者, 謂四時田獵, 獸人守罟. '備獸觸攫'者, 防備獸時觸罔, 而攫者則取之.

經의 〔時田則守罟〕

○釋曰：〔守罟〕 네 계절의 사냥을 할 때, 獸人이 그물을 지키는 것을 말한다.

〔備獸觸攫〕 들짐승이 때때로 그물을 치받을 것을 방비하고, 가까이 다가오면 붙잡는 것이다.

天-12-4

及弊田하여 令禽注于虞中이니라

사냥을 마치면, 〈獸人은 사냥에 참여한 사람들에게〉 포획한 짐승을 虞人이 세워 놓은 깃발 안에 모아놓게 한다.

【注】弊는 仆(부)[1]也니 仆而田止[2]라 鄭司農云 弊田은 謂春火弊[3]하고 夏車弊[4]하고 秋羅弊[5]하고 冬徒弊[6]라 虞中은 謂虞人釐所田之野[7]니 及弊田하여 植虞旗[8]於其中하고 致禽而珥焉이라 獸人主令田衆하여 得禽者를 置虞人所立虞旗之中하니 當以給四時社廟之祭라 故曰 春獻禽以祭社하고 夏獻禽以享礿(약)하고 秋獻禽以祀祊(방)하고 冬獻禽以享烝이라 又曰 大獸公之하고 小禽私之라하니 公之는 謂輸之於虞中이라 珥(焉)[9]者는 取左耳하여 以致功이니 若斬首折馘이라 故春秋傳曰 以數軍實[10]이라하니라

1) 仆(부) : '仆'는 음이 '복'과 '부' 두 가지이다. 陸德明은 "普와 卜의 反切이다. 다른 음은 芳와 豆의 反切이다. 또 다른 음은 赴이다.〔普卜反 一音芳豆反 又音赴〕"라고 하였다.(≪經典釋文≫ 권8, 〈周禮音義 上 天官冢宰〉 '甸師')

2) 弊……仆而田止 : 이곳과 〈地官 大司馬〉에서 사냥과 관련하여 '弊'라고 한 것은 모두 '止(그친다)'의 뜻이며, 그 本義는 '仆(놓는다, 엎드리다)'의 뜻이다. 이곳에서 '仆'는 아래의 火, 車, 羅, 徒 네 가지를 모두 포함하여 말한 것이다.(≪周禮正義≫ 권8, 298쪽 참조)

3) 春火弊 : '火'는 묵은 풀을 불살라서 타오르는 불길을 말한다. '弊'는 중지한다는 뜻이다. 사냥을 할 때 묵은 땅에 불을 질러 풀을 불태움으로써 짐승들을 한 곳으로 몰고, 사냥이 끝나면 불을 끈다. 〈地官 大司馬(地-1-27)〉 鄭玄의 注에서 "봄 사냥에는 불의 사용을 위주로 한다. 불로 묵은 땅을 불태워서 묵은 풀을 제거하니, 짐승들을 사냥하여 모두 잡으면 불이 꺼진다.〔春田 主用火 因焚萊除陳草 皆殺而火止〕"고 하였다.

4) 車弊 : 짐승을 한 곳으로 모는 수레를 멈춤으로써 사냥을 마치는 것을 말한다. 〈地官 大司馬(地-1-29)〉 鄭玄의 注에서 "'車弊'는 짐승을 모는 수레가 멈춘다는 뜻이니, 여름 사냥에는 수레의 사용을 위주로 한다. 잡을 사냥감이 드물어져서 모두 잡아서 수레가 멈추었음을 보여주는 것이다.〔車弊 驅獸之車止也 夏田主用車 示所取物希 皆殺而車止〕"라고 하였다.

5) 羅弊 : 그물을 거두어들임으로써 사냥을 마치는 것을 말한다. 〈地官 大司馬(地-1-32)〉

鄭玄의 注에서 "'羅弊'는 그물이 멈춘다는 뜻이다. 가을 사냥에는 그물의 사용을 위주로 하니, 맞추어 잡을 것이 많기 때문이다. 모두 잡으면 그물이 멈춘다.〔羅弊 罔止也 秋田主用罔 中殺者多也 皆殺而罔止〕"고 하였다.

6) 徒弊 : 무리들이 사냥을 멈추는 것을 말한다. 〈地官 大司馬(地-1-32)〉 鄭玄의 注에서 "'徒乃弊'는 무리들이 멈춘다는 뜻이다. 겨울 사냥에는 많은 무리들의 사용을 위주로 한다. 사냥감이 많아서 많이 취할 수 있기 때문이다.〔徒乃弊 徒止也 冬田主用衆 物多衆得取也〕"라고 하였다.

7) 謂虞人釐所田之野 : 陸德明은 '釐'는 음이 '來'이고, 어떤 本에는 '萊'로 되어 있다고 하였다.(≪經典釋文≫ 권8, 〈周禮音義 上 天官冢宰〉 '甸師') 阮元은 "〈地官 山虞(地-56-9)〉에는 '萊山田之野'로 되어 있는데, 이곳에서는 '萊'가 '釐'로 되어 있다. 어떤 本에 '萊'로 되어 있는 것은 〈地官 山虞〉의 經文에 의거하여 바꾼 것이다. 이곳 賈公彦의 疏에도 '萊'로 되어 있다."고 하였다. 孫詒讓은 '釐'와 '萊'는 음이 비슷하여 글자를 통용한다고 하였다. (阮元의 〈校勘記〉 및 ≪周禮正義≫ 권8, 298쪽 참조)

8) 虞旗 : 山虞가 포획한 사냥물을 모을 때 사용하는 깃발로, 위쪽에 곰과 호랑이의 문양이 그려져 있다. 〈地官 山虞(地-56-9)〉에서 "커다란 사냥을 할 경우 산 안에 있는 사냥터 들판의 무성한 잡초를 제거하고, 사냥을 마치게 되면 사냥터 안에 虞旗를 세우고, 포획한 짐승을 바쳐서 귀를 벤다.〔若大田獵 則萊山田之野 及弊田 植虞旗于中 致禽而珥焉〕"고 하였다. 鄭玄의 注에서는 "산우에게 깃발이 있으니, 산을 주관하므로 곰과 호랑이를 그릴 수 있다. 그 길이는 짧다.〔山虞有旗 以其主山 得畫熊虎 其仞數則短也〕"고 하였다.

9) (焉) : 저본에는 '焉'이 있으나, 앞의 '致禽而珥焉'으로 인해서 잘못 들어간 것이므로 衍文으로 처리하였다.

10) 以數軍實 : ≪春秋左氏傳≫ 隱公 5년 조 杜預의 注에서 "車兵·步兵의 무기 및 노획물을 헤아리는 것이다.〔以數車徒器械及所獲也〕"라고 하였다.

'弊'는 놓는다〔仆〕는 뜻이니, 〈그물을〉 놓으면 사냥이 끝나게 된다. 鄭衆은 말하였다. "'弊田'은 봄에는 불을 꺼서 사냥을 그치고, 여름에는 수레를 멈추어서 사냥을 그치고, 가을에는 그물을 거두어들여 사냥을 그치고, 겨울에는 보졸의 무리들을 멈추게 하여 사냥을 그친다는 뜻이다. '虞中'이란 虞人은 사냥하는 들판의 우거진 풀을 제거하고, 사냥을 그칠 때에 이르러서는 사냥터 안에 虞旗를 세우고 포획한 짐승들을 모아서 왼쪽 귀를 자르는 것을 말한다. 獸人은 사냥에 참여한 무리들에게 명하여 포획한 짐승을 虞人이 세워 놓은 虞旗 안에 갖다 놓도록 하는 일을 주관하니, 그것을 네 계절의 토지신과 종묘의 제사에 공급해야 하기 때문이다. 그러므로 〈夏官 大司馬(夏-1-27)〉에서 '봄에는 포획한 짐승을 바쳐서 토지신〔社〕을 제사 지내고, 여름에는 포획한 짐승을 바쳐서 여름의 종묘 제사〔禴〕를 지내며, 가을에는 포획한 짐승을 바쳐서 사방의 신〔祊〕들을 제사 지내고, 겨울에는 포획한 들짐승을 바쳐서 겨울의 종묘 제사〔烝〕를 지낸다.'고 한 것이다. 또 〈하관 대사마(夏-1-44)〉에서 '큰 짐승〔大獸〕은 공적인 것으로 삼고, 새끼 짐승〔小禽〕은 포획한 사람이 사사로이 차지한다.'고 하였으니, 공적인 것으로 삼는다는 것은 虞人이 세워놓은 깃발 안으로 보내는 것을 말한다. '珥'는 왼쪽 귀를 취하여 공을 바치는 것이니, 〈정벌 전쟁에서 적의〉 머리를 베고 귀를 자르는 것과 같은 것이다. 그러므로 ≪春秋左氏傳≫ 隱公 5년 조에 '軍實(전쟁에서 노획한 전리품)을 헤아린다.'고 한 것이다."

【疏】'及弊'至'虞中' ○釋曰：'及弊田'者, 弊, 仆也, 謂田止. '令禽注於虞中'者, 田止, 虞人致旌旗於田處之中央. 注猶聚也. 獸人則令所田之衆, 大獸公之, (小禽私之者)[1], 輸之, 聚於旌旗之所. 故言"注於虞中."

1) (小禽私之者)：저본에는 '小禽私之者'가 있으나, 小禽은 포획한 사람이 사사로이 차지하는 것이므로 이곳에 이 문장이 놓인 것은 문맥에 맞지 않으므로 衍文으로 처리하였다.

經의 〔及弊〕에서 〔虞中〕까지

○釋曰：〔及弊田〕 '弊'는 엎어놓는다〔仆〕는 뜻이니, 사냥이 끝났음을 가리킨다.

〔令禽注於虞中〕 사냥이 끝나면, 虞人은 사냥하던 곳의 중앙에 깃발을 갖다 놓는다. '注'는 聚(모은다)와 같다. 獸人은 사냥을 한 무리들에게 명하여 포획한 큰 짐승〔大獸〕은 공적인 것으로 삼아서 그것을 보내어 깃발이 세워져 있는 곳에 모아놓게 한다. 그러므로 "虞中에 모아놓게 한다."고 한 것이다.

○注'弊仆'至'軍實' ○釋曰：'鄭司農云, 弊田, 謂春火弊, 夏車弊, 秋羅弊, 冬徒弊', 竝大司馬職文. 引之者, 證弊田爲田止之事. 云'虞中, 謂虞人釐所田之野'已下, 地官山虞職文. 言'虞人, 萊[1]所田之野'者, 謂於敎戰之所, 芟治草萊. 云'及弊田, 植虞旗於其中'者, 熊虎爲旗, 山多虎, 故用熊虎. '及弊田', 田止, 虞人植虞旗於中, 引之者, 證經虞中之事. 云'致禽而珥焉'者, 謂田衆大獸公之者, 各割取左耳, 以擬效功. 云'春, 獻禽以祭社', 至'小禽私之', 亦司馬職文. 言'春, 獻禽以祭社'者, 鄭彼注"春土方施生." 云'夏, 獻禽以享禴'者, 夏陰氣始起. 鄭云"象神之在內[2]." 云'秋, 獻禽以祀祊'者, 鄭注"祊當爲方", 謂祭四方之神. 云'冬, 獻禽以享烝'者, 冬陽氣始起, 亦象神之在內. 此祭竝非四時常祭, 以田獵得禽牲, 因享祭之耳. 云'大獸公之'者, 謂已孕曰獸, 輸之於公. '小禽私之'

者, 未孕曰禽, 謂田衆得之, 以自入, 云'若斬首折馘'者, 田獵象戰伐, 田獵之時, 取禽左耳, 以效功, 若征伐之時, 於陳斬首折取左耳, 謂之馘(괵), 亦以擬效功. 故云 "若斬首折馘." 又引'春秋傳曰'者, 案襄二十四年 "楚薳(원)啓彊如齊聘. 齊侯祭社, 蒐軍實, 使客觀之." 注[3]云 "蒐, 數軍實, 兵甲器械, 與隱公傳, 三年而治兵, 數軍實[4], 一也." 引之者, 證斬首折馘爲軍實[5]. 若然, 注傳兵甲器械, 與斬首折馘不同者, 兵甲器械, 自爲軍實, 至於斬首折馘, 亦是軍實, 仍於生(孰)〔執〕[6]囚俘, 亦爲軍實, 是以僖公三十三年晉捨秦囚, 先軫曰 "墮軍實", 是也.

1) 萊 : 〈地官 山虞(地-56-9)〉의 '萊山田之野'에 대한 鄭玄의 注에서 "'萊'는 우거진 풀을 제거한다는 뜻이다.〔萊 除其草萊也〕"라고 하였다.

2) 鄭云 象神之在內 : 〈夏官 大司馬(夏-1-29)〉 鄭玄의 注에서 "겨울과 여름의 사냥에서 종묘 제사를 위주로 하는 것은 음과 양의 기운이 처음 일어나기 때문이니, 신으로 상징하는 것이 안에 있는 것이다.〔冬夏田主于祭宗廟者 陰陽始起 象神之在內〕"라고 하였고, 이에 대한 賈公彦의 疏에서는 "仲冬(11월)에는 하나의 陽이 생겨나고(䷗ 地雷復), 仲夏(5월)에는 하나의 陰이 생겨나니(䷫ 天風姤), 이는 陰과 陽이 안에 있는 것이다. 그러므로 신으로 상징하여 제사를 거행하는 것이다.〔仲夏一陰生 是陰陽在內 故神象之而行祭也〕"라고 하였다.

3) 注 : ≪春秋左氏傳≫ 襄公 24년 조 杜預의 注에는 "因閱數軍器(이어 軍器를 검열하여 헤아려서)"라고 하였다. 이 때문에 浦鏜은 이곳에서 인용한 注는 服虔의 注일 것이라고 하였고, 孫詒讓은 賈逵 혹은 服虔의 해석일 것으로 추론했다.(阮元의 〈校勘記〉 및 ≪周禮正義≫ 권8, 298쪽 참조)

4) 三年而治兵 數軍實 : 隱公이 물고기잡이 구경을 하려고 했을 때, 농한기를 이용하여 사냥을 함으로써 군사훈련을 해야 한다고 간언한 臧僖伯의 말이다. "3년마다 군사훈련을 하고, 도성으로 들어와 군사들을 정비하고, 종묘에서 돌아왔음을 고하는 음주의 예를 행한 후 軍實을 헤아립니다.〔三年而治兵 入而振旅 歸而飮至 以數軍實〕"라고 하였다. 이곳의 '軍實' 역시 사냥을 한 후에 병사와 무기 및 포획물을 점검하는 것이다.

5) 引之者 證斬首折馘爲軍實 : 앞의 襄公 24년 조나 隱公 5년 조의 '軍實'은 군사훈련과 관련한 것이므로 이를 전쟁에서 적의 머리와 귀를 베는 軍實로 이해한 賈公彦의 해석은 잘못인 듯하다. 孫詒讓은 鄭玄의 注에서 은공 5년 조의 '軍實'을 인용한 것은 사냥에서 포획한 금수를 헤아리는 것 또한 軍實을 헤아리는 일임을 증명하기 위한 것이라고 하였다.〔引之者 證田獵數所獲禽獸 亦爲數軍實之事〕 이 해석이 옳은 듯하다.(≪周禮正義≫ 권8, 298쪽 참조)

6) (孰)〔執〕 : 저본에는 '孰'으로 되어 있으나, 孫校本에 의거하여 '執'으로 바로잡았다.(北京

大 整理本의 〈校勘記〉 참조)

○注의 〔弊仆〕에서 〔軍實〕까지

○釋曰 : 〔鄭司農云 弊田 謂春火弊 夏車弊 秋羅弊 冬徒弊〕 모두 〈夏官 大司馬(夏-1-29)〉의 문장이다. 이를 인용한 것은 '弊田'이 사냥을 끝마치는 일임을 증명하기 위한 것이다.

〔虞中 謂虞人釐所田之野〕 이하는 〈地官 山虞(地-56-9)〉의 문장이다.

〔虞人 萊所田之野〕 전법을 가르치는 곳에서 우거진 풀을 베어내는 것을 말한다.

〔及弊田 植虞旗於其中〕 곰과 호랑이 문양을 그려 넣어 깃발을 만든다. 산에는 호랑이가 많다. 그러므로 곰과 호랑이 문양을 사용하는 것이다. '及弊田'은 사냥이 끝난다는 뜻이니, 虞人은 사냥터 안에 虞旗를 세운다. 이를 인용한 것은 경문의 '虞中'의 일을 증명하기 위한 것이다.

〔致禽而珥焉〕 사냥하는 무리들이 포획한 큰 짐승들은 公(虞中)으로 보낸다는 것은 각각 왼쪽 귀를 베어서 공을 비교하는 것을 말한다.

'春 獻禽以祭社'에서 '小禽私之'까지는 또한 〈夏官 大司馬(夏-1-44)〉의 문장이다.

〔春 獻禽以祭社〕 鄭玄은 〈夏官 大司馬(夏-1-27)〉의 注에서 "봄에는 土의 기운이 바야흐로 만물을 생육하기 때문이다."라고 하였다.

〔夏 獻禽以享礿〕 여름에는 陰의 기운이 처음 일어나기 때문이다. 정현은 "신으로 상징하는 것이 안에 있는 것이다."라고 하였다.

〔秋 獻禽以祀祊〕 정현은 〈夏官 大司馬(夏-1-32)〉의 주에서 "'祊'은 마땅히 '方'이 되어야 한다."고 하였으니, 사방의 신에게 제사 지내는 것을 가리킨다.

〔冬 獻禽以享烝〕 겨울에는 陽氣가 처음 일어나니, 또한 신으로 상징하는 것이 안에 있는 것이다. 이들 제사는 모두 四時의 常祭가 아니라 사냥을 하여 짐승을 얻었기 때문에 제사를 지내는 것일 뿐이다.

〔大獸公之〕 이미 새끼를 친 짐승을 '獸'라고 하니, 공적인 곳(虞中)에 그것을 보내는 것을 말한다.

〔小禽私之〕 아직 새끼를 치지 않은 짐승을 '禽'이라고 하니, 사냥을 한 무리들이 얻어서 스스로 차지하는 것을 말한다.

〔若斬首折馘〕 사냥은 전쟁을 본뜬 것이니, 사냥을 할 때 포획한 짐승의 왼쪽 귀를 취하여 공을 비교하는 것은 마치 정벌을 할 때 軍中에서 머리를 베고 왼쪽 귀를 잘라서 취하는 것을 '馘'이라 하니 또한 그것으로 공을 비교하는 것과 같은 것이다. 그러므로 "머리를

베고 귀를 자르는 것과 같다."고 한 것이다. 또 '春秋傳曰'이라고 인용한 것은, 살펴보건대 ≪춘추좌씨전≫ 襄公 24년 조에서 "楚子가 薳啓彊을 齊나라로 보내서 聘問하게 하였다. 齊侯는 토지신〔社〕에 제사를 지내고, 軍實을 蒐하면서 빈객(원계강)으로 하여금 이를 관람하게 하였다."고 하였다. 注에 "'蒐'는 軍實을 헤아린다는 뜻이니, 〈軍實은〉 甲兵(갑옷 입은 병사)과 器械(무기)를 말한다. 隱公 5년 조에 '3년마다 군사훈련을 하고 軍實을 헤아린다.'라고 한 것과 같은 것이다."라고 하였다. 이를 인용한 것은 머리를 베고 귀를 자르는 것이 軍實이 됨을 증명한 것이다. 그렇다면 ≪춘추좌씨전≫의 注에서 말한 '兵甲・器械'는 〈이곳의 鄭玄 주에서 말한〉 '斬首折馘'과 같지 않은 것이지만, '兵甲器械'는 당연히 軍實이 되고, '斬首折馘'에 이르러서도 또한 軍實이며, 이로 인하여 생포한 포로의 경우도 또한 軍實이 되는 것이다. 이 때문에 ≪춘추좌씨전≫ 僖公 33년 조에, 晉侯가 秦나라의 포로를 풀어주자, 先軫이 "軍實을 무너뜨렸다."고 한 것이 이것이다.

天-12-5

凡祭祀喪紀[1)]賓客에 共其死獸生獸니라

1) 喪紀 : 鄭玄은 '喪紀'를 喪事의 奠과 祭라고 하였고, 賈公彦은 殷奠 및 虞祭・祔祭라고 하였다.(〈天官 外饔〉 天-9-4 鄭玄의 注와 賈公彦의 疏 참조)

무릇 祭祀를 거행하고 喪奠과 喪祭를 지내고 賓客을 접대할 때, 〈獸人은〉 죽은 짐승과 살아 있는 짐승을 공급한다.

【注】共其完者[1)]라

1) 共其完者 : 孫詒讓에 의하면, 이곳의 '完'은 희생의 뼈마디에 따라 자르고 나누는 體解를 하지 않고 짐승을 포획한 상태 그대로 공급한다는 뜻이다.(≪周禮正義≫ 권8, 300쪽 참조)

요리하지 않은 온전한 상태로 공급하는 것이다.

天-12-6

凡獸入于腊人하니라

〈獸人은〉 포획한 모든 짐승들을 腊人에게 보내준다.

【注】當乾之[1)]라

1) 當乾之 : 孫詒讓에 의하면 이는 죽은 짐승이다. 獸人이 이 죽은 짐승을 腊人에게 보내면, 석인이 이를 말려서 脯・腊 등의 말린 고기로 만들고, 다시 膳府에 보낸다.(≪周禮正義≫ 권8, 300쪽 참조)

마땅히 말려야 하기 때문이다.

【疏】'凡祭'至'腊人' ○釋曰 : 凡此所共者, 於庖人云 "凡其死生鱻(선)薨(고)之物, 以共王之膳."

經의 〔凡祭〕에서 〔腊人〕까지

○釋曰 : 무릇 이 獸人이 공급하는 짐승은 〈天官 庖人(天-7-2)〉에서 "죽은 고기・생고기・갓 잡은 고기・말린 고기의 음식물의 수량을 총괄하여 헤아려서 왕의 희생고기로 공급한다."고 한 것이다.

○注'共其完者' ○釋曰 : 知其完全者, 下經云 "凡獸入於腊人", 是其不完者, 故知此是完者[1)].

1) ○注共其完者……故知此是完者 : 이 문장은 앞의 〈天官 獸人(天-12-5)〉 鄭玄의 注 '共其完者'에 대한 賈公彥의 疏인데, 이곳에 잘못 들어온 듯하다.

○注의 〔共其完者〕

○釋曰 : 요리하지 않은 온전한 상태임을 알 수 있는 것은 아래 경문에서 "포획한 모든 짐승을 腊人에게 보내준다."고 한 것은 온전하지 않은 것이므로 이곳은 요리하지 않은 온전한 상태임을 알 수 있다.

天-12-7

皮毛筋(근)角을 入于玉府니라

〈獸人은〉 포획한 짐승의 가죽과 털과 근육과 뿔을 玉府로 보내어 납입한다.

【注】給作器物이라

기물을 제작하도록 공급하는 것이다.

【疏】'皮毛'至'玉府' ○釋曰 : 獸人所得禽獸, 其中皮毛筋角, 擇取堪作器物者, 送入於玉府, 擬給百工, 飾作器物.

經의 〔皮毛〕에서 〔玉府〕까지

○釋曰 : 獸人이 얻은 금수 가운데 가죽·털·근육·뿔은 기물로 만들 만한 것을 골라 취해서 玉府에 보내어 납입하니, 백공에게 공급하여 기물로 문식하여 제작하게 하려는 것이다.

天-12-8

凡田獸者[1)]에 掌其政令[2)]하니라

1) 凡田獸者 : 이는 春蒐, 夏苗, 秋獮, 冬狩 등 四時의 대규모 사냥 이외에 특별히 행하는 公·私의 소규모 사냥을 말한다.

2) 掌其政令 : 이곳의 '政令'은 사냥하는 시간과 장소 및 금법 등에 관한 규정을 말한다.

무릇 〈獸人은〉 비정기적인 소규모 짐승 사냥을 할 때, 사냥하는 시간이나 장소와 관련한 政令을 관장한다.

【疏】'凡田'至'政令' ○釋曰 : 謂田獵取獸禽者, 所有政令, 獸人掌之, 以其知田獵之法故.

經의 〔凡田〕에서 〔政令〕까지

○釋曰 : 사냥을 하여 짐승을 잡는 자에게 政令을 내릴 경우 수인이 그것을 관장하니, 그가 사냥의 법을 알기 때문이다.

13. 𩹉人(어인)

天-13-1

𩹉(어)[1)]人은 掌以時𩹉爲梁이니라

1) 𩹉(어) : '𩹉'는 '漁'의 古字로서, 經文에서는 古字인 '𩹉'로 되어 있고 注文에는 今字인 '漁'

로 되어 있다. 張參의 ≪五經文字≫에는 "漁와 𩵌는 같은 글자"라고 하였다.(≪周禮正義≫ 권1, 30쪽 참조)

𩵌人은 계절에 맞추어 물고기를 잡고 어량을 설치하는 일을 관장한다.

【注】月令季冬에 命漁師爲梁이라 鄭司農云 梁은 水偃[1]也니 偃水爲關空하여 以笱承其空[2]이니 詩曰 敝笱(구)在梁이라하니라

1) 偃 : ≪經典釋文≫에는 '堰'으로 되어 있고, 徐本에는 '匽'으로 되어 있다. ≪說文解字≫에 의하면, '匽'은 偃의 正字이다.(阮元의 〈校勘記 참조)

2) 偃水爲關空 以笱承其空 : 어량을 설치할 때는 먼저 흙이나 돌을 쌓아 물을 막아서 흐르지 못하게 하고, 이어서 물막이〔梁〕 중간에 關空을 만들어 물고기가 가운데로 몰려와 통발로 들어오도록 한다. '關空'의 '關'은 門關과 같은 뜻이고, 空은 孔의 뜻이다. 어량 사이에 문구멍〔門孔〕을 만들어 열고 닫을 수 있게 하고, 통발로 그 구멍을 떠받쳐서 물고기를 차단시킨다.

≪禮記≫ 〈月令〉 '季冬' 조목에 "漁師에게 명을 하여 어량을 설치하도록 한다."라고 하였다. 鄭衆은 "'梁'은 하천의 둑이니, 하천에 둑을 쌓고 중앙에 구멍을 내어서 통발로 그 구멍을 받친다. ≪詩經≫ 〈齊風 敝笱〉에 '너덜너덜한 통발이 어량에 있네.'라고 하였다."고 하였다.

【疏】'𩵌人'至'爲梁' ○釋曰 : 言'以時𩵌爲梁'者, 謂一歲三時取魚, 皆爲梁, 以時取之, 故云"以時漁爲梁."

經의 〔𩵌人〕에서 〔爲梁〕까지

○釋曰 : 〔以時𩵌爲梁〕 한 해 세 계절에 물고기를 잡으니, 모두 어량을 설치하여 계절에 맞추어서 잡는다. 그러므로 "계절에 맞추어 물고기를 잡고 어량을 설치한다."고 한 것이다.

○注'月令'至'在梁' ○釋曰 : 案月令季冬云 "命漁師始(魚)〔漁〕[1], 天子親往", 此注云 "季冬, 命漁師爲梁", 文句不同者, 鄭以此經有梁字, 故於月令以義取之, 非是月令正文. '鄭司農, 梁水偃也, 偃水爲關空, 以笱承其空'者, 謂偃水兩畔, 中央通水爲關孔. 笱者, 葦(簙)〔薄〕[2]. 以(簙)〔薄〕承其關孔. 魚過者, 以(簙)〔薄〕承取之. 故詩云 "敝笱在

梁." 彼齊詩云 "獘敗之笱, 在於魚梁. 其魚唯唯, 過者無制." 彼喩文姜與襄公淫通, 來往不制. 又魚麗詩云 "魚麗(리)于罶(류), 鱨鯊(상사)", 注云 "罶, 曲梁. 寡婦之笱", 笱卽曲(簿)〔薄〕也. 引之者, 證梁以笱爲之.

1) (魚)〔漁〕: 저본에는 '魚'로 되어 있으나, 浦鏜은 '漁'가 '魚'로 잘못되어 있는 것이라고 하였고, 《禮記》 〈月令〉과 孫詒讓의 《周禮正義》에도 모두 '漁'로 되어 있다. 아래에서도 마찬가지이다.(阮元의 〈校勘記〉 및 北京大 整理本의 〈校勘記〉 참조)

2) (簿)〔薄〕: 저본에는 '簿'로 되어 있으나, 閩本·監本·毛本 및 《周禮正義》에는 모두 '薄'로 되어 있다.(阮元의 〈校勘記〉 및 北京大 整理本의 〈校勘記〉 참조) 아래도 같다.

○注의 〔月令〕에서 〔在梁〕까지

○釋曰 : 살펴보건대, 《禮記》 〈月令〉 '季冬' 조목에서 "漁師에게 명하여 물고기잡이를 시작하게 하는데, 천자가 직접 가서 살펴본다."고 하였는데, 이곳 鄭玄의 注에서 "季冬에 漁師에게 명을 하여 어량을 설치하도록 한다."고 하여 문구가 같지 않은 것은 鄭玄이 이곳 경문에 '梁'자가 있으므로 《예기》 〈월령〉에 대해서 의미로 취했기 때문이니, 《예기》 〈월령〉의 正文은 아니다.

〔鄭司農 梁水偃也 偃水爲關空 以笱承其空〕 하천의 양 언덕에 둑을 쌓고, 중앙에 물을 통하게 하여 문구멍을 만든다. '笱'는 갈대로 만든 통발이다. 갈대로 만든 통발로 그 문구멍을 받치고 있다가 물고기가 지나가면 갈대로 만든 통발로 받쳐서 잡는다. 그러므로 《詩經》 〈齊南 敝笱〉에서 "너덜너덜한 통발이 어량에 있네."라고 하였다. 저 《齊詩》에서는 "너덜너덜 망가진 통발이 어량에 있네. 그 물고기는 서로 줄지어 뒤따르는데, 지나가도 제어하지 못하네."라고 하였다. 이 시는 文姜이 齊나라 襄公과 淫通을 하여, 무절제하게 왕래하는 것을 비유한 것이다. 또 《詩經》 〈小雅 魚麗〉에서 "魚麗于罶 鱨鯊(물고기가 휘어진 어량에 걸리니, 날치와 모래무지로다.)"라고 하였다. 鄭玄의 注에서는 "'罶'는 구부러진 어량이니, 과부의 笱이다."라고 하였으니, '笱'는 곧 구부러진 갈대 통발이다. 이를 인용한 것은 어량이 통발로 받치는 것임을 증명하기 위한 것이다.

天-13-2

春獻王鮪(유)하고

〈𩟃人은〉 봄에는 큰 다랑어〔王鮪〕를 진헌한다.

【注】王鮪는 鮪之大者[1)]라 月令季春에 薦鮪于寢廟[2)]라하니라

1) 王鮪 鮪之大者：≪爾雅≫〈釋魚〉郭璞의 注에 "'鮪'는 철갑상어〔鱣〕 등속이다. 큰 것을 '王鮪'라고 칭하고, 작은 것을 '鮛鮪(숙유)'라고 칭한다. 오늘날 宜都郡의 京門 위쪽의 강에서 모두 鱏魚(심어)와 鱣魚(전어)가 나온다. 그 가운데 어떤 물고기는 형상이 전어와 비슷한데 작다. 建平 사람들이 鮥子(낙자)라고 부르는 것이 바로 이 물고기이다.〔鮪 鱣屬也 大者名王鮪 小者名鮛鮪 今宜都郡 自京門以上 江中通出鱏鱣之魚 有一魚 狀似鱣而小 建平人呼鮥子 卽此魚也〕"라고 하였다.

2) 寢廟：종묘에서 앞쪽에 있는 正殿을 '廟'라고 하고 뒤쪽에 있는 後殿을 '寢'이라 하며, 이 두 건축물을 합해서 '寢廟'라고 한다. ≪禮記正義≫〈月令〉'仲春' 조목의 鄭玄 注에 "무릇 廟는 앞쪽을 '廟'라고 하고 뒤쪽을 '寢'이라 한다.〔凡廟 前曰廟 後曰寢〕"라고 하였고, 孔穎達의 疏에서는 "廟는 신을 접하는 곳이니, 그곳은 존귀하다. 그러므로 앞쪽에 있다. '寢'은 옷과 관을 보관해두는 곳이니 廟에 비해 비천하다. 그러므로 뒤쪽에 있다. 廟의 제도는 동쪽과 서쪽으로 廂(堂의 동·서 양쪽에 있는 행랑)이 있고, 序(堂 위 동·서 양쪽의 벽)와 牆(室과 房의 담장)이 있는데, 寢의 제도는 오직 室뿐이다. 그러므로 ≪爾雅≫〈釋宮〉에서 '室에 동쪽과 서쪽으로 廂이 있는 것을 廟라 하고, 동쪽과 서쪽으로 廂이 없고 室만 있는 것을 寢이라 한다.'고 한 것이 이것이다.〔廟是接神之處其處尊 故在前 寢 衣冠所藏之處 對廟爲卑 故在後 但廟制有東西廂 有序牆 寢制唯室而已 故釋宮云 室有東西廂曰廟 無東西廂有室曰寢 是也〕"라고 하였다.

'王鮪'는 다랑어〔鮪〕 가운데 큰 것이다. ≪禮記≫〈月令〉'季春' 조목에 "寢廟에 큰 다랑어를 올린다."고 하였다.

【疏】'春獻王鮪' ○釋曰：謂季春三月, 春鮪新來[1)]. 言'王鮪', 鮪之大者. 云'獻'者, 獻於廟之寢. 故鄭注引月令云"薦鮪於寢廟." 取魚之法, 歲有五. 案月令孟春云"獺祭魚", 此時得取矣, 一也. 季春云"薦鮪於寢廟", 卽此所引者, 二也. 又案鼈人云"秋獻龜魚也", 〔三也〕[2)]. 王制云"獺祭魚, 然後虞人入澤梁", 與孝經緯援神契云"陰用事, 木葉落, 獺祭魚"同時, 是十月取魚, 四也. 獺則春冬二時祭魚也. 案潛詩云"季冬薦魚", 與月令季冬漁人始(魚)〔漁〕同, 五也. 是一歲三時五取魚, 唯夏不取. 案魯語云"宣公夏濫於泗淵", 以其非時, 里(華)〔革〕[3)]諫之, 乃止.

1) 春鮪新來：≪毛詩正義≫〈周頌 潛〉의 毛序에 "봄에 다랑어를 진헌한다.〔春獻鮪也〕"고 하였는데, 鄭玄의 箋에서는 "봄에 다랑어가 새롭게 찾아온다. '그것을 올려서 진헌한다.'는 것은 종묘에서 함을 말한다.〔春鮪新來 薦獻之者 謂於宗廟也〕"고 하였다.

2)〔三也〕: 저본에는 '三也' 두 글자가 없으나, 문의에 의거하여 보충하였다.

3) (華)〔革〕: 저본에는 '華'로 되어 있으나, 閩本·監本·毛本 및 ≪國語≫ 〈魯語〉에 모두 '革'으로 되어 있으므로, 이에 의거하여 '革'으로 바로잡았다.

經의 〔春獻王鮪〕

○釋曰 : 계춘은 3월이니, 봄에 다랑어가 새롭게 찾아옴을 말한 것이다. '王鮪'라고 한 것은 다랑어 가운데 큰 것을 말한다. '獻'이라고 말한 것은 종묘의 寢에 진헌한다는 뜻이다. 그러므로 鄭玄의 注에서 ≪禮記≫ 〈月令〉의 "寢廟에 큰 다랑어를 올린다."라는 문장을 인용한 것이다.

물고기를 잡는 법은 한 해 동안에 다섯 번 있다. 살펴보건대, ≪예기≫ 〈월령〉 '孟春' 조목에 "수달이 물고기로 고수레를 한다."고 하였다. 이때 물고기를 잡을 수 있으니, 첫 번째 물고기를 잡는 것이다. '季春' 조목에 "침묘에 다랑어를 올린다."고 하였다. 곧 이곳에서 인용한 것이니, 두 번째 물고기를 잡는 것이다. 또 살펴보건대, 〈春官 鼈人(天-14-3)〉에서 "가을에 자라와 물고기를 진헌한다."고 하였으니, 세 번째 물고기를 잡는 것이다. ≪예기≫ 〈왕제〉에서 "수달이 물고기로 고수레를 하니, 그런 후에 虞人이 澤梁에 들어간다."고 한 것은 ≪孝經緯≫ 〈援神契〉에서 "陰의 기운이 用事를 하여 나뭇잎이 떨어지니, 수달이 물고기로 고수레를 한다."고 한 것과 같은 때이다. 이는 10월에 물고기를 잡는 것이니, 네 번째 물고기를 잡는 것이다. 수달은 봄과 겨울 두 계절에 물고기로 고수레를 한다. 살펴보건대, ≪詩經≫ 〈周頌 潛〉에서 "계동(12월)에 물고기를 올리네."라고 한 것은 ≪예기≫ 〈월령〉 '계동' 조목에서 漁人이 물고기를 잡기 시작하는 것과 같으니, 다섯 번째 물고기를 잡는 것이다. 이는 한 해 세 계절에 다섯 번 물고기를 잡는 것이니, 오직 여름에는 잡지 않는다. 살펴보건대, ≪國語≫ 〈魯語〉에서 "宣公이 여름에 泗水의 연못에 그물을 담가두었다."고 하였는데, 그것이 때에 맞지 않은 것이기 때문에 里革이 간언을 하자 곧 중지하였다.

天-13-3

辨魚物爲鱻薨(선고)[1]하여 以共王膳羞니라

1) 鱻薨(선고) : 鱻〔鮮〕과 薨는 어류와 육류 모두에 통칭되는 용어이다. 〈天官 庖人(天-7-2)〉 鄭玄의 注에서 "鮮은 生肉을 뜻한다.〔鮮謂生肉〕"고 한 것은 육류의 생고기를 '鮮'으로 표현한 것이다. ≪大戴禮記≫ 〈三本〉과 ≪荀子≫ 〈禮論〉에서 "大饗의 예에서 生魚를 희생제기에 담는다.〔大饗俎生魚〕"고 하였고, ≪禮記≫ 〈少儀〉에서 "濡魚를 올린다.〔羞濡魚〕"고 하였

는데, 生魚와 濡魚는 모두 鮮魚를 사용한다. 이는 신선한 물고기, 즉 갓 죽은 물고기를 '鮮'으로 표현한 사례이다. 〈天官 庖人(天-7-2)〉 鄭玄의 注에서 "薧는 乾肉을 뜻한다.〔薧謂乾肉〕"고 한 것은 육류의 말린 고기를 '薧'로 표현한 것이다. 〈天官 庖人(天-7-2)〉·〈天官 內饔(天-8-6)〉·〈天官 籩人(天-25-2)〉에서 '鱐(수)'라고 한 것은 모두 '薧魚' 즉 말린 물고기〔乾魚〕를 말한다. ≪尙書正義≫ 〈虞書 益稷〉 孔穎達의 疏에서 "禮書에 '鮮魚'·'鮮腊'이란 말이 있으니, 갓 죽여서 신선하고 정결하기 때문에 '鮮'이라고 한 것이다. 鳥獸가 갓 죽은 것을 '鮮'이라 하고, 魚鱉이 갓 죽은 것도 '鮮'이라고 한다.〔禮有鮮魚腊 以其新殺鮮淨 故名爲鮮 是鳥獸新殺曰鮮 魚鱉新殺亦曰鮮也〕"라고 하였다.

〈漁人은〉 어물을 변별하여 鮮魚와 乾魚로 만들어 왕의 음식으로 공급한다.

【注】鮮은 生也요 薧는 乾也라

'鮮〔鱻〕'은 鮮魚이고, '薧'는 乾魚이다.

【疏】'辨魚'至'膳羞' ○釋曰：此所共者, 共於膳夫, 以共王.

經의 〔辨魚〕에서 〔膳羞〕까지

○釋曰：이곳에서 공급한다는 것은 膳夫에게 공급하고, 〈선부는 다시〉 왕에게 공급한다는 뜻이다.

天-13-4

凡祭祀賓客喪紀에 共其魚之鱻薧하고 凡獻者에 掌其政令[1]하고 凡獻征은 入于玉府니라

1) 凡獻者 掌其政令：이는 한 해 세 계절에 다섯 번하는 대규모의 정규적인 물고기잡이가 아니라 필요에 따라서 수시로 하는 소규모의 물고기잡이이다.(≪周禮正義≫ 권8, 303쪽 참조)

무릇 祭祀를 거행하고, 賓客을 접대하고, 喪祭를 지낼 때, 〈獻人은〉 鮮魚와 乾魚를 공급한다. 무릇 물고기를 잡을 때, 〈어인은〉 물고기 잡는 시기나 장소와 관련한 政令을 관장한다. 무릇 물고기를 잡은 사람에게서 징수한 조세는 玉府에 납입한다.

【注】鄭司農云 漁征은 漁者之租稅[1]니 漁人主收之하여 入于玉府라

1) 漁征 漁者之租稅：물고기를 잡는 사람들에게 부과하는 조세에는 두 가지가 있다. 첫째는

관부에서 징수한 재물을 독점적으로 취해서 판매하고, 그 이윤을 관부에 납부함으로써 화폐로 납부하는 인두세〔口賦錢〕에 충당하는 것이다. 이를 '山澤의 賦'라고 한다. 둘째는 산림과 천택에 들어가서 그곳의 재화를 채취하고, 그 재화를 세의 형태로 납부하는 것이다. 이는 직업에 종사하면서 납부하는 일종의 종업세로서, 이를 '九職의 貢'이라 한다. 이 두 가지를 통틀어 '漁征'이라 한다.(〈天官 大宰〉 天-1-7 및 ≪周禮正義≫ 권8, 303쪽 참조)

鄭衆은 "'漁征'은 물고기를 잡은 사람에게서 징수하는 조세이니, 漁人은 징수를 주관하여 玉府에 납입한다."고 하였다.

【疏】'凡祭'至'玉府' ○釋曰：云'凡祭祀・賓客・喪紀, 共其魚之鱻薨'者, 此所共者, 共內外饔, 以其膳夫, 卽不掌祭祀之事. 云'凡䱷者, 掌其政令者', 凡取魚者, 所有政令, 皆漁人掌之, 以其知取之時節及處所. 云'凡漁征, 入于玉府'者, 言漁征者, 謂近川澤之民, 於十月獺祭魚之時, 其民亦得取魚・水族之類. 其中鬚骨之事, 堪飾器物者, 所有征稅, 漁人主收之, 送入于玉府, 以當邦賦也.

經의 〔凡祭〕에서 〔玉府〕까지

○釋曰：〔凡祭祀賓客喪紀 共其魚之鱻薨〕 이곳에서 공급한다는 것은 內饔과 外饔에 공급한다는 뜻이니, 膳夫는 제사의 일을 관장하지 않기 때문이다.

〔凡䱷者 掌其政令者〕 무릇 고기를 잡는 사람에게 政令을 내릴 경우 모두 漁人이 관장을 하니, 그가 물고기 잡는 시기 및 장소를 알고 있기 때문이다.

〔凡漁征 入于玉府〕 '漁征'이라고 말한 것은 산림과 천택 가까이 거주하는 백성들은 10월 수달이 물고기로 고수레를 할 때 그 백성들도 물고기나 물에 사는 동물 부류를 채취할 수 있음을 말한다. 그 가운데 기물 장식으로 사용할 만한 수염과 뼈에 대해서는 징세를 하는데, 漁人이 징수를 주관하여 玉府로 보내어 납입함으로써 邦賦(왕국에 화폐로 납부해야 할 賦)에 충당한다.

14. 鼈人(별인)

天-14-1

鼈人은 **掌取互物**이니라

鼈人은 거북・자라 등 갑각류의 생물〔互物〕을 채취하는 일을 관장한다.

【注】鄭司農云 互物은 謂有甲䒰(만)胡[1] 龜鼈之屬이라

1) 互物 謂有甲䒰(만)胡 : '互物'은 거북·자라·대합조개 등 갑각류의 생물을 가리킨다. 다만 '互物'과 '䒰胡'의 글자 뜻에 대해서는 다양한 설이 있지만 분명하지 않다. 丁晏은 '互'는 '胡'와 음이 가깝기 때문에 鄭衆이 경문의 '互物'을 '䒰胡'로 해석한 것이라고 하였고, 盧文弨는 '䒰'은 '當'의 뜻으로 기물에 덮개가 있는 것과 같은 형상이라고 하였다. 于鬯는 '互'는 '對(마주하다)'의 뜻이라고 하여 위쪽과 아래쪽의 껍질이 서로 마주하는 형상으로 해석하였다.(≪周禮正義≫ 권8, 304쪽 참조)

鄭衆은 "'互物'은 등딱지가 붙어 있는 䒰胡를 가리키니, 거북·자라 등속이다."라고 하였다.

【疏】〔○〕[1]注'鄭司'至'之屬' ○釋曰 : 此文與下爲目, 所取之物者, 卽下經所云是也.

1) 〔○〕: 저본에는 '○'가 없으나, 이전 【疏】 형식에 의거하여 보충하였다.

○注의 〔鄭司〕에서 〔之屬〕까지

○釋曰 : 이 문장은 아래 문장의 강목이 되니, 채취하는 생물은 곧 아래 경문에서 말한 것들이다.

天-14-2

以時簎(착)魚鼈龜蜃(신)하나니 凡貍(매)[1]物이니라

1) 貍(매) : '貍'는 '埋'로도 쓰는데, '薶'의 俗字이다.(≪周禮正義≫ 권8, 306쪽 참조)

〈鼈人은〉 계절에 맞추어 물고기·자라·거북·대합조개 등을 집게로 찔러서 잡는데, 모두 진흙 속에 묻혀 있는 생물들이다.

【注】蜃은 大蛤이라 鄭司農云 簎은 謂以扠[1]刺泥中搏取之라 貍物은 龜鼈之屬이니 自貍藏伏於泥中者라 玄謂貍物은 亦謂鱴(멸)刀[2]含漿[3]之屬이라

1) 扠 : 음은 叉(차)이다. '叉'(U자형)의 형상을 한 용구로, 물고기 등을 찔러서 취하는 집게를 말한다. 아래 賈公彦의 疏에서는 '杈'로 썼는데, '叉'라고도 한다. 세발솥〔鼎〕에서 희생고기를 집어서 건져 올릴 때 사용하는 도구는 '畢'이라 한다.

2) 鱴(멸)刀 : ≪爾雅≫ 〈釋魚〉에서 "鮤은 鱴刀(갈치)이다.〔鮤 鱴刀〕"라고 하였고, 郭璞의 注

에서는 "오늘날의 鮆魚(갈치)이니, 또한 魛魚라고도 부른다.〔今之鮆魚也 亦呼爲魛魚〕"고 하였다.

3) 含漿 : ≪爾雅≫ 〈釋魚〉에서 "蚌은 含漿(조개)이다.〔蚌 含漿〕"라고 하였고, 郭璞의 注에서는 "蚌은 곧 蜃(대합조개)이다.〔蚌 卽蜃也〕"라고 하였다.

'蜃'은 대합조개이다. 鄭衆은 "'簎'은 집게〔扠〕로 진흙 속을 찔러서 찾아내어 취하는 것을 말한다. '貍物'은 거북·자라의 등속이니, 스스로 몸을 감추어 진흙 속에 숨어 있는 것이다."라고 하였다. 나(鄭玄)는 생각건대, '貍物'은 갈치〔鱴刀〕·대합조개〔含漿〕의 등속이다.

【疏】[1] (以時至龜魚)〔以時簎魚鼈〕[2] ○釋曰 : 言'以時'者, 卽下經'春獻鼈蜃.' (共)〔若〕[3]然, '簎魚鼈', 據所取, 下經. 據所獻, 其時一也.

1)【疏】: 저본에는 이곳의 '疏' 이하 아래의 '非鄭意'까지가 다음 경문의 鄭玄 注 '亦謂自貍藏'의 뒤에 있으나, 文意 및 上海古籍 整理本에 의거하여 이곳으로 옮겼다.
2) (以時至龜魚)〔以時簎魚鼈〕: 저본에는 '以時至龜魚'로 되어 있으나, 上海古籍 整理本에 의거하여 '以時簎魚鼈'로 바로잡았다.
3) (共)〔若〕: 저본에는 '共'으로 되어 있으나, '若'이 되어야 한다는 孫詒讓의 說에 의거하여 바로잡았다.(北京大 整理本의 〈校勘記〉 참조)

經의 〔以時簎魚鼈〕

○釋曰 : "계절에 맞추어〔以時〕"라고 한 것은 곧 아래 경문에서 "봄에는 자라와 대합조개를 진헌한다."고 한 것을 가리킨다. 그렇다면 "물고기·자라·거북 등을 집게로 찔러서 잡는다."고 한 것은 잡는 것에 의거하여 말한 것이고, 아래의 경문은 진헌하는 것에 의거하여 말한 것이니, 그 계절은 같은 것이다.

○注'蜃大'至'之屬'[1] ○釋 : 曰'蜃, 大蛤'者, 卽月令云"雉入大水化爲蜃[2]"者, 是也. 對雀入大水化爲蛤[3], 爲小蛤. '鄭司農云, 簎謂以杈刺泥中搏取之'者, 司農意以簎爲刺. 此經魚鼈龜蜃, 皆在泥(中)[4]水中, 故以杈刺取之. '貍物, 龜鼈之屬'者, 案經龜鼈自顯, 別言貍物. 司農貍物中更言龜鼈者, 但經惑[5]所言貍物者, 揔龜鼈之等, 故司農重以龜鼈爲貍物. '玄謂貍物亦謂鱴刀含漿之屬'者, 案爾雅 "(刀魚)〔𩹉〕[6]鱴(멸)刀也. 蚌(방), 含漿." 觀此, 鄭意鱴刀爲一物, 蚌爲含漿, 亦一物. 孫氏[7]注爾雅, 刀魚與鱴別, 非鄭意.

1) ○注'蜃大'至'之屬' : 저본에는 이 이하의 문장이 아래 〈天官 鼈人(天-14-3)〉 賈公彦의 疏 '其時一也' 다음에 있으나, 이 문장은 〈천관 별인(天-14-2)〉 鄭玄의 注에 대한 賈公

彦의 疏이므로 이곳으로 옮겨놓았다.

2) 雉入大水化爲蜃 : ≪禮記≫ 〈月令〉 鄭玄의 注에서 "큰물은 淮水이다. 대합조개를 '蜃'이라 한다.〔大水 淮也 大蛤曰蜃〕"고 하였다. 그러나 陳澔는 '蜃(신)'을 이무기로 해석하였다. "'蜃'은 교룡의 등속이다. 이는 또한 날짐승이 변화하여 수중생물이 된 것이다. 晉나라 때 무기창고 안에서 홀연히 꿩〔雉〕이 울고 있었다. 張華는 '이는 반드시 뱀이 변화하여 꿩이 된 것이다.'라고 말하고, 문을 열고 꿩의 옆을 살펴보았더니, 과연 뱀의 허물이 있었다. 類書에 '꿩과 뱀이 교배하여 새끼를 낳으면, 새끼는 반드시 교달벌레〔蟜〕가 된다.' 고 하였지만, 모두 그렇게 되는 것은 아닐 것이다. 그렇다면 꿩이 이무기가 되는 것은 이치상 있을 수도 있다.〔蜃 蛟屬 此亦飛物化潛物也 晉武庫中 忽有雉雊 張華曰 此必蛇化爲雉也 開視雉側 果有蛇蛻 類書有言雉與蛇交而生子 子必爲蟜 不皆然也 然則雉之爲蜃 理或有之〕"고 하였다.(≪禮記集說≫ 〈月令〉)

3) 雀入大水化爲蛤 : ≪禮記≫ 〈月令〉 '季秋' 조목에 보인다. ≪예기≫ 〈월령〉에는 '雀'이 '爵'으로 되어 있고, '化'가 없다. 鄭玄은 이곳의 '大水'는 바다〔海〕를 가리킨다고 하였다.

4) (中) : 저본에는 '中'이 있으나, 閩本·監本·毛本에는 '中'이 없으므로 이에 의거하여 衍字로 처리하였다.(阮元과 北京大 整理本의 〈校勘記〉)

5) 惑 : 저본에는 '惑'으로 되어 있으나, 閩本에는 '惑'자가 빠져 있으며, 어떤 본에는 '意'로 되어 있다.(阮元과 北京大 整理本의 〈校勘記〉 참조)

6) (刀魚)〔鮤〕 : 저본에는 '刀魚'로 되어 있으나, ≪爾雅≫ 〈釋魚〉에 의거하여 '鮤'로 바로잡았다.(阮元과 北京大 整理本의 〈校勘記〉 참조)

7) 孫氏 : 孫炎을 가리킨다. 삼국시대 魏나라의 경학가로, 자는 叔然, 樂安 사람이다. 鄭玄에게 수업하여 당시 '東州의 大儒'로 칭해졌다. ≪毛詩≫, ≪禮記≫, ≪爾雅≫, ≪尙書≫ 등에 주를 달았는데, 그의 ≪爾雅音義≫는 후대에 많은 영향을 끼쳤다.

○注의 〔蜃大〕에서 〔之屬〕까지

○釋 : 〔蜃 大蛤〕 즉 ≪禮記≫ 〈月令〉에서 "꿩이 큰 물속으로 들어가서 蜃(대합조개)으로 변화한다."고 한 것이 이것이다. 참새가 큰 물속으로 들어가서 蛤으로 변화한 것이 小蛤(작은 대합조개)이 되는 것과 대비한 것이다.

〔鄭司農云 簎謂以杈刺泥中搏取之〕 鄭衆은 '簎(착)'을 찌른다〔刺〕는 뜻으로 생각한 것이다. 이곳 경문의 물고기〔魚〕·자라〔鼈〕·거북〔龜〕·대합조개〔蜃〕는 모두 진흙 물속에서 산다. 그러므로 집게〔杈〕로 찔러서 잡는 것이다.

〔貍物 龜鼈之屬〕 살펴보건대, 경문에서 거북과 자라라고 스스로 분명하게 드러냈는데, 별도로 '貍物'을 말하였다. 정중이 貍物 가운데서 다시 '거북과 자라'를 말한 것은, 경문에서 말한 '貍物'은 거북과 자라 등을 총괄하는 것으로 생각했기 때문이다. 그러므로 정중은

거듭해서 거북과 자라를 貍物이라고 말한 것이다.

〔玄謂貍物 亦謂鱴刀含漿之屬〕 살펴보건대, ≪爾雅≫ 〈釋魚〉에서 "鮤(열)은 鱴刀(갈치)이다. 蜯은 含漿(조개)이다."라고 하였다. 이를 살펴보건대, 鄭玄은 鱴刀를 한 가지 생물로 보았고, 蜯은 含漿으로서 또한 한 가지 생물로 생각한 것이다. 孫炎은 ≪爾雅注≫에서 刀魚(갈치)와 鱴을 구별하여 정현의 생각을 비판했다.

天-14-3

春獻鼈蜃하고 **秋獻龜魚**니라

〈鼈人은〉 봄에는 자라와 대합조개를 진헌하고, 가을에는 거북과 물고기를 진헌한다.

【注】 此其出在淺處하여 可得之時[1]라 魚는 亦謂自貍藏이라

1) 此其出在淺處 可得之時 : 자라 · 대합조개 · 거북 · 물고기 등이 물에 잠겨 숨어 있을 때는 집게로 찔러서 잡을 수가 없다. 반드시 물 밖으로 나와 얕은 곳에 있을 때 잡을 수 있다. 그러므로 혹 봄에 잡기도 하고 가을에 잡기도 하여 각각 그 계절에 따라서 잡는 것이다.

〈봄과 가을에는〉 이 갑각류의 생물들이 물 밖으로 나와서 얕은 곳에 있으니, 잡을 수 있는 때이다. 〈이곳의〉 '물고기'는 또한 스스로 물에 잠겨 숨어 있는 것을 가리킨다.

○注'此其'至'貍藏' ○釋曰 : 鄭云'魚亦謂自貍藏'者, 若不自貍藏, 則在上, 漁人取之矣. 故知此魚與龜鼈是自貍藏者也.

○ 注의 〔此其〕에서 〔貍藏〕까지

○ 釋曰 : 鄭玄이 "〈이곳의〉 물고기는 또한 스스로 물에 잠겨 숨어 있는 것을 가리킨다."라고 말한 것은 만약 스스로 물에 잠겨서 숨어 있지 않으면 물 위에 있게 되므로, 漁人이 그것을 잡는다. 그러므로 이곳의 물고기〔魚〕 · 거북〔龜〕 · 자라〔鼈〕는 스스로 물에 잠겨 숨어 있는 것임을 알 수 있다.

天-14-4

祭祀에 **共蠯**(비)**蠃**(라)**蚳**(지)하여 **以授醢**(해)**人**하고

제사를 지낼 때, 〈鼈人은〉 긴맛〔蜃〕·달팽이〔蠃〕·개미 알〔蚳〕을 공급하여 醢人에게 보내준다.

【注】蠃는 螔蝓(이유)[1]라 鄭司農云 蜃는 蛤也라 杜子春云 蜃는 蜯也요 蚳는 蛾(아)子니 國語曰 蟲舍蚳蝝(연)[2]이라하니라

1) 蠃 螔蝓(이유) : ≪爾雅≫ 〈釋魚〉에서 "蚹蠃는 螔蝓(달팽이)이다."라고 하였고, 郭璞의 注에서는 "즉 蝸牛(달팽이)이다."라고 하였다. 孫詒讓에 의하면, 오늘날에는 물에 사는 달팽이를 '蠃'라 하고, 육지에 사는 달팽이를 '蝸牛'라고 하는데, 옛날 사람들은 이러한 구분이 없었다. 경전에서 '蚹蠃' 혹은 '蠃'라고 한 것이나 주석가들이 이를 '蝸' 혹은 '蝸牛'로 풀이한 것은 모두 물에 사는 달팽이를 가리킨다.(≪周禮正義≫ 권8, 307쪽 참조)

2) 蟲舍蚳蝝(연) : ≪國語≫ 〈魯語 上〉에서 泗水의 연못에 그물을 담가 물고기잡이를 하려는 魯나라 宣公에게 里革이 그 그물을 끊어버리고 간하면서 한 말이다. 韋昭의 注에서는 "蚳는 개미 알〔蚳子〕이니, 그것으로 젓갈을 만들 수 있다. '蝝'은 메뚜기 새끼〔蝮蜪〕이니, 먹을 수 있다.〔蚳 螘子也 可以爲醢 蝝 蝮蜪也 可食〕"라고 하였다.

'蠃'는 螔蝓(달팽이)이다. 鄭衆은 "'蜃'는 蛤(대합조개)이다."라고 하였다. 杜子春은 "'蜃'는 蜯(방합)이다. '蚳'는 蛾子(개미 알)이다. ≪國語≫ 〈魯語〉에서 '〈里革이 魯나라 宣公에게〉 곤충 중에 개미 알〔蚳〕과 메뚜기 새끼〔蝝〕는 놓아주는 것입니다.'라고 하였다."고 하였다.

【疏】'祭祀'至'醢人' ○釋曰 : 案醢人有蜃醢·蠃〔醢〕[1]·蚳醢, 故以此三者授醢人.

1) 〔醢〕: 저본에는 '醢'가 없으나, 浦鏜은 '蠃' 다음에 '醢'가 빠진 것이라고 하였고, 孫詒讓의 ≪周禮正義≫에도 '醢'가 있다. 이에 의거하여 보충하였다.(阮元과 北京大 整理本의 〈校勘記〉 참조)

經의 〔祭祀〕에서 〔醢人〕까지

○釋曰 : 살펴보건대, 〈天官 醢人(天-26-2)〉에 긴맛 젓갈〔蜃醢〕·달팽이 젓갈〔蠃醢〕·개미 알 젓갈〔蚳醢〕이 있다. 그러므로 이 세 가지를 醢人에게 보내주는 것이다.

○注'蠃螔'至'蚳蝝' ○釋曰 : '蠃, 螔蝓'者, 一物兩名. 司農云 '蜃, 蛤也'者, 杜子春云 '蜃, 蜯也'者, 蜯卽蛤, 亦一物. 云'蚳, 蛾子'者, 謂蟻之子, 取白者以爲醢. '國語曰, 蟲舍蚳蝝'者, 此亦是(國語)〔里革〕[1]諫宣公之言, 謂夏蟲內捨去蚳蝝. 蚳, 此經蚳也. 蝝, 謂蝗也, 與蚳別, 連引之也.

1) (國語)〔里革〕: 저본에는 '國語'로 되어 있으나, '里革'이 되어야 한다는 阮元의 설에 의거하여 바로잡았다.(阮元과 北京大 整理本의 〈校勘記〉 참조)

○注의 〔蠃螔〕에서 〔蚳蝝〕까지

○釋曰: "'蠃'는 螔蝓(달팽이)이다."라고 한 것은 한 가지 생물에 두 가지 명칭이다. 鄭衆은 "蠯(긴맛)는 蛤(대합조개)이라고 하였고, 杜子春은 "蠯는 蜯(대합조개)이다."라고 하였는데, 蜯은 곧 蛤이니 또한 한 가지 생물이다.

〔蚳 蛾子〕 개미의 알을 가리키니, 흰 것을 취하여 젓갈을 만든다.

〔國語曰 蟲舍蚳蝝〕 이는 또한 里革이 魯나라 宣公에게 간한 말이니, 여름 곤충 가운데 蚳(개미 알)와 蝝(메뚜기 새끼)을 버리는 것이다. '蚳'는 이곳 경문의 '蚳'를 가리킨다. '蝝'은 메뚜기 새끼〔蝗〕를 가리키니, 개미 알과 구별되므로 연이어서 인용한 것이다.

天-14-5

掌凡邦之籍事니라

〈鼈人은〉 왕국에서 〈거북·자라·조개 등을〉 집게로 잡는 것과 관련한 모든 일을 관장한다.

15. 腊人(석인)

天-15-1

腊人은 **掌乾肉**하고 **凡田獸之脯腊膴**(후)**胖之事**[1)]니라

1) 膴(후)胖之事: 阮元은 '膴'와 '胖'은 말린 고기가 아니므로 이 네 글자는 衍文일 것이라고 하였다. "아래 경문에서 '薦脯膴胖'이라 하고, '膴'자와 '胖'자에 대해 비로소 〈鄭衆·杜子春·鄭玄이〉 注를 달았다. 만약 이곳 경문에서 '膴胖'이라고 했다면, 鄭衆·鄭興·杜子春·鄭玄은 마땅히 이곳에 주를 달았을 것이다. ≪儀禮注疏≫ 〈士冠禮〉 賈公彦의 疏에서 이곳 〈天官 腊人〉을 인용하면서 '掌乾肉 凡田獸之脯腊 鄭注云 大物解肆乾之……'라고 하여 '膴胖之事' 네 글자가 없다. 이것이 衍文이라는 증거이다.(阮元의 〈校勘記〉 참조) 이곳에서는 일단 경문에 따라서 번역한다.

腊人은 말린 고기〔乾肉〕를 관장하니, 무릇 사냥하여 포획한 짐승들을 얇게 잘라서

말린 고기〔脯〕를 만들거나 통째로 말린 고기〔腊〕를 만들거나, 생선의 뱃살로 요리한 큰 조각의 저민 고기〔膴〕를 만들거나 말리지 않은 저민 고기〔胖〕를 만드는 일들이다.

【注】 大物解肆(적)乾之를 謂之乾肉이니 若今涼州烏翅(시)[1]矣니라 薄折曰脯요 棰之而施薑桂曰鍛脩라 腊은 小物全乾이라

1) 烏翅(시) : 惠士奇는 '烏'는 '鳥'가 되어야 한다고 하였고, 盧文弨도 ≪儀禮≫ 〈士冠禮〉 "加爵弁 如初儀(작변을 씌우는데, 처음 醴禮에서 작변을 씌울 때와 동일한 절차로 한다.)"에 대한 賈公彦의 疏에서 이곳의 鄭玄 注를 인용하면서 '鳥翅'라고 하였으므로, 이곳의 '烏'는 잘못이라고 하였다.(阮元과 北京大 整理本의 〈校勘記〉 참조) 한편 明代의 方以智는 ≪通雅≫ 권39 〈飮食〉에서 "烏翅는 乾脯이다."라고 하였다.

큰 짐승의 뼈를 자르고 나누어서 말린 것을 '乾肉'이라고 하니, 오늘날 涼州의 烏翅와 같은 것이다. 얇게 썰어서 말린 고기를 '脯'라 하고, 두드리고 생강이나 계피를 뿌려 넣어서 말린 고기를 '鍛脩'라고 한다. '腊'은 작은 짐승을 통째로 말린 것이다.

【疏】 '腊人'至'之事' ○釋曰 : 云'掌乾肉'已下文者, 竝是獸人所(法)〔共〕[1]. 獸人云 "凡獸入於腊人."

1) (法)〔共〕: 저본에는 '法'으로 되어 있으나, 殿本에 '共'으로 되어 있는 것에 의거하여 바로잡았다.

經의 〔腊人〕에서 〔之事〕까지

○釋曰 : '掌乾肉' 이하의 문장에 〈보이는 음식들은〉 모두 獸人이 공급한 것이다. 〈天官 獸人(天-12-6)〉에 "포획한 모든 짐승들을 腊人에게 보내준다."고 하였다.

○注'大物'至'全乾' ○釋曰 : 云'若今涼州烏翅'者, 解肉乾之狀也. 云'小物全乾'者, 案特牲云 "陳鼎于門外, 棜[1]在其南, 南順, 實獸于上." 又云 "宗人擧獸尾, 告備." 是其全者, 士用兎, 是其小物全乾. 少牢用麋[2], 不云擧獸尾, 則未全. 若然則天子諸侯之所用, 雖無文, 其獸必大, 亦不必全. 今云'全'者, 據有全者耳. 趙商問 "腊人掌凡乾肉而有膴胖何." 鄭答 "雖鮮[3], 亦屬腊人."

1) 棜 : '棜'는 본래 '갸자' 혹은 '架子'로서, 희생・음식 등을 들고 나르는 들것의 일종으로 다리가 없다. 胡培翬는 '棜'에는 음식물을 싣고 나르는 것과 술동이를 받쳐놓는 것이 있다고 하였다.

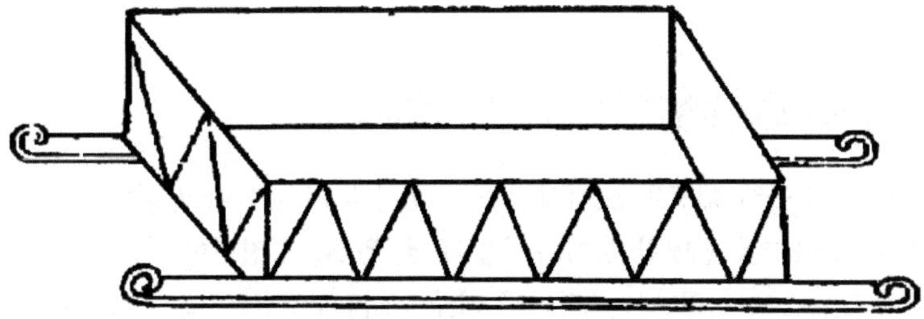

陳饌㭉

2) 腊用麋 : 士는 말린 고기로 토끼고기〔兎〕를 사용하고, 大夫는 큰사슴고기〔麋〕를 사용한다. 士禮인 ≪儀禮≫ 〈士昏禮〉에서 "腊一肫 髀不升(말린 토끼고기 한 마리의 전체 몸체를 〈가장 남쪽의 세발솥에 담아놓는데〉, 넓적다리는 올리지 않는다.)"이라고 한 것에 대한 鄭玄의 注에서 "'腊'은 말린 토끼고기를 가리킨다.〔腊 兎腊也〕"고 하였다. 또 大夫의 禮인 ≪의례≫ 〈少牢饋食禮〉에서는 "말린 고기는 전체 몸체를 하나의 세발솥〔腊鼎〕 안에 담는데, 말린 고기는 큰사슴고기〔麋〕를 쓴다.〔腊一純而鼎 腊用麋〕"고 하였다.

3) 鮮 : '鮮'은 어류와 육류에 모두 통용된다.(〈天官 獻人〉 天-13-3의 역주 1) 참조)

○ 注의 〔大物〕에서 〔全乾〕까지

○ 釋曰 : 〔若今涼州烏翅〕 고기의 뼈를 자르고 나누어서 말렸을 때의 모양을 가지고 말한 것이다.

〔小物全乾〕 살펴보건대, ≪儀禮≫ 〈特牲饋食禮〉에서 "세발솥〔鼎〕을 묘문 밖에 진설하고, 갸자〔㭉〕를 세발솥의 남쪽에 진설하는데, 머리 부분이 남쪽을 향하도록 하여 세로로 놓는다. 그 갸자 위에 희생고기(말린 토끼고기)를 올려놓는다."고 하였다. 또 "宗人은 주인에게 희생고기(말린 토끼고기)의 꼬리 부분을 들어서 갖추어졌음을 보고한다."고 하였다. 이는 통째로 말린 것으로, 士는 토끼고기를 사용하니, 이것이 작은 희생은 통째로 말린다는 뜻이다. ≪의례≫ 〈少牢饋食禮〉에서는 큰사슴고기〔麋〕를 사용하는데, "희생고기의 꼬리 부분을 들어올린다."고 말하지 않았으므로 통째로 말리는 것이 아니다. 그렇다면 천자·제후가 사용하는 말린 고기에 대해서는 비록 명문 규정이 없지만, 그 짐승은 반드시 클 것이니, 또한 반드시 통째로 말리지는 않을 것이다. 이제 이곳에서 '통째로〔全〕'라고 말한 것은 통째로 말리는 경우가 있음에 의거한 것일 뿐이다. 趙商이 "腊人은 모든 말린 고기를 관장하는데, 생선의 뱃살로 요리한 큰 조각의 저민 고기〔膴〕와 말리지 않은 얇은 조각의 저민 고기〔胖〕가 있는 것은 무엇 때문입니까?"라고 물었다. 정현은 "비록 갓 잡아서 신선한 어류와 육류이지만 또한 석인이 관장한다."고 대답하였다.

天-15-2

凡祭祀에 共豆脯와 薦脯膴胖[1)]과 凡腊物[2)]이니라

1) 共豆脯 薦脯膴胖 : 아래 鄭玄의 注에서 '豆'는 '羞'가 되어야 한다고 하였으므로, 이곳 경문은 '羞脯'와 '薦脯'로 나누어 설명한 것이다. '羞'와 '薦'은 모두 '진헌한다'는 뜻이지만, 朝事와 饋食의 음식 즉 正餐을 진헌할 때는 '薦'이라 하고, 加籩과 羞籩의 음식 즉 加餐을 진헌할 때는 '羞'라고 하여 구분한다. 孫詒讓은 "羞脯는 加籩과 羞籩의 음식을 말하고, 薦脯는 朝事와 饋食의 음식을 말한다.〔羞脯者 謂加籩羞籩之實 薦脯者 謂朝事饋食之實〕"고 하였다.(≪周禮正義≫ 권8, 310쪽 참조)

2) 凡腊物 : 孫詒讓은 들짐승의 말린 고기로서, 희생제기 위에 올려놓는 것이라고 하였다.(≪周禮正義≫ 권8, 310쪽 참조)

무릇 제사를 지낼 때, 〈腊人은〉 加餐으로 진헌하는 말린 고기〔羞脯〕와, 正餐으로 진헌하는 말린 고기〔薦脯〕·생선의 뱃살로 요리한 큰 조각의 저민 고기〔膴〕·말리지 않은 얇은 조각의 저민 고기〔胖〕 및 희생제기 위에 올려놓는 각종 말린 고기〔腊〕를 공급한다.

【注】 脯는 非豆實이니 豆當爲羞니 聲之誤也라 鄭司農云 膴는 膺肉이라 鄭大夫云 胖讀爲判이라 杜子春讀胖爲版이라 又云 膴胖은 皆謂夾脊肉이라 又云 禮家以胖爲半體[1)]라 玄謂公食大夫禮曰 庶羞에 皆有大[2)]라 (者此據肉之所擬祭者也又引) 有司曰 主人亦一魚하고 加膴祭于其上[3)]은 (此據主人擬祭者膴與大亦一也)[4)] 內則曰 麋鹿田豕麕(균)에 皆有胖[5)]이라하니 足相參正也라 大者는 胾之大臠이요 膴者는 魚之反覆이라 膴는 又詁曰大[6)]니 二者同矣니 則是膴亦牒肉大臠[7)]이라 胖은 宜爲脯而腥이니 胖之言은 片也니 析肉意也[8)]라 禮固有腥膾爓하니 雖其有爲孰之라도 皆先制乃亨이라

1) 又云禮家以胖爲半體 : 禮에서 희생을 사용할 경우 모두 희생의 반쪽 몸체를 올려놓는다는 뜻이다. 吉禮에서는 희생의 오른쪽 몸체를 사용하고, 變禮에서는 길례의 경우와 반대로 왼쪽 몸체를 사용한다. 길례인 ≪儀禮≫ 〈少牢饋食禮〉에서는 "司馬는 가마솥에서 삶은 양고기의 오른쪽 몸체를 건져 내어 양고기를 담는 세발솥에 올려서 담는다.〔司馬升羊右胖〕"고 하였고, 흉례인 ≪의례≫ 〈旣夕禮〉에서는 "이튿날 묘문 밖에 세발솥 5개를 진설하는데, 처음 大斂奠을 올릴 때와 동일한 절차로 한다. 세발솥에 담는 음식은 양고기의 왼쪽 몸체이다.〔厥明 陳鼎五于門外 如初 其實 羊左胖〕"라고 하였다.

2) 公食大夫禮曰……皆有大 : 鄭玄이 ≪儀禮≫ 〈公食大夫禮〉의 문장을 인용한 것은 '大'가 희생고기를 저민 고기로 만든 것의 명칭임을 밝히기 위한 것이다. ≪의례≫ 〈공사대부례〉의 鄭玄 注에 "'大'는 살찌고 맛있는 것만을 특별히 저민 고기로 만든 것이니, 그것으로 고수레를 한다. 물고기의 경우는 '膴'라고도 하는데, '膴'는 크다는 뜻이다.〔大 以肥美者特爲臠 所以祭也 魚或謂之膴 膴 大也〕"라고 하였다. 이에 따르면 물고기를 저민 고기로 만들면 '膴'라고 칭하고, 희생고기를 저민 고기로 만들면 '大'라고 칭하니, 결국 '膴'와 '大'는 모두 저민 고기의 명칭이다.

3) 有司曰……加膴祭于其上 : 鄭玄이 ≪儀禮≫ 〈有司徹〉의 문장을 인용한 것은 '膴'가 본래 물고기를 썰어서 큰 조각의 저민 고기로 만든 것의 명칭임을 밝히기 위한 것이다. ≪의례≫ 〈유사철〉 鄭玄의 注에 "'膴'는 '殷冔(殷代의 관 이름)'라고 할 때의 '冔'(덮는다)의 뜻으로 읽는다. 물고기를 도려낼 때 그 배 부위를 갈라서 큰 조각의 저민 고기로 만든 것이니, 그것으로 고수레를 할 수 있다.〔膴讀如殷冔之冔 刳魚時 割其腹以爲大臠也 可用祭也〕"고 하였다.

4) (者此據肉之所擬祭者也又引)……(此據主人擬祭者膴與大亦一也) : 阮元에 의하면 '有大' 다음의 '者此據肉之所擬祭者也又引'의 12자와 '其上' 다음의 '此據主人擬祭者膴與大亦一也'의 13자는 賈公彦 疏의 내용으로 인해 잘못 들어간 것이며, 嘉靖本에는 이 12자와 13자가 없으므로 마땅히 이에 의거하여 삭제해야 한다고 하였다.(阮元과 北京大 整理本의 〈校勘記〉 참조)

5) 內則曰……皆有胖 : ≪禮記≫ 〈內則〉에는 '胖'이 '軒'으로 되어 있다. ≪예기≫ 〈내칙〉 鄭玄의 注에 "'軒'은 '憲'의 뜻으로 읽는데, '憲'은 콩잎의 두께로 썬 것을 가리킨다. '軒'은 어떤 본에는 '胖'으로 되어 있다.〔軒 讀爲憲 憲謂藿葉切也 軒或爲胖〕"고 하였다.

6) 膴 又詁曰大 : ≪爾雅≫ 〈釋詁〉에는 "弘·廓·宏……幠……大也"라고 하여 '膴'가 '幠'로 되어 있다. '膴'와 '幠' 두 글자는 음과 뜻이 같다. 鄭玄이 이를 말한 것은 '膴'와 '大'는 비록 물고기와 희생고기에 따른 명칭의 차이는 있지만, 모두 '큰 조각의 저민 고기'를 가리킨다는 점에서는 같음을 밝히기 위한 것이다.

7) 膴亦牒肉大臠 : ≪禮記≫ 〈少義〉 鄭玄의 注에서 "'膴'는 큰 조각의 저민 고기이니, 물고기의 배를 도려낸 것을 말한다.〔膴 大臠 謂刳魚腹也〕"고 하였고, 〈天官 籩人(天-25-2)〉 鄭玄의 注에서도 "'膴'는 살아 있는 물고기를 썰어서 만든 큰 조각의 저민 고기이다.〔膴 牒生魚爲大臠〕"라고 하였다.

8) 胖之言……析肉意也 : '胖'과 '膴'는 모두 날고기로서, 조각으로 썰어서 만든 저민 고기이다. 다만 '胖'은 더욱 얇게 썰고, 큰 조각으로 만들지 않은 것이다. ≪禮記≫ 〈內則〉 鄭玄의 注에서 콩잎의 두께로 썬 것을 胖이라고 한다〔軒 讀爲憲 憲謂藿葉切也 軒或爲胖〕고 한 것은 이를 말하는 것이다.

말린 고기〔脯〕는 豆(나무제기)에 담는 음식이 아니므로 '豆'는 마땅히 '羞'가 되어야 하니, 聲音으로 인한 잘못이다. 鄭衆은 "'膴'는 가슴살이다."라고 하였다. 鄭興은 "'胖'은 判(가르다)의 뜻으로 읽는다."라고 하였다. 杜子春은 '胖'을 版(조각)의 뜻으로 읽고, 또 "膴와 胖은 모두 등뼈를 에워싸고 있는 살 부위(등심)를 말한다."고 하였고, 또 "禮家들은 胖을 반쪽 몸체로 해석하였다."고 하였다.

나(鄭玄)는 생각건대, ≪儀禮≫ 〈公食大夫禮〉에서 "여러 가지 맛난 음식〔庶羞〕을 올리는데 모두 큰 조각의 저민 고기〔大〕를 올리는 경우가 있다."고 하였고, ≪의례≫ 〈有司徹〉에서는 "주인의 희생제기 위에 또한 물고기 한 마리를 올려놓는데, 물고기를 올려놓는 희생제기〔魚俎〕 위에는 물고기의 뱃살로 요리한 큰 조각의 저민 고기〔膴〕를 더하여 올려놓고 고수레를 한다."고 하였고, ≪禮記≫ 〈內則〉에서는 "큰사슴·사슴·멧돼지·노루는 모두 얇은 조각의 저민 고기〔胖〕로 만들어서 먹는 방식도 있다."고 하였으니, 서로 참조하여 바로잡기에 충분하다. '大'라는 것은 고깃점 가운데 큰 조각의 저민 고기를 말한다. '膴'라는 것은 물고기를 뒤집어서 엎어놓은 것을 말한다. '膴'는 또 '크다〔大〕'의 뜻으로도 해석하니, 두 가지는 같은 것이다. 그렇다면 '膴'는 또한 고기를 썰어서 만든 큰 조각의 저민 고기이다. '胖'은 말린 고기처럼 조각으로 썰어서 만들지만 날고기이다. '胖'이라는 글자는 조각〔片〕이라는 뜻이니, 고기를 썬다는 뜻이다. 禮에는 본디 날고기〔腥〕·익힌 고기〔脍〕·데친 고기〔爓〕를 진헌하니, 비록 익힌 고기를 올릴 경우도 모두 먼저 자른 후에 진헌을 한다.

【疏】注'脯非'至'乃亨' ○釋曰：知'脯, 非豆實'者, 案籩人職有栗脯[1], 則脯是籩實, 故云'脯, 非豆實也.' 知'豆當爲羞'者, 案籩人職云"凡祭祀, 共其籩薦羞之實", 鄭云"未飮未食曰薦, 已飮已食曰羞." 羞薦相對, 下旣言薦脯, 明上當言羞脯也. 鄭司農云'膴, 膺肉', 鄭大夫'胖讀爲判', 杜子春讀胖爲版, 又云'膴胖皆謂夾脊肉', 又云'禮家以胖爲半體'者, 文無所出, 皆非也. '玄謂公食大夫禮曰, 庶羞皆有大'者, 此據肉之所擬祭者也. 又引有司曰'主人亦一魚, 加膴祭於其上'者, 此據主人擬祭者也, 膴與大亦一也. '內則曰, 麋鹿田豕麕皆有拌, 足相參正'者, 引有司幷公食大夫二處, 證膴是大臠, 引內則, 明胖與膴不同, 故云"足相參正." 云'大者, 胾之大臠'者, (玄)〔重〕[2]公食大夫. 云'膴者, 魚之反覆'者, 反覆謂魚生時在腹下, 今加之於上. 云'膴, 又詁曰大'者, 據爾雅釋詁文[3]. 云'二者, 同矣'者, 大共膴同是一, 則膴是牒肉大臠, 同將祭先也. 云'胖, 宜爲脯而腥', 謂肉薄不煮者. 云'胖之言, 片, 析肉意'者, 此解胖是薄義. 云'禮固有腥脍爓, 雖其有爲孰之'者, 祭祀之禮, (肫)〔豚〕[4]解而腥之, 又有體解而爓之, 又有薦孰之禮. 禮經固有此三者, 皆當先制爲胖. 言此者, 證胖與膴不同, 破諸家之意.[5]

1) 籩人職有栗脯 : 〈天官 籩人(天-25-4)〉에서 "加籩에 담는 음식은 마름〔蔆〕·가시연〔芡〕·밤〔㮚〕·말린 고기〔脯〕이다.〔加籩之實 蔆芡㮚脯〕"라고 하였다. '籩'은 대나무로 만든 제기로서 마른 음식을 담는다. 종묘 제사를 지낼 때 의식의 순서에 따라 4차례로 나누어 음식을 籩에 담아서 올리는데, 朝事의 籩, 饋食의 籩, 加籩, 羞籩의 순서이다. '加籩'은 시동이 식사를 한 후 왕후가 시동에게 아헌을 할 때 올리는 籩이다.(〈天官 籩人〉 天-25-1 경문 및 鄭玄의 注 참조)

2) (玄)〔重〕 : 저본에는 '玄'으로 되어 있으나, 惠校本에 '重'으로 되어 있는 것에 의거하여 바로잡았다.(阮元과 北京大 整理本의 〈校勘記〉 참조)

3) 爾雅釋詁文 : ≪爾雅≫ 〈釋詁〉에는 "弘·廓·宏……憮……大也"라고 하여 '膴'가 '憮'로 되어 있다. 두 글자는 통용하는 것으로, 모두 '크다', '덮다'의 뜻이 있다. ≪詩經≫ 〈小雅 巧言〉에서 "無罪無辜 亂如此憮(죄도 없고 잘못도 없거늘, 난을 만나는 것이 이처럼 크단 말인가.)"라고 하였는데, 毛傳에서는 "'憮'는 크다는 뜻이다.〔憮 大也〕"라고 하였다. ≪儀禮≫ 〈士喪禮〉에서 "死於適室 幠用斂衾(적실에서 운명을 하면, 대렴 때 쓸 이불로 시신을 덮는다.)"이라고 하였는데, 鄭玄의 注에서는 "'幠'는 덮는다는 뜻이다.〔幠 覆也〕"라고 하였다.

4) (肫)〔豚〕 : 저본에는 '肫'으로 되어 있으나, ≪禮記≫ 〈郊特牲〉 등에 의거하여 '豚'으로 바로잡았다.

5) 祭祀之禮……破諸家之意 : '腥'은 날고기이고, '脍'은 익힌 고기이고, '爓'은 데친 고기 즉 반쯤 날고기 반쯤 익힌 고기이다. 孫詒讓은 鄭玄의 의도를 다음과 같이 설명하여 賈公彦의 해석을 비판한다. 禮에서 날고기, 데친 고기, 익힌 고기를 진헌한다. 비록 익힌 고기를 진헌할 때도 반드시 먼저 날고기의 의법에 따라 자른 후에 진헌을 한다. 정현이 이를 말한 것은 "腊人이 관장하는 膴(큰 조각의 저민 고기)와 胖(얇은 조각의 저민 고기)은 진헌하기 이전에 자른 것으로, 혹 썰어서 큰 조각의 저민 고기로 만들기도 하고, 혹 얇게 썰어서 저민 고기로 만들기도 하므로 날고기가 됨을 밝히기 위한 것이다. 가공언이 胖과 膴가 같지 않음을 입증하기 위한 것이라고 말한 것은 정현의 본지를 잃은 것이다.〔明此腊人所掌膴胖 亦是未享之前制之 或腜爲大臠 或薄析之 故得爲腥肉也 賈乃謂證胖與膴不同 失其恉矣〕"(≪周禮正義≫ 권8, 313쪽 참조)

注의 〔脯非〕에서 〔乃亨〕까지

○釋曰 : 말린 고기〔脯〕가 豆(나무제기)에 담는 음식이 아님을 알 수 있는 것은, 살펴보건대 〈天官 籩人(天-25-6)〉에서 〈加籩에 담는 음식으로〉 밤〔栗〕과 말린 고기〔脯〕가 있다

고 하였으므로 말린 고기는 籩(대나무제기)에 담는 음식이다. 그러므로 "脯는 豆(나무제기)에 담는 음식이 아니다."라고 한 것이다.

'豆'가 마땅히 '羞'가 되어야 함을 알 수 있는 것은, 살펴보건대 〈天官 籩人(天-25-6)〉에서 "무릇 제사를 지낼 때, 〈籩人은〉 籩에 담아서 진헌하는 음식을 공급한다."고 하였는데, 鄭玄은 "아직 마시거나 먹지 않았을 때 진헌하는 것을 '薦'이라 하고, 이미 마시거나 먹었을 때 진헌하는 것을 '羞'라고 한다."고 하였으니, '羞'와 '薦'은 서로 짝을 이루기 때문이다. 아래에서 이미 "말린 고기를 薦한다."고 하였으므로 위에서는 마땅히 "말린 고기를 羞한다."고 해야 함이 분명하다.

鄭衆이 "'膴'는 가슴살이다."라고 하였고, 鄭興이 "'胖'은 判의 뜻으로 읽는다."라고 하였고, 杜子春이 "'胖'을 版의 뜻으로 읽는다."고 하였고 또 "膴와 胖은 모두 등뼈를 에워싸고 있는 살 부위를 말한다."고 하였고 또 "禮家들은 胖을 반쪽 몸체로 해석하였다."라고 한 것은 문장에 출처가 없으니 모두 잘못된 것이다.

〔玄謂公食大夫禮曰 庶羞皆有大〕 이는 고수레를 하고자 하는 고기에 의거하여 말한 것이다.

또 ≪儀禮≫ 〈有司徹〉에서 "주인의 희생제기 위에 또한 물고기 한 마리를 올려놓는데, 물고기를 올려놓는 희생제기〔魚俎〕 위에는 물고기의 뱃살로 요리한 큰 조각의 저민 고기〔膴〕를 더하여 올려놓고 고수레를 한다."고 한 문장을 인용한 것은 고수레를 하고자 하는 주인에 의거하여 말한 것이니, '膴'는 '大'와 또한 같은 뜻이다.

〔內則曰 麋鹿田豕麕皆有胖 足相參正〕 ≪의례≫의 〈유사철〉과 〈公食大夫禮〉 두 곳을 인용한 것은 '膴'가 큰 조각의 저민 고기〔大臠〕임을 증명한 것이고, ≪禮記≫ 〈內則〉을 인용한 것은 '胖'과 '膴'가 같지 않음을 밝힌 것이다. 그러므로 "서로 참조하여 바로잡기에 충분하다."고 한 것이다.

〔大者 胾之大臠〕 ≪의례≫ 〈공사대부례〉의 뜻을 거듭 풀이한 것이다.

〔膴者 魚之反覆〕 '反覆'은 물고기는 살아 있을 때는 배가 아래쪽에 있는데, 이제 그것을 위쪽으로 하여 올려놓는 것을 말한다.

〔膴 又詁曰大〕 ≪爾雅≫ 〈釋詁〉의 문장에 의거한 것이다.

〔二者 同矣〕 '大'는 '膴'와 똑같은 것이니, '膴'는 고기를 썰어서 만든 큰 조각의 저민 고기〔大臠〕로서 똑같이 받들어서 고수레를 하는 것이다.

〔胖 宜爲脯而腥〕 고기를 얇게 썰지만 삶지 않은 것을 말한다.

〔胖之言 片 析肉意〕 이는 '胖'이 얇게 썬다는 뜻이라고 풀이한 것이다.

〔禮固有腥脸爓 雖其有爲孰之〕 제사의 예에서는 돼지고기의 뼈마디를 자르고 나누어서 날고기로 만들어 진헌하며, 또 뼈마디에 따라 자르고 나누어서 데친 고기로 만들어 진헌하는 경우가 있으며, 또 익힌 고기를 진헌하는 예가 있다. 禮經에 본디 이 세 가지가 있으니, 모두 먼저 잘라서 저민 고기로 만들어야 한다. 이를 말한 것은 '胖'과 '膴'가 같지 않음을 입증하여 諸家의 해석을 부정한 것이다.

天-15-3

賓客喪紀에 **共其脯**腊과 **凡乾肉之事**니라

빈객을 접대하고 喪祭를 지낼 때, 〈腊人은〉 얇게 잘라서 말린 고기〔脯〕와 통째로 말린 고기〔腊〕 및 각종 말린 고기를 공급한다.

【疏】'賓客'至'之事' ○釋曰 : 此所共者, 共內外饔也.

經의 〔賓客〕에서 〔之事〕까지

○釋曰 : 이곳에서 공급한다고 한 것은 內饔과 外饔에 공급한다는 뜻이다.

天官冢宰 下

○陸曰 本亦作天官冢宰下[1)]라

1) 陸曰 本亦作天官冢宰下 : 陸德明의 ≪經典釋文≫ 권8에는 이 권의 제목 '天官冢宰 下'가 '天官 下'로 되어 있어 '冢宰' 두 글자가 없고, '天官 下'에 대한 주에서 "어떤 본에는 또한 '天官冢宰 下'로 되어 있다.〔本亦作天官冢宰下〕"라고 하였다. 宋나라 이후의 刻本에는 모두 '天官冢宰 下'로 되어 있다. 孔繼汾(1721~1786)은 "≪儀禮≫의 〈士喪禮〉·〈特牲饋食禮〉 및 ≪禮記≫의 〈曲禮〉·〈檀弓〉·〈雜記〉에는 각각 상·하편이 있는데 모두 漢나라 시대의 舊師들이 전한 것이다. ≪周禮≫는 매 官마다 한 편으로 구성하여 상·하를 구분하지 않았다. 石經에서 12권이라고 한 숫자는 후세 사람들이 나눈 것으로, 어느 때부터 시작되었는지 알 수 없으나, ≪隋書≫ 〈經籍志〉에 이미 그러하였다."고 하였다. ≪수서≫ 〈경적지〉에는 馬融, 鄭玄, 王肅, 尹說, 干普의 注 등 ≪周官禮≫ 5종과 崔靈恩의 注 ≪集注周官禮≫를 저록하면서 모두 12권이라고 하였다. 孫詒讓은 孔繼汾의 설에 동의하면서, "이 ≪주례≫의 6官 6篇을 상·하로 나눈 것은 후세 사람들이 簡策이 번잡하다고 생각하여 나눈 것이다. 그러나 정현의 本은 오히려 이러한 구분이 없었다. 그러므로 상·하편으로 계산하지 않았다. 唐나라 石經에서 '天官冢宰 下 第二'라고 한 이후 5官 모두 상·하로 통계하여 12편으로 만들었으니, 더욱 잘못된 것이다."라고 하였다.(≪周禮正義≫ 권9, 315쪽 참조)

○陸德明은 "어떤 본에는 또한 '天官冢宰 下'로 되어 있다."고 하였다.

鄭氏 注　賈公彦 疏

16. 醫師(의사)

天-16-1

醫師는 **掌醫之政令**이니 **聚毒藥**[1)]하여 **以共醫事**니라

1) 毒藥 : '毒藥'은 각종 약물의 범칭이다. 일반적으로 약에는 모두 일정한 독성이 있기 때문에 '독약'이라고 한 것이다.(≪周禮譯注≫, 89쪽 참조)

醫師는 의료와 관련한 政令을 관장하니, 약물을 수집해서 의료의 일을 담당하는 관부에 공급한다.

【注】毒藥은 藥之辛苦者니 藥之物은 恒多毒이라 孟子曰 若藥不瞑眩이면 厥疾不瘳(추)[1]라하니라

1) 若藥不瞑眩 厥疾不瘳(추) : 본래 ≪尙書≫ 〈商書 說命 上〉의 문장인데 ≪孟子≫ 〈滕文公 上〉에서 인용한 것이다.

'毒藥'은 약 가운데 맵고 쓴 것이니, 약이 되는 물건은 항상 독이 많다. ≪孟子≫ 〈滕文公 上〉에서 "만약 약을 먹고 눈앞이 아찔아찔하지 않으면, 그 병이 낫지 않는다."고 하였다.

【疏】'醫師'至'醫事' ○釋曰 : 醫師者, 衆醫之長, 故掌醫之政令. 言'聚毒藥, 以共醫事'者, 謂所有藥物, 竝皆聚之, 以供疾醫・瘍醫等, 故言"以供醫事."

經의 〔醫師〕에서 〔醫事〕까지

○釋曰 : '醫師'는 의원들의 우두머리이다. 그러므로 의료와 관련한 정령을 관장한다. 〔聚毒藥 以共醫事〕 전체 약물을 모두 수집해서 疾醫와 瘍醫 등에 공급한다. 그러므로 "의료의 일을 담당하는 관부에 공급한다."고 말한 것이다.

○注'毒藥'至'不瘳' ○釋曰 : 言'毒藥藥之辛苦'者, 細辛[1]・苦參(삼)[2], 雖辛苦而無毒, 但有毒者, 多辛苦, 故云"毒藥, 藥之辛苦者." 又云'藥之物, 恒多毒'者, 藥中有毒者, 謂巴豆[3]・狼牙[4]之類, 是也. 藥中有無毒者, 謂人參(삼)・芎藭[5]之類, 是也. 藥之無毒, 亦聚之, 直言'聚毒藥'者, 以毒爲主, 故鄭云"藥之物, 恒多毒." 又引孟子者, 案孟子"滕文公爲世子, 將之楚, 過宋, 見孟子." 而謂之云"今滕國, 絶長補短, 將五十里, 可以爲善國乎. 書曰 '藥不瞑眩, 厥疾不瘳.'" 注云"逸書也. 藥使人瞑眩悶亂, 乃得瘳愈, 猶人敎德惠乃治也.[6]" 引之者, 證藥中有毒之意. 此是古文尙書說命之篇, 高宗語傅說之言也. 不引說命, 而引孟子者, 鄭不見古文尙書故也.

1) 細辛 : 족도리풀이나 민족도리풀의 뿌리를 말려서 만든 약재이다. 뿌리가 매우 가늘고 맛이 몹시 매워서 '細辛'이라 한다. ≪東醫寶鑑≫ 〈湯液篇 草部門〉에서 "성질은 따뜻하고, 맛은 몹시 매우며, 독이 없다. 풍습으로 저리고 아픈 것을 주관하고, 속을 따뜻하게 하고 기를 내린다.〔性溫味大辛無毒 主風習痺痛 溫中下氣〕"고 하였다.

2) 苦參(삼) : 생긴 모양이 흉측하여 도둑놈의 지팡이 혹은 쓴너삼이라고도 한다. ≪東醫寶

鑑≫ 〈湯液篇 草部門〉에서 "성질은 차고, 맛은 쓰며, 독이 없다. 열독풍으로 피부와 살에 종기가 생기거나 문둥병으로 눈썹이 빠지는 것을 치료한다.〔性寒味苦無毒 治熱毒風皮肌生瘡 赤癩眉脫〕"고 하였다.

3) 巴豆 : 巴蜀 지역에서 생장하고 그 형태가 菽豆(콩)와 유사하여 생긴 이름이다. 쥐손이풀목 대극과에 속한 상록 교목으로, 그 씨는 맹독성이 있어 약재로 쓰인다. ≪東醫寶鑑≫ 〈湯液篇 木部門〉에서 "성질은 덥고, 맛은 매우며, 강한 독성이 있다.〔性熱味辛有大毒〕"고 하였다.

4) 狼牙 : 장미과에 속한 여러해살이풀로, 어린잎은 식용으로 쓰이고, 뿌리는 '牙子'라 하여 약으로 쓰인다. ≪東醫寶鑑≫ 〈湯液篇 木部門〉에서 "성질은 차갑고, 맛은 쓰고 시며, 독이 있다.〔性寒味苦酸有毒〕"고 하였다.

5) 芎窮 : 미나리과에 속한 여러해살이풀로, 어린잎은 식용으로 쓰이고, 뿌리는 약재로 사용한다. ≪東醫寶鑑≫ 〈湯液篇 木部門〉에서 "성질은 따뜻하고, 맛은 매우며, 독이 없다.〔性溫味辛無毒〕"고 하였다.

6) 逸書也……猶人敦德惠乃治也 : 趙岐(?~201)의 ≪孟子注≫ 원문은 "書逸篇也 瞑眩 藥攻人疾 先使瞑眩憒亂 乃得瘳愈 喻行仁 當精熟德惠 乃治也"로 되어 있어 賈公彦의 인용문과 조금 다르지만 의미는 대략 같다.

○注의 〔毒藥〕에서 〔不瘳〕까지

○釋曰 : 〔毒藥 藥之辛苦者〕 細辛(족도리풀 뿌리)과 苦參(쓴너삼 뿌리)은 비록 맵고 쓰지만 독이 없다. 다만 독이 있는 약은 대부분 맵고 쓰다. 그러므로 "'毒藥'은 약 가운데 맵고 쓴 것이다."라고 한 것이다.

〔藥之物 恒多毒〕 약 가운데 독이 있는 것은 巴豆와 狼牙(짚신나물 뿌리)의 부류가 그것이다. 약 가운데 독이 없는 것은 人參과 芎窮(궁궁이)의 부류가 그것이다. 독이 없는 약도 또한 수집하는데, 단지 경문에서 "독약을 수집한다."고 한 것은 독이 있는 약을 위주로 하기 때문이다. 그러므로 鄭玄은 "약이 되는 물건은 항상 독이 많다."고 한 것이다.

또 ≪孟子≫를 인용한 것은, 살펴보건대 ≪맹자≫ 〈滕文公 上〉에서 "滕나라 文公이 세자가 되었을 때 楚나라로 가려고 宋나라를 지나다가 孟子를 만났다." 그런데 〈맹자는 등나라 문공에게〉 "이제 등나라는 긴 곳을 잘라 짧은 곳을 보충하더라도 50리밖에 안 되는 작은 나라이지만, 오히려 훌륭한 나라를 만들 수 있습니다! ≪書經≫에 '만약 약을 먹고 눈앞이 아찔아찔하지 않으면, 그 병이 낫지 않습니다.'라고 하였습니다."라고 말하였다. 趙岐의 注에서 "≪서경≫의 亡失된 문장이다. 약이 사람으로 하여금 눈앞이 아찔아찔하고 기운이 어질어질하게 만들어야 비로소 병이 낫게 되는 것은 사람이 덕과 은혜를 도타이

해야 비로소 다스려지는 것과 같다."고 하였다. 이를 인용한 것은 약 가운데 독이 있다는 뜻을 증명하기 위한 것이다. 이 문장은 ≪古文尚書≫ 〈說命〉의 편인데, 高宗이 傅說에게 한 말이다. 〈열명〉의 편을 인용하지 않고 ≪맹자≫를 인용한 것은 정현이 ≪고문상서≫를 보지 못했기 때문이다.

天-16-2

凡邦之有疾病者와 〔有〕疕瘍(비양)者[1)]造焉[2)]이면 則使醫分而治之니라

1) 〔有〕疕瘍(비양)者 : 저본에는 '有'가 없으나, 唐石經에는 '有疕瘍者'로 되어 있고, ≪石經考文提要≫에서도 아래 〈天官 獸醫〉의 문장 체례에 의거하여 '有'자가 있어야 한다고 하였다. 王引之도 '疕' 앞에 '有'자가 탈오된 것이라고 하였다. 이에 의거하여 '有'를 보충하였다.(阮元과 北京大 整理本의 〈校勘記〉 참조)
2) 造焉 : 孫詒讓은 병자들이 醫師가 다스리는 관부로 찾아간다는 뜻이라고 하였다.(≪周禮正義≫ 권9, 317쪽 참조)

무릇 왕국에서 내과질병에 걸린 사람과 머리에 종기가 생기거나 몸에 종기가 생긴 사람은 醫師의 관부로 찾아가니, 〈의사는〉 의원들을 나누어서 치료하게 한다.

【注】疕는 頭瘍이니 亦謂禿也라 身傷曰瘍[1)]이라 分之者는 醫各有能이라

1) 身傷曰瘍 : 孫詒讓에 의하면, 〈天官 瘍醫(天-19-1)〉에서 말한 腫瘍·潰瘍·金瘍·折瘍 등 네 가지 종류의 종기〔瘍〕를 가리킨다.(≪周禮正義≫ 권9, 317쪽 및 아래 경문에 대한 賈公彦의 疏 역주 4) 참조)

'疕'는 머리에 종기가 생기는 것이니, 또한 대머리〔禿〕를 가리킨다. 몸에 상처를 입어 종기가 생기는 것을 '瘍'이라고 한다. 나누어서 치료하게 하는 것은 의원들은 각각 전공분야가 있기 때문이다.

【疏】'凡邦'至'治之' ○釋曰 : 國中疾病者, 謂若疾醫[1)]所云者[2)], 是也. 疕瘍者, 謂若瘍醫[3)]所云者[4)], 是也. 云'造焉'者, 此二者皆來造醫師也. 云'醫師則使醫分而治之'者, 疾病者付疾醫, 疕瘍者付瘍醫, 故云 "分而治之." 下有食醫·獸醫, 亦屬醫師, 不來造醫師者, 食醫主齊和飮食, 不須造醫師, 獸醫, 畜獸之賤, 便造獸醫, 故亦不須造醫師.

1) 疾醫 : 모든 백성들의 질병치료를 관장하는 관직으로, 中士 8인이 담당한다. 孫詒讓에

의하면, 疾醫는 오늘날의 내과의원에 해당한다.(≪周禮正義≫ 권1, 32쪽 참조)

2) 疾病者 謂若疾醫所云者 : 〈天官 疾醫(天-18-1)〉에 의하면, 疾醫는 두통〔痟首疾〕, 가려움증〔痒疥疾〕, 학질〔瘧寒疾〕, 기침과 호흡 곤란〔漱上氣疾〕 등 계절에 따른 각종 질병을 치료한다.

3) 瘍醫 : 종양과 궤양 등의 치료를 관장하는 관직으로, 下士 8인이 담당한다. 孫詒讓에 의하면, 疾醫는 오늘날의 외과의원에 해당한다.(≪周禮正義≫ 권1, 32쪽 참조)

4) 疕瘍者 謂若瘍醫所云者 : 〈天官 瘍醫(天-19-1)〉에서 "瘍醫는 腫瘍·潰瘍·金瘍·折瘍을 치료하기 위해 약을 제조하여 상처에 바르고, 피고름을 제거하고, 궤사한 부위를 제거하는 일을 관장한다.〔瘍醫 掌腫瘍潰瘍金瘍折瘍之祝藥 劀殺之齊〕"고 하였다. '腫瘍'은 종기가 벌겋게 부어올랐지만 아직 피고름이 고이지 않은 상태를 말한다. '潰瘍'은 종기가 이미 피고름을 이루어 문드러진 상태를 말한다. '金瘍'은 칼, 창, 화살 등 쇠붙이에 상처를 입어서 피고름이 고이고 궤란되는 종기〔瘡瘍〕를 말한다. 金瘡 혹은 金創이라고도 한다. '折瘍'은 팔다리의 근골이 접질리거나 상처를 입은 경우에 생기는 종기를 말한다.

經의 〔凡邦〕에서 〔治之〕까지

○釋曰 : '國中에서 내과질병에 걸렸다.'는 것은 〈天官 疾醫〉에서 말한 질병 같은 경우가 그것이다. '머리에 종기가 생기거나 몸에 상처를 입어 종기가 생겼다.'는 것은 〈천관 瘍醫〉에서 말한 질병 같은 경우가 그것이다.

〔造焉〕 이 두 가지 질병에 걸린 사람들은 모두 醫師의 관부로 찾아간다.

〔醫師則使醫分而治之〕 내과질병에 걸린 사람들은 疾醫에게 맡겨서 치료하게 하고, 머리에 종기가 생기거나 몸에 상처를 입어 종기가 생긴 사람들은 瘍醫에게 맡겨서 치료하게 한다. 그러므로 "나누어서 치료하게 한다."고 한 것이다. 아래 경문에 食醫(사의)·獸醫가 있는데 또한 醫師에 속해 있지만 〈사의와 수의를 찾아가는 사람이〉 의사를 찾아가지 않는 것은, 사의는 음식의 맛을 조미하는 일을 주관하므로 의사를 찾아갈 필요가 없기 때문이며, 수의는 소나 말 같은 천한 짐승이 〈질병에 걸리면〉 곧 수의를 찾아가므로 또한 의사를 찾아갈 필요가 없기 때문이다.

○注'疕頭'至'有能' ○釋曰 : 言'疕, 頭瘍'者, 案下瘍醫腫瘍等不言'疕', 此特言'疕'者, 腫瘍等可以兼之, 故云 "疕, 頭瘍[1)]", 謂頭上有瘡含膿血者. 又云'亦謂禿也'者, 禿含膿血者, 則入疕中, 禿而不含膿血者, 疕中可以兼之, 故云 "亦謂禿也." 云'身傷曰瘍'者, 曲禮云 "身有瘍則浴", 是也, 卽瘍醫所云腫瘍已下, 亦是. 云'分之者, 醫各有能'者, 疾醫知疾, 不知瘍, 瘍醫知瘍, 不知疾, 故云 "醫各有能."

1) 此特言疕者……頭瘍 : ≪說文解字≫에 "'瘍'은 머리에 종기가 생기는 것이다.〔瘍 頭創〕"라고 하였고, ≪廣雅≫ 〈釋詁〉에 "'瘍'은 상처를 입어서 종기가 생기는 것이다.〔瘍 傷創也〕"라고 하였으며, ≪禮記≫ 〈內則〉에서는 "머리에 종기〔創〕가 생기면 머리를 감고, 몸에 종기〔瘍〕가 생기면 목욕을 한다.〔頭有創則沐 身有瘍則浴〕"고 하였고, ≪爾雅≫ 〈釋訓〉에서는 "정강이 아래에 생기는 종기〔瘍〕를 '微'라고 한다.〔骭瘍爲微〕"고 하였다. 이렇게 보면 머리와 몸 및 다리에 생기는 종기를 모두 '瘍'이라 칭할 수 있음을 알 수 있다. 鄭玄은 이곳 경문에서 '疕'와 '瘍'을 나란히 함께 말했기 때문에 '疕'는 머리의 종기〔頭瘍〕이므로 '瘍'은 단지 '몸의 종기'를 가리킨다고 하여 구분하였던 것이다. 정현이 '瘍'을 '몸의 종기'로 해석한 것은 ≪예기≫ 〈내칙〉에 의거한 것이지만, 사실 '疕'는 '瘍'으로 통칭될 수 있다. 즉 孫詒讓에 의하면, '疕'는 머리의 종기〔頭創〕에 대한 專稱으로 다른 신체부위의 종기는 '疕'라고 칭할 수 없지만, 머리의 부스럼〔疕〕은 또 '瘍'으로 칭할 수 있는 것이다. 그래서 정현과 허신이 모두 '頭瘍(머리의 종기)'이라고 했던 것이다.(≪周禮正義≫ 권9, 317쪽 참조)

○注의 〔疕頭〕에서 〔有能〕까지

○釋曰 : 〔疕 頭瘍〕 살펴보건대, 아래의 〈天官 瘍醫〉에서는 腫瘍 등에 대해서 '疕(종기)'라고 말하지 않았는데 이곳에서 특별히 '疕'라고 말한 것은 腫瘍 등으로 〈'疕'를〉 포괄할 수 있기 때문이다. 그러므로 "疕는 머리의 종양이다."라고 한 것이니, 머리 위에 종기가 생겨서 고름과 피가 고이는 것을 말한다.

〔亦謂禿也〕 머리털이 빠지고 고름과 피가 고이는 경우는 '疕(머리의 종기)'의 범주 안에 들어가고, 머리털은 빠지지만 고름과 피가 고이지 않은 경우도 '疕'의 범주 안에 그것을 포함할 수 있다. 그러므로 "또한 대머리를 가리킨다." 한 것이다.

〔身傷曰瘍〕 ≪禮記≫ 〈曲禮 上〉에서 "몸에 종기가 생기면 목욕을 한다."고 한 것이 이것이니, 곧 〈天官 瘍醫〉에서 말한 腫瘍 이하가 또한 이것이다.

〔分之者 醫各有能〕 疾醫는 내과질병에 대해서는 알지만 종기에 대해서는 알지 못하며, 瘍醫는 종기에 대해서는 알지만 내과질병에 대해서는 알지 못하기 때문이다. 그러므로 "의원들은 각각 전공분야가 있다."고 한 것이다.

天-16-3

歲終에 **則稽其醫事**하여 **以制其食**이니 **十全爲上**이요 **十失一次之**요 **十失二次之**요 **十失三次之**요 **十失四爲下**니라

〈醫師는〉 연말이 되면 의료 업무를 평가하여 그 봉록을 제정한다. 열 명의 병자를 모두 낫게 했다면 최상의 등급이 되고, 열 명의 병자 가운데 한 명을 낫게 하지 못했다면 그 다음이 되고, 열 명의 병자 가운데 두 명을 낫게 하지 못했다면 그 다음이 되고, 열 명의 병자 가운데 세 명을 낫게 하지 못했다면 그 다음이 되고, 열 명의 병자 가운데 네 명을 낫게 하지 못했다면 최하의 등급이 된다.

【注】 食은 祿也라 全은 猶愈也라 以失四爲下者는 五則半矣니 或不治自愈라

'食'은 봉록이다. '全'은 愈(낫다)와 같다. 네 명을 낫게 하지 못한 의원을 최하 등급으로 하는 것은, 다섯 명을 낫게 하지 못했다면 절반을 치료하지 못한 것이니, 치료하지 않아도 저절로 낫는 경우들도 있기 때문이다.

【疏】 '歲終'至'爲下' ○釋曰：言'歲終'者, 謂至周之歲終. 云'則稽其醫事'者, 謂疾醫等歲始已來, 治病有愈有不愈, 竝有案記. 今歲終, 摠考計之, 故言 "稽其醫事." 云'以制其食', 據所治愈不愈之狀, 而制其食祿, 而制五等之差. 云'十全爲上'者, 謂治十還得十, 制之上等之食. 云'十失一次之'者, 謂治十得九, 制祿次少於上者. 云'十失二次之'者, 謂治十得八, 制祿次少於九者. '十失三次之'者, 謂治十得七, 制祿次少於八者. '十失四爲下'者, 謂治十得六, 制祿次於得七者.

經의 〔歲終〕에서 〔爲下〕까지

○釋曰：〔歲終〕 周曆의 연말(10월)에 이르렀음을 가리킨다.

〔則稽其醫事〕 疾醫 등이 연초 이래 병자를 치료하여 나은 경우와 낫지 못한 경우를 모두 문서에 기록해둔다. 이제 연말에 이르러 그것을 총괄하여 평가한다. 그러므로 "의료 업무를 평가한다."고 한 것이다.

〔以制其食〕 치료하여 낫거나 낫지 않은 실적에 의거하여 그 食祿을 제정하는데, 5등급의 차등으로 제정한다.

〔十全爲上〕 열 명을 치료하여 또한 열 명이 나았다면, 최상 등급의 식록으로 제정한다는 뜻이다.

〔十失一次之〕 열 명을 치료하여 아홉 명이 나았다면, 식록을 제정할 때 최상 등급의 식록을 받은 의원 다음으로 적게 한다는 뜻이다.

〔十失二次之〕 열 명을 치료하여 여덟 명이 나았다면, 식록을 제정할 때 아홉 명을 낫게

한 의원 다음으로 적게 한다는 뜻이다.

〔十失三次之〕 열 명을 치료하여 일곱 명이 나았다면, 식록을 제정할 때 여덟 명을 낫게 한 의원 다음으로 적게 한다는 뜻이다.

〔十失四爲下〕 열 명을 치료하여 여섯 명이 나았다면, 식록을 제정할 때 일곱 명을 낫게 한 의원 다음으로 한다는 뜻이다.

○注'食祿'至'自愈' ○釋曰：'食, 祿也'者, 食卽月俸, 故以祿解食. 依序官, 疾醫中士, 瘍醫下士. 案禮記王制, 下士視上農夫, 食九人祿, 中士倍下士, 十八人祿. 若然, 中士祿食有常, 今差爲五等者, 但功適中者守本祿, 功高者益之, 功下者損之, 欲勉勵醫者, 故爲此五等之差. 云'失四爲下者, 五則半矣, 或不治自愈'者, 案漢書藝文志云 "神農黃帝食(藥)〔禁〕[1]七卷, (云)〔經方[2]者, 本草石之〕寒溫, 〔量〕[3]疾病之淺深, 辨五苦六辛[4], 致水火之齊, 以通(開)〔閉解〕結[5], 反之於(此)〔平〕, (乃)〔及〕[6]失其宜者, 以熱益熱, 以寒益寒, (積)〔精〕[7]氣內傷, 〔不見於外〕[8], 是(以)〔所〕[9]獨失, 故諺云 '有病不治, 恒得中醫.'" 若然, 此經失四之類, 亦是以寒益寒, 以熱益熱. 言 "有病不治, 恒得中醫", 故鄭云 "五則半矣, 或不治自愈", 釋經所以不言十失五之意.

1) (藥)〔禁〕: 저본에는 '藥'으로 되어 있으나, ≪漢書≫ 〈藝文志〉와 '藥'은 '禁'의 잘못이라는 浦鏜의 설에 의거하여 바로잡았다.(阮元과 北京大 整理本의 〈校勘記〉 참조)

2) 經方 : 醫經과 方書의 약어로, 일반적으로 漢代 이전의 方劑를 지칭한다. ≪漢書≫ 〈藝文志〉에 수록된 經方 10家의 서적은 이미 망실되었지만, 이후 ≪素問≫·≪靈樞≫와 한대의 張仲景이 저술한 ≪傷寒論≫, ≪金匱要略≫ 등의 책 속에 보이는 方劑를 '經方'이라 칭했다.

3) (云)〔經方者 本草石之〕寒溫 〔量〕: 저본에는 '云寒溫'으로 되어 있으나, ≪漢書≫ 〈藝文志〉에는 '云'이 없으며, '寒溫'은 앞의 '經方者 本草石之'에 이어지는 글자인데 앞부분이 결락되었고, '溫' 다음에는 '量' 한 글자가 더 있다. 이에 의거하여 바로잡고 번역하였다.

4) 五苦五辛 : 五臟의 병에는 쓴맛의 약물을 사용하고, 六腑의 병에는 매운맛의 약물을 쓰는 것을 말한다.(≪韓醫學用語大辭典≫, 710쪽 참조) 金나라 張從正의 ≪儒門事親≫ 권14에 "五苦는 五臟은 안쪽으로 陰에 속하니 마땅히 쓴맛의 약물을 사용해야 하니, 시고 쓴맛은 토하거나 설사시키므로 음이 됨을 말한다. 六辛이란 六腑는 겉쪽으로 陽에 속하니 마땅히 매운맛의 약물을 사용해야 하니, 맵고 단맛은 몸 안의 사악한 기운을 발산시키므로 陽이 됨을 말한다.〔五苦者 五臟爲裏屬陰 宜用苦劑 謂苦涌泄爲陰 六辛者 六腑爲表屬陽 宜用辛劑 謂辛甘發散爲陽〕"고 하였다. 五苦 즉 다섯 가지 쓴 약물은 黃連·苦參·黃

芩・黃柏・大黃을 말하고, 六辛 즉 여섯 가지 매운 약물은 乾薑・附子・肉桂・吳茰・蜀椒・細辛을 말한다.

5) 以通(開)〔閉解〕結 : 저본에는 '以通開結'로 되어 있으나, ≪漢書≫ 〈藝文志〉에는 '開'가 '閉'로 되어 있고, '閉' 다음에 '解' 한 글자가 더 있다. 이에 의거하여 바로잡고 번역하였다.

6) (此)〔平〕 (乃)〔及〕 : 저본에는 '此乃'로 되어 있으나, ≪漢書≫ 〈藝文志〉에 의거하여 '平及'으로 바로잡았다.

7) (積)〔精〕 : 저본에는 '積'으로 되어 있으나, ≪漢書≫ 〈藝文志〉에 의거하여 '精'으로 바로잡았다.

8) 〔不見於外〕 : 저본에는 '不見於外'가 없으나, ≪漢書≫ 〈藝文志〉에 의거하여 보충하였다.

9) (以)〔所〕 : 저본에는 '以'로 되어 있으나, ≪漢書≫ 〈藝文志〉에 의거하여 '所'로 바로잡았다.

○注의 〔食祿〕에서 〔自愈〕까지

○釋曰 : 〔食 祿也〕 食은 곧 月俸이다. 그러므로 '祿'으로 '食'을 풀이한 것이다. 〈天官 序官(天-0-24)〉에 의하면, 疾醫는 中士가 담당하고, 瘍醫는 下士가 담당한다. 살펴보건대, ≪禮記≫ 〈王制〉에 의하면 하사는 上農夫에 준하니 9인을 부양할 수 있는 봉록을 받고, 중사는 하사의 두 배이니 18인을 부양할 수 있는 봉록을 받는다. 그렇다면 중사의 봉록은 일정함이 있는 것이다. 그런데 이제 5등급으로 차등을 두는 것은 단지 실적이 중간에 해당하는 사람은 본래의 봉록을 유지하고, 실적이 높은 사람은 보태주고, 실적이 낮은 사람은 덜어내어서 의료에 힘쓰도록 하고자 하는 것이다. 그러므로 이러한 5등급의 차등을 둔 것이다.

〔失四爲下者 五則半矣 或不治自愈〕 살펴보건대, ≪漢書≫ 〈藝文志〉에서 "≪神農黃帝食禁≫ 7권. 經方이란 藥草와 鍼石의 차갑고 따뜻한 성질에 근본하여 질병의 깊이를 헤아리고, 〈藥物의〉 五苦와 五辛을 변별하여 水氣와 火氣의 약제를 만들어서, 그것으로 막힌 것을 통하게 하고 맺힌 것을 풀어주어 평상으로 되돌아가게 하는 것이다. 그 〈처방의〉 적절함을 잃은 자에 미쳐서는 더운 기운으로 열기를 더하게 하고, 차가운 기운으로 한기를 더하게 하여 정기가 안에서 손상되어 겉으로 드러나지 않게 되니, 이것이 유일한 결점이다. 그러므로 속담에 '병이 있어도 치료하지 않으면, 항상 中醫(중간 정도의 의원)는 된다.'고 하였다."고 하였다. 그렇다면 이곳 경문에서 네 명을 낫게 하지 못하는 부류는 또한 차가운 기운으로 한기를 더하고 더운 기운으로 열기를 더하게 하는 것이다. 〈그러므로 속담에〉 "병이 있어도 치료하지 않으면 항상 中醫는 된다."고 한 것이다. 그러므로 정현이 "다섯 명을 낫게 하지 못했다면 절반을 치료하지 못한 것이니, 치료하지 않아도 저절로 낫는 경우들도 있기 때문이다."라고 한 것은 경문에서 '열 명의 병자 가운데 다섯 명을 낫게 하지 못한 경우'를 말하지 않은 이유를 풀이한 것이다.

17. 食醫(사의)

天-17-1

食(사)[1)]醫[2)]는 掌和王之六食[3)] 六飮[4)] 六膳[5)] 百羞[6)] 百醬[7)] 八珍[8)]之齊라

1) 食(사) : 陸德明에 의하면 '食'는 음이 '嗣'이다.(≪經典釋文≫ 권8 〈周禮音義 上 天官冢宰〉 '食醫')

2) 食(사)醫 : 음식의 온도, 맛, 영양 등을 알맞게 조리하는 것을 관장하는 관직이다. 마치 약을 조미하는 것과 같기 때문에 '食醫'라고 칭한다.

3) 六食 : 찰기장〔黍〕・메기장〔稷〕・벼〔稻〕・수수〔粱〕・보리〔麥〕・고미〔苽〕의 여섯 가지 곡물로 만든 여섯 가지의 밥을 말한다. 〈天官 膳夫(天-6-2)〉에서 "밥에는 여섯 가지 곡물을 사용한다.〔食用六穀〕"고 하였다.

4) 六飮 : 水(물)・漿(신 음료)・醴(단술)・涼(찬 죽)・醫(탁한 단술)・酏(미음)의 여섯 가지 맑은 음료로 만든 여섯 가지 음료를 말한다. 〈天官 膳夫(天-6-2)〉에서 "음료에는 여섯 가지 맑은 음료를 사용한다.〔飮用六淸〕"고 하였다. '六飮'은 마시는 용도로도 사용하고 밥을 먹고 난 후 입가심으로도 사용하는데, 漿人이 관장한다. 〈天官 漿人(天-23-1)〉에서 "장인은 왕이 마실 여섯 가지 음료를 공급하는 일을 관장하는데, 水・漿・醴・涼・醫・酏를 酒正 휘하의 府에게 보낸다.〔漿人 掌共王之六飮 水漿醴涼醫酏 入于酒府〕"고 하였다.

5) 六膳 : 말〔馬〕・소〔牛〕・羊・돼지〔豕〕・개〔犬〕・닭〔雞〕의 여섯 가지 희생으로 요리한 여섯 가지 희생고기를 말한다. 〈天官 膳夫(天-6-2)〉에서 "희생고기에는 여섯 가지 희생을 사용한다.〔膳用六牲〕"고 하였다.

6) 百羞 : '羞'는 희생이나 날짐승・들짐승으로 만들어서 맛을 갖춘 음식인데, 이를 '庶羞'라고 한다. 〈天官 膳夫(天-6-2)〉에서 "맛난 음식에는 120가지 음식을 사용한다.〔羞用百二十品〕"고 하였다. '百羞'는 成數를 든 것으로 실제로는 이 숫자에 그치지 않는다.

7) 百醬 : '醬'은 초장〔醓〕과 고기젓갈장〔醢〕 등을 말하는데, 〈天官 膳夫(天-6-2)〉에서 "醬에는 120개의 독을 사용한다.〔醬用百有二十罋〕"고 하였다. ≪儀禮注疏≫ 〈聘禮〉 鄭玄의 注에서는 "초장을 담은 독을 동쪽에 놓는 것은 초장은 곡물로 만드니 陽이기 때문이다. 고기젓갈장은 고기로 만드니, 陰이다.〔夾碑在鼎之中央也 醓在東 醓穀 陽也 醢肉 陰也〕"라고 하였고, 賈公彦의 疏에서는 "醓는 곡물을 발효시켜 만든 것이니, 술의 일종이다.……醢는 고기를 발효시켜 만든 것이다.〔醓是釀穀爲之 酒之類……醢是釀肉爲之〕"라고 하였다.(〈天官 膳夫〉 天-6-2 鄭玄의 注 역주 4) 참조)

8) 八珍 : 淳熬(젓갈을 얹고 기름을 뿌린 밭벼로 지은 밥)・淳毋(젓갈을 얹고 기름을 뿌린 기장밥)・炮豚(식초와 젓갈로 조미한 통돼지 구이)・炮牂(식초와 젓갈로 조미한 암양 구이)・擣珍(소・

양・사슴・노루 등의 등심 구이)・漬(소고기 육회)・熬(불에 구운 소고기・양고기 등의 포)・肝膋(개의 간 구이)의 여덟 가지 진미를 말하는데, 〈天官 膳夫(天-6-2)〉에서 "진미〔珍〕에는 여덟 가지 음식을 사용한다.〔珍用八物〕"고 하였다.

食醫는 왕의 여섯 가지 밥・여섯 가지 음료・여섯 가지 희생고기・각종 맛난 음식・각종 장・여덟 가지 진미를 맛나게 조미하는 일을 관장한다.

【注】和는 調也라

'和'는 맛을 조화롭게 한다는 뜻이다.

【疏】'食醫'至'之齊' ○釋曰：言'掌和王之六食以下'者, 此等竝是膳夫所掌, 此食醫調和而已. 其六食・六飮等之義, 竝在膳夫.

經의 〔食醫〕에서 〔之齊〕까지

○釋曰：'왕의 여섯 가지 밥 이하의 음식들을 관장한다.'고 말한 것은, 이러한 음식들은 모두 膳夫가 관장하는 것으로 食醫는 맛을 조화롭게 할 뿐이다. 여섯 가지 밥・여섯 가지 음료 등의 뜻은 모두 〈天官 膳夫〉에 기록되어 있다.

天-17-2

凡食(사)齊는 眡(시)[1)]春時하고

1) 眡(시)：陸德明에 의하면 '眡'의 음은 '視'이다.(≪經典釋文≫ 권8 〈周禮音義 上 天官冢宰〉 '食醫') '眡春時'는 따뜻한 봄철에 견주어서 그와 같게 한다는 뜻이다.

무릇 밥의 조리는 봄철에 견주어서 따뜻하게 하고,

【注】飯은 宜溫이라

밥은 따뜻해야 한다.

天-17-3

羹齊는 眡夏時하고

국의 조리는 여름철에 견주어서 뜨겁게 하고,

【注】羹은 宜熱이라

국은 뜨거워야 한다.

天-17-4

醬齊는 眡秋時하고

장의 조리는 가을철에 견주어서 서늘하게 하고,

【注】醬은 宜涼이라

장은 서늘해야 한다.

天-17-5

飮齊는 眡冬時니라

음료의 조리는 겨울철에 견주어서 차갑게 한다.

【注】飮은 宜寒이라

음료는 차가워야 한다.

【疏】'凡食'至'冬時' ○釋曰：言'凡食齊眡春時'者, 言'凡'者, 摠與下四時爲目, 故言凡以該之. 言'食'者, 卽上六食, 則內則所云'食齊'一也[1], 言飯之齊和. 眡, 猶比也. 四時常溫, 比於春時, 故鄭云 "飯宜溫". '羹齊眡夏時'者, 謂大羹·鉶羹·菜羹等, 其所齊和, 四時常熱, 故云 "眡夏時", 羹宜熱故也. 云'醬齊眡秋時'者, 案醢人·醯人唯有醯醢, 不言醬, 卽豆醬也. 案公食(사)大夫 "公親設醬"[2]. 醬者, 食之主, 言醬則該諸豆實[3]. 四時皆須涼, 故言 "醬齊眡秋時." 又云'飮齊眡冬時'者, 謂若漿人六飮水漿之等. 四時皆須寒, 故言"飮齊眡冬時", 飮宜寒故也.

1) 內則所云食齊一也：≪禮記≫ 〈內則〉에서 "무릇 밥의 조리는 봄철에 견주어서 한다. 국의 조리는 여름철에 견주어서 한다. 젓갈의 조리는 가을철에 견주어서 한다. 음료수의 조리는 겨울철에 견주어서 한다.〔凡食齊視春時 羹齊視夏時 醬齊視秋時 飮齊視冬時〕"라고

한 것과 같다는 뜻이다.

2) 公食大夫 公親設醬 : 이 부분에 대한 ≪儀禮≫ 〈公食大夫禮〉의 경문은 "宰夫自東房授醯醬 公設之(宰夫가 동방에서 식초로 조미한 장을 가져와 공에게 건네준다. 공이 〈몸소〉 식초로 조미한 장을 진설한다.)"로 되어 있다. 공사대부례는 主國의 군주가 小聘 온 대부에게 음식을 대접하는 예이다. 해당 경문은 賓을 위하여 正餐을 진설하는 절차 중의 일부이다.

3) 言醬則該諸豆實 : 醬은 음식의 근본이므로, '醬'이라고 말하면 나무제기〔豆〕에 담긴 음식들도 그 안에 포함하는 것이다. 豆는 채소절임이나 젓갈 등 젖은 음식을 담는 그릇으로 나무로 만드는데, 흙이나 청동으로 된 것도 있다. 높이와 직경이 1척이고 용량은 4升이다. 인용된 ≪儀禮≫ 〈公食大夫禮〉의 경문을 예로 들면, 醬이 진설될 때 나무제기에 담겨 함께 진설되는 음식은 부추절임〔韭菹〕, 고기젓갈〔醓醢〕, 창포뿌리절임〔昌本〕, 뼈 붙은 큰사슴고기젓갈〔麋臡〕, 순무절임〔菁菹〕, 사슴고기젓갈〔鹿臡〕 등이다.

經의 〔凡食〕에서 〔冬時〕까지

○釋曰 : 〔凡食齊眡春時〕 '무릇〔凡〕'이라고 말한 것은 총괄하여 아래 네 계절의 강목으로 삼은 것이다. 그러므로 '무릇'이라고 말하여 포괄한 것이다. '밥〔食〕'이라고 말한 것은 곧 위의 '여섯 가지 밥'을 가리키는 것으로 ≪禮記≫ 〈內則〉에서 말한 '밥을 조리하는 방법〔食齊〕'과 같은 것이니, 밥을 맛나게 조미하는 것을 말한다. '眡'는 比(견주다)와 같다. 네 계절에 항상 따뜻하게 조리하는 것이 봄철에 비견된다. 그러므로 鄭玄이 "밥은 따뜻해야 한다."고 한 것이다.

〔羹齊眡夏時〕 大羹(나물을 넣지 않은 고깃국)・鉶羹(나물을 넣고 간을 맞춘 국)・芼羹(나물을 넣은 국) 등은 그 조미한 것이 네 계절에 항상 뜨겁다. 그러므로 "여름철에 견주어서 뜨겁게 한다."라고 하였으니, 국은 뜨거워야 하기 때문이다.

〔醬齊眡秋時〕 살펴보건대, 〈天官 醢人〉과 〈天官 醯人〉에는 식초〔醯〕와 고기젓갈〔醢〕만 있고 장〔醬〕을 말하지 않았으니, 〈그곳의 장은〉 나무제기에 담은 장〔豆醬〕이기 때문이다. 살펴보건대, ≪儀禮≫ 〈公食大夫禮〉에서 "公이 몸소 醬을 진설한다."고 하였다. '醬'이란 음식의 중심〔主〕이니, '醬'이라고 말한다면 모든 나무제기〔豆〕에 담긴 음식이 포함된다. 네 계절에 모두 서늘하게 조리해야 한다. 그러므로 "장의 조리는 가을철에 견주어서 서늘하게 한다."고 한 것이다.

〔飮齊眡冬時〕 水(물)나 漿(신 음료) 등 〈天官 漿人(天-23-1)〉의 여섯 가지 음료〔六飮〕 같은 것을 말한다. 네 계절에 모두 차갑게 조리해야 한다. 그러므로 "음료의 조리는 겨울철에 견주어서 차갑게 한다."고 말했으니, 음료는 차가워야 하기 때문이다.

天-17-6

凡和는 **春多酸**하고 **夏多苦**하고 **秋多辛**하고 **冬多鹹**호대 **調以滑甘**이니라

무릇 음식 맛의 조미는 봄에는 신맛을 많게 하고, 여름에는 쓴맛을 많게 하고, 가을에는 매운맛을 많게 하고, 겨울에는 짠맛을 많게 하는데 〈계절마다〉 부드럽고 단맛이 나는 것으로 조화롭게 한다.

【注】 各尙其時味호대 而甘以成之하니 猶水火金木之載於土[1)]라 內則曰 棗栗飴(이)蜜以甘之하고 堇荁枌楡[2)]娩槁[3)]를 滫瀡[4)]以滑之라하니라

1) 各尙其時味……猶水火金木之載於土 : ≪春秋繁露≫ 〈五行之義〉에서 "金·木·水·火는 비록 각각 직무가 있지만 土方을 인하지 않으면 확립되니 못하니, 酸·鹹·辛·苦가 甘肥를 인하지 않으면 맛을 완성하지 못하는 것과 같다. 甘은 五味의 근본이요, 土는 五行의 주인이다.〔金木水火雖各職 不因土方不立 若酸鹹辛苦之不因甘肥 不能成味也 甘者五味之本也 土者五行之主也〕"라고 하였다.

2) 堇荁枌楡 : 堇(근)·荁(환)은 제비꽃이고 枌(분)·楡(유)는 느릅나무이다. ≪禮記≫ 〈內則〉 鄭玄의 注에서 "겨울에는 堇을 사용하고, 여름에는 荁을 사용한다.〔冬用堇 夏用荁〕"고 하였다. 陳澔는 "'荁'은 堇과 유사하지만 잎이 크다.〔荁 似堇而葉大〕"고 하였다.(≪禮記集說≫ 〈內則〉)

3) 娩槁 : 새로 난 신선한 나물과 말려서 오래 묵은 나물을 가리킨다. 陸德明에 의하면 '娩(문)'의 音은 問이다.(≪經典釋文≫ 권8 〈周禮音義 上 天官冢宰〉 '食醫') ≪禮記≫ 〈內則〉의 원문에는 '免薧'로 되어 있고, 鄭玄의 注에서는 "'免'은 새로 나온 것이다. '薧'는 마른 것이다.〔免新生者 薧乾也〕"라고 하였다.

4) 滫瀡 : 陳澔는 "'滫(수)'는 ≪說文解字≫에 '오래도록 물에 담근다.'는 뜻이라고 하였다. '瀡(수)'는 부드럽게 한다는 뜻이다. '滫瀡'는 오래도록 물에 담가서 부드럽게 하는 것이다.〔滫 說文久泔也 瀡 滑也 滫瀡 滫之滑者也〕"라고 하였다.(≪禮記集說≫ 〈內則〉 참조)

각각 제철의 맛을 중시하면서도 단맛을 넣어서 완성하는 것이니, 水·火·金·木이 土에 실려 있는 것과 같다. ≪禮記≫ 〈內則〉에서 "대추·밤·엿·꿀로 달게 한다. 堇·荁(제비꽃)과 枌·楡(느릅나무)는 신선한 것을 쓰기도 하고 오래된 것을 쓰기도 하는데, 물에 담가 비벼서 부드럽게 한다."고 하였다.

【疏】'凡和'至'滑甘' ○釋曰：言'凡和'者，亦與下四時爲目. 言'春多酸'者，東方木味酸，屬春，(謂)〔春時調〕和食[1)]，酸多於餘味一分，故云"春多酸." 云'夏多苦'者，南方火味苦，屬夏，夏時調和食，苦亦多於餘味一分，故云"夏多苦." '秋多辛'者，西方金味辛，屬秋，秋時調和食，辛亦多於餘味一分，故云"秋多辛." '冬多鹹'者，北方水味鹹，屬冬，冬時調和食，鹹亦多於餘味一分，故言"冬多鹹." '調以滑甘'者，中央土味甘，屬季夏，金木水火，非土不載，於五行土爲尊，於五味甘爲上，故甘摠調四味. '滑'者，通利往來，亦所以調和四味，故云"調以滑甘." 此五味之言，出洪範及月令[2)].

1) (謂)〔春時調〕和食：저본에는 '謂'로 되어 있으나, ≪周禮正義≫에 의거하여 '春時調'로 바로잡았다.(北京大 整理本의 〈校勘記〉 참조) 아래로 나머지 세 계절에 대한 경문이 모두 '夏時調和食', '秋時調和食', '冬時調和食'으로 되어 있으므로 '春時調和食'이 되어야 한다.
2) 此五味之言 出洪範及月令：≪禮記≫ 〈月令〉에 따르면, 孟春・仲春・季春은 그 맛이 신맛이고, 孟夏・仲夏는 그 맛이 쓴맛이고, 季夏는 그 맛이 단맛이고, 孟秋・仲秋・季秋는 그 맛이 매운맛이고, 孟冬・仲冬・季冬은 그 맛이 짠맛이다. ≪尙書≫ 〈洪範〉에 따르면 水는 짠맛을 내고, 火는 쓴맛을 내고, 木은 신맛을 내고, 金은 매운맛을 내고, 土는 단맛을 낸다.

經의 〔凡和〕에서 〔滑甘〕까지

○釋曰：〔凡和〕 또한 아래의 네 계절의 강목이 된다.

〔春多酸〕 東方 木의 맛은 신맛이니, 봄에 속한다. 봄철에 음식을 조미할 때 신맛을 다른 맛보다 조금 더 많게 한다. 그러므로 "봄에는 신맛을 많게 한다."고 한 것이다.

〔夏多苦〕 南方 火의 맛은 쓴맛이니, 여름에 속한다. 여름철에 음식을 조미할 때도 쓴맛을 다른 맛보다 조금 더 많게 한다. 그러므로 "여름에는 쓴맛을 많게 한다."고 한 것이다.

〔秋多辛〕 西方 金의 맛은 매운맛이니, 가을에 속한다. 가을철에 음식을 조미할 때도 매운맛을 다른 맛보다 조금 더 많게 한다. 그러므로 "가을에는 매운맛을 많게 한다."고 한 것이다.

〔冬多鹹〕 北方 水의 맛은 짠맛이니, 겨울에 속한다. 겨울철에 음식을 조미할 때도 짠맛을 다른 맛보다 조금 더 많게 한다. 그러므로 "겨울에는 짠맛을 많게 한다."고 한 것이다.

〔調以滑甘〕 中央 土의 맛은 단맛이니, 늦여름에 속한다. 金・木・水・火는 土가 아니면 싣지 못하니, 五行에서는 土가 존귀한 것이 되고 五味에서는 단맛이 으뜸이 된다. 그러므로 단맛은 네 가지 맛을 모두 조화롭게 한다. '滑'은 오가는 것을 순조롭게 한다는 뜻이니, 또한 네 가지 맛을 조화롭게 하는 것이다. 그러므로 "부드럽고 단맛이 나는 것으로

조화롭게 한다."라고 한 것이다. 이 五味에 관한 언설은 ≪尙書≫ 〈洪範〉과 ≪禮記≫ 〈月令〉에 나온다.

○注'各尙'至'滑之' ○釋曰：言'各尙其時味'者, 多一分者也, 必多其時味者, 所以助時氣也. 又引'內則曰棗栗飴蜜以甘之'者, 證經甘之所用物也. 又云'堇荁枌楡娩槁滫瀡以滑之'者, 證經滑之所用之物. 鄭君注內則 "荁, 堇類. 楡白曰枌. 娩, 新生者. 槁, 乾也. 齊人溲曰滫. 秦人滑曰瀡." 謂將此堇已下, 和溲以滑之.

○注의 〔各尙〕에서 〔滑之〕까지

○釋曰："각각 제철의 맛을 중시한다."고 말한 것은 〈제철의 맛을〉 조금 더 많게 한다는 뜻이니, 제철의 맛을 반드시 더 많게 하는 것은 계절의 기운을 북돋으려는 것이다.

또 ≪禮記≫ 〈內則〉에서 "대추·밤·엿·꿀로 달게 한다."라고 한 문장을 인용한 것은 경문의 '달게 하는 것'에 사용되는 음식들을 증명한 것이다.

또 "堇·荁(제비꽃)과 枌·楡(느릅나무)는 신선한 것을 쓰기도 하고 오래된 것을 쓰기도 하는데, 물에 담가 비벼서 부드럽게 한다."라는 문장을 인용한 것은 경문의 '부드럽게 하는 것'에 사용되는 음식들을 증명한 것이다. 鄭玄은 ≪禮記≫ 〈內則〉의 注에서 "'荁'은 堇(제비꽃)의 일종이다. 느릅나무 가운데 흰 것을 '枌'이라고 한다. '娩'은 새로 나온 것이다. '槁'는 마른 것이다. 齊나라 사람들은 '溲(물에 담가 비비다)'를 '滫'라고 하였고, 秦나라 사람들은 '滑(부드럽게 하다)'을 '瀡'라고 하였다."고 하였다. 이 '堇' 이하의 음식들로 조미를 하고 물에 담가 비벼서 부드럽게 하는 것을 말한다.

天-17-7

凡會膳食(사)之宜니 牛宜稌(도)요 羊宜黍요 豕宜稷이요 犬宜粱이요 鴈宜麥이요 魚宜苽(고)니라

무릇 희생고기와 밥은 적절한 배합을 이루어야 하니, 소고기에는 찰쌀밥이 적절하고, 양고기에는 찰기장밥이 적절하고, 돼지고기에는 메기장밥이 적절하고, 개고기에는 조밥이 적절하고, 기러기고기에는 밀보리밥이 적절하고, 물고기에는 고미밥이 적절하다.

【注】會는 成也니 謂其味相成이라 鄭司農云 稌는 稉(갱)也라 爾雅曰 稌는 稻요 苽는 彫胡[1]

也라하니라

1) 彫胡 : '彫胡'는 菰(줄풀)의 열매로 '彫葫'·'蔰胡'·'菰米'·'菰米'라고도 한다. 다년생의 초본 식물로 물에서 자라며, 가을에 꽃을 피우고 열매를 맺는데, 그 열매의 모양이 쌀알과 유사하다. 그 열매 즉 '彫胡'(菰米)로 밥을 지어 먹으니, 그 밥을 '菰食'라 한다. ≪西京雜記≫에서는 "太液池(西漢 建章宮의 연못) 주변에는 온통 彫胡·紫蘀·綠節 등의 식물로 가득하다. '菰' 가운데서 쌀알 같은 열매가 달린 것을 長安 사람들은 '彫胡'라고 하였다.〔太液池邊皆是彫胡紫蘀綠節之類 菰之有米者 長安人謂爲彫胡〕"고 하였다. 또 唐愼微(1056~1136)의 ≪證類本草≫에 인용된 蘇頌(1020~1101)의 ≪圖經≫에는 "'菰'는 곧 江南 사람들이 '茭草'라고 부르는 것이다. 물속에서 자라는데, 잎은 부들이나 갈대 모양이다. 가을에 이르러 열매를 맺는데, 이것이 彫胡米이다.〔菰卽江南人呼爲茭草者 生水中 葉如蒲葦 至秋結實 乃彫胡米也〕"라고 하였고, 淸代의 程瑤田(1725~1814)은 "茭草(줄풀)에는 암수의 차이가 있다. 뿌리에 버섯 균이 자라나면 그것을 세속에서는 '茭筍'이라고 하니, 그 풀은 줄기를 뻗치지 못하여 꽃을 피우지도 못하고 열매를 맺지도 못한다. 뿌리에 버섯 균이 자라지 않는 것이 수컷이니, 가을 끝머리에 줄기를 뻗쳐서 꽃을 토해내고 열매를 맺는다.〔茭草有牝牡之異 根成菌者 俗呼茭筍 其草不推莖 不秀不實 根不成菌者爲牡 秋末推莖 吐秀結實〕"라고 하였다. 옛사람들은 이 열매 즉 '菰米'로 밥을 지어 먹었으니, 그 밥을 '菰食'라고 하였다.(≪周禮正義≫ 권7, 241쪽 참조)

'會'는 이룬다는 뜻이니, 그 맛이 서로를 온전하게 이루어준다는 뜻이다. 鄭衆은 "'稌'는 메벼이니, ≪爾雅≫ 〈釋草〉에는 "'稌'는 찰벼이고, '苽'는 고미이다."라고 하였다.

【疏】'凡會'至'宜苽' ○釋曰 : '凡會膳食之宜'者, 謂會成膳食相宜之法. 言'牛宜稌'者, 依本草·素問, 牛味甘平, 稻味苦而又溫, 甘苦相成, 故云 "牛宜稌." '羊宜黍'者, 羊味甘熱, 黍味苦溫, 亦是甘苦相成, 故云 "羊宜黍." '豕宜稷'者, 豭豬味酸, 牝豬味苦, 稷味甘, 亦是甘苦相成, 故云 "豕宜稷." '犬宜粱'者, 犬味酸而溫, 粱米味甘而微寒, 亦是氣味相成, 故云 "犬宜粱." 又云'鴈宜麥'者, 鴈味甘平, 大麥味酸而溫, 小麥味甘微寒, 亦是氣味相成, 故云 "鴈宜麥." 云'魚宜苽'者, 魚味寒, 魚族甚多, 寒熱酸苦兼有, 而云 "宜苽". 或同是水物相宜, 故云 "魚宜苽".

經의 〔凡會〕에서 〔宜苽〕까지

○釋曰 : 〔凡會膳食之宜〕 희생고기와 밥이 서로 적절하게 배합을 이루는 방법을 말한 것이다.

〔牛宜稌〕 ≪本草經≫과 ≪素問≫에 따르면 소고기는 맛이 달면서 평담하고 찰벼는 맛

이 쓰면서도 따뜻하니, 달고 쓴맛이 서로를 온전하게 이루어준다. 그러므로 "소고기에는 찹쌀밥이 적절하다."고 한 것이다.

〔羊宜黍〕 양고기는 맛이 달면서 뜨겁고 찰기장은 맛이 쓰면서도 따뜻하니, 이 또한 달고 쓴맛이 서로를 온전하게 이루어준다. 그러므로 "양고기에는 찰기장이 적절하다."고 한 것이다.

〔豕宜稷〕 수퇘지 고기는 맛이 시고 암퇘지 고기는 맛이 쓰고 메기장은 맛이 다니, 이 또한 달고 쓴맛이 서로를 온전하게 이루어준다. 그러므로 "돼지고기에는 메기장이 적절하다."고 한 것이다.

〔犬宜粱〕 개고기는 맛이 시면서도 따뜻하고 조는 맛이 달면서도 서늘하니, 이 또한 풍미가 서로를 온전하게 이루어준다. 그러므로 "개고기에는 조밥이 적절하다."고 한 것이다.

〔鴈宜麥〕 기러기고기는 맛이 달면서 평담하고 보리는 맛이 시면서도 따뜻하고 밀은 맛이 달면서 서늘하니, 이 또한 풍미가 서로를 온전하게 이루어준다. 그러므로 "기러기고기에는 밀보리밥이 적절하다."고 한 것이다.

〔魚宜苽〕 물고기는 맛이 찬데, 물고기는 종류가 많아서 차고 뜨겁고 시고 쓴맛이 함께 있다. 그러므로 "〈물고기에는〉 고미가 적절하다."고 한 것이다. 또는 다 같이 물에서 나는 것이므로 서로 적절할 수 있다. 그러므로 "물고기에는 고미밥이 적절하다."고 한 것이다.

○注'會成'至'胡也' ○釋曰 : 云'稌, 稉也'者, 亦方俗異名. 云'爾雅曰稌, 稻也. 苽, 彫胡也'者, 今南方見有苽米, 是也.

○注의 〔會成〕에서 〔胡也〕까지

○釋曰 : 〔稌 稉也〕 또한 지방 풍속에 따른 다른 명칭이다.

〔爾雅曰 稌稻也 苽 彫胡也〕 오늘날 남쪽 지방에서 苽米를 볼 수 있는데, 이것이 彫胡이다.

天-17-8

凡君子之食(사)는 恒放焉이니라

무릇 군자의 〈희생고기와〉 밥은 언제나 이러한 배합 방법에 따른다.

【注】放은 猶依也라

'放'은 依(따르다)와 같다.

【疏】'凡君'至'放焉' ○釋曰：上六食六飮一經，據共王，不通放下．凡食(사)'春多酸'已下，至'魚宜苽'上，齊和相成之事，雖以王爲主，君子大夫已上亦依之，故云"恒放焉."

經의 〔凡君〕에서 〔放焉〕까지

○釋曰 : 위의 여섯 가지 밥〔六食〕과 여섯 가지 음료〔六飮〕에 관한 일체의 경문은 왕에게 공급하는 것을 근거로 하였으므로 아래 신분에까지 통하지는 않는다. 무릇 밥의 조리에서 "봄에는 신맛을 많게 한다." 이하부터 "물고기에는 고미가 적절하다." 이상까지는 맛을 조화롭게 조리하여 서로 온전하게 이루어지도록 하는 일로서, 비록 왕을 위주로 하지만 군자 대부 이상도 그 방법을 따른다. 그러므로 "언제나 이러한 배합 방법에 따른다."고 한 것이다.

18. 疾醫(질의)

天-18-1

疾醫는 **掌養萬民之疾病**이라 **四時皆有癘**(려)**疾**하니 **春時有痟**(소)**首疾**하고 **夏時有痒疥**(개)**疾**하고 **秋時有瘧寒疾**하고 **冬時有**(漱)〔**嗽**(수)〕[1] **上氣疾**이니라

1) (漱)〔嗽(수)〕 : 저본에는 '漱'로 되어 있으나, 唐石經과 諸本에 '嗽'로 되어 있는 것에 의거하여 바로잡았다.(阮元의 〈校勘記〉 참조) 아래도 같다.

疾醫는 모든 백성들의 내과질병을 치료하는 일을 관장한다. 네 계절에 모두 癘疾(유행성 전염병)이 있으니, 봄철 질병에는 두통이 있고, 여름철 질병에는 부스럼이 있고, 가을철 질병에는 학질이 있고, 겨울철 질병에는 기침과 천식이 있다.

【注】癘疾은 氣不和之疾이라 痟는 酸削也라 首疾은 頭痛也요 (漱)〔嗽〕는 欬也라 上氣는 逆喘(천)也니 五行傳曰 六癘作見이라하니라

'癘疾'은 氣가 조화롭지 못하여 생긴 질병이다. '痟'는 통증을 뜻한다. '首疾'은 두통을 뜻한다. '嗽'는 기침을 뜻한다. '上氣'는 〈가슴〉 위쪽으로 숨을 가쁘게 내쉰다〔逆喘〕는 뜻이다. ≪尙書大傳≫ 〈洪範五行傳〉에서 "여섯 가지 질병이 나타난다."고 하였다.

【疏】'疾醫'至'氣疾' ○釋曰：言'掌養萬民之有疾病'者, 此主療治疾病. 而云'養'者, 但是療治, 必須將養, 故以養言之. 疾病兩言之者, 疾輕, 病重, 故注論語云 "疾甚曰病"1). 謂疾病俱療, 故兩言之. 此直言'萬民', 不言王與大夫, 醫師雖不言, 或可醫師治之2). 云'四時皆有癘疾'者, 此言亦與下爲目. 云'春時有痟首疾'者, 春是四時之首, 陽氣將盛, 惟金沴(려)木, 故有頭首之疾, 言'痟'者, 謂頭痛之外, 別有酸削之痛. 云'夏時有痒疥疾'者, 四月純陽用事, 五月已後陰氣始起, 惟水沴火, 水爲甲, 疥有甲, 故有疥痒之疾. 云'秋時有瘧寒疾'者, 秋時陽氣漸銷, 陰氣方盛, 惟火沴金, 兼寒兼熱, 故有瘧寒之疾3). 云'冬時有嗽上氣疾'者, 冬時陰氣盛, 陽氣方起, 惟土沴水, 以土壅水, 其氣不通, 故有嗽上氣之疾.

1) 注論語云 疾甚曰病：≪論語注疏≫ 〈子罕〉의 "子疾病(孔子께서 병환이 위중해지자)"에 대한 何晏의 注에서 인용한 包咸의 말이다.

2) 此直言萬民……或可醫師治之：賈公彦은 이곳에서는 '萬民'이라 하였고 〈天官 醫師(天-16-2)〉에서는 '凡邦之有疾病者'라고 하여 '邦'으로 표현하였으므로 疾醫는 '萬民' 즉 일반 백성의 질병을 치료하고, 醫師는 '邦' 즉 왕국(왕성) 안에 거주하는 王과 大夫의 질병을 치료하는 것으로 구분한 것이다. 그러나 孫詒讓은 疾醫의 관직은 上下로 통하여 모든 사람을 치료의 대상으로 삼기 때문에 널리 '萬民'이라 한 것이라고 하여 上下로 구분하는 가공언의 해석은 잘못이라고 비판하였다.〔此官掌治疾病 通於上下 廣言之 故云萬民 賈說非〕(≪周禮正義≫ 권9, 323쪽 참조)

3) 秋時陽氣漸銷……故有瘧寒之疾：'瘧寒'은 '寒瘧'이라고도 한다. 학질의 일종으로 寒邪가 체내에 잠복해 있는 데다 가을에 학질의 邪氣를 感受하여 유발되는 질병이다. 두통, 땀이 없거나 약간의 땀이 흘러나오는 등의 증상이 나타난다.(≪韓醫學用語大辭典≫, 1118쪽 참조) ≪釋名≫ 〈釋疾病〉에 "'瘧'은 잔혹하고 포학하다〔酷虐〕는 뜻이다. 모든 질병은 춥거나 열이 나거나 할 뿐인데, 이 질병은 먼저 추웠다가 후에 열이 난다.〔瘧 酷虐也 凡疾或寒或熱耳 而此疾先寒後熱〕"고 하였고, ≪素問≫ 〈瘧論〉에서는 "여름에 심한 더위로 몸을 상하여 그 땀이 심하게 나오고 살갗이 열렸을 때, 여름철의 차가운 물로 씻으면 그로 인해서 차가운 기운이 살갗과 피부 속에 잠복하게 되는데, 가을에 바람을 쏘여 몸을 상하면 병이 생긴다. 무릇 차가운 기운은 음의 기운이고, 바람은 양의 기운이다. 먼저 차가운 기운〔寒〕에 상하고 후에 바람〔風〕에 상한 것이다. 그러므로 먼저 추운 후에 열이 나게 된다. 병이 수시로 발작을 하니, '寒瘧'이라 칭한다.〔夏傷於大暑 其汗大出 腠理開發 因遇夏氣淒滄之水 寒藏於腠理皮膚之中 秋傷於風 則病矣 夫寒者 陰氣也 風者 陽氣也 先傷於寒 後傷於風 故先寒而後熱也 病以時作 名曰寒瘧〕"라고 하였다.

經의 〔疾醫〕에서 〔氣疾〕까지

○釋曰：〔掌養萬民之有疾病〕 이 경문은 질병의 치료를 위주로 한 것인데, '養(보양하다)'이라고 한 것은 치료를 하면 반드시 보양을 해야 하기 때문이다. 그러므로 '養'으로 말한 것이다. '疾'과 '病' 두 가지로 말한 것은 '질'은 가볍고 '병'은 중한 것이기 때문이다. 그러므로 ≪論語注疏≫ 〈子罕〉 何晏의 注에서 "疾(아픔)이 심한 것을 病이라고 한다."고 하였는데, '疾'과 '病'을 모두 치료하는 것을 뜻하므로 두 가지로 말한 것이다. 이곳에서 단지 '萬民(모든 백성)'이라고만 하여 王과 大夫를 언급하지 않은 것은 〈天官 醫師〉에서도 〈왕과 대부를〉 언급하지는 않았지만 醫師가 〈왕과 대부를〉 치료할 수도 있기 때문인 듯하다.

〔四時皆有癘疾〕 이 말도 아래 문장의 강목이 된다.

〔春時有痟首疾〕 봄은 네 계절의 머리인데, 陽의 기운이 장차 왕성해지면서 金의 기운이 木의 기운을 해친다. 그러므로 머리의 질병이 생기는 것이다. '痟'라고 한 것은 두통 외에 따로 '酸削(사지관절이 쑤시는 아픔)'의 통증이 있는 것을 말한다.

〔夏時有痒疥疾〕 4월에는 純陽(☰ 乾卦)의 기운이 세력을 떨치다가 5월 이후에 陰의 기운이 일어나기 시작하면서(☴ 天風姤) 水의 기운이 火의 기운을 해쳐서 水가 甲이 되니, 부스럼에 甲(딱지)이 생긴다. 그러므로 부스럼이 생기는 것이다.

〔秋時有瘧寒疾〕 가을철에는 陽의 기운이 점차 사라지고 陰의 기운이 바야흐로 왕성해지면서 火의 기운이 金의 기운을 해치니, 추웠다 열이 났다 한다. 그러므로 학질이 생기는 것이다.

〔冬時有嗽上氣疾〕 겨울철에는 陰의 기운이 왕성하다가 陽의 기운이 바야흐로 일어나면서 土의 기운이 水의 기운을 해치니, 土의 기운이 水의 기운을 막아서 그 기운이 통하지 않게 된다. 그러므로 기침과 천식의 질병이 생기는 것이다.

○注'癘疾'至'作見' ○釋曰：言'癘疾, 氣不和之疾'者, 癘, 謂癘疫. 人君政敎失所, 則有五行相剋, 氣敘不和癘疫起, 故云 "氣不和之疾." 云'痟, 酸削也'者, 人患頭痛, 則有酸嘶(시)而痛, 酸削, 則酸嘶也[1]. 云'嗽, 欬也'者, 謂若內則不敢噦欬(체해)[2]之欬, 故言 "嗽, 欬也." 云'上氣, 逆喘也'者, 向上喘息謂之逆喘. 引'五行傳曰六癘作見', 案五行傳云 "五福乃降, 用彰於下, 六沴作見[3]. 一曰貌之不恭, 是謂不肅, 惟金沴木." 又曰 "言之不從, 是謂不乂, 惟火沴金." 又曰 "眡之不明, 是謂不哲, 惟水沴火." 又曰 "聽之不聰, 是謂不謀, 惟土沴水." 又曰 "思之不睿, 是謂不聖, 惟木金水火沴土." 此其五沴也. 言六沴者,

天雖無沴, 案洪範[4)]六極,[5)] 又案書傳致六極之由, 皆由身之五事.[6)] 一曰凶短折, 思不睿之誅, 二曰疾, 眡不明之誅, 三曰憂, 言不從之誅, 四曰貧, 聽不聰之誅, 五曰惡, 貌不恭之誅, 六曰弱, 皇不極之誅. 據此六極, 皇極[7)]爲屬天王者, 不極亦有痂(가)疾病, 倂前五者爲六沴. 彼言'沴'此鄭注言'癘'者, 言沴謂五行相乖沴, 此言癘, 癘氣與人爲疫, 故不同. 若據五事所(置)〔致〕[8)]言之, 四時之疾皆據眡之不明者也.

1) 人患頭痛……酸削則酸嘶也 : 丁晏(1794~1875)은 "≪釋名≫ 〈釋疾病〉에 '酸은 겸손하다는 뜻으로 겸손히 물러나 뒤쪽에 있는 것이니, 다리가 아프고 힘이 빠져서 걷다가 물러나 뒤쪽에 있는 것이 마치 겸손히 물러나는 것과 같음을 말한 것이다. 消는 약하다는 뜻이니, 마치 베이고 해침을 당하여 근력이 약해지는 것과 같은 것이다.'라고 하였으니, 이 酸削의 뜻을 풀이한 것이다."라고 하였다. 즉 '酸削'을 다리의 근력이 약해져 아픈 질환으로 해석한 것이다. 한편 曾釗는 鄭玄의 注에서 말한 '頭痛'이 곧 '酸削'이며, 따라서 賈公彦이 경문의 '痟首'를 痟(酸削)와 首(頭痛) 두 가지의 질병으로 해석한 것은 잘못이라고 비판하였다. 즉 증쇠는 ≪說文解字≫에서 "酸痟는 頭痛의 뜻이다."라고 한 것과 左思의 〈蜀都賦〉에서 "味蠲癘痟"에 대한 劉逵의 注에서 "痟는 頭病이다. ≪周禮≫에 '봄에는 痟首의 질병이 많다.'고 하였다.〔痟 頭病也 周禮春多痟首之疾〕"고 한 것을 들어 古訓에서는 '痟首'를 두 가지로 나누어 해석한 적이 없었다고 하였다. 또 孫詒讓은 '痟'와 '嘶'는 소리가 서로 전용되는 것으로 보고〔聲相轉〕, ≪神農本草經≫에서 "사지관절에 통증이 있어서 물건을 들 수 없으며 떨리고 쑤신다.〔肢節中痛 不可持物 洗洗酸痟〕"고 한 것을 근거로 "머리와 사지에 모두 酸痟의 통증이 있는데, 봄의 역병에는 그 통증이 머리에 많이 생긴다. 그러므로 經에서 '痟'라고 하고 또 '首疾'이라고 한 것이다.〔是凡首及四肢 竝有酸痟之痛 而春之癘疾 其酸痟則多在首 故經云痟 而又云首疾也〕"라고 하였다.(≪周禮正義≫ 권9, 324~325쪽 참조) 즉 孫詒讓은 酸削(酸嘶)에는 두통 외에 賈公彦의 疏에서 말한 사지관절이 쑤시는 통증의 의미도 있지만, 경문이나 鄭玄의 注에서는 봄철의 역병인 두통을 의미하는 것으로 이해한 것이다.

2) 內則不敢嚔欬(체해) : ≪禮記≫ 〈內則〉에서 "계단을 오르고 내릴 때, 문을 출입할 때, 揖遊(나아가고 물러날 때 몸을 약간 구부리거나 쳐드는 것)를 할 때는 감히 구역질이나 탄식하는 소리를 내지 않고, 눈물을 흘리거나 기침소리를 내지 않으며, 하품하거나 기지개를 켜지 않으며, 기우뚱하게 서거나 기대지 않으며, 곁눈으로 보지 않으며, 함부로 침을 뱉거나 콧물을 흘리지 않는다.〔升降出入揖遊 不敢噦噫嚔咳欠伸跛倚睇視 不敢唾洟〕"고 한 것을 가리킨다.

3) 五福乃降……六沴作見 : ≪尙書大傳≫ 〈洪範五行傳〉에는 "若六沴作見 若是共禦 帝用不差 神則不怒 五福乃降 用章於下"로 되어 있으며, ≪漢書≫ 〈五行志〉에도 "六沴作見 若是共御 五福迺降 用章于下"로 되어 있다. 이에 의하면 저본에서 "五福乃降 用彰於下

六沴作見"이라 하여 '六沴作見'이 끝에 있는 것은 문장이 도치된 것이며, 또 '若是共御'의 문장이 생략된 것으로 생각된다. 따라서 이곳에서는 별도의 교감을 하지 않는 대신 ≪尙書大傳≫ 〈洪範五行傳〉과 ≪漢書≫ 〈五行志〉에 의거하여 번역하도록 하겠다. 顔師古에 의하면, '共'은 '恭(공손히 하다)'의 뜻이며, '御'는 '禦(그치다)'의 뜻으로 자신을 공손히 하여 재앙을 그치게 하는 것을 말한다. 또 일설에 '御'는 '治'의 뜻으로, 그 일을 공손히 다스리는 것을 말한다고 한다.〔共讀曰恭 御讀曰禦 言恭己以禦災也一說御 治也 恭治其事也〕(≪漢書≫ 〈五行志〉 顔師古의 注) 또 ≪漢書≫ 〈五行志〉에 의하면 '沴'는 氣가 다른 氣를 서로 해쳐서 조화롭지 못한 것을 말한다.〔氣相傷 謂之沴 沴猶臨莅 不和意也〕

4) 洪範 : ≪尙書≫ 〈洪範〉을 가리킨다. 蔡沈은 ≪漢書≫ 〈五行志〉와 ≪史記≫를 인용하여 〈洪範〉은 禹王이 홍수를 다스리자 하늘이 洛書를 내려주었는데 이것을 본받아 '洪範九疇'를 만들었고, 이를 箕子가 부연 증익하여 周나라 武王에게 알려줌으로써 〈홍범〉편이 만들어졌다고 하였다.(≪書經集傳≫ 〈洪範〉) '洪範 九疇'는 천하를 다스리는 大法(홍범)이 되는 아홉 가지의 부류 내지 범주(구주)라는 뜻으로, 五行·五事·八政·五紀·皇極·三德·稽疑·庶徵·五福·六極을 말한다.

5) 六極 : 〈洪範〉의 九疇 가운데 '六極'을 가리키는 것으로, 凶短折·疾·憂·貧·惡·弱을 말한다.

6) 五事 : ≪尙書≫ 〈洪範〉의 九疇 가운데 '五事'를 가리키는 것으로, 貌·言·視·聽·思를 말한다.

7) 皇極 : ≪尙書≫ 〈洪範〉에 따르면, 洪範 九疇 가운데 하나인 '皇極'은 '임금이 極을 세우는 것〔皇建其有極〕'이다. 蔡沈은 "極은 북극의 극과 같은 것으로 지극함의 의미이며 표준의 명칭이다. 가운데 서 있으면 사방에서 〈그를〉 취하여 〈스스로를〉 바로잡는 것이다.〔極猶北極之極 至極之義 標準之名 中立而四方之所取正焉者也〕"라고 하였다.(≪書經集傳≫ 〈洪範〉)

8) (置)〔致〕 : 저본에는 '置'로 되어 있으나, 浦鏜의 설과 ≪周禮正義≫에 의거하여 '致'로 바로잡았다.(北京大 整理本의 〈校勘記〉 참조)

○注의 〔癘疾〕에서 〔作見〕까지

○釋曰 : 〔癘疾 氣不和之疾〕 '癘'는 역병〔癘疫〕을 말한다. 군주의 정치와 교화가 마땅함을 잃어버리면, 오행이 상극하여 氣의 차서가 조화롭지 못하여 역병이 일어난다. 그러므로 "기가 조화롭지 못하여 생긴 병이다."라고 한 것이다.

〔痟 酸削也〕 사람이 두통을 앓으면 사지관절이 쑤시고 아픈 것이 있으니, '酸削'이 바로 사지관절이 쑤시고 아픈 것이다.

〔嗽 欬也〕 ≪禮記≫ 〈內則〉에서 "不敢噦欬(감히 눈물을 흘리거나 기침소리를 내지 않는다.)"

라고 할 때의 '欬'와 같은 것을 말한다. 그러므로 "'嗽'는 기침을 뜻한다."고 한 것이다.

〔上氣 逆喘也〕 〈가슴〉 위쪽으로 숨을 가쁘게 내쉬는 것을 '천식〔逆喘〕'이라고 한다.

〔五行傳曰六癘作見〕 살펴보건대, ≪尙書大傳≫ 〈洪範五行傳〉에서 "六沴가 나타났을 때 〈만약 공손히 하여 災異를 그치게 한다면, 신은〉 이에 五福을 내려 지상에 밝게 드러낼 것이다. 〈六沴는〉 첫째 용모〔貌〕가 공경스럽지 않은 것을 엄숙하지 못함〔不肅〕이라고 하니, 金의 기운이 木의 기운을 해쳤기 때문이다."라고 하였다. 또 "말〔言〕이 순조롭지 않는 것을 다스리지 못함〔不乂〕이라고 하니, 火의 기운이 金의 기운을 해쳤기 때문이다."라고 하였다. 또 "보는 것〔眡〕이 밝지 않은 것을 명철하지 못함〔不哲〕이라고 하니, 水의 기운이 火의 기운을 해쳤기 때문이다."라고 하였다. 또 "듣는 것〔聽〕이 귀 밝지 않은 것을 헤아리지 못함〔不謀〕이라고 하니, 土의 기운이 水의 기운을 해쳤기 때문이다."라고 하였다. 또 "생각하는 것〔思〕이 지혜롭지 않은 것을 성스럽지 못함〔不聖〕이라고 하니, 木・金・水・火의 기운이 土의 기운을 해쳤기 때문이다."라고 하였다. 이것이 그 五沴이다. 〈그런데〉 '六沴'라고 말한 것은 하늘에는 비록 沴의 현상이 나타나지 않았지만, ≪尙書≫ 〈洪範〉의 六極을 살펴보고 또 ≪상서대전≫에서 六極에 이르게 되는 이유를 살펴보면 모두 一身의 五事로 말미암기 때문이다. 〈六極은〉 첫 번째는 흉함을 만나 단명하거나 요절하는 것이니〔凶短折〕, 생각함이 지혜롭지 못해서 받은 벌이다. 두 번째는 질병〔疾〕이니, 보는 것이 밝지 못해서 받은 벌이다. 세 번째는 우환〔憂〕이니, 말이 순조롭지 못해서 받은 벌이다. 네 번째는 가난함〔貧〕이니, 듣는 것이 귀 밝지 못해서 받은 벌이다. 다섯 번째는 악함〔惡〕이니, 용모가 공경스럽지 못해서 받은 벌이다. 여섯 번째는 열악함〔弱〕이니, 임금이 지극하지 못해서 받은 벌이다. 이 六極에 근거하여 임금이 지극하면 하늘에 속하는 왕이 되는 것이고 지극하지 못하면 또한 궤양의 질병이 있게 되니, 앞의 다섯 가지와 합하여 六沴가 되는 것이다. 저곳 ≪상서대전≫ 〈홍범오행전〉에서는 '沴'라고 하였는데 이곳의 鄭玄 注에서 '癘'라고 한 것은, '沴'라고 하면 오행이 서로 어그러져서 생긴 재앙을 뜻하고, 이곳에서처럼 '癘'라고 하면 전염성을 띤 나쁜 기운이 사람에게 들러붙어서 생긴 질병이라는 뜻이므로 〈말한 것이〉 같지 않은 것이다. 만약 五事가 초래한 바에 의거해서 말한다면 사계절의 질병은 모두 보는 것이 밝지 않음에 의거한 것이다.

天-18-2

以五味五穀五藥으로 養其病하고

다섯 가지 맛〔五味〕과 다섯 가지 곡물〔五穀〕과 다섯 가지 약재〔五藥〕로 병자의 질병을 치료하고,

【注】養은 猶治也라 病由氣勝負而生[1]이니 攻其贏(영)하고 養其不足者라 五味는 醯酒飴蜜薑鹽之屬이요 五穀은 麻[2]黍稷麥豆也요 五藥은 草木蟲石穀也라 其治合之齊는 則存乎神農子儀之術云이라

1) 病由氣勝負而生 : 五行의 氣가 서로 지나치게 왕성하여 병이 생기는 것을 말하니, ≪尙書大傳≫ 〈洪範五行傳〉의 '五沴'를 말한다. ≪素問≫ 〈五行別論〉에서 "陰의 기운이 지나치게 왕성하면 陽의 기운이 병들고 陽의 기운이 지나치게 왕성하면 陰의 기운이 병드니, 양의 기운이 지나치게 왕성하면 열이 나고 음의 기운이 지나치게 왕성하면 한기가 돌며, 風(木)의 기운이 지나치게 왕성하면 경련이 일어나고, 열의 기운이 지나치게 왕성하면 부스럼이 생기고, 건조한 기운이 지나치게 왕성하면 피부가 뜨고, 습기의 기운이 지나치게 왕성하면 설사를 한다.〔陰勝則陽病 陽勝則陰病 陽勝則熱 陰勝則寒 風勝則動 熱勝則腫 燥勝則浮 溼勝則濡瀉〕"고 하였다. 이는 陰陽·寒熱·燥濕의 氣가 지나치게 왕성하여 병이 생긴다는 뜻으로, 鄭玄의 注와 서로 의리가 보충된다.(≪周禮正義≫ 권9, 326쪽 참조)

2) 麻 : 五穀 가운데의 하나이다. ≪禮記≫ 〈月令〉에 따르면, 孟秋의 달에는 "흰색 기를 세우고, 흰색 옷을 입고, 흰색 옥을 차고, 마와 개고기를 먹고, 그 기물은 모가 나고 깊은 것을 사용한다.〔載白旂 衣白衣 服白玉 食麻與犬 其器廉以深〕"고 하였다. 이에 대한 鄭玄의 注에서 "'마'의 열매에는 무늬와 결이 있다. 金에 속한다.〔麻實有文理 屬金〕"고 하였다.

'養'은 治(치료하다)와 같다. 병은 氣가 지나치거나 이지러져서 생기는 것이니, 그 〈기가〉 넘치는 것을 쳐내고 그 부족한 것을 길러주는 것이다. 五味는 식초·술·엿이나 꿀·생강·소금 따위이다. 五穀은 마·찰기장·메기장·보리·콩이다. 五藥은 풀·나무·곤충·돌·곡물이다. 그 배합하여 치료하는 조제법은 神農과 子儀의 의술에 보존되어 있다고 한다.

【疏】注'養猶'至'術云' ○釋曰 : 言'養猶治也'者, 病者須養之, 故云 "養猶治也." 云'病由氣勝負而生'者, 假令夏時熱, 病者體寒, 卽是水, 水(嬴)〔贏〕[1]而勝也, 火氣負而不足也, 故言 "由氣勝負而生." 云'攻其贏, 養其不足'者, 夏時病者, 則五味中食甘, 五穀中食稷, 以甘稷是土之穀味, 土所剋水, 是攻其贏也. 土生於火, 土是火之子, 食甘稷, 爲子養母之道, 故云 "養其不足"也. 云'五味, 醯酒飴蜜薑鹽之屬'者, 醯則酸也, 酒則苦也,

飴蜜卽甘也, 薑卽辛也, 鹽卽鹹也, 此卽五味酸苦辛鹹甘也. 鄭不言五味酸鹹等, 而言醯酒之屬者, 當時醫方, 見用醯酒之等, 故擧以言焉. 又云'五穀, 麻黍稷麥豆也'者, 此依月令五方之穀. 此五穀, 據養疾而食之, 非必入於藥分. 又云'五藥, 草木蟲石穀也'者, 草謂麻黃勺藥之類是也, 木謂厚朴杜仲之類是也, 蟲謂吳公[2]贏(라)鼈[3]之類是也, 石謂磁石白石之類是也, 穀謂五穀之中麻豆之等有入藥分者是也. 云'其治合之齊, 則存乎神農子儀之術云'者, 案劉向云 "扁鵲治趙太子暴疾尸蹷之病, 使子明炊湯, 子儀脉神, 子術案摩[4]." 又中經簿云 "子義本草經一卷", 儀與義, 一人也. 若然, 子義亦周末時人也. 竝不說神農. 案張仲景金匱[5]云 "神農能嘗百藥", 則炎帝者也. 言此二人, 能合和此術耳.

1) (羸)〔贏〕: 저본에는 '羸'로 되어 있으나, 阮元의 설과 앞의 鄭玄의 注에 의거하여 '贏'으로 바로잡았다.(北京大 整理本의 〈校勘記〉 참조)
2) 吳公 : '蜈蚣'으로도 쓰는데, 지네를 말한다. ≪廣雅≫ 〈釋蟲〉에 "蝍蛆는 吳公(지네)이다.〔蝍蛆 吳公也〕"라고 하였는데, 王念孫은 "吳公은 蜈蚣으로도 쓴다."고 하였다. ≪爾雅注疏≫ 〈釋蟲〉 邢昺의 疏에 "≪廣雅≫에 '蝍蛆는 蜈蚣이다.'라고 하였다. 郭璞은 '蝗(누리)과 비슷하지만 배가 크고 긴 뿔이 있으며 뱀 대가리를 잘 먹는다.'고 하였으니 蜈蚣이 아니다.〔廣雅云 蝍蛆 蜈蚣也 郭云 似蝗而大腹 長角 能食蛇腦 則非蜈蚣也〕"라고 하였다.
3) 贏(라)鼈 : 贏는 구멍벌과의 나나니벌(땅벌)이다. 鼈은 未詳이다.
4) 案劉向云……子術案摩 : 이하 인용한 내용은 劉向의 ≪說苑≫ 〈辨物〉편에 보인다. 子明·子儀·子術은 扁鵲의 제자인데, 현전하는 ≪설원≫에는 해당 구절이 "子明吹耳 陽儀反神 子遊矯摩"로 되어 있다.
5) 張仲景金匱 : 後漢의 張仲景이 약물요법의 체계를 저술한 ≪金匱要略≫을 가리킨다. 원래는 ≪傷寒雜病論≫이란 이름의 책이었는데, 東晉의 王叔和가 정리하였고, 1065년에 北宋의 校正醫書局에서 다시 교정하여 급성 열병인 傷寒 부분을 ≪傷寒論≫으로, 雜病 부분을 ≪金匱要略≫으로 개정하였다.

注의 〔養猶〕에서 〔術云〕까지

○釋曰 : 〔養猶治也〕 병자는 모름지기 보양을 해야 한다. 그러므로 "'養'은 治(치료하다)와 같다."고 한 것이다.

〔病由氣勝負而生〕 가령 여름철에 날씨가 더운데도 병자의 몸이 차가운 것은 곧 水의 기운 때문이니, 水의 기운이 넘쳐서 지나치고 火의 기운이 이지러져서 부족하기 때문이다. 그러므로 "병은 氣가 지나치거나 이지러져서 생기는 것이다."라고 한 것이다.

〔攻其羸 養其不足〕 여름철에 병자가 五味 가운데 단맛을 먹고 五穀 가운데 메기장을 먹는 것은 단맛과 메기장이 土의 곡물과 맛인데 土의 기운이 水의 기운을 이기기 때문이다. 이것이 그 〈기가〉 넘치는 것을 쳐내는 것이다. 土는 火에서 생기므로 土는 火의 자식이니, 단맛과 메기장을 먹는 것은 자식이 어머니를 봉양하는 도리가 된다. 그러므로 "그 부족한 것을 길러주는 것이다."라고 한 것이다.

〔五味 醯酒飴蜜薑鹽之屬〕 식초는 신맛이고 술은 쓴맛이고 엿과 꿀은 단맛이고 생강은 매운맛이고 소금은 짠맛이니, 이것이 바로 五味인 신맛 쓴맛 매운맛 짠맛 단맛이다. 鄭玄이 五味인 신맛 짠맛 등을 말하지 않고 식초나 술 따위를 말한 것은 당시의 의료 처방에서 식초와 술 등을 사용하는 것을 보았기 때문이다. 그러므로 그것들을 들어서 말한 것이다.

〔五穀 麻黍稷麥豆也〕 이는 ≪禮記≫ 〈月令〉에 따르면 다섯 방위의 곡물이다. 이 오곡은 질병을 보양하는 것에 따라서 먹는 것이지 반드시 약재의 부분에 들어가는 것은 아니다.

〔五藥 草木蟲石穀也〕 풀은 마황·작약과 같은 종류이다. 나무는 후박나무·두충나무과 같은 종류이다. 곤충은 지네·나나니벌과 같은 종류이다. 돌은 자석·백석과 같은 종류이다. 곡물은 오곡 가운데 마·콩 등과 같이 약재의 부분에 들어가는 것이다.

〔其治合之齊 則存乎神農子儀之術云〕 살펴보건대, 劉向은 "扁鵲이 趙나라 태자가 급작스럽게 발병하여 시체처럼 기절한 병을 치료하였는데, 子明에게 탕을 끓이게 하고, 子儀에게 정신을 소생하게 하고, 子術에게 주무르고 문지르게 하였다."라고 하였다. 또 ≪中經簿≫에서 "≪子義本草經≫ 1권"이라고 하였으므로 '儀'와 '義'는 동일한 사람이다. 그렇다면 子義도 周나라 말엽의 사람이다. 모두 神農에 대해서는 말하지 않았다. 살펴보건대, 張仲景의 ≪金匱要略≫에서 "신농은 온갖 약초를 맛볼 수 있었다."라고 하였으니, 炎帝인 것이다. 이 두 사람(子儀와 神農)을 언급한 것은 이 〈약재에 관한〉 방술들을 조제할 수 있었기 때문이다.

天-18-3

以五氣五聲五色으로 眡其死生이니라

다섯 가지 기운〔五氣〕과 다섯 가지 소리〔五聲〕와 다섯 가지 색〔五色〕으로 병자가 죽을지 소생할지를 살펴본다.

【注】 三者는 劇易之徵이 見於外者라 五氣는 五藏[1]所出氣也니 肺氣熱하고 心氣次之하고 肝

氣涼하고 脾氣溫하고 腎氣寒이라 五聲은 言語宮商角徵羽也요 五色은 面貌青赤黃白黑也라 察其盈虛休王이면 吉凶可知니 審用此者는 莫若扁鵲倉公[2]이라

1) 五藏 : 嘉靖本에는 '五臟'으로 되어 있는데 俗字이다.(北京大 整理本의 〈校勘記〉 참조)

2) 扁鵲倉公 : ≪史記≫ 〈扁鵲倉公列傳〉에 의하면, 扁鵲은 勃海郡 사람으로 姓은 秦氏이고 이름은 越人이었는데, 그 의술이 뛰어났기 때문에 옛날 黃帝 때의 명의로 알려진 '扁鵲'이 다시 살아났다는 의미로 '편작'으로 불리게 되었다고 한다. 또 다 죽어가던 虢나라의 태자를 살려내어 '起死回生'이란 말이 생겨났으며, 齊나라 桓公의 병세를 진단했다고 전해진다. 倉公은 성이 淳于이고 이름은 意로 臨淄 사람인데, 齊나라의 太倉令을 지냈으며 前漢 文帝 때의 사람이다.

세 가지는 〈병세의〉 위중함과 경미함의 징후가 겉으로 나타난 것이다. 五氣는 五藏(다섯 가지 장기)에서 나오는 기운이다. 허파의 기운은 뜨겁고, 심장의 기운은 그 다음으로 뜨거우며, 간의 기운은 서늘하고, 비장의 기운은 따뜻하고, 콩팥의 기운은 차갑다. 五聲은 말소리의 宮·商·角·徵·羽이다. 五色은 얼굴빛의 푸르고 붉고 노랗고 희고 검은 상태이다. 그것들의 차고 빈 상태와 쇠하고 왕성한 상태를 관찰하면 〈예후가〉 좋을지 나쁠지를 알 수 있다. 이와 같은 방법으로 병자를 진찰한 사람 가운데 扁鵲과 倉公만 한 이가 없다.

【疏】'以五'至'死生' ○釋曰 : 上文三五, 所以治療. 此經三五, 觀其死生. 故云"眡其死生."

經의 〔以五〕에서 〔死生〕까지

○釋曰 : 위의 경문에서 말한 三·五(五味·五穀·五藥)는 질병을 치료하는 방법이다. 이 경문에서 말하는 三·五(五氣·五聲·五色)는 병자가 죽을지 소생할지를 관찰하는 방법이다. 그러므로 "병자가 죽을지 소생할지를 살펴본다."고 한 것이다.

○注'三者'至'倉公' ○釋曰 : 云'三者劇易之徵, 見於外者', 此經三者, 竝是人之病者氣與聲色. 其病在內, 人所不覩, 見其聲色, 則知增劇及簡易, 故云 "劇易之徵見於外者"也. 云'五藏所出氣也'者, 言五藏謂氣之所藏, 故知五氣出於五藏. 云'肺氣熱'者, 此已下竝據月令[1]"牲南首"而言. 肺在上, 當夏, 故云 "肺氣熱." 云'心氣次之'者, 心在肺下, 心位當土, 心氣亦熱, 故言 "次之." 云'肝氣涼'者, 肝在心下近右, 其位當秋, 故云 "肝氣涼." 此三藏竝在膈上. 云'脾氣溫'者, 〔脾〕[2]於藏値春, 故云 "溫." 云'腎氣寒'者, 腎位在下, 於藏值冬, 故言"寒." 此二者在膈下. 此五藏寒熱等, 據月令成文而說. 及其醫方之術, 心屬南方, 肝屬東方, 肺屬西方, 脾屬中央, 腎屬北方, 此竝據五色而言, 不據氣之寒熱也. 云'五聲, 言語宮商角徵羽也'者, 宮數八十一配中央土[3], 商數七十二配西方金, 角數六十四配東方木, 徵數五十四配南方火, 羽數四十八配北方水. 此五聲數多者聲濁, 數少者聲淸, 人之言語似之, 故云"言語宮商角徵羽"也. 云'五色, 面貌之靑赤黃白黑也'者, 此據五方, 東方木色靑, 南方火色赤, 中央土色黃, 西方金色白, 北方水色黑, 病者面色似之. 云'察其盈虛休王, 吉凶可知'者, 假令冬時面色黑, 其氣寒, 聲應羽, 此是盈而王, 吉可知. 若冬時其色黃, 其氣熱, 聲應宮, 此得中央土來剋已, 此是虛而休, 凶可知. 若得東方靑色等, 則子來助已, 亦吉. 云'審用此者, 莫若扁鵲倉公'者, 依漢書藝文志, 大古[4]有岐伯(揄附)〔兪柎〕[5], 中世有扁鵲秦和, 漢有倉公. 若然, 扁鵲在周時, 倉公在漢世, 此二人知氣色之候者也.

1) 此已下竝據月令 : 이곳에서 賈公彦이 의거한 것은 ≪禮記≫ 〈月令〉에서 봄에는 "희생의 비장으로 먼저 고수레하고〔祭先脾〕", 여름에는 "희생의 허파로 먼저 고수레하고〔祭先肺〕", 中央 土의 절기에는 "희생의 심장으로 먼저 고수레하고〔祭先心〕", 가을에는 "희생의 간으로 먼저 고수레하고〔祭先肝〕", 겨울에는 "희생의 콩팥으로 먼저 고수레한다.〔祭先腎〕"고 한 내용들을 취합하여 말한 것이다. 그리고 이하에서 서술한 '肺在上', '心在肺下' 등의 언설은 ≪예기≫의 〈월령〉이 아니라 〈問喪〉의 鄭玄 注에 보인다. ≪예기≫ 〈문상〉에서 "〈부모가 막 돌아가시면〉 참담한 마음과 애통한 생각에 콩팥이 쓰리고 간이 마르며 폐가 타들어가게 된다.〔惻怛之心 痛疾之意 傷腎 乾肝 焦肺〕"고 한 것에 대해서 정현의 주에서는 "오장은 신장이 아래에 있고 간이 중간에 있고 허파가 위에 있다. 세 가지가 애타고 쓰린 것을 거론하였지만, 심장과 비장도 그 속에 포함된다.〔五藏者 腎在下 肝在中 肺在上 擧三者之焦傷 而心脾在其中矣〕"라고 하였다.

2) 〔脾〕 : 저본에는 '脾'가 없으나, ≪周禮正義≫에 의거하여 바로잡았다.(北京大 整理本의 〈校勘記〉 참조)

3) 宮數八十一配中央土 : 宮(도) · 商(레) · 角(미) · 徵(솔) · 羽(라) 五聲의 음의 高度 규정은 12樂律로 하는데 陽律과 陰呂로 나뉜다. 黃鍾 · 大蔟 · 姑洗 · 蕤賓(유빈) · 夷則(이칙) · 無射(무역)의 6律과 林鐘 · 南呂 · 應鍾 · 大呂 · 夾鐘 · 仲呂의 6呂이다. ≪漢書≫ 〈律曆志〉에서 "오성의 근본은 황종의 율로부터 생겨나니, 9寸은 궁이 된다. 여기에서 더하거나 빼서 상 · 각 · 치 · 우의 음을 정한다."고 하였다. 竹管의 長短에 따라 소리의 高底淸濁이 분별되는데 악기의 음조는 이것을 기준으로 한다. 이때 9촌이란 기장 81톨을 세로로 배열하여 만든 길이를 가리키며, 이 81이 황종의 길이 값이다. 이것을 '三分損

益'의 법칙에 따라 내려가서 황종의 수는 81, 그 삼분의 일인 27을 뺀 54가 임종의 수, 그 삼분의 일인 18을 더한 72가 태주의 수, 그 삼분의 일인 24를 뺀 48이 남려의 수, 그 삼분의 일인 16을 더한 64가 고선의 수, 그 삼분의 일인 약 21을 뺀 약 42가 응종의 수 등등이 된다. ≪예기≫ 〈월령〉에 따르면, 궁의 율수는 81이고, 상의 율수는 72이고, 각의 율수는 64이고, 치의 율수는 54이고, 우의 율수는 48이다.

4) 大古 : 唐堯·虞舜 이전의 태고시기를 가리킨다. ≪儀禮≫ 〈士冠禮〉의 '大古冠布'에 대한 鄭玄의 注에서 "'大古'는 唐·虞 이전을 가리킨다.〔大古指唐虞以上〕"고 하였다.

5) (揄附)〔俞拊〕: 저본에는 '揄附'로 되어 있으나, 浦鏜의 설과 ≪漢書≫ 〈藝文志〉에 의거하여 '俞拊'로 바로잡았다.(北京大 整理本의 〈校勘記〉 참조)

○ 注의 〔三者〕에서 〔倉公〕까지

○ 釋曰 : 〔三者劇易之徵 見於外者〕 이 경문에서 말하는 세 종류는 모두 병자의 기와 소리와 색이다. 그 병이 몸속에 있으므로 다른 사람들은 보지 못하지만 그 소리와 색을 살펴보면 〈병세가〉 더 심해질지 쉬이 나을지를 알 수 있다. 그러므로 "〈병세의〉 위중함과 경미함의 징후가 겉으로 나타난 것이다."라고 한 것이다.

〔五藏所出氣也〕 '五藏'이라고 한 것은 氣가 저장되어 있는 곳을 말한다. 그러므로 五氣가 이 五藏(다섯 가지 장기)에서 나온다는 것을 알 수 있다.

〔肺氣熱〕 이곳에서부터 아래는 모두 ≪禮記≫ 〈月令〉에서 "희생은 머리를 남쪽에 둔다."고 한 것에 의거해서 말한 것이다. 허파는 위에 있으니, 여름에 해당한다. 그러므로 "허파의 기운은 뜨겁다."라고 한 것이다.

〔心氣次之〕 심장은 허파의 아래에 있으니, 심장의 위치는 土에 해당하여 심장의 기운도 또한 뜨겁다. 그러므로 "심장의 기운은 그 다음으로 뜨겁다."라고 한 것이다.

〔肝氣涼〕 간은 심장 아래 오른쪽 가까이에 있으니, 그 위치가 가을에 해당한다. 그러므로 "간의 기운은 서늘하다."라고 한 것이다.

이 세 가지 장기는 모두 횡격막의 위쪽에 있다.

〔脾氣溫〕 비장은 장기 중에서 봄에 해당한다. 그러므로 "따뜻하다."라고 한 것이다.

〔腎氣寒〕 신장의 위치는 아래에 있으니, 장기 중에서 겨울에 해당한다. 그러므로 "차갑다."라고 한 것이다.

이 두 가지는 횡격막의 아래에 있다.

이 다섯 가지 장기〔五藏〕가 차갑고 뜨겁다는 등의 말은 ≪예기≫ 〈월령〉에 의거하여 문장을 만들어서 설명한 것이다. 의술에 있어서는 심장은 남방에 속하고, 간은 동방에 속하고, 폐는 서방에 속하고, 비장은 중앙에 속하고, 신장은 북방에 속하니, 이것은 모두 五色에 근거해서 말한 것이지 기의 차고 뜨거움에 근거한 것이 아니다.

〔五聲 言語宮商角徵羽也〕 宮의 수는 81이니 中央 土에 짝하고, 商의 수는 72이니 西方 金에 짝하고, 角의 수는 64이니 東方 木에 짝하고, 徵의 수는 54이니 南方 火에 짝하고, 羽의 수는 48이니 北方 水에 짝한다. 이 五聲은 수가 많은 것은 소리가 탁하고 수가 적은 것은 소리가 맑으니, 사람의 말소리도 비슷하다. 그러므로 "말소리의 궁·상·각·치·우이다."라고 한 것이다.

〔五色 面貌之青赤黃白黑也〕 이것은 다섯 가지 방위〔五方〕에 근거한 것이다. 東方 木의 색은 푸르고, 南方 火의 색은 붉고, 中央 土의 색은 노랗고, 西方 金의 색은 희고, 北方 水의 색은 검은데, 병자도 얼굴빛이 이와 유사하게 된다.

〔察其盈虛休王 吉凶可知〕 가령 겨울철에 얼굴빛이 검고, 그 기운이 차갑고, 소리가 羽聲에 상응하면, 이것은 기가 가득차고 왕성한 것이니, 〈예후가〉 좋을 것임을 알 수 있다. 만약 겨울철에 얼굴빛이 노랗고, 그 기운이 뜨겁고, 소리가 宮聲에 상응하면, 이것은 中央 土를 얻어 와서 나를 제압한 것이다. 이는 기가 비고 멈춰 있는 상태이니, 〈예후가〉 좋지 않을 것임을 알 수 있다. 만약 동방의 푸른색 등을 얻으면 자식이 와서 나를 돕는 것이 되므로 또한 〈예후가〉 좋을 것이다.

〔審用此者 莫若扁鵲倉公〕 《漢書》 〈藝文志〉에 따르면, 태고시기에는 岐伯과 兪拊가 있었고, 중세시기에는 扁鵲과 秦和가 있었고, 漢代에는 倉公이 있었다. 그렇다면 편작은 周代에 있었고 창공은 한대에 있었는데, 이 두 사람은 〈병자의〉 기색을 통해 〈병의〉 징후를 알았던 이들이다.

天-18-4

兩之以九竅之變[1)]하고 參之以九藏之動이니라

1) 兩之以九竅之變 : 앞의 '五氣·五聲·五色으로 병자가 죽을지 소생할지를 살펴보는 것'이 첫 번째이고, 이곳 아홉 개의 구멍의 변화를 살펴보는 것이 두 번째이다. 그러므로 '兩之'라고 한 것이다.

두 번째로 〈인체의〉 아홉 가지 구멍〔九竅〕의 변화로 〈병자가 죽을지 소생할지를〉 살펴보고, 세 번째로 아홉 가지 장기〔九臟〕의 움직임으로 〈병자가 죽을지 소생할 수 있을지를〉 살펴본다.

【注】兩參之者는 以觀其死生之驗이라 竅之變은 謂開閉非常[1)]이니 陽竅七이요 陰竅二[2)]라 藏之動은 謂脉至與不至니 正藏五요 又有胃旁胱大腸小腸이라 脉之大候는 要在陽明寸口[3)]이니 能專是者는 其唯秦和[4)]乎인저 岐伯揄柎[5)]는 則兼彼數術者라

1) 開閉非常 : 孫詒讓은 "〈인체의〉 아홉 가지 구멍이 열리고 닫히는 것에는 일정함이 있는데, 만약 그 일정함을 잃어버리면 질병이 된다. 그러므로 '정상이 아니다.'라고 한 것이다.〔九竅開閉有常 若失其常 則爲疾病 故曰非常〕"라고 하였다.(≪周禮正義≫ 권9, 331쪽 참조) 이것은 아래 賈公彦의 疏에서 "아홉 가지 구멍이 열려 있는 것이 정상인데, 열렸다가 닫혔다가 하면 정상이 아니다.〔九竅之開是其常 或開或閉卽是非常〕"라고 한 것과는 약간의 차이가 있다.
2) 陽竅七 陰竅二 : '陽竅'는 2개의 귀〔耳〕·2개의 눈〔目〕·2개의 코〔鼻〕·1개의 입〔口〕 등 머리에 있는 7개의 구멍을 말하는데, 五臟의 정기는 이곳에 모이고 오장에 병이 생기면 이들 구멍을 통해 그 변화가 나타난다. 머리는 양기가 모이는 곳이므로 '양교'라고 한 것이다. '陰竅'는 肛門과 尿道 등 2개의 구멍을 가리킨다. ≪素問≫ 〈陰陽應象大論〉에서 "맑은 양의 기운은 상체의 구멍에서 나오고, 탁한 음의 기운은 하체의 구멍에서 나온다.〔淸陽出上竅 濁陰出下竅〕"고 하였다.
3) 要在陽明寸口 : '陽明'은 三陽經(太陽經·陽明經·少陽經)의 하나인 陽明經을 말한다. 陽明에는 足陽明胃經과 手陽明大腸經이 있는데 일반적으로 양명경이라 하면 胃經을 가리킨다. '寸口'는 양 손목 안쪽의 요골동맥에서 맥을 보는 부위로서 手太陰肺經에 속한다. 寸口는 다시 寸·關·尺의 세 부위로 구분된다.(≪韓醫學用語大辭典≫, 657쪽 및 1041쪽 참조)
4) 秦和 : 陸德明에 의하면 ≪春秋左氏傳≫ 昭公 원년에 晉나라 平公이 병이 나자 秦伯이 醫和에게 그를 치료하게 하였다고 했는데, 바로 이 사람이 秦和이다.(≪經典釋文≫ 권8 〈周禮音義 上 天官冢宰〉 '食醫')
5) 岐伯揄柎 : 陸德明에 의하면 岐伯과 揄柎 모두 黃帝 때의 醫生들이다.(≪經典釋文≫ 권8 〈周禮音義 上 天官冢宰〉 '食醫')

'두 번째로 하고, 세 번째로 한다.〔兩參之〕'는 것은 그것을 통해 병자가 죽을지 소생할 수 있을지의 증세를 관찰한다는 뜻이다. '구멍의 변화'란 열리고 닫히는 것이 정상이 아닌 것을 말한다. 상체의 구멍〔陽竅〕이 7개이고, 하체의 구멍〔陰竅〕이 2개이다. '장기의 움직임'이란 혈맥이 통하는 것과 통하지 않는 것을 말한다. 주요한 장기〔正臟〕가 5개이고 또 위·방광·대장·소장이 있다. 혈맥의 커다란 징후는 관건이 陽明과 寸口에 있으니, 이것을 전문적으로 할 수 있는 사람은 秦和뿐이었다. 岐伯과 揄柎는 저 여러 의술들을 겸비한 사람들이다.

【疏】'兩之'至'之動' ○釋曰：上經觀其氣色, 此經驗其脉候, 故以參兩言之.

經의 〔兩之〕에서 〔之動〕까지

○釋曰：위의 경문은 그 기색을 살펴보는 것이고, 이곳 경문은 그 맥박의 증후를 징험하는 것이다. 그러므로 '두 번째'·'세 번째'로 말하였다.

○注'兩參'至'術者' ○釋曰：云'參兩之者, 觀其死生之驗'者, 言'兩'者, 謂九竅, 與所眡爲兩, 兩與九藏爲參. 云'竅之變謂開閉非常'者, 九竅之開是其常, 或開或閉卽是非常, 故云"開閉非常"也. 云'陽竅七'者, 在頭露見, 故爲陽也. '陰竅二'者, 在下不見, 故爲陰. 云"藏之動謂脉至與不至"者, 謂九藏在內, 其病難知. 但診脉至與不至, 卽知九藏之動, 故云"藏之動謂脉至與不至"也. 又云'正藏五'者, 謂五藏肺心肝脾腎. 竝氣之所藏, 故得正藏之稱. 不數之者, 上已有注. 云'又有胃・旁胱・大腸・小腸'者, 此乃六府中取此四者, 以益五藏爲九藏也. 六府, 胃・小腸・大腸・旁胱・膽・三焦[1]. 以其受盛, 故謂之爲府. 亦有藏稱, 故入九藏之數. 然六府取此四者, 案黃帝八十一難經[2], 說胃爲水穀之府, 小腸爲受盛之府, 大腸爲行道之府, 旁胱爲津(滴)〔液〕[3]之府. 〔天〕[4]氣之所生, (下)〔其〕[5]氣象天, (故)[6]故寫而不實,[7] 實不滿. 若然, 此則正府也, 故入九藏. 其餘, 膽者淸淨之府, 三焦爲孤府[8], 非正府, 故不入九藏也. 云'脉之候要在陽明・寸口'者, 但醫者診脉, 諸脉皆可據. 若脉之大候, 取其要者, 在於陽明・寸口二處而已. 陽明者, 在大拇指本骨之高處, 與第二指間. 寸口者, 大拇指本高骨後一寸是也. 云'能專是者, 其唯秦和乎'者, 秦和在中世, 如前說. 云'岐伯・楡柎則兼彼數術'者, 此二人在大古, 如前說. 但上神農・子儀・扁鵲・倉公・秦和等, 各專一能, 此二人兼上數術(之)[9]耳.

1) 三焦：六府의 하나로, 上焦・中焦・下焦를 말한다. '상초'는 횡격막 위의 가슴 부위에 해당하며, 肺와 心의 두 장기가 속한다. '중초'는 횡경막 아래에서 배꼽까지의 부위에 해당하며, 脾臟과 胃腸 두 장기가 포함된다. '하초'는 배꼽 아래 하복부에 해당하며, 신장・방광・소장・대장 등의 장기가 포함된다.(≪韓醫學用語大辭典≫, 449쪽 및 657쪽 참조)

2) 黃帝八十一難經：秦나라의 명의 扁鵲越人에 가탁하여 쓰여진 醫書로, ≪難經≫으로도 불린다. 秦漢時代 사이에 成書되었다. 脈診・經絡・臟腑・穴道・鍼法・診脈 등에 관한 의심스럽고 어려운 문제를 문답형식으로 서술한 것이다.

3) (滴)〔液〕: 저본에는 '滴'으로 되어 있으나, ≪周禮正義≫에 의거하여 '液'으로 바로잡았

다.(北京大 整理本의 〈校勘記〉, ≪周禮正義≫ 권9 331쪽 참조)

4) 〔天〕: 저본에는 '天'이 없으나, ≪周禮正義≫에 의거하여 보충하였다.(北京大 整理本의 〈校勘記〉 참조)

5) (下)〔其〕: 저본에는 '下'로 되어 있으나, ≪周禮正義≫에 의거하여 '其'로 바로잡았다.(北京大 整理本의 〈校勘記〉 참조)

6) (故) : 저본에는 '故'로 되어 있으나, 監本과 毛本에 의거하여 衍字로 처리하였다.(北京大 整理本의 〈校勘記〉 참조)

7) 〔天〕氣之所生……不實 : 이 부분은 ≪黃帝八十一難經≫에 없는 내용으로, 孫詒讓은 ≪素問≫ 〈五藏別論篇〉을 근거로 교감하였다.(北京大 整理本의 〈校勘記〉 참조)

8) 三焦爲孤府 : 三焦를 孤府라고도 하는데, 다른 府〔腑〕는 五藏과 표리 관계를 갖고 있지만 삼초는 오장과 표리 관계가 없기 때문에 그렇게 부르는 것이다.(≪韓醫學用語大辭典≫, 89쪽 참조)

9) (之) : 저본에는 '之'가 있으나, 孫詒讓의 설에 의거하여 衍字로 처리하였다.(北京大 整理本의 〈校勘記〉 참조)

○注의 〔兩參〕에서 〔術者〕까지

○釋曰 : 〔參兩之者 觀其死生之驗〕 '兩'이라고 말한 것은 '〈인체의〉 아홉 가지 구멍의 〈변화를 살펴보는 것〉'을 가리키니, 〈五氣와 五聲과 五色으로〉 살펴보는 것과 더불어 두 가지가 되고, 이 두 가지가 아홉 가지의 장기〔九臟〕의 〈움직임으로〉 살펴보는 것과 더불어 세 가지가 된다.

〔竅之變謂開閉非常〕 〈인체의〉 아홉 가지 구멍이 열려 있는 것이 정상인데 열렸다가 닫혔다가 하면 정상이 아니다. 그러므로 "열리고 닫히는 것이 정상이 아니다."라고 한 것이다.

〔陽竅七〕 〈耳・目・口・鼻는〉 머리에 있어서 드러나므로 양이 된다.

〔陰竅二〕 〈尿道・肛門이〉 아래(하체)에 있어서 보이지 않는 것이다. 그러므로 음이 된다.

〔藏之動謂脈至與不至〕 아홉 가지의 장기는 몸속에 있어서 그 병을 알기가 어렵다. 다만 혈맥이 통하는지 통하지 않는지를 진찰하면 아홉 가지 장기의 움직임을 알 수 있다. 그러므로 "'장기의 움직임'이란 혈맥이 통하는 것과 통하지 않는 것을 말한다."고 한 것이다.

〔正藏五〕 다섯 개의 장기인 허파・심장・간・비장・콩팥을 말한다. 모두 기가 저장되어 있는 곳이므로 '주요한 장기〔正藏〕'라고 칭할 수 있다. 〈本注에서 이 다섯 주요한 장기를〉 언급하지 않은 것은 앞의 주에서 이미 설명했기 때문이다.

〔又有胃旁胱大腸小腸〕 이곳에서 六府 가운데서 이 네 가지를 취한 것은 五藏을 더함으로써 九藏이 되기 때문이다. 六府는 위・소장・대장・방광・담낭・三焦이다. 그 〈기혈과

진액 등을〉 받아서 담아두므로 그것을 '府(창고)'라고 하는데, 또한 '藏(저장소)'의 칭호도 있기 때문에 九藏의 개수에 들어가는 것이다. 그런데 육부에 이 네 가지(위·방광·대장·소장)를 포함시킨 것에 대하여, 살펴보건대 ≪黃帝八十一難經≫에서는 위는 음식물을 소화하는 창고〔水穀之府〕가 되고, 소장은 〈그 소화된 것을〉 받아서 〈영양물질을 분별하여〉 담아두는 창고〔受盛之府〕가 되고, 대장은 〈노폐물을〉 전달하여 배설하는 창고〔行道之府〕가 되고, 방광은 진액(소변)을 저장하고 배설하는 창고〔津液之府〕가 된다고 설명하였다. 하늘의 기가 만들어낸 것은 그 기가 하늘을 본받는다. 그러므로 쏟아내어 채우지 않으므로 채워도 가득 차지 않는다. 그렇다면 이것들이 바로 '正府'인 것이니, 그러므로 九藏 안에 들어간다. 그 나머지인 담낭은 〈담즙으로 오장육부를 조절하여〉 청정하게 하는 창고〔清淨之府〕이고, 三焦는 외로운 창고〔孤府〕가 되므로 '正府'가 아니다. 그러므로 九藏 안에 들어가지 못한다.

〔脉之候要在陽明寸口〕 다만 의사가 진맥을 하는 것은 모두 의거할 수 있는 혈맥들이다. 혈맥의 중요한 징후라면 그 관건을 잡는 것은 陽明과 寸口 두 곳에 달려 있을 뿐이다. 양명은 엄지손가락 本骨의 높이 솟은 부분과 검지 사이에 있다. 촌구는 엄지손가락 本高骨(손목 요골 끝의 조그만 돌기)에서 1촌 뒤가 이것이다.

〔能專是者 其唯秦和乎〕 秦和는 중세시대에 존재했던 사람으로 앞에서 설명한 것과 같다.

〔岐伯楡柎則兼彼數術〕 〈岐伯과 楡柎〉 이 두 사람은 태고시대에 존재했던 사람으로 앞에서 설명한 것과 같다. 다만 위의 神農·子儀·扁鵲·倉公·秦和 등은 각각 한 가지 전문 의술에 능했으나 이 두 사람은 위의 여러 의술들을 겸비하였다.

天-18-5

凡民之有疾病者를 分而治之하고 死終則各書其所以하여 而入于醫師니라

무릇 백성들 가운데 질병에 걸린 사람이 있을 경우, 〈疾醫들은 전공분야에 따라〉 나누어서 치료를 하고, 병자가 죽으면 각각 그 사망한 사정을 기록하여 醫師에게 바친다.

【注】 少者曰死요 老者曰終이라 所以는 謂治之不愈之狀也니 醫師得以制其祿하고 且爲後治之戒라

젊은이는 '죽었다'고 하고 늙은이는 '마쳤다'고 한다. '所以'는 치료를 했는데 병이 낫지

않은 사정을 뜻한다. 醫師는 〈그것을 보고 평가하여〉 疾醫들의 봉록을 제정하고 또 훗날 치료하는 데의 경계로 삼는다.

【疏】'凡民'至'醫師'○釋曰 : 以疾醫中士(二)〔八〕[1]人, 醫各有能, 故使分治之也. 云'死終'者, 謂民之有病, 不問老少皆治之. 不愈, 少死則曰死, 似不得壽終然, (少)〔故〕[2]曰死. 老者則曰終, 謂雖治不愈, 似得壽終, 故曰終也. 云'則各書其所以'者, 謂書錄其不愈之狀. 云'而入于醫師'者, 醫師得之以制其祿, 則上"十全爲上"已下[3]是也.

1) (二)〔八〕: 저본에는 '二'로 되어 있으나, 〈天官 序官(天-0-24)〉의 경문 및 浦鏜의 설에 의거하여 '八'로 바로잡았다.(北京大 整理本의 〈校勘記〉 참조)
2) (少)〔故〕: 저본에는 '少'로 되어 있으나, 浦鏜의 설에 의거하여 '故'로 바로잡았다.(北京大 整理本의 〈校勘記〉 참조)
3) 上十全爲上已下 : 〈天官 醫師(天-16-3)〉에서 "연말이 되면 의료 업무를 평가하여 그 봉록을 제정한다. 열 명의 병자를 모두 낫게 했다면 최상의 등급이 되고, 열 명의 환자 가운데 한 명을 낫게 하지 못했다면 그 다음이 되고, 열 명의 환자 가운데 두 명을 낫게 하지 못했다면 그 다음이 되고, 열 명의 환자 가운데 세 명을 낫게 하지 못했다면 그 다음이 되고, 열 명의 환자 가운데 네 명을 낫게 하지 못했다면 최하의 등급이 된다.〔歲終則稽其醫事 以制其食 十全爲上 十失一次之 十失二次之 十失三次之 十失四爲下〕"고 한 것을 가리킨다.

經의 〔凡民〕에서 〔醫師〕까지

○釋曰 : 疾醫는 中士 8인이 담당하는데, 의원들이 각각 잘하는 전공분야가 있으므로 나누어서 치료하게 한다.

〔死終〕 백성 가운데 질병에 걸린 사람이 있으면 늙고 젊음을 따지지 않고 모두 그들을 치료한다는 뜻이다. 병이 낫지 않아 젊은이가 죽으면 '죽었다〔死〕'고 말하니, 마치 천수를 누리지 못하고 〈생을〉 마친 듯 하므로 '죽었다'고 하는 것이다. 늙은이의 경우는 '마쳤다〔終〕'고 말하니, 비록 치료를 해서 낫지 못했어도 마치 천수를 누리고 〈생을〉 마친 듯하므로 '마쳤다'고 하는 것이다.

〔則各書其所以〕 그 〈병이〉 낫지 않은 사정을 글로 써서 기록하는 것을 말한다.

〔而入于醫師〕 醫師는 〈그것을 보고 평가하여〉 그 봉록을 제정하는 것이니, 곧 위 경문(〈天官 醫師(天-16-3)〉)의 "열 명의 병자를 모두 낫게 했다면 최상의 등급이 된다." 이하의 내용이 그것이다.

19. 瘍醫(양의)

天-19-1

瘍(양)醫는 掌腫瘍潰瘍金瘍折瘍之祝(주)藥[1]과 劀(괄) 殺之齊니라

1) 祝(주)藥 : 陸德明은 "'祝'의 음은 之와 樹의 反切이다.〔之樹反〕"라고 하였다.(≪經典釋文≫ 권8 〈周禮音義 上 天官冢宰〉 '瘍醫') ≪墨子≫ 〈非攻 中〉의 "今有醫於此 和合其祝藥之于天下之有病者而藥之"에 나오는 '祝藥'은 畢沅에 따르면 '祝由'의 뜻이다. 즉 병이 낫기를 기도하고 악귀를 물리치는 치료 방법의 일종이다.(≪墨子校注≫, 209쪽 참조) 그러나 鄭玄은 아래 注에서 이러한 뜻을 취하지 않고, 약을 붙인다는 의미의 '注藥'으로 해석하였다.

瘍醫는 종양·궤양·금양·절양을 치료하기 위해 약을 표준 분량대로 조제하여 상처에 바르는 일과 피고름을 제거하고 썩은 살을 없애는 일을 관장한다.

【注】腫瘍은 癰而上生創者요 潰瘍은 癰而含膿血者라 金瘍은 刃創也요 折瘍은 踠(원)跌者라 祝은 當爲注니 讀如注病之注니 聲之誤也라 注는 謂附著藥[1]이라 刮은 刮[2]去膿血이요 殺은 謂以藥食其惡肉이라

1) 附著藥 : 孫詒讓에 의하면, 注·屬·著(착)은 모두 음과 뜻이 서로 가까운 것으로, '附著藥' 즉 '약을 붙인다'는 것은 瘡瘍을 치료하는 傅藥과 같은 것이라고 하였다.(≪周禮正義≫ 권9, 331쪽 참조) '傅藥'은 箍圍藥(圍藥·箍藥·敷貼)이라고도 하는데, 종양 둘레에 붙이는 약을 말한다. 병증의 특성에 따라 약물을 조제하고 곱게 가루를 내어 식초·술·감국즙 등에 개어서 만든다.(≪韓醫學用語大辭典≫, 90쪽 참조)

2) 刮 刮 : 嘉靖本 외에 閩本·監本·毛本은 위의 '刮'을 경문에 의거하여 '劀'로 고쳤다. 그러나 阮元에 의하면 鄭玄은 이 두 글자를 동일한 글자로 보았다고 한다.(北京大 整理本의 〈校勘記〉 참조)

'腫瘍'은 종기가 나서 위로 부어올라 상처가 생긴 것이다 '潰瘍'은 종기가 나서 피고름이 고인 것이다. '金瘍'은 쇠붙이에 베인 상처이다. '折瘍'은 발을 헛딛어 넘어져서 생긴 골절상이다. '祝'는 마땅히 '注'가 되어야 하니, 예컨대 '注病(환부에 붙이다)'의 '注'의 뜻으로 읽어야 하는데 성음으로 인한 잘못이다. '注'는 약을 붙인다는 뜻이다. '刮'은 피고름을 제거한다는 뜻이다. '殺'은 약을 사용해서 그 썩은 살을 없애는 것을 말한다.

【疏】'瘍醫'至'之齊' ○釋曰：瘍醫掌腫瘍已下四種之瘍瘡而含膿血者. 祝, 注也. 注藥於瘡, 乃後刮殺. 而言'齊'者, 亦有齊量之宜也.

經의 〔瘍醫〕에서 〔之齊〕까지

○釋曰：瘍醫는 종양 이하 4종의 종기가 나서 피고름이 고인 것을 치료하는 일을 관장하는 관직이다. '祝'는 붙인다[注]는 뜻이다. 종기에 약을 붙이고 이후에 〈피고름을〉 제거하고 〈궤사한 부위를〉 없앤다. '齊'라고 말한 것은 또한 적절한 표준 분량이 있다는 뜻이다.

○注'腫瘍'至'惡肉' ○釋曰：'腫瘍, 癰而上生瘡'者, 謂癰而有頭未潰者. 潰瘍, 癰而含膿血已潰破者. 云'祝當爲注讀'者, (疾)〔瘍〕[1)]醫非主祝說[2)]之官, 爲祝, 則義無所取, 故破從注. 注, 謂注藥於中, 食去膿血耳.

1) (疾)〔瘍〕: 저본 및 北京大 整理本, 上海古籍 整理本에 모두 '疾'로 되어 있으나, 이곳 경문은 瘍醫에 관한 문장이므로 '瘍'으로 교감하고 이에 따라 번역하였다.
2) 祝說 : 귀신의 일과 통하는 것처럼 옷차림을 하고 귀신에게 환자의 질병을 고칠 수 있도록 기도하는 것을 말한다.

○注의 〔腫瘍〕에서 〔惡肉〕까지

○釋曰："'腫瘍'은 종기가 나서 위로 부어올라 상처가 생긴 것이다."라는 것은 종기가 나서 곪기 시작했지만 아직 〈살이〉 헐지 않은 것을 말한다. '潰瘍'은 종기가 나서 피고름이 고이고 이미 헐어서 문드러진 것이다.

〔祝當爲注讀〕 瘍醫는 祝說을 주관하는 관직이 아닌데, '祝'라고 하면 의미가 통하지 않는다. 그러므로 〈鄭玄이 이를〉 부정하고 '注'를 따랐으니, '注'란 환부 안에 약을 붙여서 피고름을 없애는 것을 말한다.

天-19-2

凡療瘍에 **以五毒攻之**하고

무릇 종기를 치료할 때는 다섯 가지 독한 약으로 다스리고,

【注】止病曰療요 攻은 治也라 五毒은 五藥之有毒者니 今醫(人)〔方〕[1)]에 有五毒之藥이라 作之에 合黃堥하여 置石膽[2)]丹砂[3)]雄黃[4)]礜(여)石[5)]慈石[6)]其中하고 燒之三日三夜하여 其煙上

著이면 以雞羽掃取之니 以注創이면 惡肉破하고 骨則盡出[7]이라

1) (人)〔方〕: 저본에는 '人'으로 되어 있으나, 나머지 다른 本들에 의거하여 '方'으로 바로잡았다.(阮元의 〈校勘記〉 참조)
2) 石膽 : 膽礬의 별명이다. 맛은 시고 매우며 성질은 차다. 肝經·膽經에 작용한다. 토하게 하고 가래를 삭이며 해독하고 궂은살과 積을 없앤다. 이전에는 구토약으로, 또는 痰으로 인한 癲癇, 喉痹에 먹는 약으로 썼으나 지금은 구내염, 癰腫, 옴, 치질 등에 외용약으로 쓴다.(≪韓醫學大辭典≫, 353~354쪽 참조)
3) 丹砂 : 朱砂의 별명이다. 맛은 달고 짜며 성질은 차다. 心經·肝經에 작용한다. 정신을 안정시키고 경풍을 멎게 하며 열을 내리고 해독한다.(≪韓醫學大辭典≫, 1493쪽 참조)
4) 雄黃 : 맛은 달고 쓰며 성질은 平하고 독이 있다. 肝經에 작용한다. 濕邪를 없애고 가래를 삭이며 기생충을 구제하고 독을 제거한다. 주로 악성 종기, 옴, 부스럼, 뱀에 물린 상처, 연주창, 치질창 등에 쓴다.(≪韓醫學大辭典≫, 1210쪽 참조)
5) 礜石 : ≪淮南子≫ 〈說林訓〉에 "사람이 礜石을 먹으면 죽는데 누에가 먹으면 허기지지 않는다.〔人食礜石而死 蠶食之而不飢〕"고 하였다. 독을 함유하고 있어 쥐약으로도 사용되며(≪淮南子集釋≫ 권17, 1204쪽 참조), 鼠瘻(림프절에 생긴 종양) 등을 다스리는 데에도 쓴다.(≪周禮正義≫ 권9, 336쪽 참조)
6) 慈石 : 별명은 玄石, 處石, 熁鐵石, 磁君이다. 각지에서 난다. 아무 때나 자철광을 캐 자력이 센 것을 골라 쓴다. 맛은 맵고 짜며 성질은 차다. 肝經·心經·腎經에 작용한다. 정신을 안정시키고 상승된 肝陽을 내리며 腎을 튼튼하게 한다. 또한 천식을 진정시키고 청력과 시력을 아주 좋게 한다. 머리가 어지럽고 아픈 데, 가슴이 답답하거나 울렁거리는 데, 불면증, 癲癇, 耳鳴, 천식 등에 쓴다.(≪韓醫學大辭典≫, 1363쪽 참조)
7) 骨則盡出 : ≪大觀本草≫에 인용된 蘇頌의 말에 의하면, 楊嵎라는 자가 뺨〔頰〕에 종기가 났는데 鄭玄의 注에 의거하여 약을 조제하여 상처에 붙였더니 조금 지나서 썩은 뼈〔朽骨〕가 나오고 드디어 나았다고 한다. 孫詒讓은 소송이 기록한 이 내용이 이 鄭玄 注의 '肉破骨出'의 뜻을 증명하는 것이라고 하였다.(≪周禮正義≫ 권9, 336쪽 참조)

병을 그치게 하는 것을 '療(치료하다)'라고 한다. '攻'은 다스린다는 뜻이다. '五毒'은 다섯 가지 약〔五藥〕 가운데 독성이 있는 것을 가리킨다. 오늘날 의료 처방에 다섯 가지 독성이 있는 약이 있으니, 〈그것을〉 조제할 적에 황토로 만든 와기〔黃堥〕에 담반·주사·웅황·여석·자석을 그 안에 넣고 덮는다. 그것을 3일 낮밤 동안 불에 구워서 그 그을음이 〈덮개의〉 윗면에 들러붙으면, 그것을 닭 털로 쓸어 모은다. 그것으로 〈약을 만들어〉 상처에 붙이면 썩은 살이 제거되고 〈썩은〉 뼈가 모두 나온다.

【疏】'凡療'至'攻之' ○釋曰 : 言'凡', 則兼上四瘍, 故云 "凡療瘍以五毒攻治之"也.

經의 〔凡療〕에서 〔攻之〕까지

○釋曰 : '무릇〔凡〕'이라고 말했으니 위에서 언급한 네 종류의 종기를 겸하는 것이다. 그러므로 "무릇 종기를 치료할 때는 다섯 가지 독한 약으로 다스린다."라고 한 것이다.

○注'止病'至'盡出' ○釋曰 : 言'止病曰療'者, 治病之名, 言治之則病止, 故云 "止病曰療"也. 言'合黃堥'者, 謂內則有"敦堥卮匜".[1] 鄭注云 "敦堥, 黍稷器", 不言黃. 此言黃者, 見今時合和丹藥者皆用黃瓦缻(부)[2]爲之, 亦名黃堥,[3] 事出於古也.

1) 敦堥卮匜 : 4종류의 그릇으로, ≪禮記≫ 〈內則〉의 경문에는 "敦・牟・卮・匜"로 되어 있다. 鄭玄의 注에서 "'牟'는 '堥'의 뜻으로 읽는다. '卮'와 '匜'는 술과 신 음료를 담는 그릇이다.〔牟讀曰堥也 卮匜 酒漿器〕"라고 하였다. 陳澔는 "'牟'는 堥의 뜻으로 읽는데, 흙으로 빚은 솥이다.〔牟讀爲堥 土釜也〕"라고 하였다.(≪禮記集說≫ 〈內則〉 참조)

敦

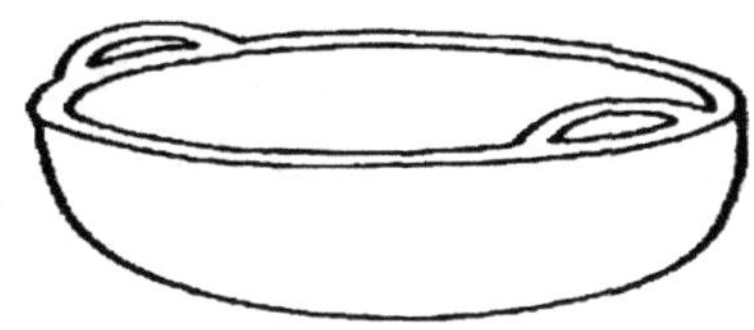

牟

匜

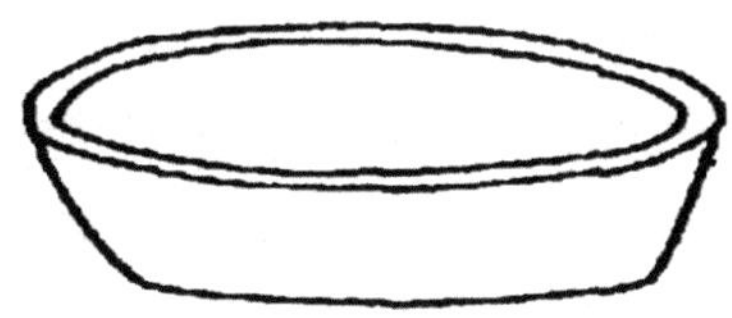

卮

2) 缻(부) : 阮元에 따르면, '缻'는 唐나라 사람들이 俗字로 '缶'라 했는데, '缶'는 질그릇〔瓦器〕이고, 완원 당시의 瓶이라고 한다.(완원의 〈校勘記〉 참조)

3) 黃堥 : ≪大觀本草≫에 인용된 蘇頌의 ≪圖經≫에 따르면, '黃堥'는 뚜껑이 있는 질그릇〔有蓋瓦合〕이다.(≪周禮正義≫ 권9, 336쪽 참조)

○注의 〔止病〕에서 〔盡出〕까지

○釋曰 : 〔止病曰療〕 병을 치료한 것의 명칭이니, 치료하면 병이 그친다는 뜻이다. 그러므로 "병을 그치게 하는 것을 '療(치료하다)'라고 한다."고 한 것이다.

〔合黃堥〕 ≪禮記≫ 〈內則〉에 "敦·堥·巵·匜"라는 문장이 있고, 鄭玄의 注에서는 "敦(대)와 堥는 메기장과 찰기장을 담는 그릇이다."라고 하여 '黃'에 대해서는 언급하지 않았다. 이곳의 鄭玄 注에서 '黃'이라고 말한 것은, 오늘날 단약을 조제하는 자들이 모두 黃瓦缻(주둥이는 작고 배가 불룩 나온 누런색 질그릇)를 사용하여 만드는 것을 보고 또한 '黃堥'라고 이름 붙인 것이고 일은 옛 고사에서 나온 것이다.

天-19-3

以五(氣)〔穀〕[1]養之하고 以五藥療之하고 以五味節之니라

1) (氣)〔穀〕 : 저본에는 '氣'로 되어 있으나, 아래 鄭玄 注에 의거하여 '穀'으로 바로잡았다.

다섯 가지 곡물〔五穀〕로 보양을 하고, 다섯 가지 약〔五藥〕으로 치료를 하고 다섯 가지 맛〔五味〕으로 약효를 조절한다.

【注】 旣刮殺而攻盡其宿肉이라야 乃養之也라 五氣當爲五穀[1]이니 字之誤也라 節은 節成其藥之力이라

1) 五氣當爲五穀 : 鄭玄이 經文의 '五氣'를 '五穀'으로 바로잡은 것에 대하여 惠棟은 ≪內經≫ 〈藏氣法時論〉에서 "五穀(다섯 가지 곡물)으로 보양을 하고, 五果(다섯 가지 과일)로 보조를 하고, 五菜(다섯 가지 채소)로 보충을 한다.〔五穀爲養 五果爲助 五菜爲充〕"고 한 것에 의거했다고 하였다. 孫詒讓은 〈天官 疾醫(天-18-2)〉의 경문에 의거하여 교감한 것이라고 하였다.(≪周禮正義≫ 권9, 337쪽 참조)

이미 〈썩은 살과 뼈를〉 제거하여 그 묵은 살들을 모두 치료하고 〈새로운 살이 돋아나면〉, 이어서 보양을 한다. '五氣'는 마땅히 '五穀'이 되어야 하니, 글자의 잘못이다. '節'은 그 약의 효력을 조절하여 완성한다는 뜻이다.

【疏】 '以五'至'節之' ○釋曰 : 云'以五穀養之'者, 亦當據病所宜, (釋)〔擇〕[1]善而用之, 故云 "以五穀養之." 云'以五藥療之'者, 義如前注. '以五味節之'者, 五味, 亦酸苦辛鹹甘, 亦當據病所宜食之, 以節成藥力者也.

1) (釋)〔擇〕: 저본에는 '釋'으로 되어 있으나, 上海古籍 整理本에 의거하여 '擇'으로 바로잡았다.

經의 〔以五〕에서 〔節之〕까지

○釋曰:〔以五穀養之〕 또한 병에 적절한 것에 의거하여 좋은 것을 택해 사용해야 한다. 그러므로 "五穀으로 보양을 한다."고 한 것이다.

〔以五藥療之〕 뜻은 앞(天-19-2)의 鄭玄 注와 같다.

〔以五味節之〕 五味는 또한 시고 쓰고 맵고 짜고 단맛이니, 또한 병에 적절한 것에 의거하여 먹어서 약의 효력을 조절하여 완성해야 한다.

○注'旣刮'至'之力' ○釋曰:鄭云'旣刮殺而攻之盡其宿肉, 乃養之也'者, 以經五藥在五穀之下, 恐人以五穀養之, 乃用五藥療之, 故鄭解之. 若然, 此五藥在五穀下者, 以上已言"五毒攻之", 用此五穀養之, 則此五穀爲前五毒攻之, 乃後用五穀養之, 於理爲順. 此文重言五藥[1)]者, 爲下五味節成此藥, 故須更言五(穀)〔藥〕[2)]也. 云'五氣當爲五穀'者, 以其氣非養人之物, 又疾醫之有五味·五藥·五穀相將之物, 故破氣從穀也. 云'節, 節成其藥之力'者, 卽下文"以酸養骨"之類是也.

1) 此文重言五藥:孫詒讓은 이곳의 '五藥'은 〈天官 疾醫 天-18-2〉의 '五藥'을 가리킨다고 하였다. 賈公彦이 이곳의 '五藥'을 위 경문(天-19-2)의 '五毒'과 동일시함으로써 '五藥'을 重言했다고 한 것은 잘못이라고 비판하였다.(≪周禮正義≫ 권9, 336쪽 참조)

2) (穀)〔藥〕: 저본에는 '穀'으로 되어 있으나, 孫詒讓의 설에 의거하여 '藥'으로 바로잡았다.(北京大 整理本의 〈校勘記〉 참조)

○注의 〔旣刮〕에서 〔之力〕까지

○釋曰:鄭玄이 "이미 〈썩은 살과 뼈를〉 제거하여 그 묵은 살들을 모두 치료하고 〈새로운 살이 돋아나면〉, 이어서 보양을 한다."고 한 것은 경문에서 '五藥'이 '五穀'의 아래에 있기 때문에 사람들이 五穀으로 보양을 한 후에야 五藥을 사용하여 치료하는 것으로 생각할까 염려되었기 때문이다. 그러므로 정현이 이를 해명한 것이다. 그렇다면 이 '五藥'이 '五穀'의 아래에 있는 것은 위에서 이미 "五毒으로 다스린다."고 하였기 때문이니, 이 오곡으로 보양을 한다면, 이 오곡은 먼저 오독으로 다스리고 난 후에 오곡으로 보양을 하는 것이 되어서 이치에 순조롭게 된다. 이곳 경문에서 '五藥'을 거듭 말한 것은 아래의 '五味'가 이 약을 조절하여 완성시키기 때문이다. 그러므로 '五藥'을 다시 말한 것이다.

〔五氣當爲五穀〕 그 氣는 사람을 보양하는 물질이 아닌데다 또 〈天官 疾醫〉에 五味・五藥・五穀 등 서로 보양해주는 물질이 있기 때문이다. 그러므로 〈정현이〉 '氣'를 부정하고 '穀'을 따른 것이다.

〔節 節成其藥之力〕 곧 아래 경문에서 "신맛으로 뼈를 보양한다.〔以酸養骨〕"고 한 것과 같은 부류이다.

天-19-4

凡藥은 **以酸養骨**하고 **以辛養筋**하고 **以鹹養**脉하고 **以苦養氣**하고 **以甘養肉**하고 **以滑養竅**니라

무릇 약은 신맛으로 뼈를 보양하고, 매운맛으로 힘줄을 보양하고, 짠맛으로 혈맥을 보양하고, 쓴맛으로 기를 보양하고, 단맛으로 살을 보양하고, 곱돌로 〈인체의〉 각종 구멍을 보양한다.

【注】 以類相養也라 酸은 木味니 木根立地中이 似骨이요 辛은 金味니 金之纆合異物이 似筋이요 鹹은 水味니 水之流行地中이 似脉이요 苦는 火味니 火出入無形이 似氣요 甘은 土味니 土含載四者 似肉이라 滑은 滑石[1]也라 凡諸滑物은 通利往來似竅라

1) 滑石 : 곱돌을 말한다. 液石・脫石・番石・共石이라고도 한다. 맛은 달고 성질은 차다. 膀胱經・胃經에 작용한다. 소변이 잘 나오게 하고 濕熱邪와 暑邪를 없앤다. 淋證, 소변이 잘 나오지 않는 증상, 부종, 暑濕證, 습진 등에 쓴다.(≪韓醫學大辭典≫, 1896쪽 참조)

부류끼리 서로 보양을 하는 것이다. 신맛은 木의 맛이니, 나무뿌리가 땅속에 서 있는 것이 뼈와 유사하다. 매운맛은 金의 맛이니, 쇠가 다른 물질을 얽어매는 것이 힘줄과 유사하다. 짠맛은 水의 맛이니, 물이 땅속에서 흘러 다니는 것이 혈맥과 유사하다. 쓴맛은 火의 맛이니 불이 형체 없이 드나드는 것이 氣와 유사하다. 단맛은 土의 맛이니 흙이 네 가지(木・金・水・火)를 품어서 싣고 있는 것이 살과 유사하다. '滑'은 곱돌〔滑石〕을 가리킨다. 무릇 모든 부드러운 물질이 오고 가는 데 막힘없는 것이 〈인체의〉 구멍과 유사하다.

【疏】 '凡藥'至'養竅' ○釋曰 : 上云 "以五味節之", (此卽)〔卽此〕[1]經酸苦之等是也. 今云 '凡藥, 以酸養骨', 藥味合言者, 欲見五味節成五藥, 故上注云 "節成藥力", 故合言之.

1) (此卽)〔卽此〕: 저본에는 '此卽'으로 되어 있으나, 浦鏜의 설과 ≪周禮正義≫에 의거하여 '卽此'로 바로잡았다.(北京大 整理本의 〈校勘記〉 참조)

經의 〔凡藥〕에서 〔養竅〕까지

○釋曰 : 위의 경문에서 "다섯 가지 맛으로 약효를 조절한다."고 하였는데, 곧 이곳 경문의 신맛과 쓴맛 등이 그것이다. 이제 "무릇 약은 신맛으로 뼈를 보양한다."라고 하여 약과 맛을 합해서 말한 것은 五味로 五藥을 조절하여 완성하는 것임을 보이고자 한 것이다. 그러므로 위 경문의 鄭玄 注에서 "약의 효력을 조절하여 완성하는 것이다."라고 하였다. 그러므로 〈이곳의 정현 주에서 약과 맛을〉 합해서 말한 것이다.

○注'以類'至'似竅' ○釋曰 : 云'以類相養也'者, 謂若酸與骨·辛與筋之等是也. 云'酸, 木味'之等, 竝依洪範及月令爲說也. 云'木立地中, 似骨'者, 謂似人之骨立肉中者, 故以酸養之. 云'辛, 金味, 金之纒合異物, 似筋'者, 人之筋亦纒合諸骨, 故云"似筋", 而以辛養之也. 云'鹹, 水味, 水之流行地中, 似脈'者, 血脈在人, 亦流行不定, 故云"似脈", 而以鹹養之也. 云'苦, 火味, 火出入無形, 似氣'者, 火乃人所覩見, 似若有形, (欖)〔攬〕[1]之不得, 亦是無形, 故云"似氣", 故以苦養之也. '甘, 土味, 土含載四者, 似肉'者, 金木水火, 非土不載, 故云"含載四者, 似人之肉", 亦含載筋骨氣脈, 故云"似肉"也, 故以甘養之也. 云'滑, 滑石'者, 以五味酸苦辛鹹甘, 養骨筋氣脈與肉, 相配訖. 前食醫云"調以滑甘". 平常(調)〔服〕[2]食, 五味之外有滑, 彼滑用堇荁枌榆. 今此養病, 五味之外亦宜有滑, 但於藥分之中愼滑, 則不得如平常用堇荁等, 故以滑石解之. 凡諸滑物, 通利往來似竅, 故以滑養之也. 若然, 此經五味不以生成爲次, 而以木金與火水相對者, 此若洪範以"木曰曲直·金曰從革·火曰炎上·水曰潤下[3]", 以類相對而言也.

1) (欖)〔攬〕: 저본에는 '欖'으로 되어 있으나, 의미상 '攬'이 되어야 한다. 北京大 整理本 및 上海古籍 整理本에 의거하여 바로잡았다.
2) (調)〔服〕: 저본에는 '調'로 되어 있으나, 惠校本에 의거하여 '服'으로 바로잡았다.(阮元의 〈校勘記〉 참조)
3) 木曰曲直……水曰潤下 : ≪尙書≫ 〈洪範〉의 원문은 "五行 一曰水 二曰火 三曰木 四曰金 五曰土 水曰潤下 火曰炎上 木曰曲直 金曰從革 土爰稼穡"이다.

○注의 〔以類〕에서 〔似竅〕까지

○釋曰 : 〔以類相養也〕 예컨대 신맛과 뼈 · 매운맛과 힘줄 같은 것들이 그것이다.

"신맛은 木의 맛이다."라고 말한 것 등은 모두 ≪尙書≫ 〈洪範〉과 ≪禮記≫ 〈月令〉에 의거하여 설명한 것이다.

〔木立地中 似骨〕 사람의 뼈가 살 속에 서 있는 것과 유사함을 말한 것이다. 그러므로 신맛으로 보양을 하는 것이다.

〔辛 金味 金之纏合異物 似筋〕 사람의 힘줄도 여러 뼈들을 얽어맨다. 그러므로 "힘줄과 유사하다."고 하였으니, 신맛으로 〈뼈를〉 보양하는 것이다.

〔鹹 水味 水之流行地中 似脉〕 사람에게 있는 혈맥도 흘러 다니는 것이 일정하지 않다. 그러므로 "혈맥과 유사하다."고 하였으니, 짠맛으로 〈혈맥을〉 보양하는 것이다.

〔苦 火味 火出入無形 似氣〕 불은 곧 사람들이 볼 수 있는 것이어서 마치 형체가 있는 듯하지만 잡으려 해도 잡을 수가 없으니 또한 형체가 없는 것이다. 그러므로 "氣와 유사하다."고 하였으니, 쓴맛으로 〈기를〉 보양하는 것이다.

〔甘 土味 土含載四者 似肉〕 金 · 木 · 水 · 火는 土가 아니면 싣지 못한다. 그러므로 "흙이 네 가지를 품어서 싣고 있는 것이 사람의 살과 유사하다."고 하였으니, 〈살〉 또한 힘줄과 뼈와 기와 혈맥을 품어서 싣고 있다. 그러므로 "살과 유사하다."고 하였으니, 단맛으로 〈살을〉 보양하는 것이다.

〔滑 滑石〕 시고 쓰고 맵고 짜고 단맛의 五味로 뼈 · 힘줄 · 기 · 혈맥과 살을 보양하면 서로 배합하는 것이 마무리된다. 앞의 〈天官 食醫(天-17-6)〉에서는 "부드럽고 달게 조미를 한다."고 하였다. 평소 먹는 음식에는 五味 외에 부드러운 맛이 있는데, 저 〈천관 사의〉에서는 堇 · 荁(제비꽃)과 枌 · 榆(느릅나무)를 넣어서 부드럽게 한다. 이제 이곳의 병을 보양하는 경우도 五味 외에 또 마땅히 부드러운 맛이 있어야 한다. 다만 약의 성분 가운데에서는 부드러운 물질을 삼가야 하므로 평상시처럼 堇 · 荁 등을 사용할 수는 없다. 그러므로 〈滑을〉 '곱돌〔滑石〕'로 해석한 것이다. 무릇 모든 부드러운 물질은 오고 가는 데 막힘없는 것이 구멍과 유사하다. 그러므로 부드러운 맛으로 보양을 한다.

그렇다면 이 경문에서 五味에 대해서 생성하는 순서(목, 화, 토, 금, 수)로 차례를 삼지 않고 목 · 금과 화 · 수가 서로 짝을 이루도록 한 것은, ≪尙書≫ 〈洪範〉에서 "木(나무)은 구부러지게 할 수도 있고 곧게 할 수도 있는 것이며, 金(쇠)은 모양이 유지될 수도 있고 바뀔 수도 있는 것이며, 火(불)는 위로 타오르는 것이며, 水(물)는 적시면서 아래로 흘러 내려 가는 것"이라고 하여 부류끼리 서로 짝을 이루며 말한 것과 같은 것이다.

天-19-5

凡有瘍者는 **受其藥焉**이니라

종기가 있는 모든 병자는 瘍醫에게서 치료약을 받는다.

【疏】'凡有'至'藥焉' ○釋曰：藥卽上五藥是也. 凡國中有瘍, 不須身來者, 竝於瘍醫取藥焉.

經의 〔凡有〕에서 〔藥焉〕까지

○釋曰：약은 곧 위의 다섯 가지 약을 말한다. 무릇 나라 안에서 종기가 있는 사람 가운데 직접 올 필요가 없는 자는 모두 瘍醫에게서 약을 받는다.

20. 獸醫(수의)

天-20-1

獸醫는 **掌療獸病療獸瘍**이니라

獸醫는 가축의 질병을 치료하고 가축의 종양을 치료하는 일을 관장한다.

【注】畜(휵)獸之疾病及瘍은 療同醫라

가축의 질병과 종기는 같은 의원에게 치료를 받는다.

【疏】注'畜獸'至'同醫' ○釋曰：此醫唯療家畜, 不療野獸, 但畜獸義通, 今以畜解獸, 故(當)〔獸〕[1]連言之也. 云'畜獸之疾病及瘍, 療同醫'者, 以上之人, 疾與瘍別醫, 今此畜病之與瘍同在一醫者, 重人賤畜, 故略同在一醫也.

1) (當)〔獸〕: 저본에는 '當'으로 되어 있으나, 惠校本에 '畜獸'로 되어 있는 것에 의거하여 '獸'로 바로잡았다.(阮元의 〈校勘記〉 참조)

○注의 〔畜獸〕에서 〔同醫〕까지

○釋曰：이 獸醫는 가축만 치료하고 야생의 짐승은 치료하지 않는다. 다만 '畜'과 '獸'는 뜻이 통하므로 이제 '畜'으로 '獸'를 해석하였다. 그러므로 〈'畜'에〉 '獸'를 잇대어서 말한

것이다.

〔畜獸之疾病及瘍 療同醫〕 위에서 사람들의 경우 질병과 종기에 의원을 달리하였는데, 이제 이곳에서 가축이 병들거나 종기가 났을 경우 똑같이 한 명의 의원에게 치료를 받게 하는 것은 사람을 귀중하게 여기고 가축을 천하게 여기기 때문이다. 그러므로 간략하게 하여 똑같이 한 명의 의원에게 치료를 받게 하는 것이다.

天-20-2

凡療獸病에 灌而行之하여 以節之[1]하고 以動其氣하여 觀其所發而養之니라

1) 灌而行之 以節之 : ≪禮記≫ 〈投壺〉 鄭玄의 注에 "灌은 飮(마시다)과 같다.〔灌猶飮也〕"라고 하였으니, 먼저 약을 마시게 하여 병세를 완화시켜서 극도의 상태에 이르지 않게 하면 서서히 그 병의 상태를 살펴볼 수 있다. 吳廷華는 약을 마시면 반드시 걷게 해야 하는데, 곧 이른바 '行藥'이다.〔灌藥必須行之 卽所謂行藥〕"라고 하였다.(≪周禮正義≫ 권9, 340쪽 참조) '行藥'을 하는 것은 약을 복용한 후에 서서히 걸어서 약 기운을 흩어놓기 위한 것이다.

무릇 가축의 병을 치료할 때는 먼저 약을 먹여 걷게 하여 걸음의 속도를 조절하면서 혈맥의 기운을 움직이게 하는데, 그 발동하는 혈맥의 기운을 관찰하면서 치료를 한다.

【注】 療畜獸에 必灌行之者는 爲其病狀難知니 灌以緩之하고 且强其氣也라 節은 趨聚[1]之節也라 氣는 謂脈氣니 旣行之라야 乃以脈視之以知所病이라

1) 趨聚 : '驟'에 대해서 ≪經典釋文≫에서는 "어떤 본에는 驟로 되어 있다.〔聚 本亦作驟〕"고 하였고, ≪說文解字≫ 馬部에서는 "驟는 말이 빠르게 걷는 것이다.〔驟 馬疾步也〕"라고 하였다. 孫詒讓은 '趨驟'의 절도란 천천히 걷거나 급하게 걷는 것을 가리키니, 절도에 따라 다시 빠르게 걷게 하여 그 기맥을 움직이게 한다.〔趨驟之節 謂或緩或急 依節更疾行之 以動其氣也〕"고 하였다.(≪周禮正義≫ 권9, 340쪽 참조) 楊天宇는 '趨'는 緩行을, '驟'는 急行을 뜻한다고 하였다.(≪周禮譯注≫, 96쪽 참조)

가축을 치료할 때 반드시 약을 먹여서 걷게 하는 것은 그 병의 상태를 알기 어렵기 때문에 약을 먹여서 병세를 완화시키고 또 그 기맥을 강하게 하려는 것이다. '節'은 느리고 빠르게 걷는 절도를 뜻한다. '氣'는 혈맥의 기를 말하는 것이니, 기를 발동하고 나서야 혈맥으로 기를 관찰하여 병든 곳을 알 수 있다.

【疏】 '凡療'至'養之' ○釋曰 : 獸必先灌之者, 鄭云'爲其病狀難知, 故先灌而(知)〔和〕[1]緩

之. 以其瘦弱, 且强其氣力也.'

1) (知)〔和〕: 저본에는 '知'로 되어 있으나, 浦鏜의 설 및 ≪周禮正義≫에 의거하여 '和'로 바로잡았다.(北京大 整理本의 〈校勘記〉 참조)

經의 〔凡療〕에서 〔養之〕까지

○釋曰 : 가축에게 반드시 먼저 약을 마시게 하는 것에 대해 鄭玄은 "그 병의 상태를 알기 어렵기 때문에 먼저 약을 먹여서 병세를 완화시키고, 야위고 약해졌으므로 또 그 기력을 강하게 하려는 것이다."라고 하였다.

天-20-3

凡療獸瘍에 **灌而劀之**하여 **以發其惡**하고 **然後藥之養之食**(사)[1]**之**니라

무릇 가축의 종기를 치료할 때는 약을 먹이고 피고름을 제거하여 그 썩은 살을 들어내고 그런 다음에 약을 바르고 보양을 하고 사료를 먹인다.

1) 食(사) : 陸德明에 의하면 '食'는 음이 '飼'이다.(≪經典釋文≫ 권8 〈周禮音義 上 天官冢宰〉 '獸醫')

【注】亦先攻之而後養之라

또한 먼저 병을 다스린 후에 보양을 하는 것이다.

【疏】注'亦先'至'養之' ○釋曰 : 亦上瘍醫以五穀養之養. 彼注 "先刮殺盡乃養之", 此亦然, 故云 "亦先攻而後養之"也.

○注의 〔亦先〕에서 〔養之〕까지

○釋曰 : 또한 위의 〈天官 瘍醫(天-19-3)〉에서 '以五穀養之(다섯 가지 곡물로 보양을 한다.)'라고 했을 때의 '養(보양하다)'이다. 그곳의 鄭玄 注에서 "먼저 〈썩은 살과 뼈를〉 제거하여 그 묵은 살들을 모두 치료한 후에 비로소 보양을 한다."고 하였는데, 이곳에서도 마찬가지이다. 그러므로 "또한 먼저 병을 다스린 후에 보양을 하는 것이다."라고 한 것이다.

天-20-4

凡獸之有病者有瘍者를 **使療之**하고 **死則計其數**하여 **以進退之**니라

무릇 가축이 질병에 걸리거나 종기가 났을 경우 〈獸醫에게〉 치료하도록 하고, 죽으면 그 숫자를 통계 내어 그것을 근거로 〈수의의 봉록을〉 올리거나 내린다.

【疏】'凡獸'至'退之' ○釋曰 : 上醫師云 "十全爲上"者, 唯據疾醫與瘍醫, 不據獸醫, 故此云 "計其數而進退之." 進退, 亦謂據功過進退其祿也.

〔凡獸〕에서 〔退之〕까지

○釋曰 : 위의 〈天官 醫師(天-16-3)〉에서 "열 명의 병자를 모두 낫게 했다면 최상의 등급이 된다."고 한 것은 단지 疾醫와 瘍醫에 의거하여 말한 것이고 獸醫에는 의거하지 않았다. 그러므로 이곳에서 "그 숫자를 통계 내어 그것을 근거로 〈수의의 봉록을〉 올리거나 내린다."고 한 것이다. '進退'는 또한 〈치료를〉 잘하고 못한 실적에 의거하여 그 봉록을 올리거나 내리는 것을 말한다.

21. 酒正(주정)

天-21-1

酒正은 **掌酒之政令**이니 **以式灋授酒材**니라

酒正은 술에 관한 政令을 관장하니, 술을 제조하는 법식에 의거하여 〈酒人에게〉 술 빚는 재료를 공급해준다.

【注】 式法은 作酒之法式이니 作酒에 旣有米麴(국)之數하고 又有功沽之巧[1]라 月令曰 乃命大酋(추)하여 秫(출)稻必齊하고 麴(蘖)〔糵(얼)〕[2]必時하고 湛(饎)〔熾〕[3]必潔하고 水泉必香하고 陶器必良하고 火齊必得[4]이라하니라 鄭司農云 授酒人以其材라

1) 又有功沽之巧 : 孫詒讓에 의하면, '功沽'는 〈天官 酒正(天-21-14)〉 鄭玄의 注에 보이는 '作酒之善惡(제조한 술의 좋고 나쁨)'과 같은 의미로서, 기물이나 음식 가운데 정밀한 것을 모두 '功'이라 하고 거친 것을 모두 '沽'라고 하는데, 술을 빚는 법도 이와 같아서 정밀하게 빚거나 대략 빚은 술이 있으며, 오래도록 숙성시켜 빚거나 속성으로 빚은 술도 있다고 한다.〔功沽者 猶後注云作酒之善惡 蓋凡器物飮食之情者竝謂之功 粗者竝謂之沽 作酒之法同而作之則有詳略久束〕(≪周禮正義≫ 권9, 341쪽 참조)

2) (蘖)〔糵(얼)〕 : 저본에는 '蘖'로 되어 있으나, 阮元의 설에 의거하여 '糵'로 바로잡았다.

(阮元의 〈校勘記〉 참조)

3) (饎)〔熾〕: 저본에는 '饎'로 되어 있으나, ≪禮記≫ 〈月令〉에 의거하여 '熾'로 바로잡았다.(北京大 整理本의 〈校勘記〉 참조)

4) 月令曰……火齊必得 : ≪禮記≫ 〈月令〉의 문장이다. 이에 대한 鄭玄의 注에서는 "술이 익은 것을 '酋'라고 한다. '大酋'는 酒官의 우두머리이니, 周나라에서는 酒人이라고 하였다. '차조와 벼는 반드시 가지런히 한다.'는 것은 숙성시키는 것을 말한다. '湛'은 담근다〔漬〕는 뜻이다. '熾'는 불을 땐다는 뜻이다. '불로 조리한다〔火齊〕'는 것은 익은 정도를 조절하는 것이다."〔酒孰曰酋 大酋者 酒官之長也 於周則爲酒人 秫稻必齊 謂孰成也 湛 漬也 熾 炊也 火齊 腥孰之調也〕라고 하였다. 陳澔는 "'반드시 가지런히 한다'는 것은 양을 법도에 맞게 한다는 뜻이다.〔必齊 多寡中度也〕"라고 하여 숙성의 정도로 보는 정현과 달리 양의 정도로 보았다. 또 "'湛'은 담가서 씻는다는 뜻이다. '熾'는 찌고 불을 땐다는 뜻이다. '반드시 깨끗하게 한다.〔必潔〕'는 더러운 바가 없게 한다는 뜻이다. '반드시 향기롭게 한다.〔必香〕'는 것은 더럽고 나쁜 기가 없게 한다는 뜻이다.〔湛 漬而滌之也 熾 蒸炊也 必潔 無所汚也 必香 無穢惡之氣也〕"라고 하였다.(≪禮記集說≫ 〈月令〉 참조)

'式法'은 술을 제조하는 법식을 가리킨다. 술을 제조하는 법식에는 쌀과 누룩의 수량이 있고 또 맑고 탁한 숙성의 정도가 있다. ≪禮記≫ 〈月令〉에서 "大酋에게 명령하여 차조와 벼는 반드시 알맞게 숙성시키고, 누룩은 반드시 때에 맞추어 제조하고, 〈쌀과 누룩을〉 담가 씻고 찔 때는 반드시 깨끗하게 하고, 물은 반드시 향기로운 것을 사용하고, 용기는 반드시 새지 않게 하고, 불로 조리할 때는 반드시 적절히 익게 한다."라고 하였다. 鄭衆은 "酒人에게 술을 빚는 재료를 주는 것이다."라고 하였다.

【疏】'酒正'至'酒材' ○釋曰 : 酒正辨四飮, 則漿之政令亦掌之[1]. 今直言掌酒之政令, 不言漿之政令者, 但據酒之尊者而言, 其實漿亦掌之. 云'以式法授酒材'者, 式法謂造酒法式, 謂米麴多少及善惡也. 酒材卽米麴蘖, 授與酒人, 使酒人造酒. 旣言兼掌漿人, 則漿之法式及漿材亦授之. 不言者, 亦擧尊言也.

1) 酒正辨四飮 則漿之政令亦掌之 : 酒正은 淸(맑은 단술)·醫(탁한 단술)·漿(신 음료)·酏(미음)의 4가지 음료를 관장한다. '漿'은 약간 신맛이 나는 음료로서 지게미로 빚는다. 賈公彦은 이 '漿' 역시 술의 일종이라고 하였고, 孫詒讓은 지게미를 빚어서 만드는데 맛이 약간 시다고 하였다. 자세한 것은 아래 〈天官 酒正(天-21-5)〉의 경문·鄭玄의 注·賈公彦의 疏 및 ≪周禮正義≫ 권9, 352쪽 참조.

經의 〔酒正〕에서 〔酒材〕까지

○釋曰 : 酒正은 4종류의 음료를 변별하므로 漿(신 음료)에 관한 政令도 관장한다. 이제 단지 술에 관한 정령을 관장한다고만 말하고 漿에 관한 정령을 말하지 않은 것은, 〈漿도 술의 일종이나〉 술 가운데 존귀한 것에 의거하여 말했기 때문이니, 실제로는 漿도 관장하는 것이다.

〔以式法授酒材〕 '式法'은 술을 제조하는 법식이니, 쌀과 누룩의 많고 적음과 〈숙성된 정도의〉 좋고 나쁨을 말한다. 술을 빚는 재료는 쌀과 누룩이니 酒人에게 주어서 주인으로 하여금 술을 제조하게 하는 것이다. 이미 漿人을 아울러 관장한다고 말했으므로 漿을 제조하는 법식 및 漿의 재료도 공급해주는 것이다. 이를 언급하지 않은 것은 또한 존귀한 술을 들어서 말했기 때문이다.

○注'式法'至'其材' ○釋曰 : 云'作酒既有米麴之數'者, 謂此爲法式也. 云'又有功沽之巧'者, 功沽謂善惡, 善惡亦是法式也. 引月令者, 十一月之令. 言乃命大酋監之者, 彼注"酒孰曰酋. 於周禮則爲酒人". 案下注"昔酒, 今之酋久白酒", 則酋者久遠之稱, 則是久熟者善, 故名酒官爲大酋. 若然, 彼注爲酒人, 此酒正引之者, 此酒正以法式及酒材授與酒人, 使造酒, 故引酒人. 云'秫稻必齊'者, 必使齊孰. '麴蘖必時'者, 造之必得時. '湛饎必絜'者, 湛, 漬. 饎, 炊也. 謂(淸)〔漬〕[1]米炊釀之時, 必須絜淨. '水泉必香'者, 謂漬麴漬米之水必須香美. '陶器必良'者, 酒甕陶中所燒器者, 必須成熟不津. 云'火齊必得'者, 謂釀之時, 生熟必宜得所也.

1) (淸)〔漬〕: 저본에는 '淸'으로 되어 있으나, 孫詒讓의 설과 閩本에 의거하여 '漬'로 바로잡았다.(北京大 整理本의 〈校勘記〉 참조)

○注의 〔式法〕에서 〔其材〕까지

○釋曰 : 〔作酒既有米麴之數〕 이것이 법식이 됨을 말한 것이다.

〔又有功沽之巧〕 '功沽'는 〈숙성된 정도의〉 좋고 나쁨을 말하는 것이니, 좋게 만들거나 나쁘게 만드는 것도 법식인 것이다.

인용한 ≪禮記≫ 〈月令〉은 11월의 정령이다. "大酋에게 명령하여 감독하게 한다."고 말한 것에 대한 鄭玄 注에서는 "술이 익은 것을 '酋'라고 한다. ≪周禮≫에서는 酒人이라고 하였다."라고 하였다. 생각건대, 아래(天-21-4) 鄭玄의 注에서 "昔酒는 오늘날 오랫동안 숙성시킨 白酒이다."라고 하였으니, '酋'란 오래된 것을 일컫는 것이므로 오래 숙성한 것이 좋은 술이다. 그러므로 酒官을 大酉라고 이름 붙인 것이다. 그렇다면 저 ≪예기≫ 〈월령〉 鄭玄의 注에서 '酒人'이라고 하였고 이곳 〈天官 酒正〉에서 그것을 인용한 것은, 이곳의 酒正이 법식과 술 빚는 재료를 酒人에게 주어서 술을 제조하게 하기 때문이다. 그러므로 〈≪예기≫ 〈월령〉의〉 '酒人'을 인용한 것이다.

〔秫稻必齊〕 반드시 알맞게 숙성시키는 것이다.

〔麴蘗必時〕 제조하는 것이 반드시 때에 맞도록 하는 것이다.

〔湛饎必絜〕 '湛'은 '일다'〔漬〕의 뜻이고, '饎'는 '불을 때다'〔炊〕의 뜻이니, 쌀을 물에 담가서 씻고 불을 때서 발효시킬 때 반드시 정결하게 해야 한다는 뜻이다.

〔水泉必香〕 누룩을 담가 씻고 쌀을 담가 씻는 물은 반드시 향기로워야 한다는 뜻이다.

〔陶器必良〕 질그릇으로 된 술 단지 가운데 불로 끓이는 데 쓰이는 그릇은 반드시 잘 만들어져서 새지 않아야 한다.

〔火齊必得〕 술을 빚을 때에 숙성 정도가 반드시 적절해야 한다는 뜻이다.

天-21-2

凡爲公酒者도 亦如之니라

무릇 공적인 일을 위해 술을 제조하는 경우도 이와 마찬가지로 한다.

【注】 謂鄕射飮酒에 以公事作酒者도 亦以式法及酒材授之하여 使自釀之[1)]라

1) 使自釀之 : 吳廷華에 따르면, 이는 酒正이 酒人에게 주지 않고 鄕의 有司에게 주어서 술을 빚게 하는 것임을 밝힌 것이다.(≪周禮正義≫ 권9, 342쪽 참조)

鄕飮酒禮와 鄕射禮의 음주처럼 공적인 일로 술을 제조하는 경우도 〈酒正은〉 술을 제조하는 법식과 술 빚는 재료를 내주어서 스스로 술을 빚게 한다.

【疏】 '凡爲'至'如之' ○釋曰 : 言'凡爲公酒'者, 謂爲公事而作酒. 言'凡', 非一, 謂若鄕飮酒鄕射之等. 言'亦如之'者, 亦以式法授酒材.

經의 〔凡爲〕에서 〔如之〕까지

○釋曰 : 〔凡爲公酒〕 공적인 일을 위해서 술을 제조하는 경우를 말한다. '凡'이라고 한 것은 한 가지가 아니라는 뜻이니, 향음주례나 향사례 등과 같은 일들을 말한다.

〔亦如之〕 또한 술을 제조하는 법식에 의거하여 술 빚는 재료를 주는 것이다.

○注'謂鄕'至'釀之' ○釋曰：言鄕射飮酒者，謂鄕飮酒鄕射飮酒．鄕飮酒中，有黨正飮酒，賓賢能飮酒．鄕射飮酒中，有州長春秋習射於序[1]，又有鄕大夫三年賓賢能[2]後，以五物詢衆庶[3]，用州長射禮，竝是鄕射飮酒．若然，州長黨正飮酒而謂之鄕者，或是鄕大夫所居州黨，或是鄕大夫親來臨禮，竝得鄕名，故謂之鄕．此數事者，皆爲國行禮，不可橫斂於民，故得公酒．其百家爲族，不得公酒，族祭步神之時[4]，合錢飮酒．

1) 有州長春秋習射於序：≪儀禮≫〈鄕射禮〉에 인용된 鄭玄의 ≪三禮目錄≫에서 "〈鄕射禮는〉 州長이 봄과 가을에 禮로써 백성을 모아놓고 주의 학교〔州序〕에서 활을 쏘는 예이다. '鄕'이라고 말한 것은 州는 鄕에 속하고, 향대부가 이 활쏘기에 참여하기도 하는데 그 예의 절차를 바꾸지 않기 때문이다.〔鄭目錄云 州長春秋以禮會民 而射於州序之禮 謂之鄕者 州鄕之屬 鄕大夫或在焉 不改其禮〕"라고 하였다.

2) 賢能：〈地官 鄕大夫(地-4-3)〉의 '賢者能者'에 대한 鄭玄의 注에 "'賢者'는 德行을 갖춘 자이다. '能者'는 道藝를 갖춘 자이다.〔賢者 有德行者 能者 有道藝者〕"라고 하였다.

3) 以五物詢衆庶：〈地官 鄕大夫(地-4-5)〉의 문장이다. "〈鄕老와 鄕大夫는〉 본향으로 물러나 鄕射禮를 거행하여 다섯 가지 일〔五物〕로 활쏘기를 익히는 사람들을 관찰하고 동시에 백성들의 의견을 묻는다. 첫째는 '和(심신이 바르고 조화로움)'이고, 둘째는 '容(의용이 예에 부합함)'이고, 셋째는 '主皮(과녁을 잘 맞춤)'이고, 넷째는 '和容(동작과 의용이 음악의 절주에 부합함)'이고, 다섯째는 '興舞(춤추는 모습)'이다.〔退而以鄕射之禮五物詢衆庶 一曰和 二曰容 三曰主皮 四曰和容 五曰興舞〕"라고 하였다.

4) 族祭步神之時：〈地官 族師(地-7-4)〉에서 "봄과 가을에 酺에 제사를 지낸다.〔春秋祭酺〕"고 한 것에 대해서 鄭玄의 注에는 "'酺'는 사람과 물건에 재해를 끼치는 신이다. 그러므로 '酺'는 혹 '步'라고도 쓴다.〔酺者 爲人物烖害之神也 故書酺或爲步〕"고 하였고, 賈公彦의 疏에서는 "이 경문에서 '酺'라고 한 것이 어떤 신인지 알지 못하기 때문에 漢法을 들어서 비유한 것이다. 다만 漢나라에 때에 蝝螟의 酺神이 있었고, 또 人鬼의 步神이 있었다.〔此經云酺 不知何神 故擧漢法以況之 但漢時有蝝螟之酺神 又有人鬼之步神〕"고 하였다. 이렇게 본다면 '祭步神'은 族에서 사람과 물건에게 재해를 끼치는 人鬼의 步神을 제사 지내는 것을 말하는 것으로 보인다.

○注의 〔謂鄕〕에서 〔釀之〕까지

○釋曰：'鄕射飮酒'라고 한 것은 鄕飮酒와 鄕射飮酒를 말한다. 향음주 중에는 黨正의 飮酒가 있고, 현명한 자와 유능한 자를 빈객으로 예우하는 飮酒가 있다. 향사음주 중에는 州長이 봄과 가을에 학교〔序〕에서 활쏘기를 익히는 것이 있고, 또 향대부가 3년마다 현명한 자와 유능한 자를 빈객으로 예우한 뒤에 다섯 가지 일로 백성들에게 의견을 묻고 州長

의 射禮를 쓰니, 모두 향사음주이다. 그렇다면 주장과 黨正의 음주인데 '鄕'이라고 한 것은 향대부가 주·당에 거주하기도 하고 향대부가 몸소 가서 의례에 참석하기도 해서 모두 '향'이라는 명칭을 얻기 때문이다. 그러므로 '향'이라고 한 것이다. 이 몇 가지 일은 모두 나라에서 거행하는 의례이니, 함부로 백성에게 〈비용을〉 거둘 수 없으므로 公酒를 사용한다. 100家가 '族'이 되는데 公酒를 사용할 수 없으니, 族에서 步神에게 제사를 지낼 때는 돈을 거둬서 술을 마신다.

天-21-3

辨五齊之名[1)]이니 一曰泛齊요 二曰醴齊요 三曰盎齊요 四曰緹(제)[2)]齊요 五曰沈齊니라

1) 辨五齊之名 : 五齊는 아직 술의 찌꺼기를 걸러내지 않은 다섯 가지의 탁주로서, 제사를 지낼 때에 공급된다. '名'은 아래(天-21-4)의 '三酒之物'의 物과 互文이라는 孫詒讓의 설에 의거하여 번역하였다. 자세한 내용은 아래 경문(天-21-4)의 疏 역주 2) 참조.

2) 緹(제) : 陸德明에 의하면 '緹'의 音은 '體'이다.(≪經典釋文≫ 권8 〈周禮音義 上 天官冢宰〉 '酒正')

〈酒正은〉 五齊의 명칭과 종류를 변별하니, 첫째는 泛齊이고, 둘째는 醴齊이고, 셋째는 盎齊이고, 넷째는 緹齊이고, 다섯째는 沈齊이다.

【注】 泛者는 成而滓浮에 泛泛然이 如今宜成醪(료)矣라 醴는 猶體也니 成而汁滓相將이 如今恬酒矣요 盎은 猶翁也니 成而翁翁然葱白色이 如今酇白[1)]矣라 緹者는 成而紅赤이 如今下酒矣요 沈者는 成而滓沈이 如今造清矣라 自醴以上은 尤濁하여 縮酌者요 盎以下는 差清이라 其象類則然이니 古之法式은 未可盡聞이라 杜子春讀齊皆爲粢라 又禮器曰(緹)〔醴〕[2)]酒之用이나 玄酒之尙이라하니라 玄謂齊者는 每有祭祀에 以度量節作之라

1) 酇白 : 陸德明은 "'酇白'은 곧 오늘날의 白醝酒이니, '醝'로 써야 하며 '酇'으로 쓰는 것은 假借이다. 음은 在와 何의 반절이다.〔酇白 卽今之白醝酒也 宜作醝 作酇 假借也 在何反〕"라고 하였다.(≪經典釋文≫ 8권 〈周禮音義 上 天官冢宰〉 '酒正')

2) (緹)〔醴〕 : 저본에는 '緹'로 되어 있으나, ≪禮記≫ 〈禮器〉의 원문에는 '醴'로 되어 있다. 浦鏜 역시 이를 지적하였다.(北京大 整理本의 〈校勘記〉 참조)

'泛'은 오늘날의 宜成醪와 같이 숙성이 되면서 찌꺼기가 둥둥 떠 있는 술이다. '醴'는 '體(일체)'와 같으니, 오늘날의 恬酒와 같이 숙성이 되면서 즙과 찌꺼기가 뒤섞여 있는 술이

다. '盎'은 '翁(연한 남빛)'과 같으니, 오늘날의 酇白과 같이 숙성이 되면서 파르스름하게 연한 남빛을 띠는 술이다. '緹'는 오늘날의 下酒와 같이 숙성이 되면서 홍적색을 띠는 술이다. '沈'은 오늘날의 造淸과 같이 숙성이 되면서 찌꺼기가 가라앉은 술이다. 醴齊 위로는 더욱 탁하여 찌꺼기를 걸러낸 후에 따르는 술이다. 盎齊 아래로는 조금 맑은 술이다. 淸濁의 부류에 의거하여 비유하자면 이와 같은 것이니, 옛날의 제조법에 대해서는 다 알 수가 없다.

杜子春은 '齊'를 모두 '粢(기장)'의 뜻으로 읽었다. 또 ≪禮記≫ 〈禮器〉에서 "醴酒를 사용하지만 玄酒를 숭상한다."라고 하였다. 나(鄭玄)는 생각건대, '齊'는 제사를 지낼 때마다 법식에 따라 조절하여 제조하는 것을 말한다.

【疏】'辨五'至'沈齊' ○釋曰：言'辨五齊之名'者, 酒正不自造酒, 使酒人爲之, 酒正直辨五齊之名, 知其淸濁而已. 云'一曰泛齊'者, 泛讀如"泛泛(揚州)〔楊舟〕[1)2)]"之泛. 言'泛'者, 謂此齊孰時, 滓浮在上, 泛泛然. '二曰醴齊'者, 醴, 體也. 此齊孰時, 上下一體, 汁滓相將, 故名醴齊. 又此醴齊作時, 恬於餘齊, 與酒味稍殊, 故亦入於六飮[3)]. '三曰盎齊'已下, 其類可知.

1) (揚州)〔楊舟〕: 저본에는 '揚州'로 되어 있으나, 阮元의 설에 의거하여 '楊舟'로 바로잡았다.(阮元의 〈校勘記〉 참조)

2) 泛泛(揚州)〔楊舟〕: ≪詩經≫ 〈小雅 菁菁者莪〉의 문장으로, "汎汎楊舟 載沈載浮(두둥실 떠 있는 버드나무 배여, 가라앉았다 떠올랐다 하네.)"라고 하였는데, ≪毛傳≫에서는 "〈'楊舟'는〉 버드나무로 배를 만든 것이다.〔楊木爲舟〕"라고 하였다.

3) 又此醴齊作時……故亦入於六飮 : '六飮'은 漿人이 관장하는 水(물)·漿(신 음료)·醴(맑은 단술)·涼(찬 죽)·醫(탁한 단술)·酏(미음)를 말한다. ≪禮記≫ 〈內則〉에 의하면, 본래 '醴'에는 아직 찌꺼기를 걸러내지 않아 탁한 醴齊(醴糟)와 찌꺼기를 걸러내어 맑게 한 醴淸의 두 가지가 있다. 鄭玄에 의하면 六飮 가운데의 '醴'는 醴淸 즉 醴齊에서 찌꺼기를 걸러내어 맑게 만든 단술을 가리킨다. 따라서 賈公彦이 六飮의 醴를 아직 찌꺼기를 걸러내지 않은 단술로 해석하여 이곳의 醴齊가 六飮 안에 들어간다고 한 것은 잘못이다.(≪周禮正義≫ 권9, 369쪽 참조)

經의 〔辨五〕에서 〔沈齊〕까지

○釋曰：〔辨五齊之名〕 酒正은 스스로 술을 제조하지 않으니 酒人을 시켜서 만들게 하고, 주정은 다만 五齊의 명칭과 종류를 변별하여 그 맑고 탁함을 관장할 뿐이다.

〔一曰泛齊〕 '泛'은 "泛泛楊舟(두둥실 떠있는 버드나무 배여)"라고 할 때의 '泛'의 뜻처럼 읽

는다. '泛'이라고 말한 것은 이 齊酒가 익을 때 찌꺼기가 위로 둥둥 떠오르는 것을 말한다.

〔二曰醴齊〕 '醴'는 일체〔體〕라는 뜻이다. 이 齊酒가 익을 때 위아래가 일체가 되어 즙과 찌꺼기가 뒤섞여 있다. 그러므로 '醴齊'라고 명명한 것이다. 또 이 醴齊를 만들 때 나머지 齊酒들보다 달아서 술맛과 조금 다르다. 그러므로 또한 六飮(여섯 가지 음료) 안에 포함시킨 것이다.

'三曰盎齊' 이하는 그 청탁의 부류를 알 수 있다.

○注'泛者'至'作之' ○釋曰：言'泛者, 成而滓浮'者, 此五齊皆言'成'者, 謂酒孰曰成. 云'如今宜成醪矣'者, 宜成, 說以爲地名, 故曹植[1]酒賦曰"宜成醴醪, 蒼梧縹清[2)]." 若馬融所云"今之宜成, 會稽稻米, 清似宜成", 以爲酒名. 故劉杳(묘)要雅亦以宜成爲酒名. 二者未知孰是. 今鄭云'宜成醪矣', 亦未知鄭意酒名地名. 類下酇白, 則爲地名. 云'如今恬酒矣'者, 但於五齊中爲恬, 故以恬酒況之. 云'如今酇白矣'者, 漢時蕭何所封南陽地名酇[3]. 云'如今下酒矣'者, 下酒謂(曹)〔糟〕[4]床下酒,[5] 其色紅赤, 故以緹名之.[6] 案鄭下注"(五)〔伍〕[7]伯緹衣", 亦赤黑色也. 云'如今造清矣'者, 漢時造清, 孰則滓沈, 故以況沈齊也. 云'自醴已上尤濁, 縮酌'者, 言自醴以上, 唯有泛齊. 泛齊滓浮, 則濁于醴齊汁滓相將者. 此二者皆以茅泲之, 故司尊彝云"醴齊縮酌", 郊特牲云"縮酌用茅, 明酌也", 謂以事酒之上清明者和醴齊, 以茅泲之, 使可酌. 鄭彼注云"泛從醴", 是二者皆縮酌, 故云"自醴已上尤濁, 縮酌也." 云'盎以下差清'者, 案司尊彝云"盎齊涚酌". 鄭注"涚, 清也[8]." 謂以清酒泲之, 則不用茅, 以其盎已清故也. 鄭彼注又云"泛從醴, 緹沈從盎", 則亦用清酒泲之. 云'其象類則然'者, 謂五者皆擧漢法況之, 是其象類則然者也. 云'古之法式未可盡聞'者, 雖擧漢法, 漢承周後, 多得古之法, 只可略聞, 故云"未可盡聞也." '杜子春讀齊皆爲粢, 云禮器曰緹酒之用, 玄酒之尙'者, 子春意, 見禮運云"粢醍在堂", 又見禮器云"醴酒之用", 又粢穀爲醍酒, 則其餘四齊皆以粢穀爲之, 故讀齊皆爲粢. '玄謂齊者, 每有祭祀, 以度量節作之', 謂祭有大小, 齊有多少, 謂若祫祭備五齊, 禘祭備四齊, 時祭備二齊, 是以度量節作之. 不從子春爲粢者, 禮運唯有醍齊稱粢, 於此五者皆稱齊, 子春破五齊從一粢, 於義不可, 故鄭於禮運注"粢當爲齊", 破一粢從五齊, 於義可也. 此五齊與下三酒及春官鬯人所造鬯酒所以異者, 五齊三酒俱用秫稻麴蘖, 又三酒味厚, 人所飮者也, 五齊味薄, 所以祭者也, 是以下經鄭注云"祭祀必用五齊者, 至敬不尙味而貴多品." 五齊對三酒, 酒與齊異, 通而言之, 五齊亦曰酒, 故禮坊記云"醴酒在

室, 醍酒在堂" 是也. 其鬯酒者, 自用黑黍爲之, 與此別也.

1) 曹植 : 192~232. 三國時代 魏나라의 시인이다. 위나라 武帝 曹操의 아들이며 文帝 曹조의 아우이다. 당대 孔融, 陳琳과 함께 建安文學의 중심인물이다. 권력 다툼 속에 형 조비와의 골육 간 불화를 풍자한 〈七步之詩〉로 유명하다. ≪曹子建集≫ 10권이 남아 있다.

2) 宜成醴醪 蒼梧縹淸 : 曹植의 〈酒賦〉에는 '成'이 '城'으로 되어 있다. ≪續漢書≫ 〈郡國志〉에는 南郡에 宜城侯國이 있다고 하였고, ≪後漢書≫ 〈杜根傳〉 李賢의 注에는 "宜城縣의 古城은 오늘날 襄州 率道縣의 남쪽에 있는데, 그 지역에서 맛난 술이 나온다.〔宜城縣古城 在今襄州率道縣南 其地出美酒〕"고 하였다. 宜城은 오늘날의 湖北省 宜城縣이다. 南宋時代 祝穆(?~1255)이 편찬한 ≪方輿勝覽≫에 의하면 宜城縣 동쪽 1리에 金沙泉이 있는데, 매우 맛난 술을 주조하여 세상에서는 宜城春 혹은 竹葉酒라고 하였다고 한다. 蒼梧는 오늘날의 廣西城 蒼梧縣이다.

3) 漢時蕭何所封南陽地名鄼 : ≪續漢書≫ 〈郡國志〉에 의하면 2곳의 鄼縣이 있는데 하나는 南陽郡에 속하고 다른 하나는 沛國에 속한다. 蕭何는 처음 沛에 봉해졌는데, 그 沛의 글자는 본래 鄌(차)로 썼으니, 오늘날의 鄼縣이다. 漢나라 惠帝 2년(B.C.194) 高后는 소하의 부인을 鄼侯로 봉했는데, 南陽郡의 鄼縣이다. 鄌와 鄼은 글자와 음이 다른 글자였는데, ≪續漢書≫에서 처음으로 잘못 한 글자가 되었다. '醝'와 동음의 글자는 鄌(차)이다. ≪史記索隱≫ 〈蕭相國世家〉의 주에서 "鄒誕生은 '鄼은 沛郡에 속하는 것은 음이 嵯이고, 南陽에 속하는 것은 음이 贊이다.〔屬沛郡音嵯 屬南陽音贊〕'라고 하였다."고 하였다. 鄒誕生은 비록 鄌를 鄼으로 보았지만 그 음은 잘못되지 않았다. 賈公彦이 이곳의 소에서 鄼을 남양의 지명으로 본 것은 잘못이다.(≪周禮正義≫ 권9, 344쪽 참조)

4) (曹)〔糟〕 : 저본에는 '曹'로 되어 있고, 阮元도 王應麟의 ≪漢制考≫를 근거로 '曹'라 하였으나, 杜甫의 詩 〈羌村〉을 근거로 '糟'가 되어야 한다는 孫詒讓의 설에 의거하여 '糟'로 바로잡았다.(北京大 整理本의 〈校勘記〉 참조) '糟床'은 술을 거르거나 짜내는 틀인 '술주자'를 가리킨다.

5) 〔糟〕床下酒 : '下酒'에 대해 孫詒讓은 술주자에 걸러서 아래로 떨어지는 술이라고 하였다. 緹齊는 盎齊보다 더 맑기 때문에 鄭玄이 下酒로 풀이했다는 것이다.〔下酒 蓋糟床漉下之酒 緹齊於盎齊益淸 故鄭以下酒爲釋〕(≪周禮正義≫ 권9, 345쪽 참조)

6) 其色紅赤 故以緹名之 : 孫詒讓은 ≪說文解字≫ 糸部에서 "'緹'는 비단이 적황색인 것이고, '紅'은 비단이 홍백색인 것이다.〔緹 帛丹黃色 紅 帛紅白色〕"라고 한 문장을 인용한 후, 술이 숙성하여 옅은 적색을 띠기 때문에 緹齊라 하는 것이라고 하였다.〔蓋酒成而淺赤色 故謂之緹齊矣〕(≪周禮正義≫ 권9, 345쪽 참조)

7) (五)〔伍〕 : 저본에는 '五'로 되어 있으나, 浦鏜의 설에 의거하여 '伍'로 바로잡았다.(北京

大 整理本의 〈校勘記〉 참조)

8) 鄭注涗淸也 : ≪禮記≫ 〈郊特牲〉의 '明水涗齊'에 대해서 鄭玄의 注에서는 "'涗'는 淸(맑게 하다)과 같다. 五齊는 탁하므로 찌꺼기를 걸러내어 맑게 하니, 이를 '涗齊'라고 한다.〔涗猶淸也 五齊濁 泲之使淸 謂之涗齊〕"고 하였다. 정현은 五齊를 모두 탁한 술로 해석하였다.

○注의 〔泛者〕에서 〔作之〕까지

○釋曰 : 〔泛者 成而滓浮〕 이곳의 五齊에 대해서 모두 '成'이라고 말한 것은 술이 익는 것을 '成'이라고 한다는 뜻이다.

〔如今宜成醪矣〕 '宜成'이 땅 이름이라 여기고 말한 것이다. 그러므로 曹植의 〈酒賦〉에서 "의성에는 醴醪의 술이 있고, 蒼梧에는 縹淸의 술이 있네."라고 한 것이다. 馬融이 "오늘날의 의성에서는 會稽의 쌀로 만드는데 宜成처럼 맑다."라고 말한 경우는 〈宜成을〉 술 이름으로 여긴 것이다. 그러므로 劉杳(487~536)의 ≪要雅≫에서도 의성을 술 이름이라고 하였다. 두 견해 가운데 어느 쪽이 옳은지 알지 못하겠다. 이제 鄭玄은 "宜成醪이다."라고 하였는데, 또한 정현이 술 이름으로 생각한 것인지 땅 이름으로 생각한 것인지 알 수 없다. 아래의 '酇白'과 유사한 경우라면 땅 이름이 된다.

〔如今恬酒矣〕 다만 〈醴齊는〉 五齊 가운데서 맛이 달다. 그러므로 恬酒로 비유한 것이다.

〔如今酇白矣〕 漢나라 때 蕭何(B.C. 257~B.C. 193)가 봉해진 南陽의 지명이 '酇'이었다.

〔如今下酒矣〕 '下酒'는 糟床(술주자)에 걸러서 아래로 떨어지는 술을 가리키니, 그 빛깔이 홍적색이다. 그러므로 '緹(붉다)'라고 이름 붙였다. 살펴보건대, 아래 〈春官 司服(春-12-3)〉 鄭玄의 注에서 '伍伯의 緹衣'라고 한 것도 또한 흑적색이다.

〔如今造淸矣〕 漢나라 때의 造淸은 숙성되면 찌꺼기가 가라앉았다. 그러므로 그것으로 沈齊를 비유한 것이다.

〔自醴已上尤濁 縮酌〕 醴齊의 위는 泛齊가 있을 뿐임을 말한 것이다. 범제는 찌꺼기가 떠 있으니, 예제보다 더 탁하여 즙과 찌꺼기가 뒤섞여 있다. 이 두 가지의 齊酒는 모두 띠풀로 즙과 찌꺼기를 걸러낸다. 그러므로 〈春官 司尊彝(春-7-3)〉에서 "예제는 띠풀로 찌꺼기를 걸러낸 후 따른다."고 하였고, ≪禮記≫ 〈郊特牲〉에서는 "〈예제를〉 걸러내어 따를 때는 띠풀을 사용하는데, 먼저 明酌을 〈예제에 섞은 후 찌꺼기를 걸러낸다.〉"라고 하였으니, 事酒의 위쪽 맑은 부분을 예제에 섞은 후 띠풀로 받쳐서 찌꺼기를 걸러내어 따를 수 있게 하는 것이다. 鄭玄은 저 〈춘관 사존이(春-7-3)〉의 주에서 "범제는 예제의 방식에 따른다."고 했으니, 두 가지의 제주는 모두 띠풀로 찌꺼기를 걸러낸 후 따르는 것이다. 그러므로 "예제 위로는 더욱 탁하여 찌꺼기를 걸러낸 후에 따르는 술이다."라고 한

것이다.

〔盎以下差清〕 살펴보건대, 〈춘관 사존이(春-7-3)〉에서 "盎齊는 청주를 섞어 찌꺼기를 걸러낸 후에 따른다."라고 하였다. 정현은 ≪예기≫ 〈교특생〉의 주에서는 "'涚'는 맑게 한다는 뜻이다."라고 하였으니, 청주를 섞어서 걸러내는 것을 말한다. 그렇다면 띠풀을 사용하지 않는 것이니, 앙제가 이미 맑기 때문이다. 또 정현은 〈춘관 사존이〉의 주에서 "泛齊는 醴齊의 방식에 따르고, 緹齊와 沈齊는 盎齊의 방식에 따른다."고 하였으니, 그렇다면 〈체제와 침제〉 또한 청주로 찌꺼기를 걸러내는 것이다.

〔其象類則然〕 다섯 가지 모두 漢나라의 법을 들어서 비유한 것은 그 청탁의 부류에 의거하여 비유하자면 그러한 것이기 때문이다.

〔古之法式未可盡聞〕 비록 漢나라의 법을 들어서 말했으나, 한나라는 周나라의 뒤를 계승하여 옛 법을 많이 얻었지만 단지 개략적으로 들을 수 있을 뿐이었다. 그러므로 "옛날의 제조법은 다 알 수가 없다."라고 한 것이다.

〔杜子春讀齊皆爲粢 云禮器曰緹酒之用 玄酒之尙〕 杜子春의 뜻은 ≪예기≫ 〈禮運〉에 "粢醍는 堂에 진설한다."고 한 데에 보이고, 또 ≪예기≫ 〈禮器〉를 보면 "醴酒를 사용한다."고 한 데 보이며, 또 粢穀(기장)으로 醍酒(緹酒)를 만드는 것이므로 그 나머지 네 가지의 齊酒도 모두 粢穀으로 만든다고 생각하였다. 그러므로 '齊'를 모두 '粢'의 뜻으로 읽은 것이다.

〔玄謂齊者 每有祭祀 以度量節作之〕 祭祀에는 큰 제사와 작은 제사가 있고, 齊酒는 많이 진설하는 경우와 적게 진설하는 경우가 있음을 말한 것이다. 예컨대 祫祭에는 다섯 가지의 齊酒를 갖추고, 禘祭에는 네 가지의 齊酒를 갖추며, 時祭에는 두 가지의 齊酒를 갖추는 것을 말하는 것이니, 이것이 법식에 따라 조절하여 제조한다는 뜻이다. 〈정현이〉 〈齊를〉 '粢'의 뜻으로 읽은 두자춘의 해석에 따르지 않은 것은, ≪예기≫ 〈예운〉에만 醍齊를 '粢'로 칭하는 것이 있고, 이곳의 다섯 가지 경우에 모두 '齊'라고 칭했는데, 두자춘이 다섯 경우의 '齊'를 부정하고 한 곳에서의 '粢'만을 따른 것이 의미상 옳지 않기 때문이다. 그러므로 정현은 ≪예기≫ 〈예운〉의 주에서 "'粢'는 마땅히 '齊'가 되어야 한다."고 하여 한 곳에서의 '粢'를 부정하고 다섯 경우의 '齊'를 따랐으니, 의미상 옳은 것이다. 이 五齊와 아래의 三酒 및 春官의 鬯人이 제조한 울창주〔鬯酒〕가 다른 점은, 五齊와 三酒는 모두 찰기장과 벼와 누룩을 사용하여 빚는다는 점과 또 삼주는 맛이 농후하여 사람이 마시는 것이고 五齊는 맛이 담박하여 제사에 올리는 것이라는 점이다. 이 때문에 아래 경문(天-21-7)의 정현 주에서 " 제사를 지낼 때 반드시 五齊를 사용하는 것은 공경함을 지극히

하므로 맛을 숭상하지 않고 물품을 많이 진설하는 것을 귀하게 여기기 때문이다."라고 하였다. 五齊를 三酒와 대비시켜 말할 경우 '酒'와 '齊'는 다른 것이지만, 통용해서 말할 경우는 五齊 또한 '酒'라고 한다. 그러므로 ≪예기≫ 〈坊記〉에서 "醴酒는 室에 있고, 醍酒는 堂에 있다."라고 한 것이 이 〈통용하여 말한〉 경우이다. 그 울창주라는 것은 검은 찰기장으로 만들기 때문에 이것들과는 구별된다.

天-21-4

辨三酒[1]之物이니 一曰事酒요 二曰昔酒요 三曰清酒니라

〈주정은〉 三酒의 명칭과 종류를 변별하니, 첫째는 事酒이고, 둘째는 昔酒이고, 셋째는 清酒이다.

1) 三酒 : '三酒'는 음료용으로 제공하는 세 가지 술이다. 앞의 五齊가 맛이 담박하고 찌꺼기를 걸러내기 이전의 술로서 제사에 올리는 술이라면, 이 三酒는 찌꺼기를 걸러낸 술로서 사람들의 飮用에 제공된다.

【注】鄭司農云 事酒는 有事而飮也요 昔酒는 無事而飮也요 清酒는 祭祀之酒라 玄謂事酒는 酌有事者之酒니 其酒則今之醳(역)酒也요 昔酒는 今之酋久白酒니 所謂舊醳[1]者也요 清酒는 今中山冬釀하여 接夏而成이라

1) 舊醳 : 오랫동안 숙성시켜 술을 빚는 것을 말한다. ≪禮記≫ 〈郊特牲〉에서 "〈醴齊는 明酌을 섞어서 걸러내고, 醆酒는 清酒를 섞어서 걸러내고, 鬱鬯酒는 盎齊로 섞고 손으로 비벼서 향즙이 나오게 하는 것은 오늘날〉 明酌·清酒와 醆酒 등에 오랫동안 숙성시켜 빚은 술〔舊澤之酒〕을 섞어 찌꺼기를 걸러내는 것과 같다.〔猶明清與醆酒于舊澤之酒也〕"라고 하였는데, 鄭玄의 注에서는 "'澤'은 '醳'의 뜻을 읽으니, 오랫동안 숙성시켜 만든 술을 昔酒라고 한다.〔澤讀爲醳 舊醳之酒 謂昔酒也〕"고 하였다.

鄭衆은 "事酒는 일이 있을 때 마시는 술이다. 昔酒는 일이 없을 때 마시는 술이다. 清酒는 제사에 사용하는 술이다."라고 하였다. 나(鄭玄)는 생각건대, '사주'는 맡은 일이 있는 사람에게 따라주는 술이니, 그 술은 오늘날의 醳酒이다. '석주'는 오늘날의 오랫동안 숙성시킨 白酒이니, 이른바 '舊醳(오랫동안 숙성시켜 술을 빚는 것)'이라는 것이다. '청주'는 오늘날 中山 지역에서 겨울에 빚어서 여름이 올 무렵에 숙성되는 술이다.

【疏】'辨三酒'至'清酒' ○釋曰：辨者，豫先之名．物者(財)〔材〕[1]也[2]．以三酒所成有時，故豫給(財)〔材〕，令作之也．言'一曰事酒'者，此三酒竝人所飮，故下云 "共王四飮三酒" 也．但事酒酌有事人飮之，故以事上名酒也．'二曰昔酒'者，久釀乃熟，故以昔酒爲名．酌無事之人飮之．'三曰淸酒'者，此酒更久於昔，故以淸爲號，祭祀用之．此昔酒淸酒，皆以酒上爲名也．

1) (財)〔材〕: 저본에는 '財'로 되어 있으나, 浦鏜의 설과 ≪周禮正義≫에 의거하여 '材'로 바로잡았다.(上海古籍 整理本의 〈校勘記〉 참조) 아래도 같다.
2) 物者(財)〔材〕也 : 孫詒讓은 '物'을 재료〔材〕로 보는 賈公彦의 해석을 부정하고 술의 종류에 대한 구별〔種別〕이라고 하였다. 그리고 앞의 '辨五齊之名'과 이곳의 '辨三酒之物'은 互文으로서 '名'과 '物'은 함께 하는 것이라고 하였다.(≪周禮正義≫ 권9, 347쪽 참조) 楊天宇 역시 가공언의 해석을 따르지 않고 손이양의 설에 의거하여 '名'과 '物' 양자를 모두 '명칭과 종류'로 해석하였다.(≪周禮譯注≫, 98쪽 참조) 역자도 이에 따라 번역하였다.

經의 〔辨三酒〕에서 〔淸酒〕까지

○釋曰 : '辨'은 미리 먼저 하는 것을 일컫는다. '物'은 재료를 뜻한다. 三酒는 숙성시키는 데에 시간이 걸린다. 그러므로 미리 먼저 재료를 공급해서 술을 제조하도록 하는 것이다.

〔一曰事酒〕 이 三酒는 모두 사람들이 마시는 것이다. 그러므로 아래의 경문에서 "왕에게 네 가지 음료〔四飮〕와 세 가지 술〔三酒〕을 공급한다."고 한 것이다. 다만 事酒는 맡은 일이 있는 사람에게 따라주어 마시게 하는 것이다. 그러므로 '일〔事〕'의 측면에서 술의 이름을 붙였다.

〔二曰昔酒〕 오랫동안 빚어야 마침내 숙성된다. 그러므로 '昔酒'라고 이름을 붙인 것이다. 맡은 일이 없는 사람에게 따라 주어 마시게 하는 것이다.

〔三曰淸酒〕 이 술(청주)은 석주보다 더 오랫동안 숙성시킨다. 그러므로 '맑다〔淸〕'는 이름을 붙인 것이니, 제사에 이 술을 사용한다. 이 '석주'와 '청주'는 모두 '술〔酒〕'의 측면에서 이름을 붙인 것이다.

○注'鄭司'至'而成' ○釋曰：先鄭云'有事而飮'者，謂於祭祀之時，乃至卑賤執事之人，祭末竝得飮之．'昔酒，無事而飮'者，亦於祭末，群臣陪位不得行事者，竝得飮之．'淸酒，祭祀之酒'者，亦於祭祀之時，賓長獻尸，尸酢[1]賓長，不敢與王之(臣)〔神〕[2]共器尊，同酌齊，故酌淸以自酢，故云 "祭祀之酒"．故司尊彝云 "皆有罍，諸臣之所酢"．此三酒，皆盛於罍尊在堂下．但此淸酒受尸酢，故以祭祀言之．'玄謂事酒，酌有事者之酒'者，先鄭云"有事而飮", 據有事時飮之. 後鄭云"酌有事者之酒", 謂有事之人, 但是有事之人, 雖不當祭時, 亦酌酒與之. 是就足先鄭義也. 云'其酒則今之醳酒'者, 事酒, 冬釀春成, 以漢之醳酒況之. 云'昔酒, 今之酋久白酒'者, 言昔爲久, 酋亦遠久之義, 故以漢之酋久白酒況之. 但昔酒對事酒爲淸, 若對淸酒則爲白, 故云"酋久白酒"也. 故晉語云"味厚寔昔毒"[3], 酒久則毒也. 云'所謂舊醳'者, 案禮記郊特牲云"猶明淸與醆酒于舊醳之酒也". 彼上注[4]云"明酌者, 事酒之上也". 醆酒, 盎齊, 涚于舊醳之酒. 三酒除事酒淸酒則云舊醳, 是昔酒可知也. 對事酒爲新醳, 昔酒爲舊醳, 淸酒不得醳名. 云'淸酒, 今中山冬釀, 接夏而成'者, 以昔酒爲久, 冬釀接春, 明此淸酒久於昔酒, 自然接夏也[5]. 中山, 郡名, 故魏都賦[6]云"醇酎[7]中山, (洗)〔沈〕湎[8]千日."

1) 酢 : ≪儀禮≫ 〈特牲饋食禮〉에서 "祝이 술을 따라서 尸童에게 건네주면, 시동은 그것으로 주인에게 醋의 예를 행한다.〔祝酌 授尸 尸以醋主人〕"고 한 것에 대하여 鄭玄의 注에서는 "'醋'은 보답한다〔報〕는 뜻이다. 축이 술을 따를 때 술잔을 씻지 않고, 시동이 직접 술을 따르지 않는 것은 시동을 높이는 것이다. 시동이 직접 醋의 예를 행하는 것은 서로 보답하는 뜻을 보이는 것이다. 고문본에는 '醋'이 '酢'으로 되어 있다.〔醋報也 祝酌不洗 尸不親酌 尊尸也 尸親醋 相報之義 古文醋作酢〕"고 하였다.

2) (臣)〔神〕: 저본에는 '臣'으로 되어 있으나, 〈春官 司尊彝(春-7-2)〉 鄭玄의 注에 의거하여 '神'으로 바로잡았다.(北京大 整理本의 〈校勘記〉 참조)

3) 晉語云味厚寔昔毒 : ≪國語≫ 〈晉語〉에는 보이지 않고, 〈周語 下〉에 "厚味寔腊毒"으로 되어 있다. 韋昭의 注에서는 '腊'은 '昔'의 뜻으로 읽어야 한다고 하였다.(北京大 整理本의 〈校勘記〉 참조)

4) 彼上注 : 앞의 〈天官 酒正(天-21-3)〉 賈公彦의 疏에서 인용한 ≪禮記≫ 〈郊特牲〉의 "縮酌用茅 明酌也"에 대한 鄭玄의 注를 가리킨다.

5) 以昔酒爲久……自然接夏也 : 三酒 가운데 事酒가 비교적 탁한 술로서 계절에 따라 빚어서 얼마 동안 이어지면 곧바로 숙성된다. 昔酒는 비교적 맑은 술로서 겨울에 빚어서 봄에 숙성된다. 淸酒는 더욱 맑은 술로서 겨울에 빚어 여름에 숙성된다.(≪周禮正義≫ 권9, 350쪽 참조)

6) 魏都賦 : 西晉의 문학가 左思(250?~305)가 지은 ≪三都賦≫의 한 편으로, 魏·蜀·吳의 수도인 鄴·成都·建業의 풍물을 읊은 賦이다. 洛陽에서 10년 동안 구상하여 완성하였으며, 西晉의 대신 張華의 격찬을 받아 '낙양의 紙價를 올렸다〔洛陽紙價貴〕'라는 유명한 말이 생겨났다.

7) 醇酎 : ≪禮記≫ 〈月令〉에서 "이달(孟夏 하력 4월)에 천자는 酎酒를 마시면서 예악을 행한다.〔是月也 天子飮酎 用禮樂〕"고 하였는데, 鄭玄의 注에서는 "'酎'라는 말은 진한 술이

라는 뜻으로, 거듭 빚은 술을 말한다. 春酒가 이때에 이르러 비로소 숙성되어 여러 신하들과 더불어 예악을 연주하면서 조정에서 그것을 마시며, 존비를 바로잡는다.〔酎之言醇也 謂重釀之酒也 春酒至此始成 與群臣以禮樂飮之於朝 正尊卑也〕"라고 하였다.

8) (洗)〔沈〕湎 : 저본에는 '洗'로 되어 있으나, ≪初學記≫에 인용된 韓詩에 의거하여 '沈'으로 바로잡았다. 阮元에 따르면, '沈湎'은 크게 취한 모습을 묘사한 것이다〔沈湎者貌其大醉〕(阮元의 〈校勘記〉 참조)

○注의 〔鄭司〕에서 〔而成〕까지

○釋曰 : 鄭衆이 "일이 있을 때 마시는 술이다."라고 한 것은 제사를 지낼 때에 비천한 일을 맡은 사람들에 이르기까지 제사를 마칠 무렵에 함께 마실 수 있음을 말한다.

〔昔酒 無事而飮〕 또한 제사를 마칠 무렵에 제사에 참여하지 못하고 모시는 자리〔陪位〕에 있던 여러 신하들이 함께 마실 수 있는 것이다.

〔淸酒 祭祀之酒〕 또한 제사를 지낼 때, 賓長이 尸童에게 獻의 예를 행하면 시동은 賓長에게 酢의 예를 행하는데, 감히 先王의 神과 술동이를 함께 하지 못하고 齊酒를 함께 따라 마시지 못한다. 그러므로 淸酒를 따라서 스스로 酢의 예를 행하는 것이다. 그러므로 "〈청주는〉 제사에 사용하는 술이다."라고 한 것이다. 그러므로 〈春官 司尊彝(春-7-2)〉에서 "〈春祠와 夏禴에〉 모두 罍의 술동이를 진설하니, 신하들이 〈술을 따라서〉 스스로 酢의 예를 행할 때 사용한다."라고 하였다. 이 三酒는 모두 罍의 술동이에 담아서 堂 아래에 진설해놓는다. 다만 이 청주는 시동의 酢의 술잔으로 받기 때문에 ' 제사'를 가지고 말한 것이다.

〔玄謂事酒 酌有事者之酒〕 정중이 "일이 있을 때 마시는 술이다."라고 한 것은 일이 있을 때에 의거하여 마신다는 뜻이다. 鄭玄이 "맡은 일이 있는 사람에게 따라주는 술이다."라고 한 것은 맡은 일이 있는 사람을 가리킨 것이지만, 이 맡은 일이 있는 사람이 비록 제사 지낼 때 해당되지 않는 경우도 또한 술을 따라서 주는 것을 의미한다. 이것은 정중의 뜻을 보완한 것이다.

〔其酒則今之醳酒〕 事酒는 겨울에 빚어서 봄에 숙성되므로 漢나라 때의 醳酒로 비유한 것이다.

〔昔酒 今之酋久白酒〕 '昔'은 '오래되다'의 뜻이 되고, '酋'도 '멀고 오래되다'의 뜻이다. 그러므로 漢나라의 오랫동안 숙성시켜 빚은 白酒로 비유한 것이다. 다만 昔酒는 事酒와 비교해서 맑고, 淸酒와 비교하면 희다. 그러므로 "오랫동안 숙성시켜 빚은 白酒"라고 한 것이다. 그러므로 ≪國語≫ 〈晉語〉에서 "농후한 맛의 음식은 독성이 극심하다."라고 하였

으니, 술이 오래되면 독하다.

〔所謂舊醳〕 살펴보건대, ≪禮記≫ 〈郊特牲〉에서 "明酌・淸酒와 醆酒 등에 오랫동안 숙성시켜 빚은 술〔舊醳之酒〕을 섞어 찌꺼기를 걸러내는 것과 같다."고 하였다. 그곳의 정현 주에서 "明酌은 事酒 위쪽의 〈맑은〉 부분이다."라고 하였다. 醆酒는 盎齊이니, 오랫동안 숙성시켜 빚은 술로 찌꺼기를 걸러낸 술이다. 三酒 가운데 사주와 청주를 제외하면 '舊醳(오랫동안 숙성시켜 빚은 술)'이라고 하는데, 이것이 昔酒임을 알 수 있다. 事酒가 新醳(짧은 기간 동안 숙성시켜 빚은 술)이 되는 것에 비해서 昔酒는 舊醳이 된다. 청주는 '醳'이라는 명칭을 붙일 수 없다.

〔淸酒 今中山冬釀 接夏而成〕 昔酒를 오랫동안 숙성시켜 빚은 술이라고 말하는 것은 겨울에 빚어서 봄이 올 무렵까지 숙성시키기 때문이다. 이 청주는 석주보다 오랫동안 숙성시킨 술이니, 자연히 여름이 올 무렵까지 이어져 숙성시키는 것임을 밝힌 것이다. 中山은 郡의 이름이다. 그러므로 〈魏都賦〉에서 "진한 酎酒가 익는 중산에서 천 일 동안 취해 있었네."라고 한 것이다.

天-21-5

辨四飮之物이니 **一曰淸**이요 **二曰醫**(이)요 **三曰漿**이요 **四曰酏**(이)니라

〈酒正은〉 네 가지 음료〔四飮〕의 명칭과 종류를 변별하니, 첫째는 淸(맑은 단술)이고, 둘째는 醫(탁한 단술)이고, 셋째는 漿(신 음료)이고, 넷째는 酏(미음)이다.

【注】 淸은 謂醴之泲(제)者[1]요 醫는 內則所謂或以酏爲醴[2]라 凡醴濁이니 釀酏爲之則少淸矣라 醫之字從殹(예)從酉省也라 漿은 今之截(재)漿也요 酏는 今之粥(죽)이니 內則에 有黍酏[3]라 酏는 飮이니 粥稀者之淸也라 鄭司農說以內則曰飮重醴에 稻醴淸糟(조)하고 黍醴淸糟하고 粱醴淸糟(주)니 或以酏爲醴하고 漿水臆라하니라 后致飮于賓客之禮에 有醫酏糟하니 糟音聲與糟相似하고 醫與臆(의)[4]亦相似하여 文字不同은 記之者各異耳니 此皆一物라

1) 淸謂醴之泲(제)者 : '醴之泲'는 五齊 중의 醴齊가 아직 걸러내지 않아 즙과 찌꺼기가 함께 떠 있는 술로 淸과 구별한 것이니, '泲'는 그 찌꺼기를 제거한 것을 말한다. ≪儀禮≫ 〈士冠禮〉에서 "무릇 醴酒를 올리는 행사에서 질박하게 하는 경우는 찌꺼기를 걸러내지 않은 탁한 술〔糟〕을 사용하고, 문식을 내는 경우는 찌꺼기를 걸러낸 맑은 술〔淸〕을 사용한다.〔凡醴事 質者用糟 文者用淸〕"고 하였다. 江永은 "醴齊에는 맑은 것과 탁한 것이 있는

데, 四飮에는 오직 맑은 것만 있다. 糟醴(아직 찌꺼기를 걸러내지 않은 단술)는 醴齊와 같은 것이다.〔醴有淸有糟 而四飮惟有淸者 蓋糟醴與醴齊同〕"고 하였다.(≪周禮正義≫ 권9, 350쪽 참조)

2) 以酏爲醴 : ≪禮記≫ 〈內則〉에서 "음료는 단술을 두 가지로 하여 나란히 올리는데, 쌀로 빚은 단술에 맑은 것과 탁한 것이 있고, 메기장으로 빚은 단술에 맑은 것과 탁한 것이 있으며, 기장으로 빚은 단술에 맑은 것과 탁한 것이 있다. 어떤 경우는 죽으로 단술을 빚는다.〔飮 重醴 稻醴淸糟 黍醴淸糟 粱醴淸糟 或以酏爲醴〕"라고 하였다. 鄭玄의 注에서는 "죽을 빚어서 단술을 만드는 것이다. '酏'는 죽이다.〔釀粥爲醴 酏粥〕"라고 하였고, 陳澔도 "'以酏爲醴'는 죽을 빚어서 단술을 만든다는 뜻이다.〔以酏爲醴 釀粥爲醴也〕"라고 하였다.(≪禮記集說≫ 〈內則〉 참조)

3) 內則 有黍酏 : ≪禮記≫ 〈內則〉 鄭玄의 注에서 "'黍酏'는 메기장으로 죽을 만든 것이다.〔黍酏 以黍爲粥也〕"라고 하였다. ≪說文解字≫ 酉部에 "'酏'는 찰기장으로 빚은 술이니, 일명 '甛'이다. 賈侍中(賈逵)은 '酏'는 미음 가운데의 맑은 것이라고 해석했다.〔酏 黍酒 一曰甛也 賈侍中說酏爲鬻淸〕"고 하였다. 孫詒讓에 따르면, 許愼이 말한 '黍酒'는 ≪예기≫ 〈내칙〉의 '以酏爲醴'라고 한 것을 가리키는데 정현은 그것을 四飮 가운데의 醫로 해석하였고, 賈侍中이 '酏'를 맑은 미음이라 한 것은 四飮 가운데의 酏를 가리킨다.(≪周禮正義≫ 권9, 352쪽 참조)

4) 臆(의) : 宋本・嘉靖本에는 '臆'가 '醷'로 되어 있으며 아래 賈公彦의 疏에서도 마찬가지이다. 惠棟에 의하면, 萬卷堂本에는 이곳은 '臆'로 되어 있고 아래 賈公彦의 疏에는 '醷'로 되어 있다고 한다. 段玉裁(1735~1815)의 ≪周禮漢讀考≫에서는 "醫는 正字이고, '臆'는 假借字이고, 今本 ≪禮記≫ 〈內則〉에 '醷'로 되어 있는 것은 俗製이다."라고 하였다.(北京大 整理本 〈校勘記〉 참조)

'淸'은 醴齊(찌꺼기를 걸러내지 않은 탁한 단술)에서 찌꺼기를 걸러낸 맑은 단술이다. '醫'는 ≪禮記≫ 〈內則〉에서 "어떤 경우는 죽〔酏〕으로 단술〔醴〕을 만들기도 한다."라고 한 것을 가리킨다. 무릇 醴齊에서 아직 찌꺼기를 걸러내지 않은 탁한 단술〔醴濁〕은 죽을 빚어서 만들면 조금 맑다. '醫'라는 글자는 〈'翳'의〉 '殹'를 따르고 〈'酒'의〉 '酉'를 따라 〈'羽'와 '水'를〉 생략한 것이다. '漿'은 오늘날의 신맛을 띤 음료〔截漿〕이다. '酏'는 오늘날의 죽이니, ≪예기≫ 〈내칙〉에 '메기장 죽〔黍酏〕'이 있다. '酏'는 음료이니, 미음 가운데서 맑은 것이다. 鄭衆은 ≪예기≫ 〈내칙〉에 의거하여 설명하면서 "음료는 단술을 두 가지로 하여 나란히 올리는데, 쌀로 빚은 단술에 맑은 것과 탁한 것이 있고, 찰기장으로 빚은 단술에 맑은 것과 탁한 것이 있으며, 기장으로 빚은 단술에 맑은 것과 탁한 것이 있는데, 어떤 경우는 미음〔酏〕으로 단술〔醴〕을 만들기도 한다. 신 음료〔漿〕・맑은 물〔水〕・탁한 단술〔醷〕이 있다."라고 하였다. 왕후가 빈객에게 음료를 보내주는 예물 가운데에 醫와 酏와 糟가 있다. '糟'는 소리가 '醅'와 서로 비슷하고, '醫'와 '臆'는 또한 서로 비슷한데 글자가 다른 것은 기록한 사람이 각각 달랐기 때문이니, 이는 모두 같은 음료이다.

【疏】'辨四'至'曰酏' ○釋曰：案漿人有六飮, 此言四者, 以漿人注"酒正不辨水涼者, 無厚薄之齊", 故此唯辨四飮之物也. 云'一曰淸', 則漿人云"醴, 淸也." '二曰醫'者, 謂釀粥爲醴則爲醫. '三曰漿'者, 今之截漿. '四曰酏'者, 卽今薄粥也.

經의 〔辨四〕에서 〔曰酏〕까지

○釋曰：살펴보건대, 〈天官 漿人〉에 여섯 가지 음료〔六飮〕가 있는데 이곳 경문에서 네 가지를 말한 것은, 〈천관 장인(天-23-1)〉 鄭玄의 注에서 "酒正이 물〔水〕과 찬 죽〔涼〕을 변별하지 않는 것은 농후함과 담박함의 정도 차이가 없기 때문이다."라고 하였으므로 이곳에서는 단지 네 가지 음료〔四飮〕의 명칭과 종류만을 변별한 것이다.

〔一曰淸〕〈천관 장인(天-23-1)〉 鄭玄의 注에서 "'醴(맑은 단술)'는 맑은 술이다."라고 하였다.

〔二曰醫〕 죽을 빚어서 단술을 만들면 '醫(탁한 단술)'가 되는 것을 말한다.

〔三曰漿〕 오늘날의 截漿(신맛을 띤 음료)이다.

〔四曰酏〕 오늘날의 薄粥(미음)이다.

○注'淸謂'至'一物' ○釋曰：言'淸, 謂醴之泲'者, 此鄭據漿人解之. 漿人云'醴', 此云'淸', 故云"淸謂醴之泲者." 云'醫, 內則所謂或以酏爲醴'者, 按內則, 上言'飮', 下云'重醴淸糟', 又云'或以酏爲醴', 彼酏爲醴, 在飮中, 而在淸糟下, 此醫又在淸下, 故知酏爲醴, 當此醫. 云'凡醴濁, 釀酏爲之, 則少淸矣'者, 謂經中醫釀粥爲之, 與醴少異也. 又云'醫之字, 從殹從酉省也'者, 從殹省者去羽, 從酉省者去水, 故云"從殹從酉省"也[1]. 云'漿, 今之截漿也'者, 此漿亦是酒類, 故其字亦從載從酉省. 截之言載, 米汁相載, 漢時名爲截漿, 故云"今之截漿也." 云'酏, 今之粥. 內則有黍酏. 酏飮, 粥稀者之淸也'者, 案內則, 黍酏在飮中, 故知此酏當內則黍酏. 以其爲飮, 故知粥稀者之淸也. 鄭司農說以內則曰"飮重醴, 稻醴淸"至"或以酏爲醴", (穗)〔揔〕[2]當此經一曰淸. 云漿當此經中漿, 水於此經無所當, 連引之耳. 醷, 當此經中醫. 云'后致飮于賓客之禮, 有醫酏糟', 此引下文, 欲取'糟'與內則'醅(주)'一物, 故云糟音聲與醅相似. 云'醫與醷亦相似'者, 與此經醫爲

一物. 云'文字不同, 記之者各異耳, 此皆一物'者, 內則彼云'湆', 此云'糟', 內則云'醷', 此云'醫', 是其文字不同, 皆一物也. 內則云重醴者, 淸糟竝設, 則'稻醴淸糟, 黍醴淸糟, 粱醴淸糟', 是其重醴也. 向者後鄭解或以酏爲醴爲醫, 今先鄭以爲醴共重醴爲一物. 又後鄭於內則注醷爲梅漿, 亦與先鄭不同, 以無正文, 故引之在下, 亦得爲一義故也.

1) 醫之字……故云從殹從酉省也 : 臧琳은 "'醫字正從殹從酉'에서 '從酉省'으로 말해서는 안 되니, 賈公彦 疏의 '從殹省者去羽 從酉省者去水'를 살펴보면 賈疏本에는 〈鄭玄의 注에〉 '從翳從酒'로 되어 있었을 것이다.〔醫字正從殹從酉 不當言從酉省 考賈疏云從殹省者去羽 從酉省者去水 則賈疏本作從翳從酒〕"라고 추론하였다.(≪周禮正義≫ 권9, 351쪽 참조)

2) (穗)〔揔〕: 저본에는 '穗'으로 되어 있으나, 北京大 整理本에는 '總'으로 되어 있고 上海古籍 整理本에는 '揔'으로 되어 있다. 상해고적 정리본에 의거하여 '揔'으로 바로잡았다.

○注의 〔淸謂〕에서 〔一物〕까지

○釋曰 : 〔淸 謂醴之泲〕 이는 鄭玄이 〈天官 漿人(天-23-1)〉에 의거하여 풀이한 것이다. 〈천관 장인〉에서는 '醴'라고 하였는데, 이곳에서는 '淸'이라고 하였다. 그러므로 "'淸'은 醴齊에서 찌꺼기를 걸러낸 맑은 단술이다."라고 한 것이다.

〔醫 內則所謂或以酏爲醴〕 살펴보건대, ≪禮記≫ 〈內則〉에서 위에서는 '음료〔飮〕'라고 하였고, 아래에서는 "단술을 두 가지로 하여 나란히 올리는데, 맑은 것과 탁한 것이 있다."고 하였고, 또 "어떤 경우는 죽〔酏〕으로 단술〔醴〕을 만들기도 한다."고 하였다. 저 ≪예기≫ 〈내칙〉에서는 '酏(맑은 죽)'로 '醴(단술)'를 만든다고 하여 음료 안에 포함시키면서 맑은 단술〔淸〕과 탁한 단술〔糟〕의 아래에 서술하였는데, 이곳 〈천관 酒正〉에서도 '醫(탁한 단술)'가 또 '淸(맑은 단술)'의 아래에 서술되어 있다. 그러므로 〈≪예기≫ 〈내칙〉에서〉 '酏로 醴를 만든다.'고 했을 때의 '醴'가 이곳의 '醫'에 해당됨을 알 수 있다.

〔凡醴濁 釀酏爲之 則少淸矣〕 경문 가운데의 '醫(탁한 단술)'는 粥을 빚어서 만드는 것이니, 〈酏를 빚어서 만드는 ≪예기≫ 〈내칙〉의〉 '醴'와는 조금 다름을 말한 것이다.

〔醫之字 從殹從酉省也〕 '殹'를 따라 〈글자를〉 생략했다는 것은 〈'翳'에서〉 '羽'를 제거했다는 뜻이고 '酉'를 따라 〈글자를〉 생략했다는 것은 〈酒에서〉 '水'를 제거했다는 뜻이다. 그러므로 "'殹'를 따르고 '酉'를 따라 〈글자를〉 생략한 것이다."라고 한 것이다.

〔漿 今之䤄漿也〕 이곳의 '漿'도 또한 술의 종류이다. 그러므로 그 글자〔䤄〕가 또한 '載'를 따르고 '酉'를 따라 〈'車'와 '水'를〉 생략한 것이다. '䤄'라는 글자는 실어준다〔載〕는 뜻이니, 쌀과 즙이 함께 실려 있다는 뜻이다. 漢나라 때는 '䤄漿'이라고 칭하였다. 그러므로 "오늘날의 䤄漿(신맛을 띤 술 음료)이다."라고 한 것이다.

〔酏 今之粥 內則有黍酏 酏飮 粥稀者之淸也〕 살펴보건대, ≪예기≫ 〈내칙〉에는 '黍酏(찰기장 죽)'가 음료 안에 포함되어 있다. 그러므로 이곳 〈천관 주정〉의 '酏(미음)'가 ≪예기≫ 〈내칙〉의 '黍酏'에 해당됨을 알 수 있다. 그 '酏'는 음료이므로 미음 가운데 맑은 것임을 알 수 있다. 정중이 ≪예기≫ 〈내칙〉에 의거하여 설명하면서 "음료는 단술을 두 가지로 하여 나란히 올리는데, 쌀로 빚은 단술에 맑은 것과 탁한 것이 있다."고 한 것에서부터 "어떤 경우는 죽〔酏〕으로 단술〔醴〕을 만들기도 한다."고 말한 것까지는 모두 이곳 경문의 "첫째는 淸(맑은 단술)이다."라고 한 것에 해당하고, '漿'을 말한 것은 이곳 경문 가운데의 '漿(신 음료)'에 해당하고, '水'를 말한 것은 이곳 경문에서 해당되는 것은 없지만 연이어서 인용했을 뿐이며, '䣼'를 말한 것은 이곳 경문 가운데의 '醫(탁한 단술)'에 해당하기 때문이다.

〔后致飮于賓客之禮 有醫酏糟〕 이는 아래의 경문을 인용하여 '糟'가 ≪예기≫ 〈내칙〉의 '湆'와 같은 음료라는 뜻을 취하고자 한 것이다. 그러므로 "'糟'는 발음이 '湆'와 서로 비슷하다."고 한 것이다.

〔醫與䣼亦相似〕 〈≪예기≫ 〈내칙〉의 '䣼'는〉 이곳 경문의 '醫'와 같은 음료이다.

〔文字不同 記之者各異耳 此皆一物〕 ≪예기≫ 〈내칙〉의 저곳에서는 '湆'라고 하였고 이곳 〈천관 주정〉에서는 '糟'라고 하였으며, 〈내칙〉에서는 '䣼'라고 하였고 이곳 〈천관 주정〉에서는 '醫'라고 하였으니 그 글자는 다르지만 모두 같은 음료이다. 〈내칙〉에서 "단술을 두 가지로 하여 나란히 올린다.〔重醴〕"고 한 것은 맑은 단술과 탁한 단술을 함께 진설한다는 뜻이다. 그렇다면 〈정중이〉 "쌀로 빚은 단술에 맑은 것과 탁한 것이 있고, 찰기장으로 빚은 단술에 맑은 것과 탁한 것이 있으며, 기장으로 빚은 단술에 맑은 것과 탁한 것이 있다."고 한 것이 바로 단술을 두 가지로 하여 나란히 올리는 것이다. 앞에서 정현은 "어떤 경우는 酏(죽)로 醴(단술)를 만들기도 한다."고 했을 때의 '醴'를 '醫'로 해석했는데, 이제 정중은 '醴'는 단술을 두 가지로 하여 나란히 올리는 것에 공통되는 동일한 음료가 된다고 여겼다. 또 정현이 〈내칙〉의 주에서 '䣼'를 '매실 음료〔梅漿〕'라고 한 것도 정중과 같지 않은데, 正文(經文)이 없기 때문에 인용하여 아래에 두었으니, 또한 하나의 의미가 될 수 있기 때문이다.

天-21-6

掌其厚薄之齊하여 **以共王之四飮三酒之饌**과 **及后世子之飮與其酒**니라

〈酒正은〉 五齊・三酒・四飮의 농후함과 담박함의 정도를 관장하여 왕이 마실 四飮과 三酒의 진설을 공급하고, 왕후와 세자가 마실 음료와 술을 공급한다.

【注】 后世子不言饌은 其饋食不必具設之[1)]라 五齊에 正用醴爲飮者는 取醴恬與酒味異也[2)]요 其餘四齊는 味皆似酒라

1) 后世子不言饌 其饋食不必具設之 : 기물이 갖추어진 것을 '饌'이라 한다. 왕의 饋食는 물품을 갖추는 것을 위주로 하여 四飮과 三酒를 갖추어서 진설한다. 이 때문에 '饌'이라 한 것이다. 왕후와 세자의 경우는 갖추어서 진설하지 않는다. 그러므로 '饌'이라 하지 않은 것이다.(≪周禮正義≫ 권9, 353쪽 참조)

2) 五齊……取醴恬與酒味異也 : 경문에서 왕에게 공급하는 음료로서 四飮・三酒만을 들고 '五齊'를 언급하지 않은 것은 醴齊는 漿人이 관장하는 六飮 안에 포함되고, 나머지 네 가지의 齊酒는 모두 평상시 마시는 술이 아니기 때문이다. 술은 쓴 것을 정통으로 여긴다. 醴齊는 탁하고 맛이 달아서 그 밖의 술과는 다르다. 이 때문에 五齊 가운데 특별히 醴齊를 취하여 六飮의 하나로 갖추는 것이다.(≪周禮正義≫ 권9, 353쪽 참조)

왕후와 세자의 경우에 '진설〔饌〕'이라고 말하지 않은 것은 그 밥을 올릴 때 갖추어서 진설할 필요는 없기 때문이다. 다섯 가지의 제주〔五齊〕 가운데에서 바야흐로 醴齊를 음료로 사용하는 것은 예제는 달아서 술과는 맛이 다른 점을 취한 것이다. 그 나머지 네 가지의 제주〔四齊〕는 맛이 모두 술과 비슷하다.

【疏】 '掌其'至'其酒' ○釋曰 : 言'掌其厚薄之齊'者, 從五齊已下, 非酒正所造, 竝是酒人漿人所作, 故云 "直辨其厚薄之齊." 云'以供王之四飮三酒之饌'者, 謂饌陳具設之也. 云'及后世子之飮與其酒'者, 不言四飮三酒, 直言飮與酒, 復不言饌, 鄭云 "不必具設之", 是以不言饌與數也.

經의 〔掌其〕에서 〔其酒〕까지

○ 釋曰 : 〔掌其厚薄之齊〕 五齊 이하는 酒正이 제조하는 것이 아니라 모두 酒人과 漿人이 만드는 것이다. 그러므로 "단지 그것들의 농후함과 담박함의 정도만을 변별할 뿐이다." 라고 말한 것이다.

〔以供王之四飮三酒之饌〕 갖추어서 진설하는 것을 말한다.

〔及后世子之飮與其酒〕 〈왕후와 세자의 경우〉 '네 가지 음료〔四飮〕와 세 가지 술〔三酒〕'이라 하지 않고 단지 '음료〔飮〕와 술〔酒〕'이라 하였고, 또 '진설〔饌〕'이라고 말하지 않았는

데, 정현이 "갖추어서 진설할 필요가 없기 때문이다."라고 하였다. 이 때문에 '진설〔饌〕'과 '숫자〔數〕'를 말하지 않은 것이다.

○注'后世'至'似酒' ○釋曰：云'五齊正用醴爲飮者, 取醴恬與酒味異也'者, 鄭意五齊之中不用餘四齊, 以其醴恬, 故取入六飮. '其餘四齊味皆似酒'者, 三酒味厚, 五齊味薄, 故言似酒. 醴恬, 全與酒味別也.

○注의 〔后世〕에서 〔似酒〕까지

○釋曰：〔五齊正用醴爲飮者 取醴恬與酒味異也〕 鄭玄은 五齊 가운데 나머지 네 가지의 齊酒를 〈음료로〉 사용하지 않는 것은 그 예제가 맛이 달아서 취하여 여섯 가지 음료〔六飮〕 안에 넣었기 때문이라고 생각한 것이다.

〔其餘四齊味皆似酒〕 三酒는 맛이 농후하고 五齊는 맛이 담박하다. 그러므로 "〈그 나머지 四齊는 맛이〉 술과 비슷하다."라고 한 것이다. 醴齊는 달아서 술과는 맛이 완전히 구별된다.

天-21-7

凡祭祀에 **以灋共五齊三酒**하여 **以實八尊**(준)이니라 **大祭**에 **三貳**요 **中祭**에 **再貳**요 **小祭**에 **壹貳**니 **皆有酌數**요 **唯齊酒不貳**나 **皆有器量**[1)]이니라

1) 皆有酌數……皆有器量：孫詒讓에 따르면, 酌은 '勺'을 가리킨다. '勺'은 술을 술동이에서 술을 떠서 술잔에 담는 구기로서, 凌廷堪은 "무릇 술을 뜨는 기물을 勺이라 한다.〔凡㪺酒之器曰勺〕"고 하였고, ≪儀禮≫ 〈士冠禮〉 鄭玄의 注에서도 "勺(술국자)은 술동이의 주두〔斗〕로서, 술을 뜨는 기구이다.〔勺 尊斗 所以㪺酒也〕"라고 하였다. ≪儀禮≫의 각 편에 의하면, 勺(구기)은 보통 壺(술 단지) 위에 올려서 함께 갖추어서 놓는다. 또 孫詒讓에 의하면 三酒와 五齊는 비록 술의 첨가 여부는 다르지만, 勺을 사용해서 술을 尊(술동이)에 붓는 것은 동일하다.〔三酒五齊 雖有

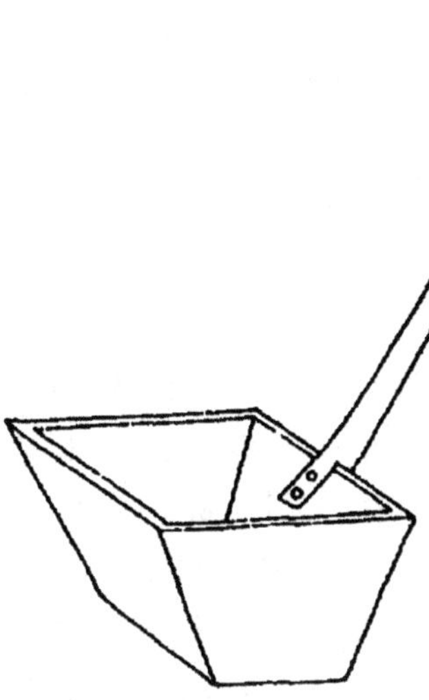

枓

貳不貳之異 而其用勺注尊則同〕 경문에서 三酒에 대해서는 '酌'이라고 하고 五齊에 대해서는 '器'라고 한 것은 互文으로 의미를 보여준 것이다.〔經於酒言酌 於齊言器者 互文見義也〕(≪周禮正義≫ 권9, 355쪽 참조) 이에 '酌數'와 '器量'을 互文으로 보고 번역하였다.

〈酒正은〉 모든 제사에는 법식에 의거하여 五齊와 三酒를 공급하여 8개의 술동이〔尊〕에 채운다. 大祭에는 세 차례 술동이에 술을 더하여 붓고, 中祭에는 두 차례 술동이에 술을 더하여 붓고, 小祭에는 한 차례 술동이에 술을 더하여 부으니, 술국자〔酌〕로 술동이에 술을 붓는 데에 모두 일정한 용량과 횟수가 있는 것이다. 오직 五齊의 술동이에는 술을 더하여 붓지 않지만, 술국자〔器〕로 술동이에 술을 붓는 데에는 모두 일정한 용량과 횟수가 있다.

【注】酌器는 所用注尊中者로되 數量之多少未聞이라 鄭司農云 三貳는 三益副之也라 大祭는 天地요 中祭는 宗廟요 小祭는 五祀라 齊酒不貳는 爲尊者質하여 不敢副益也라 杜子春云 齊酒不貳는 謂五齊以祭不益也요 其三酒는 人所飮者라 益也라 弟子職曰 周旋而貳하여 唯嗛(겸)之視[1]라 玄謂大祭者는 王服大裘袞冕所祭也[2]요 中祭者는 王服驚冕毳(취)冕所祭也[3]요 小祭者는 王服希(치)冕玄冕所祭也[4]라 三貳再貳一貳者는 謂就三酒之尊而益之也라 禮運曰 玄酒在室하고 醴醆在戶하고 粢醍在堂하고 澄酒在下[5]라하니 澄酒는 是三酒也라 益之者는 以飮諸臣이니 若今常滿尊也라 祭祀에 必用五齊者는 至敬不尙味하고 而貴多品이라

1) 周旋而貳唯嗛之視：≪管子≫〈弟子職〉의 원문에 "三飯二斗 左執虛豆 右執挾匕 周還而貳 唯嗛之視(세 그릇의 밥과 두 말의 술을 갖추어놓는다. 왼손으로 그릇을 들고, 오른손으로 젓가락과 숟가락을 들고 이리저리 식탁을 돌면서 밥과 술을 더해주는데, 오직 부족한 사람을 살펴서 더해준다.)"라고 하였다. '貳'는 거듭 더하는 것〔再益〕을 말하고, '嗛'은 음식을 다 먹은 것〔盡食〕을 말한다.(≪管子校注≫, 1147쪽 참조)

2) 王服大裘袞冕所祭也：大裘는 천자의 길복인 6가지의 면복(大裘冕, 袞冕, 驚冕, 毳冕, 絺冕, 玄冕)의 하나로, 검은 새끼 양의 가죽으로 만든다. 그 冕(끈과 그 끈에 꿰는 옥으로 구성)은 旒가 없고 또 겉은 玄色이고 안은 纁色이다. 왕이 昊天上帝・五帝・崐崙・神州에 제사 지낼 때 입는 복장이다. 袞冕은 천자의 6면복 가운데 하나로, 말려 있는〔袞〕 용을 우두머리 무늬로 하는 옷이다. 9가지 무늬〔九章〕를 그려 넣으며, 冕은 12旒이고, 다섯 가지 색실로 줄을 만들고 다섯 가지 색의 옥을 꿴다. 천자가 先王을 제사 지낼 때 제후들을 접견할 때 착용하는 면복이다.

3) 王服驚冕毳(취)冕所祭也：'驚冕'은 7가지 무늬〔七章〕를 그려 넣으며 冕은 12旒이다. 천

자가 先公을 제사 지내거나 饗食(향사)·大射의 예를 거행할 때 착용하는 면복이다. '毳冕'은 5가지 무늬〔五章〕를 그려 넣은 천자의 6면복 가운데 하나이다. 천자가 사방의 山川에 望祭를 지낼 때는 착용한다.

4) 王服希(치)冕玄冕所祭也 : 陸德明은 '希'는 어떤 본에는 또 '絺'로 되어 있는데 같은 글자이며, 음은 '張'과 '里'의 반절이라고 하였다.(≪經典釋文≫ 권8, 〈周禮音義 上 天官冢宰〉 '酒正') '希冕〔絺冕〕'은 3가지 무늬〔三章〕를 그려 넣으며, 천자가 社稷과 五祀를 제사 지낼 때 착용하는 면복이다. '玄冕'은 1가지 무늬〔一章〕를 그려 넣으며, 천자가 小祀를 제사 지내거나 신하들과 視朔을 할 때 착용하는 면복이다.

5) 玄酒在室……澄酒在下 : ≪禮記≫ 〈禮運〉의 문장이다. 鄭玄의 注에서 "'粢'는 '齊'의 뜻으로 읽으니, 성음으로 인한 잘못이다. 글자는 비록 다르지만 '醆'과 '盎', '澄'과 '沈'은 모두 같은 술이다〔粢讀爲齊 聲之誤也 字雖異 醆與盎 澄與沈 皆同物也〕"라고 하였다.

'酌'과 '器'는 술동이〔尊〕 안에 술을 붓는 데 사용하는 기구인데, 횟수와 용량의 많고 적음에 대해서는 들어보지 못했다. 鄭衆은 "'三貳'는 세 차례 더하여 보충한다는 뜻이다. 大祭는 천지의 제사이고, 中祭는 종묘의 제사이고 小祭는 五祀의 제사를 가리킨다. '五齊의 술동이에는 술을 더하여 붓지 않는다.'는 것은 존귀한 신을 위해서는 질박하게 하여 감히 더하여 보충하지 않는다는 뜻이다."라고 하였다. 杜子春은 "'五齊의 술동이에는 술을 더하여 붓지 않는다.'는 것은 五齊는 그것으로 제사를 지내므로 더하여 붓지 않는다는 뜻이다. 三酒는 사람이 마시는 것이므로 더하여 붓는다."고 하였다. ≪管子≫ 〈弟子職〉에서 "술과 밥을 두루 첨가하면서 잔과 그릇이 비어 있지 않는지 살핀다."라고 하였다.

나(鄭玄)는 생각건대, 大祭는 왕이 大裘와 袞冕을 착용하고 지내는 제사이고, 中祭는 왕이 鷩冕과 毳冕을 착용하고 지내는 제사이고, 小祭는 왕이 希冕과 玄冕을 착용하고 지내는 제사이다. 세 차례 더하여 붓고, 두 차례 더하여 붓고, 한 차례 더하여 붓는다는 것은 三酒를 담은 술동이에 나아가서 술을 더하여 붓는 것을 말한다. ≪예기≫ 〈禮運〉에서 "玄酒는 室 안에 진설하고, 醴齊와 盎齊는 실의 출입문에 진설하며, 醍齊는 堂에 진설하며, 沈齊〔澄酒〕는 당 아래에 진설한다."라고 하였으니, 澄酒는 三酒를 가리킨다. '더하여 붓는다.'는 것은 모든 신하들을 마시게 하는 것이니, 오늘날 항상 술동이를 가득 채우는 것과 같다. 제사를 지낼 때 반드시 五齊를 사용하는 것은 공경함을 지극히 하므로 맛을 숭상하지 않고 물품을 많이 진설하는 것을 귀하게 여기기 때문이다.

【疏】'凡祭'至'器量' ○釋曰 : 言'凡祭祀'者, 謂天地及宗廟等, 摠目之言. 云'以法共五齊三酒'者, 但祭有小大, 齊有多少, 各有常法, 故云 "以法共五齊三酒". 云'以實八尊'者,五齊五尊, 三酒三尊, 故云 "以實八尊". 此除明水玄酒[1], 若五齊加明水, 三酒加玄酒, 此八尊爲十六尊, 不言之者, 擧其正尊而言也. 云'大祭三貳'者, 大祭謂王服大裘袞冕所祭者也. 三貳者, 貳, 副也, 就三酒人所飮者, 三度副益之. 云'中祭再貳'者, 中祭謂王服鷩冕毳冕所祭者也. 再貳亦謂就三酒之中再度益之. 云'小祭壹貳'者, 小祭謂王服希冕玄冕所祭者也. 云'皆有酌數'者, 謂三酒之祭, 副益等尊, 皆有酌器盛酒, 益尊, 故言 "皆〔有〕酌[2]". 云數者, 謂多少之數. 言'〔惟〕[3]齊酒不貳'者, 齊酒, 所祭祀, 非人所飮, 故不副益. (之)〔云〕[4] '皆有器量'者, 器謂酌齊酒注於尊中, 量謂皆有多少之量.

1) 明水玄酒 : 明水와 玄酒 모두 물을 가리킨다. ≪禮記≫ 〈郊特牲〉에서 "술과 단술이 맛있지만, 玄酒와 明水를 숭상하는 것은 다섯 가지 맛〔五味〕의 근본을 귀중히 여기는 것이다.〔酒醴之美 玄酒明水之尙 貴五味之本也〕"라고 하였다. 鄭玄의 注에서는 "'明水'는 司烜이 陰鑑으로 달에서 받은 물이다."〔明水 司烜以陰鑑所取於月之水也〕라고 하였는데, 秋官 司烜氏의 직무를 가리킨다. 楊天宇에 따르면, 陰鑑은 거울〔銅鏡〕인데 달 아래에서 달을 향해 받은 깨끗한 이슬을 의미한다.(≪禮記譯注≫ 550쪽 참조)

2) 〔有〕 : 저본에는 '有'가 없으나, 惠校本에 의거하여 바로잡았다.(北京大 整理本 〈校勘記〉 참조)

3) 〔惟〕 : 저본에는 '□'으로 되어 있어 한 자가 빠져 있으나, 監本과 毛本에 의거하여 보충하였다.(北京大 整理本의 〈校勘記〉 참조)

4) (之)〔云〕 : 저본에는 '之'로 되어 있으나, 惠校本에 의거하여 '云'으로 바로잡았다.(阮元의 〈校勘記〉 참조)

經의 〔凡祭〕에서 〔器量〕까지

○釋曰 : 〔凡祭祀〕 천지 제사와 종묘 제사 등을 가리키니, 전체적으로 지목하여 하는 말이다.

〔以法共五齊三酒〕 다만 祭祀에는 큰 제사와 작은 제사가 있고, 齊酒는 많이 진설하는 경우와 적게 진설하는 경우가 있으니, 각각 일정한 법식이 있는 것이다. 그러므로 "법식에 의거하여 五齊와 三酒를 공급한다."라고 한 것이다.

〔以實八尊〕 五齊는 5개의 술동이에 담고, 三酒는 3개의 술동이에 담는다. 그러므로 "8개의 술동이에 채운다."고 한 것이다. 이는 明水와 玄酒를 담은 술동이를 제외한 것이니, 만약 오제를 담은 술동이에 명수를 담은 술동이를 더하고, 삼주를 담은 술동이에 현주를 담은 술동이를 더하다면, 이는 8개의 술동이가 16개의 술동이가 된다. 이를 언급하지 않은 것은 그 정식의 술동이〔正尊〕를 들어서 말했기 때문이다.

〔大祭三貳〕 '大祭'는 왕이 大裘와 袞冕을 착용하고 지내는 제사를 말한다. '三貳'라고 한 것에서 '貳'는 '더한다〔副〕'는 뜻이니, 사람이 마시는 三酒를 담은 술동이에 나아가서 세 차례 술을 더하여 붓는 것을 말한다.

〔中祭再貳〕 '中祭'는 왕이 鷩冕과 毳冕을 착용하고 지내는 제사를 말한다. '두 차례 더하여 붓는다.'는 것도 三酒를 담은 술동이들 가운데로 나아가서 두 차례 술을 더하여 붓는다는 뜻이다.

〔小祭壹貳〕 '小祭는' 왕이 希冕과 玄冕을 착용하고 지내는 제사를 말한다.

〔皆有酌數〕 三酒로 제사를 지낼 경우 더하여 붓는 술동이는 정식의 술동이와 그 개수를 동등하게 하는데, 모두 술을 담는 酌·器라는 술국자가 있어 술동이에 더하여 붓는다. 그러므로 "주두〔酌〕로 술동이에 술을 붓는 데에 모두 일정한 용량과 횟수가 있다."고 한 것이다. '數'라고 한 것은 많고 적음의 횟수를 말한다.

〔惟齊酒不貳〕 '齊酒'는 제사를 지내는 것이지 사람이 마시는 것이 아니다. 그러므로 더하여 붓지 않는다.

〔皆有器量〕 '器'는 齊酒를 떠서 술동이 안에 붓는 것을 말하고, '量'은 모두 많고 적음의 용량이 있음을 말한다.

○注'〔用〕酌'至'〔多〕品'[1] ○釋曰：云'酌器'者, 釋經皆有酌器二者, 所用注五齊三酒於尊中. 云'數量之多少未聞'者, 數之與量, 皆是多少之言, 但未聞升數耳[2]. '鄭司農云, 三貳, 三益副之也'(皆)〔者〕[3], 先鄭之意, 注酒於尊中爲副, 子春後鄭亦與之(國)〔同〕[4]. 云'大祭天地'等者, 先鄭意, 天地爲大祭, 宗廟爲中祭, 五祀爲小祭. 其實天地自有大祭小祭, 宗廟亦有次小. 云'齊酒不貳, 爲尊者質, 不敢副益也'者, 以其主獻尸, 所用少, 故不副益. 杜子春引弟子職者, 是管子書弟子職篇, 謂弟子〔事師, 師〕[5]飮酒之時, 弟子用注[6]周旋而貳者, 欲副益酒尊之時, 嗛謂不滿, 唯酒尊不滿者, 視之更益. '玄謂大祭者, 王服大裘袞冕所祭'已下至'玄冕所祭', 竝據司服六冕差之. 冕服有六, 天地宗廟各有三等, 故以六冕配之. 按司服, 王祀昊天上帝, 則服大裘而冕, 祀五帝亦如之, 祀先王則袞冕, 祭地亦用大裘, 是天地宗廟皆有大祭, 一也. 云'中祭者, 王服鷩冕毳冕所祭也', 是按司服先公則鷩冕, 四望山川[7]則毳冕, 是地與宗廟次祭, 二也. 但天之次祀不見衣服者, 日月是天之次祀, 以其大報天, 主日, 配以月, 服大裘, 故春分朝日, 秋分夕月, 兼服玄冕, 故天之次祀中不見衣服. 云'小祭者, 王服希冕玄冕所祭也'者, 按司服 "社稷五祀則希冕, 群小祭祀則玄冕". 鄭彼注 "山林川澤之屬". 鄭雖不言風師雨師等, "之屬"中兼之也. 惟見天地小祭, 不見宗廟小祭, 馬融以爲宗廟小祭謂祭殤是也. 祭殤之時, 或可亦用玄冕. 若然, 則禮器云 "一獻質", 謂祭群小祀, 當玄冕. "三獻文", 謂祭社稷五祀, 當希冕. "五獻察", 謂祭四望山川, 當毳冕. "七獻神", 謂祭先公, 當鷩冕. 雖不言九獻, 下云 "大饗, 其王事與", 大饗謂祫祭先王, 爲九獻, 當袞冕[8]. 禮器下文云 "大饗不足以大旅[9]". 大旅當大裘. 據此一獻至九獻, 以此獻數約之, 故六服差爲三. 按司服〔四望〕[10]山川服毳冕, 五獻, 社稷服希冕, 三獻, 社稷在山川下. 按大宗伯 "以血祭祭社稷五祀五嶽", 而社稷在五嶽上者, 五嶽與土地異形, 若畿外諸侯, 服獻則尊於王朝之臣, 社稷號曰土神, 似若王朝之臣, 服獻則卑於五嶽, 而在五嶽上者, 似若王人雖微, 猶敘諸侯之上. 按王制 "宗廟之牛角握", 國語 "山川之牛角尺". 社稷尊於五嶽者, 彼自從國中之神莫貴於社, 故與宗廟同(用)〔角〕[11]握. 引'禮運曰玄酒在室'者, 謂鬱鬯在室中. 而玄酒卽明水也, 配鬱鬯, 故在室. '醴醆在戶'者, 醴謂醴齊, 醆謂盎齊, 竝在戶也. '粢醍在堂'者, 粢當爲齊, 齊醍在堂也. '澄酒在下'者, 澄謂沈齊, 酒謂三酒, 二者竝在堂下也. 云'澄酒是三酒也'者, 案鄭志趙商問, 禮運注澄是沈齊, 今此注澄酒是三酒何. 鄭答"今解可去澄字." 若然, 鄭本於此注時, 直云酒是三酒, 無澄字, 有澄字者誤, 當云酒是三酒. 云'益之者以飮諸臣'者, 言益之, 解經中貳. 案司尊彝云 "皆有罍, 諸臣之所酢". 是飮諸臣也. 云'若今常滿尊也'者, 言益之, 故常滿, 故以漢法況之. 云'祭祀必用五齊者, 至敬不尙味, 而貴多品'者, 鄭意五齊味薄於三酒而數多, 但鬼神享德不享味, 故須至極敬而已. 是引郊特牲云 "至敬不尙味而貴多品"也[12].

1) 〔用〕酌至〔多〕品 : 저본에는 '酌至品'으로 되어 있으나, 阮元의 설에 의거하여 바로잡았다.(阮元의 〈校勘記〉 참조)

2) 但未聞升數耳 : 升은 酌(勺)의 용량을 재는 단위이고, '升數'는 작의 용량을 뜻한다. 그러나 이에 대해서 孫詒讓은 정현이 "들어보지 못했다.〔未聞〕"고 한 것은 酌數와 量數 모두를 모른다는 뜻이라고 하였다.(≪周禮正義≫ 권9, 356쪽 참조)

3) (皆)〔者〕 : 저본에는 '皆'로 되어 있으나, 浦鏜의 설에 의거하여 '者'로 바로잡았다.(北京大 整理本의 〈校勘記〉 참조)

4) (國)〔同〕 : 저본에는 '國'으로 되어 있으나, 阮元의 설에 의거하여 '同'으로 바로잡았다.(阮元의 〈校勘記〉 참조)

5) 〔事師師〕 : 저본에는 '□□□'으로 되어 있어 세 자가 빠져 있으나, 監本과 毛本에 의거하여 '事師師'로 보충하였다.(北京大 整理本의 〈校勘記〉 참조)

6) 用注 : 阮元은 '往來'가 되어야 한다고 보았으나, 孫詒讓은 '用注'는 술을 붓는 데 사용하는 기구를 말하므로〔用注卽所謂用注之器〕 고칠 필요가 없다고 하였다.(北京大 整理本의 〈校勘記〉 참조)

7) 四望山川 : 천자가 사방을 향하여 멀리 산천을 바라보면서 제사 지내는 것을 말한다. 〈春官 大宗伯(春-1-55)〉에서 "나라에 커다란 변고가 있으면 上帝 및 四望에 旅의 제사를 지낸다.〔國有大故 則旅上帝及四望〕"고 하였는데, 賈公彦의 疏에서는 "하나하나 직접 가서 제사를 지낼 수 없기 때문에 사방을 향해 바라보면서 제단을 쌓고 멀리서 제사 지낸다. 그러므로 '四望'이라고 한다.〔不可一往就祭 當四向望而爲壇遙祭之 故云四望也〕"라고 하였다. 孫詒讓은 '四望'이라는 것은 방향을 나누어 바라보면서 제사 지내는 것에 대한 명칭이다. 통칭하면 무릇 산천의 제사는 모두 '望'이라고 한다고 하였다.〔四望者 分方望祭之名 通言之 凡山川之祭皆曰望〕(≪周禮正義≫ 권35, 1417쪽 참조)

8) 禮器云……當袞冕 : 賈公彦이 ≪禮記≫ 〈禮器〉의 경문과 鄭玄의 注들을 인용하여 서술한 것이다. "한 번의 獻을 하는 예는 질박하고, 세 번의 헌을 하는 예는 문식을 한다. 다섯 번의 헌을 하는 예는 성대하여 밝게 드러나며, 일곱 번의 헌을 하는 예는 충만하게 신이 머무르는 듯하다.〔一獻質 三獻文 五獻察 七獻神〕"는 경문에 대해서, 정현은 각각 "여러 작은 제사들을 지내는 것을 가리킨다.〔謂祭群小祀也〕", "社稷과 五祀에 제사하는 것을 가리킨다.〔謂祭社稷五祀〕", "'察'은 밝다는 뜻이다. 사방의 산과 강을 멀리 바라보면서 제사하는 것을 가리킨다.〔察明也 謂祭四望山川也〕", "선조에게 제사하는 것을 가리킨다.〔謂祭先公〕"고 하였다.

9) 禮器下文云 大饗不足以大旅 : ≪禮記≫ 〈禮器〉의 다음 문장에서 인용한 것이다. "孔子가 말하였다. '≪詩經≫ 300편을 외우더라도 〈禮를 배우지 않았다면〉 一獻의 예도 행할 수 없다. 일헌의 예를 행할 수 있다고 해도, 大饗의 예를 행할 수 없다. 대향의 예를 행할 수 있다고 해도, 大旅의 예를 행할 수 없다. 대려의 예를 갖추어 안다고 해도, 하늘에 제사를 올리는 것〔饗帝〕을 행할 수 없다. 경솔히 예를 논의하지 마라.〔孔子曰 誦詩三百 不足以一獻 一獻之禮 不足以大饗 大饗之禮 不足以大旅 大旅具矣 不足以饗帝 毋輕議禮〕" 鄭玄의 注에 따르면, 大旅는 五帝에 대한 제사이고, 饗帝는 天에 대한 제사를 가리킨다.〔大旅祭五帝也 饗帝 祭天〕(≪禮記≫ 〈禮器〉 참조)

10) 〔四望〕 : 저본에는 '四望'이 없으나, 惠校本과 ≪周禮正義≫에 의거하여 보충하였다.(北京大 整理本의 〈校勘記〉 참조)

11) (用)〔角〕 : 저본에는 '用'으로 되어 있으나, 惠校本과 ≪周禮正義≫에 의거하여 '角'으로 바로잡았다.(北京大 整理本의 〈校勘記〉 참조)

12) 引郊特牲云至敬不尙味而貴多品也 : ≪禮記≫ 〈郊特牲〉의 원문은 "至敬不饗味而貴氣臭也(지극히 공경하는 제사에서는 맛있는 것을 대접하지 않고 氣와 냄새를 존귀하게 여긴다.)"이다. ≪예기≫ 〈교특생〉의 또 다른 문장인 "不敢用褻味而貴多品(사람들이 즐겨 찾는 음

식을 함부로 쓰지 않고, 가짓수가 많게 차리는 것을 귀하게 여긴다.)"과 섞어서 인용한 것으로 보인다.

○注의 〔用酌〕에서 〔多品〕까지

○釋曰 : 〔酌器〕 경문의 '皆有酌'과 '皆有器'의 '酌'과 '器' 두 가지가 五齊와 三酒를 술동이 안에 붓는 데 사용되는 술국자임을 해석한 것이다.

〔數量之多少未聞〕 횟수와 용량은 모두 많고 적음을 말하는 것인데, 升數를 들어보지 못했을 뿐이다.

〔鄭司農云 三貳 三益副之也〕 鄭衆의 뜻은 술을 술동이 안에 붓는 것이 '副'가 된다는 것인데, 杜子春과 鄭玄도 그의 뜻과 같다.

'大祭天地' 등에 대해서 정중의 뜻은 천지 제사는 大祭가 되고, 종묘 제사는 中祭가 되고, 五祀는 小祭가 된다는 것이지만, 실제로는 천지 제사에도 본래 대제와 소제가 있고, 종묘 제사에도 〈中祭보다〉 한 등급 낮은 小祭가 있다.

〔齊酒不貳 爲尊者質 不敢副益也〕 주인이 尸童에게 獻의 예를 행할 때는 사용하는 양이 적다. 그러므로 더하여 붓지 않는다. 杜子春이 인용한 〈弟子職〉은 ≪管子≫의 〈弟子職〉편이니, 제자가 스승을 섬기는 예이다. 스승이 술을 마실 때에 제자가 술을 붓는 데 사용하는 기구로 술을 두루 더하여 붓는 것은 술동이에 술을 더하여 부으려는 때임을 말하는 것이다. '嗛'은 가득 차지 않았다는 뜻이니, 오직 술동이가 가득 차지 않았을 경우에만 살펴서 다시 더하여 붓는 것이다.

'玄謂大祭者 王服大裘袞冕所祭' 이하에서 '玄冕所祭'까지 모두 〈春官 司服(春-12-2)〉의 6가지 면복〔六冕〕에 의거하여 차등을 둔 것이다. 면복에는 여섯 가지가 있는데, 천지 제사와 종묘 제사에 각각 3등급이 있다. 그러므로 여섯 가지의 면복을 그에 배당시킨 것이다. 살펴보건대, 〈春官 司服〉에 의하면 왕이 昊天上帝에게 제사 지낼 때는 大裘를 착용하고 冕冠을 쓰는데, 五帝에게 제사 지낼 때도 이와 마찬가지로 한다. 선왕에게 제사 지낼 때는 袞冕을 착용하며, 땅에 제사 지낼 때도 大裘를 착용한다. 여기의 천지와 종묘에 모두 大祭가 있는 것이 1등급에 해당한다.

〔中祭者 王服鷩冕毳冕所祭也〕 살펴보건대, 〈춘관 사복〉에 의하면 선공에게 제사 지낼 때는 鷩冕을 착용하고, 사방의 산천에 望祭를 지낼 때는 毳冕을 착용한다. 여기의 땅과 종묘에 지내는 한 등급 아래의 제사가 2등급에 해당한다. 다만 하늘에 지내는 한 등급 아래의 次祀에 대해서 의복을 보이지 않은 것은 해와 달에 지내는 제사가 하늘에 지내는 한 등급 아래의 차사인데, 하늘에 크게 보답하여 해를 주신으로 하고 달을 배향할 때는 大裘를 착용하므로

春分에 해에게 제사 지내고 秋分에 달에게 제사 지낼 때는 玄冕을 겸하여 착용하기 때문이다. 그러므로 하늘에 지내는 한 등급 아래의 차사에 대해서는 의복을 보이지 않은 것이다.

〔小祭者 王服希冕玄冕所祭也〕 살펴보건대, 〈춘관 사복〉에서 "社稷과 五祀에 제사 지낼 때는 希冕을 착용하고, 여러 小祭를 지낼 때는 玄冕을 착용한다."고 하였는데, 鄭玄은 그곳의 주에서 "산림과 산택 등속이다."라고 하였다. 정현이 비록 風師와 雨師 등을 언급하지 않았으나, '등속' 안에 그것들을 포함하는 것이다. 천지에 지내는 小祭만 보이고 종묘에 지내는 소제는 보이지 않는데, 馬融은 종묘의 소제는 殤(성인이 되지 못하고 죽은 이)에 지내는 제사를 가리킨다고 한 것이 그것이다. 殤에 제사 지낼 때도 혹 玄冕을 착용할 수 있을 것이다. 그렇다면 ≪禮記≫ 〈禮器〉에서 "一獻의 예를 행할 때는 질박하다."고 한 것은 여러 小祀들을 지내는 것을 말하니, 마땅히 玄冕을 착용해야 한다. "三獻의 예를 행할 때는 문식을 한다."고 한 것은 社稷과 五祀에 제사하는 것을 말하니, 希冕을 착용해야 한다. "五獻의 예를 행할 때는 현저히 성대하여 밝게 드러난다."고 한 것은 사방의 산천에 望祭를 지내는 것을 말하니, 마땅히 毳冕을 착용해야 한다. "七獻의 예를 행할 때는 충만하게 신이 머무르는 듯하다."고 한 것은 선공에게 제사하는 것을 말하니, 마땅히 驚冕을 착용해야 한다. 비록 九獻의 예를 언급하지 않았지만, 〈그〉 아래에서 "大饗의 예는 왕의 일인가."라고 하였는데, 대향은 선왕에게 祫祭를 지내는 것으로서 九獻의 예를 말하니, 마땅히 袞冕을 착용해야 한다. ≪예기≫ 〈예기〉의 아래 경문에서 "대향의 예를 행할 수 있다고 해도, 〈五帝에게〉 大旅의 예를 행할 수 없다."고 하였다. 대려의 제사에는 마땅히 大裘를 착용해야 한다. 이 일헌의 예에서 구헌의 예까지를 의거하면 이 헌을 하는 횟수로 요약한 것이다. 그러므로 6冕服과는 셋이 차이가 난다. 살펴보건대, 〈춘관 사복〉에 의하면 사방의 산천에 望祭를 지낼 때는 취면을 착용하므로 오헌의 예이고, 사직에 제사할 때는 치면을 착용하므로 삼헌의 예이니, 사직은 산천보다 아래에 있는 것이다. 살펴보건대, 〈春官 大宗伯(春-1-4)〉에서 "血祭로 社稷과 五祀와 五嶽에 제사 지낸다."고 하였다. 사직이 오악보다 위에 있는 것은 오악은 土地와 형태를 달리하므로 王畿 밖의 제후와 같아서 獻의 예를 준행하면 王朝의 신하보다 존귀하게 되고, 사직은 土神이라 칭하므로 마치 왕조의 신하와 같아서 獻의 예를 준행하면 오악보다 비천하게 되지만 오악의 위에 있는 것은 마치 왕의 사람들(왕조의 신하)이 비록 미천하지만 오히려 서열이 제후의 위인 것과 같은 것이다. 살펴보건대, ≪禮記≫ 〈王制〉에서 "종묘에 제사 지내는 소는 뿔이 한 줌 정도 자란 것을 쓴다."고 하였고, ≪國語≫에서 "산천에 제사 지내는 소는 뿔이 한 척 정도 자란 것을 쓴다."라고 하였다. 사직이 오악보다 존귀한 것은 그 스스로 國中의 神 가운데 社보다 존귀한 것

이 없기 때문이다. 그러므로 종묘와 마찬가지로 뿔이 한 줌 정도 자란 소를 쓰는 것이다.

〔禮運曰玄酒在室〕 울창주는 室 안에 진설한 것을 가리킨다. 그런데 玄酒는 곧 明水이니, 울창주와 짝하여 진설한다. 그러므로 〈현주를〉 실 안에 진설하는 것이다.

〔醴醆在戶〕 '醴'는 醴齊를 가리키고, '醆'은 盎齊를 가리키는데, 모두 室의 출입문에 진설한다.

〔粢醍在堂〕 '粢'는 '齊'가 되어야 한다. 醍齊는 堂에 진설한다.

〔澄酒在下〕 '澄'은 沈齊를 가리키고, '酒'는 三酒를 가리킨다. 두 가지는 모두 당 아래에 진설한다.

〔澄酒是三酒也〕 살펴보건대, ≪鄭志≫에서 趙商이 "≪예기≫ 〈禮運〉의 주에서는 '澄'이 '沈齊'라고 했는데, 이제 이 〈天官 酒正〉의 주에서는 '澄酒'가 三酒라고 한 것은 어째서입니까?"라고 물었다. 정현은 "지금의 해석은 '澄'자를 없애도 된다."라고 대답하였다. 그렇다면 정현이 본래 이곳의 주를 달 때 다만 '酒'는 三酒를 가리킨다〔酒是三酒〕고 하였고 '澄'자는 없었던 것이다. '澄'자가 있는 것이 잘못되었으므로 마땅히 '酒是三酒'라고 해야 한다.

〔益之者以飮諸臣〕 '더하여 붓는다〔益之〕'라고 말한 것은 경문 속의 '貳'를 해석한 것이다. 생각하건대, 〈春官 司尊彝(春-7-2)〉에서 "〈春祠와 夏禴에〉 모두 罍의 술동이를 진설하니, 신하들이 〈술을 따라서〉 스스로 酢의 예를 행할 때 사용한다."고 하였는데, 이것이 모든 신하들을 마시게 하는 것이다.

〔若今常滿尊也〕 '더하여 붓는다'고 말했기 때문에 항상 가득 채우는 것이다. 그러므로 漢나라의 법으로 비유한 것이다.

〔祭祀必用五齊者 至敬不尙味 而貴多品〕 정현은 五齊의 맛은 三酒보다 담박하고 수량이 많지만, 귀신은 덕을 흠향하고 맛을 흠향하지 않으므로 공경함을 지극하게 해야 할 따름이라고 생각한 것이다. 이에 ≪예기≫ 〈郊特牲〉에서 "공경함을 지극히 하므로 맛을 숭상하지 않고 물품을 많이 진설하는 것을 귀하게 여긴다."는 말을 인용한 것이다.

天-21-8

共賓客之禮酒하고 共后之致飮于賓客之禮醫酏糟호대 皆使其士奉之니라

〈酒正은〉 왕이 빈객에게 보내주는 禮酒를 공급하고, 왕후가 빈객에게 음료를 보내주는 예를 행할 때 사용하는 찌꺼기를 걸러내지 않은 탁한 단술〔醫〕과 미음〔酏〕을 공급하는데, 모두 士를 시켜서 하여금 받들고 가게 한다.

【注】禮酒는 王所致酒也니 王致酒하고 后致飮은 夫婦之義라 糟는 醫酏不泲者니 泲曰清이요 不泲曰糟라 后致飮에 無醴醫酏不清者는 與王同體에 屈也요 亦因以少爲貴라 士는 謂酒人漿人奄士[1]라

1) 士謂酒人漿人奄士 : 經文의 '士'를 鄭玄과 賈公彦은 酒人과 漿人인 奄士로 해석하였다. 그러나 江永은 酒正으로 해석한다. 주인과 장인이 술과 음료를 주정에게 받들고 가면 이것을 주정이 王朝에 받들고 나간다는 것이다. 孫詒讓도 강영의 설을 지지한다.(≪周禮正義≫ 권9, 360쪽 참조) 楊天宇 역시 酒正의 中士 4인과 下士 8인을 가리키는 것으로 해석하고, 중사가 하사에게 시키는 것이라고 하였다.(≪周禮譯注≫, 115쪽 참조)

禮酒는 王이 보내주는 술이다. 왕이 술을 보내주고 왕후가 음료를 보내주는 것은 부부의 의리이다. '糟(탁한 단술)'는 찌꺼기를 걸러내지 않은 醫(탁한 단술)와 酏(미음)이다. 찌꺼기를 걸러낸 것을 '淸'이라고 하고, 찌꺼기를 걸러내지 않은 것을 '糟'라고 한다. 왕후가 음료를 보낼 때, 醴(단술)는 없이 맑게 걸러내지 않은 醫와 酏를 보내는 것은 왕과 한 몸이 되기 때문에 예를 굽히는 것이고, 또한 적은 것을 존귀하게 여기기 때문이다. '士'는 酒人과 漿人을 담당하는 奄士를 말한다.

【疏】'共賓'至'奉之' ○釋曰 : 云'共賓客之禮酒'者, 謂王有故, 不親饗燕, 傳人致酒於客館. 云'共后之致飮于賓客之禮醫酏糟'者, 言致飮之中取二飮以致之. 云'醫酏糟'者, 謂醫酏不泲者也. 云'皆使其士奉之'者, 酒使酒人, 漿使漿人, 皆奄士, 故云"使其士奉之."

經의 〔共賓〕에서 〔奉之〕까지

○釋曰 : 〔共賓客之禮酒〕 왕이 일이 있어 몸소 饗禮나 燕禮를 거행하지 못하는 경우에 사람에게 전해서 빈객의 관사에 술을 보내주는 것을 말한다.

〔共后之致飮于賓客之禮醫酏糟〕 보내주는 음료 가운데 두 가지 음료를 취해서 보내주는 것을 말한다. "醫酏糟"라고 한 것은 찌꺼기를 걸러내지 않은 '醫'와 '酏'를 의미한다.

〔皆使其士奉之〕 술〔酒〕은 酒人을 시켜서 보내고, 신 음료〔漿〕는 漿人을 시켜서 보내는데, 모두 奄士들이다. 그러므로 "士를 시켜서 받들고 가게 한다."고 하였다.

○注'禮酒'至'奄士' ○釋曰 : 言'禮酒, 王所致酒也'者, 下酒人云"賓客之陳酒." 彼言陳, 謂若致(饗)〔饔〕[1]餼, 列陳於客館中[2]. 言禮酒不言'陳', 謂饗燕之酒, 王當親饗燕, 王有故, 則使人就館, 以酬幣[3]致之. 云'王致酒, 后致飮, 夫婦之義'者, 酒是陽, 故王致之.

飮是陰, 故后致之. 是陰陽相成, 故云 "夫婦之義." 云'后致飮, 無醴醫酏不淸者, 與王同體, 屈也'者, 言"后致飮無醴醫酏不淸"者, 對下漿人"共夫人致飮於賓客之禮, 淸醴醫酏糟, 而奉之", 謂夫人卑於后, 致三飮醫酏糟上, 加之以淸醴. 今后尊, 唯有醫酏二飮, 無淸醴. 旣無淸醴, 醫酏當淸, 今皆不淸者, 以其后尊, 夫妻片合, 與王同體, 故屈. 夫人卑, 與王不同體, 得申, 故加之以淸醴也. 云'亦因以少爲貴'者, 案禮器云"有以少爲貴者, 天子無介[4], 祭天特牲". 是以少爲貴. 則夫人三飮, 后二飮, 是因以少爲貴. 云'士謂酒人漿人奄士'者, 案序官, 酒人奄十人, 漿人奄五人, 皆不言士. 此經注皆士者, 爲官首當是士. 但非賢, 故不言士. 內小臣是奄而稱士[5], 鄭云 "異其賢."

1) (饗)〔饔〕: 저본에는 '饗'으로 되어 있으나, 惠棟의 校本과 ≪周禮正義≫에 의거하여 '饔'으로 바로잡았다.(北京大 整理本의 〈校勘記〉 참조)

2) 若致(饗)〔饔〕餼 列陳於客館中 : 이는 聘禮에서 聘의 예를 행하는 날에, 빙문을 받는 나라의 군주〔主君〕가 卿(大夫)을 파견하여 賓과 介에게 죽은 희생〔饔〕과 살아 있는 희생〔餼〕을 보내주는 절차를 말한 것으로서, 이를 '致饔餼'라고 한다. ≪儀禮≫ 〈聘禮〉에 "빙문을 받는 主國의 군주는 경으로 하여금 韋弁服을 착용하고 빈에게 가서 죽은 희생〔饔〕과 살아 있는 희생〔餼〕 5태뢰를 보내주게 한다. 〈경이 빈의 관사에 도착하면,〉 上介가 대문 밖으로 나가서 무슨 일로 찾아왔는지 묻는다. 〈상개가 들어가서 빈에게 경의 뜻을 고하면,〉 빈은 朝服을 착용하고 한 번 사양을 한 후 허락한다. 有司(주국의 宰父의 속관)는 빈의 관사 안으로 들어가 음식을 진열한다.〔君使卿韋弁 歸饔餼五牢 上介請事 賓朝服禮辭 有司入陳〕"고 하였다.

3) 酬幣 : ≪儀禮≫ 〈聘禮〉에서 "〈주군이 직접 饗禮를 베풀어주지 못하게 되어 빈과 작위가 동등한 대부로 하여금〉 酬幣를 받들고 가서 바치도록 할 경우도 이와 동일한 절차로 한다.〔致饗以酬幣 亦如之〕"고 하였다. 鄭玄의 注에서는 "'酬幣'는 향례에서 빈에게 酬의 예를 행하여 술을 권할 때 사용하는 예물인데, 사용되는 예물이 어떠한 것인지는 들어보지 못하였다.〔酬幣 饗禮酬賓勸酒之幣也 所用未聞也〕"라고 하였다. 군주가 빈에게 饗禮를 베풀어줄 때 보내주는 예물을 '酬幣'라고 하고, 食禮를 베풀어줄 때 보내주는 예물을 '侑幣'라고 한다. '酬'나 '侑'는 모두 술이나 밥을 권한다는 의미이다. 군주가 빈에게 예물을 보내주어 술이나 밥을 권하는 뜻을 보여주는 예이다.

4) 天子無介 : ≪禮記≫ 〈禮器〉의 문장이다. 陳澔의 주에서 "'介'는 손님을 돕게 하려는 것이다. 천자는 천하를 家(집안)로 삼기 때문에 손님이 되는 의리가 없다. 따라서 '介'를 두지 않는다.〔介所以佐賓 天子以天下爲家 無爲賓之義 故無介也〕"라고 하였다.(≪禮記集說≫ 〈禮器〉 참조)

5) 內小臣是奄而稱士 : 〈天官 序官(天-0-52)〉에서 "內小臣은 奄上士 4인이 담당한다〔內小

臣奄上士四人]"고 하였는데, 鄭玄의 注에서는 "奄人인데 士라고 칭한 것은 그들의 현명함을 특별하게 여기기 때문이다.〔奄稱士者 異其賢〕"라고 하였다.

○注의 〔禮酒〕에서 〔奄士〕까지

○釋曰 : 〔禮酒 王所致酒也〕 아래 〈天官 酒人(天-22-5)〉에서 "왕이 빈객에게 보낸 술을 관사에 진열한다."고 하였다. 그곳에서 '陳(진열한다)'이라 한 것은 〈빙문을 받는 나라의 군주가〉 죽은 희생〔饔〕과 살아 있는 희생〔餼〕을 보내주면 〈有司는 이를〉 빈객의 관사 안에 진열하는 것과 같은 경우를 말한다. 禮酒를 말하면서 '陳(진열하다)'이라고 말하지 않은 것은 饗禮와 燕禮에서 사용하는 술은 왕이 향례와 연례를 직접 베풀어주어야 하지만, 왕이 일이 있을 경우 사람을 빈객의 관사로 보내서 〈술을〉 酬幣(술을 권할 때 사용하는 예물)와 함께 보내주기 때문이다.

〔王致酒 后致飮 夫婦之義〕 술은 陽에 해당하므로 왕이 보내준다. 음료는 陰에 해당하므로 왕후가 보내준다. 이것은 음과 양이 서로를 이루어주는 것이다. 그러므로 "부부의 의리이다."라고 한 것이다.

〔后致飮 無醴醫酏不淸者 與王同體 屈也〕 "왕후가 음료수를 보낼 때, 맑은 단술〔醴〕은 없이 찌꺼기를 걸러내지 않은 탁한 단술〔醫〕과 미음〔酏〕을 보낸다."고 한 것은 아래 〈天官 漿人(天-23-3)〉에서 "夫人이 빈객에게 음료를 보내주는 예를 행할 때 사용할 맑은 단술〔淸醴〕과 찌꺼기를 걸러내지 않은 탁한 단술〔醫〕과 미음〔酏〕을 공급하는데, 주정이 받들고 가서 〈빈객에게〉 보내준다."고 한 것과 대비하여 말한 것이다. 부인은 왕후보다 비천하므로 세 가지 음료를 〈빈객에게〉 보내주는데 찌꺼기를 걸러내지 않은 醫와 酏 위에 淸醴를 더하여 보내주는 것을 말한다. 이제 왕후는 존귀하므로 단지 醫와 酏의 두 가지 음료만 보내주고 淸醴는 없다. 淸醴를 보내지 않으므로 醫와 酏는 마땅히 찌꺼기를 걸러낸 것으로 보내야 하는데 이제 모두 걸러내지 않은 것을 보내주는 것은, 황후는 존귀한 몸으로 부부가 반쪽씩 서로 합하여 왕과 한 몸이 되기 때문이다. 그러므로 예를 굽힌 것이다. 부인은 비천하여 왕과 한 몸이 되지 못하므로 예를 펼 수 있는 것이다. 그러므로 淸醴를 더하여 보내주는 것이다.

〔亦因以少爲貴〕 살펴보건대, ≪禮記≫ 〈禮器〉에서 "적은 것을 존귀한 것으로 삼는 경우가 있으니, 천자는 介를 두지 않고, 하늘에 제사를 지낼 때는 한 마리 희생을 사용한다."고 하였다. 이것이 적은 것을 존귀한 것으로 여기는 것이다. 그렇다면 부인은 세 가지 음료를 보내주고 왕후는 두 가지 음료를 보내주는 것은, 적은 것을 존귀하게 여기기 때문인 것이다.

〔士謂酒人漿人奄士〕 살펴보건대, 〈天官 序官(天-0-28・29)〉에 의하면 酒人은 奄 10인

이 담당하고 隸人은 奄 5인이 담당하는데, 모두 '士'라고 말하지 않았다. 이곳의 경문과 鄭玄의 注에서 모두 '士'라고 한 것은 관직의 우두머리는 마땅히 士가 되어야 하기 때문이다. 그러나 현명한 자가 아니면 일부러 '士'라고 말하지 않는 것이다. 內小臣의 경우는 奄이 담당하는데도 〈경문에서〉 '士'라고 칭하였으니, 정현은 〈천관 서관(天-0-52)의 주에서〉 "그들의 현명함을 특별하게 여기기 때문이다."라고 하였다.

天-21-9

凡王之燕飲酒에 **共其計**[1)]호대 **酒正奉之**[2)]니라

1) 共其計 : 孫詒讓은 "'共計'란 술을 공급할 때 아울러 計簿를 갖추어 바치는 것을 말한다.〔共計者 共酒之時 幷具計簿奉之〕"라고 하였고, 또 "計는 그 수량을 秩籍에 기록하는 것을 말한다.〔其數量著於秩籍者〕"라고 하여 '計'를 술의 용량을 기록한 장부로 해석하였다.(≪周禮正義≫ 권9, 361~362쪽) 楊天宇는 '共其計'를 필요한 술의 용량을 미리 계산하고 그 용량을 공급한다는 뜻으로 해석하였다.〔供給預計所需的酒量〕(≪周禮譯注≫, 115쪽)
2) 酒正奉之 : 이 燕飮酒의 예에서는 왕이 직접 참여하므로 酒正이 스스로 술을 받들고 가서 공급하는 것으로, 앞에서 왕이 빈객에게 禮酒를 보낼 때 士를 시켜서 보내는 것과 달리하는 것이다.(≪周禮正義≫ 권9, 362쪽 및 앞의 〈天官 酒正〉 天-21-8 참조)

무릇 왕이 연회를 베풀어 신하들과 술을 마실 때, 〈酒正은〉 사용할 술의 양을 헤아려서 공급하는데, 주정이 직접 받들고 가서 〈왕에게〉 바친다.

【注】共其計者는 **獻酬多少**[1)]**度**(탁)**當足也**라 **故書酒正無酒字**라 **鄭司農云 正奉之**는 **酒正奉之也**라

1) 獻酬多少 : 왕이 빈객이나 신하들에게 연회를 베풀어 술을 마시는 것을 '燕飮酒'라고 하는데, 줄여서 '燕飮'이라고도 한다. 燕飮酒의 예에서는 먼저 주인(왕)이 빈에게 술을 따라 올리는데, 이를 '獻'이라 한다. 빈은 보답의 뜻으로 주인에게 술을 따라 올리는데, 이를 '酢'이라 한다. 주인은 먼저 스스로 술을 마신 후 빈에게 술을 따라 권하는데, 이를 '酬'라고 한다. 이러한 正獻의 예를 마친 후 '旅酬'와 '無算爵'의 예로 이어진다. '多少'는 이러한 獻과 酬의 예를 행할 필요한 술의 용량을 뜻한다.(≪周禮正義≫ 권9, 362쪽 참조)

"사용할 술의 양을 헤아려서 공급한다.〔共其計〕"는 것은 獻과 酬의 예를 행할 때 술의 양을 충족하도록 계산한다는 뜻이다. 故書에는 '酒正'에서의 '酒'가 없다. 鄭衆은 "'正奉之'는 '酒正이 받들고 가서 바친다'는 뜻이다."라고 하였다.

【疏】'凡王'至'奉之' ○釋曰：謂王與群臣燕飮之酒. 共其計者, 謂計群臣多少, 以足爲度. 酒正奉之者, 以其共王, 故酒正自奉之.

經의 〔凡王〕에서 〔奉之〕까지

○釋曰：〈'王之燕飮酒'는〉 왕이 신하들과 연회를 열어 술을 마시는 것을 말한다.

〔共其計〕 신하들이 많고 적음을 계산하여 술을 충분히 채우는 것으로 한도로 삼는 것을 말한다.

〔酒正奉之〕 왕에게 공급하는 것이므로 酒正이 스스로 받들고 가서 바치는 것이다.

天-21-10

凡饗士庶子와 饗耆老孤子에 皆共其酒호대 無酌數니라

무릇 士·庶子에게 饗禮를 베풀어줄 때와 耆老·孤子에게 향례를 베풀어줄 때, 〈酒正은〉 향례에 사용할 술을 모두 공급하는데, 〈술이 취할 때까지〉 술동이에서 술을 뜨는 술국자의 수량에 제한을 두지 않는다.

【注】要以醉爲度라

응당 취할 때까지 마시는 것으로 한도를 삼아야 한다.

【疏】'凡饗'至'酌數' ○釋曰：言'饗士庶子', 謂若宮伯宿衛王宮者, 士, 適子, 庶子, 其支庶[1]. 云'饗耆老孤子'者, 謂外饔注耆老謂國老, 孤子者, 謂死王事之子. 王皆饗養之, 則共其酒.

1) 士……其支庶：〈天官 宮伯(天-5-1)〉 鄭玄의 注에서 "'王宮의 士'는 왕궁 안에서 근무하는 관리들(경·대부·사)의 適子이다. '庶子'는 관리들의 支庶이다.〔玄謂王宮之士 謂王宮中諸吏之適子也 庶子 其支庶也〕"라고 하였다. 孫詒讓에 의하면, 士와 庶子는 공·경·대·부의 자제들로서, '國子'로 통칭한다. 이미 爵命을 받아 士가 된 자를 '士'라고 하고, 아직 작명을 받지 못한 자를 '庶子'라고 한다.(≪周禮正義≫ 권7, 231쪽 참조)

經의 〔凡饗〕에서 〔酌數〕까지

○釋曰：〔饗士庶子〕 〈天官 宮伯〉에서의 왕궁을 숙위하는 자들과 같은 것으로, '士'는 〈왕궁 안에서 근무하는 관리들의〉 適子를, 庶子는 〈관리들의〉 支庶를 말한다.

〔饗耆老孤子〕〈天官 外饔(天-9-2)〉 鄭玄의 注에서 '耆老'를 '國老'라고 하고, '孤子'를 '나라의 일을 위해 죽은 자의 아들'이라고 한 것을 가리킨다. 왕이 모두 그들을 위해서 향례를 베풀어 봉양하는 것이므로 그에 사용되는 술을 공급하는 것이다.

天-21-11

掌酒之賜頒[1)]호대 皆有灋以行之니라

1) 賜頒 : 孫詒讓에 따르면 '賜'는 好賜 즉 왕이 常賜 이외에 은택으로 특별히 하사해주는 것을 말하며, '頒'은 常賜 즉 秩籍에 규정되어 있어 왕이 歲時로 하사해주는 것 말한다.〔賜謂好賜 頒謂常賜〕(≪周禮正義≫ 권9, 362쪽)

〈酒正은〉 왕이 신하들에게 好賜나 常賜로 하사하는 술을 관장하는데, 모두 정해진 법에 의거해서 공급한다.

【注】灋은 尊卑之差라

'灋'이란 존비의 차등을 의미한다.

【疏】'掌酒'至'行之' ○釋曰 : 云'賜頒皆有法以行之'者, 謂以酒頒群臣也. '皆有法以行之'者, 尊者得多, 卑者得少, 多少皆有常法. 言以行之者, 謂依法給之.

經의 〔掌酒〕에서 〔行之〕까지

○釋曰 : 〔賜頒皆有法以行之〕 신하들에게 술을 하사해주는 것을 말한다. "모두 정해진 법에 의거해서 공급한다."는 것은 존귀한 자는 많이 받고 비천한 자는 적게 받는데, 많고 적은 것에 모두 정해진 법이 있다는 것이다. '以行之'라고 말한 것은 법에 의거하여 공급한다는 뜻이다.

天-21-12

凡有秩酒者는 以書契授之니라

무릇 항상 공급해야 할 술〔秩酒〕의 경우, 〈酒正은〉 증빙문서〔書契〕에 의거하여 使者에게 보내준다.

【注】 鄭司農云 有秩酒者는 給事中予之酒라 秩은 常也니 常受酒者는 國語曰 至于今秩之라하니라 玄謂所秩者는 謂老臣이라 王制曰 七十不俟朝하고 八十月告存하고 九十日有秩이라하니라

鄭衆은 "'有秩酒者'는 給事中에게 내려주는 술이다. '秩'은 '항상'의 뜻이다. 항상 술을 받는 자란 ≪國語≫ 〈楚語〉에서 '오늘날에 이르기까지 〈朝廷에서 子文에게〉 항상 공급하고 있다.'고 한 경우이다."라고 하였다. 나(鄭玄)는 생각건대, 항상 공급받는 자〔所秩者〕는 '老臣'을 가리킨다. ≪禮記≫ 〈王制〉에서 "70세가 되면 조회가 끝날 때까지 기다리지 않고 조정에서 물러나오고, 80세가 되면 매달 안부를 묻고, 90세가 되면 좋은 음식을 항상 먹을 수 있게 매일 보내준다."고 하였다.

【疏】'凡有'至'授之' ○釋曰 : 秩, 常也. 謂若老臣年九十已上, 常與之酒. 云'以書契授之'者, 謂酒正授使者酒, 書之多少, 以爲契要而與之, 故云"以書契授之."

經의 〔凡有〕에서 〔授之〕까지

○釋曰 : '秩'은 항상〔常〕의 뜻이니, 〈'有秩酒者'는〉 예컨대 90세 이상의 老臣에게 항상 술을 보내주는 것을 말한다.

〔以書契授之〕 酒正이 使者에게 술을 줄 때, 양의 많고 적음을 적어서 증빙문서를 만들어서 준다. 그러므로 "증빙문서에 의거해서 준다."고 한 것이다.

○注'鄭司'至'有秩' ○釋曰 : '鄭司農云, 有秩酒者, 給事中予之酒. 秩, 常也. 常受酒者', 司農之意, 謂在朝群臣, 親近於王, 摠名給事中, 王常以酒與之, 故云"常受酒者". 又引國語者, 案楚語云 "鬭(투)且廷見[1]令尹子常, 聞子常畜貨聚馬, 鬭且廷以爲非, 遂陳令尹子文之行, 云'昔鬭子文三舍令尹, 無一日之積. 成王聞子文行, 於是每朝設脯一束糗一筐,以羞子文. 至於今秩之.'" 後鄭皆不從之者, 給事中與之酒, 不言秩, 因朝而羞子文, 又非酒, 故不從之矣. 引王制曰'七十不俟朝'者, 謂不待朝事畢卽去.[2] '八十月告(有)〔存〕[3]者, 謂月月使報告[4]老人(有)〔存〕否. '九十日有秩'者, 謂日日有秩膳, 卽此經秩酒是也. 故引以爲證.

1) 鬭(투)且廷見 : 韋昭의 注에서는 '鬥且'를 성으로, '廷見'을 '朝庭에서 보다'의 뜻으로 해석하였다. 賈公彦은 '且廷'을 이름으로 해석한 것으로 위소의 주와 합치하지 않는데, 孫詒讓은 孔晁의 설에 따른 것으로 추론하였다.(北京大 整理本의 〈校勘記〉 참조)

2) 不待朝事畢卽去 : ≪禮記≫ 〈王制〉의 "七十不俟朝"에 대해 陳澔는 "군주에게 조회할 때, 들어가서 조정의 자리에 이르는데, 군주가 나와서 읍을 하면 곧바로 물러나오고 조정의 일이 끝날 때까지 기다리지 않음을 말한다. 이 경문은 致仕할 나이가 되었는데도 사직하지 못한 경우를 말하는 것이다.〔謂朝君之時 入至朝位 君出揖卽退 不待朝事畢也 此謂當致仕之年而不得謝者〕"라고 하였다.(≪禮記集說≫ 〈王制〉 참조)

3) (有)〔存〕: 저본에는 '有'로 되어 있으나, ≪禮記正義≫ 경문과 ≪周禮正義≫, 北京大 整理本과 上海古籍 整理本에 의거하여 '存'으로 바로잡았다. 아래도 같다.

4) 使報告 : ≪禮記≫ 〈王制〉의 "八十月告存"에 대한 鄭玄 注에서는 "告猶問也"라고 하였다. 안부를 묻는 것이다.

○注의 〔鄭司〕에서 〔有秩〕까지

○釋曰 : 〔鄭司農云 有秩酒者 給事中予之酒 秩 常也 常受酒者〕 鄭衆은 조정에 있는 신하들 중에 왕에게 가까이 있으면 총괄하여 給事中이라고 칭하고 왕이 항상 술을 내려준다고 생각한 것이다. 그러므로 "항상 술을 받는 자"라고 한 것이다. 또 ≪國語≫를 인용한 것은, 살펴보건대 ≪국어≫ 〈楚語 下〉에서, "〈초나라 대부〉 鬪且延이 조정에서 令尹인 子常을 보았는데, 자상이 재물을 축적하고 명마를 모으고 있다는 말을 들었다. 투저연이 옳지 않다고 여기고 이에 영윤이었던 鬪子文의 덕행을 진술하였다. '예전에 투자문은 세 차례 영윤을 그만두었는데 하루도 축재를 한 적이 없다. 楚나라 成王이 자문의 덕행을 듣고 이에 매일 조회를 할 때 말린 고기〔脯〕 한 묶음과 말린 미숫가루 한 광주리를 진설해서 자문에게 음식을 들게 하였다. 오늘날에 이르기까지 항상 공급해주고 있다.'라고 하였다." 하였다. 鄭玄이 이것을 모두 따르지 않은 것은 급사중에게 술을 주는 것은 '항상'이라고 말할 수 없고, 조회 때문에 자문에게 음식을 내려준 것이 또 술이 아니기 때문이다. 그러므로 정중의 〈두 가지 해석을〉 따르지 않은 것이다. ≪禮記≫ 〈王制〉의 '七十不俟朝'를 인용한 것은 조정의 일이 끝날 때까지 기다리지 않고 바로 떠나는 것을 말한 것이고, '八十月告存'은 달마다 〈사람을〉 시켜서 노인의 안부를 〈묻고〉 보고하는 것을 말한 것이고, '九十日有秩'은 날마다 항상 좋은 음식을 내려주는 것을 말하는 것이니, 바로 이 경문의 '항상 공급하는 술〔酒是〕'이 그것이다. 그러므로 이 〈王制〉의 부분을 인용하여 증거로 삼은 것이다.

天-21-13

酒正之出은 日入其成[1)]하고 月入其要니 小宰聽之니라

1) 成 : 매달 상순·중순·하순 각 열흘 동안의 회계결산 문서를 '成'이라 하고, 월말의 회계결

산 문서를 '要'라고 하고, 연말의 회계결산 문서를 '會'라고 한다.

酒正이 공급하여 보내준 술 빚는 재료와 술은 〈酒人이〉 날마다 그 수량을 기록하여 열흘의 회계문서를 작성하여 〈주정에게〉 보고하고, 〈주정이〉 월말에 그달의 회계문서를 작성하여 〈小宰에게〉 보고하니, 소재는 그것을 심사하여 평가한다.

【注】 出은 謂授酒材及用酒之多少也라 受用酒者는 日言其計於酒正하고 酒正月盡言於小宰니라

'出'은 공급하여 보내준 술의 재료 및 사용한 술의 양을 말한다. 술을 받아서 사용한 자는 날마다 酒正에게 그 회계결산을 보고하고, 주정은 월말에 그것을 小宰에게 보고한다.

【疏】 '酒正'至'聽之' ○釋曰 : 言'酒正之出'者, 謂授酒材與酒人, 及出酒與人. 云'日入其成'者, 謂酒人用多少, 日計所用酒, 以此成入於酒正. 云'月入其要'者, 謂酒正得酒人日計文書, 日計其月要, 至月盡, 以月計文書入於小宰, 故云 "月入其要." '小宰聽之'者, 小宰得酒正文書, 聽斷之, 知其得失.

經의 〔酒正〕에서 〔聽之〕까지

○釋曰 : 〔酒正之出〕 술 빚는 재료를 酒人에게 공급해준 것과 술을 내서 사람에게 준 것을 말한다.

〔日入其成〕 주인이 사용한 술의 용량을 가지고 날마다 사용한 술에 대해 회계를 내서 이 회계문서를 주정에게 보고하는 것을 말한다.

〔月入其要〕 酒正은 주인이 날마다 회계한 문서를 받고, 날마다 회계한 문서로 그달의 회계 문서를 작성하고, 월말이 되면 그달의 회계 문서를 小宰에게 보고한다. 그러므로 "월말에 그달의 회계문서를 작성하여 〈소재에게〉 보고한다."고 한 것이다.

〔小宰聽之〕 소재가 주정이 보고한 문서를 받아서 그것을 심사하여 평가하면, 그 잘하고 잘못한 것을 알 수 있다.

○注'出謂'至'小宰' ○釋曰 : 言'出謂授酒材'者, 謂授酒人以其材, 酒正職首所言者是也[1]. '及用酒之多少'者, 謂若共五齊三酒以下, 是也. 云'受用酒者, 日言其計於酒正'者, 受用酒謂用酒多少, 是酒人也. 故曰 "言其計於酒正也." 云'酒正月盡言於小宰'者, 釋經月入其要.

1) 酒正職首所言者是也 : 〈天官 酒正(天-21-1)〉에서 "酒正은 술에 관한 政令을 관장하니,

술을 제조하는 법식에 의거하여 〈酒人에게〉 술 빚는 재료를 공급해준다.〔酒正 掌酒之政令 以式灋授酒材〕"고 하였다.

○注의 〔出謂〕에서 〔小宰〕까지

○釋曰 : 〔出謂授酒材〕 酒人에게 술 빚는 재료를 공급해준다는 것은 〈天官 酒正(天-21-1)〉의 맨 처음에 언급한 것이 그것이다.

〔及用酒之多少〕 "〈酒正은〉 五齊와 三酒를 공급한다."고 한 문장(〈天官 酒正〉 天-21-7) 이하의 경우가 그것이다.

〔受用酒者 日言其計於酒正〕 '술을 받아서 사용한다〔受用酒〕'는 것은 술을 사용한 용량을 말하니, 酒人의 경우를 가리킨다. 그러므로 "날마다 주정에게 그 회계결산을 보고한다."고 한 것이다.

〔酒正月盡言於小宰〕 경문의 '月入其要'를 풀이한 것이다.

天-21-14

歲終則會호대 唯王及后之飮酒는 不會요 以酒式誅賞하니라

연말이 되면 한 해의 총 회계결산 문서를 작성하여 〈태재에게 보고하는데〉, 오직 왕과 왕후가 마신 술에 대해서만은 총 회계결산을 하지 않는다. 술을 제조하는 법식에 의거하여 〈술의 좋고 나쁨을 평가해서〉 상벌을 결정한다.

【注】 誅賞作酒之善惡者라

술을 제조한 것의 잘잘못에 대해서 상을 내리거나 처벌을 하는 것이다.

【疏】 '歲終'至'誅賞' ○釋曰 : 直言 "唯王及后不會", 不云世子, 以其酒與膳異. 膳羞[1]食之正, 則世子亦不會. 膳禽[2]食之加, 世子會之, 酒亦爲加, 故亦會之. '以酒式誅賞'者, 作酒有舊法式, 依法善者則賞之, 惡者則誅責之.

1) 膳羞 : 鄭玄에 의하면 '膳'은 희생고기이며, '羞'는 희생이나 날짐승·들짐승으로 만든 음식인데, 여기에 조미를 가하여 맛을 낸 음식을 '庶羞'라고 한다.〔膳 牲肉也 羞 出于牲及禽獸 以備滋味 謂之庶羞〕(〈天官 膳夫〉 天-6-2 鄭玄의 注) 그러나 '羞'와 '膳'을 연용하여 '膳羞'라 할 경우는 일반적으로 '맛난 음식'을 뜻한다. 상세한 것은 〈天官 序官(天-0-10)〉 경문에 대한 賈公彦의 疏 역주 1) 참조.

2) 膳禽 :〈天官 庖人(天-7-7)〉 鄭玄의 注에서 "'膳禽'은 네 계절에 요리한 禽獻을 말한다. 〔膳禽 四時所膳禽獻〕"라고 하였다. 즉 날짐승을 잡아서 만든 계절의 별미를 말한다.

經의 〔歲終〕에서 〔誅賞〕까지

○ 釋曰 : "오직 왕과 왕후가 마신 술에 대해서만은 총 회계결산을 하지 않는다."고만 하고 世子에 대해 말하지 않은 것은 술과 고기가 다르기 때문이다. 맛난 음식은 正餐의 음식이므로 세자도 총 결산회계를 하지 않는다. 그러나 膳禽은 加餐의 음식이므로 세자의 경우는 총 결산회계를 하는데, 술도 가찬이 되므로 또한 총 결산회계를 한다.

〔以酒式誅賞〕 술을 제조하는 데는 옛 법식이 있으므로 법식에 의거하여 잘 만든 자는 상을 내리고, 잘못 만든 자는 벌을 주어서 꾸짖는다.

22. 酒人(주인)

天-22-1

酒人은 **掌爲五齊三酒**하고 **祭祀則共奉之**호대 **以役世婦**니라

酒人은 五齊와 三酒를 제조하는 일을 관장하고, 제사를 지낼 때 사용할 술을 받들고 가서 공급하는데, 世婦의 지시에 따른다.

【注】 世婦[1]는 謂宮卿[2]之官이니 掌女宮[3]之宿戒하고 及祭祀에 比其具라 酒人은 共酒호대 因留與其奚[4]爲世婦役하니 亦官聯[5]이라

1) 世婦 : 제사를 지내고 빈객을 맞이하고 喪事를 치를 때 女宮들을 이끌고 가서 禮器를 씻어 깨끗이 하는 일을 관장한다.(〈天官 世婦〉 天-51-1 참조)

2) 宮卿 : 漢나라 때의 大長秋로, 황후의 뜻을 전하고 궁중의 일을 관리하는 일을 담당하였다.(〈春官 序官〉 春-0-14 鄭玄의 注와 賈公彦의 疏 및 ≪漢書≫ 〈百官公卿表 上〉 참조)

3) 女宮 : 죄를 짓거나 죄를 지은 가족에 연좌되어 궁중으로 잡혀가서 宮奴가 된 여자를 말한다.(〈天官 寺人〉 天-48-1 鄭玄의 注 참조)

4) 奚 : 天官 酒人의 휘하에 奚 300인이 있다. 이 奚는 술 빚는 일을 담당하는 여자 노비이다.(〈天官 序官〉 天-0-28 참조)

5) 官聯 : 다른 관부의 관리들과 연계하여 함께 일을 수행하도록 하는 규정을 말한다.(〈天官 大宰〉 天-1-2 참조)

世婦는 宮卿의 官을 가리키니, 女宮에게 제사 전에 재계할 것을 거듭 알리는 일〔宿戒〕을 관장하고 제삿날이 되면 제사에 쓸 기물들을 차례대로 갖추어놓는다. 酒人은 술을 공급하는데, 이로 인해서 그 휘하의 奚를 〈보내어 세부와〉 함께 머물면서 세부의 지시를 받으니, 또한 다른 관직과 연계하여 함께 일을 처리하는 것이다.

【疏】'酒人'至'世婦' ○釋曰：言'爲五齊三酒'者, 爲猶作也. 云'祭祀則共奉之'者, 謂酒人共而奉之. 云'以役世婦'者, 屬春官宮卿官也. 酒人以奚送酒至世婦, 因爲世婦所役使.

經의 〔酒人〕에서 〔世婦〕까지

○釋曰：〔爲五齊三酒〕 '爲'는 作(만든다)과 같다.

〔祭祀則共奉之〕 酒人이 공급하여 바치는 것을 말한다.

〔以役世婦〕 春官에 속하는데, 宮卿의 官이다. 酒人이 奚를 시켜서 世婦에게 술을 보내는데, 그대로 세부의 지시를 받는다.

○注'世婦'至'官聯' ○釋曰：云'世婦謂宮卿之官'者, 所謂春官云"每宮[1]卿一人", 故云"世婦謂宮卿之官"也. 云'掌女宮之宿戒'者, 此亦世婦職文. 引此者, 其職云"及祭〔祀〕[2]比其具", 則此酒等是, 故送酒以往, 爲世婦所役. 言'亦官聯'者, 卽小宰云"祭祀之聯事"是也.

1) 每宮：王后의 6宮을 가리킨다.(〈春官 序官〉 春-0-14 鄭玄의 注 참조)
2) 〔祀〕：저본에는 '祀'가 없으나, ≪周禮正義≫에 의거하여 보충하였다.(北京大 整理本의 〈校勘記〉 참조)

○注의 〔世婦〕에서 〔官聯〕까지

○釋曰：〔世婦謂宮卿之官〕 〈春官 序官(春-0-14)〉에서 "宮마다 卿 1인이 담당한다."고 한 것이다. 그러므로 "世婦는 宮卿의 官을 가리킨다."고 한 것이다.

〔掌女宮之宿戒〕 이것도 〈春官 世婦(春-15-1)〉의 경문이다. 이를 인용한 것은 〈춘관 세부〉에서 "제삿날이 되면 제사에 쓸 기물들을 차례대로 갖추어놓는다."라고 했는데, 이 술 등을 가리키는 것이기 때문이다. 그러므로 〈奚에게〉 술을 보내게 하여 세부의 지시를 받는다.

〔亦官聯〕 바로 〈天官 小宰(天-2-7)〉에서 " 제사를 거행할 때 다른 관직과 연계하여 함께 일을 처리하는 것"이라고 한 것이 그것이다.

天-22-2

共賓客之禮酒飮酒하여 **而奉之**니라

〈酒人은〉 빈객이 사용할 禮酒와 飮酒를 공급하여 〈酒正의 명으로 빈객에게〉 받들고 가서 준다.

【注】 酒正이 使之也라 禮酒는 饗燕之酒요 飮酒는 食(사)之酒라 此謂給賓客之稍이니 王不親饗燕하고 不親食(사)[1]하여 而使人各以其爵으로 以酬幣(集)〔侑〕[2]幣致之면 則從而以酒往이라

1) 食(사) : 陸德明에 의하면 '親食'의 '食'는 발음이 '嗣'이다.(≪經典釋文≫ 권8 〈周禮音義 上 天官冢宰〉 '酒人')

2) (集)〔侑〕: 저본에는 '集'으로 되어 있으나, ≪周禮正義≫ 및 北京大 整理本의 〈校勘記〉 등에 의거하여 '侑'로 바로잡았다.

酒正이 시키는 것이다. '禮酒'는 饗禮와 燕禮에서 사용하는 술이다. '飮酒'는 食禮에서 마시는 술이다. 이것은 빈객이 조금씩 사용하도록 공급하는 것을 가리킨다. 왕이 향례와 연례를 몸소 베풀어주지 못하고 사례를 몸소 베풀어주지 못하여 각각 빈과 작위가 동등한 사람을 시켜서 酬幣와 侑幣를 받들고 가서 바치도록 하면 〈이 예물들과 함께〉 술도 따라서 받들고 가는 것이다.

【疏】 '共賓'至'奉之' ○釋曰 : 云'共賓客之禮酒飮酒'者, 此二者酒正使酒人奉授賓客

經의 〔共賓〕에서 〔奉之〕까지

○釋曰 : 〔共賓客之禮酒飮酒〕 이 두 가지는 酒正이 酒人을 시켜서 빈객에게 받들고 가서 주도록 하는 것이다.

○注'酒正'至'酒往' ○釋曰 : 知酒正使之者, 酒正云 "共賓客之禮酒, 使其士奉之." 士卽此酒人也.[1] 彼不言飮酒者, 禮酒中可以兼之矣. 云'禮酒, 饗燕之酒'者, 謂饗燕食賓之酒也. 云'飮酒, 食之酒'者, 謂食(사)時有酒者. 曲禮云 "酒漿處右", 則此非獻酬酒, 是酳口之酒也. 云'此謂給賓之稍'者, 此禮酒飮酒, 摠言王若不親燕飮食, 則使人致之於客館, 任賓客稍稍用之, 故云 "給賓客之稍". 云'王不親饗燕, 不親食'者, 謂王有故, 不得速賓[2], 親行此三者. 云'使人各以其爵, 以酬幣侑幣致之'者, 此竝聘禮文. 案彼云 "若

不親食, 使大夫各以其爵朝服, 致之以侑幣, 致饗以酬幣亦如之." 彼雖無致燕法, 案鹿鳴燕群臣嘉賓, 有實幣帛[3], 則致燕亦以酬幣致之, 與饗同. 云'各以其爵'者, 則諸侯來朝, 遣三公致饗, 卿來聘, 遣卿大夫致饗. 燕以酬幣, 致食以侑幣, 故云 "酬幣侑幣致之". 云'則從而以酒往'者, 謂酒人以酒從使人欲往客館, 授與賓客.

1) 士卽此酒人也 : 孫詒讓은 이 문장은 〈天官 酒正〉과 互看해야 한다고 한다. 그는 吳廷華, 黃以周 등과 같이 이 문장의 '士'는 酒人이 아니라 酒正 휘하의 士라고 해석하였다. 즉 경문의 '奉之'는 주인이 빈객이 아니라 주정에게 보내는 것이고, 주정이 다시 휘하의 士를 시켜서 빈객에게 보내는 것이라고 하였다.(≪周禮正義≫ 권9, 365~366쪽 참조)
2) 速賓 : ≪禮記≫ 〈鄕飮酒義〉에서 "주인이 몸소 賓과 介의 집에 미리 찾아가 〈의례에 참여해줄 것을〉 청한다.〔主人親速賓及介〕"라고 한 것에 대해서 鄭玄의 注에서는 "'速'은 집에 찾아가서 초빙하는 것이다.〔速謂卽家召之〕"라고 하였다.
3) 有實幣帛 : ≪儀禮≫ 〈聘禮〉의 "致饗以酬幣亦如之(〈주군이 직접 향례를 베풀어주지 못하여 빈과 작위가 동등한 대부로 하여금〉 酬幣를 받들고 가서 빈에게 바치게 할 경우도 이와 마찬가지 절차로 한다.)"에 대한 鄭玄의 注에서 "'酬幣'는 향례에서 빈에게 酬의 예를 행하여 술을 권할 때 사용하는 예물인데, 사용되는 예물이 어떠한 것인지는 들어보지 못하였다.〔酬幣饗禮酬賓勸酒之幣也 所用未聞也〕"라고 하였다. 한편 敖繼公은 酬幣나 侑幣는 모두 束錦을 사용하고 또 庭實이 있다고 하였다. 정실은 뜰에 보내온 예물을 진설한 것이다.(≪儀禮正義≫ 권17, 1091 및 1093쪽 참조) 이곳에서 賈公彦이 말하는 '實'이 庭實이다. 〈빙례〉에 "속백은 각각 그 정실에 더하여 진설하는데, 정실이 짐승 가죽일 경우라면 그 왼쪽에 놓는다.〔束帛各加其庭實 皮左〕"고 하였다.

○注의 〔酒正〕에서 〔酒往〕까지

○釋曰 : 酒正이 시키는 것임을 알 수 있는 것은 〈天官 酒正(天-21-8)〉에서 "왕이 빈객에게 보내주는 禮酒를 공급하는데, 모두 士를 시켜서 받들고 가게 한다."라고 했기 때문이다. '士'는 바로 이 酒人이다. 저 〈천관 주정〉에서 '飮酒'를 언급하지 않은 것은 禮酒 안에 포함될 수 있기 때문이다.

〔禮酒 饗燕之酒〕 饗禮와 燕禮를 베풀어서 빈객에게 식사를 대접할 때 사용하는 술을 말한다.

〔飮酒 食之酒〕 食禮를 베풀어줄 때 술을 진설하는 것은 ≪禮記≫ 〈曲禮 上〉에서 "술과 신 음료는 〈국〔羹〕의〉 오른쪽에 놓는다."라고 한 것과 같으니, 이것은 獻酬의 예에 사용되는 술이 아니라 입가심을 하는 술이다.

〔此謂給賓之稍〕 이 禮酒와 飮酒는 왕이 燕飮과 燕食을 몸소 베풀어주지 못하는 것과

같은 경우들을 모두 말한 것으로, 사람을 시켜서 빈객의 관사에 보내주어서 빈객이 임의대로 조금씩 사용하도록 하는 것이다. 그러므로 "빈객이 조금씩 사용하도록 공급한다."고 한 것이다.

〔王不親饗燕 不親食〕 왕이 일이 있어 빈객을 초빙하여 몸소 이 세 가지 禮(饗禮·燕禮·食禮)를 거행하지 못하는 경우를 말한 것이다.

〔使人各以其爵 以酬幣侑幣致之〕 이는 모두 ≪儀禮≫ 〈聘禮〉의 문장이다. 살펴보건대, 저 ≪의례≫ 〈빙례〉에서 "빙문을 받는 주국의 군주〔主君〕가 직접 食禮를 베풀어주지 못하게 되었을 경우는 각각 〈빈과 작위가 동등한〉 대부(또는 경)로 하여금 조복을 착용하고 侑幣를 받들고 가서 바치게 한다. 향례를 베풀어주는 경우도 〈왕이 직접 베풀어주지 못하면〉 酬幣를 받들고 가서 이와 마찬가지 절차로 한다."라고 하였다. 저 ≪의례≫ 〈빙례〉에는 비록 연례를 베풀어줄 경우에 대한 예법〈의 기록이〉 없지만, 살펴보건대 ≪詩經≫ 〈小雅 鹿鳴〉에 의하면 신하들을 아름다운 빈객으로 대하여 연례를 베풀어주는데 庭實과 幣帛이 있으니, 연례를 베풀어주는 경우도 〈왕이 직접 베풀어주지 못하면〉 수폐를 받들고 가서 바치게 하는 것은 향례와 동일한 것이다.

〔各以其爵〕 제후가 조회를 보러 오면 三公을 보내서 향례를 베풀어주고, 경이 빙문을 하러 오면 경이나 대부를 보내서 향례를 베풀어준다. 연례에는 수폐를 보내주고, 사례를 베풀어줄 때는 유폐를 보내준다. 그러므로 "酬幣와 侑幣를 받들고 가서 바치도록 한다."라고 한 것이다.

〔則從而以酒往〕 酒人이 술을 받들고 使者를 따라 빈객의 관사로 가서 빈객에게 주려는 것을 말한다.

天-22-3

凡事에 共酒而入于酒府니라

무릇 왕이 燕飮하는 일이 있으면 술을 공급하여 酒正 휘하의 府에게 보낸다.

【注】 入于酒正之府者는 是王燕飮之酒니 酒正當奉之라

酒正 휘하의 府에게 보내는 것은, 이는 왕이 燕飮을 할 때 사용되는 술이니 주정이 받들고 가야 하기 때문이다.

【疏】'凡事'至'酒府' ○釋曰 : 此謂酒正所奉者, 則酒正云 "凡王之燕飮酒, 酒正奉之[1]." 幷共王之四飮三酒之饌, 亦是酒正奉之. 以其事非一, 故言 "凡事共酒入於酒正之府[2]."

1) 凡王之燕飮酒 酒正奉之 : 〈天官 酒正(天-21-9)〉에서 "무릇 왕이 연회를 베풀어 신하들과 술을 마실 때, 〈酒正은〉 사용할 술의 양을 헤아려서 공급하는데, 주정이 직접 받들고 가서 〈왕에게〉 바친다.〔凡王之燕飮酒 共其計 酒正奉之〕"고 한 것을 가리킨다.

2) 以其事非一 故言凡事共酒入於酒正之府 : 惠士奇는 酒正 휘하에는 府 2人이 있지만, 酒人과 漿人에게는 府가 없으므로 주인은 五齊와 三酒를, 장인은 六飮을 모두 주정의 府에게 보낸다고 하였다.(≪周禮正義≫ 권10, 367쪽 참조)

經의 〔凡事〕에서 〔酒府〕까지

○釋曰 : 이곳에서 酒正이 받들고 간다고 한 것은 〈天官 酒正(天-21-9)〉에서 "무릇 왕이 연회를 베풀어 신하들과 술을 마실 때, 주정이 직접 받들고 가서 〈왕에게〉 바친다."고 한 것을 가리킨다. 아울러 왕이 마실 네 가지 음료〔四飮〕와 세 가지 술〔三酒〕을 진설하여 공급할 때도 주정이 직접 받들고 가서 바친다. 그러한 일은 한 가지가 아니다. 그러므로 "무릇 왕이 燕飮하는 일이 있으면 술을 공급하여 酒正 휘하의 府에게 보낸다."고 한 것이다.

天-22-4

凡祭祀에 共酒以往이니라

무릇 작은 제사를 지낼 경우는 〈酒人은 사람을 시켜서 술을 가지고〉 가서 공급하게 한다.

【注】不言奉은 小祭祀라

'받든다〔奉〕'라고 하지 않은 것은 작은 제사이기 때문이다.

【疏】'凡祭'至'以往' ○釋曰 : 上云 "祭祀共奉之", 謂大祭次祭. 此不言'奉', 謂小祭祀, 王玄[1]冕所祭者, 故云 "共酒以往[2]."

1) 玄 : ≪周禮正義≫에는 '玄' 앞에 '希冕' 두 글자가 더 있다. 앞의 〈天官 酒正(天-22-1)〉 鄭玄의 注에서 "小祭는 왕이 希冕과 玄冕을 착용하고 지내는 제사이다.〔小祭者 王服希冕玄冕所祭也〕"라고 했으므로 '希冕' 두 글자가 들어가는 것이 타당하지만, 이곳에서 일단 저본에 따라 번역하였다.

2) 故云共酒以往 : 孫詒讓은 작은 제사이므로 酒人이 사람을 시켜서 술을 가지고 가서 제사를 주관하는 有司에게 바치게 하는 것이라고 하였다.〔酒人使人以酒往 致主祭祀之有司〕(≪周禮正義≫ 권10, 367쪽 참고)

經의 〔凡祭〕에서 〔以往〕까지

○ 釋曰 : 위의 〈天官 酒正(天-22-1)〉에서 " 제사를 지낼 때 사용할 술을 받들고 가서 공급한다."고 한 것은 大祭와 次祭(中祭)의 경우를 말한 것이다. 이곳에서 '받든다〔奉〕'라고 말하지 않은 것은 작은 제사로서 왕이 玄冕을 착용하고 지내는 제사의 경우를 말한 것이기 때문이다. 그러므로 "사람을 시켜서 술을 가지고 가서 공급하게 한다."고 한 것이다.

天-22-5

賓客之陳酒도 亦如之니라

빈객에게 보내서 진설하는 술도 사람을 시켜서 바치게 한다.

【注】謂若歸饔餼[1]之酒에 亦自有奉之者하여 以酒從往[2]이라

1) 歸饔餼 : 聘禮에서 聘의 예를 행하는 날에, 빙문을 받는 나라의 군주〔主君〕가 경(대부)을 파견하여 賓과 介에게 죽은 희생〔饔〕과 살아 있는 희생〔餼〕을 보내주는 절차를 말한 것으로서, 이를 '致饔餼'라고 한다.(〈天官 酒正〉 天-21-8 鄭玄의 注에 대한 賈公彦의 疏 역주 2) 참조)

2) 亦自有奉之者 以酒從往 : 경문에서 '奉(받들다)'이라는 말을 하지 않은 것은 酒人이 직접 술을 받들고 가서 바치는 것이 아니라 별도로 사람을 시켜서 술을 받들고 가서 바치게 한다는 뜻을 밝힌 것이다. 아래 賈公彦의 疏에서 주군이 卿을 시켜서 빈에게 예물을 보내게 한다는 ≪儀禮≫ 〈聘禮〉의 의절을 인용한 것은 이 경이 바로 '奉之者' 즉 직접 예물을 받들어 바치는 자임을 비유하기 위한 것이다.

빈객에게 죽은 희생〔饔〕과 살아 있는 희생〔餼〕을 보내줄 때의 술과 같은 것이니, 또한 직접 받들어 바치는 사람이 있어 술을 가지고 따라가서 바치는 것이다.

【疏】'賓客'至'如之' ○釋曰 : 謂上公饔餼九牢之等. 案聘禮云 卿韋弁歸饔餼牲牢及芻薪米禾等, 竝歸於客館. 彼[1]八壺設於西序, 北上, 天子致禮於諸侯, 亦當陳於西序, 故云"賓客之陳酒." '亦如之'者, 亦以酒從使人往.

1) 彼 : ≪儀禮≫ 〈聘禮〉를 가리킨다. 聘禮는 제후들이 경을 보내서 서로 빙문하는 예이다. 鄭玄의 ≪三禮目錄≫에서 "성대하게 예방하는 것을 '聘'이라고 한다. 제후들이 서로 돈독

히 하는 의리로서, 오랫동안 회맹 등의 일이 없을 때 경을 보내어 서로 빙문을 하는 예이다. 小聘의 경우는 대부를 보낸다. ≪周禮≫〈秋官 大行人〉에서 '무릇 제후의 나라는 서로 왕래하는데, 매년 서로 「問」을 하고, 중간에 오래도록 일이 없을 때에 서로 「聘」을 하고, 새로운 군주가 즉위하면 서로 「朝」를 한다.'고 하였다.〔鄭目錄云 大問曰聘 諸侯相於久無事 使卿相問之禮 小聘使大夫 周禮曰 凡諸侯之邦交 歲相問 殷相聘也 世相朝也〕"라고 하였다. 아래에서 賈公彦은 이 빙례의 의식 절차를 인용하여 천자 의례의 의식 절차들을 방증한 것이다.

經의 〔賓客〕에서 〔如之〕까지

○釋曰 : 上公의 경우 죽은 희생과 살아 있는 희생 9太牢를 보내주는 것 등을 말한다. 살펴보건대, ≪儀禮≫〈聘禮〉에 의하면 〈주군은〉 경을 시켜서 韋弁服을 착용하고 죽은 희생과 살아 있는 희생 및 꼴과 섶과 곡물과 볏짚 등을 모두 빈객의 관사에 보내준다. 저 ≪의례≫〈빙례〉에서 8통의 술동이〔壺〕를 당 위의 서쪽 벽〔西序〕 앞에 진설하는데 북쪽을 윗자리로 삼는다고 하였으니, 천자가 제후에게 예를 베풀어줄 때도 마땅히 〈술을〉 당 위의 서쪽 벽에 진설해야 한다. 그러므로 "빈객에게 보내서 빈의 관사에 진설하는 술"이라고 한 것이다. "또한 이와 같이 한다.〔亦如之〕"는 것은 또한 사람을 시켜서 술을 가지고 따라가서 바치게 한다는 뜻이다.

○注'謂若'至'從往' ○釋曰 : 經直云 "賓客陳酒", 不指斥言'饔餼', 鄭不敢正言, 故言 "若饔餼之酒." 云'亦自有奉之者', 謂使卿韋弁歸之者是也. 云'以酒從往'者, 謂卿韋弁歸饔餼等之時, 亦使人以此酒從往致之.

○注의 〔謂若〕에서 〔從往〕까지

○釋曰 : 경문에서 단지 "빈객에게 보내서 진설하는 술"이라고 하고 '죽은 희생과 살아 있는 희생〔饔餼〕'을 드러내어 분명하게 말하지 않았으므로 鄭玄도 감히 단정하여 말하지 않았다. 그러므로 "빈객에게 죽은 희생〔饔〕과 살아 있는 희생〔餼〕을 보내줄 때의 술과 같은 것이다."라고 한 것이다.

〔亦自有奉之者〕 卿을 시켜서 韋弁服을 착용하고 〈饔餼를〉 보내주는 예가 그러한 경우임을 말한 것이다.

〔以酒從往〕 경이 위변복을 입고 죽은 희생과 살아 있는 희생 등을 보내줄 때도 사람을 시켜서 이 술을 가지고 따라가서 바치도록 한다는 뜻이다.

23. 漿人(장인)

天-23-1

漿人은 **掌共王之六飮**이니 **水漿醴涼醫**酏를 **入于酒府**니라

漿人은 왕이 마실 여섯 가지 음료〔六飮〕를 공급하는 일을 관장하는데, 水(물)·漿(신 음료)·醴(맑은 단술)·涼(찬 죽)·醫(탁한 단술)·酏(미음)를 酒正 휘하의 府에 보낸다.

【注】王之六飮도 亦酒正當奉之라 醴는 醴淸也라 鄭司農云 涼은 以水和酒也라 玄謂涼은 今寒粥이니 若糗飯雜水也라 酒正不辨水涼者는 無厚薄之齊라

왕이 마실 여섯 가지 음료도 酒正이 받들고 가서 바쳐야 한다. '醴'는 단술 가운데 맑은 것이다. 鄭衆은 "'涼'은 물을 섞어서 술의 농도를 조절하는 것이다."라고 하였다. 나(鄭玄)는 생각건대, '涼'은 오늘날의 '찬 죽'을 가리키는 것이니, 마치 말려서 볶은 쌀〔糗〕과 찐쌀〔飯〕에 물을 섞은 것과 같은 것이다. 주정이 물과 찬 죽을 변별하지 않는 것은 농후함과 담박함의 정도 차이가 없기 때문이다.

【疏】'漿人'至'酒府' ○釋曰：言'入於酒府'者, 亦入於酒正之府, 與三酒同, 以其酒正奉之故也.

經의 〔漿人〕에서 〔酒府〕까지

○釋曰：〔入於酒府〕 또한 〈六飮을〉 酒正 휘하의 府에 보내는 것은 〈酒人이〉 三酒를 〈주정 휘하의 부에 보내는〉 것과 마찬가지이니, 주정이 〈왕에게〉 받들어 바치는 것들이기 때문이다.

○注'王之'至'之齊' ○釋曰：云'王之六飮, 亦酒正當奉之'者, 亦如酒人共酒入於酒府, 酒正奉之, 故此云 "亦酒正當奉之." 言'當'者, 酒正所云有不自奉者, 唯共王乃奉之[1]', 故云'當'. 云'醴, 醴淸也'者, 酒正辨四飮, 言淸不言醴, 彼鄭云 "淸, 醴之泲者." 此漿人(六飮)〔言醴不〕[2]言淸, 謂醴之不泲[3], 淸濁雖殊, 本是一物, 故云 "醴淸也." '鄭司農云, 涼, 以水和酒也'者, 和水非人所飮. 又且若以酒和水, 卽是厚薄之齊, 酒正何因不辨之乎, 故後鄭不從. '玄謂涼, 今寒粥, 若糗飯雜水也'者, 案內則, 飮內有濫無涼, 彼鄭云 "以周禮六飮校之, 則濫, 涼也. 紀莒之間, 名諸爲濫", 言'諸'者, 非一之義.[4] 內則名涼爲濫, 參驗相當, 故鄭云 "涼, 今寒粥, 若糗飯雜水也."[5] 云'酒正不辨水涼者, 無厚薄之齊'者, 此文六飮, 幷有水涼. 酒正辨四飮, 無水涼, 以其水則臨時取用, 涼則至用乃和, 二者竝不須豫辨, 故言 "無厚薄之齊."[6]

1) 酒正所云有不自奉者 唯共王乃奉之酒正所云 : 왕이 빈객에게 보내주는 禮酒의 경우, 酒正은 士를 시켜서 술을 받들고 가서 빈객에게 바치게 하지만(〈天官 酒正(天-21-8)〉), 왕의 燕飮酒에 공급하는 술의 경우는 반드시 주정이 직접 술을 받들고 가서 바친다.(〈天官 酒正(天-21-9)〉)

2) (六飮)〔言醴不〕: 저본에는 '六飮'으로 되어 있으나, ≪周禮正義≫에 의거하여 '言醴不'로 바로잡았다.(北京大 整理本의 〈校勘記〉 참조)

3) 醴之不泲 : 孫詒讓에 따르면, ≪禮記≫ 〈內則〉에서 醴에는 본래 맑은 것〔淸〕과 탁한 것〔糟〕 2종류가 있다고 하였는데, 〈天官 酒正〉에서 四飮의 첫 번째도 淸(맑은 단술)이고, 〈天官 膳夫〉에서도 '六淸'이라고 하였으므로, 이곳 六飮의 醴도 비록 '淸'이라고 하지 않았지만 '醴 가운데 맑은 것〔醴之淸者〕'임을 알 수 있다. 따라서 손이양은 賈公彦이 이곳의 醴를 '醴를 거르지 않은 것〔醴之不泲〕'으로 해석한 것은 鄭玄의 뜻을 완전히 이해하지 못한 것〔未達鄭恉〕이라고 비판하였다.(≪周禮正義≫ 권10, 368~369쪽 참조) 楊天宇도 경문의 '醴'를 찌꺼기를 걸러낸 단술로서 〈天官 酒正〉의 四飮 가운데 '淸(맑은 단술)'을 가리킨다고 해석하였다.(≪周禮譯注≫, 1189쪽 참조) 역자도 이들의 논거에 따라서 경문을 해석하였다.

4) 言諸者 非一之義 : ≪禮記正義≫ 〈內則〉 鄭玄의 注 '以諸和水也'에 대해서 孔穎達의 疏에서는 "정현은 '涼'과 '濫'을 같은 것으로 보았다.……'諸'는 여러 가지가 섞였다는 말이다.〔康成以涼與濫是一物……諸者衆雜之辭〕"라고 하였는데, 賈公彦 역시 한 가지가 아니라 말려서 볶고 물로 찐 여러 가지의 쌀을 가리키는 것으로 해석한 것이다. 그러나 黃以周는 '諸'를 매실을 물에 담가서 저장한 것으로 보고〔諸謂梅諸〕 공영달과 가공언이 '衆'의 의미로 해석한 것은 정현의 뜻이 아니라고 비판하였다. 孫詒讓도 황이주의 지적을 지지한다. 손이양에 따르면, ≪예기≫ 〈내칙〉의 '濫'은 말린 매실을 물에 담가서 맛을 낸 음료로서〔濫則以乾藤漬水成味〕, 매실즙을 짜서 신맛이 나게 만든 음료인 '醷'와 구분될 뿐만 아니라, 찬 죽이나 말려서 볶은 쌀과 찐쌀 등을 물에 섞은 음료와도 다른 것이다.〔此與寒粥及糗飯襍水異〕 결론적으로 ≪周禮≫ 〈漿人〉과 ≪예기≫ 〈내칙〉 경문의 '濫'과 '涼'과 鄭玄의 注는 서로 互看해야 하는 것으로서, '寒粥'과 '糗飯襍水'와 '以諸和水'의 3가지는 서로 다른 것이지만, 모두 차가운 물에 곡물을 섞어서 만든 것이다.〔故或寒粥 或糗飯襍水 以諸和水 三者雖不同物 以其幷是寒水襍和米物〕(≪周禮正義≫ 권10, 369쪽 참조) 그렇다면 '濫'

은 곡물에 말린 매실을 우린 물을 섞은 찬 음료가 된다.

5) 鄭云……若糗飯雜水也 : 孫詒讓에 따르면, '糗'와 '飯'은 서로 다른 2가지 음식이다. '糗'는 쌀을 말려서 볶은 것이고, '飯'은 물을 부어서 찐 것이다. '糗飯雜水'는 여러 가지 쌀들을 먼저 볶고 익힌 뒤에 다시 물을 섞은 것으로 찬 죽과는 조금 다른 것이다. 따라서 이곳 ≪周禮≫ 〈漿人〉의 '涼'과 ≪禮記≫ 〈內則〉의 '濫'을 동일한 것으로 보는 孔穎達이나 賈公彦의 해석은 정현의 뜻이 아니라고 비판하였다.(≪周禮正義≫ 권10, 369쪽 참조)

6) 故言無厚薄之齊 : 孫詒讓에 따르면, 水와 涼에 농후함과 담박함의 정도가 없는 것은 발효시켜 숙성하는 것이 아니어서 술과는 전혀 다르기 때문이다.(≪周禮正義≫ 370쪽 참조)

○注의 〔王之〕에서 〔之齊〕까지

○釋曰 : 〔王之六飮 亦酒正當奉之〕 또한 酒人이 술을 공급하여 酒正 휘하의 府에 보내면 주정이 〈왕에게〉 받들어 바치는 것과 같은 것이다. 그러므로 이곳에서 "또한 주정이 받들고 가서 바쳐야 한다."라고 한 것이다. '當'이라고 말한 것은 〈天官 酒正〉에서 〈주정이〉 받들고 가서 바치지 않는 경우도 있지만 오직 왕에게 공급하는 때는 곧 〈주정이〉 직접 받들고 가서 바친다고 했기 때문이다. 그러므로 '當'이라 한 것이다.

〔醴 醴淸也〕 酒正은 四飮(네 가지 음료)의 명칭과 종류를 변별하는데 '淸(맑은 단술)'을 말하고 '醴(탁한 단술)'를 말하지 않았다. 鄭玄은 〈天官 酒正(天-21-5)〉의 注에서 "'淸'은 醴齊(찌꺼기를 걸러내지 않은 탁한 단술)에서 찌꺼기를 걸러낸 맑은 단술이다."라고 하였다. 이곳의 〈天官 漿人(天-21-5)〉에서 '醴'를 말하고 '淸'을 말하지 않았으니, 아직 찌꺼기를 걸러내지 않은 단술을 가리키는 것으로 맑음과 탁함은 비록 다르지만 본디 똑같은 단술이다. 그러므로 〈정현이〉 "단술 가운데 맑은 것〔醴淸〕"이라고 한 것이다.

〔鄭司農云 涼 以水和酒也〕 물을 탄 술은 사람이 마시는 것이 아니다. 또 만약 술로 물을 섞는다면 이는 농후함과 담박함을 조미하는 것이니, 酒正이 무엇 때문에 변별하지 않았겠는가. 그러므로 정현이 따르지 않았다.

〔玄謂涼 今寒粥 若糗飯雜水也〕 살펴보건대, ≪禮記≫ 〈內則〉에는 음료 안에 '濫'은 있지만 '涼'은 없는데, 그곳의 정현 주에서는 "≪周禮≫의 '六飮'을 가지고 비교한다면, '濫'은 '涼'이다. 紀나라와 莒나라 사이에서는 '諸(여러 가지 쌀)'를 '濫'이라고 칭한다."라고 하였다. '諸'라고 말하는 것은 한 가지가 아니라는 뜻이다. ≪예기≫ 〈내칙〉에서 '涼'을 '濫'이라고 칭한 것은 서로 대조하여 검증한 것이 적합하기 때문이다. 그러므로 정현이 "'涼'은 오늘날의 '찬 죽'을 가리키는 것이니, 마치 말려서 볶은 쌀〔糗〕과 찐쌀〔飯〕에 물을 섞은 것과 같은 것이다."라고 하였다.

〔酒正不辨水涼者 無厚薄之齊〕 이곳 경문의 六飮에는 물〔水〕과 찬 죽〔涼〕이 모두 있다. 酒正은 四飮의 명칭과 종류를 변별하는데 물과 찬 죽이 없는 것은 물의 경우는 임시로 취해서 사용하는 것이고, 찬 죽의 경우는 사용하게 되었을 때 비로소 조리하는 것이므로 두 가지는 모두 미리 변별할 필요가 없기 때문이다. 그러므로 "농후함과 담박함의 정도 차이가 없기 때문이다."라고 하였다.

天-23-2

共賓客之稍禮니라

〈漿人은〉 빈객에게 하사품을 보내줄 때 사용할 음료를 공급한다.

【注】稍[1)]禮는 非飧饔之禮요 留間에 王稍所給賓客者라 漿人所給도 亦六飮而已라

1) 稍 : ≪儀禮≫ 〈聘禮〉에서 "빈은 오직 미곡 등의 음식만을 받는다.〔唯稍受之〕"고 하였는데, 鄭玄은 "'稍'는 主國에서 빈에게 공급하는 미곡 등의 음식을 말한다.〔稍稟食也〕"고 하였다. '稍'는 주국에서 빈객에게 공급하는 米穀의 하사품으로서, 牲牢가 있는 것을 '飧'·'饔餼'라고 하고, 牲牢가 없는 것을 '稍食'이라고 한다. 또한 간단히 '稍'라고도 칭한다. 이곳에서 漿人이 공급하는 것이므로 정현은 '飧'·'饔'의 예물이 아니라, 여섯 가지 음료일 뿐이라고 한 것이다.

'稍禮'는 飧이나 饔餼의 예물이 아니라 머무르는 동안에 왕이 조금씩 빈객에게 공급하는 물품이다. 漿人이 공급하는 것도 여섯 가지 음료일 뿐이다.

【疏】注'稍禮'至'而已' ○釋曰 : 云'稍禮, 非飧饔之禮, 留間, 王稍所給賓客者', 謂賓未去, 留間, 王稍稍所給賓者也, 故以'稍'言之. 云'漿人所給亦六飮而已'者, 漿人不主酒齊, 唯主飮, 故知此稍禮所給, 六飮而已.

注의 〔稍禮〕에서 〔而已〕까지

○釋曰 : 〔稍禮 非飧饔之禮 留間 王稍所給賓客者〕 빈객이 아직 떠나지 않고 머무르는 동안에 왕이 조금씩 빈객에게 공급하는 것을 말한다. 그러므로 '稍(조금)'로 말한 것이다.

〔漿人所給亦六飮而已〕 漿人은 술의 제조를 주관하지 않고 음료만 주관한다. 그러므로 이곳에서 稍食의 물품으로 공급하는 것이 여섯 가지 음료일 뿐임을 알 수 있는 것이다.

天-23-3

共夫人致飮于賓客之禮에 淸醴醫酏糟而奉之니라

夫人이 빈객에게 음료를 보내주는 예를 행할 때 사용할 찌꺼기를 걸러낸 맑은 단술〔淸醴〕・찌꺼기를 걸러내지 않은 탁한 단술〔醫〕과 탁한 미음〔酏〕을 공급하는데, 주정이 받들고 가서 〈빈객에게〉 보내준다.

【注】 亦酒正使之[1)]니 三物에 有淸有糟라 夫人不體王이니 得備之라 禮에 飮醴用柶者는 糟也요 不用柶[2)]者는 淸也니라

1) 亦酒正使之 : 鄭玄 注와 賈公彦 疏에서는 '奉之'를 酒正이 漿人에게 시켜서 빈객에게 받들고 가게 하는 것으로 해석하였다. 그러나 孫詒讓은 〈天官 酒人(天-22-2)〉의 '奉之'와 마찬가지로 漿人이 酒正에게 보내면, 주정이 빈객에게 받들고 가는 것이라고 하여 정현과 가공언을 비판하였다.(≪周禮正義≫ 권10, 371쪽 참조) 이에 손이양의 설에 의거하여 번역하였다.

2) 柶 : 탁한 단술을 뜨는 용도로 만든 숟가락과 비슷한 용기이다. 매끄럽게 하기 위해 뿔로 만든 것은 角柶라고 한다.

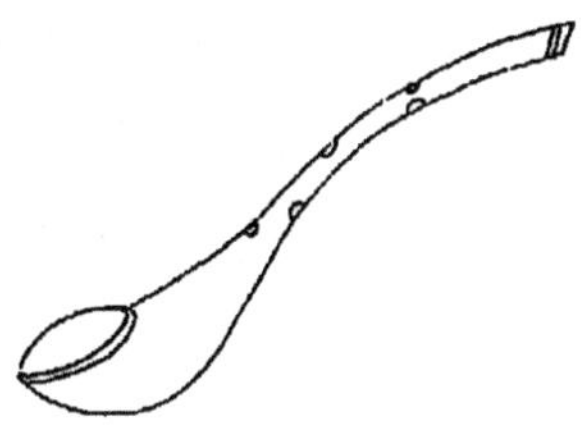

柶

또한 酒正이 시키는 것이다. 세 가지 음료에 맑은 것과 탁한 것이 있다. 夫人은 왕과 한 몸이 아니므로 〈맑은 것과 탁한 것을 함께〉 갖추어 보낼 수 있다. 禮에 따르면, 단술을 마실 때 숟가락〔柶〕을 사용하는 경우는 탁한 단술이고, 숟가락을 사용하지 않는 경우는 맑은 단술이다.

【疏】 '共夫'至'奉之' ○釋曰 : 夫人, 謂三夫人. 致飮於賓客之禮, 助王養賓, 亦致於客館. '淸醴醫酏糟'者, 淸醴之泲者, 卽酒正所云 "一曰淸" 是也. '醫酏糟'者, 謂醫酏不泲者. 此二飮與后同. '而奉之'者, 亦使漿人奄士奉之.

經의 〔共夫〕에서 〔奉之〕까지

○釋曰 : 夫人은 三夫人을 말한다. 빈객에게 음료를 보내주는 예를 행할 때 왕을 도와서 빈객에게 음료를 공급하니, 또한 빈의 관사로 보내는 것이다.

〔淸醴醫酏糟〕 '淸'은 醴齊에서 찌꺼기를 걸러낸 맑은 단술이니, 곧 〈天官 酒正(天-21-5)〉에서 "첫째는 맑은 단술이다."라고 한 것이 이것이다.

〔醫酏糟〕 찌꺼기를 걸러내지 않은 醫(탁한 단술)와 酏(미음)를 말하는 것이다. 이 두 가지 음료는 왕후가 〈빈객에게〉 보내는 경우와 같다.

〔而奉之〕 또한 漿人을 담당하는 奄士에게 시켜서 〈酒正에게〉 받들고 가도록 하는 것이다.

○注'亦酒'至'淸也' ○釋曰：云'亦酒正使之'者, 亦謂酒正使酒人漿人奄士也. 故酒正云 "醫酏, 使其士奉之." 彼注 "士, 酒人漿人, 奄士." 故知亦酒正使之. 云'三物有淸有糟, 夫人不體王, 得備之'者, 對后體王, 屈, 故醫酏糟而無淸醴也. 云'禮, 飮醴用柶者糟也'者, 案士冠禮禮子用醴有柶[1], 是用柶者糟也. 但柶只爲糟設, 醴旣泲而淸, 則不假柶, 則此經淸醴是也, 故云 "不用柶者淸"也.

1) 士冠禮禮子用醴有柶：士冠禮에서 緇布冠, 皮弁, 爵弁의 순으로 세 차례 관을 씌워주는 三加禮를 마친 후, 賓은 이제 관을 써서 성인이 된 장부(아들)에게 醴酒(단술)를 따라주는 醴禮를 행한다. ≪儀禮≫ 〈士冠禮〉에서 "賓의 贊者는 방 안에 진설한 물받이 항아리로 가서 손을 씻고 술잔을 씻은 후 혼자서 술잔에 예주〔醴〕를 따르고, 그 위에 숟가락〔柶〕을 얹어 엎어놓는데, 머리 부분이 앞쪽을 향하도록 하여 놓는다.〔贊者洗于房中 側酌醴 加柶 覆之 面葉〕"라고 하였다.

○注의 〔亦酒〕에서 〔淸也〕까지

○釋曰：〔亦酒正使之〕 또한 酒正이 酒人과 漿人인 奄士에게 시키는 것을 말한다. 그러므로 〈天官 酒正(天-21-8)〉에서 "찌꺼기를 걸러내지 않은 탁한 단술〔醫〕과 미음〔酏〕을 공급하는데, 모두 士에게 받들고 가도록 시킨다."라고 한 것이다. 그곳의 鄭玄 注에서 "'士'는 주인과 장인을 담당하는 엄사를 말한다."라고 하였다. 그러므로 또한 주정이 시키는 것임을 알 수 있다.

〔三物有淸有糟 夫人不體王 得備之〕 왕후는 왕과 한 몸이 되니 예를 굽혀야 하므로 찌꺼기를 걸러내지 않은 탁한 단술〔醫〕과 미음〔酏〕은 빈객에게 보내지만 찌꺼기를 걸러낸 맑은 단술〔淸醴〕은 보내지 않는 것과 대비한 것이다.

〔禮 飮醴用柶者糟也〕 살펴보건대, ≪儀禮≫ 〈士冠禮〉에 의하면 〈관을 씌워주는 加冠禮를 마친 후 빈이〉 관을 쓴 아들에게 醴酒(단술)를 따라 주어 醴禮를 행할 때 숟가락〔柶〕을 사용하니, 숟가락을 사용하는 것은 예주가 탁한 단술이기 때문이다. 다만 숟가락은 탁한 단술을 위해서만 진설하는 것이고, 단술에서 이미 찌꺼기를 걸러내어 맑은 경우는 숟가락을 사용할 필요가 없으니, 이곳 경문의 맑은 단술〔淸醴〕이 그것이다. 그러므로 "숟가락을 사용하지 않는 경우는 맑은 단술이다."라고 한 것이다.

天-23-4

凡飮共之니라

〈漿人은〉 모든 필요한 음료를 공급한다.

【注】 謂非食時라

밥을 먹지 않을 때를 가리킨다.

【疏】 '凡飮共之' ○釋曰 : 上'共王六飮', 食時以共訖,[1] 此又云 "凡飮共之", 故云 "謂非食時."

1) 上共王六飮……故云謂非食時 : 왕에게 六飮을 공급하는 것은, 밥을 먹고 나서 술을 마시고 입가심하는 '酳口'와 장을 마시고 입가심을 하는 '漱口'까지 해야 '食時'에 공급하는 것이 끝난다. '非食時'는 그 외에 목이 마를 때 마시는 것〔渴時之飮〕을 가리킨다.(≪周禮正義≫ 권10, 371쪽 참조)

經의 〔凡飮共之〕

○釋曰 : 위의 경문에서 "왕이 마실 여섯 가지 음료를 공급한다."고 한 것은 밥을 먹을 때에 공급하는 것으로 끝나는 것인데, 이곳에서 또 "모든 필요한 음료를 공급한다."고 하였다. 그러므로 "밥을 먹지 않을 때를 가리킨다."고 한 것이다.

24. 凌人(능인)

天-24-1

凌人은 **掌冰正**[1]이니 **歲十有二月**에 **令斬冰**호대 **三其凌**이니라

1) 正 : 段玉裁의 ≪周禮漢讀考≫에 따르면, 이것은 鄭玄이 杜子春의 설에 따라서 '政'을 '正'으로 바꾼 것이다. 그러나 ≪周禮≫에서 '歲'라고 말한 것은 모두 夏正을 가리키며, 따라서 '正歲'는 寅月(하정 1월), '歲終十二月'은 모두 丑月(하정 12월)이다. 그러므로 이곳의 '歲十有二月'이 夏正 12월이라는 것은 분명하므로 '正'자를 덧붙일 필요가 없다. 鄭衆이 故書에 따라서 '掌冰政'이라고 한 것이 타당하다.(北京大 整理本의 〈校勘記〉 및 ≪周禮正義≫ 권10, 372~373쪽 참조) 역자는 北京大 整理本의 〈校勘記〉 및 ≪周禮正義≫의 설에 따라 '正'에서 구두점을 끊고, 또 '正'을 정중의 설에 따라 '政'의 의미로 번역하였다.

凌人은 얼음의 출납에 관한 政令을 관장하니, 夏曆 12월에 얼음을 채취하도록 명령하는데, 필요한 수량의 3배가 되는 얼음을 채취해서 氷室(얼음 저장고)에 저장한다.

【注】 正歲季冬에 火星[1]中이면 大寒[2]이니 冰方盛之時니라 春秋傳曰 火星中而寒暑退라하니라 凌은 冰室也라 三之者는 爲消釋度也니라 故書에 正爲政이라 鄭司農云 掌冰政은 主藏冰之政也라하니라 杜子春讀掌冰하니 爲主冰也라 政當爲正이니 正謂夏正이라 三其凌은 三倍其冰이니라

1) 火星 : 28宿의 하나로 불을 상징하는 心星을 가리킨다.
2) 大寒 : 24節氣 가운데 가장 추운 절기로 양력 1월 20일경이다.

夏正 季冬(12월)에 火星이 南中하면(정남방에 나타나면) 大寒이니, 얼음이 한창 왕성하게 생기는 때이다. ≪春秋左氏傳≫ 昭公 3년 조에 "화성이 〈季冬·季夏에〉 남중하면서 추위와 더위가 물러간다."고 하였다. '凌'은 氷室을 뜻한다. '세 배로 한다[三之]'는 것은 〈얼음이〉 녹는 정도만큼을 대비하기 위한 것이다. 故書에는 '正'이 '政'으로 되어 있다. 鄭衆은 "'掌冰政'은 얼음의 저장에 관한 政令을 주관한다는 뜻이다."라고 하였다. 杜子春은 '掌冰'으로 끊어 읽었으니, '얼음을 주관한다.'는 뜻으로 해석한 것이다. '政'은 '正'이 되어야 하니, '正'은 夏正을 뜻한다. '三其凌'은 필요한 얼음의 수량을 3배로 저장한다는 뜻이다.

【疏】 '凌人'至'其凌' ○釋曰 : 言'掌冰'者, 謂凌人摠掌藏冰出冰之事, 故云 "掌冰"也. 云'正歲十有二月令斬冰'者, 正歲謂夏之建寅爲正, 十有二月謂建丑之月. 冰堅腹厚之時, 令入山斬冰. 三其凌者, 凌謂冰室之中三倍納冰, 備消釋度故也.

經의 〔凌人〕에서 〔其凌〕까지

○釋曰 : 〔掌冰〕 凌人은 얼음을 저장하고 얼음을 꺼내는 일을 모두 총괄한다. 그러므로 "얼음을 주관한다."고 한 것이다.

〔正歲十有二月令斬冰〕 '正歲'는 夏나라의 建寅의 달(11월)이 정월이 된다는 뜻이니, 12월은 建丑의 달(12월)을 가리킨다. 얼음이 단단하고 두꺼워진 시기에 산에 들어가서 얼음을 캐도록 명령하는 것이다. '三其凌'에서 '凌'은 빙실 안에 필요한 수량의 3배가 되도록 얼음을 넣어두는 것을 말하니, 〈얼음이〉 녹는 정도만큼을 대비하기 위한 것이다.

○注'正歲'至'其冰' ○釋曰 : 云'正歲季冬'者, 周雖以建子爲正, 行事皆用夏之正歲. 若據殷周, 則十二月冰未堅. 若據夏之十二月, 冰則堅厚, 故正歲據夏也. 云'火星中, 大寒, 冰方盛之時'者, 火星中, 謂十二月平旦火星中. 於十二月小寒節, 大寒中, 是冰方盛之時也. 引'春秋傳曰, 火星中而寒暑退'者, 此左氏昭公三年, 鄭游吉如晉, 送少姜之葬, 張趯見之云 "自今, 子其無事矣, 譬如火焉, 火中而寒暑乃退." 注云 "火星, 季冬十二月平旦, 正在南, 大寒退. 季夏六月黃昏, 火中, 暑退. 此其極也, 能無退乎.[1)]" 引此者, 證十二月寒退之時, 冰最盛, 故取之. 云'故書正爲政'者, 政是政教字, 故先鄭從之, 云"掌冰政, 主藏冰之政." 後鄭不從先鄭, 故引子春讀掌冰爲主冰, 言 "正謂夏正", 於下還從經正歲向下爲義. 後鄭依子春改者, 若歲字向下, 卽是周之十二月冰未厚, 故從子春也. 又云'三其淩, 三倍其冰'者, 謂應十石, 加至四十石,[2)] 卽是三倍其冰也.

1) 此其極也 能無退乎 : ≪春秋左氏傳≫ 昭公 3년 조의 기사에 대한 杜預의 注이다.
2) 四十石 : 阮元은 10石의 3배는 30석이 되어야 하므로 40석은 잘못된 것이라고 校勘하였다. 그러나 孫詒讓은 40석은 10석 외에 그 3배인 30석을 다시 더한 것이므로 賈公彦의 말도 뜻이 통한다고 보았다. 역자도 손이양의 해석에 의거하여 가공언의 설을 그대로 따랐다.(北京大 整理本의 〈校勘記〉 참조)

○注의 〔正歲〕에서 〔其冰〕까지

○釋曰 : 〔正歲季冬〕 周나라는 비록 建子의 달(夏曆 11월)을 정월로 삼았지만, 행사에는 모두 夏나라의 正歲를 사용하였다. 殷나라와 주나라의 正歲를 기준으로 하게 되면, 12월에는 얼음이 아직 단단해지지 않는다. 하나라의 12월을 기준으로 하게 되면 얼음이 단단하고 두꺼워져 있다. 그러므로 정세는 하나라를 기준으로 한 것이다.

〔火星中 大寒 冰方盛之時〕 '火星中'은 12월 새벽에 火星이 정남방에 나타나는 것을 말한다. 12월에 小寒은 月節(초하루)이고 大寒은 月中(보름께)이니, 얼음이 한창 왕성하게 생기는 시기이다.

〔春秋傳曰 火星中而寒暑退〕 이것은 ≪春秋左氏傳≫ 昭公 3년에 鄭나라〈의 卿인〉 游吉이 晉나라에 가서 〈晉侯의 嬖妾인〉 少姜을 送葬하였는데, 〈晉나라 大夫인〉 張趯이 유길을 만나보고서 "앞으로는 그대가 다시 오는 일이 없을 것입니다. 비유하자면 火星과 같으니, 화성이 정남방에 나타나면 추위와 더위는 이에 물러가는 것입니다."라고 한 것이다. 杜預의 注에서는 "화성이 계동 12월 새벽에 남방에 있으면 큰 추위가 물러간다. 계하 6월 황혼 무렵에 화성이 정남방에 나타나면 더위가 물러간다. 이것은 〈추위와 더위가〉 극에 이른 것이니, 어찌 물러나지 않을 수 있겠는가."라고 하였다. 이것을 인용한 것은 12월은 추위가 물러나는 시기여서 얼음이 가장 왕성하게 생기기 때문에 얼음을 채취한다는 것을 증명하기 위해서이다.

〔故書正爲政〕 '政'은 '政教'를 뜻하는 글자이다. 그러므로 鄭衆은 그것을 따라서 "'掌冰政'은 얼음의 저장에 관한 政令을 주관한다는 뜻이다."라고 하였다. 鄭玄은 정중을 따르지 않았다. 그러므로 杜子春이 '掌冰'으로 끊어 읽고 '얼음을 주관한다는 뜻이다.'라고 해석한 것을 인용하면서 "'正'은 夏正을 뜻한다."라고 하고, 〈'掌冰'의〉 아래 구절에서 또한 경문의 '正歲'를 따라 아래 구절에 붙여서 한 의미가 되게 한 것이다. 정현이 두자춘에 의거하여 〈'政'자를 '正'자로〉 고친 것은 만약 〈'政'자로 인해〉 '歲'자를 아래 구절로 붙게 하면, 곧 이것은 周曆 12월(夏曆 10월)로 얼음이 미처 두꺼워지지 않은 〈때를 의미하게 되므로〉 두자춘을 따른 것이다.

〔三其凌 三倍其冰〕 10石이어야 하는데 40석까지 더한 것이니, 이것이 필요한 얼음의 수량을 3배로 저장하는 것이다.

天-24-2

春에 始治鑑이니라

봄(정월)에 얼음을 담는 항아리〔鑑〕를 검사하기 시작한다.

【注】 鑑은 如甀(추)이니 大口하여 以盛冰하고 置食物于中하여 以禦溫氣라 春而始治之는 爲二月將獻羔而啓冰이라

'鑑'은 甀(항아리)와 같은 것이니, 입구를 크게 만들어서 얼음을 담고 그 안에 음식물을 넣어두어 더운 기운을 막는 것이다. 봄에 검사하기 시작하는 것은 2월에 새끼 양을 바쳐서 빙실을 열어야 하기 때문이다.

【疏】 '春始治鑑' ○釋曰 : '春', 謂正月. '始治鑑'者, 鑑是盛冰之器, 春豫治之, 爲二月將出冰.

經의 〔春始治鑑〕

○釋曰 : '春'은 정월을 말한다.

〔始治鑑〕 '鑑'은 얼음을 담는 그릇이다. 봄(정월)에 그것을 미리 검사하는 것은 2월에는 얼음을 꺼내야 하기 때문이다.

○注'鑑如'至'啓冰' ○釋曰 : '鑑, 如甀'者, 漢時名爲甀, 卽今之甕是也. 故云 "如甀, 大口, 以盛冰." 云'春而始治之, 爲二月將獻羔而啓冰'者, 案月令仲春云 "獻羔而開冰, 先薦寢廟[1]." 七月詩亦云 "四之日其蚤, 獻羔祭韭[2]", 是二月出冰者, 公始用之.[3]

1) 獻羔而開冰 先薦寢廟 : ≪禮記≫ 〈月令〉의 원문은 "天子乃鮮羔開氷 先薦寢廟"이다. 이에 대해 鄭玄의 注에서는 "'鮮'은 '獻'이 되어야 한다. 발음으로 인한 잘못이다. '새끼 양을 바친다〔獻羔〕'는 것은 司寒(추위를 관장하는 신)에게 제사 지내는 것을 말한다. 사한에게 제사를 지내고 나서 얼음을 꺼내어 종묘에 바친다. 그런 뒤에 나누어준다.〔鮮當爲獻聲之誤也 獻羔 謂祭司寒也 祭司寒而出氷 薦於宗廟 乃後賦之〕"라고 하였다.

2) 四之日其蚤 獻羔祭韭 : ≪詩經≫ 〈豳風 七月〉의 시이다. '四之日'은 周曆 4월, 즉 夏曆으로 2월을 가리킨다.(〈天官 序官〉 天-0-30 鄭玄의 注에 대한 賈公彦의 疏 역주 1) 참조)

3) 二月出冰者 公始用之 : ≪春秋左氏傳≫ 昭公 4년 조에 "새끼 양을 바쳐서 빙실을 열어 국군이 먼저 사용하고 화성이 출현하면 얼음을 나누어주는 일을 마쳤다.〔獻羔而啓之 公始用之 火出而畢賦〕"라고 하였다.

◯ 注의 〔鑑如〕에서 〔啓冰〕까지

◯ 釋曰 : 〔鑑 如甀〕 漢나라 때는 '甀'라고 칭하였는데, 곧 오늘날의 항아리〔罋〕가 그것이다. 그러므로 "甀(항아리)와 같은 것이니, 입구를 크게 만들어서 얼음을 담는 것이다."고 한 것이다.

〔春而始治之 爲二月將獻羔而啓冰〕 살펴보건대, ≪禮記≫ 〈月令〉 '仲春' 조목에 "새끼 양을 바쳐 빙실을 열어서 〈얼음을〉 먼저 종묘〔寢廟〕에 올린다."라고 하였다. ≪詩經≫ 〈豳風 七月〉의 시에서도 "4월(하력 2월) 초하루에 염소를 바쳐 제사를 올리는데 부추로 고수레를 하네."라고 하였으니, 2월에 얼음을 꺼내는 것은 公(國君)이 먼저 사용하기 때문이다.

天-24-3

凡外內饔之膳羞를 鑑焉이니 凡酒漿之酒醴도 亦如之니라

무릇 外饔과 內饔이 요리한 희생고기와 맛난 음식을 얼음을 담은 항아리〔鑑〕 안에 넣어둔다. 무릇 酒人과 漿人이 빚은 五齊와 三酒 및 六飮도 모두 이와 같이 한다.

【注】 酒醴見溫氣면 亦失味라 酒漿은 酒人漿人也라

술〔酒〕과 단술〔醴〕도 더운 기운에 노출되면 또한 제맛을 잃어버린다. '酒'와 '漿'은 酒人과 漿人을 가리킨다.

【疏】'凡外'至'如之' ○釋曰：言'凡外內饔之膳羞 鑑焉'者, 謂王后及世子, 幷饗耆老孤子[1]之等. 以下文云祭祀, 此經直云膳羞, 明非祭祀也. 二月之後, 皆須鑑以盛冰, 故云"鑑焉". 云'凡酒漿之酒醴'者, 酒謂酒人之酒, 謂三酒五齊, 擧酒而言. 漿人之醴謂六飮, 擧醴而言. 云'亦如之'者, 亦以鑑盛冰.

1) 饗耆老孤子 : ≪禮記≫ 〈郊特牲〉에서 "봄에 孤子에게 연회를 베풀고, 가을에 耆老에게 음식을 대접하는 것은 그 뜻이 같다.〔春饗孤子 秋食耆老 其義一也〕"고 한 것에 대해서 陳澔는 "'孤子'는 국가의 일을 위해 죽은 자의 자손이다.〔孤子 死事者之子孫〕"라고 하였다. (≪禮記集說≫ 〈郊特牲〉 참조) ≪예기≫ 〈曲禮 上〉에서 "예순 살이 되면 '耆(노년에 이름)'라 하니 지시하고 사람을 부리기만 한다. 일흔 살이 되면 '老(노인)'라 하니, 가사를 자손에게 전한다.〔六十曰耆 指使 七十曰老 而傳〕"라고 하였다.

經의 〔凡外〕에서 〔如之〕까지

○ 釋曰 : 〔凡外內饔之膳羞 鑑焉〕 왕후와 세자가 耆老와 孤子에게 모두 연회를 베풀어 주는 것과 같은 일들을 말한다. 아래 경문에서 '祭祀'라고 했는데, 이곳의 경문에서는 '희생고기와 맛난 음식〔膳羞〕'이라고만 했으므로 제사가 아님이 분명하다. 2월 이후로는 모두 항아리〔鑑〕에 얼음을 담아서 사용한다. 그러므로 "얼음을 담은 항아리〔鑑〕 안에 넣어둔다."고 한 것이다.

〔凡酒漿之酒醴〕 '酒'는 酒人이 관장하는 술을 가리키니, 三酒와 五齊 중에, '酒(三酒)'를 들어서 말한 것을 이른다. 漿人이 관장하는 醴는 六飮 중에 '醴(맑은 단술)'를 들어서 말한 것을 이른다.

〔亦如之〕 또한 항아리〔鑑〕 안에 얼음을 넣어두는 것이다.

天-24-4

祭祀에 共冰鑑하고 賓客에 共冰이니라

祭祀를 지낼 때는 얼음을 담은 항아리〔鑑〕를 공급하고, 빈객에게는 얼음을 공급한다.

【注】不以鑑往은 嫌使停膳羞라

〈빈객에게〉 얼음을 담은 항아리〔鑑〕를 보내지 않는 것은 빈객으로 하여금 희생고기와 맛난 음식을 두었다 먹게 하려 한다는 혐의가 있기 때문이다.

【疏】'祭祀'至'共冰' ○釋曰 : 此云'祭祀'者, 謂天地社稷及宗廟之等, 皆共鑑. 云'賓客, 共冰'者, 謂諸侯來朝, 王禮之以飧[1]及饔餼, 直共冰以往, 無鑑也.

1) 飧 : 정식으로 聘禮를 거행하기 전에 主君이 宰夫를 보내어 聘問 온 賓과 介에게 조촐한 음식을 진설해주는 것이다.

經의 〔祭祀〕에서 〔共冰〕까지

○釋曰 : 여기서 '祭祀'라고 한 것은 天地와 社稷 및 宗廟 제사 등을 가리키는데, 모두 〈얼음을 담은〉 항아리〔鑑〕를 공급한다.

〔賓客 共冰〕 제후가 와서 조회하면 왕은 飧食과 饔餼를 보내서 예우하는데 얼음만 가지고 가서 공급하고 항아리는 공급하지 않는다는 말이다.

○注'不以'至'膳羞' ○釋曰 : 冰若有鑑, 則冰不銷釋, 食得停久, 故鄭云 "不以鑑往, 嫌使停膳羞."

○注의 〔不以〕에서 〔膳羞〕까지

○釋曰 : 얼음이 항아리에 담겨 있으면 얼음이 녹지 않으므로 오래 두고 먹을 수 있다. 그러므로 鄭玄이 "얼음을 담은 항아리를 보내지 않는 것은 빈객으로 하여금 희생고기와 맛난 음식을 두었다 먹게 하려 한다는 혐의가 있기 때문이다."라고 한 것이다.

天-24-5

大喪에 **共夷槃冰**이니라

왕의 喪에 〈尸牀 아래에 놓는〉 夷槃에 채우는 얼음을 공급한다.

【注】夷之言은 尸也라 實冰于夷槃中하여 置之尸牀之下는 所以寒尸라 尸之槃曰夷槃이요 牀曰夷牀이요 衾曰夷衾이요 移尸曰夷于堂이니 皆依尸而爲言(者)[1]也라 漢禮器制度에 大槃[2]은 廣八尺이요 長丈二尺이요 深三尺이요 漆赤中이라

1) (者) : 저본에는 '者'가 있으나, 阮元의 교감에 의거하여 衍字로 처리하였다.(阮元의 〈校勘記〉 참조)

2) 大槃 : ≪禮記≫ 〈喪大記〉에 "군주는 大槃을 설치하고 그 안에 얼음을 넣는다. 大夫는 夷槃을 설치하고 그 안에 얼음을 넣는다. 士는 瓦槃을 설치하지만 얼음은 없다. 침상을 설치할 때는 평상의 살이 드러나게 하고 베개를 둔다.〔君設大槃 造冰焉 大夫設夷槃 造冰焉 士竝瓦槃 無冰 設床襢第 有枕〕"라고 하였다. 鄭玄의 注에서는 "이반은 대반보다 작다.〔夷槃小焉〕"고 하였다. 이반은 대부가 사용하고 사는 사용하지 못하는데, ≪儀禮≫ 〈士喪禮〉에 따르면, 군주가 얼음을 이반에 채워 보낸 경우는 사용할 수 있다.

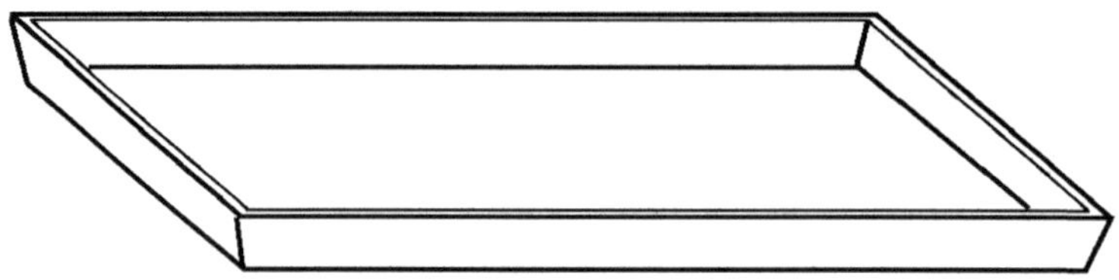

夷槃

'夷'라는 글자는 시신이라는 뜻이다. 夷槃 안에 얼음을 채워서 尸牀의 아래에 설치하는 것은 시신을 차갑게 하기 위한 것이다. 시신에 사용하는 槃(쟁반)을 '夷槃'이라 하고, 시신을 놓는 평상을 '夷牀'이라 하고, 시신을 덮는 이불을 '夷衾'이라 하고, 시신을 堂으로 옮기는 것을 '夷于堂'이라고 하니, 모두 시신을 기준으로 말을 한 것이다. 叔孫通의 ≪漢禮器制度≫에 "大槃은 너비가 8尺이고, 길이가 1丈 2尺이고, 깊이가 3척인데 안에 붉은 칠을 한다."고 하였다.

【疏】'大喪共夷槃冰' ○釋曰 : 亦謂三月已後遭大喪, 則共夷槃及冰, 擧王喪共, 后世子及三夫人已下小喪亦共之. 但王及后有夷槃, 自外當與諸侯已下同大槃等. 其世婦已上有冰, 則與大夫同. 女御與士同, 無冰, 見賜乃有也.

經의 〔大喪共夷槃冰〕

○釋曰 : 또한 3월 이후로 大喪을 당하면 夷槃과 얼음을 공급하는 것이니, 왕의 喪에 공급한다는 것을 들었지만 왕후와 세자 및 三夫人 이하의 小喪에도 공급하는 것을 말한다. 그러나 왕과 왕후의 경우는 이반을 설치하고, 그 밖에는 제후 이하와 마찬가지로 大般 등을 설치해야 한다. 世婦 이상은 얼음을 넣는 경우는 대부와 같다. 女御는 士와 마찬가지로 얼음을 넣지 않는 것인데, 얼음을 하사받게 되면 얼음을 넣는다.

○注'夷之'至'赤中' ○釋曰 : 喪大記云 "君設大槃造冰焉, 大夫設夷槃造冰焉, 士併瓦盤[1], 無冰." 下又云 "設牀襢第[2], 有枕. 含一牀, 襲一牀". 是實冰置尸牀之下, 以寒尸也. 云'牀曰夷牀'者, 儀禮既夕禮文. 云'夷衾'者, 喪大記云 "自小斂已(後)〔往〕[3]用夷衾"是也. 云'移尸曰夷於堂'者, 亦喪大記云 "既小斂, 男女奉尸夷于堂[4]." 是皆依尸而爲言也. 云'漢禮器制度云云'者, 叔孫通前漢時作漢禮器制度, 多得古之周制, 故鄭君依而用之也. 依制度云 "天子大槃, (度)〔廣〕[5]八尺, 長丈二尺, 深三尺, 漆赤中", 此經雖云夷槃, 無形制, 故依焉. 若然, 此周謂之夷槃, 漢謂之大槃, 是別大異名. 案喪大記君設大盤者, 彼諸侯, 不敢與天子同名夷盤, 故名大盤. 彼大夫云夷盤者, 卑不嫌得與天子同名, 其制則小也.

1) 盤 : 阮元이 '盤'은 미처 '槃'으로 바로잡지 못한 글자라고 했으나, 孫詒讓은 두 글자는 본래 통용하므로 고칠 필요가 없다고 하였다.(北京大 整理本의 〈校勘記〉 참조)
2) 士併瓦盤……下又云設牀襢第 : 陳澔는 "瓦盤은 작다. 그러므로 나란히 설치하는 것이다. '얼음이 없다.'는 것은 물을 담기 때문이다. 얼음을 아래에 두고, 위에 침상을 설치한다. '襢'은 홑〔單〕의 뜻으로 자리를 치우고 평상의 살을 드러내며, 그 위에 시신을 올려놓아 차가운 기운이 통해서 부패하지 않게 하는 것이다.〔瓦盤小 故併設之 無冰 盛水也 冰在下 設牀於上 襢 單也 去席而袒露第簀 尸在其上 使寒氣得通 免腐壞也〕"라고 하였다.(≪禮記集說≫ 〈喪大記〉 참조)
3) (後)〔往〕: 저본에는 '後'로 되어 있으나, ≪禮記≫ 〈喪大記〉의 원문과 孫詒讓의 설에 의거하여 '往'으로 바로잡았다.(北京大 整理本 〈校勘記〉 참조)
4) 既小斂 男女奉尸夷于堂 : ≪禮記≫ 〈喪大記〉의 원문에는 "徹帷 男女奉尸夷于堂"으로 되어 있다.
5) (度)〔廣〕: 저본에는 '度'로 되어 있으나, 孫詒讓의 설에 의거하여 '廣'으로 바로잡았다.(北京大 整理本의 〈校勘記〉 참조)

○注의 〔夷之〕에서 〔赤中〕까지

○釋曰 : ≪禮記≫ 〈喪大記〉에 "군주의 喪에는 大槃을 설치하고 그 안에 얼음을 넣는다. 대부의 상에는 夷槃을 설치하고 그 안에 얼음을 넣는다. 士의 상에는 瓦槃을 나란히 설치하는데 얼음은 없다."라고 하였다. 아래에서 또 "평상을 설치할 때는 평상의 살을 드러나게 하고 베개가 있다. 飯含을 할 때 하나의 평상이 있고, 襲을 할 때 하나의 평상이 있다."라고 하였다. 이는 얼음을 담아서 尸牀의 아래에 놓음으로써 시신을 차갑게 하는 것이다.

〔牀曰夷牀〕 ≪儀禮≫ 〈既夕禮〉의 문장이다.

〔夷衾〕《예기》〈상대기〉에서 "小斂 이후에는 夷衾을 사용한다."고 한 것이 이를 가리킨다.

〔移尸曰夷於堂〕 또한 《예기》〈상대기〉에서 "小斂을 하고 나서 〈主人과 主婦 이하〉 남녀가 함께 시신을 받들어 당에 안치시킨다."고 하였으니, 모두 시신을 기준으로 하여 말을 한 것이다.

〔漢禮器制度……〕 叔孫通이 前漢 時期에 《漢禮器制度》를 지었는데, 옛 周나라의 제도를 많이 기록하였으므로 鄭玄이 그것을 근거로 인용한 것이다. 《한예기제도》에 따르면, "天子의 大槃은 너비가 8尺이고 길이가 1丈 2尺이고 깊이가 3척인데 안에 붉은 칠을 한다."고 하였는데, 이 경문에서 비록 '夷槃'을 말했으나 형태에 관한 제도가 없으므로 《한예기제도》를 따른 것이다. 그렇다면 이는 주나라에서는 '夷槃'이라고 하고, 한나라에서는 '大般'이라고 한 것이니, 이는 '大'를 따로 떼서 명칭을 다르게 한 것이다. 살펴보건대 《예기》〈상대기〉에서 "군주의 喪에는 大盤을 설치한다.〔君設大盤〕"고 한 것은 저 제후의 경우에 감히 천자와 동일하게 '이반'이라는 명칭을 사용할 수 없기 때문이다. 그러므로 '대반'이라고 칭한 것이다. 저 대부의 경우에 '이반'이라고 한 것은 지위가 비천하여 천자와 명칭을 동일하게 한다는 혐의를 사지 않기 때문이니, 그 형태의 제도는 〈천자의 이반보다〉 작은 것이다.

天-24-6

夏에 頒冰掌事니라

여름에 왕이 신하들에게 얼음을 나누어주는데, 〈淩人은〉 그에 관한 사무를 관장한다.

【注】 暑氣盛에 王冰頒賜면 則主爲之라 春秋傳曰 古者日在北陸[1]而藏冰하고 西陸朝覿(적)而出之라하니라

1) 北陸 : 28宿 가운데 북방에 위치하는 斗, 牛, 女, 虛, 危, 室, 壁 등 7宿를 말한다. 특히 태양이 虛, 危에 위치하는 夏曆 12월이 가장 추운데, 이때에 얼음을 저장한다고 한다. 아래의 西陸은 28수 가운데 서방에 위치하는 奎, 婁, 胃, 昴, 畢, 觜, 參 등 7수를 말한다. 杜預의 注에 따르면, 하력 3월(周曆 5월)에 해가 昴와 畢에 있을 때 동물들이 겨울잠에서 깨고, 春分 무렵에 奎가 새벽 무렵 동쪽에 보인다고 한다. 이때 얼음을 꺼낸다. (《春秋左傳正義》, 昭公 4년 조 참조)

더운 기운이 왕성해지면 왕이 얼음을 나누어주는데, 〈凌人이〉 그 일을 주관해서 처리한다. ≪春秋左氏傳≫ 昭公 4년 조에 "옛날에는 태양이 北陸의 위치(危宿 1度)에 있으면 얼음을 캐서 저장하고, 西陸(昴宿)이 새벽에 보이면 얼음을 꺼낸다."고 하였다.

【疏】'夏頒冰掌事' ○釋曰 : '夏頒冰'者, 據頒賜群臣言. '掌事'者, 謂主此賜冰多少合得不合得之事.

經의〔夏頒冰掌事〕

○釋曰 :〔夏頒冰〕신하들에게 나누어주는 것에 의거하여 말한 것이다.

〔掌事〕이 얼음을 나누어줄 때 〈凌人이〉 양의 많고 적음과 합당한지 여부에 관한 일을 주관하는 것을 말한다.

○注'暑氣盛, 王以冰頒賜, 則主爲之. 春秋傳曰, 古者日在北陸而藏冰, 西陸朝覿而出之.' ○釋曰 : 謂二月之時, 蠅蟲已生, 公始用之. 四月已後, 暑氣漸盛, 則賜及群下. 云'春秋傳曰'者, 左氏昭四年正月, 大雨雹, 季武子問于申豐曰 "雹可禦乎." 對曰 "聖人在上, 無雹. 雖有, 不爲災. 古者日在北陸而藏冰, 西陸朝覿而出之. 其藏之也, 深山窮谷, 固陰沍寒, 於是乎取之. 其出之也, 朝之祿位, 賓食喪祭, 於是乎用之. 其藏之也, 黑牡秬黍, 以享司寒. 其出之也, 桃弧棘矢, 以除其灾. 其出入也時. 食肉之祿, 冰皆與焉. 大夫命婦喪浴用冰. 祭寒而藏之, 獻羔而啓之, 公始用之, 火出而畢賦." 服氏云 "火出, 於夏爲三月, 於商爲四月, 於周爲五月." "自命夫命婦, 至於老疾, 無不受冰." 爾雅云 "北陸, 虛也." 服氏云 "陸, 道也. 北陸言在, 謂十二月日在危一度.[1] 西陸朝覿不言在, 則不在昴, 謂二月在婁四度, 謂春分時, 奎婁晨見東方而出冰, 是公始用之." 今此鄭注引朝覿而出之, 謂經夏頒冰, 則西陸, 爾雅曰 "西陸, 昴也." 朝覿而出冰, 群臣用之. 若然, 日體在昴在三月內, 得爲夏頒冰者, 據三月末之節氣, 故證夏頒冰. 此言夏, 據得夏之節氣. 春秋言火出者, 據周. 至於七月詩 "二之日鑿冰, 三之日納於淩室, 四之日其蚤, 獻羔祭韭", 孫皓問 "藏之旣晚, 出之又早何", 鄭答 "豳土晚寒, 故夏正月納冰. 夏二月仲春, 大蔟用事, 陽氣出地, 始溫, 故禮應開冰, 先薦寢廟, 是公始用之也."

1) 危一度 : 28宿 가운데 하나인 危宿 1度를 말한다. 28수는 하늘의 적도를 따라 남북에 있는 별들을 28개로 구획으로 구분한 별자리로, 각 구역의 여러 개 별자리들 가운데 대표적인 것을 그 구역에 있는 '宿'라고 정한 것이다. 이 대표적인 별들을 宿距星이라고 하

고 인접한 두 수거성 사이의 거리인 離角을 宿度라고 한다. 28수는 편의상 7개씩 묶어서 4개의 7舍로 구별하여 각각 동・서・남・북을 상징하도록 하였다.(한국학중앙연구원, ≪한국민족문화대백과≫ 참조) 28수의 명칭은 동방 角・亢・氐・房・心・尾・箕, 북방 斗・牛・女・虛・危・室・壁, 서방 奎・婁・胃・昴・畢・觜・參, 남방 井・鬼・柳・星・張・翼・軫이다.(≪淮南子≫ 권3, 〈天文訓〉, 高誘 注 참조)

○注의 〔暑氣盛 王以冰頒賜 則主爲之 春秋傳曰 古者日在北陸而藏冰 西陸朝覿而出之〕

○釋曰：2월에는 이미 파리가 생기므로 公(國君)이 처음으로 얼음을 사용하는 것을 말한다. 4월 이후로 더운 기운이 점차 왕성해지면 신하들에게 얼음을 하사해준다.

〔春秋傳曰〕≪春秋左氏傳≫ 昭公 4년 정월에 우박이 크게 내렸다. 季武子가 申豐에게 "우박을 방지할 수 있는가?"라고 묻자, 신풍이 대답하였다. "성인이 윗자리에 있을 때는 우박이 없었고 비록 있어도 재해가 되지 않았습니다. 옛날에는 태양이 北陸의 위치에 있으면 얼음을 캐서 저장하고, 西陸이 새벽에 출현하면 얼음을 꺼냈습니다. 얼음을 저장할 때는 깊은 산 궁벽한 골짜기에 차가운 기운이 엉켜 얼음이 되면 이곳에서 얼음을 캐서 저장하고, 꺼낼 때는 조정에 祿位가 있는 사람이 빈객을 맞이하거나 음식을 장만하거나 喪事나 제사가 있으면 빙실에서 얼음을 꺼내어 사용하게 하였습니다. 얼음을 저장할 때는 검은 수소〔黑牡〕와 찰기장〔秬黍〕으로 司寒(추위를 관장하는 신)에게 제사 지내고, 얼음을 꺼낼 때는 복숭아나무로 만든 활과 가시나무로 만든 화살을 빙실 문에 걸어서 재앙을 물리쳤습니다. 그 얼음을 저장하고 꺼내는 것에 일정한 때가 있었습니다. 고기를 먹을 만큼의 녹을 받는 사람은 모두 얼음을 하사받는 데 참여하였습니다. 대부와 命婦는 喪에 시신을 목욕시키는 데에 얼음을 사용하였습니다. 司寒에게 제사하고 저장하였다가 양을 바치고 빙실을 열어 꺼내면, 公(國君)이 처음으로 사용하고, 화성이 출현하면 얼음을 나누어 주는 일을 마쳤습니다."라고 하였다. 服虔은 "화성이 출현하면 夏나라에서는 3월이 되고 商나라에서는 4월이 되고 周나라에서는 5월이 된다."라고 하였다. 〈≪春秋左氏傳≫ 昭公 4년 조에〉 "命夫와 命婦로부터 노인과 병자에 이르기까지 얼음을 받지 않는 사람이 없었습니다."라고 하였다. ≪爾雅≫ 〈釋天〉에 "'北陸'은 虛宿를 가리킨다."라고 하였다. 服虔은 "'陸'은 태양의 궤도〔道〕이다. '北陸'에는 '있다〔在〕'라고 말했으니, 12월에 태양이 危宿 1度의 위치에 있다는 뜻이다. '西陸朝覿(西陸이 새벽에 출현한다.)'에는 '있다〔在〕'라고 말하지 않았으니, 昴宿의 위치에 있지 않은 것으로, 2월에 婁宿 4度의 위치에 있다는 뜻이다. 춘분 때에 奎宿와 누수가 새벽에 동쪽에 나타나면 얼음을 캐고, 이것을 국군이 처음으로 사용한다는 뜻이다."라고 하였다. 이제 이곳의 鄭玄 注에서 '〈西陸이〉 새벽에 나타나면 얼

음을 꺼낸다.'는 것을 인용한 것은 경문의 '夏頒冰(여름에 왕이 신하들에게 얼음을 나누어준다.)'이 西陸〈이 출현하는 시기임을〉 말하는 것인데, ≪爾雅≫ 〈釋天〉에 "'西陸'은 묘수를 가리킨다."라고 하였으니, 묘수가 새벽에 나타나면 얼음을 꺼내고 신하들이 그것을 사용하는 것이다. 그렇다면 태양이 3월에 묘수에 있으면 여름에 얼음을 하사할 수 있다는 것은 3월 말의 절기에 의거한 것이다. 그러므로 여름에 얼음을 하사한다는 것을 입증한 것이다. 이곳에서 '여름'이라고 말한 것은 하나라의 절기에 의거한 것이다. ≪春秋≫에 "화성이 출현한다."고 말한 것은 주나라의 절기에 의거한 것이다. ≪詩經≫ 〈豳風 七月〉에서 "2월(하력 12월)에 얼음을 캐고, 3월(하력 정월)에 빙실에 넣어두고, 4월(하력 2월) 초하루에 염소를 바쳐 제사를 올리는데 부추로 고수레를 하네."라고 한 것에 이르러서는, 孫皓가 "저장하는 것이 이미 늦었는데, 꺼내는 것이 또 빠른 것은 무엇 때문입니까."라고 물었다. 정현은 "豳 땅은 〈늦게까지〉 춥다. 그러므로 하력 정월에 얼음을 저장해두는 것이다. 하력 2월 중춘에는 大蔟(태주)가 세력을 떨치니 陽氣가 땅에서 나와 따뜻해지기 시작한다. 그러므로 禮에 의거하여 응당 빙실을 열어서 얼음을 먼저 종묘에 올려야 한다. 이것이 '공(국군)이 처음으로 사용한다.'는 뜻이다."라고 하였다.

天-24-7

秋에 刷(쇄)니라

가을에 빙실을 청소한다.

【注】刷는 淸也라 鄭司農云 刷除冰室은 當更內新冰이라 玄謂秋涼에 冰不用이니 可以淸除其室이라

'刷'는 깨끗하게 한다는 뜻이다. 鄭衆은 "빙실을 청소하는 것은 다시 새 얼음을 들여놓아야 하기 때문이다."라고 하였다. 나(鄭玄)는 생각건대, 서늘한 가을에는 얼음을 사용하지 않으므로 그 빙실을 깨끗하게 청소할 수 있기 때문이다.

【疏】注'刷淸'至'其室' ○釋曰：先鄭云 '刷除(凌)〔冰〕[1]室, 當更納新冰'者, 先鄭直云除舊納新, 不言秋涼而冰不用, 於理未當經旨, 故後鄭云 '秋涼, 冰不用, 可以淸除其室.' 至十二月, 自然更納新冰也.

1) (凌)〔冰〕: 저본에는 '凌'으로 되어 있으나, 孫詒讓의 설에 의거하여 '冰'으로 바로잡았

다.(北京大 整理本의 〈校勘記〉 참조)

注의 〔刷清〕에서 〔其室〕까지

○釋曰：鄭衆이 “빙실을 청소하는 것은 다시 새 얼음을 들여놓아야 하기 때문이다.”라고 한 것은 정중이 단지 옛것을 치우고 새것을 받아들이는 것만 말하고 가을에는 서늘하여 얼음을 사용하지 않는 것은 말하지 않은 것이니, 이치상 경문의 뜻에 합당하지 못하다. 그러므로 정현이 “서늘한 가을에는 얼음을 사용하지 않으니, 그 빙실을 깨끗하게 청소할 수 있기 때문이다.”라고 한 것이다. 12월이 되면 자연히 새 얼음을 넣게 된다.

25. 籩人(변인)

天-25-1

籩人은 **掌四籩**[1]**之實**이니라

1) 四籩：‘籩’은 마른 음식을 담는 그릇으로, 대나무로 만든다. ‘四籩’은 제사를 지낼 때 제수를 담아서 4차례 올리는 籩을 가리킨다. ‘朝事之籩’, ‘饋食之籩’, ‘加籩’, ‘羞籩’의 순서로 올린다. 四籩은 종묘 제사 이외에도 宴饗을 비롯한 성대한 의례들에서 진헌된다.

籩人은 〈제사를 지낼 때〉 네 차례에 걸쳐서 籩(대나무제기)에 담아 올리는 음식을 관장한다.

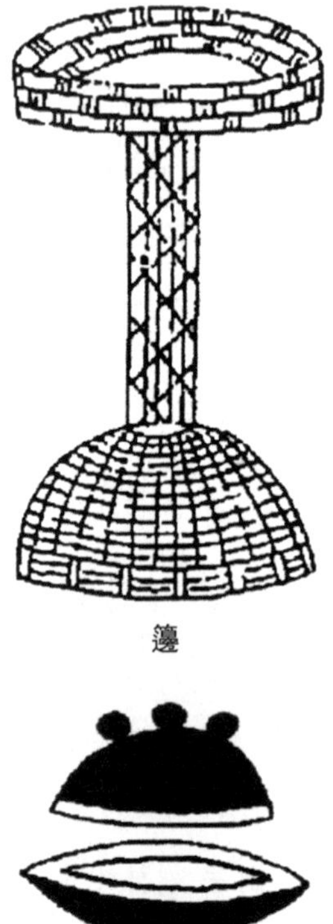
籩

豆

【注】籩은 竹器如豆[1]者니 其容實皆四升이라

1) 豆：‘豆’는 젖은 음식을 담는 그릇으로, 나무로 만든 다음 속에 칠을 한다. ≪儀禮≫ 〈鄕射禮〉 鄭玄의 注에 “豆는 젖은 음식을 담는 데에 적당하고, 籩은 마른 음식을 담는 데에 적당하기 때문이다.〔豆宜濡物 籩宜乾物故也〕”라고 하였다.

籩은 豆(나무제기)와 같은 형태의 대나무로 만든 그릇이고, 그 음식을 담는 용량은 모두 4升이다.

【疏】‘籩人’至‘之實’ ○釋曰：言‘四籩’, 謂下經朝事饋食加籩羞籩是也. 云'之實'者, 謂掌此四種籩中所實之物, 麷蕡白黑之等是也.

經의 〔籩人〕에서 〔之實〕까지

○釋曰 : 〔四籩〕 아래 경문의 '朝事'의 籩 · '饋食'의 籩 · '加籩' · '羞籩'을 말한다.

〔之實〕 이 4가지 籩 안에 담는 음식을 관장하는 것이니, 麷(볶은 보리) · 蕡(볶은 마씨) · 白(볶은 쌀) · 黑(볶은 기장) 등이 이것이다.

○注'籩竹'至'四升' ○釋曰 : 鄭知籩是竹器者, 以其字竹下爲之, 亦依漢禮器制度而知也. 云'如豆'者, 皆面徑尺, 柄尺, 亦依漢禮[1]知之也. 云'其容實皆四升'者, 據其籩之所受則曰容, 據其所實麷蕡等則曰實, 故云 "容實皆四升", 亦約與豆四升同也.

1) 漢禮 : ≪周禮正義≫에는 '漢禮器制度'로 되어 있다.(北京大 整理本의 〈校勘記〉 참조) 이에 따라서 해석하였다.

○注의 〔籩竹〕에서 〔四升〕까지

○釋曰 : 鄭玄이 '籩'이 대나무로 만든 그릇임을 알았던 것은 생각건대 그 글자가 竹邊 아래에 되어 있고, 또한 叔孫通의 ≪漢禮器制度≫에 의거하여 알았던 것이다.

〔如豆〕 모두 둥근 면의 지름이 1척이고 손잡이 높이가 1척이니, 또한 ≪한예기제도≫에 의거하여 안 것이다.

〔其容實皆四升〕 그 籩이 수용하는 양에 의거하면 '容'이라 하고, 그 籩에 담기는 麷 · 蕡 · 白 · 黑 등에 의거하면 '實'이라고 한다. 그러므로 "그 음식을 담는 용량〔容實〕이 모두 4升이다."라고 한 것이니, 또한 대략 豆의 4승과 같다.

天-25-2

朝事[1]之籩은 其實麷(풍)蕡(분)白黑形鹽膴(호)鮑魚鱐(수)니라

1) 朝事 : '朝事'는 천자나 제후의 종묘 제사에서 맨 처음에 희생의 피와 날고기를 올리는 일을 말한다. '朝踐'이라고도 한다. 〈春官 司尊彝(春-7-02)〉 鄭玄의 注에서 "조천은 피와 날고기를 올리고 醴酒를 따라 올려서 제사를 거행하기 시작하는 것을 말한다.〔朝踐 謂薦血腥酌醴始行祭祀〕"고 하였다. 周나라의 제사는 신을 형상하는 尸童을 모셔놓고 제사를 지냈는데, 제사가 정식으로 시작되기 전에 방 안에서 먼저 시동에게 울창주를 따라서 올리는 祼의 예를 거행한다. 시동이 울창주를 받아서 땅에 조금 뿌린 다음에 술잔을 지면에 놓고 마시지 않는 것으로, 신이 흠향하여 降神하도록 하는 의식이다. 이때 왕이 먼저 시동에게 獻爵을

하고, 이어서 왕후가 亞獻을 한다. 이 祼의 예가 끝나면, 왕은 헌작을 한 뒤에 방을 나와 종묘의 뜰로 나와서 희생을 맞이하고, 왕후도 아헌을 한 뒤에 방에서 나오면, 祝이 시동을 인도하여 방에서 나와서 堂의 정중앙에서 남쪽을 향해 자리하도록 한다. 이때 왕후는 시동의 자리 앞에 8개의 籩과 8개의 豆를 올린다. 왕은 희생을 끌고 뜰로 들어와서 희생을 죽인 뒤에 시동에게 희생의 피 묻은 날고기를 올린다. 이어서 왕과 왕후는 醴齊를 따라서 시동에게 헌작한다. 여기까지를 '朝事의 예'라고 한다. 이 朝事에서 정식으로 제사가 시작된다.(≪三禮辭典≫, 822~824쪽 참조)

〈종묘 제사에서〉 朝事의 예를 행할 때 올리는 籩은, 그 변에 담는 음식이 볶은 보리〔麷〕·볶은 마씨〔蕡〕·볶은 쌀〔白〕·볶은 찰기장〔黑〕·호랑이 형상의 소금〔形鹽〕·큰 조각의 저민 생선〔膴〕·훈제 생선〔鮑魚〕·건어물〔鱐〕이다.

【注】蕡은 枲實也라 鄭司農云 朝事는 謂清朝未食에 先進寒具口實之籩이라 故麥曰麷이요 麻曰蕡이요 稻曰白이요 黍曰黑이라 築鹽以爲虎形을 謂之形鹽이라 故春秋傳曰 鹽虎形이라하니라 玄謂以司尊彝之職參之면 朝事는 謂祭宗廟에 薦血腥之事요 形鹽은 鹽之似虎者라 膴는 牒生魚爲大臠이라 鮑者는 於(楅)〔煏〕[1]室中糗乾之니 出於江淮也요 鱐者는 析乾之니 出東海라 王者備物호대 近者腥之하고 遠者乾之는 因其宜也라 今河間以北에 煮穜麥賣之하니 名曰逢이라 燕人은 膾魚方寸이니 切其腴以啗(담)所貴이라

1) (楅)〔煏〕: 저본에는 '楅'으로 되어 있으나, 阮元의 교감에 의거하여 '煏'으로 바로잡았다. 아래도 같다.(北京大 整理本 〈校勘記〉 참조)

'蕡'은 마씨〔枲實〕이다. 鄭衆은 말하였다. "'朝事'는 이른 아침 식사 전에 먼저 유과〔寒具〕와 음식을 담은 籩을 올리는 것을 말한다. 그러므로 보리를 '麷(볶은 보리)'이라 하고, 마를 '蕡(볶은 마씨)'이라 하고, 벼를 '白(볶은 쌀)'이라 하고, 찰기장을 '黑(볶은 찰기장)'이라 한다. 소금을 두드려서 호랑이 형상으로 만든 것을 '形鹽'이라고 한다. 그러므로 ≪春秋左氏傳≫ 僖公 30년 조에 '鹽虎形(호랑이 모양으로 만든 소금)'이라 하였다."

나(鄭玄)는 생각건대, 〈春官 司尊彝〉의 직무를 참조하면 '朝事'는 종묘에 제사 지낼 때 희생의 피와 날고기를 올리는 일을 가리킨다. '形鹽'은 호랑이와 비슷한 형태의 소금이다. '膴'는 생선을 저며서 큰 덩어리로 만든 것이다. '鮑'는 흙방에서 불을 쬐어 말린 것이니, 長江과 淮河 지역에서 난다. '鱐'는 〈생선을〉 갈라서 말린 것이니 東海 지역에서 난다. 王이 된 자는 品物을 갖추는데, 가까운 지역의 것은 날것으로 하고 먼 지역의 것은 말린 것으로 하는 것은 그 마땅함을 따르는 것이다. 지금 河間 이북에서 늦보리를 삶아서 파는데

'逢'이라고 칭한다. 燕나라 사람들은 생선을 사방 1촌이 되게 잘게 저미는데 그 기름진 아랫배 부위를 잘라서 귀한 이에게 먹인다.

【疏】'朝事'至'魚鱐' ○釋曰：此言朝事, 謂祭宗廟, 二灌之後, 祝延尸於戶外, 后薦此八籩. 八籩者, 則麷爲熬麥, 一也. 蕡爲麻子, 二也. 白爲熬稻米, 三也. 黑爲熬黍米, 四也. 形鹽, 鹽似虎形, 五也. 膴, 以魚肉爲大臠, 六也. 鮑, 以魚於(榀)〔糒〕室, 糗乾之, 七也, 鱐爲乾魚, 八也.

經의 〔朝事〕에서 〔魚鱐〕까지

○釋曰：이곳에서 '朝事'라고 한 것은 종묘에 제사할 때 〈왕과 왕후가〉 두 차례 강신례〔灌〕를 거행한 후 祝이 尸童을 방문 밖으로 인도하면, 왕후가 이 8개의 변〔八籩〕을 올리는 것을 말한다. 8개의 변은 볶은 보리인 麷을 담은 변이 첫 번째이고, 마씨인 蕡을 담은 변이 두 번째이고, 볶은 쌀인 白을 담은 변이 세 번째이고, 볶은 찰기장인 黑을 담은 변이 네 번째이고, 形鹽은 호랑이 형상을 닮은 소금이니 이를 담은 변이 다섯 번째이고, 膴는 생선살을 큰 덩어리로 저민 것이니 이를 담는 변이 여섯 번째이고, 鮑는 생선을 흙방에서 불을 쬐어 말린 것이니 이를 담은 변이 일곱 번째이고, 鱐는 말린 생선이니 이를 담은 변이 여덟 번째이다.

○注'蕡枲'至'所貴' ○釋曰：云'蕡, 枲實也'者, 案喪服云"苴絰", 子夏傳云"苴, 麻之有蕡." 蕡是麻之子實也. 又案"疏衰裳齊, 牡麻絰", 子夏傳云"牡麻者, 枲麻也", 則枲麻謂雄麻也. 若然, 枲麻無實, 而解蕡爲枲實者, 擧其類耳. 謂若圓曰簞, 方曰笥, 不同, 鄭注論語云"簞笥擧類, 義同也." '鄭司農云, 朝事, 謂淸朝未食, 先進寒具口實之籩'者, 此先鄭不推上下文勢祭祀爲義, 直以爲生人所食解之, 故後鄭不從也. 云'熬麥曰麷', 字從麥, 知麷爲熬麥也. 云'麻曰蕡'者, 已釋訖. 云'稻曰白'者, 以其稻米見白. 云'黍曰黑'者, 爾雅有秬黑黍, 故知黑是黍, 二者亦皆熬之乃可也. 已上後鄭從之. 云'築鹽以爲虎形', 又引春秋傳曰者, 左氏僖三十年冬, 王使周公閱來聘, 饗有昌歜白黑形鹽. 服氏云"昌歜, 昌本之菹." 辭曰"國君文足昭也, 武可畏也, 則有備物之饗, 以象其德, 薦五味, 羞嘉穀, 鹽虎形." 服云"剋形." 非是築剋爲之, 故後鄭不從也. '玄謂以司尊彝之職參之, 朝事謂祭宗廟薦血腥之事'者, 案司尊彝職, 除二灌有朝踐饋獻, 爲食前二節, 彼又有朝獻再獻, 食後酳尸爲一節. 又參少牢, 主人酬尸, 宰夫羞房中之羞, 復爲一, 揔四節. 亦據祭宗廟, 故鄭云然也. 祭宗廟無血, 鄭云'薦血腥'者, 鄭注論語亦云"禘祭之禮, 自血腥始", 皆謂毛以告純, 血以告殺. 是爲告殺時有血, 與朝踐薦腥同節, 故連言血耳, 非謂祭血也.1) 云'形鹽, 鹽之似虎形'者, 以爲自然似虎形, 此破先鄭築鹽爲虎形也. 云'膴, 牒生魚爲大臠'者, 牒已釋訖. 云'鮑者, 於(楅)〔煏〕室中糗乾之, 出於江淮也'者, 鄭以目驗知之. 言(楅)〔煏〕室者, 謂(楅)〔煏〕土爲室. 云'鱐者, 析乾之, 出東海'者, 上云"夏行腒鱐", 鱐已釋訖. 言出東海者, 亦目驗知之. 云'王者備物, 近者腥之', 膴是也. '遠者乾之', 鮑及鱐是也. '因其宜'者, 近宜濕, 遠宜乾也. 若然, 經鮑鱐二者, 魚在於中, 明二物皆魚. 云'今河間以北, (煑)〔炙〕2)穜麥賣之, 名曰逢', 引漢法證𪍿亦是熬煮之麥. 云'燕人膾魚方寸, 切其腴以啗所貴'者, 亦引時事證膴. 膴亦是腹腴, 以擬祭與啗貴者同也.

1) 故連言血耳 非謂祭血也 : '血腥'을 鄭玄이 '희생의 피와 날고기'로 해석한 것에 대해서, 賈公彦은 따로 피〔血〕를 올리는 것이 아니라 날고기〔腥〕만을 올리는 것인데, 앞서 희생을 죽이는 것을 아뢸 때 피를 바치는 의절이 있기 때문에 연결해서 말한 것으로 해석한 것이다. 가공언의 이러한 해석은 ≪禮記正義≫ 〈禮器〉에 보이는 熊安生의 해석에 근본한 것으로, 孔穎達은 ≪詩經≫ 〈小雅〉, 皇侃 등의 설을 근거로 반박한 바 있고, 孫詒讓 또한 ≪禮記≫ 〈郊特牲〉 등을 들어 가공언을 비판하고 공영달과 황간의 해석을 지지한다.(≪周禮正義≫ 권10, 382쪽 참조)

2) (煑)〔炙〕: 저본에는 '煑'로 되어 있으나, 阮元의 교감에 의거하여 '炙'로 바로잡았다.(北京大 整理本 〈校勘記〉 참조)

○注의 〔蕡枲〕에서 〔所貴〕까지

○釋曰 : 〔蕡 枲實也〕 살펴보건대, ≪儀禮≫ 〈喪服〉에서 "苴絰(검은 빛의 암마로 만든 수질과 요질)"이라고 하였데, 子夏의 傳에서는 "'苴'는 마에 씨〔蕡〕가 있는 것이다."라고 하였으니, '蕡'은 마의 씨인 것이다. 또 살펴보건대, ≪의례≫ 〈상복〉에서 "아랫단을 꿰맨 거친 베로 만든 상의〔衰〕와 하의〔裳〕를 입고, 숫마〔牡麻〕로 만든 수질과 요질을 두른다."고 했는데, 자하의 전에서는 "'牡麻'는 枲麻이다."라고 하였으니, '枲麻'는 숫마를 말한다. 그렇다면 숫마는 씨가 없는 것인데 '蕡'을 '마씨〔枲實〕'로 해석한 것은 같은 종류(마)를 들어서 말한 것뿐이다. 마치 둥근 竹器를 '簞'이라 하고 네모진 죽기를 '笥'라고 하여 서로 같지 않지만, 鄭玄이 ≪論語≫ 〈雍也〉의 注에서 "'簞'과 '笥'는 같은 종류(竹器)를 들어서 말한 것이니, 〈죽기라는〉 의미는 같다."라고 한 것과 같다.

〔鄭司農云 朝事 謂清朝未食 先進寒具口實之籩〕 이것은 鄭衆이 위아래 문장의 어세를 '

제사 〈지낼 때〉'의 의미로 미루어 생각하지 않고 단지 살아 있는 사람에 의해 먹는 것으로 해석한 것이다. 그러므로 정현이 따르지 않았다.

〔熬麥曰麷〕 글자가 麥邊을 따르니, '麷'이 '볶은 보리'가 됨을 알 수 있다.

〔麻曰蕡〕 〈앞의 〔蕡 枲實也〕에서〉 이미 해석을 하였다.

〔稻曰白〕 벼의 쌀알을 '白'으로 표현한 것이다.

〔黍曰黑〕 ≪爾雅≫ 〈釋草〉에 "'秬'는 검은 찰기장〔黑黍〕이다."라는 말이 있으므로 '黑'이 찰기장〔黍〕임을 알 수 있는데, 2가지도 또한 모두 볶은 것이어야 사용할 수 있다.

이상(〔熬麥曰麷〕에서 〔黍曰黑〕까지)은 정현이 따른 것이다.

〔築鹽以爲虎形〕 또 ≪春秋左氏傳≫의 내용을 인용하였는데, ≪춘추좌씨전≫ 僖公 30년조에 의하면 겨울에 왕이 周公 閱을 보내와서 聘問하였는데 연향에 올린 음식에 창포뿌리 절임〔昌歜〕·볶은 쌀〔白〕·볶은 찰기장〔黑〕·호랑이 형상의 소금이 있었다. 服虔은 "'昌歜'은 창포뿌리로 만든 절임이다."라고 하였다. 〈주공 열이〉 사양하면서 "國君의 文德은 사방에 드러날 만하고 武功은 두려워할 만하니, 품물을 갖추어 연향을 베풀어서 그 덕행을 형상하고, 五味를 갖춘 음식을 올리고, 오곡과 호랑이 형상의 소금을 올려서 〈그 무공을 상징하였습니다.〉"라고 하였는데, 복건은 "〈호랑이 형상의 소금은〉 깎아서 형상을 만든 것이다."라고 하였다. 두드려 깎아서 그것을 만든 것이 아니므로 정현이 따르지 않은 것이다.

〔玄謂以司尊彝之職參之 朝事謂祭宗廟薦血腥之事〕 살펴보건대, 〈春官 司尊彝〉에는 두 차례 강신례〔灌〕 이외에 朝踐과 饋獻이 있으니, 식사 전에 두 차례 변을 올리는 절차가 된다. 〈춘관 사준이〉에는 또 朝獻과 再獻이 있고 식사 후에 尸童에게 술을 올려 입가심을 하게 한 후에 변을 올리는 것이 한 차례 변을 올리는 절차가 된다. 또 ≪儀禮≫ 〈少牢饋食禮〉를 참고해보면, 주인이 시동에게 술을 올려 酬의 예를 행하면 宰夫가 방 안에 진설할 음식을 올려서 다시 한 차례 변을 올리는 절차가 되니, 모두 네 차례 변을 올리는 절차이다. 또한 종묘에 제사 지내는 것에 의거하였으므로 정현이 그와 같이 말한 것이다. 종묘에 제사 지낼 때 피를 진헌하는 경우가 없는데, 정현이 "희생의 피와 날고기를 올리는 일을 가리킨다."고 한 것은 정현이 ≪論語≫의 주에서도 "禘 제사를 지내는 예는 희생의 피와 날고기를 올리는 일에서부터 시작된다."라고 하였는데, 모두 털을 바쳐서 〈희생이〉 살졌음을 아뢰고, 피를 바쳐서 〈희생을〉 죽이는 것을 아뢰는 것을 가리킨다. 이것은 희생을 죽이는 것을 아뢸 때 피를 바치는 것이 朝踐에 희생의 날고기를 올리는 것과 같은 儀節이기 때문에 '血'을 〈'腥'과〉 연이어 말했을 뿐이고 피로 제사를 지낸다는 뜻은 아니다.

〔形鹽 鹽之似虎形〕 자연적으로 호랑이 형상을 닮았다고 여긴 것이니, 이것은 정중이

소금을 두드려 깎아서 호랑이 형상을 만들었다고 한 것을 부정한 것이다.

〔膴 牒生魚爲大臠〕 '牒'은 〈앞의 天官 內饔(天-8-6)의 疏에서〉 이미 해석을 하였다.

〔鮑者 於楅室中糗乾之 出於江淮也〕 정현이 목격했으므로 아는 것이다. '楅室'이라고 한 것은 楅土로 방을 만들었다는 뜻이다.

〔鱐者 析乾之 出東海〕 위 〈天官 庖人(天-7-6)〉에서 말한 "夏行腒鱐(여름에는 말린 꿩고기와 건어물을 요리한다.)"에서 '鱐'는 이미 해석을 하였다. "東海 지역에서 난다."고 말한 것도 〈정현이〉 직접 보고 안 것이다.

"왕이 된 자는 물품을 갖추는데 가까운 지역의 것은 날것으로 한다."는 것은 膴(큰 조각의 저민 생선)가 그것이다. "먼 지역의 것은 말린다."는 것은 鮑(훈제물)와 鱐(건어물)가 그것이다. "그 마땅함을 따른다."는 것은 가까우면 마땅히 물기가 있고 멀면 마땅히 건조하다는 뜻이다. 그렇다면 경문의 '鮑(훈제물)'와 '鱐(건어물)' 두 가지의 중간에 '魚'가 위치해 있으니, 두 가지 물건이 모두 생선임을 밝힌 것이다.

〔今河間以北 炙穜麥賣之 名曰逢〕 漢나라의 법을 인용하여 '麷'이 또한 볶아서 익힌 보리임을 증명한 것이다.

〔燕人膾魚方寸 切其腴以啗所貴〕 또한 당시 일을 인용하여 '膴(큰 조각의 저민 생선)'를 증명한 것이다. '膴'는 또한 배의 기름진 아랫배 부분이니, 그것으로 제사와 귀한 이에게 먹이는 일을 견준 것이 동등하다.

天-25-3

饋食(사)[1)]之籩은 其實棗㮚(율)桃乾藤(료)榛實이니라

1) 饋食(사) : 존귀한 사람에게 음식을 진상하는 것을 '饋'라고 한다. '食'는 밥이다. 〈春官 大宗伯(春-1-5)〉에 "肆·獻·祼으로 선왕을 제사 지내고, 饋食로 선왕을 제사 지낸다.〔以肆獻祼享先王 以饋食享先王〕"고 하였다. 鄭玄 注에 따르면 '肆'는 희생의 익힌 고기를 올리는 것이고〔薦孰〕, '獻'은 희생의 피와 날고기를 올리는 것이고〔薦血腥〕, '祼'은 울창주를 땅에 뿌리고 시동에게 술을 올려 귀신이 내려오기를 청하는 것이고, '饋食'는 찰기장 밥·메기장 밥을 올리는 것을 뜻한다〔薦黍稷〕. 즉 천자와 제후의 종묘 제사에서는 강신의 의식을 행하고〔祼〕, 피와 날고기를 올리고〔獻〕, 희생의 익힌 고기를 올리고〔肆〕 동시에 찰기장 밥·메기장 밥을 올리는〔饋食〕 순서로 진행된다. 그러나 제후의 大夫와 士의 제례인 ≪儀禮≫의 〈特牲饋食禮〉와 〈少牢饋食禮〉(〈有司徹〉 포함)에서는 祼·獻의 절차를 생략하고 곧바로 희생의 익힌 고기를 올리는 '薦熟'으로부터 시작된다. 다만 희생의 익힌 고기를 올리는 '薦熟'과 찰기장

밥·메기장 밥을 올리는 '饋食'의 의절은 동시에 진행되기 때문에 희생의 익힌 고기를 올리는 것으로부터 시작하는 제사를 '饋食'라고 하는 것이다. 한편, ≪의례≫ 〈특생궤사례〉 鄭玄의 注에는 "제사를 지낼 때 희생의 익힌 고기를 올리는 것으로부터 시작하는 것을 '饋食'라고 한다. '궤사'란 음식을 드리는 도리이다.〔祭祀自孰始曰饋食 饋食者 食道也〕"라고 하였다. 胡培翬는 "'음식을 드리는 도리'란 살아 있는 사람이 마시고 먹는 도리를 가리킨다.〔食道謂生人飮食之道〕"고 하였는데, 萬斯大는 "饋食란 죽은 사람 섬기기를 마치 살아 있는 사람 섬기듯이 하는 의리〔饋食者 事死如生之義也〕"라고 하였다.(≪儀禮正義≫ 권34, 2082쪽 참조)

〈종묘 제사에서〉 饋食의 예를 행할 때 올리는 籩은, 그 변에 담는 음식이 대추〔棗〕·밤〔㮚〕·복숭아〔桃〕·말린 매실〔乾䕩〕·개암 열매〔榛實〕이다.

【注】饋食는 薦孰也라 今吉禮存者는 特牲少牢니 諸侯之大夫士祭禮也라 不祼不薦血腥而自薦孰始하니 是以皆云饋食之禮라 乾䕩는 乾梅也니 有桃諸(저)梅諸[1]하니 是其乾者라 榛은 似栗而小라

1) 桃諸(저)梅諸 : ≪禮記≫ 〈內則〉에서 "복숭아 절임과 매실 절임을 먹을 때는 굵은 소금으로 조미한다.〔桃諸梅諸 卵鹽〕"고 하였는데, 陳澔는 "'諸'는 채소절임〔菹〕이다. 복숭아와 매실은 모두 절임으로 만들어 저장하는데, 저장하고자 할 때는 반드시 조금 마르게 한다. 그러므로 ≪周禮≫에서 그것을 '乾䕩(말린 매실)'라고 하였다. 그것을 먹을 때는 굵은 소금으로 간을 맞춘다.〔諸 菹也 桃梅 皆爲菹藏之 欲藏 必令稍乾 故周禮謂之乾䕩 食之則和以卵鹽〕"라고 하였다.(≪禮記集說≫ 〈內則〉)

'饋食'는 희생의 익힌 고기를 올린다〔薦孰〕는 뜻이다. 오늘날 吉禮로서 남아 있는 것은 '特牲饋食禮'와 '少牢饋食禮'이니, 諸侯의 大夫와 士가 지내는 祭禮이다. 강신례〔祼〕를 하지 않고, 희생의 피와 날고기를 올리지 않고, 희생의 익힌 고기를 올리는 것에서부터 제사를 시작한다. 그러므로 이것을 모두 '饋食의 禮'라고 하는 것이다. '乾䕩'는 말린 매실이다. '桃諸(절인 복숭아)'와 '梅諸(절인 매실)'가 있으니, 이는 그 〈복숭아와 매실을〉 말린 것이다. '榛(개암)'은 밤과 비슷하지만 작다.

【疏】'饋食'至'榛實' ○釋曰：此謂朝踐薦腥後, 堂上更體其犬豕牛羊烹孰之時, 后(先)〔薦〕[1]謂之饋食之籩也. 其八籩者, 其實棗一也, 栗二也, 桃三也, 乾䕩謂乾梅, 四也. 榛實五也. 其於八籩, 仍少三. 案乾䕩旣爲乾梅, 經中桃是濕桃, 旣有濕桃乾梅, 明別有乾桃, 則注引內則桃諸, 鄭云"是其乾者". 旣有濕桃, 明有濕梅可知. 以乾梅濕梅二者,添五者爲七籩. 案桃梅旣竝有乾濕, 則棗中亦宜有乾濕, 復取一, 添前爲八也. 必知此五者之中有八者, 案儀禮特牲少牢, 士二籩二豆, 大夫四籩四豆, 諸侯宜六, 天子宜八. 醢人饋食之豆有八, 此饋食之籩言六[2)], 不類. 又上文朝事之籩言八, 下加籩亦八, 豈此饋食在其中六乎. 數事不可, 故以義參之爲八. 若不如此, 任賢者裁之也.

1) (先)〔薦〕: 저본에는 '先'으로 되어 있으나, 阮元의 설에 의거하여 '薦'으로 바로잡았다. (北京大 整理本의 〈校勘記〉 참조)

2) 此饋食之籩言六 : 경문에는 '五籩'인데 賈公彦이 '籩言六'이라고 한 것은 '乾穣'를 桃諸와 梅諸로 보았기 때문이다. 이것은 위의 鄭玄 注에 대한 熊安生의 해석을 가리킨 것이다.(≪禮記正義≫ 〈郊特牲〉 孔穎達의 疏 및 ≪周禮正義≫ 권10, 385쪽 참조)

經의 〔饋食〕에서 〔榛實〕까지

○釋曰 : 이것은 朝踐의 예로 희생의 날고기를 올린 후, 당 위에서 다시 삶아 익힌 개・돼지・소・양 등의 희생고기를 부위별로 구분하여 올리는 때를 말하는 것이니, 왕후가 올리는 것을 '饋食'의 籩이라고 한다. '8개의 籩〔八籩〕'은 대추를 담은 변이 첫 번째이고, 밤을 담은 변이 두 번째이고, 복숭아를 담은 변이 세 번째이고, 乾穣를 담은 변이 네 번째이고, 개암나무 열매를 담은 변이 다섯 번째이다. 그 8개의 변에서 여전히 세 개가 적다. 생각하건대, '乾穣'는 이미 말린 매실이라 하였는데, 경문 가운데 '桃'는 말리지 않은 생 복숭아이고, 이미 생복숭아와 말린 매실이 있으니 따로 말린 복숭아가 있음이 분명하다. 그러므로 〈鄭玄의〉 注에서 인용한 ≪禮記≫ 〈內則〉의 桃諸(복숭아절임)를 정현이 "이것은 〈복숭아를〉 말린 것이다."라고 한 것이다. 생 복숭아가 있으니 분명히 말리지 않은 생 매실도 있음을 알 수 있다. 말린 매실과 생 매실을 담은 것이 2개의 변이 되므로, 〈위의〉 5개에 더하면 7개의 변이 된다. 생각하건대, 복숭아와 매실에 이미 말린 것과 말리지 않은 것이 함께 있으므로, 대추의 경우도 마땅히 말린 대추와 생대추가 있을 것이니, 다시 하나를 취하여 앞의 7개의 변에 더하면 8개가 되는 것이다. 반드시 이 5가지 안에 8가지가 있음을 알 수 있는 것은, 살펴보건대 ≪의례≫의 〈特牲饋食禮〉와 〈少牢饋食禮〉에서 士는 2개의 변과 2개의 豆를 올리고, 大夫는 4개의 변과 4개의 두를 올리므로, 諸侯는 마땅히 6개씩이고 天子는 마땅히 8개씩이 되어야 하기 때문이다. 〈天官 醢人〉에서 饋食의 豆는 8개가 있는데, 이 饋食의 籩을 6개라고 말하면 어울리지 않는다. 또 위의 경문에서 朝事의 籩이 8개라고 하였고, 아래의 加籩 또한 8개인데, 어찌해서 이 饋食의 경우만 그중 6개이겠는가. 禮數의 규칙상〔數事〕 불가하므로, 의리로써 따져보면 8개가 되는 것이다. 만약 이와 같지 않다면, 현명한 이에게 맡겨 판단하도록 한다.

○注'饋食'至'而小' ○釋曰：云'饋食, 薦孰也'者, 謂於堂上饋熟之時后薦之. 云'今吉禮存者', 吉禮謂祭祀, 以其天子諸侯祭祀之禮亡, 故云 "存者." 云'特牲少牢, 諸侯之大夫士祭禮也'者, 以天子大夫大牢祭, 今用特牲少牢, 故知諸侯大夫士祭禮也. 云'不祼不薦血腥'者, 若天子諸侯, 則有室中二祼堂上朝踐薦血腥之禮, 大夫則無此二者也. 云'而自薦孰始, 是以皆云饋食之禮'者, 天子諸侯大夫士雖同名饋食, 仍有少別. 何者. 天子諸侯尸食前仍有饋獻[1](二)〔一〕[2] 是饋孰陰厭[3], 陰厭後, 尸入室食, 乃獻, 大夫士則饋孰與黍稷爲陰厭, 陰厭前無饋獻, 以此爲異耳. 云'乾穣, 乾梅也'者, 以經乾穣上有桃, 故知乾穣, 乾梅也. 云'有桃諸梅諸'者, 內則文. 而鄭引之者, 證乾穣中有乾桃乾梅, 故云 "是其乾者." 云'榛似栗而小'者, 今居山者見食之, 似栗而小, 亦目驗知之.

1) 饋獻：'饋獻'은 익힌 희생고기를 올릴 때 왕후가 饋食의 籩豆를 올리는 것을 말한다. 〈春官 司尊彝(春-7-2)〉의 '其饋獻用兩壺尊'에 대한 鄭玄의 注에서 "'饋獻'은 익힌 희생고기를 올릴 때, 왕후가 饋食의 豆과 籩를 올리는 것을 말한다.〔饋獻 謂薦孰時 后於是薦饋食之豆籩〕"고 하였다.

2) (二)〔一〕：저본에는 '二'로 되어 있으나, 浦鏜의 설과 ≪周禮正義≫에 의거하여 '一'로 바로잡았다.(北京大 整理本의 〈校勘記〉 참조)

3) 陰厭：'厭'은 신에게 충분하게 음식 대접을 한다는 뜻이다. 厭에는 陰厭이 있고 陽厭이 있다. 시동을 맞이하여 정식의 제사를 지내기 전에 室 안의 서남쪽 모퉁이〔奧〕에 익힌 희생고기 등의 음식을 진설하여 귀신에게 올리는 것을 '음염'이라고 한다. ≪儀禮≫ 〈特牲饋食禮〉에 따르면, '음염'에는 아욱절임〔葵菹〕과 달팽이 젓갈〔蝸醢〕을 담은 2개의 豆와 익힌 희생고기와 찰기장 밥·메기장 밥〔黍稷〕과 국을 진설한 후, 祝이 술잔을 씻고 술을 따른 후 국그릇의 남쪽에 내려놓아서 신이 흠향하도록 하는 것이다. 이후 시동이 室 안으로 들어가 正祭를 행할 때 이 술잔을 들어서 술로 고수레를 하고, 술을 맛본다. 한편, 정식의 제사를 마친 후 시동이 일어나 실 밖으로 나간 후에 말린 고기를 담은 대나무제기·고기젓갈을 담은 나무제기〔薦〕·희생제기〔俎〕·밥그릇〔敦〕을 거두어 실의 서북쪽 모퉁이에 진설하는데, 이것을 '양염'이라고 한다.

○注의 〔饋食〕에서 〔而小〕까지

○釋曰：〔饋食 薦孰也〕 堂 위에서 익힌 희생고기를 올릴 때 왕후가 올리는 것을 말한다.

〔今吉禮存者〕 '吉禮'는 제사를 말한다. 그 천자와 제후의 제사 의례가 망실되었기 때문에 "남아 있는 것"이라고 한 것이다.

〔特牲少牢 諸侯之大夫士祭禮也〕 천자의 대부는 태뢰로 제사를 지내는데, 오늘날 〈남아

있는 '特牲饋食禮'와 '少牢饋食禮'에서는〉 특생과 소뢰를 사용하므로 제후의 大夫와 士가 지내는 제사임을 알 수 있는 것이다.

〔不祼不薦血腥〕 만약 천자와 제후의 경우라면 방 안에서는 두 차례 祼의 예가 있고, 당 위에서는 朝踐과 血腥을 바치는 예가 있지만, 대부의 경우는 이 두 가지의 예가 없다.

〔而自薦孰始 是以皆云饋食之禮〕 천자・제후・대부・사의 제사가 비록 '饋食'라는 명칭은 같지만 여전히 조금 차이가 있다. 어째서인가. 천자와 제후의 경우는 尸童이 식사를 하기 전에 〈익힌 희생고기와 籩豆를 올리는〉 饋獻의 예가 한 차례 있다. 이것이 〈익힌 희생고기를 올리는〉 饋孰의 陰厭이다. 음염 이후 시동이 방에 들어와서 식사를 하고 나면 〈술을 올리는〉 獻의 예를 거행한다. 대부와 사의 경우는 饋孰과 〈찰기장 밥과 메기장 밥인〉 黍稷으로 음염을 한다. 음염 전에 饋獻의 예가 없으니, 이 때문에 달라질 뿐이다.

〔乾穛 乾梅也〕 경문에 '乾穛(말린 매실)' 위에 '桃(복숭아)'가 있으므로 '乾穛'가 '乾梅(말린 매실)'임을 알 수 있는 것이다.

〔有桃諸梅諸〕 ≪禮記≫ 〈內則〉의 문장이다. 鄭玄이 이를 인용한 것은 '乾穛' 안에 '乾桃'와 '乾梅'가 포함되어 있음을 증명한 것이다. 그러므로 "이는 그 〈복숭아와 매실을〉 말린 것이다."라고 한 것이다.

〔榛似栗而小〕 지금 산에 사는 사람들은 그것을 먹을 줄 안다. 〈그러므로〉 "밤과 비슷하지만 작다."고 한 것 또한 〈정현이〉 직접 보고 알았던 것이다.

天-25-4

加籩之實은 蔆芡(검)㮚脯와 蔆芡㮚脯니라

〈종묘 제사에서〉 加籩에 담아 올리는 음식은 마름〔蔆〕・가시연〔芡〕・밤〔㮚〕・말린 고기〔脯〕와 마름・가시연・밤・말린 고기이다.

【注】加籩은 謂尸旣食에 后亞獻尸所加之籩[1)]이라 重言之者는 以四物爲八籩이라 蔆은 芰也요 芡은 雞頭也라 栗은 與饋食同[2)]이라 鄭司農云 蔆芡脯脩라

1) 加籩……后亞獻尸所加之籩 : 加籩은 尸童에게 加爵을 올릴 때 진헌하는 籩(대나무제기)이다. 종묘 제사에서 正祭는 모두 시동에게 차례로 9차례 술잔을 올리는 九獻의 예를 거행한다. 鄭玄은 이 가운데 왕이 올리는 七獻 이외에 왕후가 올리는 八獻과 제후(諸臣)가 賓으로서 올리는 九獻이 加爵이라고 해석한 것이다. 그러나 崔靈恩은 "시동이 〈正祭

에서〉 15차례 밥을 떠먹는 十五飯 후에 왕이 시동에게 술을 올려서 입가심을 하게 하는 것이 七獻이고, 왕후가 술을 올려서 입가심을 하게 하는 것이 八獻이며, 제후가 빈이 되어 시동에게 헌주하는 것이 九獻이다. 九獻 이후를 加爵이라고 한다."고 함으로써 正祭의 九獻 이후에 올리는 獻의 예를 加爵이라고 하였다.(≪禮記正義≫ 〈禮運〉 孔穎達의 疏 참조) 이후 陳祥道, 江永, 金榜을 비롯하여 孫詒讓에 이르기까지 모두 정현과 賈公彦의 설을 오류라고 하였다.(≪周禮正義≫ 권10, 388쪽 참조) 이는 아래 '羞籩之實'에 대한 가공언 소에서 보는 것처럼 이미 자료가 망실된 천자의 제례에 대한 해석상의 이견이라고 할 수 있다.

2) 栗與饋食同 : 陸德明에 의하면 '桌'은 '栗'의 古字이다.(≪經典釋文≫ 권8 〈周禮音義 上 天官冢宰〉 '籩人')

'加籩'은 尸童이 밥을 먹은 후 왕후가 시동에게 亞獻의 예를 행할 때 더하여 올리는 籩을 말한다. 거듭해서 말한 것은 네 가지 음식으로 8개의 변을 진설하기 때문이다. '蔆'은 마름〔芰〕이다. '芡'은 雞頭(가시연)이다. '栗'은 饋食〈의 籩에 담는 것〉과 같다. 鄭衆은 "마름〔蔆〕·가시연〔芡〕·말린 고기〔脯〕·생강이나 계피를 넣어 말린 고기〔脩〕이다."라고 하였다.

【疏】'加籩'至'桌脯' ○釋曰 : 此加籩, 當尸食後. 王酳尸[1], 后亞王酳尸, 於時薦之. 四物重言之則八籩.

1) 王酳尸 : 왕이 식사를 마친 시동에게 술을 올려서 입가심을 하게 하는 의식절차를 말한다.

經의 〔加籩〕에서 〔桌脯〕까지

○釋曰 : 이 '加籩'은 尸童이 밥을 먹고 난 후에 올리는 것이다. 왕이 시동에게 술을 올려 입가심을 하게 하면, 왕후가 왕 다음에 시동에게 술을 올려 입가심을 하게 하는데, 이 때 가변을 올린다. 네 가지 음식을 두 번씩 거듭해서 말했으니, 8개의 변이 된다.

○注'加籩'至'脯脩' ○釋曰 : 知籩是'尸旣食, 后亞獻尸所加之籩'者, 案春官內宗云 "掌宗廟之祭祀, 薦加豆籩." 以其內宗[1]所薦, 明主於后. 又見特牲主婦獻尸云 "宗婦執兩籩於戶外, 主婦受, 設於敦(대)[2]南." 主人獻尸之時, 不見有設籩之事, 故知唯主於后也. 少牢主婦不設籩者, 以其當日賓尸[3]故也. 其下大夫不賓尸者, 亦與士同也.[4] 云'蔆, 芰也'者, 屈到嗜芰[5], 卽蔆角者也. 云'芡, 雞頭也'者, 俗有二名, 今人或謂之鴈頭也. 先鄭云 '蔆芡脯脩'者, 先鄭意怪饋食重言, 故爲脩替栗, 得爲一義, 故引之在下也.

1) 內宗 : 왕후의 제사와 빈객 접대를 돕는 일을 관장하는 관직이다.

2) 敦(대) : 敦는 찰기장 밥〔黍〕, 메기장 밥〔稷〕, 쌀밥〔稻〕, 수수밥〔粱〕 등 밥을 담아두는 그릇이다. 모두 뚜껑이 있어 밥을 따뜻하게 할 수 있다. ≪禮記≫ 〈明堂位〉 鄭玄의 注에서 "〈敦는〉 모두 찰기장 밥과 메기장 밥을 담는 그릇이다.〔皆黍稷器〕"라고 하였다. 陸德明에 의하면 '敦'의 음은 '對'이다.(≪經典釋文≫ 권8, 〈周禮音義 上 天官冢宰〉 '九嬪')

3) 賓尸 : 儐尸禮를 말한다. 종묘 제사에서 祼과 朝事가 끝나고 陰厭을 한 후에 시동이 정식으로 밥을 먹는 饋食의 正祭가 거행되고, 정제가 끝나면 이어서 시동을 빈객의 예로 모시는 儐尸의 예를 거행한다. 鄭玄의 ≪三禮目錄≫에 따르면, '儐尸'의 예는 上大夫의 경우 정제를 마친 후 堂에서 시동을 빈객으로 모시고 대접하고, 下大夫의 경우는 정제를 마치면 室 안에서 시동에게 加爵의 예를 올리고, 천자와 제후의 제사에서는 정제를 지낸 이튿날에 繹祭를 지내서 대접한다.〔大夫旣祭儐尸於堂之禮 祭畢 禮尸於室中 天子諸侯之祭 明日而繹〕(≪儀禮注疏≫ 〈有司徹〉 賈公彦의 疏 참조)

4) 其下大夫不賓尸者 亦與士同也 : ≪儀禮注疏≫ 〈特牲饋食禮〉 賈公彦의 疏에 "鄭玄의 ≪三禮目錄≫에 '特牲饋食'의 예는 제후의 士가 할아버지와 아버지의 廟에서 제사 지내는 예를 말하는 것으로, 천자의 士는 해당되지 않는다.〔特牲饋食之禮 謂諸侯之士祭祖禰 非天子之士〕"라고 하였다. 또 ≪의례주소≫ 〈少牢饋食禮〉 賈公彦의 疏에서는 "〈'少牢饋食'의 예는〉 제후의 경・대부가 그 할아버지와 아버지의 묘에 제사 지내는 예이다.〔諸侯之卿大夫祭其祖禰於廟之禮〕"라고 하였다. 제후의 경은 상대부이고, 제후의 대부는 하대부이다. ≪의례≫의 〈소뢰궤사례〉는 경・대부가 지내는 正祭의 禮이고, 다음 편의 〈有司徹〉은 상대부의 '儐尸禮' 및 하대부의 '不儐尸禮'를 기술한 것으로 본래 한 편이었는데 분량이 너무 많아서 2편으로 나눈 것이다.

5) 屈到嗜芰 : ≪國語≫ 〈楚語 上〉에서 "屈到가 세발마름을 즐겨하였는데, 병에 걸려 죽게 되었다. 그의 宗老(가신)를 불러놓고 부탁하기를 '나를 제사 지낼 때는 세발마름으로 하라.'고 당부하였다.〔屈到嗜芰 有疾 召其宗老而屬之曰 祭我必以芰〕"라고 하였다.

○ 注의 〔加籩〕에서 〔脯脩〕까지

○ 釋曰 : 籩이 '시동이 밥을 먹고 난 후 왕후가 尸童에게 亞獻의 예를 행할 때 더하여 올리는 籩'임을 알 수 있는 것은, 살펴보건대 〈春官 內宗(春-16-1)〉에서 "〈內宗은〉 종묘 제사에서 加豆와 加籩을 올리는 일을 관장한다."고 하였으니, 그 내종이 올리는 것이 왕후를 위주로 함이 분명하기 때문이다. 또 살펴보건대, ≪儀禮≫ 〈特牲饋食禮〉에서는 主婦가 시동에게 獻의 예를 올리는데, "宗婦가 〈대추와 밤을 담은〉 2개의 籩(대나무제기)을 잡고 방문 밖에 앉는다. 주부가 이것을 받아서 밥그릇〔敦〕의 남쪽에 진설한다."라고 하였다. 주인이 시동에게 獻의 예를 올릴 때는 籩을 진설하는 일이 보이지 않는다. 그러므로

오직 왕후를 위주로 하는 일임을 알 수 있는 것이다. 少牢饋食禮에서 주부가 변을 진설하지 않는 것은 제사 당일에 시동을 빈객으로 모시는 예〔賓尸〕를 거행하기 때문이다. 그 下大夫가 시동을 빈객으로 모시는 예를 거행하지 않는 것은 또한 士의 경우와 마찬가지이다.

〔蔆 芰也〕 屈到가 세발마름〔芰〕을 좋아하였으니, 곧 '마름〔蔆角〕'인 것이다.

〔芡 雞頭也〕 민간에서는 두 가지 이름이 있으니, 오늘날 사람들은 그것을 '鴈頭'라고 부르기도 한다.

鄭衆이 "마름〔蔆〕・가시연〔芡〕・말린 고기〔脯〕・생강이나 계피를 넣어 말린 고기〔脩〕이다."라고 한 것은 정중이 饋食의 변을 두 번씩 거듭해서 말한 것이 이상하다고 생각했기 때문이다. 그러므로 '栗'을 바꿔서 '脩'라고 한 것이니, 또 하나의 뜻이 될 수 있다. 그러므로 인용하여 아래에 둔 것이다.

天-25-5

羞籩之實은 糗餌粉餈니라

〈종묘 제사에서〉 羞籩에 담아 올리는 음식은 미숫가루 경단〔糗餌〕과 인절미〔粉餈〕이다.

【注】 羞籩은 謂若少牢[1]主人酬尸[2]어든 宰夫羞房中之羞于尸侑[3]主人主婦에 皆右之者라 故書餈作茨라 鄭司農云 糗는 熬大豆與米也요 粉은 豆屑也라 茨字或作餈하니 謂乾餌餅之也[4]라 玄謂此二物은 皆粉稻米黍米所爲也라 合蒸曰餌요 餅之曰餈라 糗者는 擣粉熬大豆니 爲餌餈之黏著以粉之耳라 餌言糗하고 餈言粉은 互相足라

1) 少牢 : '少牢饋食禮'를 가리키지만 이하 인용한 내용은 ≪儀禮≫ 〈有司徹〉에 보인다.

2) 羞籩 謂若少牢主人酬尸 : 孫詒讓에 의하면 '羞籩之實'은 종묘의 제사에서 正獻 이후 加爵 전에 진설하는 籩이다.(≪周禮正義≫ 권10, 389쪽 참조) 鄭玄이 '少牢主人酬尸'라고 한 것도 정헌 이후의 儐尸禮에 해당된다. 따라서 두 사람 모두 '羞籩'을 정헌 이후 빈시례를 행할 때 진헌하는 籩으로 해석한 것이다. 다만 가작을 정헌 이후에 올리는 것으로 해석하는 孫詒讓 등에 따르면 가작 전에 올리는 수변이 가작을 할 때 올리는 가변보다 순서상 먼저가 된다. 그와 달리 정현은 경전에 서술된 순서에 의거하여 정헌 중에 가변을 올리고, 정헌 이후 賓尸에서 수변을 올리는 것으로 해석한 것이다.

3) 侑 : ≪儀禮≫ 〈有司徹〉에서 "주인은 빈 가운데에서 侑를 뽑는데 異姓으로 한다.〔乃議侑

于賓 以異姓]"고 하였다. 鄭玄의 注에서는 "빈 가운데 어진 사람을 뽑아 시동을 보좌할 수 있게 한다. 반드시 이성으로 하는 것은 공경함을 넓히기 위한 것이다.〔擇賓之賢者 可以侑尸 必用異姓 廣敬也〕"라고 하였다. 이는 상대부가 행하는 賓尸의 예이다. '공경함을 넓힌다.'는 것은 동성뿐 아니라 이성들도 모두 시동을 공경하게 한다는 뜻이다.

4) 謂乾餌餠之也 : 孫詒讓은 "쌀가루를 물을 섞지 않고 마른 상태로 찌는 것이니, 餠餌를 만드는 것은 수증기가 축축하게 적셔서 이루어지는 것이다. 정현은 다만 물을 섞어서 餠을 만든다고 하였으니, 정중의 해석과 다르다.〔謂乾烝米屑不和水 其爲餠餌者 烝氣潤漬所成 後鄭則直謂和水爲餠 與先鄭異也〕"라고 하였다.(≪周禮正義≫ 권10, 392쪽 참조) 또 干寶는 '糗餌'를 당시의 '餌餓'라고 하였는데, ≪類篇≫ 〈食附〉에 "'餓(퇴)'는 동그란 餌이다.〔餓丸餌也〕"라고 하였다.(≪周禮正義≫ 권10, 392~393쪽 참조) 그와 같다면 '糗餌'는 경단 모양의 떡인 셈이다. 정현 주에 의하면 糗餌와 粉餈 모두 콩고물을 묻혀서 달라붙지 않게 하는 것은 마찬가지이다.

'羞籩'은 少牢饋食의 禮에서 主人이 尸童에게 酬의 예를 행하면 宰夫가 방 안에 진열한 맛난 음식〔房中之羞〕을 尸童・侑・主人・主婦에게 진상하는데, 모두 각자 자리의 오른쪽에 놓는 것과 같은 것을 가리킨다. 故書에는 '餈'가 '茨'로 되어 있다. 鄭衆은 "'糗'는 콩과 쌀을 볶은 것이고, '粉'은 콩가루이며, '茨'字가 '餈'로도 되어 있으니, 〈쌀가루를〉 마른 상태로 쪄서 餌餠을 만드는 것을 말한다."라고 하였다. 나(鄭玄)는 생각건대, 이 두 가지 음식은 모두 쌀과 찰기장을 가루 내어서 만든 것이다. 〈가루들을〉 합해서 찐 것을 '餌'라고 하고, 떡〔餠〕으로 만든 것을 '餈'라고 한다. '糗'는 볶은 콩을 찧어 가루를 낸 것이니, 餌나 餈가 끈적거려서 달라붙기 때문에 그 가루를 묻히는 것이다. '餌'에는 '糗'라 하고 '餈'에는 '粉'이라 한 것은 서로 〈의미를〉 보충하는 것이다.

【疏】'羞籩'至'粉餈' ○釋曰 : 此當王酬尸, 內饔[1]進之於尸侑等者也. 云'糗餌粉餈'者, 此爲二籩, 糗與粉爲一物, 恐餌餈黏著籩, 故分于二籩之下.

1) 內饔 : 〈天官 內饔(天-8-1)〉에서 "왕 및 왕후・세자에게 공급할 희생고기와 맛난 음식을 자르고 삶는 일을 관장한다.〔掌王及后世子之割亨〕"고 하였다. 孫詒讓은 이곳에서 賈公彦이 內饔이 진헌하는 것으로 해석한 것은 경문에 증거가 없으므로 의거하기에 부족하다고 비판하였다.(≪周禮正義≫ 권10, 390쪽 참조)

經의 〔羞籩〕에서 〔粉餈〕까지

○釋曰 : 이는 왕이 尸童에게 酬의 예를 행할 때 內饔이 시동과 侑 등에게 진헌하는 것이다.

〔糗餌粉餈〕이 糗餌와 粉餈가 2개의 변에 담는 음식이 되는 것은 糗와 粉이 같은 음식 재료(콩가루)이지만 餌와 餈가 籩에 달라붙을까 염려되기 때문이다. 그러므로 2개의 변 아래에 나누어 담는 것이다.

○注'羞籩'至'相足' ○釋曰：言'羞籩, 謂若少牢主人酬尸, 宰夫羞房中之羞于尸侑主人主婦, 皆右之者', 天子祭祀之禮亡, 故取少牢大夫禮解之. 案有司徹, 上大夫當日賓尸, 正祭不設內羞, 故於賓尸設之. 此天子之禮, 賓尸在明日, 則祭祀日當設之. 案少牢, 下大夫不賓尸者, 賓長致爵受酢[1), 云"宰夫羞房中之羞, 司士羞庶羞于尸祝主人主婦, 內羞[2)在右, 庶羞在左." 天子之禮, 賓長受酢後, 亦當設此內羞庶羞于尸祝及王與后. 然鄭不引不賓尸而引賓尸者, 以其設內羞之禮同, 故(秖)〔秖〕[3)引其一. 但正祭設於祝, 賓尸(故)〔設〕[4)於侑, 又賓尸主人酬尸後, 正祭賓長受酢後爲異耳. 云'故書餈作茨'者, 此宜從食不得從草, 故先鄭破之, 從經爲正. '鄭司農云 糗, 熬大豆與米也. 粉, 豆屑也', 竝於義是, 但於義不足, 故後鄭增成之. 云'茨字或作餈'者, 謂故書亦有作次下食者. 云'謂乾餌餠之也'者, 餠之曰餈, 未正乾之言, 故後鄭不從. '玄謂此二物皆粉稻米黍米所爲'者, 據當時目驗而知. 云'合蒸曰餌, 餠之曰餈'者, 謂粉稻米黍米合以爲餌, 餌旣不餠, 明餠之曰餈. 今之餈餻皆(解)〔餠〕[5)之, 名出於此. 云'糗者, 擣粉熬大豆'者, 此與司農義同. 司農不言擣, 故後鄭增成之. 云'餌言糗, 餈言粉, 互相足'者, 此本一物, 餌言糗, 謂熬之亦粉之, 餈言粉, 擣之亦糗之. 凡言互者, 據兩物相互. 今一物之上自相互, 直是理不足明, 故言"互相足". 內則注"擣, 熬穀." 穀則大豆也. 穀, 摠名也.

1) 賓長致爵受酢：下大夫의 儐尸禮에 해당하는 이 구체적인 의식 절차는 ≪儀禮≫ 〈有司徹〉에 다음과 같이 기술되어 있다. "주인은 술잔을 씻은 후 술잔에 술을 따라 尸童에게 입가심을 하게 하고, 賓長(빈의 우두머리)은 시동에게 양고기와 돼지고기의 간을 진상하는데, 모두 儐尸의 예와 동일한 절차로 한다. 시동은 술잔의 술을 다 마신다. 주인은 시동에게 배례를 한다. 祝은 시동이 비운 술잔을 받아든다. 시동은 주인에게 답배를 한다. 축은 술을 따라 시동에게 술잔을 건네주고, 시동은 그 술잔으로 주인에게 醋의 예를 행하는데, 또한 儐尸의 예와 동일한 절차로 한다. 고수레〔綏祭〕를 한 후 嘏辭(축복해주는 말)를 올리는 것 역시 빈시의 예와 동일한 절차로 한다.〔主人洗 酌 酳尸 賓羞肝 皆如儐禮 卒爵 主人拜 祝受尸爵 尸答拜 祝酌授尸 尸以醋主人 亦如儐 其綏祭 其嘏 亦如儐〕"

2) 內羞：≪儀禮≫ 〈有司徹〉 鄭玄의 注에서 "방 안에 진설하는 맛난 음식〔房中之羞〕은 그 대나무제기〔籩〕에는 糗餌와 粉餈를 담고, 그 나무제기〔豆〕에는 酏食와 糝食를 담는

다.……방 안에 진설하는 맛난 음식은 內羞를 말한다.〔房中之羞 其籩則糗餌粉餈 其豆則酏食糝食……房中之羞 內羞也〕"라고 하였다.

3) (秖)〔秪〕: 저본에는 '秖'로 되어 있으나, 北京大 整理本과 ≪周禮正義≫에 의거하여 '秪'로 바로잡았다.

4) (故)〔設〕: 저본에는 '故'로 되어 있으나, 北京大 整理本과 上海古籍 整理本에 의거하여 '設'로 바로잡았다.(上海古籍本 〈校勘記〉 참조)

5) (解)〔餅〕: 저본에는 '解'로 되어 있으나, 段玉裁의 교감에 의거하여 '餅'으로 바로잡았다.(北京大 整理本 〈校勘記〉 참조)

○注의 〔羞籩〕에서 〔相足〕까지

○釋曰：〔羞籩 謂若少牢主人酬尸 宰夫羞房中之羞于尸侑主人主婦 皆右之〕 천자의 제사 의례는 망실되었기 때문에 ≪儀禮≫ 〈少牢饋食禮〉의 대부(상대부)의 예를 취해서 해석하였다. 살펴보건대, ≪의례≫ 〈有司徹〉에서는 상대부는 제사 당일에 儐尸의 禮(시동을 빈객으로 대접하는 예)를 행하므로 正祭에서는 內羞를 진설하지 않는다. 그러므로 빈시의 예를 행할 때 〈羞籩을〉 진설한다. 이곳은 천자의 예이니, 제사 다음 날 빈시의 예를 행하므로 제사 당일에 〈羞籩을〉 진설해야 한다. 살펴보건대, 〈소뢰궤사례〉에서 하대부가 빈시의 예를 행하지 않는 것은 〈빈시의 예와 동일한 절차로〉 賓長이 시동에게 술잔을 올리고 酢의 술잔을 받는 것으로 대신하기 때문이니, "〈이어서〉 宰夫는 방 안에 진설하는 맛난 음식〔房中之羞〕을, 司士는 여러 가지 맛난 음식〔庶羞〕을 尸童·祝·主人·主婦의 자리 앞에 진상하는데, 內羞(방 안에 진설하는 맛난 음식)는 오른쪽에 놓고, 여러 가지 맛난 음식〔庶羞〕은 왼쪽에 놓는다."라고 하였던 것이다. 천자의 예는 〈상대부와 달리 제사 당일 正祭에서〉 賓長이 酢의 술잔을 받은 후에도 이 內羞와 庶羞를 시동과 축 및 왕과 왕후의 자리 앞에 진설해야 한다. 그러나 鄭玄이 빈시의 예를 행하지 않는 〈하대부의 제사 당일 正祭를〉 인용하지 않고 빈시의 예를 행하는 〈상대부의 제사 당일 儐尸를〉 인용한 것은 그 內羞를 진설하는 예가 같기 때문이다. 그러므로 다만 그 하나를 인용한 것이다. 그러나 正祭에서는 祝에게 진설하지만 儐尸의 예에서는 侑에게 진설한다. 또 빈시의 예에서는 주인이 시동에게 酬의 예를 올린 후에 진설하고, 正祭에서는 빈장이 酢의 술잔을 받은 후에 진설하는 것이 다를 뿐이다.

〔故書餈作茨〕 여기서는 마땅히 食邊(餈)을 따라야 하고 草邊(茨)을 따를 수 없다. 그러므로 鄭衆이 〈故書의 '茨'를〉 부정하였으니, 경문을 따라 바르게 풀이하기 위함이다.

〔鄭司農云 糗 熬大豆與米也 粉 豆屑也〕 모두 의미가 옳기는 하지만 의미가 부족하므로

鄭玄이 의미를 덧붙여서 완성시킨 것이다.

〔茨字或作餈〕 故書에도 '次' 아래에 '食'이 있는 경우가 있음을 말한 것이다.

〔謂乾餌餅之也〕 떡으로 만든 것을 '餈'라고 하는데, 그것이 바로 마른 상태로 찐다는 말은 아니므로 鄭玄이 따르지 않은 것이다.

〔玄謂此二物皆粉稻米黍米所爲〕 당시에 정현이 직접 본 것에 의거하여 알았던 것이다.

〔合蒸曰餌 餅之曰餈〕 생각건대 쌀과 찰기장을 가루로 낸 것을 합해서 '餌'를 만드는데, '餌'는 이미 떡〔餠〕이 아니므로 떡으로 만든 것을 '餈'라고 하는 것임을 밝힌 것이다. 오늘날의 '餈餻'는 모두 떡으로 만드니, 명칭이 여기서 나온 것이다.

〔糗者 擣粉熬大豆〕 이것은 정중의 뜻과 같다. 정중은 '찧는다〔擣〕'고 말하지 않았으므로 정현이 덧붙여서 의미를 완성시킨 것이다.

〔餌言糗 餈言粉 互相足〕 糗와 粉은 본래 같은 음식 재료(콩가루)인데, '餌'에는 '糗'라고 말한 것은 볶아서 또 가루를 냈다는 말이고, '餈'에는 '粉'이라고 말한 것은 찧어서 또 가루를 냈다는 뜻이다. 무릇 '互(상호 간에)'라고 말하는 것은 두 가지 물건에 의거하여 서로 의미를 채워주는 것이다. 이제 한 가지 물건 위에서 스스로 서로 의미를 채워주는 것이니, 〈'互'라고만 말하면〉 이치가 충분히 밝혀지지 않는다. 그러므로 '互相足(상호 간에 서로 의미를 채워주다.)'이라고 말한 것이다. ≪예기≫ 〈내칙〉 鄭玄의 注에 "볶은 곡물〔穀〕을 찧은 것이다."라고 하였는데, 곡물〔穀〕은 콩을 가리킨다. '곡물〔穀〕'은 총체적인 명칭이다.

天-25-6

凡祭祀에 共其籩薦羞之實이니라

무릇 제사를 지낼 때, 籩에 담아서 진헌하는 음식을 공급한다.

【注】 薦羞는 皆進也니 未食未飮曰薦이요 旣食旣飮曰羞라

'薦'과 '羞'는 모두 진헌한다는 뜻이다. 먹거나 마시기 전에 진헌하는 것을 '薦'이라고 하고 먹고 마시고 난 후에 진헌하는 것을 '羞'라고 한다.

【疏】 '凡祭'至'之實' ○釋曰 : 祭祀言'凡'者, 謂四時禘祫等, 皆共其籩. 籩則薦羞之實是也.

經의 〔凡祭〕에서 〔之實〕까지

○釋曰 : 제사에 대해서 '凡(무릇)'이라고 말한 것은 四時의 제사와 禘祫의 제사 등을

지낼 때 모두 그 籩을 공급한다는 뜻이다. '籩'은 진헌하는 음식을 가리킨다.

○注'薦羞'至'曰羞' ○釋曰：云'未食未飮曰薦'者, 先薦後獻, 祭祀也. 據朝踐饋獻時, 未獻前所薦籩豆, 朝事饋食之籩是也. 云'既食既飮曰羞'者, 謂尸食後, 酳尸訖所進羞, 卽加籩之實是也.

○注의 〔薦羞〕에서 〔曰羞〕까지

○釋曰：〔未食未飮曰薦〕 먼저 음식을 진헌하고 나중에 〈술을 따라〉 獻의 예를 올리는 것이 제사이다. 朝踐과 饋獻을 하는 때에 의거한다면, 아직 獻의 예를 올리기 전에 진헌한 籩과 豆는 朝事와 饋食에 올리는 籩을 가리킨다.

〔既食既飮曰羞〕 尸童이 음식을 먹은 후 시동에게 술을 올려 입가심을 하게 하는 절차가 끝난 다음에 진헌하는 음식을 말하니, 곧 加籩의 음식이 이것이다.

天-25-7

喪事及賓客之事에 共其薦籩羞籩[1)]이니라

1) 喪事及賓客之事 共其薦籩羞籩：'四籩'의 예는 종묘 제사 이외에도 宴饗, 喪事 등의 盛禮에서 거행된다. '薦'이나 '羞'는 모두 진헌한다는 의미로서, 해당 禮文 속의 用法에 따라 의미가 같지 않다. 제사의 경우 시동이 제수를 흠향하기 전에 올리는 正餐의 음식은 薦籩이 되고, 정찬 이후에 진헌하는 加餐이 羞籩이 된다. 정현에 따르면 正獻 이후 賓尸에서 올리는 것이 羞籩이다. 이곳 喪事의 경우는 〈士喪禮〉에서 小斂奠에 올리는 脯醢는 薦籩이 되고, 大斂奠에 올리는 栗脯는 羞籩이 된다.(≪周禮正義≫ 권10, 393~394쪽 참조) 賓客을 대접하는 연향의 경우는 〈燕禮〉에서 방안에 진설하였다가 올리는 內羞의 糗餌, 粉餈 등이 羞籩之實이다.

喪事 및 빈객에게 향연을 베푸는 일이 있을 때, 〈籩人은〉 籩에 담아서 진헌하는 음식을 공급한다.

【注】 喪事之籩은 謂殷奠[1)]時라

1) 殷奠：빈소를 차린 기간에 매달 초하루와 보름에 거행하는 성대한 祭奠을 말한다. 이 제전은 매일 아침저녁으로 올리는 奠에 비해 융성하기 때문에 '殷事'라고도 한다. 胡培翬는 "朝夕奠에는 희생을 올려놓는 희생제기가 없는데, 朔月奠에는 희생을 올려놓은 희

생제기가 있어 조석전보다 성대하다. 그러므로 '은전'이라 칭한다.〔朝夕奠無牲俎 朔月奠有牲俎 盛于朝夕 故名殷奠〕"고 하였다.(≪儀禮正義≫ 권28, 1803쪽) 또 陳澔는 "'朔奠'이란 매달 초하루에 올리는 奠이다. 아직 장례를 치루지 않았을 때에 大夫 이상은 초하루와 그믐에 모두 전을 올리지만, 士는 초하루에만 올릴 뿐이다.〔朔奠者 月朔之奠也 未葬之時 大夫以上 朔望皆有奠 士則朔而已〕"라고 하였다.(≪禮記集說≫ 〈檀弓 上〉)

'喪事에 진헌하는 籩'이란 성대하게 奠을 올릴 때 진헌하는 것을 말한다.

【疏】'喪事'至'羞籩' ○釋曰：喪事謂大奠時, 賓客之事謂享燕時, 亦共其薦籩羞籩.

經의 〔喪事〕에서 〔羞籩〕까지

○釋曰：'喪事'는 성대하게 奠을 올릴 때를 말하고, '빈객의 일〔賓客之事〕'은 향연을 베풀 때를 말하니, 또한 〈籩人은〉 그 변에 담아서 진헌하는 음식을 공급한다.

○注'喪事'至'奠時' ○釋曰：殷, (尤)〔猶〕[1]大也. 大奠, 朔月月半薦新祖奠[2]遣奠[3]之類也.

1) (尤)〔猶〕: 저본에는 '尤'로 되어 있으나, 孫詒讓의 설에 의거하여 '猶'로 바로잡았다.(北京大 整理本의 〈校勘記〉 참조)

2) 祖奠 : '祖'는 처음〔始〕의 뜻이다. 살아 있을 때도 길을 떠날 일이 있으면 술을 마시고 전별하는 예가 있는데, 이를 '祖'라고 한다. 그 때문에 죽은 이가 길을 떠나려고 할 때 奠을 진설하는 것 또한 '祖'라고 한다. 즉 '祖奠'은 상여가 묘지로 향해 출발할 때 올리는 奠을 말한다. ≪儀禮≫ 〈既夕禮〉 鄭玄의 注에 "장차 길을 나서려고 할 때 술을 마시는 것을 '祖'라고 한다. '祖'는 처음이라는 뜻이다.〔將行而飮酒曰祖 祖 始也〕"라고 하였고, 賈公彦의 疏에서는 "이는 죽은 이가 장차 길을 나서려고 하는 것이니, 또한 '祖'라고 한다. 처음 길을 나섰던 신을 위한 것이다. 그러므로 '祖'라고 하는 것이다.〔此死者將行 亦曰祖 爲始行故曰祖也〕"라고 하였다.

3) 遣奠 : 장례를 거행하고자 할 때 올리는 祭奠을 말한다. 상례에서 장례를 치르기 전에 祖廟에서 祖奠을 올려 출행을 고하고, 이어서 부장품을 상여에 싣고 遣奠의 예를 올린 후에 묘지로 가서 장례를 거행한다. ≪禮記≫ 〈檀弓 下〉에 "처음 죽었을 때 말린 고기와 고기젓갈로 전을 올린다. 장례를 치르러 갈 때 견전을 올리고 나서 출행을 한다. 장례를 치른 후에 虞祭를 올린다.〔始死 脯醢之奠 將行 遣而行之 既葬而食之〕"고 하였고, 鄭玄의 注에서는 "'將行'은 장례를 치르러 간다는 뜻이다. 장례를 치르러 갈 때는 견전을 올린다. '食(사)'는 反虞 때의 제사이다.〔將行 將葬也 葬有遣奠 食 反虞之祭〕"라고 하였다. 또 〈春官 大史(春-57-16)〉 鄭玄의 注에 "'遣'은 祖廟의 뜰에서 올리는 大奠을 말한다. 장차 떠나가려는 때이니, 사람의 도리가 여기에서 끝난다.〔遣 謂祖廟之庭大奠 將行時也 人之道

終於此〕"고 하였다. ≪儀禮≫ 〈旣夕禮〉에 따르면 遣奠을 올릴 때는 양고기와 돼지고기의 하체를 올리고, 물고기〔魚〕와 말린 고기〔腊〕는 올리지 않는다.

○注의 〔喪事〕에서 〔奠時〕까지

○釋曰 : '殷'은 大(크다)와 같다. '大奠'은 매월 초하루에 올리는 전〔朔月奠〕・보름에 올리는 전〔月半奠〕・새로 난 과일과 곡식을 올리는 전〔薦新奠〕・祖奠・遣奠 등을 가리킨다.

天-25-8

爲王及后世子하여 共其內羞니라

〈籩人은〉 왕과 왕후 및 세자를 위하여 방 안에 진설해놓은 음식을 공급한다.

【注】於其飮食에 以共房中之羞라

그 마시고 먹을 것에 〈대비하여〉 방 안에 진설해놓은 음식을 공급한다.

【疏】注'於其'至'之羞' ○釋曰 : 言凡共后世子飮食之時, 用房中之羞.

注의 〔於其〕에서 〔之羞〕까지

○釋曰 : 무릇 왕후와 세자가 마시고 먹는 음식을 공급할 때 방 안에 진설해놓은 음식을 사용하는 것을 말한다.

天-25-9

凡籩事掌之니라

〈籩人은〉 모든 籩에 관한 일들을 관장한다.

附 錄

1. ≪周禮注疏 2≫ 參考書目

◇ 底本

- ≪周禮注疏≫, 阮元(清) 校刻, 十三經注疏(清 嘉慶刊本), 中華書局, 2009.

◇ 底本의 주요 참고도서

- ≪周禮注疏≫, 十三經注疏整理委員會, 北京大學出版社, 2000.
- ≪周禮注疏≫, 十三經注疏整理本編纂委員會, 上海古籍出版社, 2010.
- ≪十三經注疏校記≫, 孫詒讓全集編纂工作機構, 中華書局, 2009.

◇ 十三經注疏

- ≪周易正義≫, 阮元(清) 校刻, 十三經注疏(清 嘉慶刊本), 中華書局, 2009.
- ≪尙書正義≫, 阮元(清) 校刻, 十三經注疏(清 嘉慶刊本), 中華書局, 2009.
- ≪周禮注疏≫, 阮元(清) 校刻, 十三經注疏(清 嘉慶刊本), 中華書局, 2009.
- ≪儀禮注疏≫, 阮元(清) 校刻, 十三經注疏(清 嘉慶刊本), 中華書局, 2009.
- ≪禮記正義≫, 阮元(清) 校刻, 十三經注疏(清 嘉慶刊本), 中華書局, 2009.
- ≪春秋左傳正義≫, 阮元(清) 校刻, 十三經注疏(清 嘉慶刊本), 中華書局, 2009.
- ≪春秋穀梁傳注疏≫, 阮元(清) 校刻, 十三經注疏(清 嘉慶刊本), 中華書局, 2009.
- ≪春秋公羊傳注疏≫, 阮元(清) 校刻, 十三經注疏(淸 嘉慶刊本), 中華書局, 2009.
- ≪論語注疏≫, 阮元(清) 校刻, 十三經注疏(清 嘉慶刊本), 中華書局, 2009.
- ≪爾雅注疏≫, 阮元(清) 校刻, 十三經注疏(清 嘉慶刊本), 中華書局, 2009.
- ≪孟子注疏≫, 阮元(清) 校刻, 十三經注疏(清 嘉慶刊本), 中華書局, 2009.
- ≪孝經注疏≫, 阮元(清) 校刻, 十三經注疏(清 嘉慶刊本), 中華書局, 2009.

◇ 原典 및 字典類

- ≪經典釋文≫, 陸德明(唐), 文淵閣四庫全書 182, 商務印書館, 1983.
- ≪古今注校箋≫, 牟華林 校箋, 線裝書局, 2015.
- ≪古書虛詞通解≫, 解惠全・崔永琳・鄭天一, 中華書局, 2008.
- ≪管子校注≫, 黎翔鳳(清), 中華書局, 2008.
- ≪金匱要略≫, 張仲景(後漢), 中國医藥科技出版社, 2018.

• ≪大戴禮記集注≫, 黃悔信, 三秦出版社, 2004.
• ≪大觀本草≫, 唐愼微(宋), 安徽科學技術出版社, 2004.
• ≪墨子校注≫, 吳毓江, 中華書局, 2006.
• ≪方輿勝覽≫, 祝穆(宋), 中華書局, 2003.
• ≪本草綱目≫, 李時珍(明), 文淵閣四庫全書 772~773, 商務印書館, 1983.
• ≪四庫全書總目提要≫, 紀昀(淸) 總纂, 孟蓬生 外 點校, 河北人民出版社, 2000.
• ≪四庫提要辨證≫, 余嘉錫, 雲南人民出版社, 2004.
• ≪三禮文化辭典≫, 白玉林·遲鐸, 商務印書館, 2019.
• ≪三禮辭典≫, 錢玄, 江蘇古籍出版社, 1998.
• ≪尙書今古文注疏≫, 孫星衍(淸), 中華書局, 1986.
• ≪釋名≫, 劉熙(後漢), 中華書局, 2016.
• ≪說文解字≫, 許愼(後漢), 文淵閣四庫全書 223, 商務印書館, 1983.
• ≪說文解字注≫, 段玉裁(淸), 上海古籍出版社, 2011.
• ≪說苑≫, 劉向(前漢), 黃山書社, 1993.
• ≪素問≫, 穆俊霞·王平 校, 中國医藥科技出版社, 2011.
• ≪拾遺記≫, 王嘉(東晉), 文淵閣四庫全書 1042, 商務印書館, 1983.
• ≪詩經世本古義≫, 何楷(明), 鴻寶竺, 1893.
• ≪詩經通義≫, 朱鶴齡(淸), 文淵閣四庫全書 85, 商務印書館, 1983.
• ≪詩三家義集疏≫, 王先謙(淸), 續修四庫全書 77, 上海古籍出版社, 1995.
• ≪十三經注疏校記≫, 孫詒讓(淸), 中華書局, 2009.
• ≪神農本草經≫, 未詳, 中國医藥科技出版社, 2018.
• ≪呂氏春秋≫, 畢沅(淸) 校, 上海古籍出版社, 2014.
• ≪禮記集說≫, 陳澔(元), 鳳凰出版社, 2010.
• ≪禮記集解≫, 孫希旦(淸), 中華書局, 1989.
• ≪玉函山房輯佚書≫, 馬國翰(淸), 廣陵書社, 2006.
• ≪王力古漢語字典≫, 王力, 中華書局, 2005.
• ≪類篇≫, 司馬光(宋), 中華書局, 1984.
• ≪儀禮正義≫, 胡培翬(淸), 江蘇古籍出版社, 1993.
• ≪前漢書≫, 班固(後漢), 文淵閣四庫全書 249~250, 商務印書館, 1983.
• ≪鄭玄辭典≫, 唐文, 語文出版社, 2004.
• ≪周官祿田考≫, 沈彤(淸), 文淵閣四庫全書 100, 商務印書館, 1983.
• ≪周官集傳≫, 毛應龍(元), 文淵閣四庫全書 95, 商務印書館, 1983.
• ≪周官集注≫, 方苞(淸), 文淵閣四庫全書 100, 商務印書館, 1983.
• ≪周禮句解≫, 朱申(宋), 文淵閣四庫全書 89, 商務印書館, 1983.
• ≪周禮復古編≫, 兪庭椿(宋), 文淵閣四庫全書 92, 商務印書館, 1983.

- ≪周禮詳解≫, 王昭禹(宋), 文淵閣四庫全書 91, 商務印書館, 1983.
- ≪周禮述注≫, 李光坡(清), 文淵閣四庫全書 100, 商務印書館, 1983.
- ≪周禮疑義擧要≫, 江永(淸), 文淵閣四庫全書 100~101, 商務印書館, 1983.
- ≪周禮翼傳≫, 王應電(明), 文淵閣四庫全書 92, 商務印書館, 1983.
- ≪周禮傳≫, 王應電(明), 文淵閣四庫全書 92, 商務印書館, 1983.
- ≪周禮全經釋原≫, 柯尙遷(明), 文淵閣四庫全書 96, 商務印書館, 1983.
- ≪周禮正義≫, 孫詒讓(淸), 中華書局, 2016.
- ≪周禮正義点校考訂≫, 顔春峰·汪少華, 中華書局, 2017.
- ≪周禮注疏刪翼≫, 王志長(明), 文淵閣四庫全書 97, 商務印書館, 1983.
- ≪周禮集說≫, 未詳(宋), 文淵閣四庫全書 95, 商務印書館, 1983.
- ≪周禮纂訓≫, 李鍾倫(淸), 文淵閣四庫全書 100, 商務印書館, 1983.
- ≪周禮漢讀考≫, 段玉裁(淸), 續修四庫全書 80, 上海古籍出版社, 1995.
- ≪中國官制大辭典≫, 兪鹿年, 黑龍江人民出版社, 1998.
- ≪中國古代服飾辭典≫, 孫震陽·張珂 編著, 中華書局, 2018.
- ≪中國歷史紀年表≫, 方時銘, 上海人民出版社, 2007.
- ≪中國歷史大事典≫, 張海鵬 主編, 山東大學出版部, 2000.
- ≪中國歷代人名大辭典≫, 張撝之外 主編, 上海古籍出版社, 1999.
- ≪証類本草≫, 唐愼微(宋),中國医藥科技出版社, 2011.
- ≪春秋傳服氏注≫, 服虔(後漢), 續修四庫全書 117, 上海古籍出版社, 1995.
- ≪通典≫, 杜佑(唐), 中華書局, 1988.
- ≪漢官六種≫, 孫星衍(淸), 中華書局, 2008.
- ≪漢舊儀≫, 衛宏(後漢), 文淵閣四庫全書 646, 商務印書館, 1983.
- ≪漢書補注≫, 王先謙(淸), 上海古籍出版社, 2008.
- ≪漢書藝文志講疏≫, 顧實, 上海古籍出版社, 1987.
- ≪韓醫學用語大辭典≫, 永林社編輯室, 永林社, 2015.
- ≪漢制考≫, 王應麟(宋), 商務印書館, 1977.

◇ 單行本類

- 耿天勤, ≪鄭玄志≫, 山東人民出版社, 2009.
- 郭偉川, ≪周禮制度淵源與成書年代新考≫, 國家圖書館出版社, 2016.
- 鄧瑞全, ≪中國緯書綜考≫, 黃山書社, 1998.
- 聞人軍, ≪〈考工記〉導讀圖譯≫, 明文書局, 1990.
- 聶崇義 撰·丁鼎 點校解說, ≪新定三禮圖≫, 淸華大學出版社, 2005.
- 顔春峰, ≪周禮正義點校考訂≫, 中華書局, 2017.
- 楊天宇, ≪鄭玄三禮注硏究≫, 天津人民出版社, 2007.

- 王力, ≪古代漢語≫, 中華書局, 2004.
- 王鍔, ≪三禮研究論著提要≫, 甘肅教育出版社, 2007.
- 劉善澤, ≪三禮注漢制疏證≫, 嶽麓書社, 1997.
- 劉興均, ≪周禮名物詞語研究≫, 巴蜀書社, 2001.
- 李學勤, ≪古文字學初階≫, 中華書局, 2006.
- 錢玄, ≪三禮名物通釋≫, 江蘇古籍出版社, 1987.
- ____, ≪三禮通論≫, 南京師範大學出版社, 1996.
- 陳大庚, ≪周禮序官考≫, 中華書局, 1991.
- 皮錫瑞(淸), ≪經學歷史≫, 河洛圖書出版社, 1974.
- 賀業鉅, ≪考工記營國制度硏究≫, 中國建築工業出版社, 1985.
- 夏傳才, ≪詩經研究史概要≫, 淸華大學出版社, 2007.
- 侯家駒, ≪周禮研究≫, 聯經出版事業公司, 1987.

◇ 研究論著 및 飜譯書

〔韓國〕

- 김용천, ≪전한후기 예제담론≫, 선인, 2007.
- 김용천·박례경·이봉규·이원택·장동우, ≪의례 역주≫ 1~9, 세창출판사, 2012~2016.
- 渡邊義浩 지음·김용천 옮김, ≪후한유교국가의 성립≫, 동과서, 2011.
- 박준호, 〈中國 古代 木簡의 署名 방식 연구〉, ≪古文書硏究≫ 41, 2012.
- 신동준, ≪관자≫ 상·하, 인간사랑, 2021.
- 윤재석, ≪수호지진묘죽간 역주≫, 소명출판, 2010.
- 이석명, ≪회남자≫ 1·2, 소명출판, 2012.
- 이충구 외, ≪이아주소≫ 1~6, 소명출판, 2004.
- 정하현, ≪여씨춘추≫, 소명출판, 2013.
- 최인영, 〈『周易』 互體의 錯綜關〉, ≪동방문화와 사상≫ 4, 2018.
- 최재영, 〈周禮 考工記의 도시계획원리와 隋唐長安城의 구조〉, ≪역사문화연구≫ 35, 2010.
- 허호구·윤재환·정동화, ≪역주 춘추번로의증≫, 소명출판, 2016.

〔日本〕

- 金藤行雄, 〈 ≪周禮≫の命について〉, ≪待兼山論叢≫ 18, 1985.
- 南昌宏, 〈〈日本における≪周禮≫研究論考〉 略述〉, ≪中國研究集刊≫ 10, 1991.
- 間嶋潤一, 〈鄭玄の祭天思想に就いて : ≪周禮≫國家における圜丘祀天と郊天〉, ≪中國文化≫ 45, 1987.
- ________, 〈鄭玄に至る「周禮」解釋の變遷について〉, ≪中國文化≫ 38, 1980.
- ________, ≪鄭玄と≪周禮≫ : 周の太平國家の構想≫, 明治書院, 2010

• 本田二郎, ≪周禮通釋≫, 秀英出版, 1977.
• 井上了,〈≪周禮≫の構成とその外族觀〉, ≪中國硏究集刊≫ 30, 2002.
• 池田秀三,〈周禮疏序譯注〉, ≪東方學報≫ 53, 1981.
• 林巳奈夫,〈≪周禮≫の六尊六彝と考古學遺物〉, ≪東方學報≫ 52, 1980.
• 興膳宏・川合康三, ≪隋書經籍志詳攷≫, 汲古書院, 1996.

〔中國〕
• 郭璐・武廷海,〈辨方正位體國經野〉, ≪淸華大學學報(哲學社會科學版)≫ 32, 2017.
• 聞人軍, ≪考工記譯注≫, 上海古籍出版社, 2008.
• 承載 譯注, ≪春秋穀梁傳譯注≫, 上海古籍出版社, 2016.
• 楊伯峻, ≪春秋左傳注≫, 中華書局, 2016.
• 楊天宇, ≪禮記譯注≫, 上海古籍出版社, 2004.
• ______, ≪儀禮譯注≫, 上海古籍出版社, 1994.
• ______, ≪周禮譯注≫, 上海古籍出版社, 2016.
• 呂友仁,〈≪周禮≫槪說〉, ≪河南師範大學學報(哲學社會科學版)≫28卷 1期, 2001.
• 呂友仁・李正輝・孫新梅 注譯, ≪周禮≫, 中州古籍出版社, 2018.
• 王維堤・唐書文 譯注, ≪春秋公羊傳譯注≫, 上海古籍出版社, 2016.
• 劉豊,〈百年來≪周禮≫硏究的回顧〉, ≪湖南科技學院學報≫ 27-2, 2016.
• 李玉平,〈試析鄭玄〈周禮注〉中的"古文"與"故書"〉, ≪古籍整理硏究學刊≫ 5期, 2005.
• 張榮明,〈≪周禮≫國野・鄕遂組織模式探原〉, ≪史學月刊≫ 3期, 1998.
• 丁進・楊化坤,〈≪周禮≫學的奠基：杜子春的≪周禮≫學管窺〉, ≪阜陽師範大學學報(社會科學版)≫ 177期, 2017.
• 朱紅林,〈〈周禮〉大宰八法硏究〉, ≪中國古代法律文獻硏究≫ 10輯, 2016.
• 湯可敬, ≪說文解字今釋≫ 上・下, 岳鹿書社, 2002.
• 黃永堂, ≪國語全譯≫, 貴州人民出版社, 1995.

〔英美〕
• Benjamin A. Elman, ed., *Statecraft and classical learning : the Rituals of Zhou in East Asian history,* Brill, 2010.
• Bol, Peter K, "Wang Anshi And The Zhouli", *Statecraft and classical learning,* Brill, 2010.
• Kang, Seo-Yeon, "The Principle of Capital Construction and the Location of the Palace Discovered through the Annotation of Zhouli(周禮)", ARCHITECTURAL RESEARCH, 2018, Vol.20(2).
• Kern, Martin, "Offices of writing and reading in the Rituals of Zhou",

Statecraft and classical learning, Brill, 2010.
- McMullen, David, "The Role Of The Zhouli In Seventh- And Eighth-Century Civil Administrative Traditions", *Statecraft and classical learning,* Brill, 2010.
- Plaks, Andrew H, "Zheng Xuan's commentary on the Zhouli", *Statecraft and classical learning,* Brill, 2010.
- Puett, Michael, "Centering the realm : Wang Mang, the Zhouli, and early Chinese statecraft", *Statecraft and classical learning,* Brill, 2010.
- Schaberg, David, "The Zhouli As Constitutional Text", *Statecraft and classical learning,* Brill, 2010.
- Wagner, Rudolf G, "The Zhouli As The Late Qing Path To The Future", *Statecraft and classical learning,* Brill, 2010.

◇ 도판 자료

- 高宗(淸) 御纂, ≪欽定禮記義疏≫, 文淵閣四庫全書 124~126, 商務印書館, 1983.
- ＿＿＿＿＿, ≪欽定儀禮義疏≫, 文淵閣四庫全書 106~107, 商務印書館, 1983.
- 박준호, 〈중국 고대목간의 서명방식 연구〉, ≪고문서연구≫ 41, 고문서학회, 2012.
- 聶崇義(宋), ≪新定三禮圖≫, 康熙 12年(1673) 通知堂刊本.
- 楊甲(南宋) 撰, ≪六經圖≫, 文淵閣四庫全書 183, 商務印書館, 1983.
- 楊復(南宋), ≪儀禮旁通圖≫, 文淵閣四庫全書 104, 商務印書館, 1983.
- 永瑢(淸), ≪欽定周官義疏≫, 文淵閣四庫全書 98~99, 商務印書館, 1983.
- 王應電(明), ≪周禮圖說≫, 文淵閣四庫全書 96, 商務印書館, 1983.
- 黃以周(淸), ≪禮書通考≫, 中華書局, 2007.

◇ 電子文獻 및 Web DB

- 동양고전종합DB (http://db.cyberseodang.or.kr)
- 상우천고 (http://www.s-sangwoo.kr)
- 이체자정보검색 (http://db.itkc.or.kr/DCH/)
- 電子版 文淵閣四庫全書, 上海古籍出版社.
- 中國基本古籍庫, 黃山書社.
- 한국고전종합DB (http://db.itkc.or.kr)

2. ≪周禮注疏 2≫ 參考圖版 目錄 및 出處

※ 도판 (6)과 (15)는 아래 QR코드를 스캔하면 확대하여 볼 수 있습니다.

3. ≪周禮注疏≫ 總目次

• QR코드를 스캔하면 ≪周禮注疏≫ 總目次를 볼 수 있습니다.

4. ≪周禮注疏≫ 解　題

• QR코드를 스캔하면 ≪周禮注疏≫ 解題를 볼 수 있습니다.

譯註者 略歷

金容天

京畿 光明 출생
東國大學校 史學科 卒業 同 大學院 博士
瑞巖 金熙鎭 선생과 靑溟 任昌淳 선생에게 修學
泰東古典硏究所 卒業
大眞大學校 역사문화콘텐츠학과 교수(現)

論文 및 譯書

論文 〈〈石渠禮論〉의 分析과 前漢시대 禮治理念〉, 〈≪荀子≫·≪禮記≫ 〈王制〉의 禮治構想〉, 〈兩晉시대 '爲人後者'의 服制 담론〉, 〈北魏 孝文帝 '三年喪'의 실체와 그 성격〉, 〈전국시대 禪讓論의 전개와 立賢共治〉, 〈'祔'의 해명을 위한 경학적 접근〉, 〈旣葬 '受服'의 규정과 예학적 논쟁〉, 〈前漢 元帝期 韋玄成의 宗廟制論〉 등 多數
著書 ≪전한후기 예제담론≫, ≪중국고대 상복의 제도와 이념≫
譯書 ≪중국 전근대 사상의 굴절과 전개≫, ≪유교와 예≫, ≪후한 유교국가의 성립≫, ≪삼국지의 정치와 사상≫, ≪과거와 관료제≫
共譯 ≪의례 역주≫, ≪譯註 中國 正史 禮樂志≫, ≪천지서상지-당 제국의 제사와 의례≫, ≪중국의 공과 사≫, ≪중국의 예치시스템≫, ≪중국사상문화사전≫

朴禮慶

서울 출생
延世大學校 哲學科 卒業 同 大學院 博士
涵齋 金在弘 선생에게 修學
民族文化推進會 國譯硏修院 修了
서울대학교 奎章閣 한국학연구원 책임연구원
延世大學校, 韓國航空大學校 강사
延世大學校 國學硏究院 동아시아고전연구소 전문연구원(現)

論文 및 譯書

論文 〈유교 祭儀에 담긴 禮의 정신〉, 〈'禘'해석의 근거 읽기〉, 〈조선시대 國葬에서 朝祖儀 설행 논의와 결과〉, 〈조선시대 國家禮典에서 社稷祭 儀禮의 분류별 변화와 儀註의 특징〉, 〈규범의 근거로서 친친(親親) 존존(尊尊)의 정당화 문제〉, 〈≪朱子家禮≫ 속의 인간과 사회〉 〈德治의 상징체계로서 유교국가의 卽位儀禮〉, 〈남녀유별(男女有別)의 해석〉, 〈鄭玄 禮學의 이론 구성적 성격〉 등
共著 ≪동양철학의 세계≫, ≪왕실의 천지제사≫, ≪왕실의 혼례식 풍경≫, ≪조선시대 왕실문화 도해 사전≫ 등
共譯 ≪의례 역주≫

十三經注疏
譯註 周禮注疏 2 40,000원

2021년 12월 30일 초판 발행
2025년 05월 31일 초판 4쇄

企劃編輯 東洋古典飜譯編輯委員會

注 鄭玄 疏 賈公彦
譯 註 金容天 朴禮慶
常任原文校閱 吳圭根
飜譯研究管理 南賢熙
潤 文 朴勝珠
校 訂 李孝宰

發 行 人 金 炫

發 行 處 社團法人 傳統文化研究會
서울 종로구 삼봉로 81 두산위브파빌리온 1332호
전화 : (02)762-8401 전송 : (02)747-0083
전자우편 : juntong@juntong.or.kr
사이버書院 : hm.cyberseodang.or.kr
온라인서점 : book.cyberseodang.or.kr
등록 : 1989. 7. 3. 제1-936호
총판 : 한국출판협동조합(070-7119-1750)

ISBN 979-11-5794-491-0 94140
978-89-91720-93-0(세트)

※ 이 책은 2021년도 교육부 고전문헌 국역지원사업 지원비에 의해 초판(비매품) 간행.